Schnittpunkt

Mathematik für die Berufsfachschule

Rainer Maroska
Achim Olpp
Rainer Pongs
Claus Stöckle
Hartmut Wellstein
Heiko Wontroba

Unter Mitarbeit von:
Angelika Delius
Wolfgang Kienzle
Andrea Neumann
Barbara Seifert
Angelika Ulrich

Ernst Klett Verlag
Stuttgart · Leipzig

Schnittpunkt, Mathematik für die Berufsfachschule

Begleitmaterial:
Lösungsheft (ISBN 978-3-12-742703-5)
Schnittpunkt Kompakt, Klasse 5/6 (ISBN 978-3-12-740358-9)
Schnittpunkt Kompakt, Klasse 7/8 (ISBN 978-3-12-740378-7)
Schnittpunkt Kompakt, Klasse 9/10 (ISBN 978-3-12-740398-5)
Formelsammlung (ISBN 978-3-12-740322-0)

1. Auflage 1 5 4 3 2 1 | 13 12 11 10 09 08

Alle Drucke dieser Auflage sind unverändert und können im Unterricht nebeneinander verwendet werden. Die letzten Zahlen bezeichnen jeweils die Auflage und das Jahr des Druckes.

Internetadresse: www.klett.de

Autoren: Rainer Maroska, Achim Olpp, Rainer Pongs, Claus Stöckle, Prof. Dr. Hartmut Wellstein, Heiko Wontroba

Redaktion: Annette Thomas, Beate Zachmann

Zeichnungen / Illustrationen: Uwe Alfer, Waldbreitbach
Umschlagfoto: Getty Images Deutschland GmbH

Reproduktion: Meyle + Müller, Medien-Management, Pforzheim
DTP / Satz: topset Computersatz, Nürtingen
Druck: H. Stürtz GmbH, Würzburg
Printed in Germany

ISBN 978-3-12-742701-1

9 783127 427011

Willkommen im Schnittpunkt

Liebe Schülerin, lieber Schüler,

der Schnittpunkt soll Sie in den beiden kommenden Jahren beim Lernen begleiten und unterstützen. Damit Sie sich jederzeit zurecht finden, wollen wir Ihnen ein paar Hinweise geben.

Jedes neue Kapitel beginnt mit einer **Doppelseite**, auf der es viel zu entdecken und auszuprobieren gibt und auf der Sie nachlesen können, was Sie in diesem Kapitel lernen werden. Innerhalb der Kapitel werden Sie vor allem die **Aufgaben** bearbeiten – gemeinsam mit anderen oder allein.

Auf vielen Aufgabenseiten finden Sie immer wieder bunt hervorgehobene Kästen, die Verschiedenes bieten:

- Wichtige mathematische Methoden und Vorgehensweisen, die Sie immer wieder brauchen werden.
- Informationen, Daten und Diagramme zu einem interessanten Thema sowie einige Fragestellungen, zu denen Sie Antworten und Fragen finden können.
- Schaufenster in die Mathematik mit Interessantem, Gedankenexperimenten und echten Knobelnüssen.

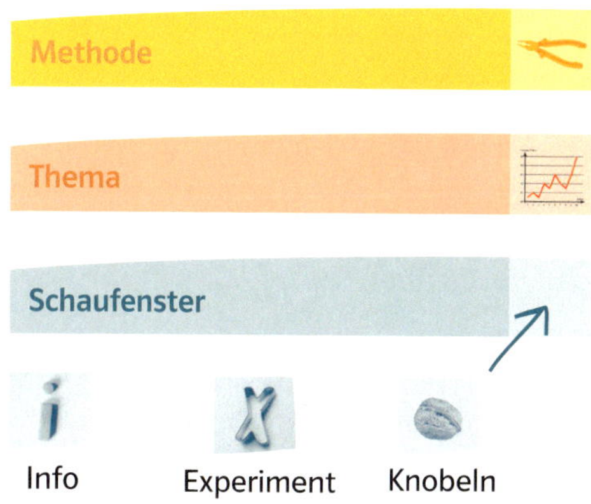

Am Ende jedes Kapitels finden Sie in der **Zusammenfassung** noch einmal alles, was Sie dazugelernt haben. Hier können Sie sich für die anstehenden Klassenarbeiten fit machen und jederzeit nachschlagen.

Unter **Üben • Anwenden • Nachdenken** sind Aufgaben zum Üben, Weiterdenken und Anknüpfen an früher Gelerntes zusammengestellt.

Die letzten Seiten des Kapitels, die **Rückspiegel**-Seiten, bieten Ihnen eine Aufgabenauswahl, mit der Sie Ihr Wissen und Können testen können. Links finden Sie die leichteren, rechts die schwierigeren Aufgaben. Wenn Sie einen Aufgabentyp schon sehr gut beherrschen, können Sie nach rechts springen, wenn Ihnen eine Art von Aufgaben noch Schwierigkeiten bereitet, wechseln Sie auf die linke Seite. Die Lösungen zu diesen Aufgaben finden Sie alle am Ende des Buches.

Ganz am Ende des Buches steht das **Bewerbungstraining**. Hier finden Sie Tipps und Übungsaufgaben, mit denen Sie sich auf die Bewerbungstests vorbereiten können. Die lösungen stehen am Ende des Buches.

Und jetzt wünschen wir Ihnen viel Spaß und Erfolg!

Inhalt

* Diese Inhalte sind für die Berufsfachschule in Baden-Württemberg nicht verbindlich.

Inhalt

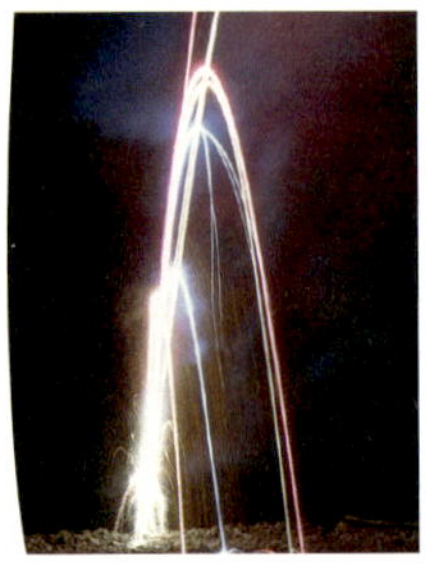

1 Terme und Gleichungen

Kunst und Natur in Formeln

Richard Paul Lohse,
Schweizer Maler

Zentrum aus vier Quadraten als Ergebnis der vier Kreuzflächen, 1952/1971

Der Schweizer Künstler Richard Paul Lohse (1902–1988) war ein bedeutender Vertreter der modernen Malerei seines Landes. Er hat in seinen Werken viel mit geometrischen Formen gearbeitet und häufig ein Grundthema auf mehrere Weisen variiert. Das obige Bild stammt von ihm. Betrachten Sie die verschiedenen Rechtecke und Farben.

- Mit welchen Termen kann man die Gesamtfläche ausdrücken?
- Zeichnen Sie das Kunstwerk auf ein Blatt und färben Sie die Flächen nach Ihren eigenen Ideen.
- Schneiden Sie es auseinander und legen Sie aus den Teilen neue Bilder.
- Stellen Sie Terme für Ihre Flächen auf.

Mit Bäumen rechnen

Ein Baum steht nur dann sturmsicher, wenn seine Höhe im Vergleich zum Umfang in Bodennähe nicht zu groß ist.
Man misst den Umfang u in Brusthöhe, also etwa bei 1,30 m.

Faustformeln für die Stammhöhe h in Abhängigkeit vom Umfang u

- im Freistand $h = 10 \cdot u$
- im dichten Bestand $h = 15 \cdot u$

Bianca, Anke und Tim haben für u 0,75 m; 1,30 m und 3,70 m gemessen.

Auch das Volumen V eines Baumstamms lässt sich schätzen, ohne den Baum zu fällen. Die erste der zwei Faustformeln ist meist genauer als die zweite.

- $V = 0{,}4 \cdot u^3$
- $V = u^2$

Hier wird u in m eingegeben, V ergibt sich in m^3.
Sarah und David haben Stämme mit
u = 2,80 m und u = 3,70 m gemessen.

1 m^3 vieler Holzarten wiegt etwa 0,6 t. Geben Sie zwei Faustformeln für die Masse m eines Stamms an, der den Umfang u hat.

In diesem Kapitel lernen Sie,

- was eine Variable ist,
- was man unter einem Term versteht,
- wie man den Wert eines Terms berechnet,
- wie man Terme aufstellt,
- was eine Gleichung ist,
- wie man einfache Gleichungen löst,
- wie man Potenzen und Wurzeln berechnet,
- wie man mit Prozenten und Zinsen rechnet.

Basiswissen | Rechnen mit Brüchen

Erweitern →

$\frac{5}{8} = \frac{5 \cdot 3}{8 \cdot 3} = \frac{15}{24}$

← Kürzen

Kürzen →

$\frac{6}{10} = \frac{6 : 2}{10 : 2} = \frac{3}{5}$

← Erweitern

$\frac{3}{4} < \frac{4}{5}$, da $\frac{3 \cdot 5}{4 \cdot 5} = \frac{15}{20}$ und $\frac{4 \cdot 4}{5 \cdot 4} = \frac{16}{20}$

Brüche werden **erweitert**, indem man Zähler und Nenner mit derselben Zahl multipliziert. Brüche werden **gekürzt**, indem man Zähler und Nenner durch dieselbe Zahl dividiert. Beim Erweitern oder Kürzen ändert sich der Wert des Bruches nicht.
Brüche **vergleicht** man, indem man sie auf den gleichen Nenner erweitert oder kürzt und dann die Zähler vergleicht.

1 Erweitern Sie.

a) $\frac{2}{3}$ mit 2; 3; 4 b) $\frac{2}{3}$ auf $\frac{\square}{15}$; $\frac{\square}{18}$; $\frac{\square}{30}$

c) $\frac{3}{4}$ mit 6; 8; 10 d) $\frac{3}{4}$ auf $\frac{\square}{8}$; $\frac{\square}{12}$; $\frac{\square}{16}$

e) $\frac{5}{6}$ mit 2; 5, 8 f) $\frac{5}{6}$ auf $\frac{\square}{18}$; $\frac{\square}{24}$; $\frac{\square}{60}$

2 Kürzen Sie vollständig.

a) $\frac{24}{42}$ b) $\frac{20}{32}$ c) $\frac{28}{42}$

d) $\frac{45}{54}$ e) $\frac{60}{80}$ f) $\frac{75}{125}$

3 Vergleichen Sie.

a) $\frac{3}{8} \square \frac{1}{4}$ b) $\frac{3}{5} \square \frac{7}{10}$

c) $\frac{2}{3} \square \frac{4}{5}$ d) $\frac{5}{6} \square \frac{5}{9}$

e) $\frac{5}{6} \square \frac{4}{5}$ f) $\frac{7}{8} \square \frac{8}{9}$

4 Ordnen Sie die Brüche nach der Größe.

a) $\frac{1}{4}$; $\frac{5}{6}$; $\frac{7}{12}$; $\frac{17}{24}$; $\frac{3}{8}$; $\frac{1}{2}$

b) $\frac{37}{50}$; $\frac{2}{3}$; $\frac{17}{25}$; $\frac{3}{5}$; $\frac{11}{15}$; $\frac{52}{75}$; $\frac{7}{10}$

$\frac{1}{6} + \frac{3}{4} = \frac{1 \cdot 2}{6 \cdot 2} + \frac{3 \cdot 3}{4 \cdot 3} = \frac{2}{12} + \frac{9}{12} = \frac{11}{12}$

$\frac{4}{5} - \frac{2}{3} = \frac{4 \cdot 3}{5 \cdot 3} - \frac{2 \cdot 5}{3 \cdot 5} = \frac{12}{15} - \frac{10}{15} = \frac{2}{15}$

$\frac{2}{3} + \frac{1}{2} = \frac{1}{2} + \frac{2}{3}$, denn $\frac{2}{3} + \frac{1}{2} = \frac{4}{6} + \frac{3}{6} = \frac{7}{6} = 1\frac{1}{6}$ und $\frac{1}{2} + \frac{2}{3} = \frac{3}{6} + \frac{4}{6} = \frac{7}{6} = 1\frac{1}{6}$

$\left(\frac{2}{3} + \frac{2}{5}\right) + \frac{1}{5} = \frac{2}{3} + \left(\frac{2}{5} + \frac{1}{5}\right) = \frac{2}{3} + \frac{3}{5} = \frac{10}{15} + \frac{9}{15} = \frac{19}{15} = 1\frac{4}{15}$

Zwei Brüche werden **addiert** oder **subtrahiert**, indem man beide Brüche auf einen gemeinsamen Nenner erweitert und dann die beiden Zähler addiert oder subtrahiert.
In Summen dürfen die Summanden vertauscht und beliebig Klammern gesetzt und weggelassen werden.

5 Berechnen Sie im Kopf.

a) $\frac{2}{5} + \frac{3}{5}$ b) $\frac{5}{7} - \frac{2}{7}$ c) $\frac{3}{4} + \frac{5}{4}$

d) $\frac{2}{3} + \frac{1}{4}$ e) $1 - \frac{1}{5}$ f) $\frac{2}{3} + \frac{2}{5}$

g) $\frac{1}{3} + 1$ h) $\frac{3}{4} - \frac{3}{8}$ i) $\frac{5}{6} - \frac{1}{3}$

6 Addieren und subtrahieren Sie.

a) $\frac{5}{6} + \frac{3}{8}$ b) $\frac{3}{4} + \frac{4}{5}$ c) $\frac{3}{4} - \frac{5}{9}$

d) $\frac{7}{8} + \frac{4}{5}$ e) $\frac{3}{5} - \frac{2}{7}$ f) $\frac{2}{3} - \frac{2}{5}$

g) $\frac{6}{7} - \frac{5}{8}$ h) $\frac{5}{7} + \frac{2}{9}$ i) $\frac{3}{8} - \frac{2}{9}$

7 Rechnen Sie in gemischter Schreibweise.

a) $1\frac{3}{4} - \frac{1}{2}$ b) $2\frac{2}{3} + 1\frac{1}{2}$

c) $1\frac{2}{3} + 2\frac{7}{8}$ d) $1\frac{4}{5} - 1\frac{1}{8}$

e) $1\frac{4}{9} - \frac{1}{6}$ f) $\frac{1}{2} + 1\frac{5}{6}$

8 Berechnen Sie.

a) $\frac{3}{4} + \frac{4}{3} + \frac{1}{4}$ b) $\frac{1}{6} + \left(\frac{1}{4} + \frac{5}{6}\right)$

c) $\frac{1}{2} + \left(\frac{3}{7} + \frac{1}{4}\right) + \frac{9}{14}$ d) $\left(\frac{2}{7} + \frac{5}{8}\right) + \left(\frac{5}{7} + \frac{3}{4}\right)$

e) $\frac{1}{12} + \left(\frac{3}{7} + \frac{5}{6}\right) + \frac{2}{7} + \frac{1}{3}$ f) $\left(\frac{1}{6} + \frac{2}{3}\right) + \frac{1}{2} + \left(\frac{8}{9} + \frac{3}{4}\right)$

Basiswissen | Rechnen mit Brüchen und Dezimalbrüchen

Zwei Brüche werden **multipliziert**, indem man Zähler mit Zähler und Nenner mit Nenner multipliziert.
Zwei Brüche werden **dividiert**, indem man den ersten Bruch mit dem Kehrbruch des zweiten Bruches multipliziert.
In Produkten dürfen die Faktoren vertauscht und beliebig Klammern gesetzt und weggelassen werden.

$\frac{2}{3} \cdot \frac{5}{7} = \frac{2 \cdot 5}{3 \cdot 7} = \frac{10}{21}$

$\frac{2}{3} : \frac{4}{5} = \frac{2}{3} \cdot \frac{5}{4} = \frac{2 \cdot 5}{3 \cdot 4} = \frac{10}{12} = \frac{5}{6}$

$\frac{3}{5} \cdot \frac{4}{7} = \frac{4}{7} \cdot \frac{3}{5}$, denn $\frac{3}{5} \cdot \frac{4}{7} = \frac{3 \cdot 4}{5 \cdot 7} = \frac{12}{35}$, $\frac{4}{7} \cdot \frac{3}{5} = \frac{4 \cdot 3}{7 \cdot 5} = \frac{12}{35}$

$\left(\frac{2}{3} \cdot \frac{2}{5}\right) \cdot \frac{5}{2} = \frac{2}{3} \cdot \left(\frac{2}{5} \cdot \frac{5}{2}\right) = \frac{2}{3} \cdot 1 = \frac{2}{3}$

9 Berechnen Sie im Kopf.

a) $\frac{3}{5} \cdot \frac{1}{2}$ b) $\frac{1}{2} \cdot \frac{9}{5}$ c) $\frac{3}{8} \cdot 1$ d) $\frac{3}{4} : \frac{7}{3}$
e) $1 \cdot \frac{5}{7}$ f) $1 : \frac{5}{6}$ g) $\frac{2}{3} \cdot \frac{3}{4}$ h) $\frac{8}{9} : 1$

10 Multiplizieren und dividieren Sie.

a) $\frac{3}{5} \cdot \frac{7}{6}$ b) $\frac{3}{7} : \frac{8}{5}$ c) $\frac{4}{9} \cdot \frac{4}{5}$
d) $\frac{7}{9} \cdot \frac{1}{4}$ e) $\frac{5}{6} : \frac{6}{7}$ f) $\frac{4}{9} : \frac{7}{4}$
g) $\frac{11}{9} : \frac{6}{5}$ h) $\frac{5}{9} \cdot \frac{7}{8}$ i) $\frac{3}{8} : \frac{8}{7}$

11 Berechnen Sie. Kürzen Sie wenn möglich.

a) $\frac{5}{4} : \frac{15}{8}$ b) $\frac{8}{25} \cdot \frac{5}{12}$ c) $\frac{5}{9} \cdot \frac{3}{10}$
d) $\frac{3}{5} \cdot \frac{10}{3}$ e) $\frac{9}{8} : \frac{3}{10}$ f) $\frac{25}{12} : \frac{5}{6}$

12 Benutzen Sie die Rechengesetze.

a) $\left(\frac{2}{5} \cdot \frac{3}{4}\right) \cdot \frac{5}{3}$ b) $\frac{3}{8} \cdot \left(\frac{5}{7} \cdot \frac{4}{3}\right)$
c) $\left(\frac{8}{9} \cdot \frac{7}{5}\right) \cdot \left(\frac{3}{4} \cdot \frac{15}{14}\right)$ d) $\frac{5}{8} \cdot \left(\frac{14}{3} \cdot \frac{12}{25}\right) \cdot \frac{4}{7}$
e) $\frac{8}{6} \cdot \left(\frac{2}{25} \cdot \frac{4}{7}\right) \cdot \left(\frac{15}{8} \cdot \frac{21}{16}\right)$ f) $\left(\frac{8}{9} \cdot \frac{3}{10}\right) \cdot \frac{7}{20} \cdot \left(\frac{5}{4} \cdot \frac{10}{21}\right)$

Dezimalbrüche sind Brüche mit den Nennern 10; 100; 1000; … Sie lassen sich direkt in der Dezimalschreibweise (Kommaschreibweise) darstellen.

$\frac{3}{10} = 0{,}3$; $\frac{87}{100} = 0{,}87$; $\frac{156}{1000} = 0{,}156$

Die Ziffern hinter dem Komma heißen **Dezimalen** oder Nachkommaziffern. Die Stellenwerttafel erklärt die Bedeutung der Dezimalen.

Hunderter	Zehner	Einer		Zehntel	Hundertstel	
H	Z	E		z	h	
7	3	0	,	2	5	730,25

Zum **Vergleichen** und **Ordnen** von Dezimalbrüchen untersucht man die Ziffern von links nach rechts, bis sie sich erstmals unterscheiden.

5,2763
5,2736 Es gilt also: 5,2763 > 5,2736.

Beim **Addieren** und **Subtrahieren** von Dezimalbrüchen stehen die Zahlen so untereinander, dass **Komma unter Komma** steht.

```
  187,35        2,074
+  49,2       - 0,965
  236,55        1,109
```

Dezimalbrüche werden zunächst ohne Berücksichtigung des Kommas **multipliziert**. Dann setzt man das Komma. Das Ergebnis hat so viele Nachkommastellen wie beide Faktoren zusammen.

3,9 · 2,75 = 10,725
1 Dezimale 2 Dezimalen 3 Dezimalen

Beim **Dividieren** von zwei Dezimalbrüchen muss man bei Dividend und Divisor das Komma so weit nach rechts verschieben, bis der Divisor eine natürliche Zahl ist. Beim Überschreiten des Kommas schreibt man das Komma im Ergebnis.

1,248 : 0,52

```
124,8 : 52 = 2,4
-104
  208
 -208
    0
```

Basiswissen | Rechnen mit Dezimalbrüchen

1 Schreiben Sie als Dezimalbruch.

a) $\frac{9}{10}$ b) $\frac{23}{100}$ c) $\frac{901}{1000}$
d) $\frac{7}{50}$ e) $\frac{49}{200}$ f) $5\frac{9}{20}$

2 Schreiben Sie als Bruch.

a) 0,7 b) 0,45 c) 0,567
d) 1,6 e) 54,3 f) 10,01

3 Ordnen Sie nach der Größe.

a) 0,42; 0,95; 0,951; 0,036; 0,36; 4,02
b) 6,52; 2,65; 5,62; 6,25; 2,56; 5,26
c) 0,087; 0,0878; 0,0788; 0,0877; 0,0780

4 Schreiben Sie ohne Komma.

a) 1,36 m b) 3,4 dm c) 8,250 km
d) 19,350 kg e) 1,75 t f) 4,5 g
g) 4,2 m^3 h) 0,55 a i) 123,4 cm^2

5 Wie heißen die markierten Zahlen?

a)
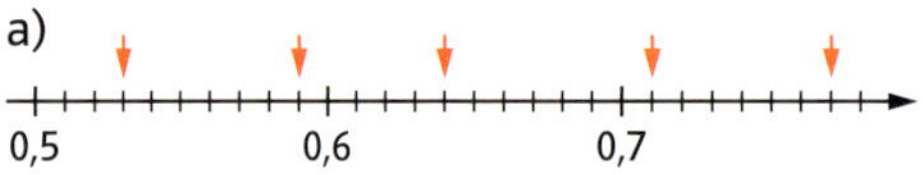

b)

6 Rechnen Sie im Kopf.

a) 4,3 + 2,5 b) 7,5 − 3,2
c) 12,8 + 7,6 d) 32,5 − 20,7
e) 0,85 − 0,48 f) 9,72 + 0,81

7 Addieren oder subtrahieren Sie.

a)
$$\begin{array}{r} 4{,}285 \\ +\ 7{,}063 \\ \hline \end{array}$$
b)
$$\begin{array}{r} 6{,}248 \\ -\ 5{,}724 \\ \hline \end{array}$$
c)
$$\begin{array}{r} 56{,}2 \\ +\ \ \ 7{,}051 \\ +\ 108{,}09 \\ +\ \ 12\phantom{{,}000} \\ \hline \end{array}$$
d)
$$\begin{array}{l} \ \ 8{,}508 \\ -\ 4{,}07 \\ -\ 0{,}9 \\ -\ 0{,}099 \\ \hline \end{array}$$

8 Berechnen Sie.

a) 9,98 + 1,384 + 51,98 + 14,3 + 0,5
b) 10,03 + 400,01 + 0,09 + 25,6825
c) 100,5 − 12,698 − 0,056 − 8,54 − 17,026
d) 99,654 − 0,0258 − 30,098 − 5,007
e) 76,807 + 23,092 + 0,97 − 57,906
f) 0,8052 + 11,015 − 9,097 + 0,0413 − 2,6645

9 Nutzen Sie Rechenvorteile.

a) 2,8 + 4,9 + 2,2 + 5,1
b) 4,35 + 7,27 + 1,65 − 4,27 + 0,50
c) 3,54 + 11,23 + 4,5 − 9,73 + 2,46

10 Multiplizieren Sie.

a) 41,6 · 5 b) 1,49 · 3
c) 36,5 · 2,8 d) 4,6 · 11,3
e) 84,39 · 7,2 f) 8,92 · 0,43
g) 5,02 · 1,035 h) 0,07 · 0,095

11 Dividieren Sie.

a) 3,9 : 13 b) 0,45 : 9
c) 8,46 : 5 d) 35,7 : 42

12 Rechnen Sie schriftlich.

a) 5,4 : 0,27 b) 9,6 : 0,48
c) 18,2 : 6,5 d) 24,48 : 7,2
e) 74 : 0,06 f) 17 : 0,004
g) 0,434 : 0,62 h) 0,9315 : 69

13 Setzen Sie die richtige Zahl ein.

a) 30,72 : 2,4 = ▢ b) 0,64 : 2,5 = ▢
c) 21,84 : ▢ = 2,73 d) 56,95 : ▢ = 8,5
e) ▢ : 10,2 = 0,75 f) ▢ : 96,8 = 0,042

14 Berechnen Sie.

a) 4,5 + 8,4 · 12,5
b) 23,56 : 7,6 − 2,95
c) 10,9 − 45,76 : 5,2 + 0,7
d) 0,28 · 6,8 − 4,8 : 12,5 − 0,52

15 Achten Sie auf die Klammern.

a) 29,5 − (6,2 + 2,5 · 9,2)
b) 5,5 − (49,2 − 8 · 5,7) : 0,9
c) 0,3 − (3,2 · 0,85 − 0,76) : 7
d) 17,5 − ((3,5 + 8,9) · 0,75 − 6,6) : 0,18
e) 0,8 · (2,75 − (2,4 · 0,45 + 0,52) : 0,64) − 0,1

16 Setzen Sie die Ziffern 9; 7; 4 und 0 so in die Kästchen ein, dass

a) ein möglichst großer Wert entsteht.
b) das Produkt den Wert 4,23 hat.

▢ , ▢ · ▢ , ▢ = ?

17 Subtrahieren Sie vom Produkt der Zahlen 7,5 und 2,4 den Quotienten der Zahlen 19,6 und 3,5.

Basiswissen | Rechnen mit rationalen Zahlen

Beim **Addieren** von rationalen Zahlen mit **gleichen Vorzeichen** addiert man zunächst die Zahlen, ohne die Vorzeichen zu berücksichtigen. Das Ergebnis erhält das gemeinsame Vorzeichen beider Zahlen. Bei **verschiedenen Vorzeichen** subtrahiert man die Zahlen ohne Berücksichtigung ihres Vorzeichens. Das Ergebnis erhält das Vorzeichen der Zahl, die weiter vom Nullpunkt entfernt liegt. Beim **Subtrahieren** einer rationalen Zahl wird ihre Gegenzahl addiert.
Haben beim **Multiplizieren** beide Faktoren **gleiche Vorzeichen**, dann ist der Wert des Produkts **positiv**. Haben die Faktoren **verschiedene Vorzeichen**, dann ist der Wert **negativ**.
Haben beim **Dividieren** Dividend und Divisor **gleiche Vorzeichen**, dann ist der Wert des Quotienten **positiv**.
Haben Dividend und Divisor **verschiedene Vorzeichen**, ist der Wert **negativ**.

$-12 + (-17) = -29$

$17 + (-29) = -12$

$(-11) - (+13) = (-11) + (-13) = -24$

$(-22) - (-15) = (-22) + (+15) = -7$

$(-12)\cdot(-7) = +(12\cdot 7) = 84$

$(-12)\cdot(+7) = -(12\cdot 7) = -84$

$(-96):(-12) = +(96:12) = 8$

$(-96):(+12) = -(96:12) = -8$

1 a) $(+23) + (+36)$ b) $(-15) + (-45)$ c) $-45 + (-13)$ d) $34 + (-23)$ e) $-4{,}6 + 2{,}2$ f) $\frac{1}{2} + \left(-\frac{3}{4}\right)$

2 a) $(+34) - (+18)$ b) $(-56) - (-64)$ c) $42 - (-17)$ d) $-100 - 120$ e) $3{,}2 - 5{,}8$ f) $-\frac{1}{4} - \frac{1}{8}$

3 a) $(+12)\cdot(+9)$ b) $(-11)\cdot(-22)$ c) $-5\cdot(-25)$ d) $-0{,}5\cdot(-12{,}8)$ e) $-\frac{1}{3}\cdot\left(-\frac{1}{2}\right)$ f) $\frac{1}{2}\cdot\left(-\frac{1}{3}\right)$

4 a) $(+15)\cdot(-22)$ b) $(-9)\cdot(+19)$ c) $7\cdot(-21)$ d) $-30\cdot 0{,}4$ e) $\frac{1}{4}\cdot(-8)$ f) $-\frac{2}{3}\cdot 24$

5 a) $(+99):(+11)$ b) $(-100):(-8)$ c) $-175:(-25)$ d) $-15:(-0{,}5)$ e) $-\frac{17}{40}:(-17)$ f) $\frac{3}{4}:\left(-\frac{1}{4}\right)$

6 a) $(+56):(-7)$ b) $(-256):(+16)$ c) $72:(-3{,}6)$ d) $-3{,}9:0{,}13$ e) $\frac{1}{3}:\left(-\frac{2}{9}\right)$ f) $-5{,}2:0{,}1$

Berechnen von Termen
Terme mit rationalen Zahlen werden nach denselben Regeln berechnet wie solche mit natürlichen Zahlen.
Innere Klammer zuerst
Klammern vor anderen Rechnungen
Potenzen zuerst
Punktrechnung **vor Strich**rechnung
Vereinfachte Schreibweise anwenden
von links nach rechts vereinfachen

$$\begin{aligned}
&(64 - (130 - 36)) + (-5)\cdot 2^3 + 46{,}5\\
=\;&(64 - 94) + (-5)\cdot 2^3 + 46{,}5\\
=\;&-30 + (-5)\cdot 2^3 + 46{,}5\\
=\;&-30 + (-5)\cdot 8 + 46{,}5\\
=\;&-30 + (-40) + 46{,}5\\
=\;&-30 - 40 + 46{,}5\\
=\;&-70 + 46{,}5\\
=\;&-23{,}5
\end{aligned}$$

7 a) $20 + 11\cdot(-8)$
b) $13\cdot(-5) + 25\cdot(-11)$
c) $-2{,}5\cdot 10 - (-2)\cdot(-4{,}5) + 0{,}5\cdot(-4{,}2)$
d) $100:25 - (-8{,}4):(-2{,}1)$
e) $-(-35 - 35) - (36 - 37)$
f) $-\left(\frac{1}{2} - \frac{1}{3}\right) + \left(\frac{1}{3} - \frac{1}{2}\right)$

8 a) $5{,}2 - (10{,}8 - 2\cdot 5{,}6)$
b) $-150:25 - (5 - 225:15)$
c) $3\cdot(4 - 5) - 4\cdot(5 - 6)$
d) $-10{,}2 - (5{,}3 - 2\cdot(4{,}5 - 2{,}5))$
e) $2\cdot(4 - 5{,}5) - (3\cdot(4{,}2 - 5{,}7) + 2)$
f) $10 - (2{,}5\cdot 2{,}1 - (1{,}5\cdot(-3) - 0{,}5))$

Basiswissen | Rechnen mit Termen

$3 \cdot x - 2 \cdot y + z$
Wert des Terms für $x = 4$; $y = 3$; $z = -5$:
$3 \cdot 4 - 2 \cdot 3 + (-5) = 12 - 6 - 5 = 1$

Der **Wert eines Terms** lässt sich berechnen, wenn die Variablen durch Zahlen ersetzt werden.

$2x + 3y + x - 2y + 4z$
$= 2x + x + 3y - 2y + 4z$
$= 3x + y + 4z$

Gleichartige Terme lassen sich durch Addieren und Subtrahieren der Koeffizienten **zusammenfassen**, verschiedenartige dagegen nicht.

	T_1: $2x + 3y - 4x$	T_2: $3y - 2x$
$x = -1$	$-2 + 7{,}5 + 4$	$3 \cdot 2{,}5 - 2 \cdot (-1)$
und	$= 5{,}5 + 4$	$= 7{,}5 + 2$
$y = 2{,}5$	$= 9{,}5$	$= 9{,}5$

Terme heißen **äquivalent**, wenn ihre Werte nach jeder Ersetzung der Variablen durch Zahlen übereinstimmen.

$3xy \cdot 5z \cdot 4xz$
$= (3 \cdot 5 \cdot 4) \cdot (x \cdot x) \cdot y \cdot (z \cdot z)$
$= 60x^2yz^2$
$8abc : (-4) = -2abc$

Terme lassen sich **multiplizieren**, indem man die Koeffizienten und die Variablen getrennt multipliziert.
Beim **Dividieren** eines Terms durch eine Zahl wird nur der Koeffizient dividiert.

Klammerregeln für Terme

- Addition einer Summe: $x + (y + z) = x + y + z$
- Subtraktion einer Summe: $x - (y + z) = x - y - z$
- Subtraktion einer Differenz: $x - (y - z) = x - y + z$
- Multiplikation einer Summe (Verteilungsgesetz): $x \cdot (y + z) = xy + xz$
- Division einer Summe: $(x + y) : z = x : z + y : z$
- Ausklammern eines gemeinsamen Faktors (Faktorisieren): $2x - 5xy = x(2 - 5y)$

1 Setzen Sie 3 für x und −1 für y und berechnen Sie den Wert des Terms.
a) $2x + 3y$ b) $-2x - 3$
c) $2x \cdot 3y$ d) $y^2 - x$

2 Setzen Sie die ganzen Zahlen von −3 bis 3 für x und berechnen Sie den Wert des Terms.
a) $4 + 2x$ b) $-3x - 4$
c) $2x - 5x$ d) $2x^2 - x$

3 Fassen Sie zusammen.
a) $9x + 12y - 5x + 7x - 4y$
b) $4a + 7b - 13a + 9b - b$
c) $3xy + 10ab - 9xy - 21ab$
d) $4a^2 - 4a + 4 - a^2 + a - 4$

4 Ergänzen Sie so, dass die Rechnung stimmt.
a) $-12x - y + \square - 5y = 5x - 6y$
b) $2a - 3b - 4 - a - \square = a - 4 + b$
c) $3xy - \square + 19ab - \square = 2xy + 20ab$

5 Multiplizieren bzw. dividieren Sie.
a) $6xy \cdot 5z \cdot 4 \cdot 8x$ b) $5x \cdot (-4y) \cdot 3 \cdot (-z)$
c) $25xy : 2{,}5$ d) $35y^2 : (-7)$

6 Beachten Sie „Punkt vor Strich".
a) $5xy + 4x \cdot (-7y) - 12y \cdot 3x$
b) $42xy - 40xy : 8 + 25xy - 20xy \cdot 3$
c) $3ab \cdot (-4ab) - cd \cdot cd + 5a^2b^2$

7 Berechnen Sie.
a) $9a + (12b - 6a) - 3b$
b) $6a + (14 - 3a) + (2a - 5)$
c) $6m - (-4n + m) + (-10m + 2n)$

8 Schreiben Sie ohne Klammer.
a) $3a(9b + 6)$ b) $8a(7b - 9c)$
c) $(12x - 6y) \cdot 5y$ d) $(8x + 7y^2) \cdot (-2x)$
e) $(14a - 21) : 7$ f) $(8a^2b - b^2) : (-0{,}5)$

9 Klammern Sie einen Faktor aus.
a) $5xy + 8xz$ b) $12ab - 18ac$
c) $27x^2 + 9xy$ d) $36a^2b^2 - 12a^2c^2$

Basiswissen | Gleichungen lösen

Um eine Gleichung zu lösen, führt man **Termumformungen** und **Äquivalenzumformungen** aus.
Durch solche Umformungen ändert sich die Lösung einer Gleichung nicht.
Am Ende steht eine Gleichung, deren Lösung unmittelbar abzulesen ist.

$$8x + 27 + x + 2\cdot(8 - 3x) = -32 + 4\cdot(24 - x)$$
$$\downarrow$$
$$x = 3$$

Termumformungen
Die zwei Terme auf der linken und der rechten Seite der Gleichung werden durch Zusammenfassen einzeln vereinfacht. Enthält ein Term **Klammern**, werden diese zuerst aufgelöst.

$$\begin{aligned} 8x + 27 + x + 2\cdot(8 - 3x) &= -32 + 4\cdot(24 - x) && \mid T \\ 8x + 27 + x + 16 - 6x &= -32 + 96 - 4x && \mid T \\ 3x + 43 &= 64 - 4x && \mid +4x \\ 7x + 43 &= 64 && \mid -43 \\ 7x &= 21 && \mid :7 \\ x &= 3 \end{aligned}$$

Äquivalenzumformungen
- Auf beiden Seiten der Gleichung wird derselbe Term addiert oder subtrahiert.
- Beide Seiten der Gleichung werden mit derselben Zahl multipliziert oder durch dieselbe Zahl dividiert. **Ausgeschlossen** sind die Multiplikation mit null und die Division durch null.

Probe:

linker Term	rechter Term
$8\cdot3 + 27 + 3 + 2\cdot(8 - 3\cdot3)$	$-32 + 4\cdot(24 - 3)$
$= 24 + 27 + 3 + 2\cdot(8 - 9)$	$= -32 + 4\cdot21$
$= 24 + 27 + 3 + 2\cdot(-1)$	$= -32 + 84$
$= 24 + 27 + 3 - 2$	$= 52$
$= 52$	

1 Lösen Sie die Gleichung so weit wie möglich im Kopf.
a) $12x - 18 = 4x + 30$
b) $29 - 17x = -18x + 30$
c) $34x - 27 + 8x = 50x - 87 - 2x$
d) $-x + 3x + 1 = -2x + 2 + 3x - 1$
e) $34 + 15x = 46 + 18x$

2 Lösen Sie die Gleichung und machen Sie die Probe.
a) $0{,}5x - 1 = 6$
b) $\frac{1}{3}x + 5 = 9$
c) $\frac{3}{4}x + \frac{7}{2} = \frac{1}{4}x + 6$
d) $\frac{5}{8}x - \frac{1}{4} = 1$
e) $1{,}5x + 8 = 6 - 0{,}5x$
f) $9{,}6x + 3 - 2{,}4x = -0{,}8x + 19$

3 Lösen Sie zuerst die Klammern auf, bevor Sie die Gleichung lösen.
a) $6\cdot(3x + 4) = 5\cdot(2x + 8)$
b) $-12x + 4\cdot(x - 9) = 3\cdot(2 - 5x)$
c) $y + 2\cdot(7 - y) - 5 = 13\cdot(y - 9)$
d) $4\cdot(y - 11) = 11\cdot(y - 4)$
e) $3\cdot(6 - u) + 4\cdot(2u + 5) = 3\cdot(u - 8)$

4 Die drei Schwierigen!
a) $\frac{1}{3}x + \frac{1}{2}\cdot(4 - 2x) = \frac{7}{6} + x$
b) $6\cdot(5 + 6y) = \frac{3}{2}\cdot(9 + 21y) + 13{,}5$
c) $2\cdot(1 + z) + 3\cdot(7 - z) - 4\cdot(2z - 1)$
$- (6 - 12z) = 0$

5 Wie heißt die gesuchte Zahl? Lösen Sie mit einer Gleichung und kontrollieren Sie Ihre Lösung mit der Probe.
a) Das 5-Fache einer Zahl vermehrt um 16 ist das 2-Fache der Zahl vermehrt um 1.
b) Das 7-Fache einer um 9 vermehrten Zahl ist das 9-Fache der um 7 verminderten Zahl.
c) Das 3-Fache einer um 1 vermehrten Zahl ist das 4-Fache dieser Zahl vermindert um 3.

6 a) In 8 Jahren wird Anca 3-mal so alt sein wie sie jetzt ist.
b) In 5 Jahren wird Bea 4-mal so alt sein wie sie vor 10 Jahren war.

1 Terme und Variablen

Familie Schneider plant ihren 15-tägigen Urlaub mit einem gemieteten Wohnmobil. Sie holt verschiedene Angebote ein.

	Tagesmiete	Kilometerpauschale
Firma A	69,– €	0,60 €
Firma B	89,– €	0,30 €

→ Erstellen Sie zum Vergleich eine Kostenübersicht aus Mietpreis und zurückgelegten Kilometern.
→ Was würden Sie empfehlen?

Rechenvorgänge lassen sich oft mit einem Term beschreiben. Dabei können für Zahlen oder Größen Variablen verwendet werden.

Handy-Nutzung	Grundgebühr	SMS-Preis	SMS-Anzahl
Januar	9,95 €	0,19 €	85
Februar	9,95 €	0,19 €	62

Bezeichnet man die Anzahl der SMS mit der Variablen x, lautet der Term für die monatlichen SMS-Kosten in €: 9,95 € + 0,19 € · x.
Setzt man für jeden Monat die Anzahl der versandten SMS ein, so lassen sich die Kosten für jeden Monat berechnen:
Januar: 9,95 € + 0,19 € · 85 = 26,10 € Februar: 9,95 € + 0,19 € · 62 = 21,73 €

Terme sind Rechenausdrücke, in denen Zahlen, Variablen und Rechenzeichen vorkommen können.
Ersetzt man die **Variablen** durch Zahlen, lässt sich der **Wert eines Terms** berechnen.

Beispiele

a) Für $x = 7$ und $y = 3$ kann man den Wert des Terms $5 \cdot x + 4 \cdot y$ berechnen:
$5 \cdot 7 + 4 \cdot 3 = 35 + 12 = 47$

b) Für $x = -4$ und $y = -5$ kann man den Wert des Terms $3 \cdot x - 2 \cdot y - 4$ berechnen:
$3 \cdot (-4) - 2 \cdot (-5) - 4 = -12 + 10 - 4 = -6$

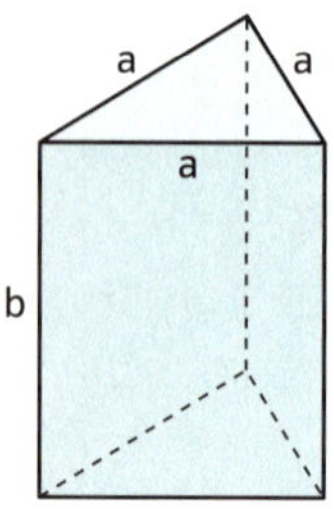

c) Aufstellen eines Terms:
Die Summe aller Kantenlängen des Prismas lässt sich beschreiben mit
Länge der Grundkante: a
Länge der Seitenkante: b
Gesamtkantenlänge: $6 \cdot a + 3 \cdot b$

d) Zwei gleichwertige Terme:

	T_1: $6x + 3x - 2x$	T_2: $-3x + 10x$
für $x = 2$	$12 + 6 - 4 = \mathbf{14}$	$-6 + 20 = \mathbf{14}$
für $x = -3$	$-18 - 9 + 6 = \mathbf{-21}$	$+9 - 30 = \mathbf{-21}$
für $x = 0{,}5$	$3 + 1{,}5 - 1 = \mathbf{3{,}5}$	$-1{,}5 + 5 = \mathbf{3{,}5}$

Bemerkungen

- Zwei Terme heißen **äquivalent** (gleichwertig), wenn ihre Werte nach jeder Ersetzung der Variablen durch Zahlen übereinstimmen.
- Der Malpunkt zwischen einer Zahl und einer Variablen wird oft weggelassen. Ist ein Faktor die Zahl 1, wird dieser meist nicht notiert.

! $2 \cdot x = 2x$
$1 \cdot a = 1a = a$
$(-1) \cdot a = -1a = -a$

Aufgaben

1 Ordnen Sie jedem Term einen Satz zu.

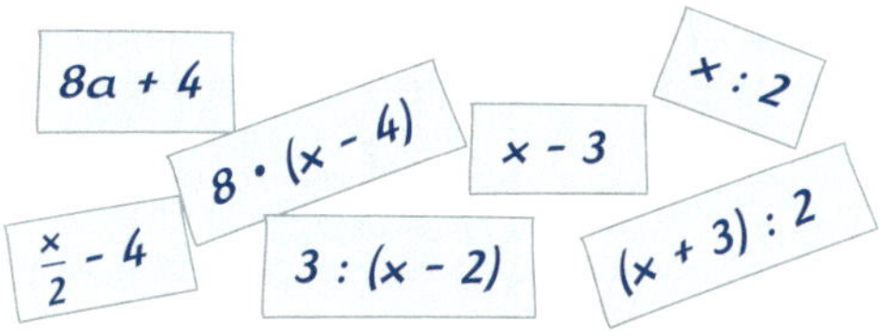

a) das Achtfache der Differenz aus x und 4
b) die Differenz aus der Hälfte von x und 4
c) die Hälfte der Summe von x und 3
d) der Quotient aus x und 4
e) die Summe aus dem 8-fachen von a und 4
f) der Quotient aus der Zahl 3 und der Differenz von x und 1
g) die Differenz von x und 3

2 Übersetzen Sie den Term in Worte.

a) $4 \cdot x + 1$ b) $10 - 3 \cdot x$
c) $z \cdot (5 - x)$ d) $(b + 5) \cdot \frac{1}{2}$
e) $\frac{x}{3} - 10$ f) $5 \cdot x + b \cdot \frac{1}{2}$

3 Setzen Sie für die Variable x die Zahlen −3 bis 3 ein und berechnen Sie den Wert des Terms.

Beispiel:

x	−3	−2	−1	0	1	2	3
$2 \cdot x + 2$	−4	−2	0	2	4	6	8

a) $2x - 4$ b) $10 - x$ c) $-2x + 1$
d) $-2 - 3x$ e) $x^2 - x$ f) $-4x - 3x$

4 Setzen Sie die Zahl 2 für x und die Zahl −3 für y ein und berechnen Sie den Wert des Terms.

a) $2x + y$ b) $3x \cdot 2y$ c) $y - 2x$
d) $x \cdot x \cdot y$ e) $x - 5y$ f) $y^2 + 4x$

5 Welche Terme sind äquivalent?

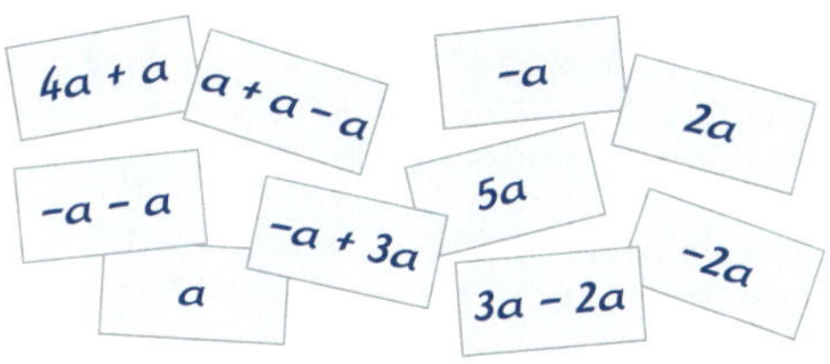

6 Wie kann der Term heißen?

a)

x	2	3	4	8
?	5	6	7	11

b)

x	2	3	4	7
?	5	7	9	15

c)

x	2	3	4	9
?	4	7	10	25

7 Welcher Term gehört zu welchem Kantenmodell?

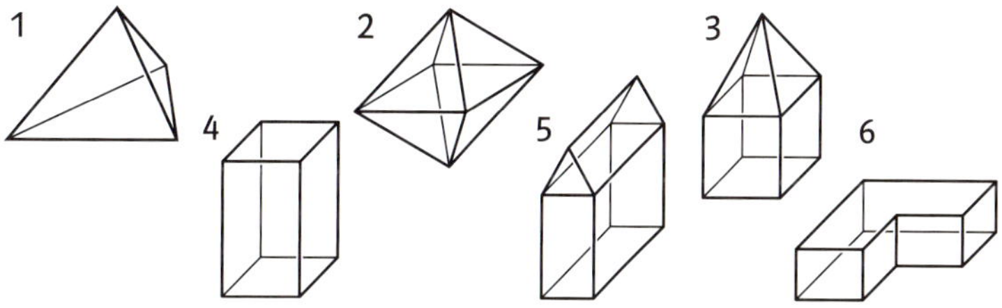

a) $8x + 4y$ b) $12x$ c) $6x + 4y + 4z$
d) $6x$ e) $8x + 8y$ f) $8x + 5y + 4z$
g) $8x$ h) $12x + 4y$ i) $4x + 8y + 6z$

8 Sie planen den Getränkeeinkauf für eine Geburtstagsfeier. Sie kaufen x Flaschen Apfelsaft zu je 1,45 €, y Flaschen Cola zu je 0,75 € und z Flaschen Orangensaft zu je 1,98 € ein und geben w leere Flaschen (Pfand 0,30 €) zurück.
a) Stellen Sie für die Gesamtkosten Ihres Einkaufs einen Term auf.
b) Berechnen Sie die Gesamtkosten für 12 Flaschen Apfelsaft, 15 Flaschen Cola und 6 Flaschen Orangensaft.
c) Sie haben 30 € zur Verfügung und geben 8 leere Flaschen zurück. Welche Einkaufsmöglichkeiten bieten sich Ihnen?

9 Geben Sie zu dem Term eine mögliche Sachsituation an.
a) $x \cdot 3{,}50 + x \cdot 2{,}75$
b) $0{,}89 \cdot a + 1{,}19 \cdot b + 1{,}39 \cdot c$
c) $x \cdot 1{,}12 + y \cdot 0{,}75 - z \cdot 0{,}25$
d) $15 - 0{,}55 \cdot x - 0{,}45 \cdot y$
e) $2{,}85 \cdot x + 2{,}20 \cdot x + 12 \cdot 7{,}50$

2 Addition und Subtraktion von Termen

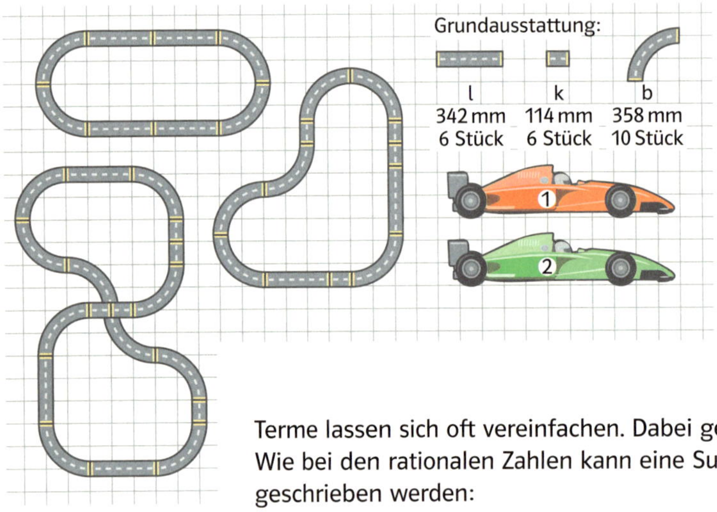

Für den Bausatz der Modellrennbahn gibt es eine Grundausstattung an Fahrbahnstücken.

→ Drücken Sie die Länge jeder Rennstrecke mithilfe eines Terms aus, der die Variablen l, k und b enthält.
Vergleichen Sie Ihre Terme.

→ Entwerfen Sie eigene Rennstrecken und beschreiben Sie ihren Aufbau mit einem Term.

Terme lassen sich oft vereinfachen. Dabei gelten die bisher bekannten Rechengesetze. Wie bei den rationalen Zahlen kann eine Summe mit gleichen Summanden als Produkt geschrieben werden:

$x + x + x + x$
$= 4x$

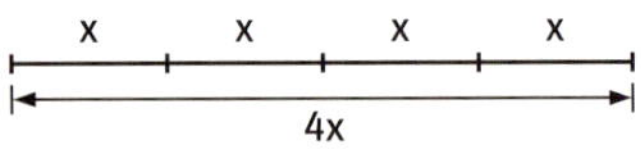

In machen Termen lassen sich die Summanden vor dem Zusammenfassen ordnen. Dazu wendet man das Vertauschungsgesetz an:

$x + y + x + y + x$
$= x + x + x + y + y = 3x + 2y$

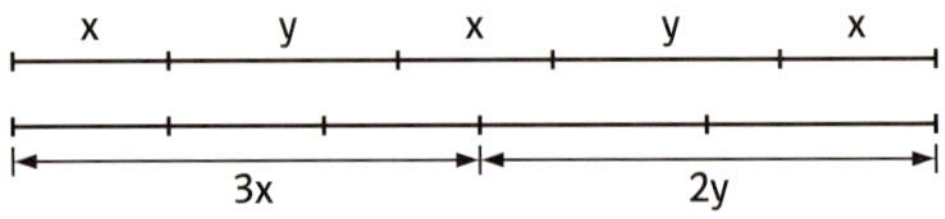

In einem Term wie $5x$ oder $7a$ nennt man 5 bzw. 7 den **Koeffizienten**. Unterscheiden sich Terme wie $3x$, $6x$ oder $-2x$ nur in ihren Koeffizienten, nennt man sie **gleichartig**. Sie lassen sich dann mithilfe des Verteilungsgesetzes zusammenfassen:
$5x - 3x = (5 - 3) \cdot x = 2x$

! *$3x$ und $5x$ sind gleichartig, $3x$ und $5x^2$ nicht.*

Gleichartige Terme lassen sich durch Addieren und Subtrahieren zusammenfassen, verschiedenartige dagegen nicht.

Bemerkung
Beim Zusammenfassen entstehen äquivalente Terme.

Beispiele
a) Der Term wird vereinfacht.
$a - b + 2a - b$
$= a + 2a - b - b$
$= 3a - 2b$

b) $-x - 2y + 3x - 4y + 5z$
$= -x + 3x - 2y - 4y + 5z$
$= (-1 + 3) \cdot x + (-2 - 4) \cdot y + 5z$
$= 2x - 6y + 5z$

c) Die Terme sind äquivalent.

	T_1: $4x + x - 8x$	T_2: $-3x$
$x = 4$	$16 + 4 - 32 = \mathbf{-12}$	$-3 \cdot 4 = \mathbf{-12}$
$x = -1$	$-4 - 1 + 8 = \mathbf{3}$	$-3 \cdot (-1) = \mathbf{3}$

d) Die Terme sind äquivalent.

	T_1: $3x - 5y - 4x$	T_2: $-x - 5y$
$x = 3{,}5$ und $y = -2$	$10{,}5 + 10 - 14 = 6{,}5$	$-3{,}5 + 10 = 6{,}5$

Aufgaben

1 Schreiben Sie als Produkt.

a) $a + a + a + a$ b) $x + x$
c) $y + y + y$ d) $z + z + z + z + z$
e) $b + b + b + b + b$ f) $c + c + c + c$

2 Addieren Sie.

a) $3a + 4a + 2a$ b) $5f + 3f + 2f$
c) $7m + 3m + 4m$ d) $10d + 2d + 6d$
e) $11n + 12n + 20n$ f) $8x + 16x + 9x$
g) $12r + r + 13r$ h) $25p + 17p + p$

3 Addieren und subtrahieren Sie.

a) $4x - x$ b) $y + 5y$
c) $-s + 3s$ d) $9t - t$
e) $25r - r - r$ f) $7g - g$
g) $-13h + h$ h) $-z - z + y$

4 Fassen Sie zusammen.

a) $3p + 5p + 11q$ b) $12a - 6a + 5b$
c) $17r + 10s - 3r$ d) $19z - 3y - 14z$
e) $-9p + 8t + 16p$ f) $26y - 13z + 42z$
g) $18x - 12 - 11x$ h) $29b + 13b - 13$

5 Achten Sie auf gleichartige Summanden.

a) $46m + 2m + 46$ b) $46m + 2 + 46$
c) $46m + m - 46$ d) $46m - 46 - m$
e) $-46m + m + 46$ f) $-46m + 46m - 2$
g) $46 - 2m + 46m$ h) $46m - 46m - 2m$

6 Füllen Sie durch Addieren und Subtrahieren.

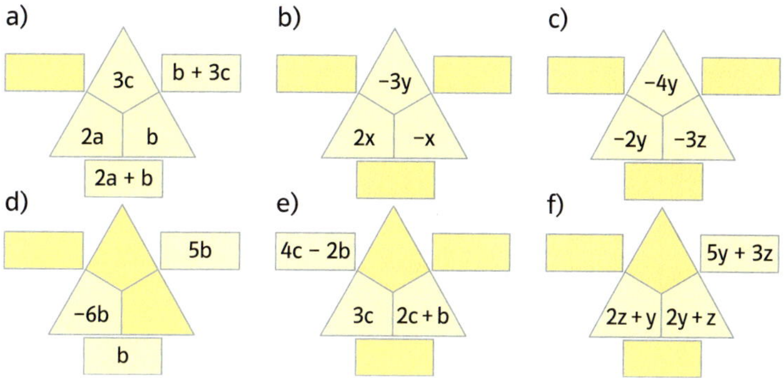

7 Ergänzen Sie.

a) $36a + 10a - \square = 20a$
b) $41c + \square - 17c = 30c$
c) $\square + 28g - 17g = 55g$
d) $44e - \square + 12e = 19e$
e) $46f - 18f - \square = 19f$
f) $12b - \square - 15b = -10b$

8 Ergänzen Sie. Geben Sie zwei Möglichkeiten an.

a) $\square + \square - \square = 8a$
b) $-\square + \square - \square = -5x$
c) $-\square + \square + \square = -6x + 2y$
d) $-\square - \square + \square = 2a - 3b$
e) $\square - \square + \square = 12m - 15n$

Term-Bausteine

- Nachbarsteine werden addiert.

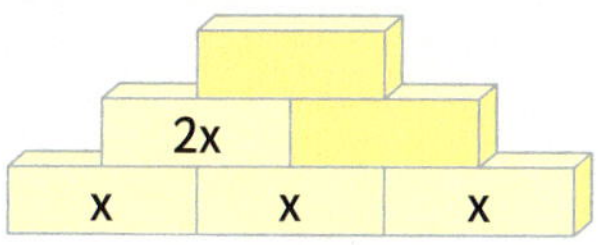

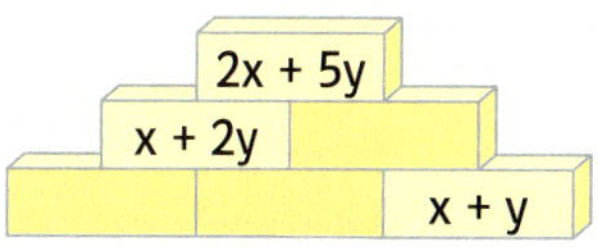

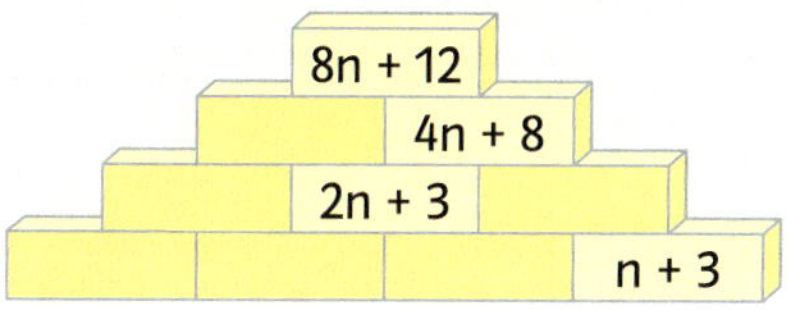

- Erkennen Sie eine Regel für die Summe im oberen Stein?

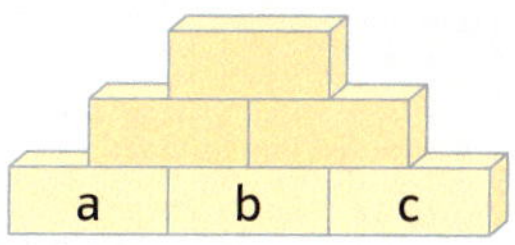

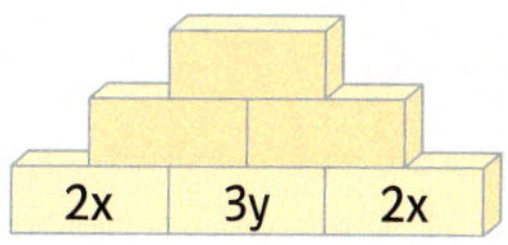

- Erkennen Sie eine Regel auch für vierstufige Steinmauern?

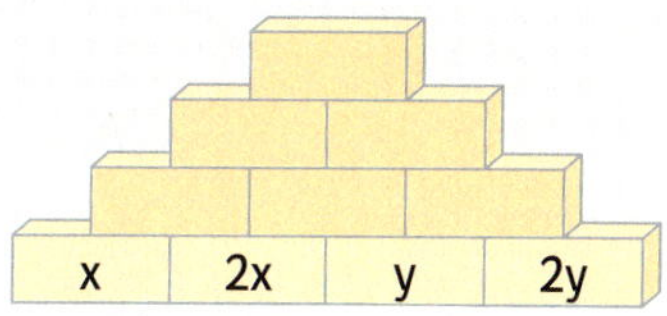

3 Multiplikation und Division von Termen

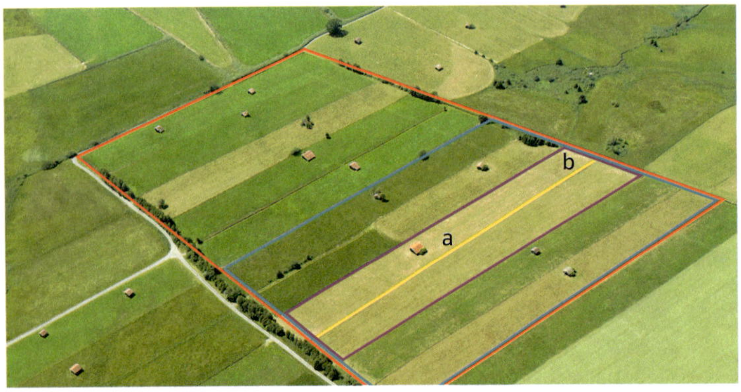

Das Flurbild in vielen Regionen Südwestdeutschlands zeigt, dass es Jahrhunderte lang üblich war, die Ackerflächen in gleichen Teilen zu vererben.
Auf dem Bild sehen Sie eine aufgeteilte Ackerfläche. Die schmalen Flächenstücke haben die Länge $a = 100\,m$ und die Breite $b = 40\,m$.

➔ Geben Sie die verschiedenen Teilflächen in m^2 und Ar an.

➔ Drücken Sie die einzelnen Flächen mit den Variablen a und b aus.

Ein Term aus einer Variablen und einem Koeffizienten wird mit einer Zahl muliplìziert, indem der Koeffizient mit der Zahl multipliziert wird.

$2x \cdot 5$
$= 5 \cdot 2 \cdot x$ Vertauschungsgesetz
$= (5 \cdot 2) \cdot x = 10x$ Verbindungsgesetz

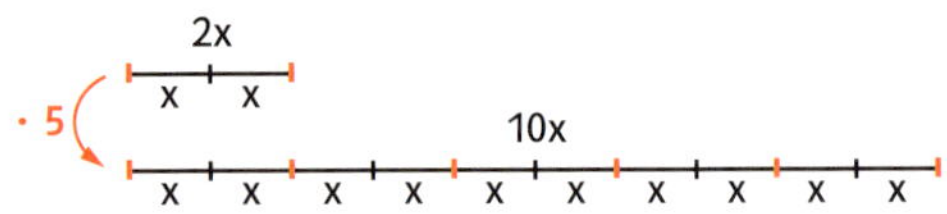

Produkte aus Termen mit Variablen und Koeffizienten werden vereinfacht, indem die Koeffizienten und Variablen jeweils miteinander multipliziert werden.

$2x \cdot 5y$
$= 2 \cdot 5 \cdot x \cdot y$ Vertauschungsgesetz
$= 10 \cdot x \cdot y$ Verbindungsgesetz

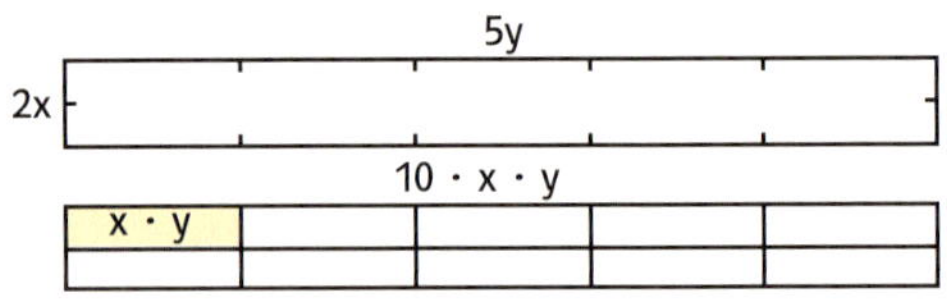

Wird eine Variable mit sich selbst multipliziert, schreibt man sie als **Potenz**.

$x \cdot x$
$= x^2$

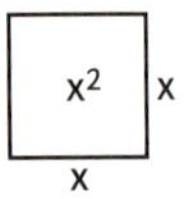

$x \cdot x \cdot x$
$= x^3$

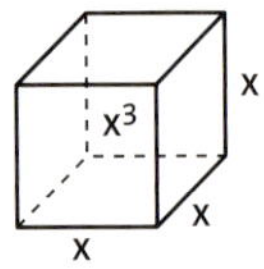

$3x \cdot 5x$
$= 3 \cdot x \cdot 5 \cdot x$
$= (3 \cdot 5) \cdot x \cdot x$
$= 15x^2$

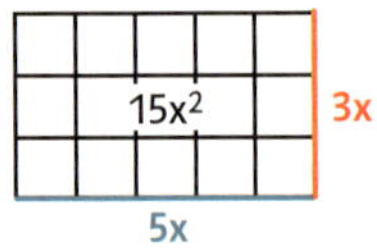

Ein Produkt aus Zahlen und Variablen lässt sich vereinfachen, indem man die Koeffizienten und die Variablen getrennt multipliziert.
Beim Dividieren eines Terms durch eine Zahl wird der Koeffizient dividiert.

Beispiele

a) $3x \cdot 5y$
$= (3 \cdot 5)x \cdot y$
$= 15xy$

b) $7 \cdot x \cdot x \cdot y$
$= 7 \cdot (x \cdot x) \cdot y$
$= 7x^2y$

c) $3m \cdot 6n + 5m \cdot n$
$= (3 \cdot 6) \cdot m \cdot n + 5m \cdot n$
$= 23mn$

d) $2x \cdot y \cdot 5y \cdot w$
$= 2 \cdot 5 \cdot x \cdot y \cdot y \cdot w$
$= 10wxy^2$

e) $15x : 3$
$= (15 : 3) \cdot x$
$= 5x$

! $x \cdot y = xy$
$a \cdot b \cdot c = abc$

Zur besseren Übersicht werden in Produkten mit mehreren Faktoren die Koeffizienten vorangestellt und nachfolgend die Variablen alphabetisch angeordnet.

Aufgaben

1 Multiplizieren Sie im Kopf.

a) $3 \cdot 2x$; $4 \cdot 3x$; $1{,}5 \cdot 4x$
b) $6 \cdot 4a$; $3 \cdot 8a$; $4 \cdot 2{,}5a$
c) $7 \cdot 2w$; $8 \cdot 4t$; $10 \cdot 3u$
d) $3c \cdot 8$; $5f \cdot 9$; $4g \cdot 17$
e) $11t \cdot 5$; $12s \cdot 7$; $9r \cdot 13$
f) $15y \cdot 4$; $16m \cdot 8$; $18p \cdot 6$

2 Fassen Sie zusammen.

a) $a \cdot a$; $b \cdot b$; $x \cdot x$
b) $z \cdot z \cdot z$; $n \cdot n \cdot n \cdot n$; $t \cdot t \cdot t \cdot t \cdot t$
c) $a \cdot a \cdot b$; $m \cdot n \cdot n$; $p \cdot p \cdot q$
d) $t \cdot t \cdot t \cdot z$; $a \cdot a \cdot b \cdot b$; $x \cdot y \cdot x \cdot y$
e) $y \cdot a \cdot y \cdot y$; $x \cdot b \cdot b \cdot x$; $d \cdot s \cdot d \cdot s$
f) $g \cdot h \cdot h \cdot g$; $r \cdot s \cdot s \cdot r \cdot r$; $r \cdot t \cdot r \cdot t \cdot r$

3 Ordnen Sie vor dem Multiplizieren.

a) $2xy \cdot 5a \cdot 3bx$
b) $6r \cdot 4uv \cdot 6vw$
c) $4x \cdot 8xy \cdot 5yb$
d) $16r \cdot 3uv \cdot 2uv$
e) $4cd \cdot 5ce \cdot 6de$
f) $7ux \cdot 7vx \cdot 7uv$
g) $8rms \cdot 8 \cdot 8sn$
h) $6ac \cdot 7bc \cdot 8ab$

4 Vereinfachen und unterscheiden Sie.

a) $5 + 5$; $5 \cdot 5$
b) $y + y$; $y \cdot y$
c) $a + a + a$; $a \cdot a \cdot a$
d) $x^2 + x^2$; $x^2 \cdot x^2$
e) $2n + 2n$; $2n \cdot 2n$
f) $2 + 3t$; $2 \cdot 3t$
g) $b + 3b$; $b \cdot 3b$
h) $x + x^2$; $x \cdot x^2$

5 Ergänzen Sie die Produktterme.

a)
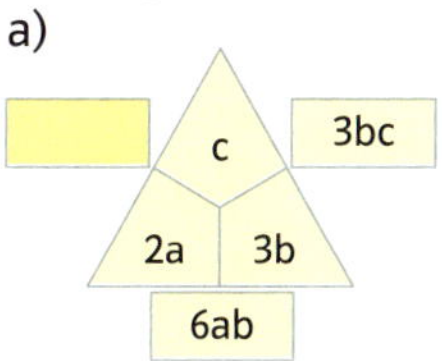

b)
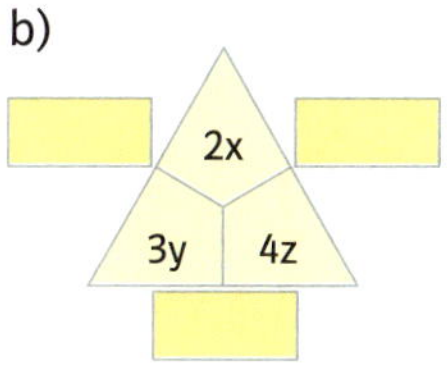

c)
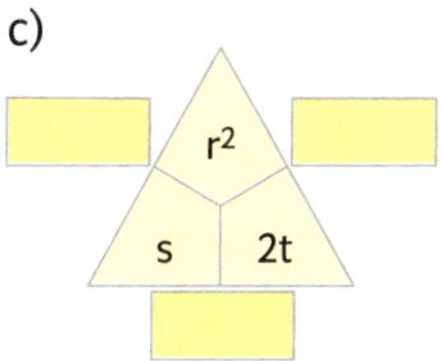

d)
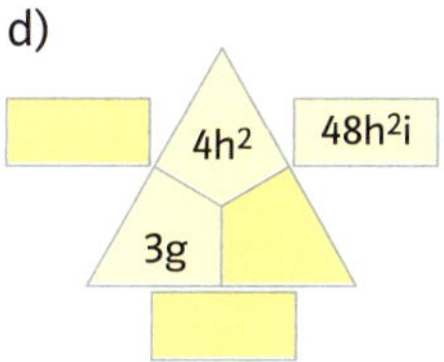

e)
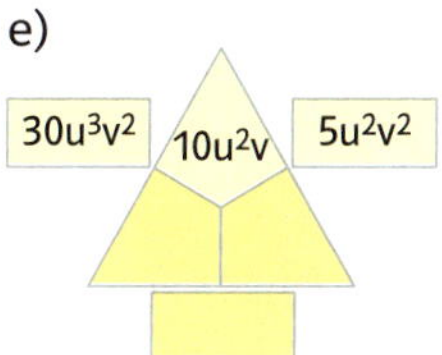

f)
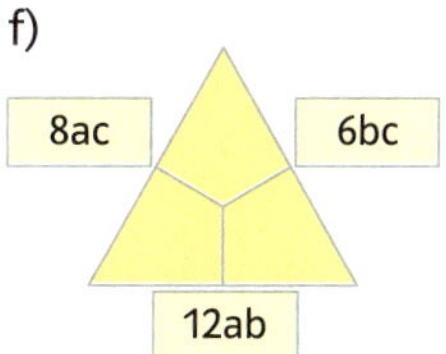

6 Vereinfachen Sie so weit wie möglich.

a) $2 \cdot x \cdot 4 \cdot y$
b) $y \cdot 3y \cdot 5$
c) $x^2 \cdot 5x \cdot 3x$
d) $3n \cdot 4p \cdot 5n^2p$
e) $y^2 \cdot 4y \cdot (-3)$
f) $t^2 \cdot 5s \cdot t \cdot 2s$
g) $3a^2 \cdot 2b^3 \cdot ab$
h) $c^2 \cdot d \cdot 3c^2 \cdot (-4)$

7 Ergänzen Sie.

a) $\square \cdot 7x = 28xy$
b) $3r \cdot \square = 33rs$
c) $5b \cdot \square = 45bc$
d) $\square \cdot -6g = -54gp$
e) $\square \cdot 16x^2 = 80x^2z$
f) $-8z \cdot \square = -96z^2x$
g) $-13v \cdot \square = 91v^2w$
h) $\square \cdot (-15t^2s) = 75s^2t^2$

8 Es gibt mehrere Möglichkeiten.
Geben Sie mindestens drei davon an.

a) $\square \cdot \square = 18ab$
b) $\square \cdot \square = -22cd$
c) $\square \cdot \square = 32a^2c^2$
d) $\square \cdot \square = 60xy^2z$
e) $\square \cdot \square = -24t^2s^2$
f) $\square \cdot \square = 5{,}6pqr^2$
g) $\square \cdot \square = -7{,}2s^3t^3$
h) $\square \cdot \square = 7{,}5a^2b^3c$

! *Unterscheiden Sie:*

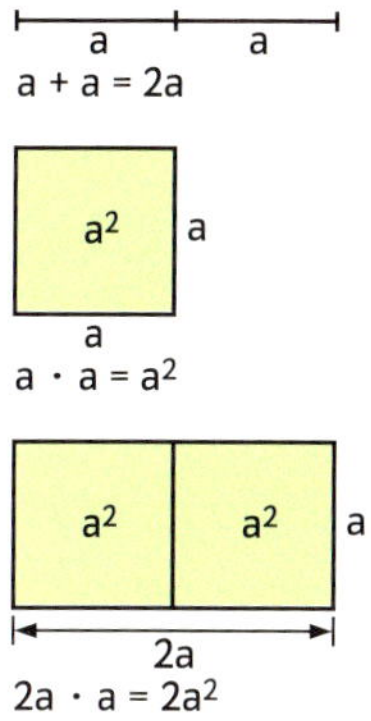

? *$a + a^2 = ?$*
$a \cdot a^2 = ?$

Summe aus Produkten

Der Term xy ist ein Produkt, $x + y$ dagegen eine Summe.
Wie vereinfacht man nun den Term $xy + xy$? Nach der Rechenregel „Punkt vor Strich" müssen Sie so vorgehen:

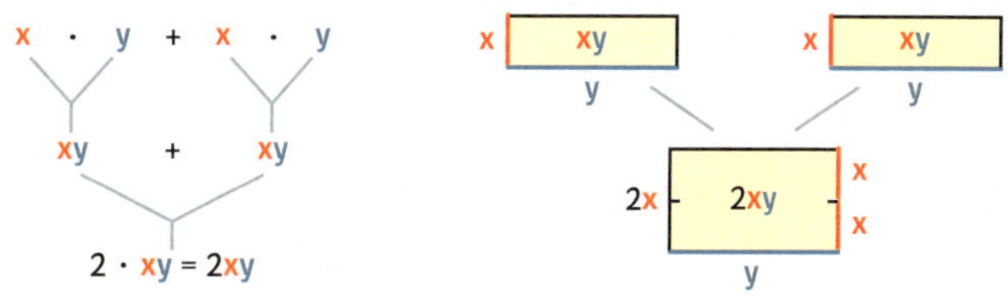

Das Produkt xy wird behandelt wie ein Summand. Achten Sie darauf, dass auch hier nur gleichartige Terme zusammengefasst werden können. Faktoren können auch vertauscht sein:
$2ab^2 + ba^2 + ab^2 = 2ab^2 + ab^2 + a^2b = 3ab^2 + a^2b$

■ Schreiben Sie als Produkt.

$cd + cd$; $nt + nt + nt$
$2vw + 2vw$; $31pc + pc + pc$
$12y^2 + 12y^2$; $10de - 3de + de$

■ Vereinfachen Sie.

$xy - yx$; $abc + bac + cba$
$ot + to$; $otto + toto$
Finden Sie ähnliche Beispiele.

■ Fassen Sie zusammen.

$5ab + 3mn - ab + 2mn$
$4xy + 9gh + 7xy - 5gh$
$5ft - 3ft + 12ab + 8ab$
$16ab - 4gh - 20ab + 5gh$

■ Hier ist Sorgfalt angesagt!

$xyz + x^2y - xy^2z - xyx$
$snr + sn^2r - ns^2 + ss - sn^2r$
$r^2st + rs^2t + rst + s^2tr - tsr^2$
$gh^2 - hi^2g + ihg - 2g^2h + i^2gh$

4 Terme mit Klammern

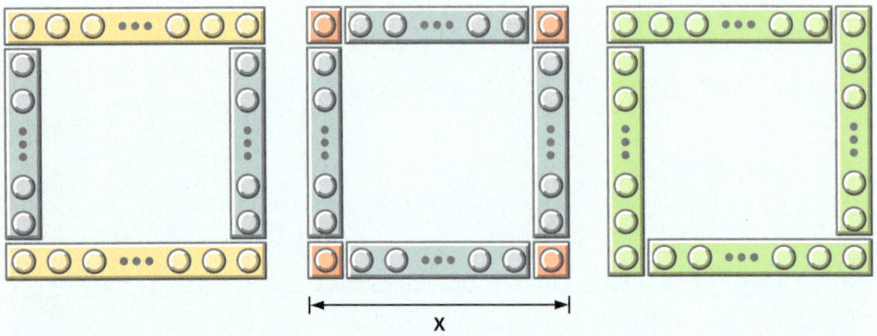

? $4 \cdot (x-1)$
$2x + 2 \cdot (x-2)$
$4 \cdot (x-2) + 4$

Die Randpunkte von Quadraten werden gezählt.
Dabei gibt es verschiedene Möglichkeiten. Drei davon sind mithilfe von Termen angegeben: $4 \cdot (x-1)$
$2x + 2 \cdot (x-2)$
$4 \cdot (x-2) + 4$

→ Zu welcher Abzählung gehört welcher Term?

→ Wie viele Punkte liegen insgesamt auf dem Rand eines Quadrats, auf dessen Seite 100 Randpunkte liegen?

Wird zu einem Term eine Summe oder Differenz addiert, darf die Klammer wegfallen. Rechenzeichen und Vorzeichen ändern sich dabei nicht:

$4a + (2b - 3a)$
$= 4a + 2b - 3a = a + 2b$

Wird eine Summe oder Differenz subtrahiert, darf die Klammer wegfallen, wenn dabei alle Pluszeichen in der Klammer zu Minuszeichen werden und umgekehrt:

$3b - (-2a + 4b)$
$= 3b + 2a - 4b = 2a - b$

! Nicht vergessen: Multipliziert man einen Term mit 0, so wird der Wert des Terms 0 (Satz vom Nullpunkt). Die Division durch 0 ist nicht erlaubt.

Summen und Differenzen werden mit einem Faktor multipliziert, indem jedes Glied der Klammer mit dem Faktor multipliziert wird **(Verteilungsgesetz)**. Entsprechendes gilt für die Division.

$4a \cdot (3b - 2a)$
$= 4a \cdot 3b - 4a \cdot 2a$
$= 12ab - 8a^2$

$(24b - 15c) : 3$
$= 24b : 3 - 15c : 3$
$= 8b - 5c$

Addition einer Summe:	$a + (b + c) = a + b + c$
Subtraktion einer Summe:	$a - (b + c) = a - b - c$
Subtraktion einer Differenz:	$a - (b - c) = a - b + c$
Multiplikation einer Summe:	$a \cdot (b + c) = ab + ac$
Division einer Summe:	$(a + b) : c = a : c + b : c$

Beispiele

a) $6a + (-5b + 3a)$
$= 6a - 5b + 3a$
$= 9a - 5b$

b) $6a - (-5b + 3a)$
$= 6a + 5b - 3a$
$= 3a + 5b$

c) $6a \cdot (-5b + 3a)$
$= 6a \cdot (-5b) + 6a \cdot (3a)$
$= -30ab + 18a^2$

d) $(6a - 3b) : 3$
$= 6a : 3 - 3b : 3$
$= 2a - b$

! Achten Sie auf das „unsichtbare" Pluszeichen:
$4x - (-2x + 3y)$
$= 4x - (+2x + 3y)$
$= 4x - 2x - 3y$
$= 2x - 3y$

Beim Vereinfachen von Termen ist es oft notwendig, Summen in Produkte zu verwandeln. Dies erfolgt durch **Ausklammern** beziehungsweise **Faktorisieren**.

e) $3a + 3b$
$= 3 \cdot (a + b)$

f) $2x + 5xy$
$= x \cdot (2 + 5y)$

g) $6ab + 8ac$
$= 2 \cdot 3 \cdot a \cdot b + 2 \cdot 4 \cdot a \cdot c$
$= 2a \cdot (3b + 4c)$

Bemerkung

Der Malpunkt zwischen Faktor und nachfolgender Klammer kann weggelassen werden:
$7 \cdot (a + b) = 7(a + b)$.

Aufgaben

1 Stellen Sie den Term als Figur aus Rechtecken dar wie am Rand.

Beispiel: $a \cdot (x + y) = ax + ay$

a) $2a \cdot (b + c)$ b) $a \cdot (2b + 2c)$
c) $2a \cdot (2b + 2a)$ d) $(b + 1{,}5c) \cdot a$
e) $c \cdot (a + b + c)$ f) $(a + 2a + 3a) \cdot a$

2 Schreiben Sie ohne Klammer.

a) $a + (b + c)$ b) $q + (r - s)$
c) $m - (n + o)$ d) $23 + (g - h)$
e) $x - (y - z)$ f) $g - (h + 18)$
g) $50 - (k - m)$ h) $32 - (-p + q)$
i) $2u - (2w - 2u)$ j) $-5v + (6v - 12)$

3 Lösen Sie die Klammer auf.

a) $-2x - (3y + 4z)$ b) $3y - (-2x + z)$
c) $8w + (-5s + 16)$ d) $11a + (-3c - 4d)$
e) $43g - (-12f + 10h)$ f) $-9e - (4r - e)$
g) $36u - (-2v - 29w)$ h) $15b - (-8n - 7g)$
i) $3{,}5a + (-6{,}1b - 2a)$ j) $3x - (2y - z + x)$
k) $-0{,}4x - (0{,}7v - x)$ l) $-a - (-2a - b - c)$

4 Übertragen Sie die Figur in Ihr Heft.

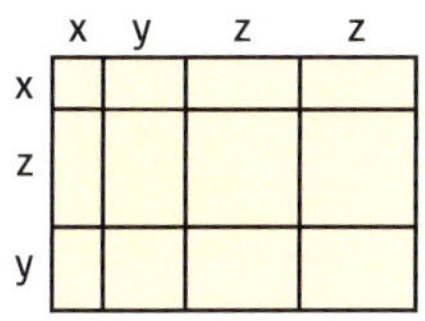

a) Finden Sie zu jedem Term die passende Fläche und umranden Sie sie mit Farbe.

$x \cdot (x + y)$ $y \cdot (y + z)$ $y \cdot z + x \cdot y$
$(z + z) \cdot y$ $(x + y + z) \cdot y$ $y \cdot (z + y)$

b) Formen Sie jeden Term in einen äquivalenten Term um.

c) Stellen Sie sich gegenseitig Aufgaben.

5 Vereinfachen Sie den Term.

a) $(4a + 5b) + (2a + 3b)$
b) $(4a + 5b) + (-2a - 3b)$
c) $(-4a + 5b) - (2a + 3b)$
d) $(4a - 5b) - (-2a + 3b)$
e) $(-4a - 5b) - (-2a - 3b)$
f) $(4a - 5b) + (-2a - 3b)$

zu Aufgabe 1:

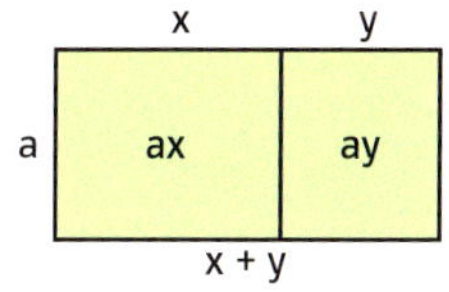

? $a + (a + a) = \square$
$a + (a - a) = \square$
$a - (a + a) = \square$
$a - (a - a) = \square$

? $a + (-a + a) = \square$
$a + (-a - a) = \square$
$a - (-a + a) = \square$
$a - (-a - a) = \square$

Terme benennen

Um mit Termen sicher umzugehen, müssen Sie ihren Aufbau kennen. Nach den Vorrangregeln können Sie die Reihenfolge der Rechenschritte feststellen. Die zuletzt angewandte Rechenart benennt den Term.

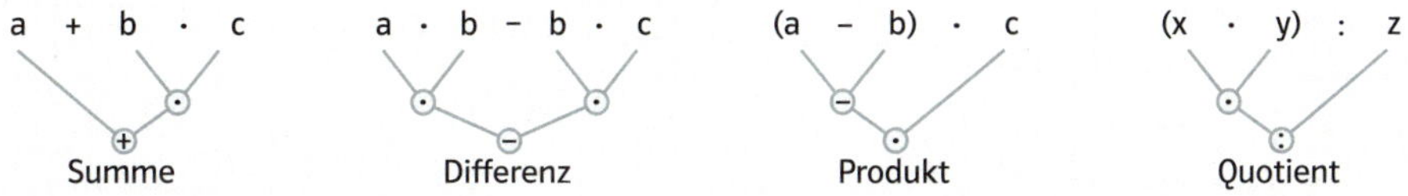

- Benennen Sie sowohl die Terme als auch ihre Einzelglieder.

$8a + (3s - 5t)$ $2a \cdot (3a \cdot 5b)$
$8a - 3s \cdot 5t$ $16 - (-18g - 17h)$
$(8a - 3s) \cdot 5t$ $3y + (2x - (6a + 5b))$
$8a - 3s : 5t$ $(a + 2b) - (4a - b) \cdot 2$
$x - (12a - 3b)$ $-5r \cdot (8s \cdot (-3t))$

- Schreiben Sie einen Term auf, der das Produkt aus zwei Summen ist.
- Notieren Sie einen Term, der die Summe aus zwei Produkten ist.
- Notieren Sie einen Term, der die Differenz aus einer Summe und einem Quotienten ist.

Rechenart	Term	Name des Terms	a	b
Addieren	$a + b$	Summe	1. Summand	2. Summand
Subtrahieren	$a - b$	Differenz	Minuend	Subtrahend
Multiplizieren	$a \cdot b$	Produkt	1. Faktor	2. Faktor
Dividieren	$a : b$	Quotient	Dividend	Divisor

5 Ausmultiplizieren. Ausklammern

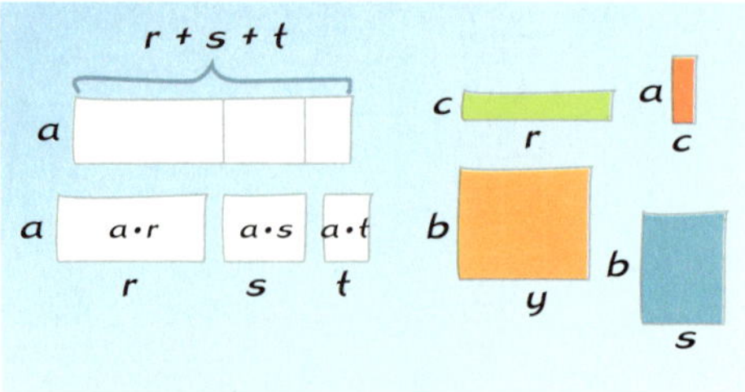

→ Nehmen Sie das große Flächenstück auseinander und schieben Sie alle möglichen kleinen Flächenstücke passend zu neuen Rechtecken zusammen.
→ Drücken Sie jeweils die Gesamtfläche durch die Summe der Einzelflächen und durch das Produkt der Seitenlängen aus.
→ Finden Sie Gesetzmäßigkeiten?

Terme wie $2a \cdot (3b + 4c)$ oder $6x + 8xy$ lassen sich mithilfe des **Verteilungsgesetzes** (Distributivgesetzes) umformen. Dabei unterscheidet man

Ausmultiplizieren und **Ausklammern** (Faktorisieren).

Durch das Ausmultiplizieren wird ein Produkt zu einer Summe.

Produkt: $2a \cdot (3b + 4c)$

$= 2a \cdot 3b + 2a \cdot 4c$

Summe: $= 6ab + 8ac$

Beim Ausklammern wird eine Summe zu einem Produkt.

Summe: $6x + 8xy$

$= 2x \cdot 3 + 2x \cdot 4y$

Produkt: $= 2x \cdot (3 + 4y)$

Beim **Ausmultiplizieren** wird jeder Summand in der Klammer mit dem Faktor außerhalb der Klammer multipliziert.
Aus einem Produkt wird eine Summe.
Haben Summanden gemeinsame Faktoren, können diese **ausgeklammert** werden.
Aus einer Summe wird ein Produkt.

Beispiele

a)

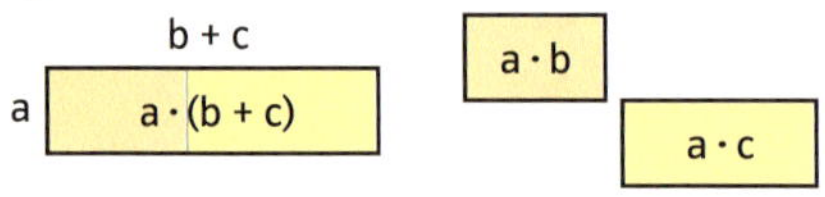

b)

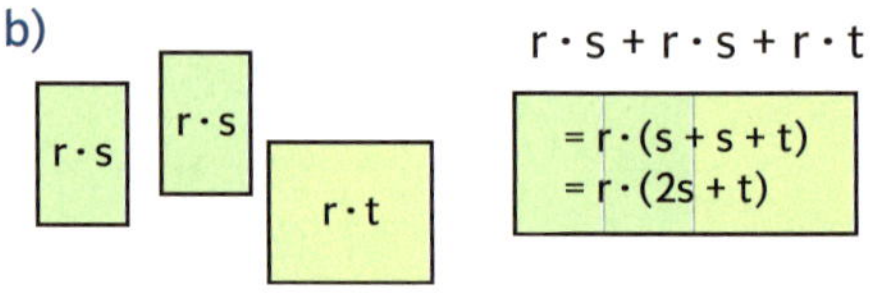

Durch Ausmultiplizieren in eine Summe verwandeln:

c) $4x \cdot (5y + 7x)$
$= 4x \cdot 5y + 4x \cdot 7x$
$= 20xy + 28x^2$

d) $(5a + 3b) \cdot 2c$
$= 5a \cdot 2c + 3b \cdot 2c$
$= 10ac + 6bc$

Das Verteilungsgesetz gilt auch für Differenzen:
$a \cdot (b - c)$
$= ab - ac$

Durch Ausklammern in ein Produkt verwandeln:

e) $24ab + 42ac$
$= 6a \cdot 4b + 6a \cdot 7c$
$= 6a(4b + 7c)$

f) $28x^2y + 21xy^2 - 7xy$
$= 7xy \cdot 4x + 7xy \cdot 3y - 7xy \cdot 1$
$= 7xy(4x + 3y - 1)$

Auch für die Division einer Summe oder Differenz gilt das Verteilungsgesetz.

g) $(144st + 108t) : 12$
$= 144st : 12 + 108t : 12$
$= 12st + 9t$

h) $(7{,}5x^2 - 5xy) : 2{,}5$
$= 7{,}5x^2 : 2{,}5 - 5xy : 2{,}5$
$= 3x^2 - 2xy$

Aufgaben

1 Rechnen Sie wie im Beispiel.

$\cdot$	20	4
9	180	36

$9 \cdot 24 = 9 \cdot 20 + 9 \cdot 4$
$= 180 + 36 = 216$

a) $4 \cdot 36$ b) $7 \cdot 44$ c) $34 \cdot 9$
$5 \cdot 43$ $8 \cdot 53$ $8 \cdot 82$
$6 \cdot 24$ $9 \cdot 65$ $9 \cdot 73$

2 Schreiben Sie einen Faktor als Differenz.

Beispiel: $8 \cdot 28 = 8 \cdot (30 - 2)$
$= 240 - 16 = 224$

a) $6 \cdot 78$ b) $12 \cdot 27$ c) $13 \cdot 19$
$8 \cdot 38$ $11 \cdot 85$ $12 \cdot 48$
$7 \cdot 87$ $9 \cdot 69$ $15 \cdot 39$

3 Drücken Sie die Gesamtfläche als Summe und als Produkt aus.

a)
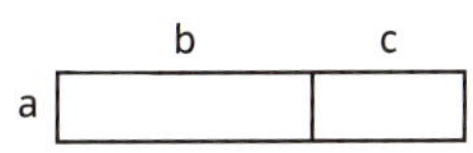

b)
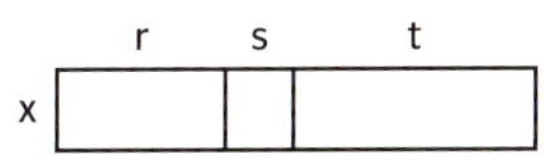

c)
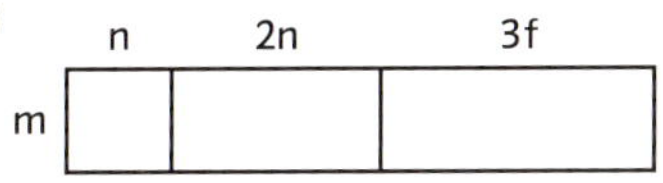

d)
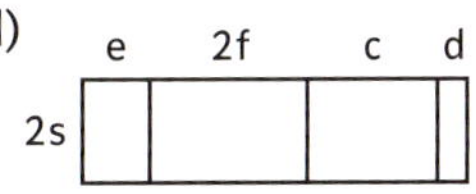

4 Multiplizieren Sie aus.

a) $5(x + 2)$ b) $x(1 + y)$
c) $7(a - 1)$ d) $2m(6 + 5n)$
e) $2x(y - 2)$ f) $(12 - 3f) \cdot 2g$
g) $(15 - 3b) \cdot 12a$ h) $9a(3b - 4a)$
i) $0{,}5z(7z + 1{,}5)$ j) $(4r - 6s) \cdot 1{,}5rs$

5 Setzen Sie in das Produkt und in die Summe ein. Wie rechnen Sie lieber?

a) $x = 8$; $y = 20$
$4x(5x + 3y)$ $20x^2 + 12xy$
b) $a = 3$; $b = 1$
$(2a - 3b) \cdot 6a$ $12a^2 - 18ab$

6 Welche Terme passen zusammen?

$5a(5 - 3a)$ $6ab + 12a^2$ $(4c + 6b) \cdot 7a$
$-(15a^2 - 25a)$ $35ab + 28ac$
$7a(-b + 2a)$ $25a - 15a$ $14a^2 - 7ab$
$7a^2 + 5ab$ $42ab + 28ac$ $7ab + 14a^2$
$3a(4a + 2b)$

7 Rechnen Sie in Tabellen.

Beispiel: $4x(5x - 3y) = 20x^2 - 12xy$

$\cdot$	$5x$	$-3y$
$4x$	$20x^2$	$-12xy$

a) $3x(2x - 3y)$ b) $2a(2b + 6b)$
c) $2a(-9b + 4c)$ d) $(-2b + 3a) \cdot (5a)$
e) $9p(-3p + 2q)$ f) $5ab(-3a - 4b)$
g) $(-2x + 3y) \cdot (-6xy)$ h) $2{,}5x(3xy - 4y)$

8 Verwandeln Sie in ein Produkt.

a) $32x + 24y$ b) $49xy + 21x$
c) $22xy + 33yz$ d) $-45ab + 27bc$
e) $60st + 80s^2$ f) $105v^2w - 60vw$
g) $-72m^2n + 84mn^2$ h) $84x^2y^2 - 56xy$

9 Klammern Sie aus.

a) $44a^2 - 96ab$ b) $30y^2 - 51z^2$
c) $25x^2y - 16xy^2$ d) $12x^2y - 7xyz$
e) $240xy^2 - 150x^2y$ f) $27x^3y - 33xy^2$
g) $10x^2y - 35xy$ h) $85xy^2 - 105x^2y^2$

10 Füllen Sie die Lücken aus.

a) $9x(\square + 3y) = 36x + 27xy$
b) $6a(2a - \square) = 12a^2 - 54ab$
c) $(-5x) \cdot (\square - 4x) = -10xy + 20x^2$
d) $(-ab) \cdot (-a - \square) = a^2b + ab^2$
e) $(\square + 3rs) \cdot (-7s) = -7s^2 - 21rs^2$
f) $(-25xy - \square) \cdot (-4y) = 100xy^2 - 2y^2$

11 Dividieren Sie.

a) $(35x - 21y):7$ b) $(51t^2 - 85s):17$
c) $(-96a - 72a^2):24$
d) $(48x - 64xy):(-16)$
e) $(4ab + 5bc):\frac{1}{6}$ f) $\left(\frac{3}{5}x + \frac{9}{10}y^2\right):\frac{6}{5}$

6 Multiplizieren von Summen

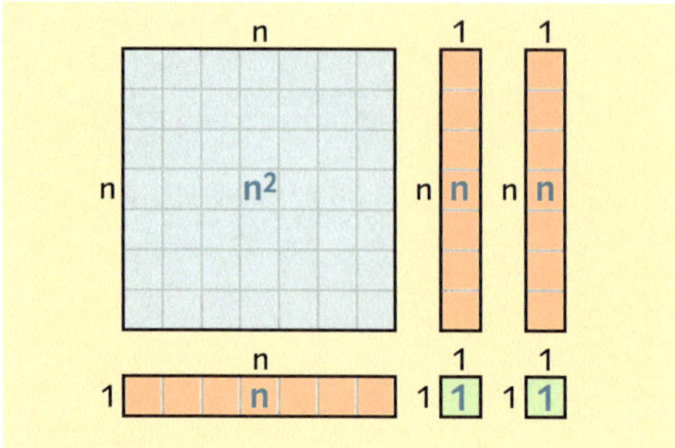

Aus Quadraten und Streifen sollen Rechtecke gelegt werden. Sandra beschreibt die Fläche des Rechteckes mit dem Term $n^2 + 3n + 2$. Daniel meint dagegen, dass der Term $(n + 1)(n + 2)$ richtig ist.

→ Wer hat Recht?
→ Begründen Sie.

Bei der Multiplikation von zwei Summen wird das Verteilungsgesetz zweimal angewendet.

$$(a + b) \cdot \boxed{(c + d)} = a \cdot \boxed{(c + d)} + b \cdot \boxed{(c + d)} = ac + ad + bc + bd$$

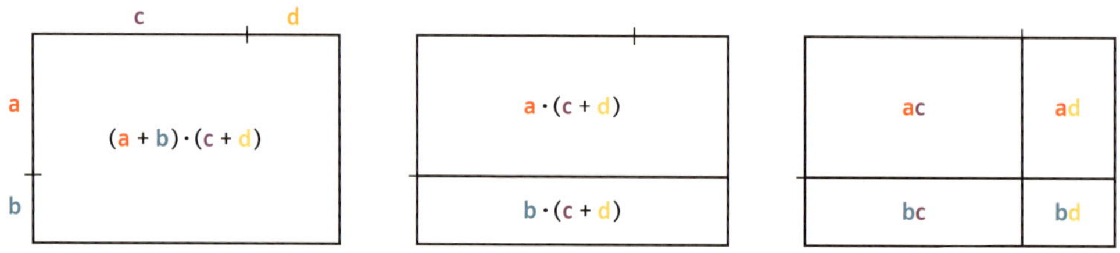

Summen werden miteinander **multipliziert**, indem man jeden Summanden der ersten Summe mit jedem Summanden der zweiten Summe multipliziert. Die Produkte werden anschließend addiert.
$(a + b)(c + d) = ac + ad + bc + bd$

! Man kann jede Differenz als Summe schreiben.
$x - 4$
$= x + (-4)$
$a - b$
$= a + (-b)$

Beispiele

a) $(7 + x)(y + 4)$
$= 7 \cdot y + 7 \cdot 4 + x \cdot y + x \cdot 4$
$= 7y + 28 + xy + 4x$

b) $(7 + x)(y + (-4))$
$= 7y + 7 \cdot (-4) + x \cdot y + x \cdot (-4)$
$= 7y - 28 + xy - 4x$

c) $(3x - 4y)(2x + y)$
$= 3x \cdot 2x + 3x \cdot y - 4y \cdot 2x - 4y \cdot y$
$= 6x^2 + 3xy - 8xy - 4y^2$
$= 6x^2 - 5xy - 4y^2$

d) $(r - t)(-5t + 2r)$
$= r \cdot (-5t) + r \cdot 2r + (-t) \cdot (-5t) + (-t) \cdot 2r$
$= -5rt + 2r^2 + 5t^2 - 2rt$
$= 5t^2 + 2r^2 - 7rt$

e) In den Klammern können auch mehr als zwei Summanden stehen.
$(2a - 3b) \cdot (a + b - c)$
$= 2a \cdot a + 2a \cdot b - 2a \cdot c - 3b \cdot a - 3b \cdot b + 3b \cdot c$
$= 2a^2 + 2ab - 2ac - 3ab - 3b^2 + 3bc$
$= 2a^2 - ab - 2ac - 3b^2 + 3bc$

Merke: „Jeder begrüßt jede."

Aufgaben

1 Mit großen Quadraten, Streifen und kleinen Quadraten lassen sich Rechteckflächen legen. Drücken Sie den Flächeninhalt mit zwei verschiedenen Termen aus.

Beispiel:

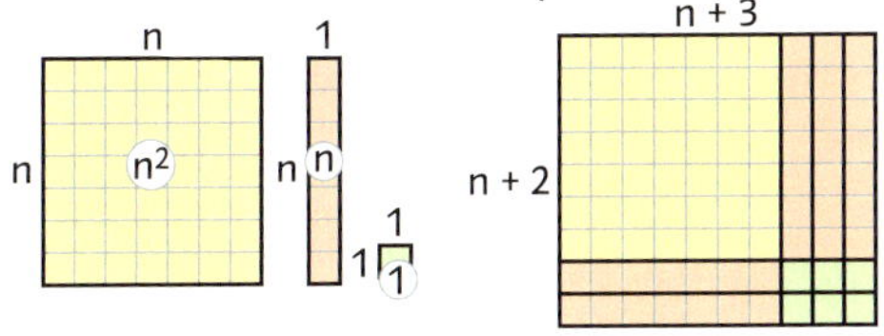

$(n + 2)(n + 3)$
$= n^2 + 5n + 6$

a)

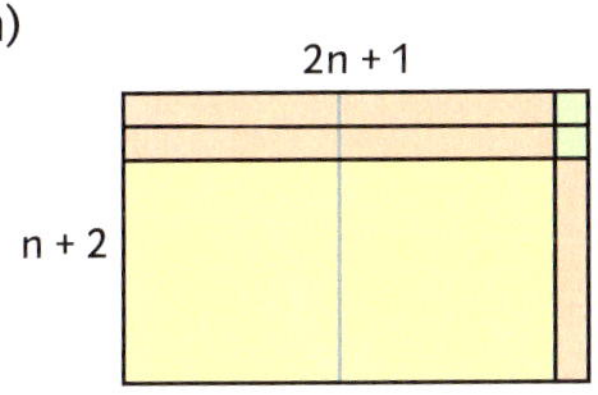

b)

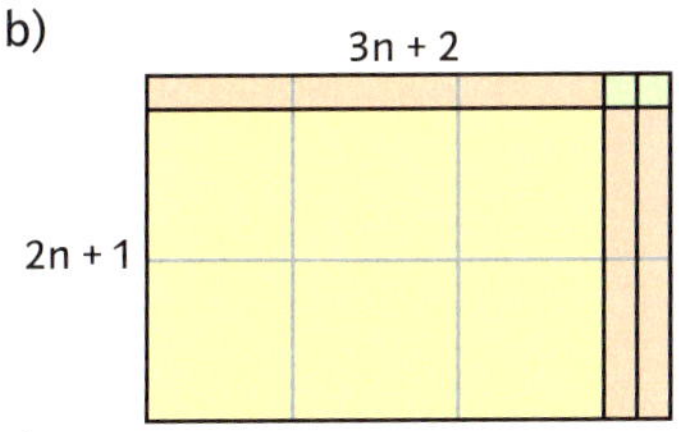

c)

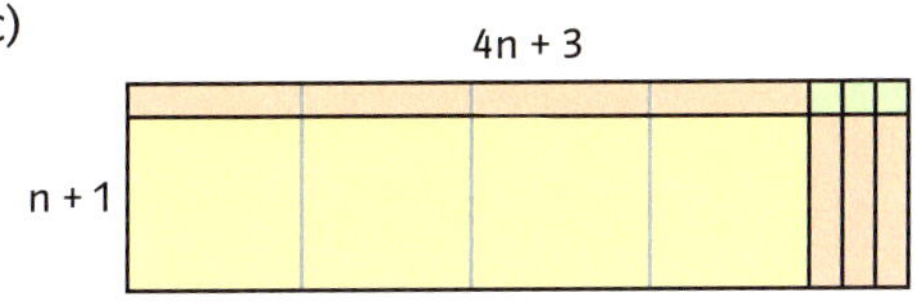

d) Schneiden Sie Quadrate, Streifen und kleine Quadrate wie im Beispiel aus. Legen Sie eigene Flächen und schreiben Sie die Terme dazu.

2 Verwandeln Sie in eine Summe.
Legen Sie zur Kontrolle die Flächen nach.

a) $n \cdot (n + 1)$ b) $4n \cdot (n + 2)$
c) $(n + 3) \cdot (n + 2)$ d) $(2n + 3) \cdot (3 + 2n)$
e) $2n \cdot (2n + 2)$ f) $(n + 1) \cdot (2 + 2n)$

3 Verwandeln Sie in ein Produkt. Eine Zeichnung mit Quadraten und Streifen hilft, die Lösung zu finden.

a) $n^2 + 4n + 4$ b) $n^2 + 7n + 12$
c) $n^2 + 5n + 6$ d) $2n^2 + 3n + 1$

4 Finden Sie die Fehler und schreiben Sie die Aufgaben richtig ins Heft.

a) $(x + 3)(7 - y) = 7x - 3y$
b) $(a - 5)(b - 2a) = ab - 2a - 5b + 10a$
c) $(2x + 3y)(-4y + 5x) = -8xy + 10x^2 - 12y^2 - 15xy$
d) $(a + 2b)(x - 3) = ax - 3a2bx - 6b$
e) $(-x + 3y)(-x - 4) = -x + 3y - x - 4$
f) $(w + 3)(4 + 2w) = 5w + 3w + 12 + 5w$

5 Produkte von Summen lassen sich übersichtlich mithilfe einer Multiplikationstabelle berechnen.
Beispiel: $(x + 3)(x - 2)$

$\cdot$	x	3	
x →	x^2	$x \cdot 3$	
-2 →	$-2 \cdot x$	$-2 \cdot 3$	$x^2 + x - 6$

a) $(x + 1)(x + 4)$ b) $(2x + 1)(x + 3)$
c) $(2x - 2)(3x + 1)$ d) $(3x - 1)(x - 4)$
e) $(3x - 2)(2x - y)$ f) $(6x - 5y)(x + 2y)$

6 Rechnen Sie mit Symbolen.

a) (△ + ◇)(○ + □)
b) (□ + △)(◇ − ○)
c) (◇ − △)(○ − □)
d) (−○ + ◇)(○ − □)
e) (−△ − ○)(□ − ◇)
f) (−□ − △)(−△ − ○)
g) (○ − △ + □)(−◇ − ○)

7 Verwandeln Sie in eine Summe.

a) $(3x + y)(6a + 2b)$
b) $(5a + 2b)(3c + 4d)$
c) $(8u + 4v)(6r - 6s)$
d) $(10k + 4i)(3m - 2n)$
e) $(9t - 4w)(15s + w)$
f) $(6a - 7b)(4s + 3t)$
g) $(-3v + 7w)(-4s - 6t)$

8 Multiplizieren Sie die Klammern aus.

a) $(x - 3)(1{,}5 - 3{,}8y)$
b) $(-0{,}1 + 5{,}2y)(2x - 7)$
c) $(1{,}5x + 3{,}2)(4{,}8y - 12)$
d) $(6y - 3{,}5x)(2{,}4y + x)$
e) $(12a - 2{,}8b)(-0{,}2a + 10b)$
f) $(-0{,}5r - 6{,}4s)(1{,}2u - 2{,}5v)$
g) $(-0{,}1xy + 1{,}5x)(-0{,}5x^2 + y^2)$

7 Gleichungen

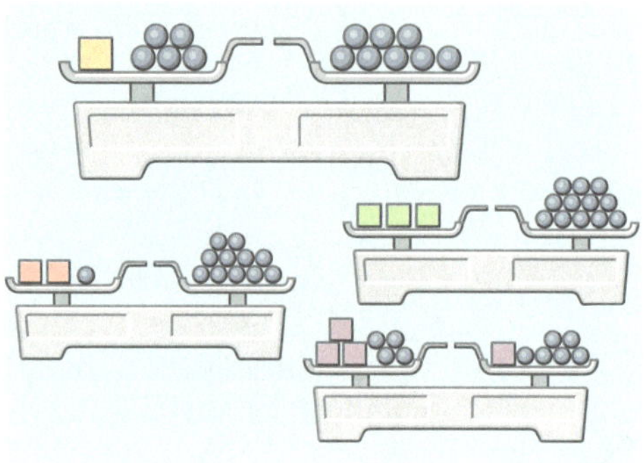

Die Waagen sind im Gleichgewicht.
→ Wie viele Kugeln wiegen genau so viel wie ein Würfel?
→ Formulieren Sie Ihre Denkschritte.
→ Beschreiben Sie die Gewichtsverteilung an der Waage mit einer Gleichung. Schreiben Sie w für das Gewicht eines Würfels und k für das Gewicht einer Kugel.

Um eine Gleichung zu lösen wird sie umgeformt, bis die Variable auf einer Seite alleine steht. Dabei sind die vier Grundrechenarten zur Umformung zugelassen. Die Umformung wird immer auf beiden Seiten der Gleichung durchgeführt.

$x - 3 = 1$	$x + 2 = 5$	$\frac{x}{4} = 3$	$6 \cdot x = -30$
addiere 3	subtrahiere 2	multipliziere mit 4	dividiere durch 6
$x - 3 + 3 = 1 + 3$	$x + 2 - 2 = 5 - 2$	$(x : 4) \cdot 4 = 3 \cdot 4$	$(6 \cdot x) : 6 = -30 : 6$
$x = 4$	$x = 3$	$x = 12$	$x = -5$

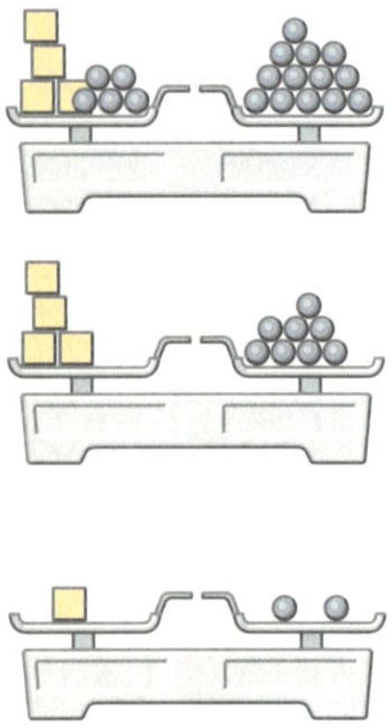

Die Umformungen von Gleichung zu Gleichung lassen die Lösung unverändert. Die Gleichungen $4 \cdot x + 5 = 13$; $4 \cdot x = 8$ und $x = 2$ nennt man daher **äquivalent**. Umformungen, die die Lösung unverändert lassen, heißen **Äquivalenzumformungen**.

$$4 \cdot x + 5 = 13 \quad | -5$$
$$4 \cdot x + 5 - 5 = 13 - 5$$
$$4 \cdot x = 8 \quad | :4$$
$$(4 \cdot x) : 4 = 8 : 4$$
$$x = 2$$

Zum Lösen einer Gleichung wendet man **Äquivalenzumformungen** an:
- Man darf auf beiden Seiten der Gleichung denselben Term addieren oder subtrahieren.
- Man darf beide Seiten der Gleichung mit derselben Zahl (außer Null) multiplizieren oder dividieren.

Beispiele

a)
$$6 \cdot x - 11 = 31 \quad | +11$$
$$6 \cdot x = 42 \quad | :6$$
$$x = 7$$

b)
$$18 - 4 \cdot x = 22 \quad | -18$$
$$-4 \cdot x = 4 \quad | :(-4)$$
$$x = -1$$

c)
$$x - 1 = 6 \cdot x - 4 \quad | -x$$
$$-1 = 5 \cdot x - 4 \quad | +4$$
$$3 = 5 \cdot x \quad | :5$$
$$0{,}6 = x$$

Bemerkung

Zur Kontrolle wird die **Probe** durchgeführt.

linker Term	rechter Term
6 · 7 - 11	31
42 - 11	31
31	31

linker Term	rechter Term
18 - 4 · (-1)	22
18 + 4	22
22	22

linker Term	rechter Term
0,6 - 1	6 · 0,6 - 4
-0,4	3,6 - 4
-0,4	-0,4

Aufgaben

1 Drücken Sie das Gewicht eines Würfels durch das Gewicht von Kugeln aus.

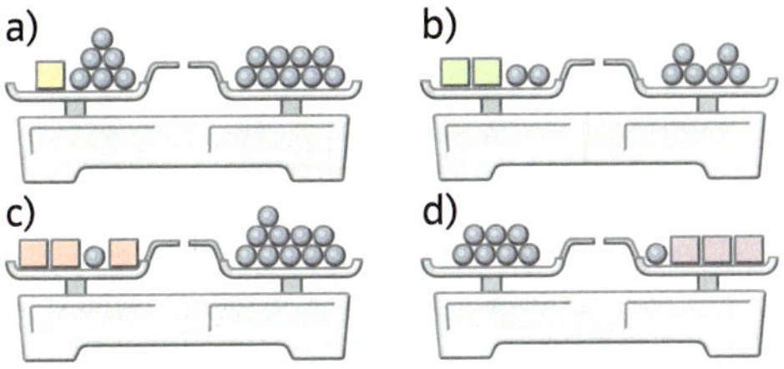

2 Das Mobile ist im Gleichgewicht. Drücken Sie das Gewicht eines quadratischen Plättchens durch das Gewicht eines runden Plättchens aus. Stellen Sie eine Gleichung auf.

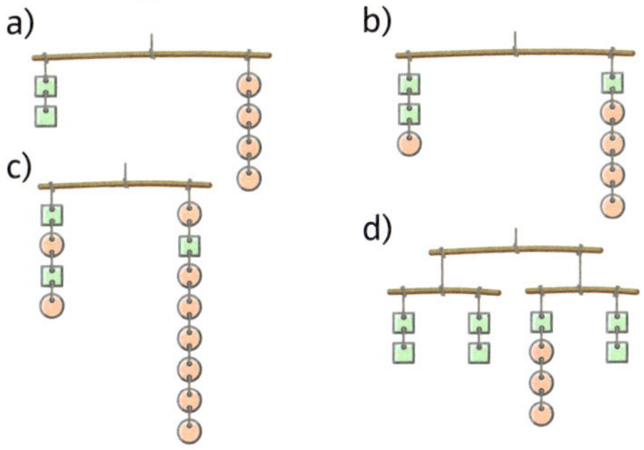

3 Jonas und Laura haben gleich viele Murmeln. In jedem Becher ist die gleiche Anzahl Murmeln. Wie viele Murmeln sind im Becher?

d) Stellen Sie Gleichungen auf.

Gleichungen aus- und einpacken

■ Bauen Sie selbst Gleichungen in ähnlicher Weise.

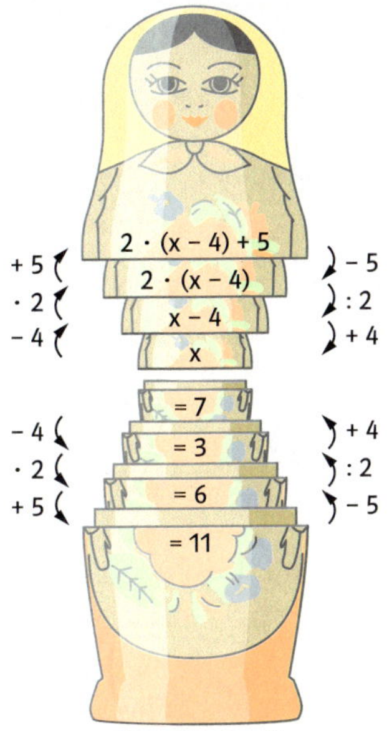

$2(x-4)+5=11$

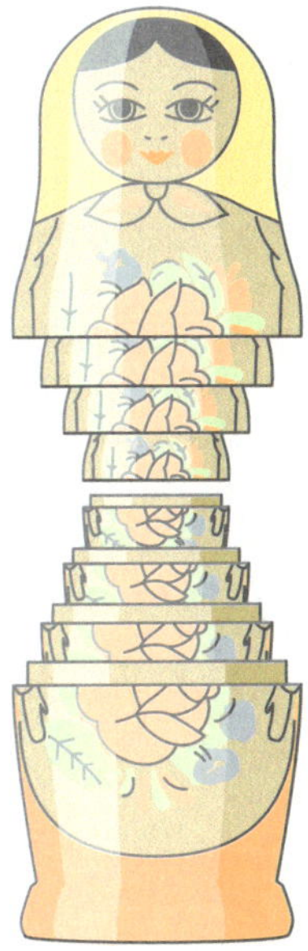

4 Lösen Sie und geben Sie die Äquivalenzumformungen wie im Beispiel an.

Beispiel: $x + 4 = 8 \quad | -4$
$x = 4$

a) $x + 6 = 8$
b) $x + 2 = -5$
c) $x + 5 = 0$
d) $x - 4 = -3$
e) $9 \cdot x = 54$
f) $12 \cdot x = -72$
g) $13 + x = 82$
h) $32 + x = 23$
i) $x \cdot 5 = 110$
j) $15 \cdot x = 0$
k) $15 \cdot x = -1$
l) $15 \cdot x = \frac{1}{15}$

5 Notieren Sie die Äquivalenzumformungen.

Beispiel: $\frac{1}{5}x = 6 \quad | \cdot 5$
$\frac{1}{5}x \cdot 5 = 6 \cdot 5$
$x = 30$

a) $\frac{x}{3} = 10$
b) $x : 10 = 5$
c) $\frac{1}{10}x = 2$
d) $\frac{x}{4} = 32$
e) $1 = x : \frac{1}{2}$
f) $x : 7 = -7$
g) $50 = \frac{x}{5}$
h) $x : \left(-\frac{1}{4}\right) = 4$
i) $x : 2\frac{1}{2} = 30$
j) $-\frac{x}{8} = -0{,}5$

6 Ergänzen Sie so, dass für die Gleichung die unterschiedlichen Lösungen
$x = 6$; $x = 1$; $x = 2{,}5$; $x = -5$; $x = 0$
möglich werden.

a) $8x - \square = 5$ b) $2x + \square = 10$
c) $\square \cdot x + 3 = 33$ d) $\square + 4x = 10$
e) $15x - \square = 5x$ f) $6x - \square = 6 + 3x$

7 Lösen Sie die Gleichung.

a) $7x + 19 = 12x - 1$
b) $15 - y = 15 + y$
c) $5 - 6z = 6z - 5$
d) $-2 - 3x = 5 + 2x$
e) $3{,}2x + 0{,}8 = 0{,}8x + 1{,}6$
f) $8z - 6 = 11z - 7$
g) $-z + 4{,}5 = -2z + 5{,}1$
h) $17y - 3 = 11y - 3$

8 Der Faktor vor der Variablen kann auch ein Bruch sein:

Beispiel:

$$\frac{2}{3}x + 7 = 15 \quad | -7$$
$$\frac{2}{3}x = 8 \quad | \cdot \frac{3}{2}$$
$$x = 12$$

a) $\frac{1}{9}x - 1 = 2$ b) $-9 + \frac{1}{12}x = -3$
c) $\frac{2}{3}x + 9 = 21$ d) $17 + \frac{3}{5}x = 68$
e) $\frac{5}{6}x - \frac{2}{3} = \frac{8}{3}$ f) $-42 + \frac{5}{6}x = 13$
g) $\frac{3}{10} + \frac{3}{5}x = \frac{7}{10}$ h) $\frac{3}{8}x - 29 = 28$
i) $-\frac{1}{5} + \frac{1}{12}x = \frac{2}{5}$ j) $-\frac{1}{12} + \frac{3}{8}x = \frac{5}{12}$

9 Finden Sie zur Gleichung eine Textaufgabe.
Beispiel: $8x - 3 = 13$
Wenn ich vom Achtfachen einer Zahl 3 subtrahiere, erhalte ich 13.

a) $3x + 22 = 46$ b) $6 + 4x = 10$
c) $8x = 40 + 3x$ d) $5x - 1 = 7x - 5$
e) $4 + 5x = 6 + 4x$
f) $16{,}5x : 3 = 10 + 1{,}5x$

10 Lösen Sie die Gleichung.

a) $5{,}7 - 8x = 83{,}7 + 4x$
b) $5x - 3{,}4 = -0{,}3x - 36{,}77$
c) $6{,}2 - 7{,}6x = -0{,}8x - 73{,}8$
d) $\frac{2}{5} + \frac{4}{3}x = -\frac{1}{3}x - 9\frac{3}{5}$ e) $1 - \frac{3}{2}x = \frac{3}{2}x - 17$

Nicht jede Lösung zählt!

■ Diana sagt: Multipliziere ich die Anzahl meiner 1 €-Stücke mit 8, so ist das Ergebnis um 11 größer als wenn ich die Anzahl mit 6 multipliziere.
Jana rechnet nach und sagt: Du hast wohl den Betrag in deinem Geldbeutel gemeint.

Viele Sachsituationen lassen sich durch Gleichungen lösen. Die Lösung muss aber überprüft werden, denn die Sachsituation bestimmt die so genannte **Grundmenge** der Gleichung. Ist die Grundmenge beispielsweise die Menge der natürlichen Zahlen, sind Bruchzahlen als Lösungen unbrauchbar.
Stellen Sie Gleichungen auf und überprüfen Sie die Lösung am Text.

■ Simon behauptet: Das 3-Fache der Anzahl der Münzen in meiner Spardose ist um 20 größer als die 5-fache Anzahl.
■ Vera merkt sich eine ungerade Zahl, multipliziert sie mit 6, subtrahiert 15 und bekommt 9.
■ Jan denkt sich eine natürliche Zahl und addiert 17. Er verdoppelt diese Summe und erhält 22.
■ Patrick behauptet: Hätte ich doppelt so viele Münzen wie jetzt in der Tasche und bekäme ich noch drei dazu, hätte ich 12 Münzen!
■ Ein Dreieck hat einen Umfang von 2,03 m. Eine Seite ist 125 cm, die andere 79 cm lang. Wie lang ist die dritte Seite?

8 Gleichungen mit Klammern

Familie Stamm hat beim Grundstückskauf die Auswahl zwischen dem quadratischen Eckgrundstück 42.1 und dem flächengleichen Flurstück 42.2. Dieses ist 8 m länger, dafür aber um 6 m schmaler als das quadratische Grundstück.

→ Finden Sie heraus, wie lang und wie breit die Grundstücke 42.1 und 42.2 sind?

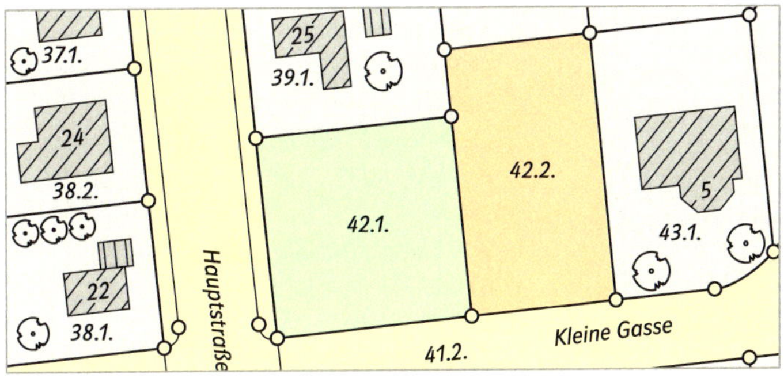

Kommen in einer Gleichung Terme mit Klammern vor, werden zuerst die Klammern aufgelöst.

$$(x + 2)(x - 3) = x^2 + 3(x + 4) \quad | \text{ Klammern ausmultiplizieren}$$
$$x^2 - 3x + 2x - 6 = x^2 + 3x + 12 \quad | \text{ zusammenfassen}$$
$$x^2 - x - 6 = x^2 + 3x + 12 \quad | -x^2$$
$$-x - 6 = 3x + 12 \quad | -3x \qquad \text{ordnen}$$
$$-4x - 6 = +12 \quad | +6$$
$$-4x = 18 \quad | :(-4)$$
$$x = -4{,}5$$

An einer Gleichung der einfachsten Form wie $x = 5$ kann man die Lösung leicht ablesen. Die Lösung besteht aus der Zahl 5.

Lösungsverfahren für Gleichungen mit Klammern
1. Klammern auflösen.
2. Auf beiden Seiten Terme zusammenfassen.
3. Summanden mit Variablen auf der einen Seite und Summanden ohne Variablen auf der anderen Seite zusammenfassen und ordnen.
4. Durch den Koeffizienten der Variablen dividieren.
5. Die Lösung angeben.

Beispiele

a) $7(4x - 3) - (2x + 1) \cdot 9 = 2(x - 9)$

$$28x - 21 - 18x - 9 = 2x - 18$$
$$10x - 30 = 2x - 18 \quad | +30$$
$$10x = 2x + 12 \quad | -2x$$
$$8x = 12 \quad | :8$$
$$x = 1{,}5$$

Probe:

linker Term	rechter Term
$7(4 \cdot 1{,}5 - 3) - (2 \cdot 1{,}5 + 1) \cdot 9$	$2(1{,}5 - 9)$
$7(6 - 3) - (3 + 1) \cdot 9$	$2 \cdot (-7{,}5)$
$7 \cdot 3 - 4 \cdot 9$	-15
-15	-15

b) $(x - 3)(x - 1) = (x + 1)(x - 9)$

$$x^2 - 1x - 3x + 3 = x^2 - 9x + 1x - 9$$
$$x^2 - 4x + 3 = x^2 - 8x - 9 \quad | -x^2$$
$$-4x + 3 = -8x - 9 \quad | +8x$$
$$4x + 3 = -9 \quad | -3$$
$$4x = -12 \quad | :4$$
$$x = -3$$

Probe:

linker Term	rechter Term
$(-3 - 3)(-3 - 1)$	$(-3 + 1)(-3 - 9)$
$-6 \cdot (-4)$	$(-2)(-12)$
24	24

Aufgaben

1 Lösen Sie die Gleichung.
a) $9x + 33 - (45 - 15x) = 15 - 3x$
b) $7 - (10 - 8x) = 23 - (4 + 14x)$
c) $(17x+22)-(5x+9) = (11x+15)-(22-21x)$
d) $(42x + 37) - (26 - 34x) = 26x + 211$

2 Geben Sie die Lösung an.
a) $4(2x + 3) = 3(3x + 2)$
b) $(12 - 3x)\cdot 2 = 9(7x + 18)$
c) $3(9 - y) = 5(y - 9)$
d) $(2 - 3y)\cdot 5 + (8 - y)\cdot(-4) = 0$

3 Bauen Sie Gleichungen wie im Beispiel.
$3(2x - 4) = 2(3 + 4x)$

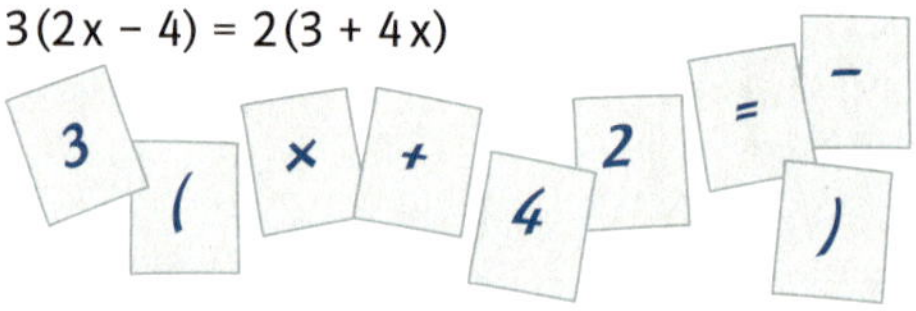

a) Stellen Sie fünf weitere Gleichungen auf und lösen Sie sie.
b) Stellen Sie sich selbst einen Gleichungsbaukasten zusammen und rechnen Sie.

4 Stellen Sie die Gleichung auf und lösen Sie sie.

Beispiel: $(x - 2)\cdot 3 = 2x$

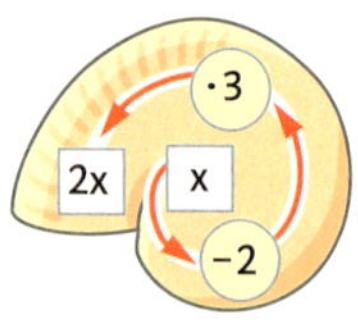

a)

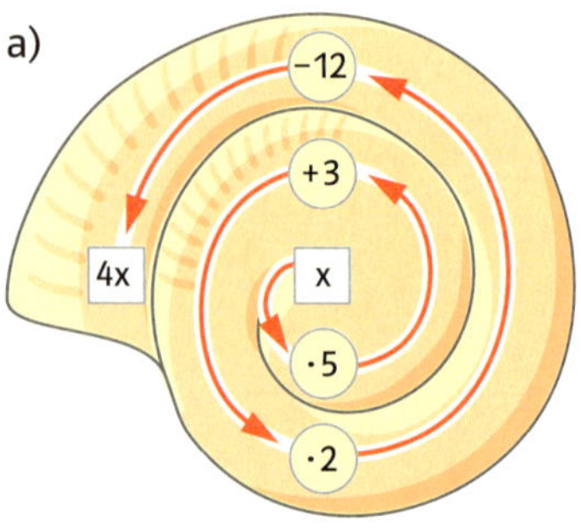

b)

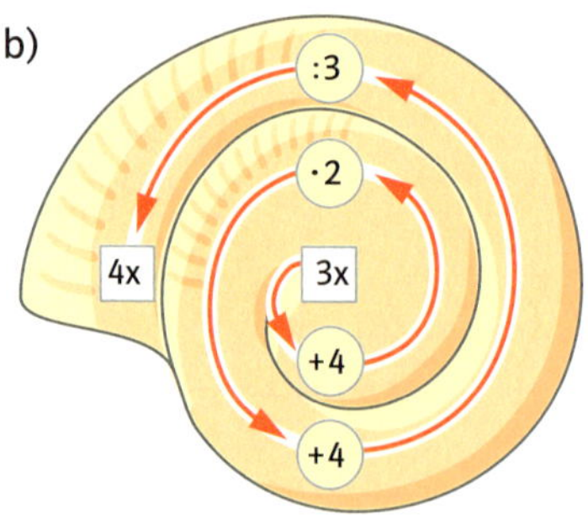

5 Lösen Sie die Gleichungen und machen Sie die Probe.
a) $(x + 3)(x - 6) = x^2 - 39$
b) $(x - 2)(x + 3) = x^2 - 8$
c) $(x - 5)(x - 9) = x^2 + 3$
d) $2(y^2 + 9) = (y + 12)(2y + 3)$
e) $(x - 4)(x + 11) = x(x - 12) + 13$

6 Anna, Tim und Ben hatten eine wirklich schwierige Gleichung zu lösen. Sie stellen ihre Lösungsansätze vor.

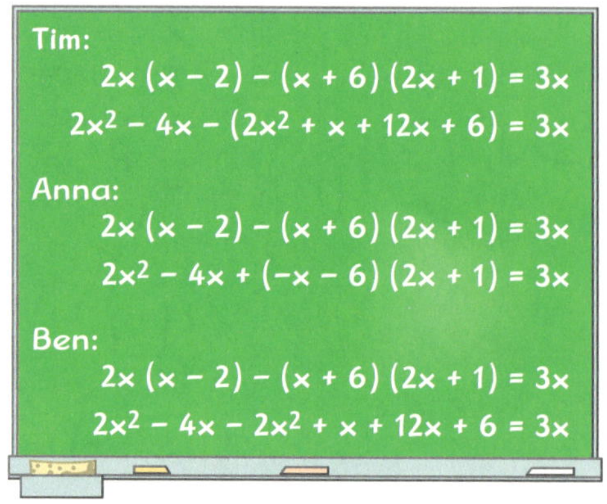

a) Wer hat richtig gerechnet? Begründen Sie.
b) Lösen Sie die Gleichung wie Tim, Anna und Ben vorgeschlagen haben. Machen Sie die Probe. Markieren Sie in Ihrem Heft deutlich die Fehler.

7 Beachten Sie die Minusklammern. Ordnen Sie die richtige Lösung zu.

a) $2n^2 - (n + 12)(2n + 3) = 18$	12
b) $15n - (3n - 5)(4n + 5) = 5 - 12n^2$	1,5
c) $8n^2 - 2(2n - 7)(2n + 6) = 11n$	−1
d) $-10n^2 - 5(3 - n)(2n + 11) = -30n$	−2
e) $7(4n - 3) - (2n + 1)\cdot 9 = 2(n - 9)$	3

8 Das rote und das schwarze Rechteck sind flächengleich. Bestimmen Sie die fehlende Seitenlänge.

a)

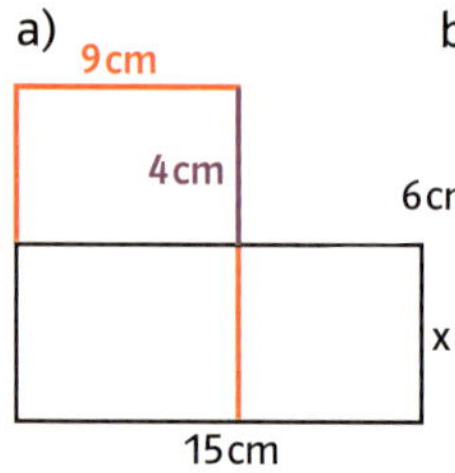

b)

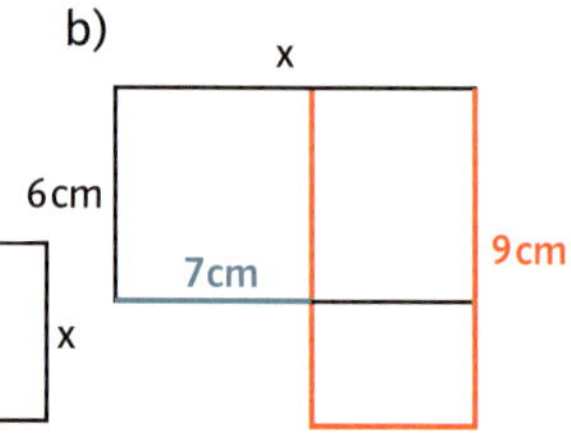

c)

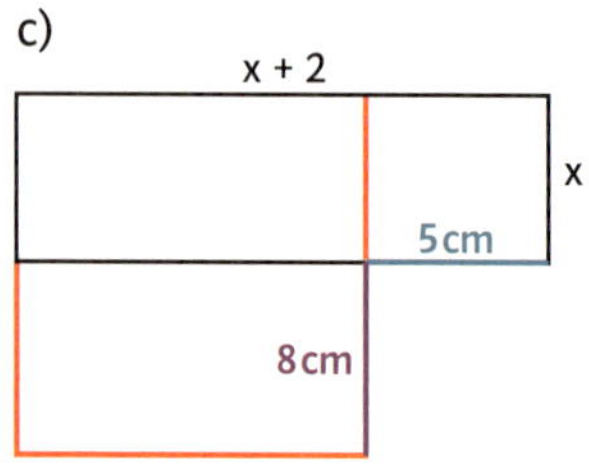

9 Formeln

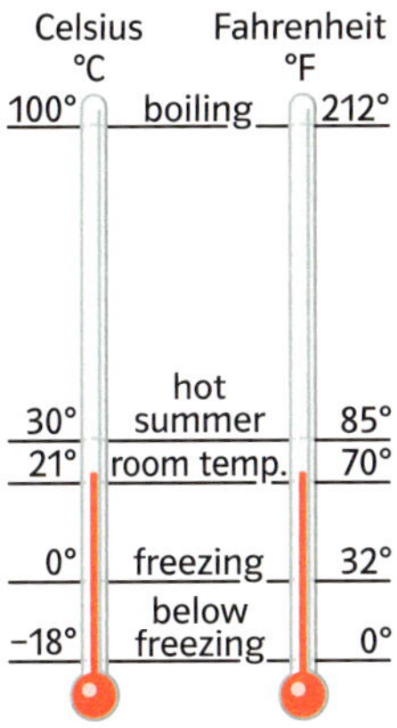

At the beginning of the summer holidays Sarah and her mother have a trip on airplane to New York. The captain announces: The temperature in New York is 95 degrees.
Sarah hopes that her mother didn't understand.
Mrs. Swan, Sarah's seat neighbor, asks her: What was the temperature in Frankfurt at our departure?
Sarah answers: 15 degrees.
Mrs. Swan replies: Very chilly this July in Europe, isn't it?

? *$y = \frac{9}{5} \cdot x + 32$*
Can you find out by yourself what x and y mean here?

Die Prozentformel $p\,\% = \frac{P}{G}$ beschreibt den Zusammenhang zwischen den Variablen $p\,\%$ (Prozentsatz), P (Prozentwert) und G (Grundwert).

Wenn man für verschiedene Werte von G und p % den Prozentwert P berechnen soll, ist immer dieselbe Umformung nötig.

$7{,}5\,\% = \frac{P}{120\,€} \;|\cdot 120\,€;\quad 35\,\% = \frac{P}{8{,}37\,€} \;|\cdot 8{,}37\,€;\; \ldots$

Es ist dann praktischer, vor dem Einsetzen umzuformen und die umgeformte Formel zu benutzen.

$$p\,\% = \frac{P}{G} \qquad |\cdot G$$
$$G \cdot p\,\% = P$$
$$P = G \cdot p\,\%$$

Eine **Formel** beschreibt einen Zusammenhang zwischen Variablen, Größen und Zahlen.
Es ist oft vorteilhaft, eine Formel so umzuformen, dass die gesuchte Variable allein steht.
Man sagt: Die Formel wird nach dieser Variablen **aufgelöst**.

Beispiele

a) Die Summe der Kantenlängen eines Quaders ist $k = 4(a + b + c)$. Aus k, b und c soll a berechnet werden. Dazu wird die Formel nach a aufgelöst

$$k = 4(a + b + c) \qquad |:4$$
$$\frac{k}{4} = a + b + c \qquad |-b-c$$
$$a = \frac{k}{4} - b - c$$

Für $k = 120\,\text{cm}$ und einige Werte von b und c wird jetzt a berechnet (alle in cm).

b	10	10	10	9	2,5	6,2
c	5	8	10	10	3,5	7,9
a	15	12	10	11	24	15,9

b) „Geschwindigkeit gleich Weg durch Zeit"
Diese Formel wird nach der Zeit aufgelöst:

$$v = \frac{s}{t} \qquad |\cdot t$$
$$v \cdot t = s \qquad |:v$$
$$t = \frac{s}{v}$$

Die nach der Zeit aufgelöste Formel heißt „Zeit gleich Weg durch Geschwindigkeit".
Für $s = 100\,\text{km}$ kann man die Zeit t zu einer gegebenen Geschwindigkeit v berechnen.

v in $\frac{km}{h}$	20	40	60	80	100
t in h	5	2,5	$1\frac{2}{3}$	$1\frac{1}{4}$	1

Aufgaben

1 a) Stellen Sie die Rechtecksformel $A = a \cdot b$ nach a um.
b) Berechnen Sie mithilfe einer umgestellten Formel die fehlende Seitenlänge des Rechtecks. (A in cm^2; a und b in cm)

A	80	80	80	90	90	90	100	100
a	16	18				25	29	
b			7	6	8			33

2 a) Stellen Sie die Quaderformel $V = a \cdot b \cdot c$ nach a, nach b und nach c um.
b) Berechnen Sie die fehlenden Seiten.

V in cm^3	80	100	120	140	170	241
a in cm	16	8		8		17,1
b in cm	2,5		7,5		5,6	14,1
c in cm		2,5	32	2,8	4,6	

c) Wer benutzt den Taschenrechner richtig? Begründen Sie.
Eva: $c = 80 : (16 \cdot 2{,}5)$
Gerd: $c = 80 : 16 \cdot 2{,}5$
Saskia: $c = 80 : 16 : 2{,}5$

3 a) Berechnen Sie die Grundfläche $G = a \cdot b$ des Quaders.

V in dm^3	60	120	150	225	280	1000
c in dm	5	7,5	2,5	4,5	35	16

b) Geben Sie zu den Ergebnissen aus a) je einige mögliche Kantenlängen a und b an. Auch Brüche sind erlaubt.

4 Ein Quader hat die Kantenlängen a, b und c. Die Summe seiner Kantenlängen ist $k = 4(a + b + c)$.
a) Stellen Sie die Formel nach b und nach c um.
b) Berechnen Sie mithilfe der passend umgestellten Formel die fehlende Kantenlänge (alle Maße in cm).

k	80	60	120	180	206	30	12	960
a		10	12	15	27,5		2	79
b	6	2		15	12	1	1	
c	5		12			1		81

Formeln falten

Nadja, Hajo, Jasmin und Kai schneiden Streifen aus und falten sie rechtwinklig.

■ Nadja überlegt, welche Fläche des Streifens verloren geht, wenn sie einmal faltet. Sie findet eine Formel für den Flächeninhalt A_1 des einmal gefalteten Streifens.

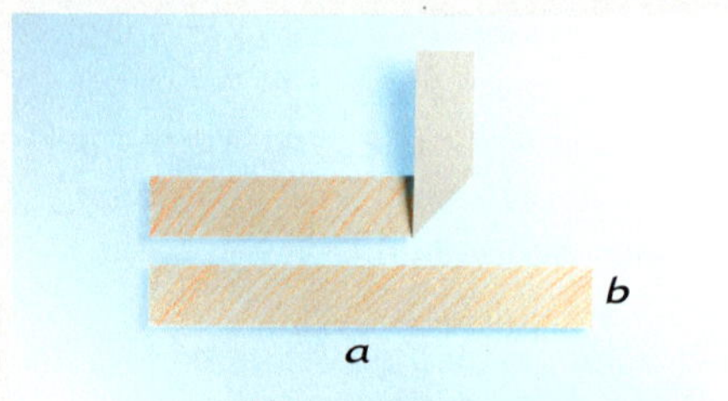

■ Jasmin und Kai finden Formeln für die Flächeninhalte A_2, A_3 und A_4 von 2-mal, 3-mal, 4-mal gefalteten Streifen.
■ Hajo schneidet Streifen aus mit $a = 24\,cm$; $b = 2\,cm$; $a = 25\,cm$; $b = 6\,cm$. Er prüft die Formeln durch Messen nach.
■ Kai will gefaltete Streifen herstellen mit $b = 2\,cm$ und
$A_1 = 40\,cm^2$; $A_1 = 60\,cm^2$; $A_2 = 40\,cm^2$
$A_3 = 40\,cm^2$; $A_3 = 70\,cm^2$; $A_4 = 80\,cm^2$
Dazu löst er die Formeln nach a auf.
■ Die vier finden heraus, wie man ein Achteck um ein Quadrat legen kann.

10 Binomische Formeln*

Sie können Quadrate wachsen lassen, indem Sie ein großes Quadrat durch die entsprechende Anzahl von Einheitsstreifen und Einheitsquadraten ergänzen.

→ Wie heißt die Summe der Einzelflächen?

$(n + 1)^2 = n^2 + \dots$
$(n + 2)^2 = n^2 + \dots$
$(n + 3)^2 = n^2 + \dots$
⋮
$(n + 25)^2 = n^2 + \dots$

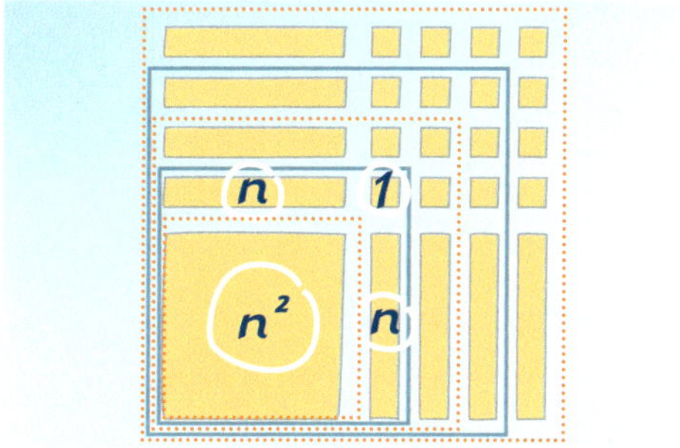

Die Produkte $(a + b)(a + b)$, $(a - b)(a - b)$ und $(a + b)(a - b)$ sind besondere Produkte. Werden sie multipliziert, so ist der Aufbau des Summanden immer gleich.

$(a + b)^2 = (a + b)(a + b)$	$(a - b)^2 = (a - b)(a - b)$	$(a + b)(a - b)$
$= a \cdot a + a \cdot b + b \cdot a + b \cdot b$	$= a \cdot a - a \cdot b - b \cdot a + b \cdot b$	$= a \cdot a - a \cdot b + b \cdot a - b \cdot b$
$= a^2 + 2ab + b^2$	$= a^2 - 2ab + b^2$	$= a^2 - b^2$

Durch das Zusammenfassen ergeben sich nur drei, im dritten Fall sogar nur zwei Summanden. Es lohnt, sich diese Umformungen als Formeln zu merken.

! *„binomisch" lateinisch für bi – zwei nomen – Namen*

Binomische Formeln

$(a + b)^2 = a^2 + 2ab + b^2$	1. binomische Formel
$(a - b)^2 = a^2 - 2ab + b^2$	2. binomische Formel
$(a + b)(a - b) = a^2 - b^2$	3. binomische Formel

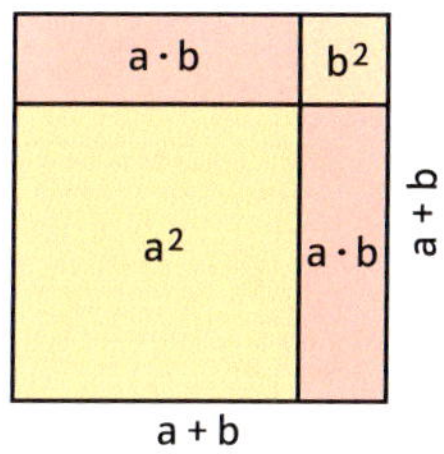

$(a + b)^2$
$= (a + b)(a + b)$
$= a^2 + ab + ab + b^2$
$= a^2 + 2ab + b^2$

Beispiele

a) $(c + 3)^2 = c^2 + 2 \cdot 3c + 3^2$
$= c^2 + 6c + 9$

b) $(5 + w)(5 - w) = 5 \cdot 5 - w \cdot w$
$= 25 - w^2$

c) $(x - 3y)^2$
$= x^2 - 2 \cdot x \cdot 3y + (3y)^2$
$= x^2 - 6xy + 9y^2$

d) $(-2r + 3s)^2$
$= (-2r)^2 + 2 \cdot (-2r) \cdot 3s + (3s)^2$
$= 4r^2 - 12rs + 9s^2$

e) $(3m - 7n)(3m + 7n)$
$= (3m)^2 - (7n)^2$
$= 9m^2 - 49n^2$

f) $(-7a - 10b)^2$
$= (-7a)^2 - 2 \cdot (-7a) \cdot (10b) + (10b)^2$
$= 49a^2 + 140ab + 100b^2$

! *Achtung Vorzeichen!*

Aufgaben

1 Multiplizieren Sie aus und fassen Sie zusammen. Was haben alle Aufgaben gemeinsam?
a) $(x + y)(x + y)$ b) $(v - r)(v - r)$
c) $(c + 5)(c + 5)$ d) $(11 - b)(11 - b)$

2 Rechnen Sie mit Symbolen.
a) (○ + △)² b) (□ − ○)² c) (◇ + ○)²
d) (△ + □)² e) (□ − △)² f) (○ − ◇)²

3 Schreiben Sie mithilfe der binomischen Formeln als Summenterme.
a) $(v + w)^2$ b) $(a + z)^2$ c) $(m - n)^2$
d) $(v - 3w)^2$ e) $(7c + 5d)^2$ f) $(2r - 1{,}5t)^2$

! *Nutzen Sie die Symbole von Aufgabe 2.*

((2x) + △3y)²
= (2x)² + 2 · ○△ …

4 Rechnen Sie mit Symbolen.
a) (○ + ◇)(○ − ◇) b) (△ + ○)(△ − ○)
c) (□ − ○)(□ + ○) d) (△ − □)(△ + □)
e) (◇ + △)(◇ − △) f) (−○ + ◇)(○ + ◇)

11 Faktorisieren*

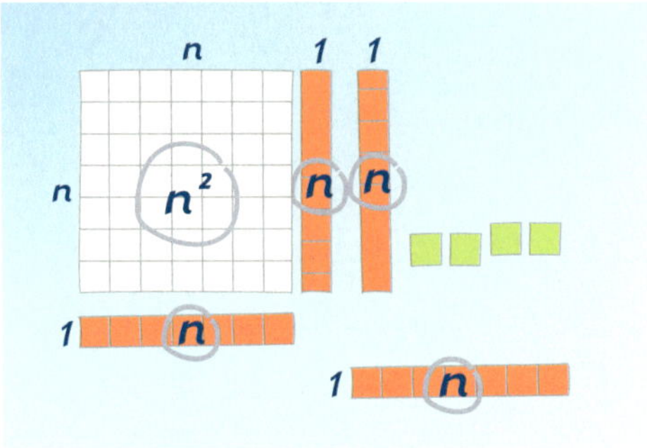

Ein großes Quadrat, mehrere Streifen und kleine Quadrate sollen zu größeren Quadraten zusammengelegt werden.

→ Drücken Sie die Summe der Gesamtfläche als Produkt der Seitenlängen aus:

$n^2 + 2n + \square =$

$n^2 + 4n + \square =$

$n^2 + 6n + \square =$

→ Welche Bedingungen müssen erfüllt sein, damit Sie Quadrate legen können?

Eine Summe kann als Produkt geschrieben werden, wenn in allen Summanden ein gemeinsamer Faktor enthalten ist. Diesen kann man nach dem Verteilungsgesetz ausklammern:

! Überprüfen Sie das Ergebnis durch Ausmultiplizieren:
$9a(2a + 3b)$
$= 18a^2 + 27ab$

$$18a^2 + 27ab = 2 \cdot 9 \cdot a \cdot a + 3 \cdot 9 \cdot a \cdot b$$
$$= 9a \cdot 2a + 9a \cdot 3b$$
$$= 9a \cdot (2a + 3b)$$

Verteilungsgesetz:
$ca + cb = c(a + b)$

Man kann auch zweimal nacheinander faktorisieren:

$$3x + ax - 3y - ay = x \cdot 3 + x \cdot a - y \cdot 3 - y \cdot a$$
$$= x \cdot (3 + a) - y \cdot (3 + a)$$
$$x \cdot (3 + a) - y \cdot (3 + a)$$
$$= (3 + a) \cdot (x - y)$$

Das Umwandeln einer Summe in ein Produkt durch Ausklammern eines gemeinsamen Faktors nennt man auch **Faktorisieren**.

Bemerkung

Besteht ein Term aus den Summanden der binomischen Formeln, kann mithilfe der binomischen Formeln faktorisiert werden.

$$x^2 + 6x + 9 = x^2 + 2 \cdot x \cdot 3 + 3^2$$
$$= x^2 + 2 \cdot x \cdot 3 + 3^2$$
$$= (x + 3)^2$$

1. binomische Formel
$a^2 + 2 \cdot a \cdot b + b^2 = (a + b)^2 = (a + b)(a + b)$

$$x^2 - 10x + 25 = x^2 - 2 \cdot x \cdot 5 + 5^2$$
$$= x^2 - 2 \cdot x \cdot 5 + 5^2$$
$$= (x - 5)^2$$

2. binomische Formel
$a^2 - 2 \cdot a \cdot b + b^2 = (a - b)^2 = (a - b)(a - b)$

$$x^2 - 36 = x^2 - 6^2$$
$$= x^2 - 6^2$$
$$= (x + 6)(x - 6)$$

3. binomische Formel
$a^2 - b^2 = (a + b)(a - b)$

Beispiele

a) $28x^2y + 21xy^2 - 7xy$
$= 7xy \cdot 4x + 7xy \cdot 3y - 7xy$
$= 7xy(4x + 3y - 1)$

b) $x^2 + 18x + 81$
$= x^2 + 2 \cdot 9x + 9^2$
$= (x + 9)^2$

c) $64y^2 - 48yz + 9z^2$
$= (8y)^2 - 2 \cdot (8y \cdot 3z) + (3z)^2$
$= (8y - 3z)^2$

d) $4x^2 - 121y^2$
$= (2x)^2 - (11y)^2$
$= (2x + 11y)(2x - 11y)$

1 Füllen Sie die Lücken aus.

a) $9x(\square + 3y) = 36x + 27xy$
b) $6a(2a - \square) = 12a^2 - 54ab$
c) $(-5x)\cdot(\square - 4x) = -10xy + 20x^2$
d) $(-ab)\cdot(-a - \square) = a^2b + ab^2$
e) $(\square + 3rs)\cdot(-7s) = -7s^2 - 21rs^2$
f) $(-25xy - \square)\cdot(-4y) = 100xy^2 - 2y^2$

2 Klammern Sie den Faktor −1 aus.

a) $-a - 2$ b) $-5 - x^2$
c) $-12a + b$ d) $-v + w^2$
e) $-x + 2xy - y$ f) $5a^2 + 4b^2 + 3c^2$

3 Setzen Sie in das Produkt und in die Summe ein. Wie rechnen Sie lieber?

a) $x = 8;\ y = 20$
$4x(5x + 3y)$ $20x^2 + 12xy$
b) $a = 3;\ b = 1$
$(2a - 3b)\cdot 6a$ $12a^2 - 18ab$
c) $m = 5;\ n = -2$
$2m(n + 4m^2)$ $2mn + 8m^3$

4 Welche Terme passen zusammen?

$6ab + 12a^2$
$(4c + 6b)\cdot 7a$
$35ab + 28ac$
$25a - 15a$
$14a^2 - 7ab$
$42ab + 28ac$
$7ab + 14a^2$
$3a(4a + 2b)$
$5a(5 - 3a)$
$-(15a^2 - 25a)$
$7a^2 + 5ab$
$7a(-b + 2a)$

5 Verwandeln Sie in ein Produkt.

a) $32x + 24y$ b) $49xy + 21x$
c) $22xy + 33yz$ d) $-45ab + 27bc$
e) $60st + 80s^2$ f) $-72m^2n + 84mn^2$
g) $84x^2y^2 - 56xy$ h) $-34x^2 - 51xy^2$

6 Klammern Sie aus.

a) $44a^2 - 96ab$ b) $30y^2 - 51z^2$
c) $25x^2y - 16xy^2$ d) $12x^2y - 7xyz$
e) $240xy^2 - 150x^2y$ f) $27x^3y - 33xy^2$
g) $3{,}5x - 1{,}4x^2$ h) $0{,}8x^2y - 0{,}4x$

7 Drücken Sie die Gesamtfläche als Summe und als Produkt aus.

a)
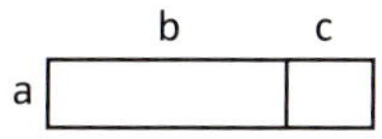

b)
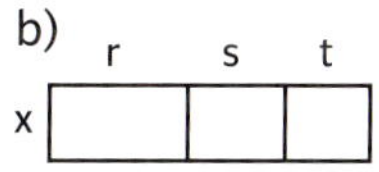

c)
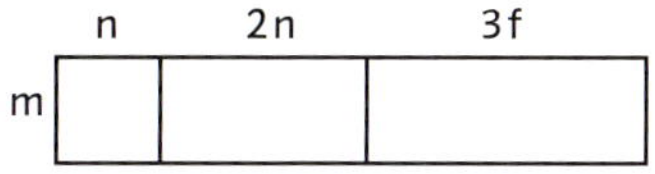

d)
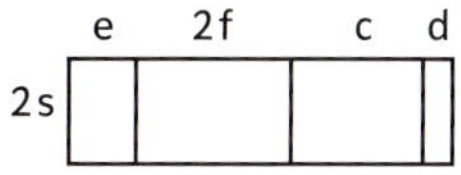

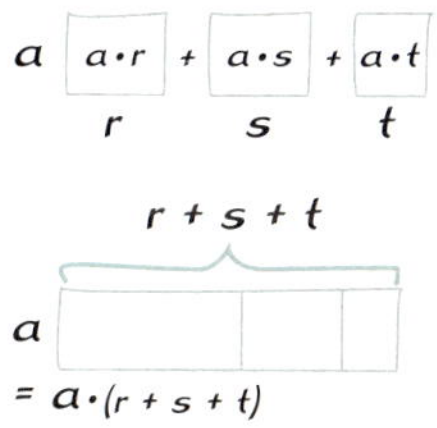

8 Verwandeln Sie mithilfe der binomischen Formeln in ein Produkt.

a) $x^2 + 2xy + y^2$ b) $v^2 - 2vw + w^2$
c) $x^2 + 6x + 9$ d) $x^2 + 8x + 16$
e) $x^2 - 18x + 81$ f) $x^2 - 24x + 144$

9 Verwandeln Sie mithilfe der binomischen Formeln in ein Produkt.

a) $x^2 - y^2$ b) $t^2 - u^2$ c) $b^2 - 16$
d) $36 - y^2$ e) $81 - 4z^2$ f) $400 - 9x^2$
g) $25y^2 - 9x^2$ h) $121 - 81g^2$ i) $1 - x^2$

10 Übertragen Sie ins Heft und füllen Sie aus.

a) $121m^2 - 25 = (\square - 5)(\square + 5)$
b) $81 - 144p^2 = (9 - \square)(9 + \square)$
c) $49 - 169z^2 = (7 - \square)(7 + \square)$
d) $a^2 - 14a + 49 = (a - \square)^2$
e) $m^2 - 18m + 81 = (\square - \square)^2$
f) $121 - 22w + w^2 = (\square - \square)^2$
g) $x^2 + \square + y^2 = (\square + y)^2$

11 Faktorisieren Sie den Term.

a) $4a^2 + 9b^2 - 12ab$ b) $m^2 + 169 + 26m$
c) $9b^2 + 25c^2 - 30bc$ d) $1 + 2a + a^2$
e) $-56rs + 16s^2 + 49r^2$ f) $-4z^2 + 1$
g) $1 - 2{,}8x^2 + 1{,}96x^4$ h) $625 - 196a^2$
i) $-16z^2 + 40yz - 25y^2$ j) $0{,}49a^2 - 0{,}01b^2$

12 Beim Faktorisieren gibt es mehrere Möglichkeiten.

Beispiel:
$\square + 24x + \square$
$= (x + 12)^2;\ (2x + 6)^2;\ (3x + 4)^2$

Geben Sie drei Möglichkeiten an.

a) $\square + 36x + \square$ b) $\square + 6ab + \square$
c) $\square + 2ab + \square$ e) $\square + ab + \square$

12 Bruchterme

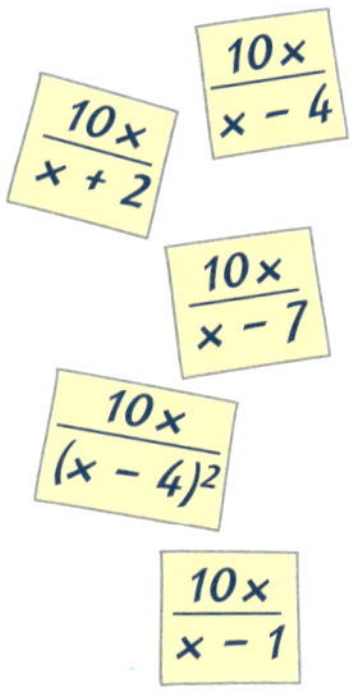

Setzen Sie die gewürfelte Augenzahl in die Termkarten ein.
→ Bringt ein Term besonders hohe oder niedrige Werte?
→ Für welche Augenzahlen kann ein Term nicht berechnet werden?
→ Fertigen Sie selbst Kärtchen dieser Art an.

Terme, die im Nenner eine Variable enthalten, nennt man **Bruchterme**. Setzt man für die Variablen rationale Zahlen ein, kann der Wert des Terms berechnet werden, außer wenn der Nenner den Wert null annimmt.
In den Bruchterm $\frac{1+x}{x-2}$ können alle rationalen Zahlen außer 2 eingesetzt werden. Würde man die 2 für x einsetzen, so würde im Nenner der Wert 0 stehen. Die Division durch null ist aber nicht erlaubt!

Terme, die im **Nenner eine Variable** enthalten, heißen **Bruchterme**.
Für die Variable sind alle Werte erlaubt, die beim Einsetzen in den Bruchterm im Nenner nicht den Wert null ergeben.

Beispiele

a) Die Tabelle zeigt die Werte des Bruchterms $\frac{2}{x-3}$ für die eingesetzten Zahlen.
Für $x = 3$ lässt sich der Term nicht berechnen, denn im Nenner erhält man null.
Deshalb darf die 3 nicht eingesetzt werden.

! *Wenn der Termwert nicht berechnet werden kann, kann man ↯ schreiben.*

x	−2	−1	0	1	2	3	4
$\frac{2}{x-3}$	$-\frac{2}{5}$	$-\frac{1}{2}$	$-\frac{2}{3}$	−1	−2	↯	2

b) Bestimmen der erlaubten Variablenwerte: $\frac{x+2}{6x+3}$
Gesucht ist die Einsetzung für x, für die der Nenner den Wert null annimmt:
$6x + 3 = 0$
$6x = -3$
$x = -0{,}5$
Somit dürfen alle Zahlen außer −0,5 eingesetzt werden.

c) Im Nenner kann auch ein Produkt stehen: $\frac{1}{x \cdot (x-2)}$
Gesucht sind die Einsetzungen für x, für die der Nenner $x \cdot (x-2)$ den Wert null annimmt.
Das Produkt $x \cdot (x-2)$ wird 0, wenn einer der beiden Faktoren den Wert null annimmt.
Es gibt zwei Fälle:
Für $x = 0$: $0 \cdot (0-2) = 0$
Für $x = 2$: $2 \cdot (2-2) = 0$
Die Werte 0 und 2 sind also nicht erlaubt.

Aufgaben

1 Übertragen Sie die Tabelle ins Heft und füllen Sie sie aus. Für welche Zahlen kann man den Wert des Terms nicht berechnen?

		1	4	0	−2	0,5	2,5
a)	$\frac{3x}{x-4}$		↯				
b)	$\frac{x-1}{2x+2}$						
c)	$\frac{6}{2x-2}$						
d)	$\frac{x+3}{2x-1}$						

2 Welche Zahlen müssen für die Variable x eingesetzt werden, um den angegebenen Wert zu erhalten? Lösen Sie durch Probieren.

a) $\frac{4}{x}$ $\quad 4;\ 2;\ 1;\ -4;\ -2;\ -1$

b) $\frac{3}{x+1}$ $\quad \frac{3}{5};\ \frac{3}{8};\ \frac{3}{11};\ 2;\ 3;\ 6$

c) $\frac{x}{x+2}$ $\quad \frac{1}{3};\ \frac{1}{2};\ \frac{2}{3};\ 0;\ -1;\ 2;\ 3$

3 Bei diesem Spiel gewinnt, wer nach fünf Spielrunden mit der Summe seiner Termwerte näher bei 1 liegt.
Wählen Sie für Ihren Partner einen Term aus. Dieser benennt dazu eine Zahl aus dem Bereich von −10 bis 10.

4 Erklären Sie, welche Zahl nicht eingesetzt werden kann.

a) $\frac{2}{x-2}$ b) $\frac{3x}{x+5}$ c) $\frac{x-1}{5x}$

d) $\frac{2x}{1+x}$ e) $\frac{x+3}{10-x}$ f) $\frac{4x+1}{3}$

g) $\frac{50x}{x-100}$ h) $\frac{5-x}{20x}$ i) $\frac{100x}{1000+x}$

Termwertberechnungen mit Tabellenkalkulation

Mit einem Tabellenkalkulationsprogramm können Sie untersuchen, wie sich der Termwert von $\frac{1}{x}$ verändert, wenn die Eingabewerte anwachsen oder kleiner werden.

	A	B	C	E	F	G	H
1							
2	Der Termwert von $\frac{1}{x}$ – was passiert in der Nähe der Null?						
3							
4		x	1:x		x	1:x	
5	Werte von	−4	−0,25	Werte von	−1	−1	
6	−4 bis 4	−3	−0,33	−1 bis 1	−0,8	−1,25	
7		−2	−0,50		−0,6	−1,67	
8		−1	−1,00		−0,4	−2,50	
9		0	#DIV/0!		−0,2	−5,00	
10		1	1,00		0	#DIV/0!	
11		2	0,50		0,2	5,00	
12		3	0,33		0,4	2,50	
13		4	0,25		0,6	1,67	
14					0,8	1,25	
					1	1,00	

- Beschreiben Sie in Worten, wie sich die Termwerte in den Tabellen verändern.
- Können Sie das Zeichen in C9 und G10, erklären?
- Ergänzen Sie im Heft: „Je näher man ▢, desto kleiner/größer ▢. Je weiter man ▢, desto kleiner/größer ▢."
- Wie geht es wohl weiter, wenn die eingesetzten Zahlenwerte noch kleiner werden?
- Untersuchen Sie selbst mit noch kleineren Werten die Umgebung der Zahl 0. Beschreiben Sie, was Ihnen auffällt.

5 Timo behauptet, dass in den Term $\frac{1}{x^2+1}$ jede Zahl eingesetzt werden kann.
Hat er Recht? Begründen Sie.
Gilt das auch für weitere Terme?

a) $\frac{1}{x^2}$ b) $\frac{x-1}{2x^2+7}$

c) $\frac{x+1}{x^4+1}$ d) $\frac{x+1}{(x+1)^2}$

e) $\frac{x}{(x-1)^2}$

6 Setzt man in den Bruchterm $\frac{x}{x+1}$ nacheinander 1; 2; 3; … ein, ergibt sich die Zahlenfolge $\frac{1}{2};\ \frac{2}{3};\ \frac{3}{4};\ \ldots$
Ermitteln Sie für die vorgegebenen Zahlenfolgen den zugehörigen Bruchterm.

a) $\frac{1}{2};\ \frac{1}{4};\ \frac{1}{6};\ \frac{1}{8}$

b) $1;\ \frac{1}{4};\ \frac{1}{9};\ \frac{1}{16}$

c) $\frac{2}{1};\ \frac{3}{4};\ \frac{4}{9};\ \frac{5}{16}$

13 Potenzen

Eine Legende erzählt, dass der indische Erfinder des Schachspiels dieses Spiel einem Maharadscha zum Geschenk machte. Dieser gestattete dem Erfinder einen Wunsch.
Der Erfinder erbat sich für das erste Feld des Schachbretts ein Reiskorn und für jedes weitere jeweils doppelt so viele Körner wie auf dem vorherigen. Der Maharadscha, erfreut über solche Bescheidenheit, ließ ein Feld nach dem anderen mit der gewünschten Anzahl Körner belegen. Bald war sein Erstaunen groß.
→ Wie groß ist die Anzahl der Körner auf dem 5.; 10.; 20. Feld?
→ Schätzen Sie das Gewicht der Reiskörner auf dem 64. Feld.
Nehmen Sie an, dass 40 Reiskörner etwa 1g wiegen.
Vergleichen Sie mit der Weltjahresernte 2004 von 560 Mio. t.

Ein Produkt aus lauter gleichen Faktoren lässt sich vereinfacht in der Potenzschreibweise angeben: $2 \cdot 2 \cdot 2 = 2^3$ $\quad (-3) \cdot (-3) \cdot (-3) \cdot (-3) = (-3)^4$
Dabei benutzt man folgende Bezeichnungen:

Basis Exponent

$5 \cdot 5 \cdot 5 \cdot 5 = 5^4 = 625$

Potenz Potenzwert

? *Probieren Sie mit Ihrem Taschenrechner:*
$7^3 = ?$
$7^9 = ?$

Die Potenz a^n ist ein Produkt aus n gleichen Faktoren a.
$a^n = \underbrace{a \cdot a \cdot a \cdot a \cdot \ldots \cdot a}_{n \text{ Faktoren}}$
Dabei ist a eine rationale Zahl und n eine positive natürliche Zahl.

Beispiele

a) $3^4 = 3 \cdot 3 \cdot 3 \cdot 3 = 81$ b) $0{,}5^3 = 0{,}5 \cdot 0{,}5 \cdot 0{,}5 = 0{,}125$ c) $(-2)^1 = -2$

d) Das Produkt aus einer **geraden** Anzahl **negativer** Zahlen ist **positiv**.
$(-2)^4 = (-2) \cdot (-2) \cdot (-2) \cdot (-2) = 16$

e) Das Produkt aus einer **ungeraden** Anzahl **negativer** Zahlen ist **negativ**.
$(-2)^5 = (-2) \cdot (-2) \cdot (-2) \cdot (-2) \cdot (-2) = -32$

Bemerkung

Potenzen mit dem Exponenten 1 haben denselben Wert wie ihre Basis: $a^1 = a$.
Potenzen mit dem Exponenten 2 nennt man **Quadratzahlen**, Potenzen mit dem Exponenten 3 **Kubikzahlen**.

! *Quadratzahlen, die Sie auswendig wissen sollten:*
$11^2 = 121$
$12^2 = 144$
$13^2 = 169$
$14^2 = 196$
$15^2 = 225$
$16^2 = 256$
$17^2 = 289$
$18^2 = 324$
$19^2 = 361$
$20^2 = 400$
$25^2 = 625$
$35^2 = 1225$
$45^2 = 2025$

Aufgaben

1 Wofür steht 4^3?
$3 + 3 + 3 + 3$ $\quad 4 + 4 + 4$
$3 \cdot 3 \cdot 3 \cdot 3$ $\quad 4 \cdot 4 \cdot 4$

2 Rechnen Sie im Kopf.
a) 2^3 b) 2^5 c) 2^7 d) 2^9
e) 3^4 f) 4^3 g) 5^3 h) 6^3

3 Rechnen Sie im Kopf.
a) $1{,}1^2$ b) $1{,}6^2$ c) $2{,}5^2$ d) $4{,}5^2$
e) 140^2 f) 200^2 g) $0{,}1^2$ h) $0{,}01^2$

4 Berechnen Sie ohne Taschenrechner.
a) $0{,}5^2$ b) $0{,}2^2$ c) $0{,}2^3$ d) $0{,}3^3$
e) $\left(\frac{1}{2}\right)^3$ f) $\left(\frac{1}{2}\right)^4$ g) $\left(\frac{2}{3}\right)^3$ h) $\left(\frac{3}{4}\right)^3$

5 a) Schreiben Sie die Zehnerpotenzen ausführlich und benennen Sie sie.
10^1; 10^2; 10^3; … ; 10^{12}
b) Schreiben Sie als Zehnerpotenz:
1 Milliarde; 10 Millionen; 10 Billionen; 100 Milliarden; 100 Trillionen

6 Geben Sie den Potenzwert ohne Taschenrechner an.
a) $(-1)^5$ b) $(-2)^6$ c) $(-3)^4$
d) $(-0{,}2)^3$ e) $(-0{,}1)^6$ f) $(-5)^3$
g) $(-0{,}01)^2$ h) $\left(-\frac{1}{2}\right)^7$ i) $\left(-\frac{3}{4}\right)^2$
j) $\left(-\frac{3}{4}\right)^3$ k) $\left(-\frac{2}{5}\right)^4$ l) $\left(-\frac{3}{10}\right)^5$

7 Schreiben Sie als Potenz. Es gibt mehrere Möglichkeiten.
a) 64 b) 81 c) 512
d) 625 e) $\frac{1}{16}$ f) $\frac{1}{81}$
g) $\frac{16}{625}$ h) $\frac{1}{10\,000}$ i) $\frac{81}{256}$

8 Vergleichen Sie die Potenzwerte.
a) -2^4 und 2^4
b) $(-3)^3$ und -3^3
c) -4^2 und $(-4)^2$
d) $-(-5)^3$ und $-(-5^3)$

9 Was muss eingesetzt werden?
a) $4^{\square} = 64$ b) $\square^4 = 625$
c) $\square^4 = 81$ d) $\square^5 = -32$
e) $\square^{\square} = 128$ f) $\square^{\square} = \frac{8}{125}$

10 Bestimmen Sie durch Probieren mit dem Taschenrechner den größtmöglichen ganzzahligen Exponenten für n.
a) $2^n < 1000$ b) $3^n < 10\,000$
c) $1{,}5^n < 200\,000$ d) $0{,}4^n < 0{,}0005$

11 Probieren Sie mit dem Taschenrechner.
a) Welche Potenz mit der Basis 3 liegt erstmals über dem Potenzwert von 1 000 000?
b) Welche Zweierpotenz liegt am dichtesten bei 10 000 000?
c) Welches Produkt braucht weniger Faktoren, um 1 000 000 000 zu übertreffen:
$1 \cdot 2 \cdot 3 \cdot 4 \cdot 5 \cdot \ldots$
oder $5 \cdot 5 \cdot 5 \cdot 5 \cdot \ldots$?

12 a) Wie viele Nachkommaziffern haben die folgenden Potenzen?
$0{,}123^5$ $0{,}12^5$
$0{,}123^6$ $0{,}123^5$
$0{,}123^7$ $0{,}1234^5$
b) Wie heißt die letzte Ziffer des genauen Potenzwertes?
$1{,}23^5$ $1{,}23^6$
$2{,}34^5$ $1{,}23^7$
$3{,}45^5$ $1{,}23^8$

13 Überlegen Sie
a) wie viele Urgroßeltern Sie haben.
b) wie viele Ur-Ur-Urgroßeltern Sie haben.
c) wie viele Vorfahren Sie vor sechs Generationen hatten.
d) wie viele Vorfahren Sie im Jahre 1650 gehabt haben müssen, wenn man für den Abstand von zwei Generationen 25 Jahre annimmt.

14 Untersuchungen haben ergeben, dass sich die Anzahl der Keime in frisch gemolkener Kuhmilch etwa jede halbe Stunde verdoppelt.
Zu Beginn wurden 700 Keime gezählt.
a) Wie viele Keime sind nach sechs Stunden vorhanden?
b) Wie lange dauert es, bis sich eine Milliarde Keime gebildet haben?

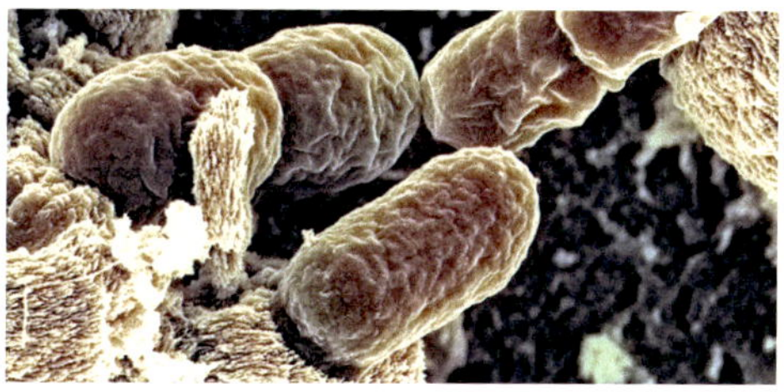

15 Die Erdbevölkerung wird bei gleich bleibendem Wachstum bis 2015 auf schätzungsweise 8,5 Mrd. Menschen anwachsen.
Zu diesem Zeitpunkt wird jemand diese Zahl als Information per E-Mail an zwei Personen weitergeben und diese am folgenden Tag wiederum an jeweils zwei Personen usw. Wie lange würde es dauern, bis diese Information jeden Erdbewohner erreicht? Schätzen Sie zuerst.

! *Potenzen, die Sie auswendig wissen sollten:*
$2^1 = 2$
$2^2 = 4$
$2^3 = 8$
$2^4 = 16$
$2^5 = 32$
$2^6 = 64$
$2^7 = 128$
$2^8 = 256$
$2^9 = 512$
$2^{10} = 1024$

$3^2 = 9$
$3^3 = 27$
$3^4 = 81$
$3^5 = 243$

$5^2 = 25$
$5^3 = 125$
$5^4 = 625$

? *Aus dem Papyrus Rhind (ca. 1700 v. Chr.): 7 Personen besitzen je 7 Katzen, jede Katze frisst 7 Mäuse, jede Maus frisst 7 Ähren Gerste, aus jeder Ähre können 7 Maß Körner wachsen. Wie viel Maß sind das?*

14 Potenzen mit gleicher Basis

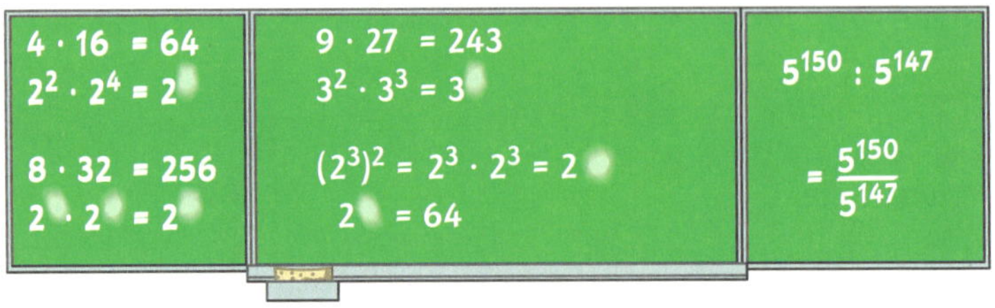

→ Ergänzen Sie die Lücken auf dem linken und auf dem mittleren Tafelbild.
Ihr Taschenrechner kann die Divisionsaufgabe auf der rechten Tafelseite nicht lösen.
→ Haben Sie eine Idee?
→ Überprüfen Sie Ihre Vermutung mit kleineren Exponenten.

Bei der **Multiplikation** bzw. **Division** von Potenzen mit gleicher Basis lassen sich die einzelnen Potenzen zunächst wieder als Produkte darstellen.

$$a^6 \cdot a^4 = \underbrace{(a \cdot a \cdot a \cdot a \cdot a \cdot a)}_{\text{6 Faktoren}} \cdot \underbrace{(a \cdot a \cdot a \cdot a)}_{\text{4 Faktoren}} = \underbrace{a \cdot a \cdot a \cdot a \cdot a \cdot a \cdot a \cdot a \cdot a \cdot a}_{\text{10 Faktoren}} = a^{10}$$

$$\frac{a^6}{a^4} = \frac{a \cdot a \cdot a \cdot a \cdot a \cdot a}{a \cdot a \cdot a \cdot a} = a \cdot a = a^2$$

Für das Multiplizieren bzw. das Dividieren ergibt sich also folgender Zusammenhang:

$a^6 \cdot a^4 = a^{6+4} = a^{10}$ $\qquad \frac{a^6}{a^4} = a^{6-4} = a^2$

Ebenso gilt für beliebige Exponenten:

$a^m \cdot a^n = a^{m+n}$ $\qquad \frac{a^m}{a^n} = a^{m-n}$

Das **Potenzieren** von Potenzen lässt sich als Multiplikation von Potenzen mit gleicher Basis darstellen.

$$(a^3)^2 = a^3 \cdot a^3 = \underbrace{(a \cdot a \cdot a)}_{} \cdot \underbrace{(a \cdot a \cdot a)}_{} = a^6$$

$3 + 3 = 2 \cdot 3 = 3 \cdot 2$ Faktoren
$3 + 3 = 2 \cdot 3 = 3 \cdot 2$ Faktoren

Für beliebige Exponenten gilt:
$(a^m)^n = a^{m \cdot n}$

Multiplikation:
Exponenten addieren!

Division:
Exponenten subtrahieren!

Potenzgesetze für Potenzen mit gleicher Basis

Potenzen mit gleicher Basis können **multipliziert** werden, indem man die Exponenten addiert und die Basis beibehält:
$a^m \cdot a^n = a^{m+n}$

Potenzen mit gleicher Basis können **dividiert** werden, indem man die Exponenten subtrahiert und die Basis beibehält: $\frac{a^m}{a^n} = a^{m-n}$
Für $a = 0$ gibt es keine Division.

Potenzen können potenziert werden, indem man ihre Exponenten multipliziert:
$(a^m)^n = a^{m \cdot n} = a^{mn}$

Beispiele

a) $2^5 \cdot 2^4 = 2^{5+4} = 2^9$

b) $x^{2n} \cdot x^n = x^{2n+n} = x^{3n}$

c) $\frac{0{,}7^{11}}{0{,}7^5} = 0{,}7^{11-5} = 0{,}7^6$

d) $\frac{y^{n+5}}{y^3} = y^{(n+5)-3} = y^{n+2}$

e) $(3^2)^4 = 3^{2 \cdot 4} = 3^8$

f) $a^{2n+1} \cdot a^{n-3} = a^{(2n+1)+(n-3)} = a^{3n-2}$

Aufgaben

1 Schreiben Sie als Produkt von Potenzen. Es gibt mehrere Möglichkeiten.
a) $3 \cdot 3 \cdot 3 \cdot 3 \cdot 3$
b) $5 \cdot 5 \cdot 5 \cdot 5 \cdot 5 \cdot 5$
c) $6 \cdot 6 \cdot 6 \cdot 6$
d) $2 \cdot 2 \cdot 2 \cdot 2 \cdot 2 \cdot 2 \cdot 2 \cdot 2 \cdot 2$
e) $10 \cdot 10 \cdot 10 \cdot 10 \cdot 10$
f) $1 \cdot 1 \cdot 1 \cdot 1 \cdot 1 \cdot 1 \cdot 1 \cdot 1$

2 Stellen Sie sich vor, jede Benutzung der Potenztaste kostet 100 €. Rechnen Sie sparsam und doch schnell.
a) $5^4 \cdot 5^3$ b) $6^3 \cdot 6^8$ c) $2^{10} \cdot 2^{10}$
d) $5^7 : 5^3$ e) $6^8 : 6^2$ f) $2^{15} : 2^8$

3 Achten Sie auf den Unterschied.

Beispiel: $3^2 + 3^3 = 9 + 27 = 36$
$3^2 \cdot 3^3 = 3^{2+3} = 3^5 = 243$

a) $2^2 + 2^4$
$2^2 \cdot 2^4$
b) $2^3 + 2^3$
$2^3 \cdot 2^3$
c) $3^4 - 3^2$
$3^4 : 3^2$
d) $5^5 - 5^2$
$5^5 : 5^2$

4 Schreiben Sie mit einer Potenz.
a) $2^3 \cdot 2^5$ b) $7^9 \cdot 7^3$ c) $5 \cdot 5^4 \cdot 5^5$
d) $a^1 \cdot a^2 \cdot a^3 \cdot a^4$ e) $b^k \cdot b^m \cdot b^n$
f) $(-x)^x \cdot (-x)^y$ g) $\left(-\frac{x}{2}\right)^m \cdot \left(-\frac{x}{2}\right)$

5 Schreiben Sie mit einer Potenz.
a) $8^7 : 8^3$ b) $9^{12} : 9^6$ c) $\frac{a^{13}}{a^{11}}$
d) $m^{10} : m^9$ e) $(3^p : 3^q) : 3^r$
f) $\frac{y^m}{y^n}$ g) $\frac{(-b)^{2m}}{(-b)^m}$ h) $\frac{(-0{,}05)}{(-0{,}05)^p}$

6 Zerlegen Sie die Potenz auf verschiedene Arten in ein Produkt von Potenzen.
a) 3^8 b) 5^7 c) 11^4 d) 10^{10}

7 Ihr Taschenrechner kann $5^{200} : 5^{197}$ nicht berechnen. Können Sie ihm helfen? Überfordern Sie Ihren Taschenrechner mit ähnlichen Aufgaben und lösen Sie sie.

8 Berechnen Sie im Kopf.
a) $5^{13} : 5^{11}$ b) $2^{100} : 2^{90}$ c) $3^{333} : 3^{330}$
d) $4^{32} : 4^{28}$ e) $10^{259} : 10^{247}$ f) $\frac{6^{37}}{6^{34}}$

9 Vereinfachen Sie.
a) $a^2 \cdot a^3 \cdot a^4$
b) $x^3 \cdot x^3 \cdot x^5$
c) $5^a \cdot 5^b \cdot 2^c \cdot 2^d$
d) $x^m \cdot y^n \cdot z^p \cdot x^q \cdot y^r \cdot z$
e) $a \cdot b^y \cdot c^m \cdot a^x \cdot b^{2y} \cdot c^7 \cdot a^y \cdot b^{3y}$

10 Was müssen Sie einsetzen?
a) $3^{\square} \cdot 3^4 = 3^7$ b) $\square^2 \cdot 4^3 = 4^5$
c) $0{,}5^4 \cdot \square^7 = 0{,}5^{11}$ d) $12^{\square} : 12^9 = 12^3$
e) $2^{\square} : 2^{\square} = 1024$ f) $3^4 \cdot 243 = 3^{\square}$
g) Stellen Sie sich gegenseitig solche Aufgaben und lösen Sie sie.

11 Ordnen Sie die Lösungskärtchen zu.
a) $2^5 \cdot 2^7$ b) 9^3 c) $(2x^2)^3$ d) $3^2 + 3^3$

Zeit ist Geld

Rechnen kostet Zeit, und Zeit kostet Geld. Firma schrott.com bietet Rechenleistungen an.
■ Wie viel kostet die Berechnung von 17^{18}; $(17^9)^2$; $17^6 \cdot 17^6 \cdot 17^6$?
■ Suchen Sie nach möglichst billigen Rechenwegen für 5^6; 7^8; 8^9; 9^{10}; …
■ Bilden Sie Vierergruppen. Die Gruppe, die innerhalb von fünf Minuten die zehn günstigsten Preise herausfindet, für die man 23^{24} berechnen lassen kann, darf die nächste Aufgabe stellen. Die Gruppe, die als erste dreimal gewonnen hat, ist Sieger.
■ Sie können sich selbst eine Preisliste ausdenken.

Leistung	Preis
1 Multiplikation	2 €
Potenzierung mit Exponenten 2; 3; 4 usw.	2; 3; 4 € usw.

Ab einer Rechnungssumme von 20 € gewähren wir 10 % Rabatt. Kreditkarten werden akzeptiert.

15 Potenzen mit gleichen Exponenten

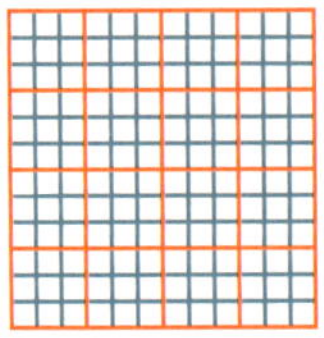

$(3 \cdot 3) \cdot (4 \cdot 4)$ Quadrate

$\square^2 \cdot \square^2 = \square$

$(\square)^2 = \square$

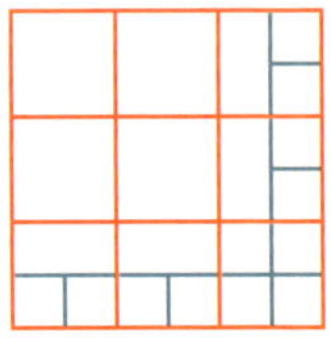

$3^2 \cdot 2^2$ Quadrate

$(\square \cdot \square)^2 = \square$

$\square^2 = \square$

Quadrate über Quadrate!
→ Wie viele Möglichkeiten finden Sie, die Gesamtzahl der kleinen Teilquadrate zu ermitteln?
→ Drücken Sie Ihre Lösungswege in Potenzschreibweise aus.

Beim **Multiplizieren** bzw. **Dividieren** von Potenzen mit **gleichen Exponenten** lassen sich die einzelnen Potenzen in Produkte verwandeln und neu zusammenfassen.

$a^3 \cdot b^3 = \underbrace{(a \cdot a \cdot a) \cdot (b \cdot b \cdot b)}_{\text{jeweils 3 Faktoren}}$

$= \underbrace{(a \cdot b) \cdot (a \cdot b) \cdot (a \cdot b)}_{\text{3 gleiche Produkte als Faktoren}}$

$= (a \cdot b)^3$

$\frac{a^4}{b^4} = \underbrace{\frac{a \cdot a \cdot a \cdot a}{b \cdot b \cdot b \cdot b}}_{\text{jeweils 4 Faktoren}}$

$= \underbrace{\left(\frac{a}{b}\right) \cdot \left(\frac{a}{b}\right) \cdot \left(\frac{a}{b}\right) \cdot \left(\frac{a}{b}\right)}_{\text{4 Quotienten als Faktoren}}$

$= \left(\frac{a}{b}\right)^4$

Für das Multiplizieren bzw. Dividieren ergibt sich folgender Zusammenhang:

$a^3 \cdot b^3 = (a\,b)^3$ $\qquad \frac{a^4}{b^4} = \left(\frac{a}{b}\right)^4$

Für beliebige Exponenten gilt:

$a^m \cdot b^m = (a\,b)^m$ $\qquad \frac{a^m}{b^m} = \left(\frac{a}{b}\right)^m$

Multiplikation:
Basen multiplizieren!

Division:
Basen dividieren!

Potenzgesetze für Potenzen mit gleichen Exponenten

Potenzen mit gleichen Exponenten können **multipliziert** werden, indem man ihre Basen multipliziert und den Exponenten beibehält:

$a^n \cdot b^n = (a \cdot b)^n$

Potenzen mit gleichen Exponenten können **dividiert** werden, indem man ihre Basen dividiert und den Exponenten beibehält:

$\frac{a^n}{b^n} = \left(\frac{a}{b}\right)^n;\ b \neq 0$

Beispiele

a) $2{,}5^5 \cdot 4^5 = (2{,}5 \cdot 4)^5$
$= 10^5$

b) $\frac{45^3}{9^3} = \left(\frac{45}{9}\right)^3$
$= 5^3$

c) $\left(\frac{2}{3}\right)^4 = \frac{2^4}{3^4}$
$= \frac{16}{81}$

d) $\left(\frac{3}{4}\right)^5 \cdot \left(\frac{4}{3}\right)^5 = \left(\frac{3}{4} \cdot \frac{4}{3}\right)^5$
$= 1^5 = 1$

e) $2^n \cdot 3^n = (2 \cdot 3)^n$
$= 6^n$

f) $\frac{56^y}{14^y} = \left(\frac{56}{14}\right)^y$
$= 4^y$

g) Eine Potenz lässt sich als Produkt von Potenzen schreiben:
$12^3 = (2 \cdot 6)^3 = 2^3 \cdot 6^3$
$12^3 = (3 \cdot 4)^3 = 3^3 \cdot 4^3$

h) Eine Potenz lässt sich als Quotient von Potenzen schreiben:
$2^4 = \left(\frac{6}{3}\right)^4 = \frac{6^4}{3^4}$
$2^4 = \left(\frac{10}{5}\right)^4 = \frac{10^4}{5^4}$

Aufgaben

1 Rechnen Sie im Kopf.

a) $2^3 \cdot 5^3$ b) $5^4 \cdot 20^4$
c) $1{,}5^2 \cdot 4^2$ d) $1{,}25^3 \cdot 8^3$
e) $(-2)^5 \cdot 50^5$ f) $2{,}5^4 : 0{,}5^4$
g) $22^6 : 11^6$ h) $36^4 : 12^4$

2 Der Taschenrechner braucht Ihre Hilfe.

a) $\frac{16\,384^{25}}{8192^{25}}$ b) $\frac{370\,368^{20}}{123\,456^{20}}$
c) $\frac{28\,572^{30}}{9524^{30}}$ d) $\frac{55\,555^{55}}{11\,111^{55}}$

3 Unterscheiden Sie.

Beispiel: $2^3 + 5^3 = 8 + 125 = 133$
$2^3 \cdot 5^3 = (2 \cdot 5)^3 = 10^3 = 1000$

a) $3^2 + 4^2$ b) $2^4 + 5^4$ c) $3^2 + 10^2$
$3^2 \cdot 4^2$ $2^4 \cdot 5^4$ $3^2 \cdot 10^2$

4 Für das Produkt $2^3 \cdot 5^4$ gilt kein Potenzgesetz.
Rechnen Sie dennoch im Kopf.

Beispiel:
$2^3 \cdot 5^3 \cdot 5 = (2 \cdot 5)^3 \cdot 5 = 10^3 \cdot 5 = 5000$

a) $2^4 \cdot 5^3$ b) $2^3 \cdot 5^2$ c) $3^3 \cdot 2^5$
d) $4^4 \cdot 5^3$ e) $5^4 \cdot 2^5$ f) $6^2 \cdot 5^4$

5 Berechnen Sie im Kopf.

a) $\frac{60^5}{30^5}$ b) $\frac{36^3}{12^3}$
c) $\frac{44^6}{(-22)^6}$ d) $\frac{(-85)^3}{17^3}$
e) $\frac{72^4}{6^2 \cdot 6^2}$ f) $\frac{16^3 \cdot 16^4}{(-64)^7}$

6 Berechnen Sie ohne Taschenrechner.

a) $12{,}5^3 \cdot 8^3$ b) $0{,}25^9 \cdot 4^9$
c) $2^4 \cdot \left(\frac{1}{2}\right)^4$ d) $(0{,}75)^2 \cdot 4^2$
e) $(-0{,}2)^6 \cdot 10^6$ f) $\left(\frac{1}{3}\right)^4 \cdot 9^4$

7 Formen Sie um.

a) $x^2 \cdot y^2$ b) $a^5 \cdot b^5$
c) $2^3 \cdot z^3$ d) $10^4 \cdot x^4$
e) $m^7 \cdot n^7$ f) $y^6 \cdot 0{,}5^6$
g) $\frac{c^5}{d^5}$ h) $\frac{x^{10}}{y^{10}}$
i) $\frac{(3\,m)^2}{(2\,m)^2}$ j) $\frac{(8\,a)^4}{(2\,a)^4}$

8 Lösen Sie die Klammern auf.

a) $(3\,a)^2$ b) $(5\,x^2)^2$
c) $\left(\frac{3}{a}\right)^2$ d) $\left(\frac{x^2}{5}\right)^2$
e) $(3 + a)^2$ f) $(x^2 + 5)^2$
g) $(3 - a)^2$ h) $(x^2 - 5)^2$

9 Vereinfachen Sie.

a) $2^m \cdot 3^m$ b) $5^n \cdot 3^n$
c) $3^{2n} \cdot 4^{2n}$ d) $2^{n+1} : 4^{n+1}$
e) $a^{x-3} : (3\,a)^{x-3}$ f) $a^{2x-1} : (0{,}5\,a)^{2x-1}$

10 Formen Sie um.

a) $a^{n+1} \cdot b^{n+1}$ b) $\left(\frac{3}{4}\right)^y \cdot \left(\frac{1}{2}\right)^y$
c) $s^{n+2} \cdot (s+1)^{n+2}$ d) $\left(-\frac{4}{7}\right)^{n+1} \cdot \left(-\frac{21}{2}\right)^{n+1}$
e) $(x+1)^n \cdot (x-1)^n$ f) $\frac{(x^2-9)^n}{(x-3)^n}$

11 Die Aufgabe in der Multiplikationsmauer hat mehrere Lösungen.

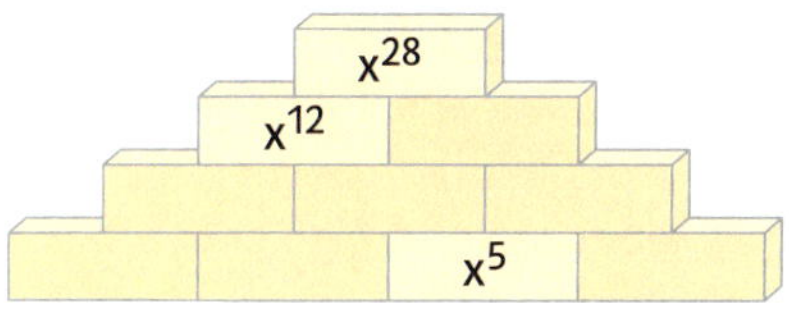

12 Zerlegen Sie alle roten Teilwürfel.

a) Wie viele kleine Würfel sind es dann insgesamt?
b) Ist das Produkt zweier Kubikzahlen wieder eine Kubikzahl? Überprüfen Sie an Beispielen und weisen Sie es allgemein nach.

13 Zerlegen Sie den Quader.
a) In wie viele kleine Würfel lässt sich der Quader aufteilen? Schreiben Sie in Potenzschreibweise.
b) Legen Sie einen Quader mit eigener Würfelaufteilung fest. Lassen Sie Ihre Partnerin oder Ihren Partner das Ergebnis überprüfen.

? *Potenzen mit der Basis 20 lassen sich leicht im Kopf rechnen:*
$20^4 = (2 \cdot 10)^4$
$= 2^4 \cdot 10^4$
$= 16 \cdot 10\,000$
$= 160\,000$

Berechnen Sie ebenso:
20^5
20^6
20^7
20^8
20^9
20^{10}

16 Potenzen mit negativen Exponenten

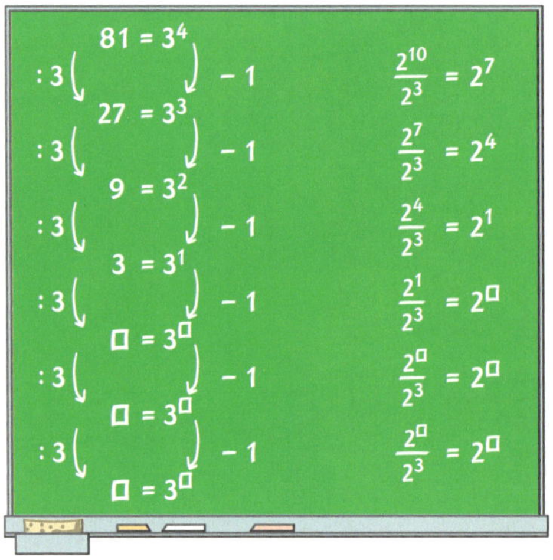

→ Setzen Sie die Dreierreihe fort.
→ Was bedeutet 3^{-4}?
→ Stellen Sie sich die Zweierreihe noch 20 Schritte fortgesetzt vor. Wie lautet dann die letzte Zeile?
→ Bilden Sie selbst solche Reihen.
→ Was könnte der seltsame Ausdruck 10^0 bedeuten?

Der Exponent m der Potenz a^m zählt die Anzahl der Faktoren a. Es ist zweckmäßig, für Brüche aus Potenzen mit gleicher Basis eine erweiterte Zählregel einzuführen.

Für $\frac{a^m}{a^n}$ schreibt man a^{m-n}.
Die Zahl m zählt die Faktoren im Zähler, die Zahl n die Faktoren im Nenner.
Dabei kann n auch größer sein als m.
Das Kürzen des Bruchs entspricht dem Ausrechnen des Exponenten.

5 − 3 … … = 2

$$a^{5-3} = \frac{a \cdot a \cdot a \cdot a \cdot a}{a \cdot a \cdot a} = a \cdot a = a^2$$

3 − 5 … … = −2

$$a^{3-5} = \frac{a \cdot a \cdot a}{a \cdot a \cdot a \cdot a \cdot a} = \frac{1}{a \cdot a} = a^{-2}$$

Die Zählregel erklärt auch, was a^0 und a^{-n} bedeuten.

$$a^0 = a^{n-n} = \frac{a^n}{a^n} = 1$$

$$a^{-n} = a^{0-n} = \frac{1}{a^n};$$

Potenzen mit **negativen ganzen Zahlen im Exponenten** sind erklärt durch
$a^{-n} = \frac{1}{a^n}$.
Potenzen mit Exponent 0 sind erklärt durch $a^0 = 1$.
In beiden Fällen muss gelten: $a \neq 0$.

Bemerkung

Die Voraussetzung $a \neq 0$ ist nötig, weil der Term 0^0 nicht sinnvoll definiert werden kann.
Die Reihe $4^0 = 1$; $3^0 = 1$; $2^0 = 1$; $1^0 = 1$ müsste nämlich mit $0^0 = 1$ fortgesetzt werden, die Reihe $0^4 = 0$; $0^3 = 0$; $0^2 = 0$; $0^1 = 0$ aber mit $0^0 = 0$.
Diese zwei Fortsetzungen passen nicht zusammen.

Beispiele

a) $2^{-4} = \frac{1}{2^4} = \frac{1}{16} = 0{,}0625$

b) $0{,}3^{-2} = \frac{1}{0{,}3^2} = \frac{1}{0{,}09}$

c) $x^{-3} = \frac{1}{x^3}$

d) $a^3 \cdot b^{-3} = \frac{a^3}{b^3} = \left(\frac{a}{b}\right)^3$

Aufgaben

1 Schreiben Sie die Potenz als Bruch.

a) 2^{-3} b) 2^{-4} c) 5^{-2}
d) 1^{-8} e) $1{,}5^{-2}$ f) $0{,}05^{-4}$
g) $(-5)^{-2}$ h) $(-6)^{-5}$ i) $(-10)^{-10}$

2 Schreiben Sie den Bruch als Potenz mit negativem Exponenten.

a) $\frac{1}{2^5}$ b) $\frac{1}{5^3}$ c) $\frac{1}{7^9}$ d) $\frac{1}{10^{10}}$

3 Berechnen Sie.

a) 2^{-6} b) 3^{-4} c) 4^{-3} d) $0{,}2^{-3}$
e) 1^{-7} f) 11^{-2} g) 2^{-10} h) $0{,}5^{-2}$

4 Berechnen Sie jeweils für $n = 10; 9; 8; \ldots; 0; -1; \ldots; -10$.

a) 2^n b) 3^n c) $0{,}1^n$
d) $(-3)^n$ e) $(-0{,}01)^n$ f) $(-1)^n$

5 Schreiben Sie das Produkt als Bruch. Rechnen Sie mit dem Taschenrechner.

a) $4^{-3} \cdot 3^4$ b) $2^{-6} \cdot 5^{-1}$ c) $2^{-3} \cdot 5^{-3}$
d) $3^{-4} \cdot 9^2$ e) $8^5 \cdot 5^{-8}$

6 Lesen Sie genau.

$(-3)^2 = (-3) \cdot (-3) = 9$;
aber $-3^2 = -3 \cdot 3 = -9$.
Ordnen Sie die Potenzen der Größe nach.

a) $3^{-3}; 2^{-3}; 3^2; 2^3; (-2)^3; (-3)^2; -2^3; -3^2$
b) $3^{-4}; (-4)^3; (-4)^{-3}; -3^4; (-3)^{-4}$

7 Benutzen Sie den Taschenrechner.

a) $4^{-3} \cdot 5^{-2}$ b) $2^{-2} \cdot 8^{-1}$ c) $5^{-3} \cdot 7^{-4}$
d) $4^{-3} \cdot 7^3$ e) $8^{-2} \cdot 3^4$ f) $6^{-3} \cdot 6^8$

8 Ausklammern spart Zeit. Runden Sie, falls nötig, auf fünf Nachkommastellen.

a) $2^{-3} \cdot 5^{-2} + 2^{-3} \cdot 3^{-4}$ b) $4^{-3} \cdot 5^{-1} + 4^{-3} \cdot 5^2$
c) $7^{-2} \cdot 9^{-2} + 7^{-2} \cdot 12^{-2}$ d) $11^{-3} \cdot 3^5 + 11^{-3} \cdot 5^3$

9 a) Schreiben Sie mit positivem Exponenten:

x^{-5}; x^{-10}; y^{-4}; z^{-100}; x^{-1}.

b) Schreiben Sie mit negativem Exponenten: $\frac{1}{x^3}$; $\frac{1}{x^7}$; $\frac{1}{y^6}$; $\frac{1}{z^{10}}$.

10 Berechnen Sie 2^{20} und $2^{20} + 2^{-20}$. Erklären Sie.

Noch mehr Potenzgesetze

■ Vergleichen Sie
$\left(\frac{1}{2}\right)^{-4}$ und 2^4; $\left(\frac{1}{5}\right)^{-3}$ und 5^3; $\left(\frac{1}{7}\right)^{-4}$ und 7^4.
Suchen Sie weitere solche Beispiele.

■ Vergleichen Sie
$\left(\frac{2}{3}\right)^{-4}$ und $\left(\frac{3}{2}\right)^4$.
Suchen Sie weitere solche Beispiele.

■ Schreiben Sie in Worten eine Regel auf, wie man Brüche mit negativen Potenzen in Brüche mit positiven Potenzen umwandelt.

Potenzieren von Brüchen
$\left(\frac{1}{a}\right)^{-n} = a^n$ und $\left(\frac{b}{a}\right)^{-n} = \left(\frac{a}{b}\right)^n$
Dabei muss $a \neq 0$ und $b \neq 0$ gelten.

■ Rechnen Sie im Kopf.
$\left(\frac{1}{2}\right)^{-1}$; $\left(\frac{1}{5}\right)^{-2}$; $\left(\frac{1}{2}\right)^{-3}$; $\left(\frac{1}{3}\right)^{-2}$; $\left(\frac{2}{5}\right)^{-1}$; $\left(\frac{10}{3}\right)^{-2}$

■ Tanja berechnet mit dem Taschenrechner $\left(\frac{1}{2}\right)^{-20}$ und muss 10-mal tippen. Jana denkt erst nach und tippt dann nur halb so oft.

■ Können Sie $6^5 \cdot 6^{-7}$ und $6^{-5} \cdot 6^{-7}$ ausrechnen und dabei nur einmal auf die Potenzier-Taste drücken? Rechnen Sie weitere solcher Beispiele. Was vermuten Sie?

Potenzen gleicher Basis mit positiven oder negativen Exponenten kann man multiplizieren, indem man die Exponenten addiert. Es gilt:

$a^m \cdot a^n = a^{m+n}$ $a^m \cdot a^{-n} = a^{m-n}$
$a^{-m} \cdot a^n = a^{-m+n}$ $a^{-m} \cdot a^{-n} = a^{-m-n}$

! *Subtraktion ist Addition der Gegenzahl:*
$m - n = m + (-n)$

■ Begründen Sie
$a^m \cdot a^{-n} = a^{m-n}$ und $a^{-m} \cdot a^{-n} = a^{-m-n}$
für $a = 5$; $m = 3$; $n = 4$.

■ Fassen Sie zu einer einzigen Potenz zusammen und berechnen Sie.
$2^{-3} \cdot 2^5$; $2^3 \cdot 2^{-5}$; $2^{-3} \cdot 2^{-5}$; $2^{-7} \cdot 2^{-6}$
$5^{-4} \cdot 5^{-3}$; $4^8 \cdot 4^{-10}$; $25^{-3} \cdot 25^{-2}$; $125^{12} \cdot 125^{-13}$

17 Sehr groß – sehr klein

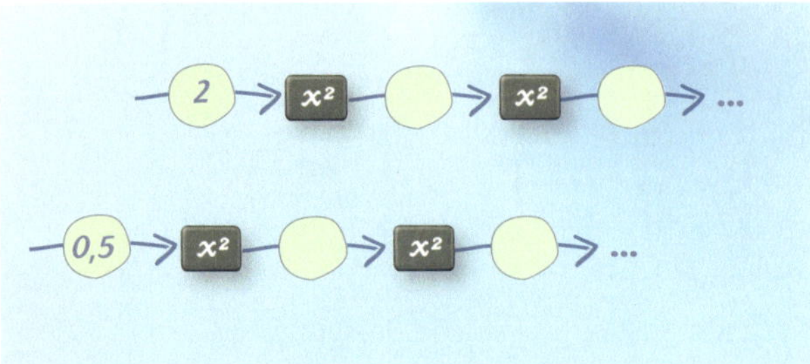

➔ Berechnen Sie die Quadrierketten. Wie viele Schritte hält Ihr Taschenrechner durch?
➔ Nach wie vielen Schritten überschreitet die Zweierkette 1 Million, 1 Milliarde, 1 Billion, 1 Billiarde?
➔ Suchen Sie je eine Startzahl, mit der Ihr Taschenrechner nach genau zehn Quadrierschritten das Weiterrechnen verweigert.

Um große Zahlen übersichtlich zu schreiben, trennt man Zehnerpotenzen ab.
Das kann man auch dann noch fortsetzen, wenn alle Endnullen verbraucht sind.

$6\,789\,000\,000$
$= 678\,900\,000 \cdot 10^1$
$= 67\,890\,000 \cdot 10^2$
$= 6\,789\,000 \cdot 10^3$
$= \ldots$
$= \mathbf{6789 \cdot 10^6}$
$= 678{,}9 \cdot 10^7$
$= 67{,}89 \cdot 10^8$
$= \mathbf{6{,}789 \cdot 10^9}$

$10^9 < 6{,}789 \cdot 10^9 < 10^{10}$
also gilt
$10^9 < 6\,789\,000\,000 < 10^{10}$

$0{,}000\,012\,3$
$= 0{,}000\,012\,3 \cdot 10 \cdot \frac{1}{10}$
$= 0{,}000\,123 \cdot 10^{-1}$
$= 0{,}001\,23 \cdot 10^{-2}$
$= 0{,}0123 \cdot 10^{-3}$
$= 0{,}123 \cdot 10^{-4}$
$= \mathbf{1{,}23 \cdot 10^{-5}}$

$10^{-5} < 1{,}23 \cdot 10^{-5} < 10^{-4}$
also gilt
$10^{-5} < 0{,}000\,012\,3 < 10^{-4}$

Erhöht man den Exponenten um 1; 2; 3;…, muss man zum Ausgleich das Komma um 1; 2; 3;… Stellen nach links verschieben, denn: Erhöhen des Exponenten um 1 bedeutet Multiplikation mit 10, und Kommaverschiebung um 1 Stelle nach links bedeutet Division durch 10.
Sehr kleine positive Zahlen werden übersichtlich, wenn man Zehnerpotenzen mit negativem Exponenten abtrennt. Hat die abgetrennte Zehnerpotenz den Exponenten $-n$, verschiebt sich das Komma um n Stellen nach rechts.

In dieser **Zehnerpotenzschreibweise** erkennt man die Größe einer Zahl besonders gut, wenn vor dem Komma nur eine einzige Ziffer steht, die aber nicht die Null ist. Man sieht dann auch sofort, zwischen welchen Zehnerpotenzen die Zahl liegt.

Natürliche Zahlen und positive Dezimalzahlen kann man unwandeln in Produkte aus
- einer Dezimalzahl mit genau einer Ziffer vor dem Komma, die nicht Null ist, und
- einer Zehnerpotenz.

Diese Darstellung heißt **wissenschaftliche Schreibweise**. Sie ist besonders nützlich, um sehr große und sehr kleine Zahlen übersichtlich und vergleichbar zu machen.

Bemerkungen
Auch die Zahl 1 lässt sich in wissenschaftlicher Notation schreiben: $1 = 1 \cdot 10^0$
Im Englischen heißt die wissenschaftliche Schreibweise „scientific notation".

Beispiele
a) $98\,765{,}4 = 9{,}876\,54 \cdot 10^4$
4 Stellen nach links

b) $0{,}000\,012\,3 = 1{,}23 \cdot 10^{-5}$
5 Stellen nach rechts

c) $6759{,}2 \cdot 10^{-7} = 6{,}7592 \cdot 10^{3} \cdot 10^{-7}$

3 Stellen nach links

also $6759{,}2 \cdot 10^{-7} = 6{,}7592 \cdot 10^{-4}$

d) $0{,}000\,158 \cdot 10^{6} = 1{,}58 \cdot 10^{-4} \cdot 10^{6}$

4 Stellen nach rechts

also $0{,}000\,158 \cdot 10^{6} = 1{,}58 \cdot 10^{2}$

Gehirne von Rechenkünstlern

1 Million Bit und mehr passen auf eine briefmarkengroße Fläche.

Aufgaben

1 Wandeln Sie in die wissenschaftliche Schreibweise um.

a) 789,461 b) 88 236,124
c) 765 000 000 d) 6000,0234
e) 0,000 068 f) 0,000 100 01
g) 0,010 020 03 h) 900 800 700 600

2 Schreiben Sie ohne Zehnerpotenz.

a) $9{,}8 \cdot 10^{3}$ b) $7{,}58 \cdot 10^{5}$
c) $19{,}67 \cdot 10^{6}$ d) $19{,}67 \cdot 10^{-6}$
e) $6{,}75 \cdot 10^{-3}$ f) $81{,}8181 \cdot 10^{-5}$
g) $0{,}000\,51 \cdot 10^{4}$ h) $0{,}000\,51 \cdot 10^{-4}$

3 a) Schreiben Sie die Potenzen aus.
10^{6}; 10^{10}; 10^{-8}; 10^{-12}; 10^{-1}; 10^{1}
b) Wandeln Sie die ausgeschriebenen Zahlen in Zehnerpotenzen um.
100 000; 0,01; 0,000 0001; 10 000 000

4 Wandeln Sie in die wissenschaftliche Schreibweise um.

a) $76{,}09 \cdot 10^{3}$ b) $551{,}879 \cdot 10^{5}$
c) $12\,345{,}6789 \cdot 10^{5}$ d) $0{,}068\,78 \cdot 10^{3}$
e) $4456{,}98 \cdot 10^{-4}$ f) $0{,}068\,78 \cdot 10^{6}$
g) $12\,345{,}6789 \cdot 10^{8}$ h) $0{,}068\,78 \cdot 10^{9}$
i) $0{,}125 \cdot 10^{-2}$ j) $56{,}04 \cdot 10^{-3}$
k) $94\,767{,}886 \cdot 10^{-5}$ l) $0{,}000\,8761 \cdot 10^{-2}$

5 Ordnen Sie die sechs Zahlen nach Größe.

a) $0{,}000\,0001 \cdot 10^{6}$
$90 \cdot 10^{-2}$
$70\,000\,000 \cdot 10^{-8}$
$110\,000 \cdot 10^{-5}$
$120\,000\,000 \cdot 10^{-8}$
$0{,}000\,008 \cdot 10^{5}$

b) $1{,}234 \cdot 10^{2}$
$123{,}4 \cdot 10^{1}$
$0{,}1234 \cdot 10^{2}$
$0{,}000\,1234 \cdot 10^{9}$
$1\,234\,000 \cdot 10^{-8}$
$1{,}234 \cdot 10^{0}$

6 a) Der Taschenrechner zeigt für $2{,}5^{12}$ das Ergebnis 59 604,644 78.
Warum kann das nicht richtig sein?
b) Wie viele Stellen nach dem Komma hat $1{,}2^{2}$; $1{,}2^{3}$; … ; $1{,}2^{10}$; … $1{,}2^{n}$?

7 Der Taschenrechner gibt für 13^{12} das gerundete Ergebnis $2{,}329\,808\,512 \cdot 10^{13}$ aus. Man schreibt trotzdem das Gleichheitszeichen $13^{12} = 2{,}329\,808\,512 \cdot 10^{13}$.
Berechen Sie ebenso.

a) 13^{20} b) 21^{9} c) $0{,}089^{6}$
d) $0{,}000\,000\,6^{7}$ e) $0{,}0157^{5}$
f) $0{,}0078^{4}$ g) $\left(\frac{2}{7}\right)^{8}$ h) $\left(\frac{11}{111}\right)^{11}$

8 Auch solche Produkte können Sie mit dem Taschenrechner berechnen.

a) $0{,}000\,000\,000\,75 \cdot 0{,}000\,345\,67$
b) $123\,456\,789\,000\,000\,000 \cdot 987\,654\,321\,000$
c) $0{,}000\,000\,000\,724 \cdot 169\,875\,557\,000$
d) $0{,}000\,000\,000\,765 \cdot 995\,200\,000\,000$
e) $0{,}000\,000\,000\,475 : 25\,000\,000\,000$

Welche der Ergebnisse sind genau, welche nur gerundet richtig?

9 Berechnen Sie mit dem Taschenrechner. Bestätigen Sie die Ergebnisse, indem Sie umformen und ein Rechengesetz anwenden.

a) $3{,}5 \cdot 10^{7} + 6{,}5 \cdot 10^{7}$
b) $8{,}7 \cdot 10^{4} - 10^{3} + 1{,}3 \cdot 10^{4}$
c) $0{,}45 \cdot 10^{5} + 55 \cdot 10^{3}$
d) $2{,}7 \cdot 10^{-4} + 7{,}3 \cdot 10^{-4}$
e) $6{,}9 \cdot 10^{-3} - 1{,}9 \cdot 10^{-3} + 5 \cdot 10^{-3}$
f) $36 \cdot 10^{-7} + 0{,}64 \cdot 10^{-5}$
g) $0{,}000\,14 \cdot 10^{3} + 8600 \cdot 10^{-4}$

Nullen zählen

- Welche Zahl ist größer,
10^{100} oder 100^{10}; 10^{1000} oder 1000^{10}; 100^{1000} oder 1000^{100}?
- Sie haben vier Einsen und vier Nullen. Schreiben Sie damit eine Riesenzahl.
- Schreiben Sie eine möglichst kleine Zahl aus drei Nullen, zwei Einsen und einem Komma.

Maßeinheiten für Riesen und Zwerge

Große natürliche Zahlen werden in Tausenderschritten gestuft und benannt. In Zehnerpotenzen geschrieben haben sie Vielfache von 3 als Exponenten. Nach diesem Muster bildet man auch sehr große und sehr kleine Maßeinheiten.
Dadurch erreicht man, dass die Maßzahlen nicht unnötig lang werden. Die Stufen der Maßeinheiten haben besondere Namen. Die Liste zeigt als Beispiel die Längeneinheiten.

- *altgriechisch: gigas Riese nanos Zwerg*
- *μ ist der griechische Buchstabe für m, gelesen „mü".*

Grundeinheit 1 m	
große Längeneinheiten	kleine Längeneinheiten
1 Kilometer = 1 km = 10^3 m	1 Millimeter = 1 mm = 10^{-3} m
1 Megameter = 1 Mm = 10^6 m	1 Mikrometer = 1 μm = 10^{-6} m
1 Gigameter = 1 Gm = 10^9 m	1 Nanometer = 1 nm = 10^{-9} m
1 Terameter = 1 Tm = 10^{12} m	1 Picometer = 1 pm = 10^{-12} m
1 Petameter = 1 Pm = 10^{15} m	1 Femtometer = 1 fm = 10^{-15} m
1 Exameter = 1 Em = 10^{18} m	1 Attometer = 1 am = 10^{-18} m

Auch andere Grundeinheiten werden auf diese Art gestuft:
1 Megahertz = 1 MHz = 10^6 Hz
1 Terawatt = 1 TW = 10^{12} W
1 Nanosekunde = 1 ns = 10^{-9} s
1 Femtogramm = 1 fg = 10^{-15} g

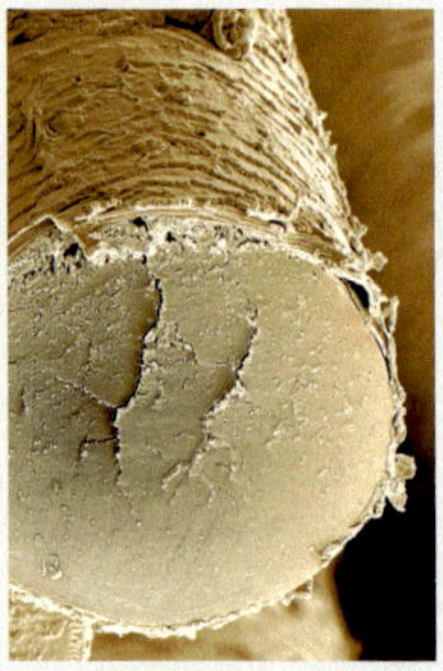

- Schreiben Sie mit einer günstigen Einheit:
0,001 234 mg; 0,0538 ms; 0,000 007 mm; 1 500 000 kW; 0,000 000 012 s
- Das Mobilfunknetz D arbeitet mit der Frequenz 900 000 000 Hz.
Wie viele MHz sind das?
- Violettes Licht hat eine Wellenlänge von etwa 400 nm. Schreiben Sie diese Länge in m. Rotes Licht hat die Wellenlänge 700 nm.
Welche Wellenlängen haben die anderen Farben?
- Ein Haar ist etwa $\frac{1}{10}$ mm dick. Wie oft müsste man es der Länge nach spalten, um Fasern von 1 nm Dicke zu bekommen?
- Die Erde ist von der Sonne etwa 150 Millionen km entfernt. Rechnen Sie diese gigantische Entfernung in m um und schreiben Sie sie in einer günstigen Einheit. Wirklich große astronomische Entfernungen misst man aber in Lichtjahren.
- Die Bohrplattform Statfjord ist 271 m hoch und 840 kt schwer.
Ein Eisenatom hat einen Radius von 140 pm und eine Masse von $1{,}7 \cdot 10^{-6}$ ag.
In welchem Verhältnis stehen die Längenmaße?
Was bedeutet das Verhältnis zwischen der riesigen und der winzigen Masse?

Eisenatome im Gitter

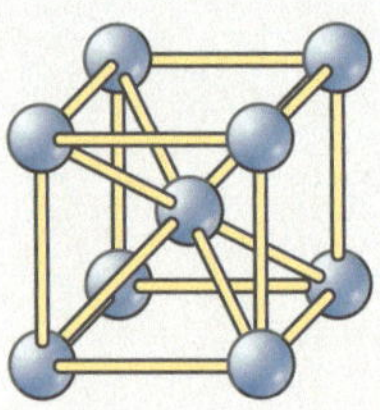

18 Quadratwurzeln

Die Quadrate werden größer.
→ Setzen Sie die Reihe fort. Notieren Sie alle Möglichkeiten bis 100 Kästchen Flächeninhalt.
→ Kann man auch Quadrate mit zwei oder drei Kästchen Flächeninhalt zeichnen?
→ Ein Quadrat hat einen Flächeninhalt von 144 Kästchen. Welche Seitenlänge hat es?
→ Welchen Umfang hat ein Quadrat mit einem Flächeninhalt von 100 Kästchen?

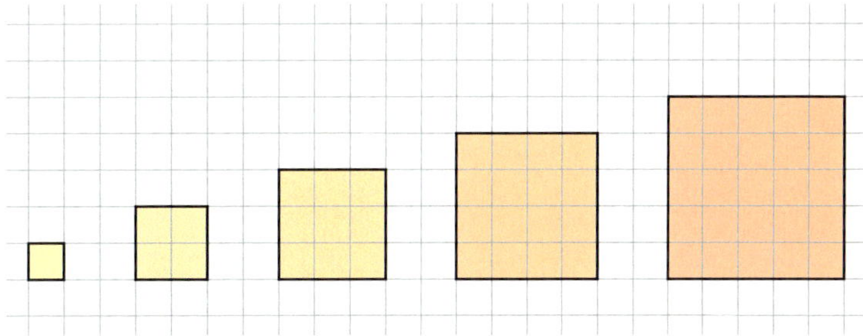

Multipliziert man eine Zahl mit sich selbst, erhält man deren **Quadratzahl**. Dieser Vorgang heißt **Quadrieren**.
$15 \cdot 15 = 15^2 = 225$ Allgemein schreibt man: $a \cdot a = a^2$
Umgekehrt lässt sich zu einer vorgegebenen Quadratzahl die Zahl finden, die mit sich selbst multipliziert diese Quadratzahl ergibt. Man bestimmt die **Quadratwurzel**.
Diesen Vorgang bezeichnet man als **Wurzelziehen** (**Radizieren**).
Für die Zahl 49 erhält man die Zahl 7 als Quadratwurzel, denn $7 \cdot 7 = 49$.

Radikand

Zahl unter dem Wurzelzeichen $\sqrt{49}$

Die **Quadratwurzel** einer positiven Zahl b ist die positive Zahl a, die mit sich selbst multipliziert die Zahl b ergibt: $a^2 = b$
Man verwendet die Schreibweise $a = \sqrt{b}$ und sagt:
„a ist die Quadratwurzel von b."

! *Für den Radikanden 0 gilt: $\sqrt{0} = 0$, da $0^2 = 0$*

Bemerkungen

- Die Quadratwurzel einer negativen Zahl gibt es nicht, da keine Zahl mit sich selbst multipliziert einen negativen Wert ergibt.
- Bei positiven Zahlen ist das Wurzelziehen die Umkehrung des Quadrierens und das Quadrieren die Umkehrung des Wurzelziehens.

Allgemein gilt: $\sqrt{a^2} = a$ und $(\sqrt{a})^2 = \sqrt{a} \cdot \sqrt{a} = a$.

Beispiele

a) $\sqrt{36} = 6$; da $6^2 = 36$
b) $\sqrt{121} = 11$; da $11^2 = 121$
c) $\sqrt{0{,}25} = 0{,}5$; da $0{,}5^2 = 0{,}25$
d) $\sqrt{\frac{1}{4}} = \frac{1}{2}$; da $\left(\frac{1}{2}\right)^2 = \frac{1}{4}$
e) $\sqrt{8^2} = \sqrt{64} = 8$
f) $(\sqrt{0{,}81})^2 = 0{,}9^2 = 0{,}81$

12 1,5 $\frac{1}{10}$ 0,2 5 17 30 7 10 0,5 0,02

298 4 0,25 144 99 2,5 0,04 49 900 289 $\frac{1}{100}$ 2,25

Aufgaben

1 Welche Zahl passt nicht in die Reihe?
a) 1; 25; 49; 55; 64; 81; 121; 196
b) 144; 169; 225; 325; 400; 625; 900
c) 0,04; 0,16; 0,36; 0,50; 0,81; 1,21; 2,56
d) $\sqrt{\frac{1}{4}}$; $\sqrt{\frac{4}{9}}$; $\sqrt{\frac{16}{27}}$; $\sqrt{\frac{9}{25}}$; $\sqrt{\frac{49}{64}}$; $\sqrt{\frac{16}{81}}$

2 Bestimmen Sie die Quadratwurzel im Kopf.
a) $\sqrt{16}$ b) $\sqrt{49}$ c) $\sqrt{100}$
d) $\sqrt{225}$ e) $\sqrt{121}$ f) $\sqrt{169}$
g) $\sqrt{256}$ h) $\sqrt{400}$ i) $\sqrt{625}$
j) $\sqrt{0{,}25}$ k) $\sqrt{0{,}36}$ l) $\sqrt{1{,}44}$

? *Wie kann man die Zahlen auf dem oberen und unteren Notizzettel einander sinnvoll zuordnen?*

3 Berechnen Sie.

a) $\sqrt{2{,}89}$ b) $\sqrt{3{,}24}$ c) $\sqrt{5{,}29}$
d) $\sqrt{20{,}25}$ e) $\sqrt{26{,}01}$ f) $\sqrt{0{,}0144}$
g) $\sqrt{0{,}0004}$ h) $\sqrt{0{,}0784}$ i) $\sqrt{4{,}4521}$

4 Das geht auch ohne Taschenrechner.

a) $\sqrt{\frac{16}{49}}$ b) $\sqrt{\frac{4}{81}}$ c) $\sqrt{\frac{36}{121}}$
d) $\sqrt{\frac{196}{144}}$ e) $\sqrt{\frac{169}{225}}$ f) $\sqrt{\frac{400}{729}}$
g) $\sqrt{\frac{5}{20}}$ h) $\sqrt{\frac{12}{27}}$ i) $\sqrt{\frac{44}{99}}$

5 Füllen Sie die Lücken.

a) $\sqrt{\square 1} = 9$ b) $\sqrt{14\square} = 12$
c) $\sqrt{1\square 9} = 13$ d) $\sqrt{\square 21} = 11$
e) $\sqrt{\frac{81}{\square}} = \frac{9}{11}$ f) $\sqrt{\frac{\square}{25}} = \frac{2}{\square}$

6 Welche Ziffern muss man einsetzen?

Beispiel: $\sqrt{2\square 6} = \blacksquare 6$
Für $\square$ wird 5, für $\blacksquare$ wird 1 eingesetzt: $\sqrt{256} = 16$

a) $\sqrt{1\square 1} = 11$ b) $\sqrt{32\square} = \blacksquare 8$
c) $\sqrt{\square 89} = \blacksquare 7$ d) $\sqrt{\square 76} = 2\blacksquare$
e) $\sqrt{6\square\blacksquare} = 2\blacksquare$ f) $\sqrt{\square\square 1} = \blacksquare 1$

7 Die Figuren bestehen aus aneinander gereihten Quadraten. Der Flächeninhalt der Quadratreihe ist gegeben. Berechnen Sie den Umfang der Quadratreihe.

a) 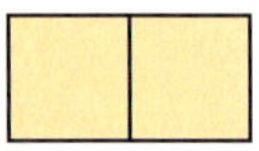
A = 128 cm²

b) 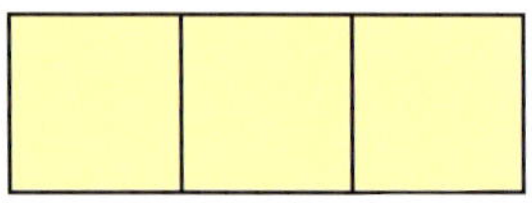
A = 972 cm²

c) 
A = 705,6 cm²

8 Die Oberfläche ist gegeben. Berechnen Sie die Kantenlänge a eines Würfels.

a) 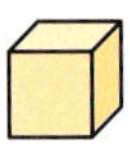
O = 24 cm²

b) 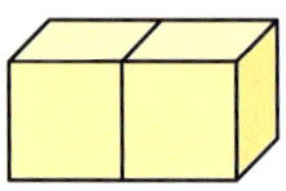
O = 490 cm²

c) 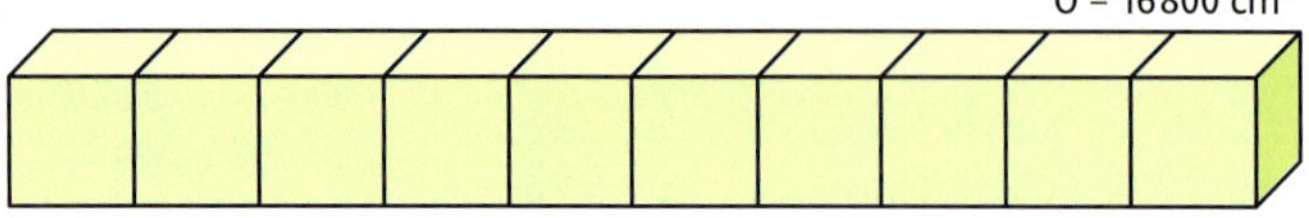
O = 16800 cm²

9 Der Pariser Platz in Berlin ist quadratisch und ungefähr 144 a groß. Pia geht einmal um den Platz.

10 Ein Rechteck hat die Länge a und die Breite b. Berechnen Sie die Seitenlänge eines dazu flächengleichen Quadrats.

a) a = 18 m; b = 8 m
b) a = 30 m; b = 7,5 m
c) a = 20 m; b = 3,2 m
d) a = 2,88 m; b = 0,5 m

11 Berechnen Sie das Volumen für die vorgegebene Oberfläche.

a) 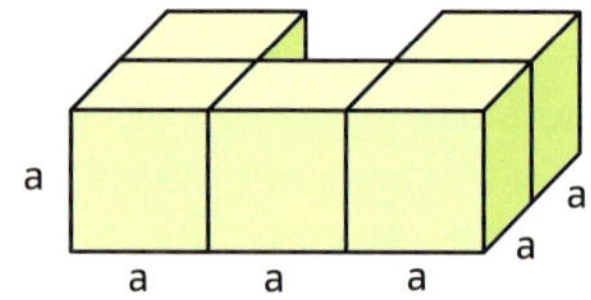

O = 137,5 m²

b) O = 94,5 cm²
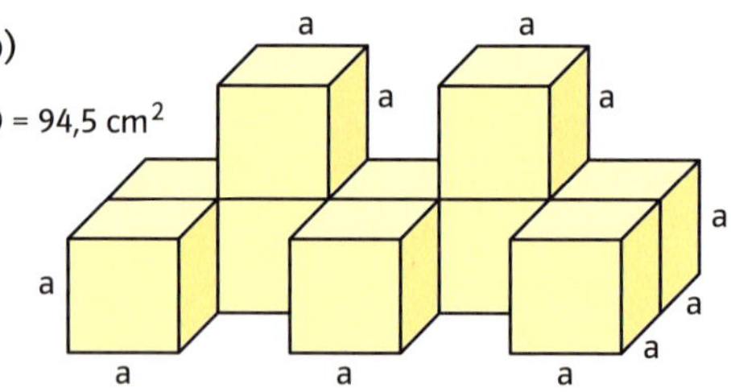

12 Ohne Taschenrechner geht es schneller.

a) $\sqrt{1\,234\,567\,890\,987\,654\,321^2}$
b) $\sqrt{122\,333\,444\,455\,555\,666\,666^2}$

13 Natascha behauptet: „Vier der sechs Quadratwurzeln sind keine natürlichen Zahlen. Dies kann ich ohne Taschenrechner nachweisen." Wie könnte Natascha vorgegangen sein?

$\sqrt{765\,432}$ $\sqrt{7\,531\,357}$
$\sqrt{344\,569}$ $\sqrt{12\,345\,678}$
$\sqrt{852\,743}$ $\sqrt{23\,503\,104}$

14 Welche der Rechnungen sind falsch? Begründen Sie.

a) $\sqrt{2{,}5} = 0{,}5$ b) $\sqrt{490} = 70$
c) $40^2 = 160$ d) $\sqrt{3600} = 60$
e) $\sqrt{0{,}4} = 0{,}2$ f) $0{,}005^2 = 0{,}000\,025$

19 Bestimmen von Quadratwurzeln

Durch Zerschneiden und Umlegen der beiden Quadrate lässt sich ein neues, größeres Quadrat bilden.

→ Wie groß ist der Flächeninhalt des neuen Quadrats?

→ Warum ist der Umfang der ursprünglichen Quadrate viel leichter zu bestimmen als der des neuen?

→ Bestimmen Sie die Seitenlänge des großen Quadrats so genau wie möglich.

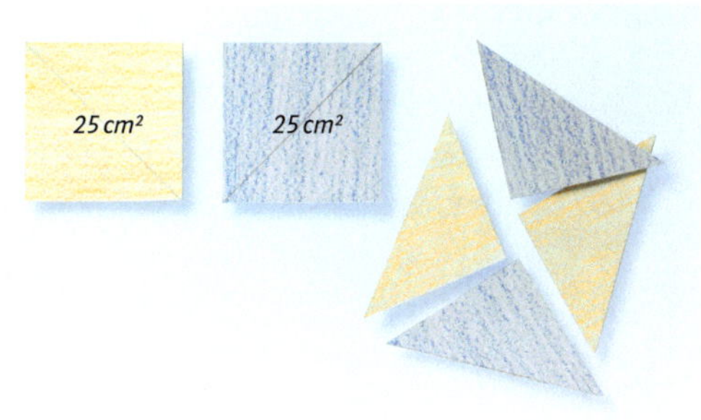

Quadratwurzeln wie z. B. $\sqrt{3}$ oder $\sqrt{7{,}4}$ lassen sich zunächst nur abschätzen. Bei der Quadratwurzel der Zahl 2 erkennt man, dass sie zwischen 1 und 2 liegen muss, da für die Quadrate die Eingrenzung $1^2 < 2 < 2^2$ gilt. Der Bereich der Eingrenzung heißt **Intervall**.
$\sqrt{2}$ liegt zwischen den natürlichen Zahlen 1 und 2, das heißt $\sqrt{2}$ liegt im Intervall [1; 2].
Durch Probieren lässt sich eine größere Genauigkeit mit mehr Dezimalen erreichen:
Wegen $1{,}4^2 < 2 < 1{,}5^2$ liegt $\sqrt{2}$ zwischen 1,4 und 1,5; also im Intervall [1,4; 1,5].
Wegen $1{,}41^2 < 2 < 1{,}42^2$ liegt $\sqrt{2}$ zwischen 1,41 und 1,42; also im Intervall [1,41; 1,42].

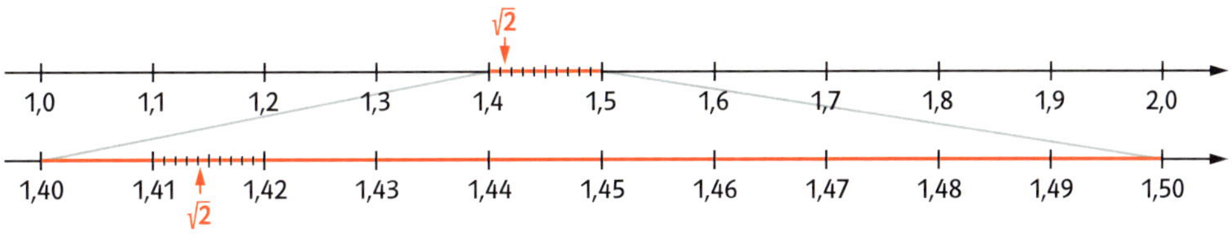

Auf diese Weise gelangt man zu immer mehr Nachkommaziffern. Beispielsweise lauten die ersten 40 Ziffern von $\sqrt{2}$ so: 1,414 213 562 373 095 048 801 688 724 209 698 078 569 ...

Quadratwurzeln aus positiven Zahlen, die keine Quadratzahlen sind, haben beliebig viele Nachkommaziffern.

Beispiel

Näherung für $\sqrt{30}$: $5 < \sqrt{30} < 6$; da $5^2 < 30 < 6^2$
Durch systematisches Probieren erhält man eine bessere Näherung.
$5{,}1^2 = 26{,}01$; $5{,}2^2 = 27{,}04$; $5{,}3^2 = 28{,}09$; $5{,}4^2 = 29{,}16$; $5{,}5^2 = 30{,}25$
Damit gilt: $5{,}4 < \sqrt{30} < 5{,}5$
Auf diese Art und Weise kann man zu immer mehr Nachkommastellen gelangen.

Aufgaben

1 Welche Werte lassen sich genau, welche nur näherungsweise bestimmen?
a) $\sqrt{20}$ b) $\sqrt{144}$ c) $\sqrt{80}$
d) $\sqrt{4{,}5}$ e) $\sqrt{6{,}25}$ f) $\sqrt{10{,}24}$
g) $\sqrt{0{,}4}$ h) $\sqrt{0{,}09}$ i) $\sqrt{0{,}081}$

2 Zwischen welchen natürlichen Zahlen liegt die Quadratwurzel?
Beispiel: $6 < \sqrt{40} < 7$; da $6^2 < 40 < 7^2$
a) $\sqrt{20}$ b) $\sqrt{50}$ c) $\sqrt{70}$ d) $\sqrt{120}$
e) $\sqrt{190}$ f) $\sqrt{350}$ g) $\sqrt{500}$ h) $\sqrt{700}$

? Wie heißt die 37. Nachkommastelle von $\frac{1}{3}$? Wie die von $\sqrt{3}$? Welche Frage ist unfair?

3 Füllen Sie die Lücken. Manchmal sind auch mehrere Lösungen möglich.

a) $7 < \sqrt{\square 5} < 8$ b) $6 < \sqrt{4\square} < 7$

c) $12 < \sqrt{1\square 8} < 13$ d) $13 < \sqrt{\square\square 7} < 14$

4 Welche der Quadratwurzeln lassen sich exakt bestimmen?

a) $\sqrt{9}$; $\sqrt{0{,}9}$; $\sqrt{900}$; $\sqrt{90}$; $\sqrt{0{,}09}$

b) $\sqrt{4}$; $\sqrt{0{,}04}$; $\sqrt{0{,}4}$; $\sqrt{4000}$; $\sqrt{0{,}0004}$

5 Corinna behauptet, der Bruch $\frac{665\,857}{470\,832}$ habe den Wert $\sqrt{2}$.
Christian sagt: „Wenn ich den Bruch quadriere und die Endziffern des Zählers und Nenners betrachte, kann das Ergebnis nicht die Zahl 2 sein."
Wer von beiden hat Recht?

6 Welcher Wurzelwert gehört zu welcher Quadratzahl? Schätzen Sie ab.

21,7485… 217,9449… 746
473 23,7697…
565 20,1494… 406
27,3130… 47500

7 Vergleichen Sie die Brüche mit der Taschenrechner-Anzeige von $\sqrt{2}$.

$\frac{1}{1}$; $\frac{3}{2}$; $\frac{7}{5}$; $\frac{17}{12}$; $\frac{41}{29}$; $\frac{99}{70}$; $\frac{239}{169}$; $\frac{577}{408}$

Wie heißen die nächsten drei Brüche?
Berechnen Sie für diese Brüche $\frac{a}{b}$ den Term $a^2 - 2b^2$. Was bemerken Sie?

Nicht vorstellbare Zahlen

Berechnet man mit dem Taschenrechner $\sqrt{2}$, dann erscheint in der Anzeige 1,414 213 562. Multipliziert man diese Zahl schriftlich mit sich selbst, erhält man nicht die Zahl 2.
Die letzte Ziffer in der Taschenrechneranzeige ist eine 2 und damit erhält das Quadrat dieser Zahl an der letzten Stelle die Ziffer 4. Diese Überlegung gilt für alle Endziffern von 1 bis 9. Stände an der nächsten Stelle eine Null, wäre das Quadrat dieser Zahl ebenfalls von 2 verschieden.
Damit kann $\sqrt{2}$ kein abbrechender Dezimalbruch sein.
Man kann zeigen, dass $\sqrt{2}$ auch kein periodischer Dezimalbruch ist:
Wenn $\sqrt{2}$ ein periodischer Dezimalbruch wäre, könnte man $\sqrt{2}$ als vollständig gekürzten, echten Bruch $\frac{p}{q}$ darstellen, wobei p und q natürliche Zahlen sind.
Durch Quadrieren entsteht aus $\sqrt{2} = \frac{p}{q}$ die Gleichung $2 = \frac{p^2}{q^2}$ bzw. $2 = \frac{p \cdot p}{q \cdot q}$.
Auch für den Bruch $\frac{p \cdot p}{q \cdot q}$ gilt: Zähler und Nenner besitzen keinen gemeinsamen Teiler; man kann also nicht kürzen. Der Wert des Quotienten $\frac{p \cdot p}{q \cdot q}$ kann daher nicht die Zahl 2 sein.
$\sqrt{2}$ ist damit weder ein abbrechender noch ein periodischer Dezimalbruch. Man bezeichnet $\sqrt{2}$ als **irrationale Zahl**. Die irrationalen Zahlen bilden zusammen mit den rationalen Zahlen die Menge der **reellen Zahlen** $\mathbb{R}$.
Neben einigen Wurzeln gibt es auch noch andere irrationale Zahlen wie beispielsweise 0,123 456 789 101 112 13… mit der Folge der natürlichen Zahlen. Die Zahl ist weder abbrechend noch periodisch.

- Erklären Sie die Entstehungsregel der irrationalen Zahl.
  1,121 231 234 123 45… 1,010 010 001 000 01… 9,898 998 999 899 99…
- Welche der Zahlen sind irrational, welche rational? Geben Sie das Bildungsgesetz an.
  0,232323… 0,122333…
  1,4916253649… 0,7142857142857…
- Die Skizze zeigt, wie $\sqrt{2}$ auf der Zahlengeraden konstruiert werden kann. Konstruieren Sie in gleicher Weise.
  $\sqrt{8}$ $\sqrt{50}$ $\sqrt{72}$

20 Rechnen mit Quadratwurzeln

Vergleichen Sie die Terme der linken und der rechten Tafelhälfte.

→ Was fällt Ihnen auf?

→ Stellen Sie eine Vermutung auf.

Werden die Quadratwurzeln von Quadratzahlen multipliziert bzw. dividiert, kann man das Produkt bzw. den Quotienten sehr leicht bestimmen:

$\sqrt{49} \cdot \sqrt{36} = 7 \cdot 6 = 42$ $\qquad$ $\sqrt{\frac{225}{9}} = \frac{15}{3} = 5$

$\sqrt{49 \cdot 36} = \sqrt{1764} = 42$ $\qquad$ $\sqrt{\frac{225}{9}} = \sqrt{25} = 5$

Also gilt: $\sqrt{49} \cdot \sqrt{36} = \sqrt{49 \cdot 36}$ bzw. $\frac{\sqrt{225}}{\sqrt{9}} = \sqrt{\frac{225}{9}}$

Quadratwurzeln kann man **multiplizieren** bzw. **dividieren**, indem man die Radikanden miteinander multipliziert bzw. dividiert und dann die Wurzel zieht.

$\sqrt{a} \cdot \sqrt{b} = \sqrt{a \cdot b};\ a, b \geqq 0$ $\qquad$ $\frac{\sqrt{a}}{\sqrt{b}} = \sqrt{\frac{a}{b}};\ a \geqq 0;\ b > 0$

Beispiele

a) $\sqrt{5} \cdot \sqrt{20} = \sqrt{5 \cdot 20} = \sqrt{100} = 10$

b) $\sqrt{64 \cdot 81} = \sqrt{64} \cdot \sqrt{81} = 8 \cdot 9 = 72$

c) $\frac{\sqrt{175}}{\sqrt{7}} = \sqrt{\frac{175}{7}} = \sqrt{25} = 5$

d) $\sqrt{\frac{9}{121}} = \frac{\sqrt{9}}{\sqrt{121}} = \frac{3}{11}$

Durch **teilweises Wurzelziehen** lassen sich die Werte von Quadratwurzeln auch ohne die Verwendung eines Taschenrechners leichter eingrenzen und abschätzen.
Überschlägt man $\sqrt{3}$ mit 1,732, kann nach der Regel zur Multiplikation gerechnet werden:
$\sqrt{300} = \sqrt{100 \cdot 3} = \sqrt{100} \cdot \sqrt{3} = 10 \cdot \sqrt{3} \approx 10 \cdot 1{,}732 = 17{,}32$
Der Radikand wird dabei in ein Produkt mit einer Quadratzahl als Faktor zerlegt.

Beim **teilweisen Wurzelziehen** wird der Radikand so in ein Produkt zerlegt, dass einer der Faktoren eine Quadratzahl ist.
$\sqrt{a^2 b} = \sqrt{a^2} \cdot \sqrt{b} = a \cdot \sqrt{b};\ a, b \geqq 0$

Beispiele

e) $\sqrt{75} = \sqrt{25 \cdot 3}$
$= \sqrt{25} \cdot \sqrt{3}$
$= 5 \cdot \sqrt{3}$

f) $\sqrt{80} = \sqrt{4} \cdot \sqrt{20}$
$= 2 \cdot \sqrt{20}$
$= 2 \cdot \sqrt{4} \cdot \sqrt{5}$
$= 2 \cdot 2 \cdot \sqrt{5} = 4 \cdot \sqrt{5}$

oder

$\sqrt{80} = \sqrt{16 \cdot 5}$
$= \sqrt{16} \cdot \sqrt{5}$
$= 4 \cdot \sqrt{5}$

Aufgaben

1 Rechnen Sie im Kopf.
a) $\sqrt{3} \cdot \sqrt{12}$ b) $\sqrt{8} : \sqrt{2}$
c) $\sqrt{36 \cdot 25}$ d) $\sqrt{32} \cdot \sqrt{2}$
e) $\sqrt{99} : \sqrt{11}$ f) $\sqrt{121 \cdot 49}$

2 Berechnen Sie.
a) $\sqrt{0{,}49 \cdot 100}$ b) $\sqrt{10} \cdot \sqrt{3{,}6}$
c) $\sqrt{2{,}5} \cdot \sqrt{0{,}9}$ d) $\sqrt{400 \cdot 0{,}64}$
e) $\sqrt{\frac{1}{2}} \cdot \sqrt{\frac{9}{8}}$ f) $\sqrt{\frac{4}{25} \cdot \frac{49}{9}}$

$6 \cdot \sqrt{2}$ | $2 \cdot \sqrt{18}$ | $4 \cdot \sqrt{27}$ | $\sqrt{32}$ | $12 \cdot \sqrt{3}$ | $4 \cdot \sqrt{2}$ | $\sqrt{72}$ | $3 \cdot \sqrt{8}$ | $3 \cdot \sqrt{48}$ | $2 \cdot \sqrt{108}$ | $\sqrt{432}$ | $2 \cdot \sqrt{8}$ | $6 \cdot \sqrt{12}$

3 Rechnen Sie auch mit mehr als zwei Faktoren.
a) $\sqrt{2} \cdot \sqrt{6} \cdot \sqrt{12}$ b) $\sqrt{49 \cdot 25 \cdot 9}$
c) $\sqrt{81 \cdot 36 \cdot 4}$ d) $\sqrt{7} \cdot \sqrt{21} \cdot \sqrt{3}$
e) $\sqrt{24} \cdot \sqrt{8} \cdot \sqrt{2} \cdot \sqrt{6}$
f) $\sqrt{144 \cdot 25} \cdot \sqrt{3} \cdot \sqrt{12}$

4 Füllen Sie die Lücken.
a) $\sqrt{\square} \cdot \sqrt{289} = 34$ b) $\sqrt{14\square} \cdot \sqrt{3} = 21$
c) $\sqrt{117} \cdot \sqrt{\square} = 39$ d) $\sqrt{675} : \sqrt{\square} = 15$
e) $\sqrt{\square 80} : \sqrt{5} = 14$ f) $\sqrt{50\square} : \sqrt{3} = 13$

5 Setzen Sie für ■ und □ die richtigen Werte ein.
a) $\sqrt{5} \cdot \sqrt{\square} = 10$
b) $\sqrt{36} \cdot \sqrt{\square 6} = 24$
c) $\sqrt{6} \cdot \sqrt{2\square} = 1\blacksquare$
d) $\sqrt{19\blacksquare} : \sqrt{4} = 7$
e) $\sqrt{\square 76} : \sqrt{\blacksquare 4} = 3$

6 Legen Sie aus den Dominosteinen eine geschlossene Kette.

6 | $\sqrt{867} : \sqrt{3}$
4 | $\sqrt{24} \cdot \sqrt{6}$
13 | $\sqrt{125} : \sqrt{5}$
18 | $\sqrt{507} : \sqrt{3}$
17 | $\sqrt{539} \cdot \sqrt{11}$
12 | $\sqrt{54} \cdot \sqrt{6}$
16 | $\sqrt{252} : \sqrt{7}$
5 | $\sqrt{32} \cdot \sqrt{8}$
77 | $\sqrt{192} : \sqrt{12}$

7 Ziehen Sie teilweise die Wurzel.
a) $\sqrt{50}$ b) $\sqrt{8}$ c) $\sqrt{18}$
d) $\sqrt{32}$ e) $\sqrt{48}$ f) $\sqrt{20}$
g) $\sqrt{45}$ h) $\sqrt{98}$

8 Bringen Sie den Faktor unter die Wurzel.
Beispiel: $3 \cdot \sqrt{2} = \sqrt{3^2 \cdot 2} = \sqrt{9 \cdot 2} = \sqrt{18}$
a) $4 \cdot \sqrt{3}$ b) $2 \cdot \sqrt{5}$ c) $6 \cdot \sqrt{8}$

9 Welche der Terme auf dem Rand haben den gleichen Wert? Rechnen Sie ohne Taschenrechner.

10 Ziehen Sie die Wurzel so weit wie möglich.
a) $\sqrt{9x}$ b) $\sqrt{5a^2}$ c) $\sqrt{81z}$
d) $\sqrt{15y^2}$ e) $\sqrt{18x^2}$ f) $\sqrt{27s^2t^3}$
g) $\sqrt{\frac{3a^2}{b^2}}$ h) $\sqrt{\frac{x^3}{9y}}$ i) $\sqrt{\frac{32xy^2}{25}}$

11 Kürzen Sie vor dem Vereinfachen.
a) $\sqrt{\frac{2y^2}{18}}$ b) $\sqrt{\frac{3x^3}{12x^2}}$ c) $\sqrt{\frac{12x^3}{27x}}$
d) $\sqrt{\frac{24a}{8a^3}}$ e) $\sqrt{\frac{10a^4b^3}{5ab^2}}$ f) $\sqrt{\frac{88r^2s^4}{11rs}}$

12 Vereinfachen Sie und ziehen Sie teilweise die Wurzel.
a) $\sqrt{\frac{2a}{3b}} \cdot \sqrt{\frac{24}{3b}}$ b) $\sqrt{\frac{11}{3y^2}} \cdot \sqrt{\frac{12x^2}{99}}$
c) $\sqrt{\frac{5}{9x^2}} : \sqrt{\frac{12}{5y}}$ d) $\sqrt{\frac{7a}{3b^2}} : \sqrt{21a^2}$

13 Rechnen Sie wie im Beispiel.
$\sqrt{70\,000} = \sqrt{10\,000} \cdot \sqrt{7} = 100 \cdot \sqrt{7}$
a) $\sqrt{300}$ b) $\sqrt{500}$
c) $\sqrt{28\,800}$ d) $\sqrt{8\,000\,000}$

14 Vereinfachen Sie.
a) $(\sqrt{8} + \sqrt{18})^2$ b) $(\sqrt{6} + \sqrt{8})^2$
c) $(\sqrt{12} - \sqrt{3})^2$ d) $(\sqrt{2} + 2\sqrt{50})^2$

15 Wie geht's weiter?
$2 \cdot \sqrt{\frac{2}{3}} = \sqrt{2\frac{2}{3}}$ $3 \cdot \sqrt{\frac{3}{8}} = \sqrt{3\frac{3}{8}}$
$4 \cdot \sqrt{\frac{4}{15}} = \sqrt{4\frac{4}{15}}$
Prüfen Sie nach und versuchen Sie eine Regel zu finden.

21 Addition und Subtraktion

Vergleichen Sie die Terme auf der linken Seite mit denen auf der rechten Seite.
→ Was bemerken Sie?

$\sqrt{64} + \sqrt{36} =$	$\sqrt{64 + 36} =$
$\sqrt{100} - \sqrt{64} =$	$\sqrt{100 - 64} =$
$\sqrt{169} - \sqrt{25} =$	$\sqrt{169 - 25} =$
$\sqrt{144} + \sqrt{81} =$	$\sqrt{144 + 81} =$

Im Gegensatz zur **Multiplikation** und **Division von Quadratwurzeln** lassen sich bei der Addition bzw. Subtraktion zweier Quadratwurzeln die Radikanden nicht unter einer Wurzel zusammenfassen.

$\sqrt{9} + \sqrt{16} = 3 + 4 = 7$ $\qquad$ $\sqrt{9 + 16} = \sqrt{25} = 5$

$\sqrt{25} - \sqrt{16} = 5 - 4 = 1$ $\qquad$ $\sqrt{25 - 16} = \sqrt{9} = 3$

Quadratwurzeln mit **gleichen Radikanden** lassen sich mithilfe des **Verteilungsgesetzes** (**Distributivgesetzes**) zusammenfassen.

$5 \cdot \sqrt{3} + 2 \cdot \sqrt{3} = (5 + 2) \cdot \sqrt{3} = 7 \cdot \sqrt{3}$

oder

$7 \cdot \sqrt{3} - 2 \cdot \sqrt{3} = (7 - 2) \cdot \sqrt{3} = 5 \cdot \sqrt{3}$

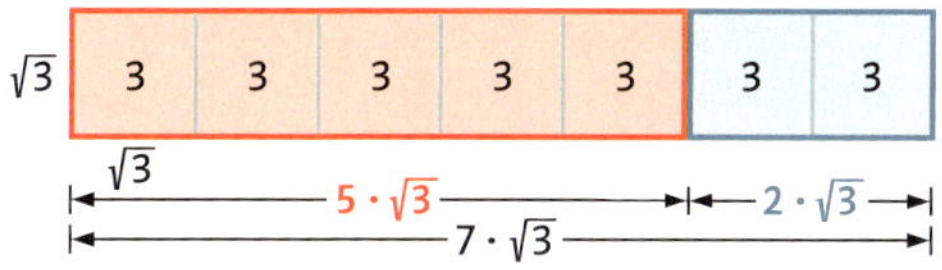

Summen bzw. Differenzen, in denen Quadratwurzeln mit gleichen Radikanden vorkommen, können durch **Ausklammern** zusammengefasst werden.

Beispiele

a) $2 \cdot \sqrt{5} + 3 \cdot \sqrt{5} = (2 + 3) \cdot \sqrt{5}$
$= 5 \cdot \sqrt{5}$

b) $7\sqrt{2} - 3\sqrt{2} = (7 - 3)\sqrt{2}$
$= 4\sqrt{2}$

! *Statt $7 \cdot \sqrt{2}$ kann man auch $7\sqrt{2}$ schreiben.*

Aufgaben

1 Fassen Sie zusammen.
a) $2\sqrt{3} + 3\sqrt{3} + 4\sqrt{3}$
b) $5\sqrt{7} - 4\sqrt{7} + \sqrt{7}$
c) $10\sqrt{3} - 5\sqrt{3} - 2\sqrt{3} - \sqrt{3}$

2 Schreiben Sie so einfach wie möglich.
a) $4\sqrt{5} + 3\sqrt{5} + 8\sqrt{3} + 2\sqrt{3}$
b) $2\sqrt{3} + 3\sqrt{2} - 2\sqrt{2} + \sqrt{3}$
c) $8\sqrt{7} - 5\sqrt{11} - 5\sqrt{7} + 4\sqrt{11}$

3 Vereinfachen Sie.
a) $10\sqrt{6} + (3\sqrt{7} - 2\sqrt{6}) - 5\sqrt{7}$
b) $\sqrt{5} - (3\sqrt{8} - 4\sqrt{5}) + (\sqrt{8} - 5\sqrt{5})$
c) $3\sqrt{3} - (3\sqrt{2} - 4\sqrt{3}) - (6\sqrt{3} - 2\sqrt{2})$

4 Die Lösungen sind ganzzahlig.
a) $\sqrt{3}(\sqrt{27} + \sqrt{3})$
b) $\sqrt{5}(\sqrt{125} - 2\sqrt{5})$
c) $2\sqrt{3}(\sqrt{12} - \sqrt{3})$

5 Füllen Sie die Lücken.
a) $\square(\sqrt{5} + \sqrt{3}) = \sqrt{35} + \sqrt{21}$
b) $\sqrt{7}(\square + \sqrt{2}) = \sqrt{21} + \sqrt{14}$
c) $3\sqrt{11}(4 - \square) = \square - 3\sqrt{22}$

6 Fassen Sie zusammen.
a) $4\sqrt{x} + 5\sqrt{x}$
b) $17\sqrt{y} - 16\sqrt{y}$
c) $11\sqrt{a} - 10\sqrt{a}$
d) $12\sqrt{t} - 13\sqrt{t}$
e) $3\sqrt{5x} - 2\sqrt{5x}$
f) $-2\sqrt{2a} - \sqrt{2a}$

22 3. Wurzel

Aus den kleinen Würfeln soll ein großer Würfel gebaut werden.

➔ Wie viele kleine Würfel würden Sie verwenden – 26; 27 oder 28?

➔ Aus 125 kleinen Würfeln soll ein großer Würfel gebildet werden. Geht das?

➔ Sie haben 1000 kleine Würfel zur Verfügung. Wie viele verschiedene, aus kleinen Würfeln zusammengesetzte große Würfel lassen sich bauen?

Zahlen der Form a^3 wie z. B. $5 \cdot 5 \cdot 5 = 5^3 = 125$ heißen **Kubikzahlen.**
Will man umgekehrt zu einer vorgegebenen Kubikzahl die Zahl bestimmen, die dreimal mit sich selbst multipliziert wieder die Kubikzahl ergibt, sucht man die **3. Wurzel** oder die **Kubikwurzel** der Zahl. $\sqrt[3]{27} = 3$; da $3 \cdot 3 \cdot 3 = 27$.

Von Zahlen, die keine Kubikzahlen sind, lassen sich Kubikwurzeln näherungsweise bestimmen. Durch Probieren gelangt man beispielsweise so zur Kubikwurzel der Zahl 50:
Wegen $3^3 < 50 < 4^3$ liegt $\sqrt[3]{50}$ zwischen 3 und 4; also im Intervall [3; 4].
Wegen $3{,}6^3 < 50 < 3{,}7^3$ liegt $\sqrt[3]{50}$ zwischen 3,6 und 3,7; also im Intervall [3,6; 3,7].

Wurzelexponent
$\sqrt[3]{6859}$
Radikand

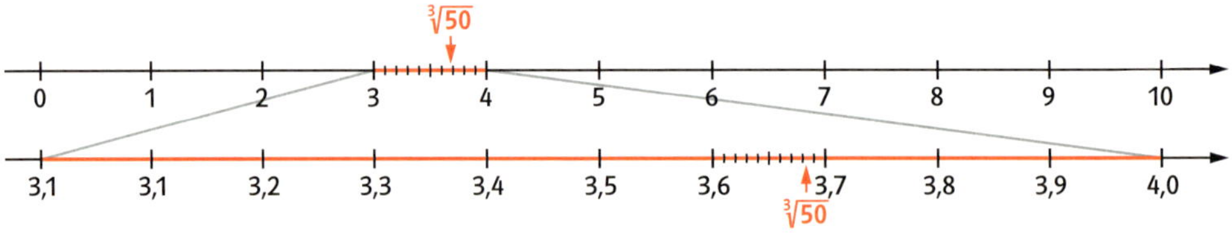

Die **Kubikwurzel** einer positiven Zahl b ist die positive Zahl a, deren 3. Potenz gleich der Zahl b ist: $\sqrt[3]{b} = a$, wenn $a^3 = b$ und a, b ≧ 0.

Beispiele

a) $\sqrt[3]{125} = 5$; da $5^3 = 125$

b) $\sqrt[3]{0{,}343} = 0{,}7$; da $0{,}7^3 = 0{,}343$

! *Bei Quadratwurzeln schreibt man den Wurzelexponenten in der Regel nicht:* $\sqrt[2]{49} = \sqrt{49}$.

Aufgaben

1 Berechnen Sie im Kopf.
a) $\sqrt[3]{8}$ b) $\sqrt[3]{64}$ c) $\sqrt[3]{216}$
d) $\sqrt[3]{343}$ e) $\sqrt[3]{1000}$ f) $\sqrt[3]{512}$
g) $\sqrt[3]{0{,}001}$ h) $\sqrt[3]{0{,}027}$ i) $\sqrt[3]{0{,}125}$

2 Zwischen welchen natürlichen Zahlen liegt die Kubikwurzel? Schätzen Sie zuerst.
a) $\sqrt[3]{20}$ b) $\sqrt[3]{60}$ c) $\sqrt[3]{90}$
d) $\sqrt[3]{170}$ e) $\sqrt[3]{300}$ f) $\sqrt[3]{700}$

3 Berechnen Sie die Kubikwurzeln der Zahlen. Was fällt Ihnen auf?
a) 8; 80; 800; 8000; 80 000; 800 000
b) 0,027; 0,27; 2,7; 27; 270; 2700; 27 000

4 Bestimmen Sie Kantenlänge und Oberfläche für das vorgegebene Volumen.

a) $V = 512\ cm^3$

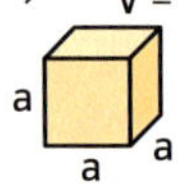

b) $V = 843{,}75\ cm^3$

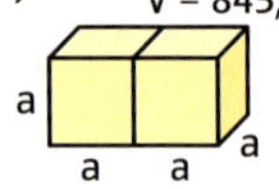

23 Prozente und prozentuale Veränderungen

In einer Sonderaktion wegen Geschäftsauflösung wird auf die bereits ermäßigten Preise nochmals ein Rabatt von 30 % gegeben. Svenja nutzt die Gelegenheit und kauft sich einen DVD-Player und einen Flachbildschirm.
→ Svenja schätzt: Ich habe mindestens die Hälfte gespart.

Mithilfe der Prozentrechnung werden Größen oder Zahlen miteinander verglichen.
Der **Grundwert G** entspricht immer 100 %. Der **Prozentwert P** wird mithilfe des **Prozentsatzes p %** als Produkt von Grundwert und Prozentsatz berechnet.
Aus zwei der Werte G, P und p % lässt sich der fehlende dritte Wert mit der Grundformel, dem Dreisatzverfahren oder dem Prozentfaktor berechnen.
Oft ist es vorteilhaft, den Prozentsatz als Dezimalbruch darzustellen. $15\,\% = \frac{15}{100} = 0{,}15$.

Grundformel der Prozentrechnung
Prozentwert = Grundwert mal Prozentsatz
kurz: $\mathbf{P = G \cdot p\,\%}$ oder $P = G \cdot \frac{p}{100}$

Beispiel

Wenn 208 € einem Prozentsatz von 5,2 % entsprechen, kann der Grundwert, das „Ganze", berechnet werden.

$P = G \cdot \frac{p}{100} \quad | : \frac{p}{100}$

$G = P : \frac{p}{100}$

$G = 208\,€ : 0{,}052 = 4000\,€$

Oft wird der Grundwert um einen prozentualen Anteil vermehrt oder vermindert. Man spricht dann vom **vermehrten** oder **verminderten Grundwert**. Diese prozentuale Veränderung kann kurz mit dem **Prozentfaktor q** angegeben werden.
Bei einer Verminderung um 5 % werden aus 100 % dann 95 %, es kann also mit dem Prozentfaktor $q = 0{,}95$ gerechnet werden.

Prozentuale Veränderungen lassen sich mit dem **Prozentfaktor q** ausdrücken und berechnen: $q = 1 + \frac{p}{100}$ (Vermehrung) oder $q = 1 - \frac{p}{100}$ (Verminderung)

Beispiel

Der Preis einer Musikanlage von 1499 € wird zuerst um 15 % gesenkt und anschließend wieder um 20 % erhöht. Der neue Preis kann mit den Prozentfaktoren q_1 und q_2 berechnet werden.

$q_1 = 1 - 0{,}15 = 0{,}85$
$q_2 = 1 + 0{,}20 = 1{,}20$
Neuer Preis:
$NP = 1499\,€ \cdot 0{,}85 \cdot 1{,}20$
$NP = 1528{,}98\,€$

! *Die gesamte prozentuale Veränderung kann auch ohne den Grundwert berechnet werden:*
$q_1 \cdot q_2 = 0{,}85 \cdot 1{,}20 = 1{,}02$
also eine Erhöhung um 2 %.

Aufgaben

1 Berechnen Sie den Prozentwert.
a) Grundwert 420 €; Prozentsatz 56 %
b) Grundwert 785 kg; Prozentsatz 36 %
c) Grundwert 5,2 m; Prozentsatz 7,5 %

2 Berechnen Sie den Prozentsatz.
a) Grundwert 120 km; Prozentwert 42 km
b) Grundwert 850 l; Prozentwert 272 l
c) Grundwert 400 €; Prozentwert 126 €

3 Berechnen Sie den Grundwert.
a) Prozentwert 264 kg; Prozentsatz 55 %
b) Prozentwert 1680 g; Prozentsatz 24 %
c) Prozentwert 42 €; Prozentsatz 3,5 %

4 Berechnen Sie im Kopf.
a) 20 % von 400 €; 5 % von 150 m; 37 % von 200 kg; 0,5 % von 126 km
b) Wie viel Prozent sind: 26 € von 260 €; 8,2 m von 50 m; 34 kg von 200 kg?
c) 5 % sind 150 m; 25 % sind 3,60 €; 20 % sind 15,5 km; 90 % sind 720 kg

! *Achten Sie bei der Formulierung auf den Unterschied zwischen* ***um*** *und* ***auf****! Wird der Preis beispielsweise* ***um 20 %*** *ermäßigt, sind es nur noch 80 % des ursprünglichen Preises. Eine Erhöhung* ***auf 115 %*** *bedeutet, dass die Ware 15 % teurer geworden ist.*

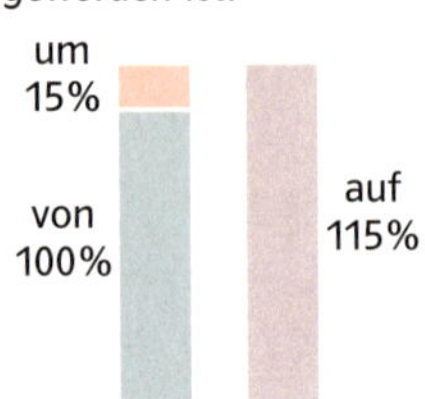

5 a) Bei einer Umfrage stimmten 84 % von 650 Schülerinnen und Schülern für die Einrichtung eines offenen Computerraums.
b) Von den 612 abgegebenen Stimmen waren 478 für die Einrichtung einer Cafeteria.
c) Für die Durchführung von Bundesjugendspielen im Winter stimmten 322 Schülerinnen und Schüler. Das entsprach einem Anteil von etwa 56 % aller Stimmen.

6 a) Frau Hamann verdient monatlich 3215,62 €. Sie erhält eine Gehaltserhöhung von 2,3 %.
b) Ein Mitarbeiter von Frau Hamann verdient nach der Erhöhung um 2,3 % jetzt 3056,26 €.
Wie viel verdient er also mehr?
c) Bei Frau Kleiner machte die Gehaltserhöhung von 2,3 % genau 66,61 € aus.

? *Der Preis wurde auf 125 % erhöht. Um wie viel Prozent muss man den Preis reduzieren, um wieder den ursprünglichen Preis zu erhalten?*

7 Herr Peters zahlt nach 13 Jahren unfallfreiem Fahren nur noch 40 % der Grundprämie. Nach einem Unfall erhöht sich seine Prämie auf 60 % und wird damit um 120 € teurer. Wie hoch ist die Grundprämie?

8 Kathrin ist als Führerscheinneuling mit 275 % Versicherungsprämie eingestuft. Dies sind jährlich 1438,25 €. Nach 3 Jahren unfallfreiem Fahren beträgt die Prämie noch 170 %. Wie viel Euro spart Kathrin im Vergleich zum Beginn?

9 In der Zeitung fand sich die Notiz:
In den letzten 4 Jahren sind die Zimmerpreise in den italienischen Hotels um bis zu 300 % gestiegen!
a) Was könnte ein Zimmer für 126,00 € vor 4 Jahren gekostet haben?
b) Wie könnte das Wachstum in den einzelnen Jahren ausgesehen haben?

10 Drücken Sie die gesamte Veränderung mit einem Prozentfaktor aus.
a) Erhöhung um 10 %, dann um 15 %
b) zweimal um je 12 % erhöht
c) zuerst um 30 % erhöht, dann um 15 % vermindert
d) zuerst um 50 % vermindert, dann um 50 % erhöht

11 In der Zeitschrift einer gesetzlichen Krankenkasse ist die folgende Grafik abgebildet.

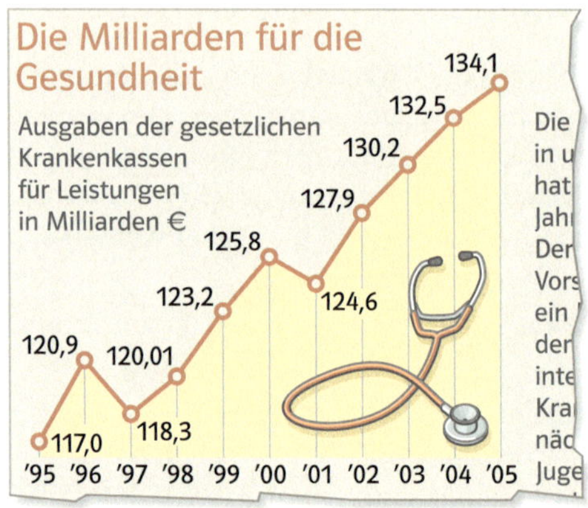

a) Berechnen Sie die jährlichen prozentualen Veränderungen.
b) Um wie viel Prozent sind die Ausgaben im gesamten Zeitraum gestiegen?
c) Welche Vermutungen stellen Sie für die nächsten Jahre an?

Mehrwertsteuer

Die Mehrwertsteuer wird nur vom Endverbraucher getragen und mit dem Kaufpreis bezahlt. Jeder Unternehmer erhebt beim Verkauf seiner Waren vom Kunden Mehrwertsteuer, zieht die Mehrwertsteuer ab, die er selbst bezahlt hat und führt den Differenzbetrag ans Finanzamt ab.

Seit 2007 beträgt der Mehrwertsteuersatz 19 % statt vorher 16 %.

- Ein Fernsehgerät kostete einschließlich 16 % Mehrwertsteuer 998 Euro. Was kostet das Gerät mit 19 % Mehrwertsteuer?
- Tobias berechnet die Verteuerung in Prozent: „Natürlich 3 %!" Um wie viel Prozent haben sich die Preise durch die Änderung des Mehrwertsteuersatzes erhöht?

Für einige Waren (z. B. Bücher, Lebensmittel) wird ein ermäßigter Steuersatz von 7 % erhoben.

- Harald hat für einen Bildband 39,90 € bezahlt. Was würde das Buch kosten, wenn er nicht den ermäßigten, sondern den normalen Mehrwertsteuersatz bezahlen müsste?

Der Mehrwertsteuersatz kann vom Staat festgelegt werden. Seit 2007 beträgt er 19 %. Zum Vergleich einige Mehrwertsteuersätze aus anderen Ländern (Stand 2007):

Schweden	25 %
Belgien	21 %
Frankreich	19,6 %
Luxemburg	15 %
USA (einzelne Staaten)	6 %

- Ein Mountainbike wird in Luxemburg mit Mehrwertsteuer für 398,00 € verkauft. Welchen Preis muss die Firma in Deutschland fordern, wenn derselbe Nettopreis verrechnet wird?
- Wie hoch ist der Mehrwertsteuersatz in Italien, wenn das Mountainbike dort 17,30 € weniger als in Schweden kostet?

12 Auf diesem Rechnungsentwurf hat sich ein Fehler mit Folgen eingeschlichen.

Firma **Mühlmann** und Söhne Mühlheim

Rechnung Nr. 153607

Regalwand	1550,00 €
+ 19 % MwSt.	248,00 €
	1788,00 €
abzüglich 3 % Skonto	53,64 €
	1734,36 €

Bitte überweisen Sie auf das Konto 1111111111

a) Rechnen Sie nach und korrigieren Sie die einzelnen Posten.
b) Um solche Fehler zu vermeiden, kann man sich mit einem Tabellenkalkulationsprogramm ein entsprechendes Rechenblatt herstellen. Überprüfen Sie damit die Rechnung.

13 a) Frau Ahlmann bezahlt für neue Vorhänge einschließlich 19 % Mehrwertsteuer und nach Abzug von 2 % Barzahlungsrabatt 764,40 Euro. Berechnen Sie den Nettopreis der Vorhänge.
b) Auf einer Rechnung von Herrn Bahmüller sind 85,31 Euro als Mehrwertsteuer ausgewiesen. Er darf noch 3 % Skonto abziehen.
c) Beim Kauf einer Waschmaschine spart Frau Christiansen 104,85 Euro durch 15 % Sonderrabatt. Berechnen Sie den Bruttopreis und die darin enthaltene Mehrwertsteuer.

14 Das ist alles, was von der Rechnung übrig blieb.

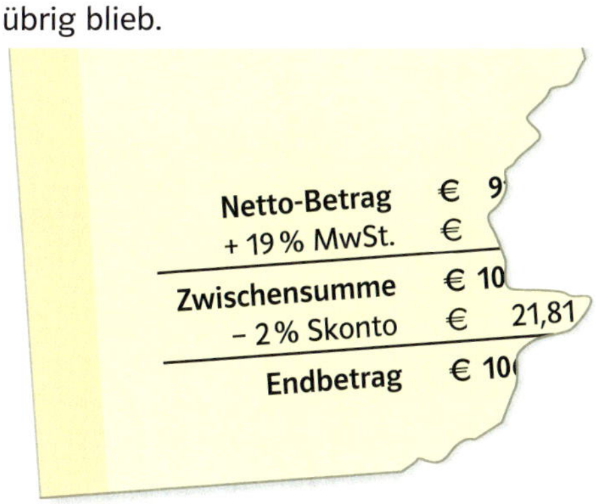

Skonto
(italienisch: Abzug): Preisnachlass bei sofortiger oder kurzfristiger Zahlung; wird auch als Barzahlungsrabatt bezeichnet.

Nettopreis
Preis ohne Mehrwertsteuer

Bruttopreis
Preis mit Mehrwertsteuer

24 Zinsrechnung

Zur Konfirmation hat Bianca insgesamt 950 € geschenkt bekommen. Sie will das Geld noch ein Jahr lang sparen, weil sie sich dann einen Roller kaufen möchte.

→ Haben Sie eine Idee, was sie mit ihrem Geld machen könnte?

→ Wissen Sie, was man bekommt, wenn man sein Geld zu einer Bank bringt?

→ Kennen Sie unterschiedliche Möglichkeiten Geld anzulegen?

Bei Banken und Sparkassen kann man Geld sparen und leihen.
Geld sparen bei der Bank heißt, dass wir für einen bestimmten Zeitraum der Bank unser Geld zur Verfügung stellen. Dafür zahlt die Bank **Zinsen**.
Den Geldbetrag, den man der Bank überlässt, nennt man **Kapital**.
Wenn man sich Geld von der Bank leiht, muss man für dieses Kapital Zinsen bezahlen.
Die Bank legt fest, wie viel Prozent des Kapitals als Zinsen bezahlt werden müssen.
Diese Prozentangabe nennt man **Zinssatz**.
Der Zinssatz bezieht sich auf einen Zeitraum von einem Jahr.
Man nennt diese Zinsen deshalb auch **Jahreszinsen**.
Die Zinsrechnung ist eine Anwendung der Prozentrechnung.

Prozentrechnung			**Zinsrechnung**		
Grundwert	G		Kapital	K	
Prozentwert	P	$P = G \cdot p\%$	Zinsen	Z	$Z = K \cdot p\%$
Prozentsatz	p %		Zinssatz	p %	

Beispiele

a) Berechnung der Zinsen

Sarina hat bei der Bank ein Sparbuch. Zu Beginn des Jahres hat sie ein Guthaben von 800 €. Der Zinssatz für das Sparkonto beträgt 1,5 %. Am Ende des Jahres werden die Zinsen berechnet:

Kapital $K = 800\,€$

Zinssatz $p\% = 1{,}5\%$

1. Lösung:

Die Prozentwertformel kann für die Berechnung der Zinsen verwendet werden.

$Z = K \cdot \frac{p}{100}$

$Z = 800\,€ \cdot \frac{1{,}5}{100}$

$Z = 800\,€ \cdot 0{,}015$

$Z = 12\,€$

2. Lösung:

Anwendung des Dreisatzverfahrens

	100 %	sind	800 €
: 100	1 %	sind	$\frac{800\,€}{100}$ (: 100)
· 1,5	1,5 %	sind	$\frac{800\,€}{100} \cdot 1{,}5$ (· 1,5)
	1,5 %	sind	12 €

Sarina erhält für ein Kapital von 800 € nach einem Jahr 12 € Zinsen.

b) Berechnung des Kapitals

Herr Maurer hat sich von der Bank Geld geliehen. Für ein Jahr muss er 170 € Zinsen bezahlen. Der Zinssatz beträgt 8,5 %. Das Geld, das er sich geliehen hat, ist das Kapital. Die Berechnung entspricht der Berechnung des Grundwerts.

Zinsen $Z = 170\,€$ Zinssatz $p\,\% = 8{,}5\,\% = 0{,}085$

1. Lösung:

$Z = K \cdot p\,\%$ $\quad | : p\,\%$

$K = Z : p\,\%$

$K = 170\,€ : 0{,}085$

$K = 2000\,€$

2. Lösung:

	8,5 %	sind	170 €
:8,5	1 %	sind	20 €
· 100	100 %	sind	2000 €

Herr Maurer hat sich für ein Jahr 2000 € geliehen.

c) Berechnung des Zinssatzes

Eleni hat nach einem Jahr für 600 € Guthaben Zinsen in Höhe von 12 € bekommen. Aus diesen beiden Angaben kann man den Zinssatz berechnen.

Kapital $K = 600\,€$ Zinsen $Z = 12\,€$

1. Lösung:

$Z = K \cdot p\,\%$ $\quad | : K$

$p\,\% = \frac{Z}{K}$

$p\,\% = \frac{12\,€}{600\,€}$

$p\,\% = 0{,}02 = 2{,}0\,\%$

Der Zinssatz auf diesem Konto beträgt 2,0 %.

2. Lösung:

	600 €	sind	100 %
:100	6 €	sind	1 %
· 2	12 €	sind	2 %

Aufgaben

1 a) Wie viel Zinsen erhält man nach einem Jahr bei einem Zinssatz von 2,5 % für 400 €; 650 €; 275 €?
Berechnen Sie auch den neuen Kontostand mit den gutgeschriebenen Zinsen.
b) Wie viel Zinsen muss man in einem Jahr bei einem Zinssatz von 10,5 % für 756 €; 1345 €; 992,40 € bezahlen? Welcher Betrag ist insgesamt zurückzuzahlen?

2 a) Vergleichen Sie die Zinsen, die man nach einem Jahr für 500 € erhält bei 1,5 %; 1,75 %; 2 %; $2\frac{1}{4}$ %; 2,5 %.
b) Berechnen Sie die Differenz der Zinsen, die man für 5000 € in einem Jahr zahlen muss, für die Zinssätze 8,5 % und $10\frac{3}{4}$ %.

3 Klaus, Miriam, Heike und Thomas vergleichen am Ende des Jahres ihre Zinseinnahmen. Alle hatten denselben Zinssatz von 2,5 %. Dennoch hat Klaus 5 €, Miriam 4,50 €, Heike 7,50 € und Thomas 11,38 € Zinsen bekommen.

4 Herr Paulsen hat bei drei verschiedenen Banken jeweils 5000 € angelegt.
Am Ende des Jahres erhält er 212,50 €; 235 € bzw. 250 € Zinsen.

5 Am Ende des Jahres möchte Frau Nagel 2000 € zur Verfügung haben.
Die Bank bietet einen Zinssatz von 2,75 % an. Welchen Betrag muss sie am Anfang des Jahres anlegen?

6 Frau Berger muss sich Geld leihen. Sie möchte aber nicht mehr als 100 € Zinsen im Jahr bezahlen. Die eine Bank hat einen Zinssatz von 8 %, die andere sogar 8,75 %.

7 Herr Beck bekommt in einem Jahr für 2500 € bei seiner Bank 50 € Zinsen.
Seine Frau hat auf ihrer Bank doppelt so viel Geld angelegt, bekommt aber dreimal so viel Zinsen wie ihr Mann. Können Sie das erklären? Wie viel Zinsen würde Herr Beck bei der Bank seiner Frau bekommen?

25 Zins und Zinseszins

Martina hat 1500 Euro als Guthaben auf der Bank.
Sie erhält einen Zinssatz von 2,5 %.
Nach zwei Jahren und 6 Monaten löst sie ihr Konto auf.
Martina erwartet 93,75 € Zinsen.
Sie ist überrascht, dass ihr Guthaben auf 1595,64 € angewachsen ist.
→ Was meinen Sie dazu?

Zinsrechnung – Prozentrechnung
Kapital – Grundwert
Zinssatz – Prozentsatz
Zinsen – Prozentwert

In der Zinsrechnung gibt es wie bei der Prozentrechnung drei Größen: das Kapital K, den Zinssatz p % und die Zinsen Z. Der Zinssatz bezieht sich auf 1 Jahr.
Bei der Berechnung von Zinsen für Zeiträume unter einem Jahr muss ein entsprechender Zeitfaktor berücksichtigt werden.
Vereinfacht rechnet man: 1 Jahr = 12 Monate = 360 Tage und 1 Monat = 30 Tage.

! Formeln gelten nicht für Zeiträume länger als 1 Jahr!

Zinsen für Zeiträume unter einem Jahr werden berechnet, indem man die Jahreszinsen mit dem Zeitfaktor multipliziert.
Zinsen = Jahreszinsen · Zeitfaktor

$Z = K \cdot \frac{p}{100} \cdot i$ — i Bruchteil eines Jahres

$Z = K \cdot \frac{p}{100} \cdot \frac{m}{12}$ — m Anzahl der Monate

$Z = K \cdot \frac{p}{100} \cdot \frac{t}{360}$ — t Anzahl der Tage

Beispiel

Roman hat 21 Tage lang sein Konto um 980 € überzogen. Der Überziehungszinssatz beträgt 11 %. Mit der Zinsformel kann man die anfallenden Zinsen berechnen.

$Z = K \cdot \frac{p}{100} \cdot \frac{t}{360}$

$Z = 980\,€ \cdot \frac{11}{100} \cdot \frac{21}{360}$

$Z = 6{,}29\,€$

Legt man Geld für mehr als ein Jahr an, werden die Zinsen mitverzinst. Man spricht von **Zinseszinsen**. Bei einer Laufzeit von n ganzen Jahren lässt sich aus dem **Anfangskapital K_0** das **Endkapital K_n** mit der Zinseszinsformel berechnen. Ist die Laufzeit keine ganze Anzahl von Jahren, so werden der ganzzahlige Teil und der Rest getrennt berechnet.

Mit der Zinseszinsformel kann man aus dem Anfangskapital K_0 und dem Zinssatz p % das Endkapital K_n nach n Jahren berechnen:

$$K_n = K_0 \cdot q^n \quad \text{mit} \quad q = 1 + \frac{p}{100}$$

Beispiel

Aus dem Endkapital von 3073,14 € und dem Zinssatz 3,5 % kann man das vor sechs Jahren angelegte Anfangskapital berechnen, indem man die Zinseszinsformel umstellt.

$K_0 = \frac{K_n}{q^n}$

$K_0 = \frac{3073{,}14\,€}{1{,}035^6}$

$K_0 = 2500{,}00\,€$

Das Anfangskapital beträgt 2500,00 €.

Aufgaben

1 a) Herr Baum überzieht sein Konto 58 Tage lang bei einem Zinssatz von 10,5 % um 2350 €.
b) Frau Munz muss bei einem Zinssatz von 15,25 % für 45 Tage Zinsen in Höhe von 23,83 € bezahlen.
c) Bei welchem Zinssatz wächst ein Guthaben in 10 Monaten von 956,50 € auf 977,22 € an?

2 Vergleichen Sie die beiden Angebote.

3000 €
bringen in 4 Monaten
100 € Zinsen

4000 €
bringen in 3 Monaten
100 € Zinsen

3 Herr Findeisen muss eine Rechnung in Höhe von 4356,50 € bezahlen.
Bei Barzahlung kann er 2 % Skonto abziehen. Er überlegt, ob es günstiger ist, sein Girokonto für 23 Tage um 1456,00 € zu überziehen.
Die Bank verlangt Überziehungszinsen in Höhe von 11,5 %.

4 a) Herr Amann legt einen Betrag von 5000 € mit einem Zinssatz von 4,5 % für 6 Jahre fest an. Wie viel Zinsen werden ihm am Ende gutgeschrieben?
b) Frau Bucher hat nach 5 Jahren bei einem Zinssatz von 4,2 % einen Betrag von 3685,19 € angespart.
Welchen Geldbetrag hat Frau Bucher ursprünglich angelegt?
c) Herr Carle hat vor 4 Jahren 8000 Euro bei seiner Bank fest angelegt. Heute hat er 9394,92 € als Guthaben.
Zu welchem gleich bleibenden Zinssatz hat er sein Geld angelegt?

5 a) Wie würden Sie entscheiden?
Ein Kapital 5 Jahre zu 6 % oder 6 Jahre zu 5 % anlegen.
b) Welcher Zinssatz muss gewählt werden, damit ein Kapital in 10 Jahren auf das Doppelte anwächst?

6 Die Hansa-Bank hat zwei aktuelle Angebote, bei denen Zinsen mitverzinst werden.

1. Angebot: 4,75 %
- Sparbrief
- Laufzeit 4 Jahre
- Anlagebetrag ab 5000 Euro

2. Angebot: 4,2 %
- Festzinssparbuch
- Laufzeit 2 Jahre
- Anlagebetrag ab 10 000 Euro

a) Das Ehepaar Seitz legt 7500 € laut 1. Angebot an. Wie viel Euro Zinsen werden am Ende ausbezahlt?
b) Der Anlagebetrag von Frau Bolz wächst nach dem 2. Angebot auf 13 029,17 € an.
Wie hoch war der angelegte Betrag?

7 a) Miriam zahlt bei einem Zinssatz von 2,75 % auf einen Sparvertrag 500 € ein. Nach einem Jahr und weiteren 7 Monaten löst sie den Vertrag auf.
b) Alexander zahlt einen Geldbetrag zu Beginn des Jahres auf seinen Sparvertrag ein. Der Zinssatz beträgt 2,5 %. Nach einem Jahr und 8 Monaten ist der eingezahlte Betrag auf 1250,50 € angewachsen. Wie hoch war das Anfangskapital?

8 Ein Kapital von 10 000 € wird mit 4 % verzinst. Erstellen Sie eine Tabelle und lesen Sie ab, nach welcher Zeit sich das Kapital verdoppelt hat.
Wie ändert sich die Verdopplungszeit, wenn der Zinssatz 5 % oder sogar 6 % beträgt? Mit einem Rechenblatt einer Tabellenkalkulation können Sie sich die Arbeit erleichtern. Stellen Sie die Entwicklung der Zinsen in einem Diagramm dar.

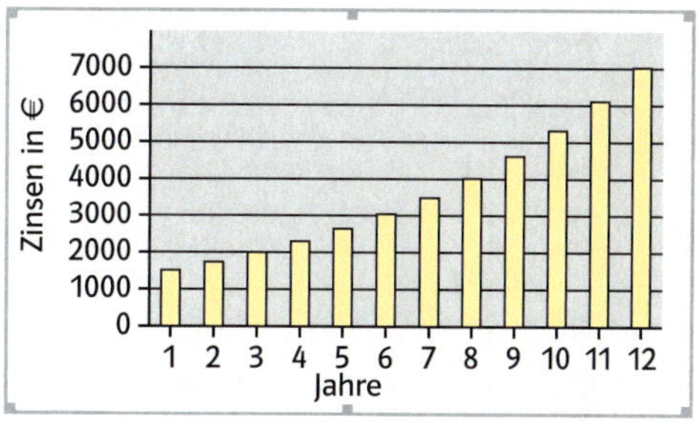

Mit welchem Zinssatz wurde im Diagramm für das Kapital von 10 000 € gerechnet?
Was erkennen Sie für diesen und ähnlich hohe andere Zinssätze?

26 Diagramme erstellen und beurteilen

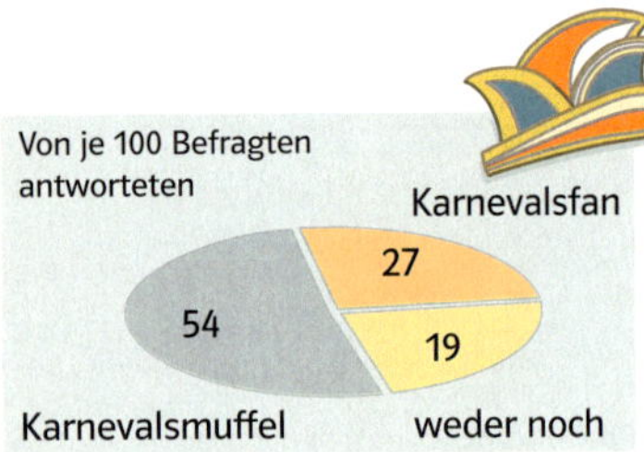

Karnevalsmuffel oder Karnevalsfan

Lieblingknabbereien

In den Diagrammen sind die Ergebnisse zweier Umfragen dargestellt.
→ Stellen Sie die Daten mit anderen Diagrammen dar und vergleichen Sie.
→ Weshalb wurden diese Diagrammtypen verwendet?
→ Kennen Sie Vor- oder Nachteile bestimmter Diagrammtypen?

Durch **statistische Erhebungen** wie z. B. Umfragen werden in unterschiedlichsten Bereichen große Datenmengen erfasst.
Zur besseren Übersicht kann man diese Daten in **Tabellen** festhalten.
Bestimmte Aspekte des Datenmaterials können allerdings noch besser mit **Diagrammen** veranschaulicht werden. Dabei werden unterschiedliche Diagrammtypen verwendet.

Kreisdiagramme und **Streifendiagramme** verdeutlichen die Verteilung von Anteilen.
Säulen- und Balkendiagramme veranschaulichen Unterschiede und Rangfolgen. Auch zeitliche Veränderungen können so dargestellt werden. Oft eignen sich dafür aber **Liniendiagramme** noch besser.

Beispiele

a) Das Liniendiagramm zeigt, dass die Zahl der Handybesitzer in Deutschland in den Jahren 1992 bis 2000 stark zugenommen hat. Zudem erkennt man, dass sich die Anzahl der Mobilfunkteilnehmer von 1999 bis 2000 annähernd verdoppelt hat.
Die Werte der jeweiligen Jahre sind miteinander verbunden. Dadurch wird die zeitliche Entwicklung besser erkennbar.

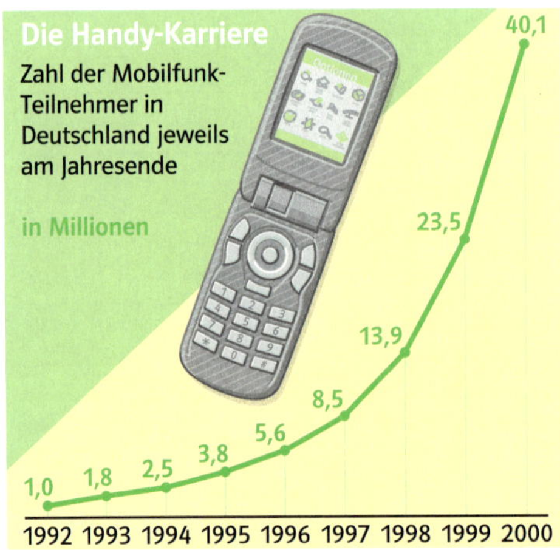

b) Gegenüberliegende Balkendiagramme werden häufig zum Vergleichen verwendet. Auffallend ist, dass der Elektroschrott bei den Hausgeräten von 389 000 t auf 968 000 t zugenommen hat. Dies ist eine Steigerung um fast 150 %. Im Bereich der Kommunikationstechnik nahm die Schrottmenge hingegen um rund 28 % ab.
Bei der Labortechnik blieb die Elektroschrottmenge fast gleich.

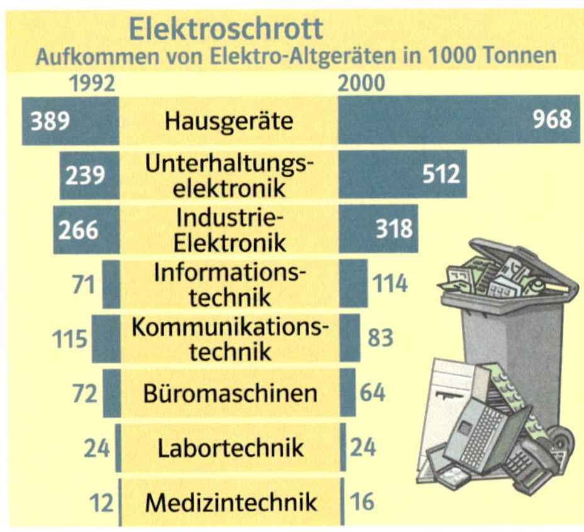

Aufgaben

1 Das Diagramm zeigt, wie viel Geld Mädchen monatlich zur Verfügung haben.

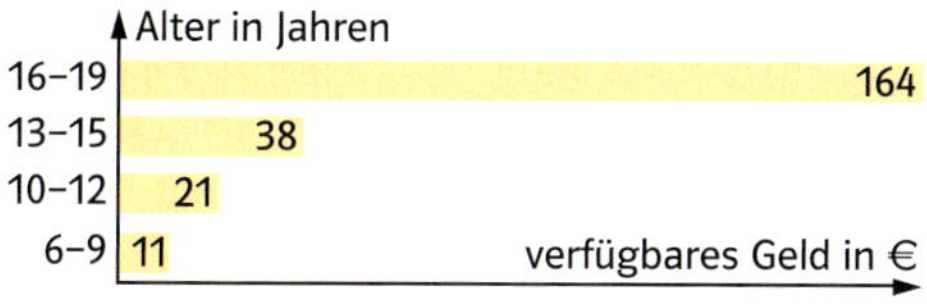

Weshalb wurde ein Balkendiagramm verwendet? Warum ist ein Kreisdiagramm weniger geeignet?

2 Die Tabelle zeigt die durchschnittlichen monatlichen Ausbildungsvergütungen im Jahre 2005.

Ausbildungsberuf	West	Ost
Industriemechaniker/in	741 €	683 €
Einzelhandelskaufmann/-frau	669 €	602 €
Kfz-Mechatroniker/in	564 €	436 €
Bürokauffrau/-mann	562 €	455 €
Arzthelfer/in	522 €	448 €
Bäcker/in	457 €	351 €
Friseur/in	415 €	260 €

a) Zeichnen Sie ein Säulendiagramm, in dem alle Daten dargestellt werden.
b) Weshalb ist ein Kreisdiagramm ungeeignet?
c) In welchem Beruf tritt die größte Differenz auf, in welchem die kleinste? Vergleichen Sie auch prozentual.

3 Beschreiben Sie einen zum vorgegebenen Diagramm passenden Sachverhalt. Die Zeitachse ist bereits markiert.

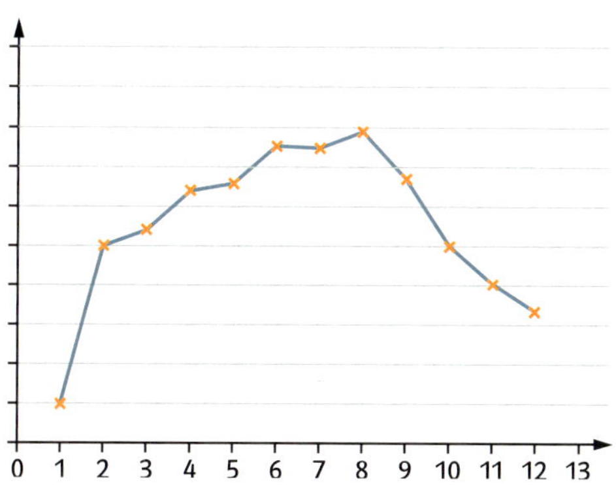

4 Die Tabelle zeigt die Energieträger Deutschlands im Jahr 2005.

Energieträger	Mrd. kWh
Braunkohle	155
Kernenergie	163
Steinkohle	134
Erdgas	70
Mineralölprodukte	11,5
Wasserkraft	28
Windkraft, übrige Energieträger	31

a) Stellen Sie die Daten in einem Balkendiagramm und in einem Säulendiagramm dar.
b) Berechnen Sie die prozentualen Anteile.
c) Vergleichen Sie die Daten aus dem Jahr 1990 mit den Daten des Jahres 2005.

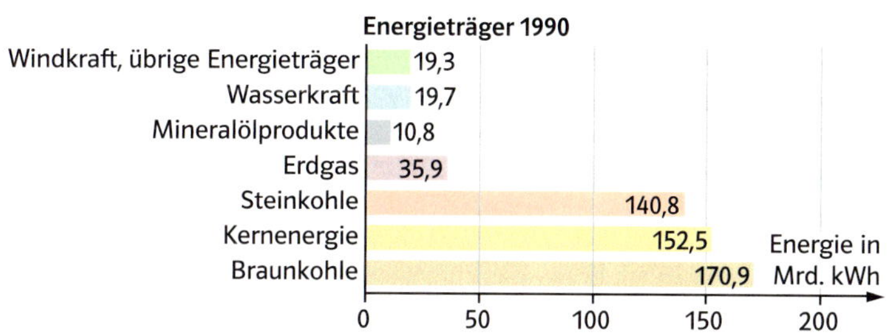

5 Das Diagramm zeigt die Anteile der einzelnen Energieträger am weltweiten Verbrauch von 116,8 Gigawattstunden im Jahr 2001.
a) Berechnen Sie die Anteile der Energieträger in Gigawattstunden.
b) Die erneuerbaren Energien haben einen Anteil von 13,5 %.
Wandeln Sie das Säulendiagramm in ein Kreisdiagramm um.

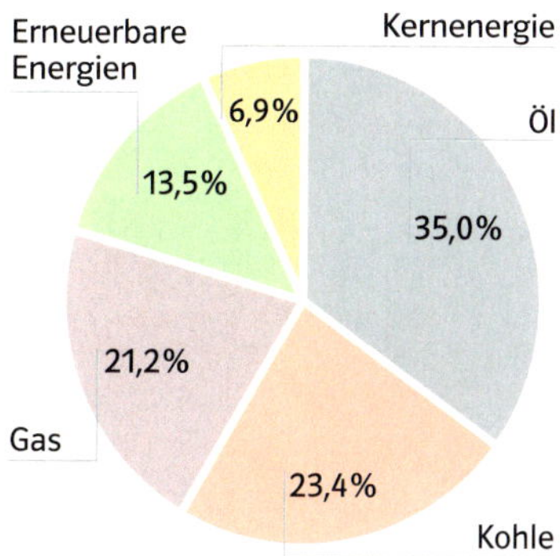

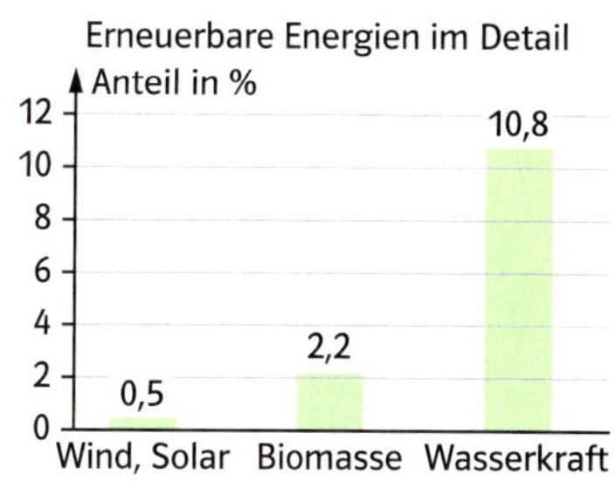

Durch die Auswahl des Diagrammtyps und die Skalierung der Achsen kann man das Augenmerk auf ganz bestimmte Sachverhalte lenken.
Die Jahresumsätze eines Unternehmens lassen sich mit zwei unterschiedlichen Liniendiagrammen darstellen.

Jahr	2002	2003	2004	2005	2006
Umsatz in Mio. €	58,5	55,8	56,2	62,3	67,4

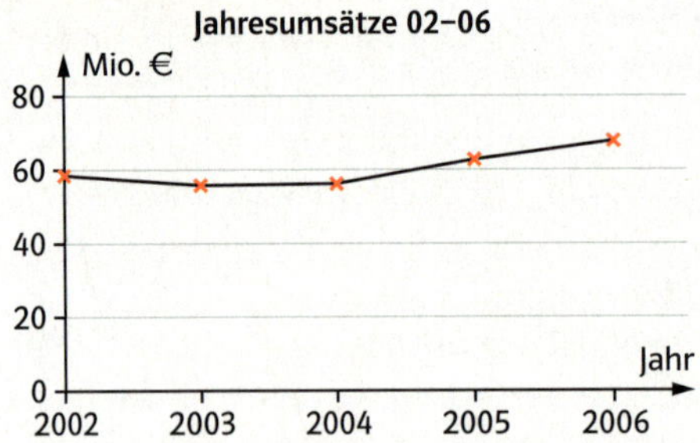

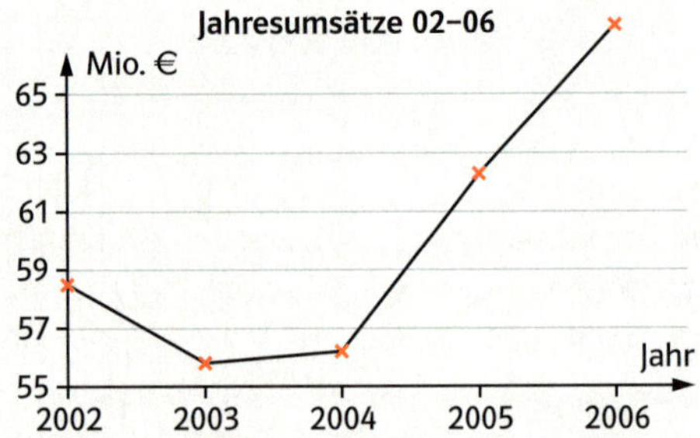

Im linken Diagramm entsteht der Eindruck, dass die Umsätze über die gesamte Zeitdauer relativ konstant geblieben sind. In der rechten Grafik hingegen wird der Zuwachs ab dem Jahr 2004 deutlich in den Vordergrund gerückt. Die beiden Achsen wurden unterschiedlich skaliert. Auf der senkrechten Achse des rechten Diagramms wurde das Intervall von 0 bis 55 vollständig weggelassen.

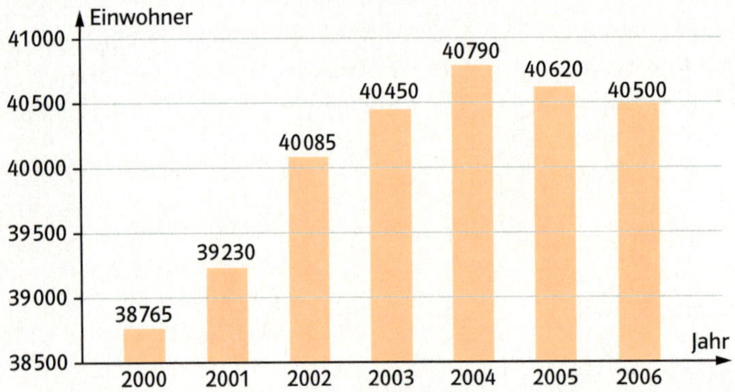

Das Diagramm zeigt die Entwicklung der Einwohnerzahlen einer Stadt.

- Zeichnen Sie das Diagramm so, dass die vollständigen Säulenhöhen zu sehen sind.
- Welchen Teil wird der Bürgermeister hervorheben?
Welchen Ausschnitt werden die Kritiker des Bürgermeisters verwenden?

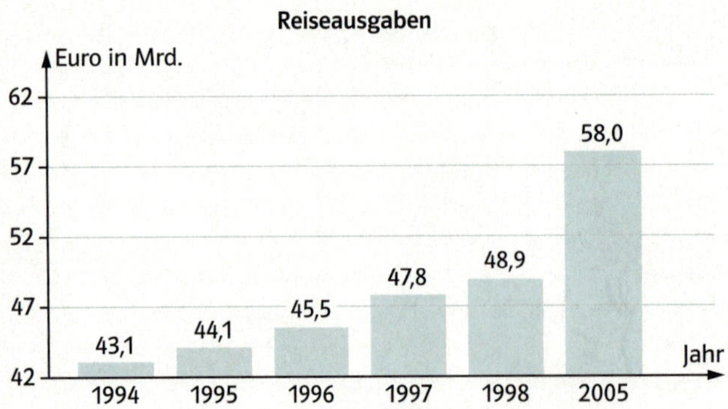

„Die jährlichen Reiseausgaben der Deutschen sind sprunghaft gestiegen."
So die Überschrift einer Grafik in der Tagespresse.

- Was meinen Sie?
- Zeichnen Sie selbst.
- Welche beiden Irrtümer können beim flüchtigen Betrachten des Diagramms entstehen?
- Verfassen Sie einen Bericht für Ihr Diagramm.

Zusammenfassung

Äquivalente Terme

Zwei **Terme** heißen **äquivalent** (gleichwertig), wenn ihre Werte nach jeder Ersetzung der Variablen durch Zahlen übereinstimmen.

	T_1: $2x - 3x + 4x$	T_2: $3x$
$x = 2$	$4 - 6 + 8 = 6$	$3 \cdot 2 = 6$
$x = -1$	$-2 + 3 - 4 = -3$	$3 \cdot (-1) = -3$
...		

Addieren und Subtrahieren von Termen

Gleichartige Terme lassen sich durch Addieren oder Subtrahieren zusammenfassen, verschiedenartige dagegen nicht.

$2x + 3x + x = 6x$ aber $x + 2 \cdot y = x + 2 \cdot y$
$3 \cdot y + 5 \cdot y = 8 \cdot y$ aber $x^2 + x = x^2 + x$
Verkürzte Schreibweise:
$3 \cdot x = 3x$ $\quad 1 \cdot x = x$

Multiplizieren und Dividieren von Termen

Terme mit Variablen werden **multipliziert**, indem die Koeffizienten und die Variablen getrennt multipliziert werden.

$2x \cdot 6 = 12x$
$3a \cdot 4b \cdot 5c = 60abc$

Produkte mit gleichen Variablen gibt man in Potenzschreibweise an.

$3x \cdot 4x \cdot y = 12x^2y$
$5a^2 \cdot 6b = 30a^2b$

Beim **Dividieren** eines Terms durch eine Zahl wird der Koeffizient dividiert. Die Variable bleibt unverändert.

$12x : 4 = 3x$
Verkürzte Schreibweise:
$x \cdot y = xy$

Terme mit Klammern

Beim Addieren von Summen oder Differenzen kann die Klammer entfallen. Die Rechen- und Vorzeichen bleiben unverändert.
Beim Subtrahieren von Summen oder Differenzen darf die Klammer wegfallen, wenn dabei alle Pluszeichen in der Klammer zu Minuszeichen werden und umgekehrt.

Plusklammer
$3x + (4y - 5z)$
$= 3x + 4y - 5z$
Minusklammer
$5a - (3a - 2b)$
$= 5a - 3a + 2b$
$= 2a + 2b$

Verteilungsgesetz

• ausmultiplizieren

Das Umformen eines Produkts in eine Summe mithilfe des Verteilungsgesetzes nennt man **Ausmultiplizieren.**
Dabei wird jeder Summand mit dem Faktor außerhalb der Klammer multipliziert.

$2n \cdot (n + m)$
$= 2n \cdot n + 2n \cdot m$
$= 2n^2 + 2nm$

• ausklammern faktorisieren

Das Umformen einer Summe in ein Produkt mithilfe des Verteilungsgesetzes nennt man **Ausklammern oder Faktorisieren**. Dabei werden gemeinsame Faktoren vor die Klammer gesetzt.

$3n^2 + 6mn$
$= \mathbf{3n} \cdot n + \mathbf{3n} \cdot 2m$
$= \mathbf{3n}(n + 2m)$

• multiplizieren von Summen

Werden zwei Summen miteinander multipliziert, wird jeder Summand der ersten Summe mit jedem Summanden der zweiten Summe multipliziert.
Die Produkte werden anschließend addiert.

$(m + 2n)(3m + n)$
$= m \cdot 3m + m \cdot n + 2n \cdot 3m + 2n \cdot n$
$= 3m^2 + mn + 6mn + 2n^2$
$= 3m^2 + 7mn + 2n^2$

Zusammenfassung

Gleichung

Eine **Gleichung** besteht aus zwei Termen, die durch das Gleichheitszeichen verbunden sind.

$18 + 2 \cdot x = x + 20$

Äquivalenzumformungen

Die Umformungsschritte zur Lösung einer Gleichung nennt man **Äquivalenzumformungen**.

- Man darf auf beiden Seiten der Gleichung denselben Term addieren oder subtrahieren.
- Man darf beide Seiten der Gleichung mit derselben Zahl (außer Null) multiplizieren oder dividieren.

$$\begin{aligned} \tfrac{1}{2}x - 3x^2 &= -18x + 37 + 3x^2 && |-3x^2 \\ \tfrac{1}{2}x &= -18x + 37 && |+18x \\ 18\tfrac{1}{2}x &= 37 \\ x &= 2 \end{aligned}$$

Lösen von Gleichungen mit Klammern

Kommen in einer Gleichung **Klammern** vor, werden diese zuerst aufgelöst. Mithilfe von Äquivalenzumformungen kommt man zur Lösung.

$$\begin{aligned} (x-3)\cdot(x-3) - x^2 &= 3 - 3(x+2) \\ x^2 - 6x + 9 - x^2 &= 3 - 3x - 6 \\ -6x + 9 &= -3x - 3 && |+3x\,|-9 \\ -3x &= -12 && |:(-3) \\ x &= 4 \end{aligned}$$

Mit der **Probe** wird die Lösung überprüft.

Probe: $(4-3)(4-3) - 4^2 = 3 - 3(4 \cdot 2)$

$-15 = -15$

Formeln

Eine **Formel** beschreibt einen Zusammenhang zwischen Variablen, Größen und Zahlen. Um Werte einer Variablen in der Formel zu berechnen, löst man die Formel nach dieser Variablen auf.

$p\% = \frac{P}{G}$ wird nach G aufgelöst:

$$\begin{aligned} p\% &= \frac{P}{G} && |\cdot G \\ p\% \cdot G &= P && |:p\% \\ G &= \frac{P}{p\%} \end{aligned}$$

binomische Formeln

1. binomische Formel
   $\mathbf{(a+b)^2 = a^2 + 2ab + b^2}$
2. binomische Formel
   $\mathbf{(a-b)^2 = a^2 - 2ab + b^2}$
3. binomische Formel
   $\mathbf{(a+b)(a-b) = a^2 - b^2}$

$(x+2)^2 = x^2 + 4x + 4$

$(3-7x)^2 = 9 - 42x + 49x^2$

$(x-4)(x+4) = x^2 - 16$

Faktorisieren mithilfe der binomischen Formeln

Besteht ein Term aus den Summanden der **binomischen Formeln**, kann mit deren Hilfe faktorisiert werden.

$x^2 + 2xy + y^2 = (x+y)^2$

$x^2 - 2xy + y^2 = (x-y)^2$

$x^2 - y^2 = (x+y)(x-y)$

Bruchtermes

Terme, die im Nenner eine Variable enthalten, nennt man **Bruchterme**. Erlaubt sind alle Zahlen, die einen Nenner verschieden von null ergeben.

$\frac{5}{2(x-2)} + \frac{7}{2x}$

$$\begin{aligned} 2(x-2) &= 0 && |:2 \qquad & 2x &= 0 && |:2 \\ x - 2 &= 0 && |+2 & x &= 0 \\ x &= 2 \end{aligned}$$

Erlaubt sind alle Zahlen außer 0 und 2.

Potenzgesetze für Potenzen mit gleicher Basis

Potenzen mit gleicher Basis können **multipliziert** bzw. **dividiert** werden, indem man ihre **Exponenten** addiert bzw. subtrahiert und ihre **Basis** beibehält:

$a^m \cdot a^n = a^{m+n}$

$a^m : a^n = a^{m-n}$; $a \neq 0$

$2^5 \cdot 2^4 = 2^{5+4} = 2^9 = 512$

$10^7 : 10^3 = 10^{7-3} = 10^4 = 10\,000$

Potenzgesetze für Potenzen mit gleichen Exponenten

Potenzen mit gleichen Exponenten können **multipliziert** bzw. **dividiert** werden, indem man ihre **Basen** multipliziert bzw. dividiert und den **Exponenten** beibehält:

$a^m \cdot b^m = (a\,b)^m$; $\frac{a^m}{b^m} = \left(\frac{a}{b}\right)^m$; $b \neq 0$

$4^3 \cdot 5^3 = (4 \cdot 5)^3 = 20^3 = 8000$

$8^5 : 4^5 = (8 : 4)^5 = 2^5 = 32$

Potenzgesetze für Potenzen mit negativen Exponenten

Potenzen mit einer negativen ganzen Zahl im Exponenten sind erklärt durch

$a^{-n} = \frac{1}{a^n}$; $a \neq 0$.

Potenzen mit Exponent 0 sind erklärt durch $a^0 = 1$; $a \neq 0$.

$2^{-5} = \frac{1}{2^5} = \frac{1}{32}$

$0{,}4^{-5} = \frac{1}{0{,}4^5} = \frac{1}{0{,}010\,24}$

Zahlen in wissenschaftlicher Schreibweise

Natürliche Zahlen und positive Dezimalzahlen kann man in Produkte der Form

$a \cdot 10^n$ oder $a \cdot 10^{-n}$

umwandeln. Hierbei ist a eine Dezimalzahl mit genau einer Ziffer vor dem Komma, die nicht die Null ist.

$9182{,}73 = 9{,}182\,73 \cdot 10^3$

$0{,}000\,034 = 3{,}4 \cdot 10^{-5}$

$9182{,}73 \cdot 10^{-4} = 9{,}182\,73 \cdot 10^{-1}$

$0{,}000\,034 \cdot 10^7 = 3{,}4 \cdot 10^2$

Quadratwurzel

Die **Quadratwurzel** einer positiven Zahl b ist die positive Zahl a, die mit sich multipliziert wiederum die Zahl b ergibt: $a^2 = b$.

Schreibweise: $a = \sqrt{b}$

Diese Regel gilt auch für die Zahl Null.

$\sqrt{64} = 8$; da $8 \cdot 8 = 64$

$\sqrt{1{,}21} = 1{,}1$; da $1{,}1 \cdot 1{,}1 = 1{,}21$

$\sqrt{\frac{9}{49}} = \frac{3}{7}$; da $\frac{3}{7} \cdot \frac{3}{7} = \frac{9}{49}$

$\sqrt{0} = 0$; da $0 \cdot 0 = 0$

Multiplikation und Division von Quadratwurzeln

Quadratwurzeln kann man **multiplizieren** bzw. **dividieren**, indem man die **Radikanden** miteinander multipliziert bzw. dividiert und dann die Wurzel zieht.

$\sqrt{a} \cdot \sqrt{b} = \sqrt{a \cdot b}$ $\quad a, b \geqq 0$

$\frac{\sqrt{a}}{\sqrt{b}} = \sqrt{\frac{a}{b}}$ $\quad a \geqq 0, b > 0$

$\sqrt{7} \cdot \sqrt{28} = \sqrt{7 \cdot 28} = \sqrt{196} = 14$

$\frac{\sqrt{112}}{\sqrt{7}} = \sqrt{\frac{112}{7}} = \sqrt{16} = 4$

Zusammenfassen von Quadratwurzeln

Summen bzw. **Differenzen**, in denen Quadratwurzeln mit gleichen Radikanden vorkommen, können durch **Ausklammern** zusammengefasst werden.

$5\sqrt{3} + 2\sqrt{3} = (5 + 2)\sqrt{3} = 7\sqrt{3}$

$8\sqrt{2} - 5\sqrt{2} = 3\sqrt{2}$

Kubikwurzel

Die **Kubikwurzel** einer positiven Zahl b ist die positive Zahl a, deren dritte Potenz gleich der Zahl b ist:

$\sqrt[3]{b} = a$; wenn $a^3 = b$ $\;a, b \geqq 0$

$\sqrt[3]{343} = 7$; da $7^3 = 343$

Zusammenfassung

Prozentformel

Grundwert, Prozentwert, Prozentsatz
Bei jeweils zwei gegebenen Größen lässt sich die dritte Größe mit der Formel berechnen.

Prozentwert = Grundwert · Prozentsatz

$P = G \cdot p\% = G \cdot \frac{p}{100}$

Zinsrechnung

Die **Zinsrechnung** ist eine Anwendung der Prozentrechnung.

• Zinsen

Für Geldbeträge, die man einer Bank für eine bestimmte Zeit überlässt oder die man sich leiht, bekommt man **Zinsen** oder muss welche bezahlen.

Jahreszinsen = Kapital · Zinssatz

$Z = K \cdot p\% = K \cdot \frac{p}{100}$

• Zinssatz

Der **Zinssatz** gibt in Prozenten an, wie viel Zinsen die Bank für ein bestimmtes Kapital gibt oder verlangt.
Der **Zeitraum** bezieht sich in der Regel auf **ein Jahr**.

$p\% = \frac{Z}{K}$

• Kapital

Der Geldbetrag, den man einer Bank überlässt oder den man sich leiht, nennt man **Kapital**.

$K = \frac{Z}{p} \cdot 100 = \frac{Z}{p\%}$

• Zinsformel für Teile eines Jahres

Für Teile des Jahres müssen die Jahreszinsen mit einem Zeitfaktor multipliziert werden.
Die Bank rechnet das Jahr mit 360 Tagen und den Monat mit 30 Tagen.

Zur Berechnung der anderen Größen kann man die Formeln umstellen.

Zinsen = Jahreszinsen · Zeitfaktor

$Z = K \cdot \frac{p}{100} \cdot i$

i Bruchteil eines Jahres

$Z = K \cdot \frac{p}{100} \cdot \frac{m}{12}$

m Anzahl der Monate

$Z = K \cdot \frac{p}{100} \cdot \frac{t}{360}$

t Anzahl der Tage

Zinseszins

Wird ein **Anfangskapital** K_0 mehrere Jahre mit demselben **Zinssatz** verzinst, so werden die Zinsen mitverzinst.
Mit der **Zinseszinsformel** wird das **Endkapital** K_n nach n Jahren berechnet.

$K_n = K_0 \cdot q^n$ mit $q = 1 + \frac{p}{100}$

q Zinsfaktor

n Anzahl der Jahre (nur ganze Jahre)

Diagramme

Kreis- bzw. **Streifendiagramme** verdeutlichen die Verteilung von Anteilen.
Säulen- und **Balkendiagramme** veranschaulichen Unterschiede und Rangfolgen. Auch zeitliche Veränderungen können so dargestellt werden. Oft eignen sich dafür aber **Liniendiagramme** noch besser.

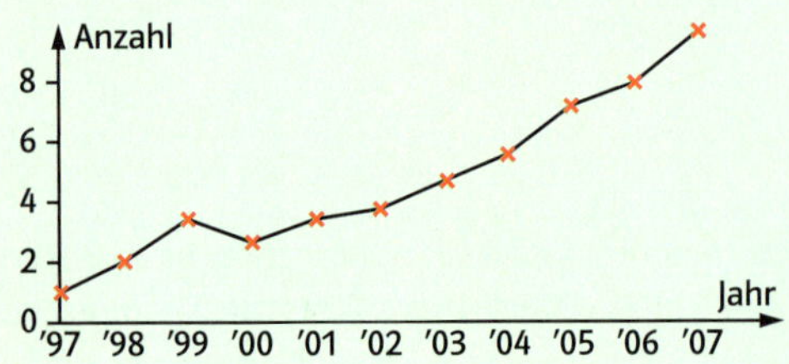

Üben • Anwenden • Nachdenken

1 Stellen Sie einen Term auf.
a) die Summe aus 12 und x
b) die Zahl 30, vermindert um 18
c) das Doppelte einer Zahl um 10 vermehrt
d) die auf x folgende natürliche Zahl
e) die Summe aus einer Zahl und dem Doppelten dieser Zahl

2 Stellen Sie einen Term auf.
a) In einer Klasse sind n Jugendliche. Drei Viertel davon sind Jungen.
b) Luigi ist y Jahre alt. Seine Mutter ist dreimal so alt wie er.
c) Ina hat 4 Goldfische mehr als sie Goldorfen hat.
d) Vier Hefte und 5 Umschläge kosten zusammen 6 Euro.

3 Erzählen Sie eine passende Geschichte.
a) $2 \cdot x + 5$
b) $2 \cdot x + 2 \cdot y$
c) $3 \cdot z - 2 \cdot y$
d) $8 + 4 \cdot b$
e) $x : 2 - x : 3$
f) $5 \cdot a - 4 + 2 \cdot b$

4 Wie viel Draht braucht man für das Kantenmodell? Drücken Sie den Bedarf auch allgemein mit einem Term aus. (Alle Angaben in cm.)

a)
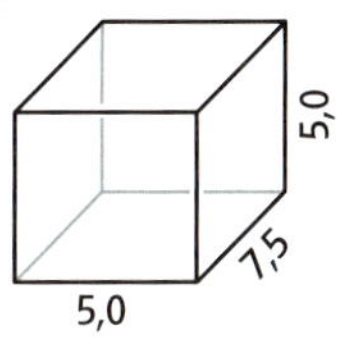

b)
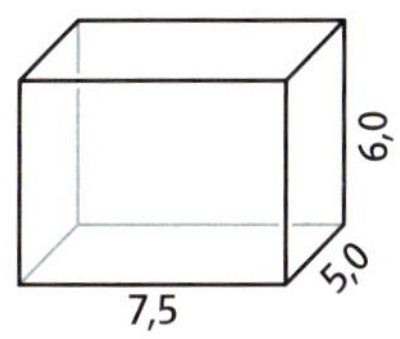

c)
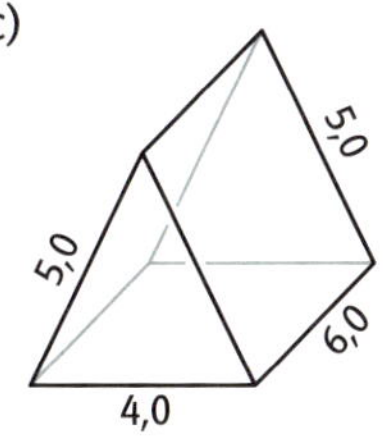

d)
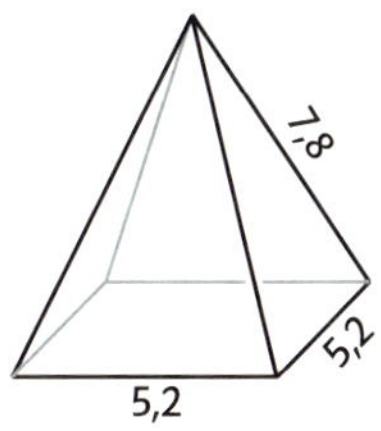

e)
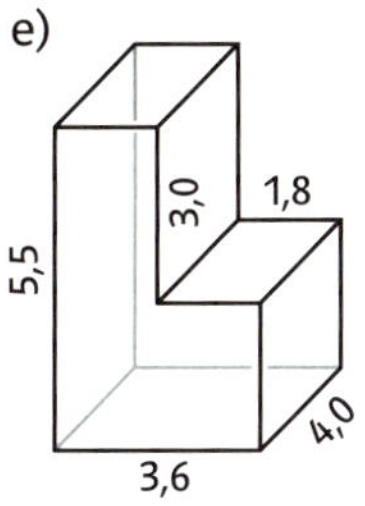

f)
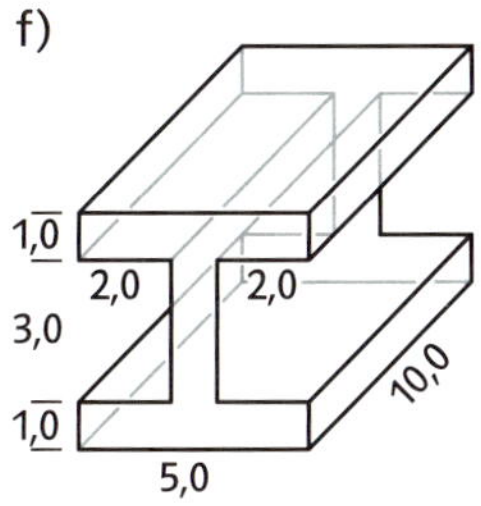

5 Übertragen Sie die Tabelle und setzen Sie ein.

x	y	x + y
z	z	z
x · z	y · z	x · z + y · z

a)

12	15	□
3	□	□
□	□	□

b)

14	□	26
□	4	□
□	□	□

6 Setzen Sie die Zahlen in die beiden Terme $4x - 3y + 5$ und $x \cdot (1 + x) - y + 1$ ein und berechnen Sie deren Werte.

a) Für welche Einsetzungen erhält man den größten bzw. den kleinsten Termwert?
b) Welche Zahlen müssen für x und y eingesetzt werden, damit man bei beiden Termen den Wert 4 erhält?

7 Die Summe der Spalten, Zeilen und Diagonalen beträgt 3x.
Ergänzen Sie das magische Quadrat.

x − y		
	x	
x − z		

8 Wählen Sie eine beliebige Zahl und setzen Sie diese in den ersten Term ein. Setzen Sie den Wert des ersten Terms in den zweiten usw. Wie lautet der Wert des letzten Terms? Verfahren Sie ebenso mit anderen Zahlen.

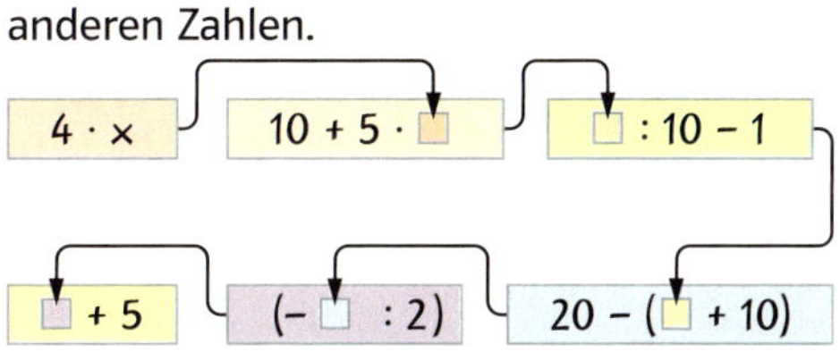

9 Lange Terme, kurze Ergebnisse.

a) $6(5m + 4n) - 4(2n + m) - 5(5m + 3n)$
b) $9a(5c - 3b) + (7b - 11c) \cdot 4a$
c) $2(22s - 18t^2) - (12t^2 - 15s) \cdot (-3)$
d) $(-12a + 20b) \cdot 15x - 20x(14b - 9a)$
e) $12m(8n + 9m) - (16n + 18m - p) \cdot 6m$

10 Drücken Sie die Gesamtfläche als Summe und als Produkt aus.

a)
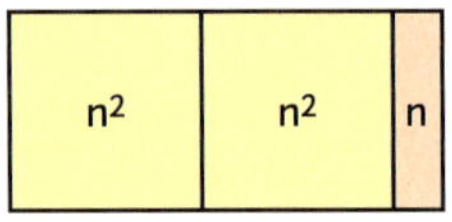

b)
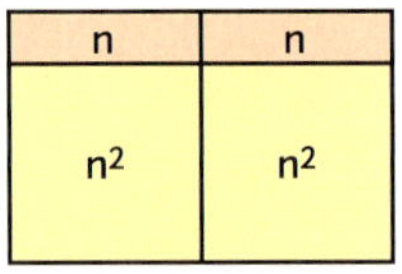

c)
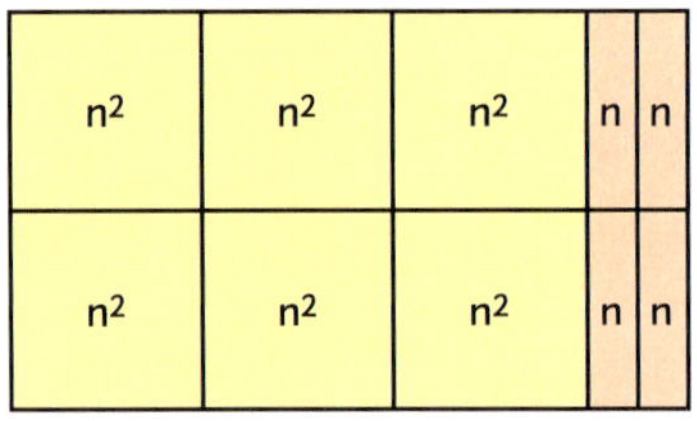

d) Erfinden Sie selbst Flächen und stellen Sie sich gegenseitig Aufgaben.

11 Verwandeln Sie in ein Produkt. Eine Zeichnung mit Quadraten und Streifen hilft, die Lösung zu finden.

a) $6n^2 + 3n$
b) $4n + 8n^2$
c) $n^2 + 2n + 1$
d) $n^2 + 6n + 9$
e) $n^2 + 3n + 2$
f) $n^2 + 7n + 12$
g) $2n^2 + 6n + 4$
h) $4n^2 + 6n + 2$

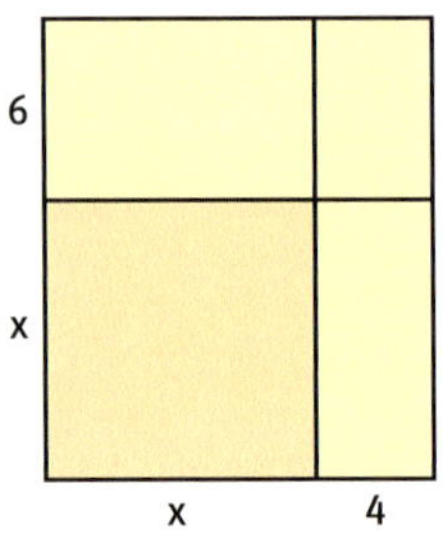

12 a) Durch eine Baulandumlegung vergrößert sich ein quadratischer Bauplatz mit der Seitenlänge x in eine Richtung um 6 m und in die andere um 4 m.
Wie groß ist die neue rechteckige Fläche?
b) Für einen Grundstückstausch wird ein rechteckiges Grundstück vorgeschlagen, das an einer Seite 3 m länger, an der anderen Seite aber 3 m kürzer als der ursprüngliche quadratische Bauplatz ist.
Wären Sie mit diesem Tausch einverstanden?

13 Multiplizieren Sie aus und fassen Sie zusammen.

a) $5(12y - 7x) + 8(9y - 4x)$
b) $(13c - 10d)6a - 3c(a - 9d) - 2d(8c + a)$
c) $7a(-2 + a) - 5a^2 + 4(a - 1)$
d) $2(8x + 3y) + (y + 2) \cdot 5 - 4(x + 1)$
e) $10x(3x - 4y) + (8y - 5x) \cdot (-2y)$

14 Verwandeln Sie in eine Summe.

a) $(9a - 7b)(4c - 3d)$
b) $(4z + 5x)(-x + 3y)$
c) $(7x - 9)(-y + 3x)$
d) $(-2a + b)(5b - 1)$
e) $(a^2 - 3b)(-a - 5)$
f) $(-x - y)(-xy + 1)$
g) $(-v - w)(-s - t)$
h) $(-2x^2 - y^2)(-6 - z^2)$

15 Übertragen Sie ins Heft und füllen Sie die Lücken aus.

a) $(3x + 2)(9 + 4x) = \square + 35x + \square$
b) $(5a - 2b)(a + 3b) = \square + 13ab - \square$
c) $(3u + 9v)(5u - 6v) = 15u^2 + \square - 54v^2$
d) $(8y - x)(3y - 6x) = 24y^2 - \square + \square$
e) $(-5a - 3b)(-a + 5b) = \square - \square - 15b^2$
f) $(-6y^2 + 14x^2)(7x^2 + 3y^2) = 98x^4 - \square$
g) $(5a - 4c)(-3b + 6d)$
$= -15ab + \square + \square - 24cd$

16 Klammern Sie den Faktor -1 aus und wandeln Sie den zweiten Faktor in ein Produkt um.

a) $-y^2 + 14y - 49$
b) $-9x^2 + 25y^2$
c) $-49r^2 - 56rs - 16s^2$
d) $-169a^2 + 144b^2$

17 Übertragen Sie ins Heft und füllen Sie die Lücken.

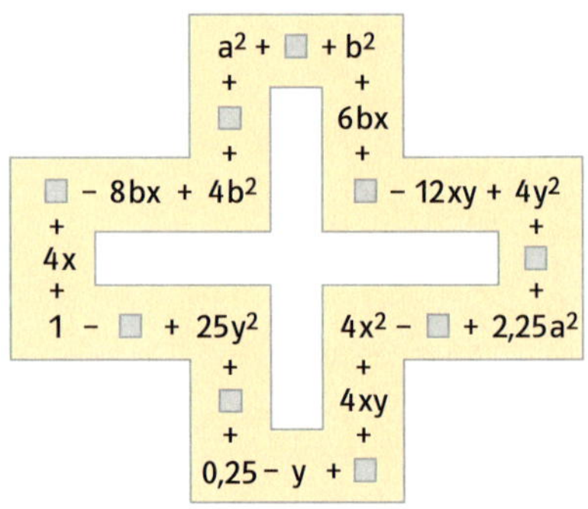

18 Lösen Sie die Gleichung.

a) $9x + 1 = 10$ b) $9x + 100 = 1000$
c) $5x - 10 = 490$ d) $5x - 1 = 49$
e) $x : 3 = 100$ f) $x \cdot 3 = 111$

19 Sind die Gleichungen äquivalent?

a) $6x + 15 = 33$ und $6x - 6 = 12$
b) $5x = 20$ und $2x + 12 = 20$
c) $y - 13 = 12$ und $2y = 48$
d) $41 - 9y = -31$ und $-5 - 7x = -61$

20 Geben Sie die Lösung an.

a) $\frac{1}{2}x + 4 = 13$ b) $\frac{1}{3}x + 7 = 11$
c) $\frac{3}{5}x + 4 = 25$ d) $\frac{1}{2}x - 3 = -5\frac{1}{2}$
e) $\frac{3}{4}x + 9 = 10\frac{1}{2}$ f) $7 + \frac{5}{4}x = 12$
g) $-9 + \frac{1}{12}x = -3$ h) $\frac{1}{24}x - 25 = -22$
i) $-\frac{1}{12} + \frac{3}{8}x = \frac{5}{12}$ j) $\frac{3}{10} + \frac{3}{5}x = \frac{7}{10}$

21 Füllen Sie die Lücken so aus, dass äquivalente Gleichungen entstehen.

a) $4x = □$
$x = 2$
$x + 3 = □$

b) $2x = □$
$x = 15$
$x - 8 = □$

c) $7x = □$
$x = -4$
$x + 5 = □$

d) $x + 3 = □$
$x = 9$
$2x + 3 = □$

e) $x - 8 = □$
$x = 5$
$3x + 1 = □$

f) $x\ □ = 12$
$x = -7$
$3x\ □ = -30$

22 Bestimmen Sie die Lösung, ohne umzuformen.

a) $1 \cdot x = 1$ b) $1 \cdot x = 0$
c) $0 \cdot x = 1$ d) $0 \cdot x = 0$
e) $2 \cdot x = 0$ f) $2 \cdot x = 2$

23 Wie heißt die Lösung?

a) $12y = 4y + 4$
b) $10y - 31 = 9y$
c) $13y - 80 = -7y$
d) $6y + 45 = -3y$
e) $4x + 1 = 2x + 17$
f) $15x + 4 = 5x - 66$
g) $4{,}7x - 3{,}2 = 1{,}1x + 7{,}6$
h) $5{,}5x - 9x + 9 = 13{,}5 - 1{,}5x + 23{,}5$
i) $28{,}8x - 16 - 21{,}42 = 21{,}7x - 16{,}12$

24 Ergänzen Sie so, dass die Gleichung die angegebene Lösung hat.

a) $4x + □ = x + 10$ $x = 3$
b) $3x + □ = 7 + x$ $x = 2$
c) $2x + 9 = □ + 4x$ $x = 6$
d) $4x + 7 = 2x - □$ $x = -5$
e) $5 - x = 3x - □$ $x = 2$
f) $□ - 2x = 3x - 9$ $x = 3$
g) $□ + 8x = 6x - 9$ $x = -3$
h) $-2x - 7 = □ - 5x$ $x = -2$

25 Finden Sie Zahlen, die die Gleichung erfüllen?

a) $3x + 1 = 4x + 2 - x$
b) $8x = 3x + 5x$
c) $9x - 6 = 12x - 3x$
d) $7x - 2 = 5x - 3 + 2x + 1$

26 Beim Umformen sind Fehler passiert.

a) $3x = 24$
$x = 21$

b) $\frac{x}{2} = 8$
$x = 4$

c) $x : 9 = 9$
$x = 1$

d) $11 = -x$
$x - 11 = 0$

e) $-y - 4 = 2y + 4$
$-y = 2y - 4$

f) $\frac{x}{2} - \frac{x}{5} = 3$
$5x - 2x = 13$

g) $10x + 11 = 7x + 22$
$10x = 7x + 33$

h) $\frac{x}{2} = x + 3$
$x = 2x + 3$

27 Stellen Sie zu jedem Stab auf dem Rand eine Gleichung auf und bestimmen Sie die Länge x.

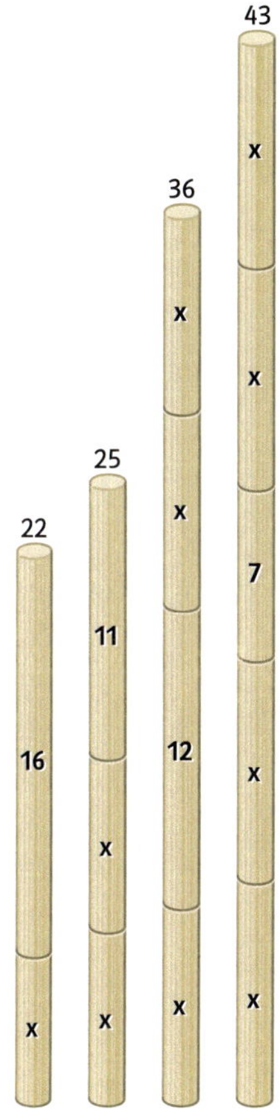

28 Die Lösungen stehen auf den Kärtchen.

a) $2(3x - 4) = 5x$
b) $-3(x - 5) = 15$
c) $6x = (5 - 2x) \cdot (-4)$
d) $6(4 - a) + 3a = 4a - 4$
e) $12(a - 1) = 52 - 14(a - 1)$
f) $6(4 + a) + 4(a - 18) = 12(2a + 3)$
g) $z - 2(z - 1) = 3z - (20 - 5z)$
h) $8(z + 3) + 7(z + 2) = 5z + 6(z + 1)$
i) $7z + 2(z - 12) = 2(z - 13) + 3(2z + 1)$
j) $7(4z - 11) - 5(1 + 2z) = 41 + 3(2z + 7)$

Zu Aufgabe 35:

Geschwindigkeitsformel

$v = \frac{s}{t}$

Prozentformel

$p\,\% = \frac{P}{G}$

29 Welche Lösung gehört zu welcher Gleichung?

a) $\frac{2}{3} - \left(9x - \frac{1}{3}\right) = \frac{5}{3} - 11x$

b) $1 - \left(3x + \frac{2}{5}\right) = x - \left(\frac{9}{10} + 3x\right)$

c) $\frac{1}{8} - \left(4x - \frac{1}{8}\right) = \frac{1}{2} - \left(x + \frac{3}{2}\right)$

$\frac{5}{12}$ | $\frac{1}{3}$ | $\frac{3}{2}$

30 Lösen Sie die Gleichung.

a) $4(x - 1) = 16$ b) $7(x - 1) = 14$
c) $4(x + 1) = 20$ d) $3(5x - 10) = 0$
e) $5(4x - 15) = 25$ f) $4(7x - 10) = -40$
g) $4(3 - 2x) = -5x$ h) $5(8x - 12) = 25x$

31 Stellen Sie die Gleichung auf und lösen Sie sie.

a)

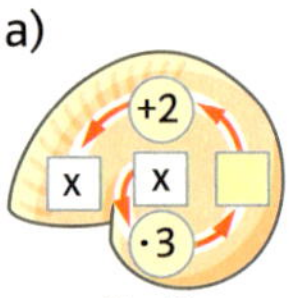

$x \cdot 3 + 2 = x$

b)

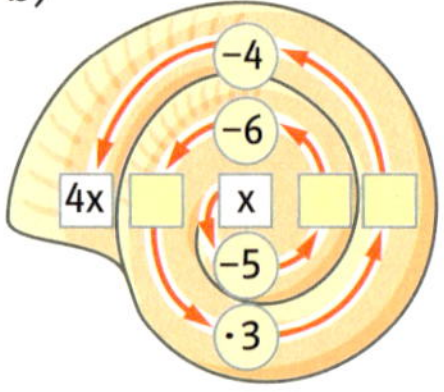

c)

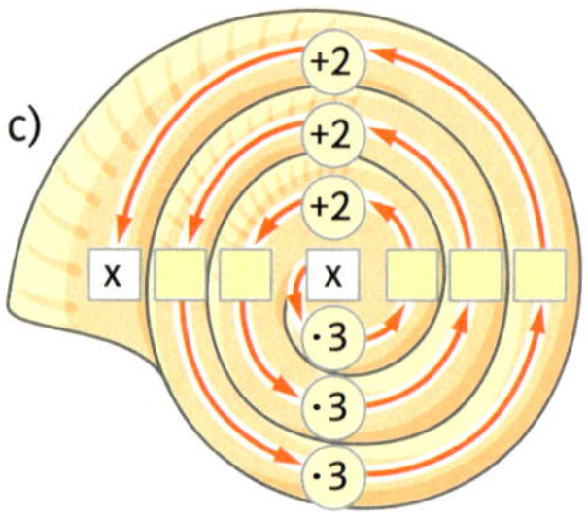

32 Wie heißt die Lösung?

a) $2x - 1 + 6(2x + 1) = 16x - (2x - 7)$

b) $3(x - 1) = 9x - 3(2x + 1)$

c) $10x - \left(\frac{1}{2} + 3x\right) = 2\left(\frac{7}{2}x - \frac{3}{4}\right)$

d) $x + \frac{1}{3} - \frac{3x + 2}{15} = 1$

e) $-\frac{1}{2}(x + 5) + \frac{7x + 35}{14} = 0$

f) $\frac{-2x - 3}{22} - \frac{1}{11} = -\left(\frac{3}{2}x - \frac{31x - 5}{22}\right)$

33 Lösen Sie die Gleichung.

a) $-\frac{1}{4}(12 + 8y) = \frac{1}{2}(y - 1)$

b) $3 + \frac{1}{2}(2 + 3y) = -2(-y)$

c) $3\left(\frac{1}{2}y - 1\right) - 2\left(6 - \frac{3}{2}y\right) = 0$

d) $4\left(\frac{1}{2}y - \frac{3}{2}\right) - \left(\frac{3}{5} - y\right) = \frac{4}{5}y$

34 Lösen Sie die Gleichung. Kommentieren Sie Ihre Lösung.

a) $2x - 1 + 6(2x + 1) = 16x - (2x - 7)$

b) $3(x - 1) = 9x - 3(2x + 1)$

c) $10x - \left(\frac{1}{2} + 3x\right) = 2\left(\frac{7}{2}x - \frac{3}{4}\right)$

d) $x + \frac{1}{3} - \frac{3x + 2}{15} = 1$

35 Die Geschwindigkeitsformel und die Prozentformel verbinden je drei Größen. Wie ändert sich die dritte Größe, wenn zwei Größen verändert werden? Antworten Sie ohne zu rechnen.

- s und t werden verdoppelt.
- s wird verdoppelt, t wird halbiert.
- G wird verdoppelt, P wird halbiert.
- v und t werden verdoppelt.
- p % und P werden verdoppelt.
- G wird vervierfacht, P wird verdoppelt.

Stellen Sie sich gegenseitig solche Aufgaben.

36 a) Ein Rennpferd schafft 1 km in 1 min, ein Fußgänger braucht dafür 12 min. In welchem Verhältnis stehen die Zeiten, in welchem die Geschwindigkeiten?
b) Ein Pkw erreicht im Durchschnitt die Geschwindigkeit $v_1 = 125\,\text{km/h}$, ein Reisebus $v_2 = 75\,\text{km/h}$. In welchem Verhältnis stehen v_1 und v_2?
In welchem Verhältnis stehen die Zeiten t_1 und t_2, die der Pkw und der Reisebus für 250 km brauchen?
c) Berechnen Sie $t_1 : t_2$ aus b) auch für andere Streckenlängen. Was stellen Sie fest?

37 Die Dichte eines Stoffs ist der Quotient aus der Masse m und dem Volumen V. Sie wird in $\frac{\text{g}}{\text{cm}^3}$ gemessen und mit ϱ (sprich: ro) bezeichnet.
Es gilt also $\varrho = \frac{m}{V}$.
a) Ein Vollziegel mit $a = 24{,}0\,\text{cm}$; $b = 11{,}5\,\text{cm}$ und $c = 5{,}2\,\text{cm}$ wiegt 2300 g. Wie groß ist seine Dichte?
b) Stellen Sie die Dichte-Formel nach m und nach V um.
c) Eisen hat die Dichte $\varrho = 7{,}87\,\frac{\text{g}}{\text{cm}^3}$. Wie schwer ist ein Eisenwürfel mit der Kantenlänge $a = 5\,\text{cm}$?
d) Styropor hat je nach Sorte eine Dichte zwischen $0{,}02\,\frac{\text{g}}{\text{cm}^3}$ und $0{,}1\,\frac{\text{g}}{\text{cm}^3}$. In welchen Grenzen liegt das Volumen eines 300 g schweren Verpackungselements?
e) Stellen Sie selbst Aufgaben zur Dichte.

Stoff	Aluminium	Blei	Gold	Platin
ϱ in $\frac{\text{g}}{\text{cm}^3}$	2,7	11,3	19,3	21,5

38 Berechnen Sie ohne Taschenrechner.

a) 4^3 b) -4^4 c) $(-3)^1$
d) $(-3)^4$ e) $(-6)^3$ f) $(-2 \cdot 6)^3$

39 Vereinfachen Sie die Terme.

a) $a^2 \cdot a^3$ b) $x^4 \cdot x$
c) $b \cdot b^1 \cdot b^2$ d) $2x \cdot 3x^2$
e) $5c \cdot 2c^3$ f) $x^3 \cdot (-x^2)$
g) $-2x^2 \cdot 14x^6$ h) $25b^3 \cdot 4b \cdot b^2$

40 Gegeben sind drei Potenzen:
$4{,}3^4$; $1{,}23^6$; $3{,}456^5$

a) Wie viele Nachkommaziffern hat jeder Potenzwert? Erklären Sie.
b) Bestimmen Sie die letzte Ziffer ohne Taschenrechner.

41 Wladimir behauptet:

a) Die letzte Ziffer bei Potenzen mit dem Exponenten 10 lautet wie die Endziffer der Quadratzahl mit gleicher Basis.
$2^{10} = 1024$; $2^2 = 4$
Überprüfen Sie an weiteren Beispielen.
b) Beim Vergleich der fünften Potenz gibt es auch einen erstaunlichen Zusammenhang mit der zugehörigen Basis.

42 Vereinfachen Sie die Terme.

Beispiel: $2 \cdot 10^3 \cdot 4 \cdot 10^4 = 2 \cdot 4 \cdot 10^3 \cdot 10^4$
$= 8 \cdot 10^7$
$= 80\,000\,000$

a) $5 \cdot 10^5 \cdot 7 \cdot 10^4$
b) $(-2) \cdot 10^6 \cdot 9 \cdot 10^7$
c) $1{,}2 \cdot 10^7 \cdot 1{,}2 \cdot 10^5$
d) $0{,}5 \cdot 10^3 \cdot (-1{,}6) \cdot 10^8$
e) $\frac{20 \cdot 10^5}{4 \cdot 10^3}$
f) $\frac{42 \cdot 8^5}{14 \cdot 8^3}$
g) $\frac{(-2)^5 \cdot 4^{11}}{(-2)^2 \cdot 4^9}$
h) $\frac{(-4)^7 \cdot (-7)^5}{(-7)^4 \cdot (-4)^4}$

43 Ergänzen Sie.

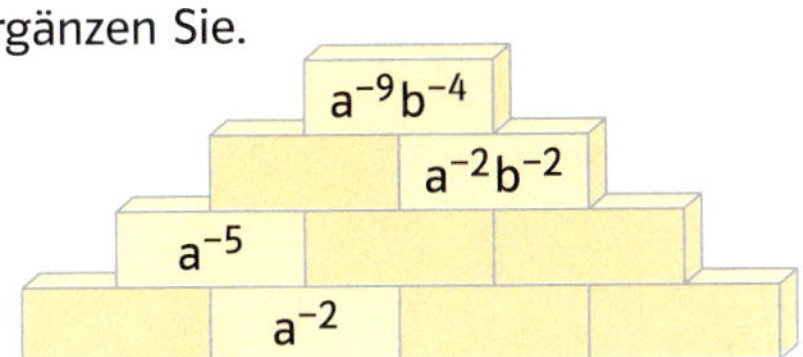

44 Erklären Sie den Unterschied

a) zwischen $x^5 \cdot x^3$ und $(x^5)^3$.
b) zwischen ab^2 und $(ab)^2$.
c) zwischen $a^2 + a^2$ und a^4.
d) zwischen $a^2 \cdot b^{-3}$ und $\frac{a^2}{b^{-3}}$.

45 Kleine Unterschiede, große Auswirkungen – erklären Sie.

a) 3^4; -3^4; $(-3)^4$; $(-3)^{-4}$; -3^{-4}
b) x^4; $-x^4$; $(-x)^4$; x^{-4}; $(-x)^{-4}$; $-x^{-4}$
c) x^n; $-x^n$; $(-x)^n$; $(-x)^{-n}$; $-x^{-n}$

46 Unterscheiden Sie die Potenzen, indem Sie sie als Quotienten schreiben.

a) 10^3 und 10^{-3} b) 10^6 und 10^{-6}
c) 10^n und 10^{-n} d) 10^{n+1} und 10^{-n-1}

47 Stellen Sie die Durchmesser in Zehnerpotenzschreibweise in der Einheit m dar.

Herpesvirus	180 nm
Rotes Blutkörperchen	7,5 µm
Maul- und Klauenseuchevirus	14 nm
Tuberkelbazillus	1 µm
Zuckermolekül	700 pm
Atomkern	10 fm

48 Die Wasserhyazinthe in Ostafrika wächst so schnell, dass sich die von ihr bedeckte Fläche in zwölf Tagen verdoppelt. Sie kommt vor allem auch im Viktoriasee vor, dem mit $68\,000\,km^2$ größten See Afrikas. Wie lange braucht eine $1\,m^2$ große Wasserhyazinthe, bis sie den See vollständig bedeckt? Schätzen Sie zuerst.

? *Der Turmbau zu Babel*

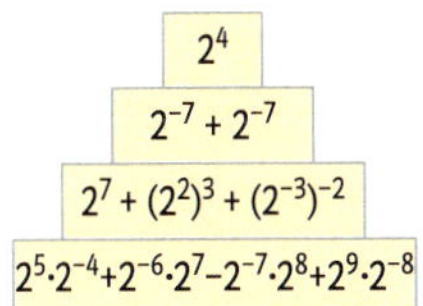

Die waagerechten Striche gelten als Bruchstriche. Rechnen Sie von oben nach unten.

49 Berechnen Sie das Produkt. Wandeln Sie das Ergebnis in wissenschaftliche Schreibweise um.

a) $450{,}8 \cdot 800{,}4$ b) $2{,}896 \cdot 9997{,}4$
c) $0{,}0089 \cdot 0{,}068$ d) $0{,}000\,04 \cdot 0{,}0012$
e) $0{,}000\,67 \cdot 123{,}9$ f) $8888{,}1 \cdot 0{,}075$

50 Bringen Sie das Ergebnis in wissenschaftliche Darstellung.

a) $4 \cdot 10^2 \cdot 2 \cdot 10^5$ b) $3 \cdot 10^3 \cdot 3 \cdot 10^8$
c) $6 \cdot 10^5 \cdot 3 \cdot 10^2$ d) $8 \cdot 10^5 : (2 \cdot 10^3)$
e) $12 \cdot 10^2 \cdot 5 \cdot 10^{-4}$ f) $24 \cdot 10^{-6} : (2 \cdot 10^5)$

51 Welche der Zahlen liegen zwischen 1 und 10?

a) $5634{,}99 \cdot 10^{-3}$ b) $13\,456 \cdot 10^{-6}$
c) $0{,}000\,05 \cdot 10^7$ d) $0{,}000\,0015 \cdot 10^6$
e) $1200{,}007 \cdot 10^{-4}$
f) $0{,}000\,000\,0011 \cdot 10^9$

52 Der Mensch hat 25 Billionen rote Blutkörperchen. Sie nehmen durch ihre Oberfläche Sauerstoff auf und transportieren ihn zu den Organen.
Welchen Flächeninhalt haben sie insgesamt? Die Dicke brauchen Sie bei der Rechnung nicht zu berücksichtigen.

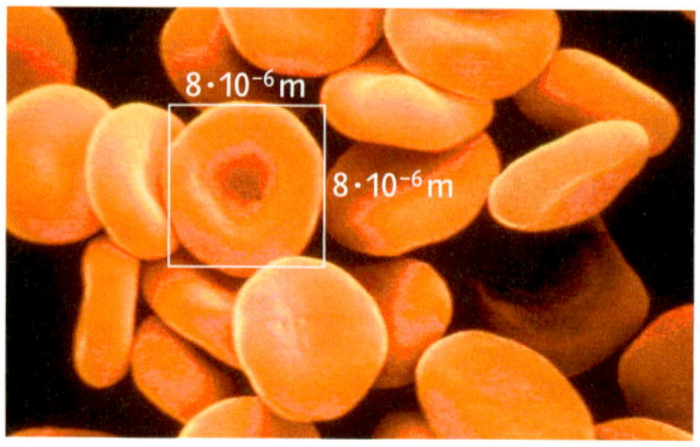

? *Eine Mathematiklehrerin antwortete auf die Frage nach Ihrem Alter: „Im Jahre x werde ich Wurzel aus x Jahre alt sein." Die Lehrerin wurde im Jahre 2005 zum ersten Mal Mutter. Wann wurde die Lehrerin geboren?*

53 Schwebeteilchen mit einer Korngröße bis zu 10 µm nennt man Feinstaub. Dieser ist gesundheitsschädlich. Durch Filter und Belastungsgrenzwerte versucht man die Gefahr zu beschränken.
a) Welche Vergrößerung muss ein Mikroskop haben, damit man ein solches Korn sehen kann?
b) Stellen Sie sich die Körner als Würfel vor. Wie viele Körner müsste man zusammenpacken, um einen Würfel mit 1 cm Kantenlänge zu bekommen?

54 Welche Kärtchen gehören zusammen? Ordnen Sie zu. Mit Taschenrechner ist die Aufgabe langweilig.

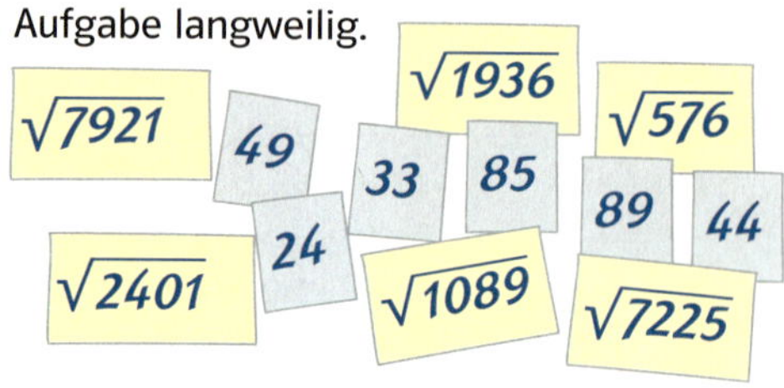

55 Ziehen Sie die Wurzel.

a) $\sqrt{121x^2}$ b) $\sqrt{625x^2y^2}$
c) $\sqrt{\frac{64x^2}{169}}$ d) $\sqrt{\frac{196x^2}{36y^2}}$
e) $\sqrt{48ab \cdot 3ab^3}$ f) $\sqrt[3]{\frac{448s^3}{7s}}$

56 Ziehen Sie die Wurzel so weit wie möglich.

a) $\sqrt{45}$ b) $\sqrt{160}$ c) $\sqrt{68}$
d) $\sqrt{176}$ e) $\sqrt{396}$ f) $\sqrt{768}$

57 a) Für welche Zahlen ist der Radikand gleich seiner Wurzel?
b) Bei welcher Zahl ist der Radikand 10-mal so groß wie die Quadratwurzel?
c) Für welche Zahl ist der Radikand halb so groß wie die Quadratwurzel?
d) Für welche Zahlen ist der Wert der Wurzel größer als der Radikand?

58 Zur Durchführung physikalischer Experimente steht in Bremen ein 110 m hoher Fallturm.
Für die Fallhöhe h gilt folgende Formel: $h = \frac{1}{2}gt^2$, wobei die Zeit t in Sekunden gemessen wird und $g = 9{,}8\,\frac{m}{s^2}$ die Erdbeschleunigung darstellt.
a) Aus welcher Höhe muss ein Gegenstand losgelassen werden, wenn die Fallzeit 4,0 s betragen soll?
b) Bestimmen Sie die Fallzeit eines Gegenstandes für die Gesamthöhe $h = 110\,m$.

59 Lösen Sie die angegebenen Formeln nach der in der eckigen Klammer stehenden Variablen auf.

a) $A = 4a^2$ [a] b) $O = 6a^2h$ [a]
c) $F = \frac{mv^2}{r}$ [v] d) $h = \frac{v_0^2}{2g}$ [v_0]
e) $A = \frac{3}{4}a^2\sqrt{3}$ [a] f) $x^2 + y^2 = z^2$ [y]

60 Im Werbeprospekt wird der Listenpreis eines Autos angegeben.
Für den Endpreis müssen Mehrwertsteuer und Rabatt berücksichtigt werden.
Entscheiden Sie sich für das beste Angebot und begründen Sie.

A: Listenpreis + 19 % Mehrwertsteuer – 23 % Rabatt
B: Listenpreis – 4 % Rabatt
C: Listenpreis – 23 % Rabatt + 19 % Mehrwertsteuer.0

61 Ein Autohändler hat zwei Autos zum selben Preis von 15 000 € verkauft.
Das eine mit 10 % Gewinn, das andere allerdings mit 10 % Verlust.
Er denkt, dass damit alles wieder ausgeglichen ist.
Rechnen Sie nach.

62 Herr Mack ist Handelsvertreter. Er hat zwei Tankzettel aufbewahrt und vergleicht.

Tankstelle an der Autobahn
46,8 Liter Benzin
Endbetrag: 51,90 €

Tankstelle an der Autobahn
35,4 Liter Benzin
Endbetrag: 37,84 €

a) Um wie viel Prozent hat sich der Literpreis für das Benzin verändert?
b) Hat sich auch sein Verbrauch verändert? Beim ersten Mal ist er 620 km, beim zweiten Mal 490 km gefahren.

63 Eine Heizungsfirma wirbt mit tollen Heizkostenersparnissen:

bis zu 40 % durch eine neue Heizanlage
bis zu 35 % durch zusätzliche Wärmedämmung
bis zu 35 % durch sparsames Heizen

Herr Spahr denkt kurz, dass er mehr als 100 % sparen kann, aber zur Berechnung der wirklichen Ersparnis braucht er Hilfe.

64 Max und Moritz sind sich uneins:
Ist es günstiger, zuerst 10 % Rabatt und dann 2 % Skonto oder zuerst 2 % Skonto und anschließend 10 % Rabatt zu erhalten?
Können Sie den beiden helfen?

65 Vergleichen sie die beiden Kreditangebote.

Bar-Kredit
5000,– €
Zinssatz: 9%
Laufzeit: 1 Jahr
keine Bearbeitungsgebühr

Spar-Kredit
5000,– €
Rückzahlung nach 12 Monaten
Zinssatz nur 8,5%
einmalige Bearbeitungsgebühr von 50 €

66 Beim Ratenkauf muss man sehr genau auf die Bedingungen achten.
Wie viel Prozent „Zinsen" werden bei diesem Ratenkauf berechnet?

Supersonderpreis!!!
Rasenmäher
zum einmaligen Sonderpreis von
349,– €
oder 72 Monatsraten zu 5,99 €

67 Katja bekommt für ihr Guthaben auf der Bank 2,5 % Zinsen. Würde der Zinssatz nur 1,5 % betragen, bekäme sie 30 € weniger Zinsen im Jahr. Können Sie angeben, wie hoch ihr Guthaben ist?

68 Eine Privatbank wirbt:

Billiges Geld für 1 Monat!
Leihen Sie sich 5000 €
und zahlen Sie nach
1 Monat 5100 € zurück.

a) Wie viel Prozent Zinsen sind für einen Monat zu zahlen?
b) Berechnen Sie die Jahreszinsen und bestimmen Sie den dazugehörigen Zinssatz.
c) Banken müssen bei Krediten immer den Jahreszinssatz angeben.
Können Sie erklären, warum?

69 Marlene hat zu Jahresbeginn ein Guthaben von 765 €. Es wird mit 1,5 % verzinst. Sie zahlt am 13. März 250 € ein und hebt am 17. Oktober 500 € ab.
Wie viel hat sie am 31. Dezember?

Effektiver Jahreszins

Bei Kleinkrediten, bei denen die Zinsen stets auf den vollen Kreditbetrag berechnet werden und eine Bearbeitungsgebühr verlangt wird, kann man den angegebenen Zinssatz nur schwer mit den üblich angegebenen Zinssätzen der Bank vergleichen.
Deshalb sind die Kreditinstitute gesetzlich verpflichtet, einen Vergleichswert für den Zinssatz anzugeben.
Dieser Wert wird als **effektiver Jahreszins** bezeichnet.

Beispiel:
Ein monatlicher Zinssatz von 0,4% entspricht bei einer Laufzeit von 12 Monaten nicht $12 \cdot 0{,}4\,\% = 4{,}8\,\%$, weil die bereits zurückgezahlten Raten nicht bei der Berechnung der Zinsen in den Folgemonaten berücksichtigt werden.
Außerdem erhöht die Bearbeitungsgebühr den wirklichen Zinssatz.

Die Bank legt für die auszuweisenden Zinssätze Tabellen zugrunde. Dies ist ein Ausschnitt einer Tabelle, in der mit 2% Bearbeitungsgebühr gerechnet wird.

Zinssatz pro Monat in %	Anzahl der Monatsraten			
	9	12	24	36
	effektiver Jahreszins in %			
0,30	11,72	10,85	9,01	8,33
0,36	13,13	12,33	10,45	9,75
0,40	14,07	13,32	11,42	10,69
0,42	14,54	13,82	11,91	11,16
0,45	15,26	14,57	12,64	11,87
0,48	15,98	15,33	13,37	12,58

Es ist schwierig, den Effektivzinssatz exakt zu berechnen.
Ein Mathematiker hat aber eine Näherungsformel entwickelt.

$$p_{effektiv} = 24 \cdot \left(p_m + \frac{b}{n}\right)$$

$p_{effektiv}$ Prozentzahl des effektiven Zinssatzes
p_m Prozentzahl des Monatszinssatzes
b Prozentzahl der Bearbeitungsgebühr
n Laufzeit in Monaten

■ Überprüfen Sie mit dieser Näherungsformel einige Angaben aus der Tabelle. Beurteilen Sie den Fehler.

70 Ein Kapital K bringt bei einem Zinssatz von p% in einer bestimmten Zeit Z Zinsen. Berechnen Sie die fehlenden Werte.

K	500,00 €		800,00 €	760,00 €
Z		13,02 €	9,71 €	5,89 €
p%	2,5%	2,25%	2,8%	
Zeit	11 Mon.	245 Tage		$\frac{1}{4}$ Jahr

71 Um eine Rechnung über 1550,00 € sofort bezahlen zu können, muss Frau Weiß ihr Girokonto 17 Tage lang um 980,00 € überziehen.
Bei Barzahlung kann sie 3% Skonto von der Rechnung abziehen. Für das Überziehen berechnet die Bank einen Zinssatz von 10,5%.

72 Um wie viel Prozent vergrößert sich ein Kapital bei 4% in 5 Jahren, wie vergrößert es sich bei 5% in 4 Jahren?

73 Ein Kapital K_0 wird mit p% verzinst, Zinsen werden mitverzinst. Berechnen Sie die fehlenden Werte in der Tabelle.

K_0	1200,00 €		3200,00 €	5000,00 €
K_n		2795,97 €	3818,99 €	7129,85 €
p%	4,5%	3,8%		
n	6 Jahre	4 Jahre	5 Jahre	7 Jahre

74 a) Herr Baier hat 2500,00 € auf einem Konto mit einem Zinssatz von 2,5% angelegt. Nach einem Jahr und 9 Monaten löst er das Konto auf. Wie viel Zinsen werden ihm ausbezahlt?
b) Nach zwei Jahren und 56 Tagen ist ein Guthaben bei einem Zinssatz von 2,75% auf einen Betrag von 1431,27 € angewachsen.

75 Familie Neumann möchte sich in 3 Jahren ein neues Auto kaufen. Sie rechnen mit einem Preis von 25 000 €.
Bei der Bank können sie ihr Geld zu einem Zinssatz von 4,2% anlegen.
Welchen Betrag müssen sie mindestens einzahlen?

76 Schreiben Sie zur Abbildung eine passende Pressenotiz.

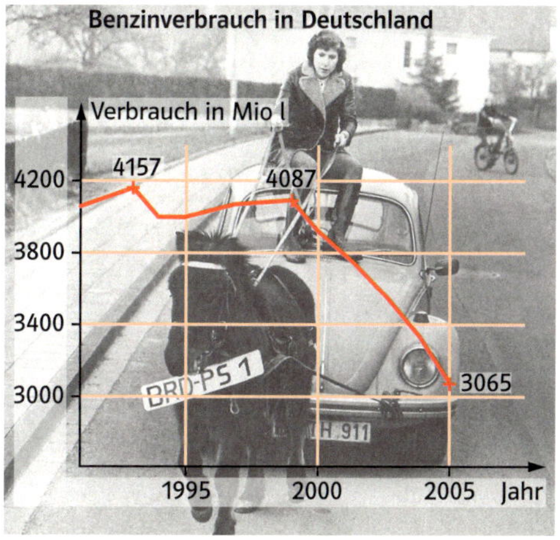

77 Vor einiger Zeit erschien ein Artikel über die Änderungen im Rauchverhalten der Deutschen. Erstellen Sie ein zur Pressenotiz passendes Diagramm.

> **Immer weniger Jugendliche greifen zur Zigarette**
> Im Jahr 2001 rauchten noch 28 Prozent der 12- bis 17-Jährigen, 2005 waren es nurmehr 20 Prozent. Von der erwachsenen Bevölkerung raucht etwa ein Drittel.
> Die Tabakindustrie verkauft immer weniger Zigaretten. Zwischen 1999 und 2001 lag der Absatz in Deutschland bei jährlich 140 Milliarden Zigaretten. 2004 lag die Zahl bei 112 Milliarden, für 2005 wurden weniger als 100 Milliarden erwartet.
> Ulmer Südwestpresse, 03.03.2004

Diagramme und ihre Wirkung

In Zeitschriften oder Infobroschüren findet man immer wieder Diagramme, die bestimmte Aspekte von Daten verzerrt darstellen.
Im Diagramm rechts wird der Eindruck erweckt, dass Erdöl mehr als doppelt so viel Emissionen freisetzt wie Erdgas.

- Betrachten Sie die Form der Darstellung und die Skalierung. Was wurde damit beabsichtigt?

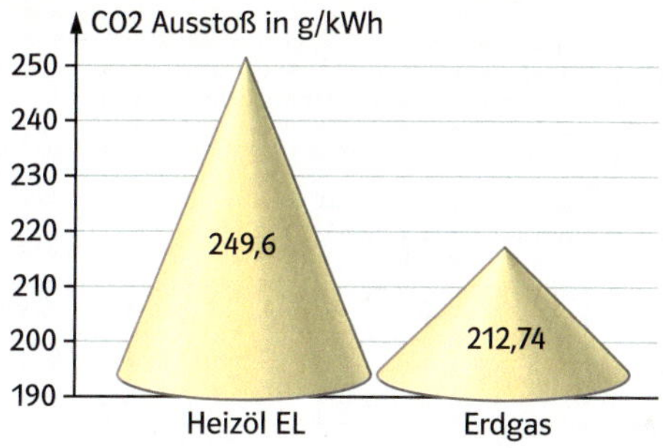

„Ich glaube nur der Statistik, die ich selbst gefälscht habe …“
Winston Churchill (1874–1965), britischer Staatsmann und Schriftsteller, 1953 Nobelpreis für Literatur

- Vergleichen Sie die beiden Diagramme.

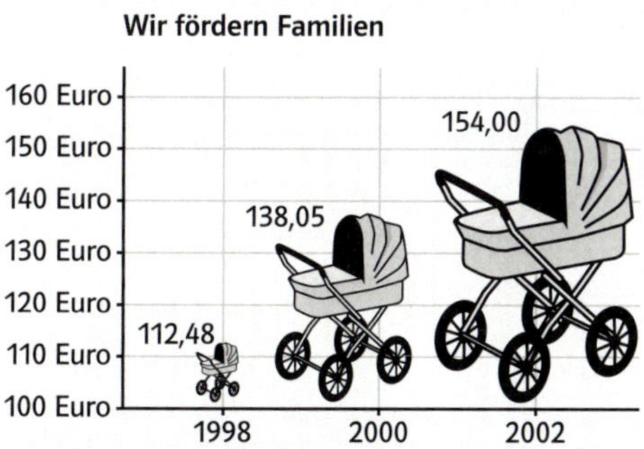

Entwicklung des Kindergeldes für das erste und zweite Kind
Quelle: Bundesministerium für Finanzen

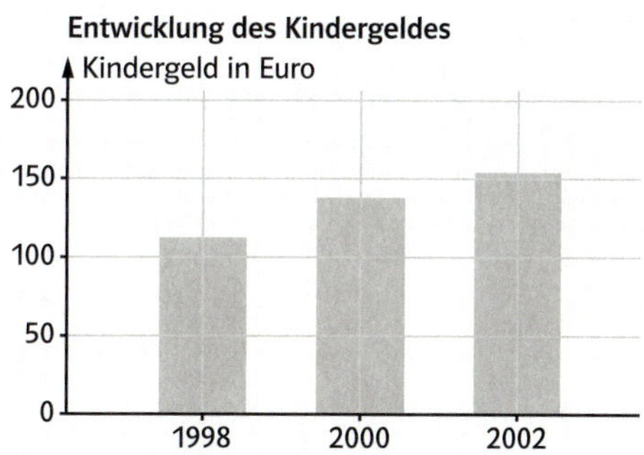

- Ein Betrieb wirbt um Auszubildende und will deshalb außertariflich die Ausbildungsvergütungen in den kommenden drei Jahren für das 1. Lehrjahr von 656 € über 689 € auf 745 € erhöhen.
Erstellen Sie eine Grafik, die dafür werben soll.

Rückspiegel | Terme

1 Vereinfachen Sie.

a) $25a - 17b - 3b + 15a$
b) $14x + 7y - 4x + 13y$
c) $19a - 3c + 28c - 9a$
d) $46x - 24y - 37x - 28y$

2 Lösen Sie Klammern auf und vereinfachen Sie.

a) $4p(3q - p)$ b) $(xy - 3x) \cdot 6y$
c) $7(2x - y) + 4(3y + 4x)$
d) $3x(4 - y) - y(1 - x) + xy$

3 Klammern Sie aus.

a) $6xy + 8$ b) $3ab + 12a$
c) $21cd + 7ce$ d) $48xy - 32x^2$
e) $15r^2s - 60rs^2$ f) $-81st^2 + 9t^2$

4 Schreiben Sie als Term und vereinfachen Sie.

a) Subtrahieren Sie vom Produkt x und 5 das Doppelte der Summe x und 3.
b) Multiplizieren Sie die Summe 3 und y mit x und subtrahieren Sie anschließend das Produkt aus x und y.
c) Halbieren Sie die Summe aus dem Produkt 10 und b und der Differenz 2a und 6.

5 Wandeln Sie in eine Summe um.

a) $6ax(4b + 3bx)$
b) $(14nm - n^2) \cdot (-3m)$
c) $(x + 3)(x - 4)$ d) $(y + 9)(3 - y)$
e) $(5x + 2)(6x - 3)$ f) $(2x + y)(-y + 3x)$

6 Vervollständigen Sie die Tabelle und geben Sie den Term als Summe und als Produkt an.

a)

$\cdot$	x	-6
x	□	□
5	□	□

b)

$\cdot$	x	□
x	□	$-7x$
□	$12x$	□

7 Geben Sie einen einfachen Term an für
a) die Oberfläche
b) das Volumen
des Körpers.

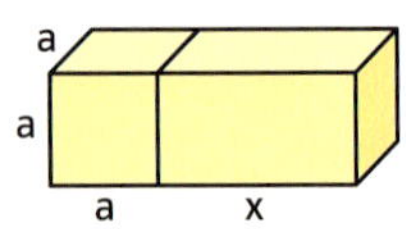

1 Vereinfachen Sie.

a) $14a - 8b - 10b + 6a + 18b$
b) $13r - 17s - 28r - 13s$
c) $18{,}5x + 23{,}9y - 10{,}1y - 20{,}5x$
d) $-19{,}8c - 33{,}9d + 17{,}1d - 42{,}8c$

2 Lösen Sie Klammern auf und vereinfachen Sie.

a) $(2c + 3d - e) \cdot 4c$
b) $1{,}5g^2(-4h + 6g - 1)$
c) $6x \cdot 2y - (4x + 1) \cdot y - y$
d) $20xy - (5x^2 - 8x(2x - 3y))$

3 Verwandeln Sie in ein Produkt.

a) $48m^2 + 16n^2$ b) $rs + rt + ru$
c) $2a^2b + 4ab - 2ab^2$ d) $12x + 5x^2 - 3xy$
e) $8ab - 6a + 10b$
f) $28x^2y - 42xy^2 + 7xy$

4 Überprüfen Sie die Aussage mit Zahlen. Rechnen Sie mit Variablen zum Begründen.

a) Die Summe aus einer Zahl und ihrem Doppelten ist immer durch 3 teilbar.
b) Die Summe von drei aufeinander folgenden Zahlen ist immer durch 3 teilbar.

5 Wandeln Sie in eine Summe um.

a) $8a(3a + 4b) \cdot 2b$
b) $(-2x)(xy - 3x) \cdot 4x$
c) $(17 - t)(r - s)$ d) $(16 - a)(b - 15)$
e) $(8x - 0{,}5)(-6 + 2x)$
f) $(6x - y)(-0{,}8y - x)$

6 Vervollständigen Sie die Tabelle und geben Sie den Term als Summe und als Produkt an.

a)

$\cdot$	□	□
x	x^2	$-3x$
□	□	-42

b)

$\cdot$	□	y
□	$-6x^2$	$2xy$
$-3y$	□	□

7 Geben Sie einen einfachen Term an für
a) die Oberfläche
b) das Volumen
des Körpers.

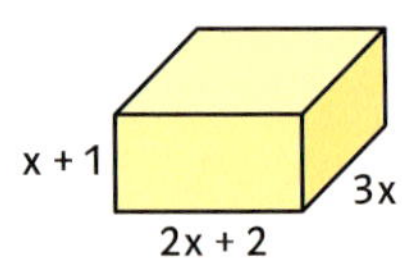

Rückspiegel | Gleichungen

1 Lösen Sie die Gleichung.

a) $4x + 5 = 21$ b) $6x + 7 = 43$
c) $3x - 12 = 15$ d) $9x - 41 = -5$
e) $-23 + 4x = 7$ f) $-1 = -19 - 6x$

2 Lösen Sie.

a) $\frac{2}{5}x - \frac{1}{10} = \frac{7}{10}$ b) $\frac{2}{3}x + \frac{4}{9} = \frac{7}{9}$
c) $\frac{3}{4}y - \frac{4}{5} = \frac{7}{10}$ d) $\frac{2}{5}y - \frac{3}{4} = \frac{17}{20}$

3 Wo steckt der Fehler? Erklären Sie.

a) $x + 28 = 4$
$x = 24$
b) $x + 5 = 20$
$x = 25$
c) $3x = 18$
$x = 54$
d) $22x = 22$
$x = 0$

4 Wie heißt die Lösung?

a) $(4 - 5x) + (10 + 6x) = 8$
b) $12 = (25 - x) - (19 - 2x)$
c) $3x - (19 - 4x) + 14 = 7x - (2x - 7)$
d) $(3u - 5)7 = 7 + 7u$
e) $3(2u - 18) - 4 = 3u - 4(3u - 8)$

5 Die Summe aus einer Zahl und dem um 4 vermehrten Doppelten der Zahl ist ebenso groß wie die um 50 vermehrte Zahl. Wie heißt die Zahl?

6 Heute ist Karen 6-mal so alt wie sie vor 10 Jahren war.

7 Lösen Sie die Gleichung.

a) $2(x + 3) + 4x = 24$
b) $7(3x - 2) + 10x - 35 = 13$
c) $2(-x - 3) \cdot 7 - 3x = -8$

8 Achten Sie auf die binomischen Formeln.

a) $(x - 1)^2 + (x + 2)^2 = 2x^2$
b) $(y + 9)^2 - (y - 5)^2 = 28$
c) $(z + 4)^2 - (z - 3)(z + 3) = 3(z - 10)$

9 a) Lösen Sie die Formel $A = a \cdot b$ nach b auf.
b) Berechnen Sie b für

$A = 56\,cm^2$ $A = 108\,cm^2$ $A = 36{,}4\,cm^2$
$a = 14\,cm$ $a = 24\,cm$ $a = 5{,}6\,cm$

1 Lösen Sie die Gleichung.

a) $12x - 49 = -1$ b) $55 - 5x = 40$
c) $81 - 3x = -57$ d) $-83 = -12y - 35$
e) $61 = -26y + 22$ f) $2{,}5 + 14y = -3{,}1$

2 Lösen Sie.

a) $\frac{3}{5}x - \frac{1}{4} = \frac{7}{20}$ b) $\frac{1}{4}x + \frac{1}{6} = \frac{2}{5}$
c) $\frac{1}{2} + \frac{2}{3}x = \frac{5}{3} - \frac{1}{2}x$ d) $\frac{4}{5}x - 1 = -\frac{4}{3}x + \frac{17}{15}$

3 Wo steckt der Fehler? Erklären Sie.

a) $10x = 20$
$x = 10$
b) $14x = 7$
$x = 2$
c) $5 + 4x = 27$
$9x = 27$
d) $1\frac{1}{2}x - x = x + 2$
$1\frac{1}{2} = x + 2$

4 Wie heißt die Lösung?

a) $6x - (8x - 10) = 87 - (21 + 10x)$
b) $7 - (10 - 8x) = 23 - (4 + 14x)$
c) $(19x - 17) - (3x - 72) = -13 + (13x + 83)$
d) $11 - 6(6y - 1) + 3(2 + y) = 8 - 3y$
e) $8(2y - 1) - 17(3 - y) = 16(-3y - 2)$

5 Dividiert man eine Zahl durch 6, addiert zum Ergebnis 5 und multipliziert das neue Ergebnis mit 3, so erhält man wieder die ursprüngliche Zahl. Wie heißt die Zahl?

6 In 20 Jahren wird Karen 9-mal so alt sein, wie sie vor 4 Jahren war.

7 Lösen Sie die Gleichung.

a) $5(4x - 5) + 4(3x - 4) = 23$
b) $-6(5x - 12) = 57 - 5(4x + 13)$
c) $8(6x - 2) - 9(4x + 12) = 5(x - 5) - 15$

8 Achten Sie auf die binomischen Formeln.

a) $(x + 2)^2 - (x - 4)^2 = 2(x - 4) + 9x$
b) $(y - 5)^2 + (y + 6)^2 = (y - 9)^2 + (y + 8)^2$
c) $(3z - 2)^2 - 3(z - 1)^2 = -(3z + 2)(3 - 2z)$

9 a) Lösen Sie die Formel $p\% = \frac{P}{G}$ nach G auf.
b) Berechnen Sie G mithilfe der aufgelösten Formel für

$P = 29{,}40\,€$ $P = 17{,}5\,m$ $P = 120\,kg$
$p\% = 7\%$ $p\% = 0{,}5\%$ $p\% = 12{,}5\%$

Rückspiegel | Potenzen und Wurzeln

1 Berechnen Sie ohne Taschenrechner.
a) $2^3 \cdot 2^5$ b) $(-3)^2 \cdot (-3)^3$
c) $3^{-4} \cdot 3^7$ d) $20^{-4} \cdot 0{,}5^{-4}$
e) $(2^5)^2$ f) $((-3)^2)^2$

2 Bestimmen Sie mit dem Taschenrechner die größt- bzw. kleinstmögliche Zahl n.
a) $2^n < 10\,000$ b) $20^n < 500\,000$
c) $0{,}2^n < 0{,}0001$ d) $0{,}9^n < 0{,}1$

3 Klammern Sie aus und berechnen Sie. Runden Sie auf fünf Stellen nach dem Komma.
a) $2^{-5} \cdot 3^{-4} + 2^{-5} \cdot 5^{-2}$
b) $2{,}5^{-4} \cdot 5^{-3} + 2{,}5^{-4} \cdot 3^{-5}$

4 Schreiben Sie in wissenschaftlicher Schreibweise.
a) 198 766 987 b) 10 000 000 001
c) 0,000 67 d) 0,000 000 100 002

5 Blaues Licht hat die Wellenlänge $4{,}8 \cdot 10^{-7}$ m. Wie viele Wellen passen in eine Strecke von 1 m?

6 Ziehen Sie die Quadratwurzel.
a) $\sqrt{36}$ b) $\sqrt{121}$ c) $\sqrt{225}$
d) $\sqrt{729}$ e) $\sqrt{1089}$ f) $\sqrt{2025}$

7 Berechnen Sie.
a) $\sqrt{6} \cdot \sqrt{24}$ b) $\sqrt{28} \cdot \sqrt{7}$
c) $\sqrt{400 \cdot 289 \cdot 16}$ d) $\sqrt{3} \cdot \sqrt{96} \cdot \sqrt{2}$
e) $\frac{\sqrt{3} \cdot \sqrt{7}}{\sqrt{2}} \cdot \sqrt{42}$ f) $\frac{\sqrt{294}}{\sqrt{7}} \cdot \sqrt{\frac{56}{3}}$

8 Fassen Sie zusammen.
a) $3\sqrt{5} + 2\sqrt{5} + \sqrt{5}$
b) $3\sqrt{17} - 4\sqrt{19} + \sqrt{17} - \sqrt{19}$

9 Ziehen Sie teilweise die Wurzel.
a) $\sqrt{32}$ b) $\sqrt{72}$ c) $\sqrt{147}$

1 Formen Sie um.
a) $x^a \cdot x^b$ b) $y^n \cdot 3y^n$
c) $2a^m b \cdot ab^m$ d) $(x^{n+2})^3$
e) $(-8x)^{m-n} \cdot (-0{,}25)^{m-n}$

2 Geben Sie die Anzahl der Nachkommaziffern ohne Taschenrechner an.
$0{,}4^2$ $0{,}45^3$ $0{,}2^3$
$0{,}4^3$ $0{,}456^3$ $0{,}02^4$
$0{,}4^4$ $0{,}4567^3$ $0{,}002^5$

3 Bestimmen Sie die kleinste natürliche Zahl n, für die $1{,}7^{-n} < 0{,}01$ gilt.

4 Berechnen Sie das Produkt. Verwenden Sie die wissenschaftliche Schreibweise.
a) $6{,}89 \cdot 0{,}075 \cdot 10^8$
b) $0{,}0087 \cdot 10^{-5} \cdot 9{,}01 \cdot 10^{-12}$

5 Die Wellenlänge der Röntgenstrahlen liegt zwischen 0,000 000 000 006 m und 0,000 000 01 m. Schreiben Sie diese Angabe in übersichtlicher Weise.

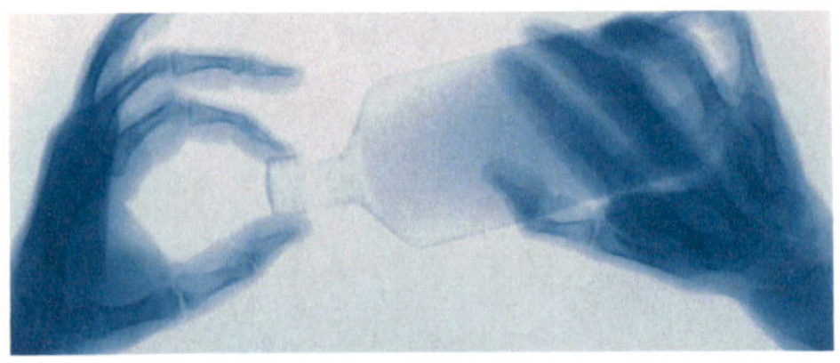

6 Ziehen Sie die Quadratwurzel.
a) $\sqrt{0{,}04}$ b) $\sqrt{1{,}44}$ c) $\sqrt{6{,}25}$
d) $\sqrt{\frac{4}{9}}$ e) $\sqrt{\frac{121}{196}}$ f) $\sqrt{\frac{676}{841}}$

7 Berechnen Sie.
a) $\sqrt{75x} \cdot \sqrt{3x}$ b) $\sqrt{20x} \cdot \sqrt{45x^3}$
c) $\sqrt{\frac{2a^2}{3b}} \cdot \sqrt{\frac{32}{3b}}$ d) $\sqrt{49x^2 \cdot 225y^2}$
e) $\frac{\sqrt{48x^3}}{\sqrt{10x^2}} \cdot \sqrt{\frac{5x}{6}}$ f) $\frac{\sqrt{448x^3}}{\sqrt{42xy}} \cdot \sqrt{6y}$

8 Fassen Sie zusammen.
a) $5\sqrt{e} + 4\sqrt{e} + 3\sqrt{e} + 2\sqrt{e} + \sqrt{e}$
b) $3\sqrt{a} - 5\sqrt{b} - 4\sqrt{a} + 6\sqrt{b}$

9 Ziehen Sie teilweise die Wurzel.
a) $\sqrt{98x^2}$ b) $\sqrt{36x^3}$ c) $\sqrt{112x^2y}$

Rückspiegel | Prozente und Zinsen

1 Berechnen Sie die fehlenden Werte.

	Grundwert	Veränderung in Prozent	Veränderter Grundwert
a)	315 €	+16 %	
b)		−5 %	779 km
c)	20 km		26 km

2 Herr Stark kauft einen Fernsehapparat. Auf den Preis von 998 € kommen noch 19 % Mehrwertsteuer, es dürfen dann noch 2 % Skonto abgezogen werden.

3 Nach einem Preisaufschlag von 10 % kostete das Mountainbike 746,90 Euro.
a) Wie viel kostete das Mountainbike vor der Erhöhung?
b) Was muss bezahlt werden, wenn jetzt 10 % Rabatt gegeben werden?

4 a) Felix hat auf seinem Sparbuch 680 €. Der Zinssatz beträgt 1,5 %. Wie viel Zinsen erhält er nach 1 Jahr und wie hoch ist dann sein Kontostand?
b) Laura wurden nach 1 Jahr auf ihrem Sparbuch 9,18 € Zinsen gutgeschrieben. Wie groß war ihr Guthaben bei einem Zinssatz von 2 %?

5 Berechnen Sie die fehlenden Werte.

	Kapital	Zinssatz	Zinsen	Zeit
a)	600 €	5 %		4 Mon.
b)	1200 €		18 €	$\frac{1}{4}$ Jahr
c)		6 %	4,20 €	14 Tage
d)	2400 €	11 %	198 €	

6 a) Wie viel Zinsen gibt es bei 3,2 % für 4500,00 € in 4 Jahren?
b) Welcher Betrag wächst bei einem Zinssatz von 3,5 % in 6 Jahren auf ein Kapital von 4302,39 €?

1 Berechnen Sie die fehlenden Werte.

	Grundwert	Veränderung in Prozent	Veränderter Grundwert
a)	23,56 €	+10,5 %	
b)		$-3\frac{1}{4}$ %	119,97 m
c)	125,50 €		122,99 €

2 Frau Stark hat beim Kauf eines Heimtrainers durch einen Nachlass von 15 % einen Betrag von 134,85 € gespart. Was kostete der Heimtrainer ohne die 19 % Mehrwertsteuer?

3 Zweimal wurde der Preis eines Bildschirms um jeweils 10 % ermäßigt. Der aktuelle Preis beträgt 243 Euro.
a) Wie hoch war der ursprüngliche Preis?
b) Um wie viel Prozent muss der Preis wieder erhöht werden, um auf den alten Preis zu kommen?

4 a) Simone wurden am Ende des Jahres 33,25 € Zinsen gutgeschrieben. Wie groß war das Guthaben am Jahresanfang bei einem Zinssatz von 2,5 %?
b) Für 897 € bekam Marion 15,70 €, für 1245 € erhielt Jan 18,68 € Zinsen. Wer hatte den höheren Zinssatz?

5 Berechnen Sie die fehlenden Werte.

	Kapital	Zinssatz	Zinsen	Zeit
a)	564 €	4,5 %		7 Mon.
b)	678,50 €		53,39 €	$\frac{3}{4}$ Jahr
c)		$3\frac{1}{4}$ %	8,85 €	80 Tage
d)	826,75 €	10,5 %	32,07 €	

6 a) Bei welchem Zinssatz wachsen 7500 € in 3 Jahren um 1315,38 €?
b) Bei welchem Zinssatz verdoppelt sich das Guthaben in 20 Jahren?

Würfelbauten

Vergleichen Sie die Höhe, die Grundfläche und das Volumen der Würfelpyramiden.

A	B	C	D	E
Kantenlänge	Anzahl der Würfel			Anzahl der Würfel der Pyramide / Anzahl der Würfel des Umwürfels
	der Grundfläche	der Pyramide	des Umwürfels	
2	4	5	8	0,625
3	9	14	27	0,519
4	16	30	64	0,469
5				
6				
7				
8				
9				
10				
…				
20				

- Erklären Sie die Bedeutung der Werte in der Tabelle oben.
- Setzen Sie die Tabelle fort. Überlegen Sie, wie die neue Pyramide aus der vorigen entsteht. Finden Sie eine Regel für die Anzahl der Würfel?
- Wie verändert sich der Quotient in Spalte E mit zunehmender Kantenlänge?
- Welchen Teil des Umwürfels nehmen die Würfelpyramiden wohl ein? Mit einem Tabellenkalkulationsprogramm lässt sich diese Frage etwas leichter beantworten.

Stellen Sie sich im blau abgebildeten Würfel die gelben Körper mit jeweils möglichst großem Volumen vor:

- ein Prisma mit einem rechtwinkligen Dreieck als Grundfläche,
- einen Zylinder,
- eine Pyramide,
- einen Kegel,
- eine Kugel.

Fertigen Sie jeweils eine Skizze an.

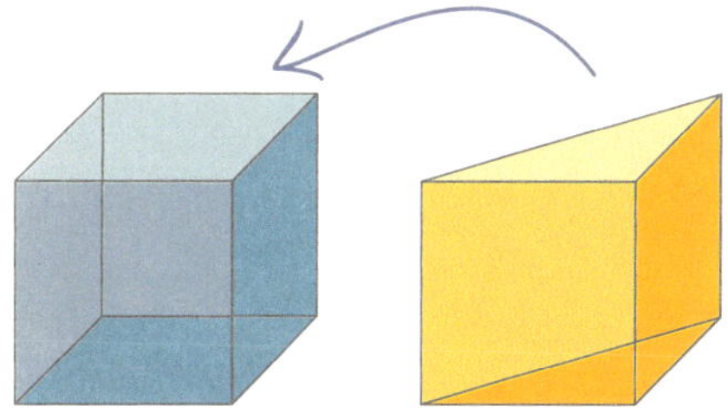

Das Volumen jedes einzelnen dieser Körper ist sicher kleiner als das Volumen des Würfels. Schätzen Sie, wie viel Prozent des Würfelvolumens es ausmacht.

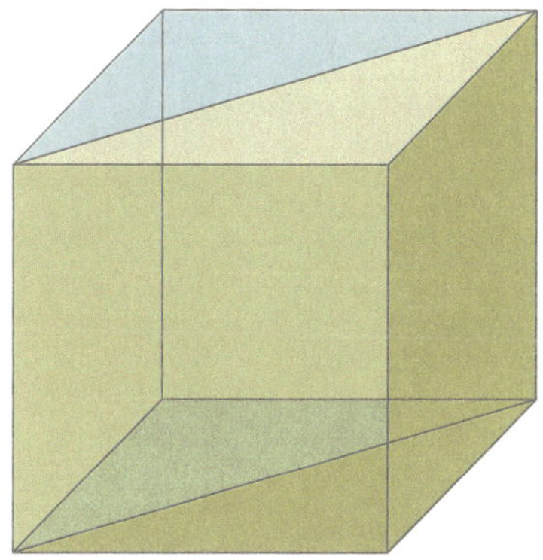

Viel schwieriger ist es, die Oberfläche dieser Körper mit der Würfeloberfläche zu vergleichen. Versuchen Sie es trotzdem.

Halb voll oder halb leer?
Halb hoch gefüllt oder halbes Volumen?

In diesem Kapitel lernen Sie,

- wie man den Flächeninhalt und Umfang von ebenen Figuren berechnet,
- wie man mit dem Satz von Pythagoras fehlende Größen im Dreieck berechnet,
- wie man das Volumen und die Oberfläche von Körpern berechnet,
- wie man mithilfe der Trigonometrie weitere Seitenlängen, Oberflächen und Volumina berechnen kann.

Basiswissen | Strecke, Gerade. Koordinatensystem

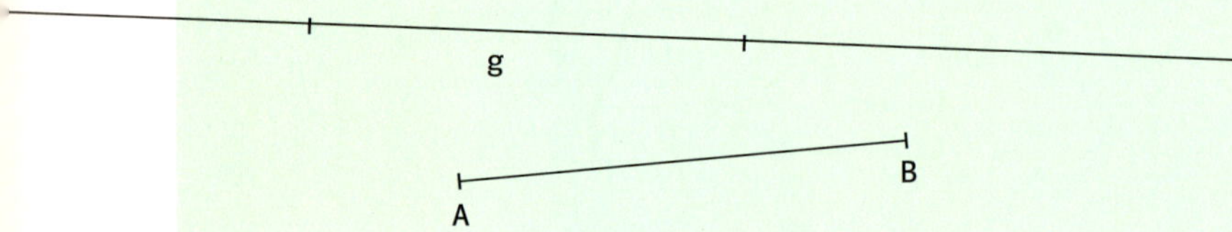

Die geradlinige Verbindung zwischen den zwei Punkten A und B ist die **Strecke**. Sie wird mit $\overline{AB}$ bezeichnet.

Eine **Gerade** ist eine in beide Richtungen beliebig weit verlängerte Strecke. Geraden werden mit g, h, i, … bezeichnet.

1 Verbinden Sie alle Punkte und bezeichnen Sie die Strecken.

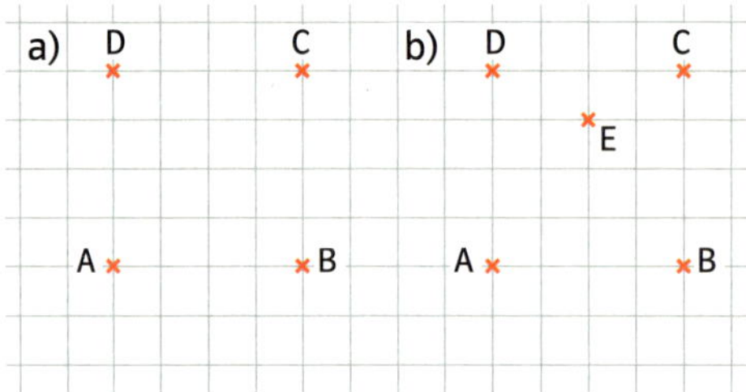

2 Wie viele Geraden und wie viele Strecken finden Sie?

a)

b)

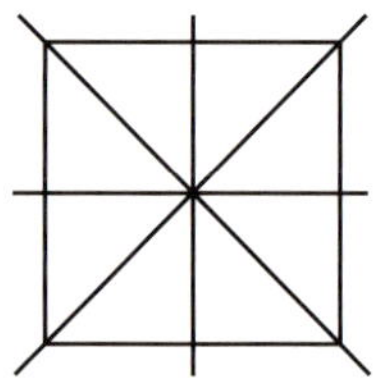

c)

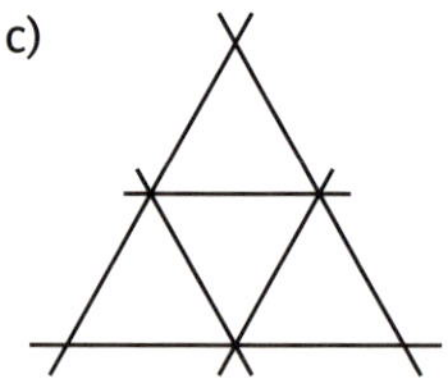

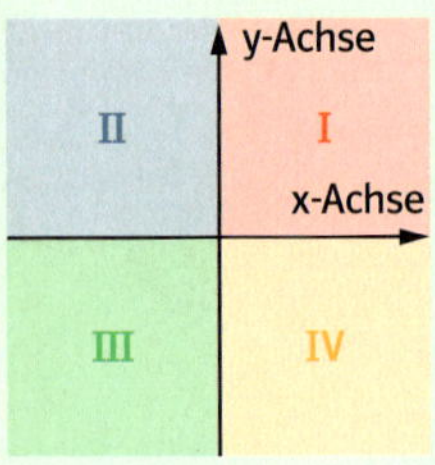

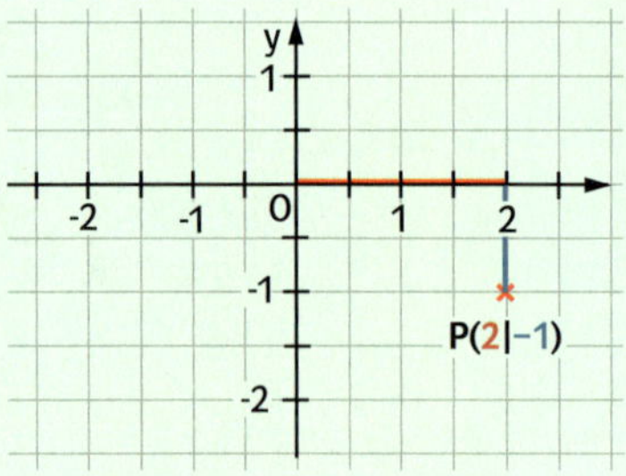

Im **Koordinatensystem** kann man Gitterpunkte durch zwei Zahlen angeben. Dazu zeichnet man zueinander senkrecht die **x-Achse** und die **y-Achse**.
Für den Punkt P mit dem x-Wert 2 und dem y-Wert −1 schreibt man P(2|−1).
Die beiden Achsen teilen die Zeichenebene in vier Felder, die **Quadranten**.

3 Bestimmen Sie die Koordinaten der eingetragenen Punkte. Beispiel: P(−3|2)

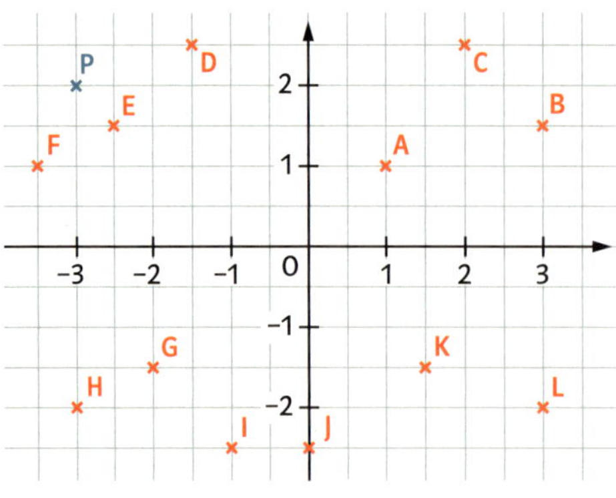

4 In welchem Quadranten liegt der Punkt? Muss man die Punkte einzeichnen?

a) P(−7|3) b) R(4,7|−0,5)
c) S(−0,1|−0,9) f) U(1,6|0)

5 Übertragen Sie die Tabelle ins Heft und füllen Sie sie aus.

Quadrant	Vorzeichen des	
	x-Werts	y-Werts
I		
II		
III		
IV		

Basiswissen | Senkrecht und parallel

Zwei Geraden g und h, die sich in einem Winkel von 90° schneiden, sind **zueinander senkrecht**.
Man schreibt $g \perp h$, gelesen „g senkrecht zu h". In Zeichnungen markiert man solche Geraden mit dem Zeichen ⊾. Strecken nennt man zueinander senkrecht, wenn sie auf zueinander senkrechten Geraden liegen.

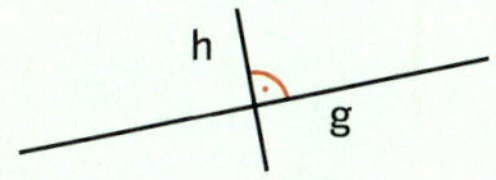

Zwei Geraden, die auf einer dritten Geraden senkrecht stehen, heißen zueinander **parallel**. Man schreibt $g \parallel h$ und liest „g ist parallel zu h". Parallele Geraden schneiden sich nicht.

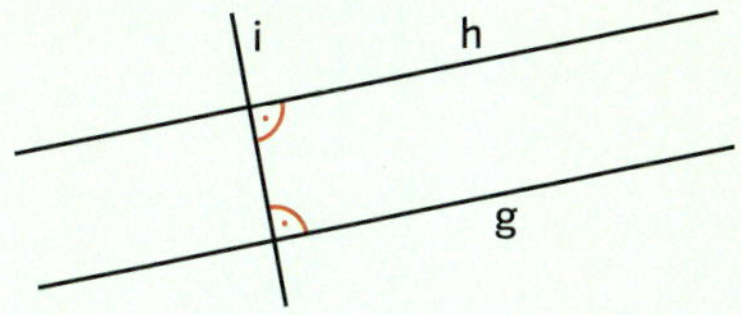

Zwei Strecken heißen parallel, wenn sie auf parallelen Geraden liegen.
Man schreibt $\overline{AB} \parallel \overline{CD}$.

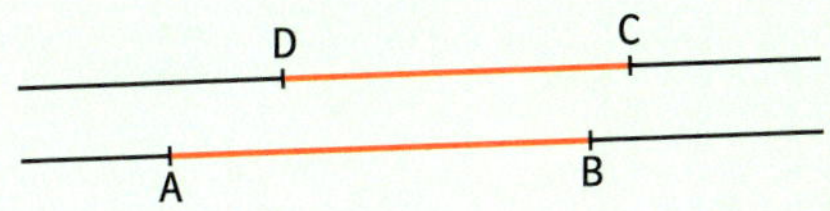

1 Welche der sieben Geraden sind zueinander senkrecht, welche nicht?

	g	h	
g	□	nicht senkrecht	…
h	nicht senkrecht	□	…

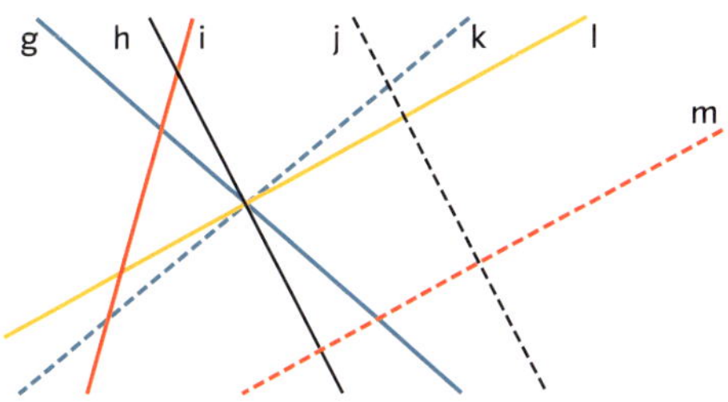

2 a) Zeichnen Sie durch den Punkt A die Gerade i, die zu g senkrecht ist.
b) Zeichnen Sie durch den Punkt B die Gerade k, die zu h senkrecht ist.

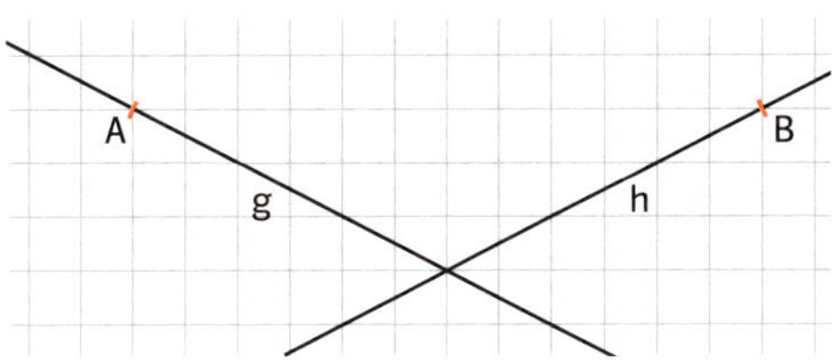

3 Welche Geraden sind parallel?
Wo das Augenmaß nicht reicht, helfen die parallelen Linien auf dem Geodreieck.

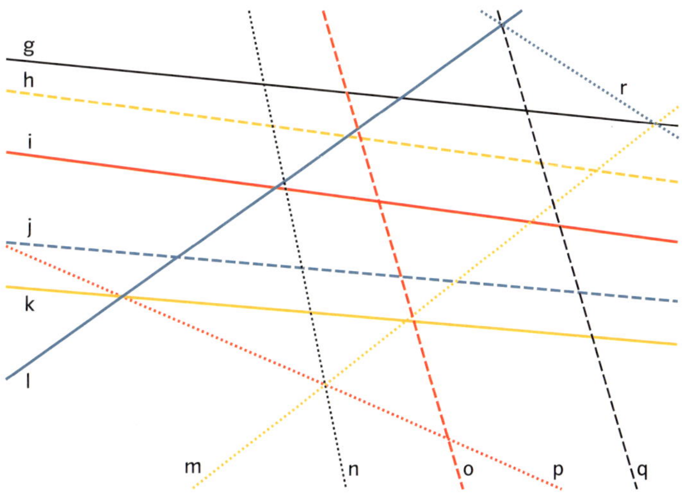

4 Zeichnen Sie
- die Gerade i durch P, die zu g parallel ist.
- die Gerade j durch T, die zu h parallel ist.

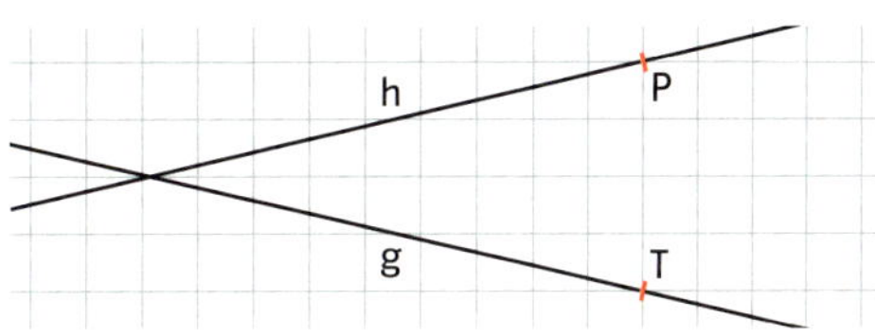

Basiswissen | Kreis und Winkel

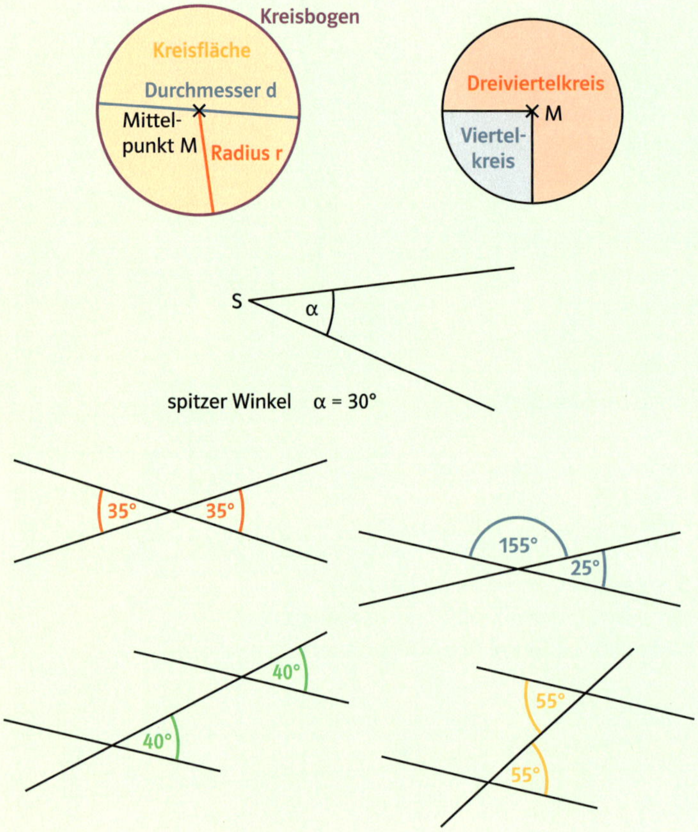

Alle Punkte des Kreises haben vom Mittelpunkt dieselbe Entfernung.
Es gilt: $d = 2 \cdot r$.

Ein von zwei Radien und einem **Kreisbogen** begrenztes Stück der **Kreisfläche** heißt **Kreisausschnitt.**

Ein **Winkel** wird von zwei **Schenkeln** mit gemeinsamem Anfangspunkt S begrenzt. Der Punkt S heißt **Scheitel** des Winkels. Die Maßeinheit für die Größe eines Winkels heißt **Grad** (kurz: °).

Winkel werden nach ihrer Größe eingeteilt. Es gibt **spitze** (kleiner als 90°), **rechte** (90°), **stumpfe** (zwischen 90° und 180°), **gestreckte** (180°), **überstumpfe** (zwischen 180° und 360°) und **volle** Winkel (360°).

Scheitelwinkel sind gleich groß.
Nebenwinkel ergänzen sich zu 180°.
Stufenwinkel an geschnittenen Parallelen sind gleich groß.
Wechselwinkel an geschnittenen Parallelen sind gleich groß.

1 Zeichnen Sie je einen Kreis.
$r = 2{,}0\,cm$ $r = 45\,mm$ $d = 6{,}0\,cm$

2 In wie viele Teile wurde zerlegt? Benennen Sie jeweils einen Kreisausschnitt und den gefärbten Anteil der Kreisfläche.
a) b) c)

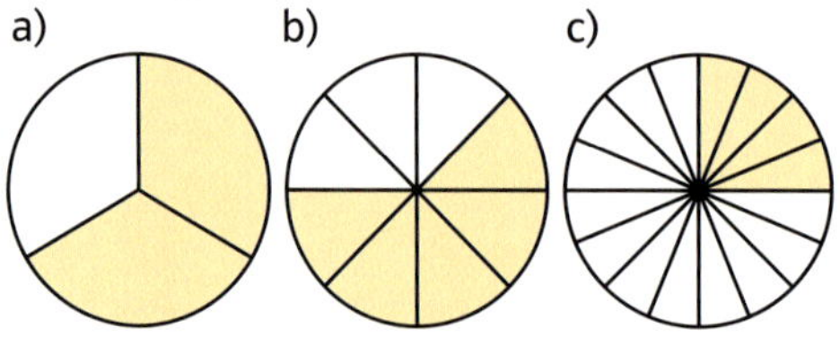

3 Zeichnen Sie je einen Winkel mit 45°; 90°; 135°; 240° und 310°.
Um welche Winkelarten handelt es sich?

4 Berechnen Sie den Winkel α mithilfe der Winkeldifferenz.

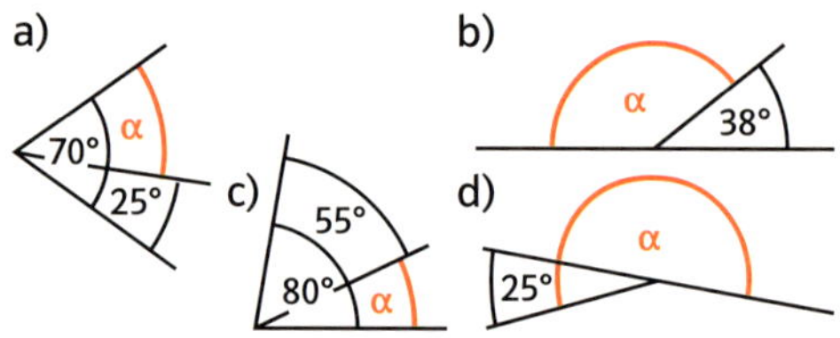

5 Wie groß sind α, β und γ an den parallelen Geraden g und h?

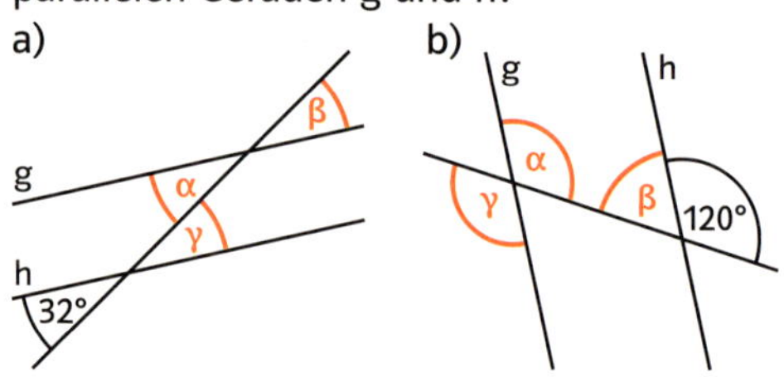

Basiswissen | Symmetrische Figuren. Vierecke

Eine Figur mit zwei spiegelbildlichen Hälften heißt **achsensymmetrisch**.
Die Verbindungsstrecke spiegelbildlicher Punkte steht auf der **Symmetrieachse** senkrecht und wird von ihr halbiert.

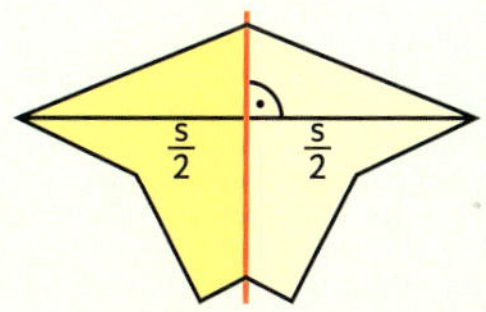

Vierecke

Rechteck
- gegenüberliegende Seiten gleich lang
- gegenüberliegende Seiten parallel
- vier rechte Winkel

Quadrat
- Rechteck mit vier gleich langen Seiten

Parallelogramm
- gegenüberliegende Seiten gleich lang
- gegenüberliegende Seiten parallel

Raute
- Parallelogramm mit vier gleich langen Seiten

Drachen
- Symmetrieachse durch zwei Eckpunkte
- dort kommen gleich lange Seiten zusammen

Symmetrisches Trapez
- zwei Seiten parallel
- zwei Seiten gleich lang
- Symmetrieachse durch die Mittelpunkte der parallelen Seiten

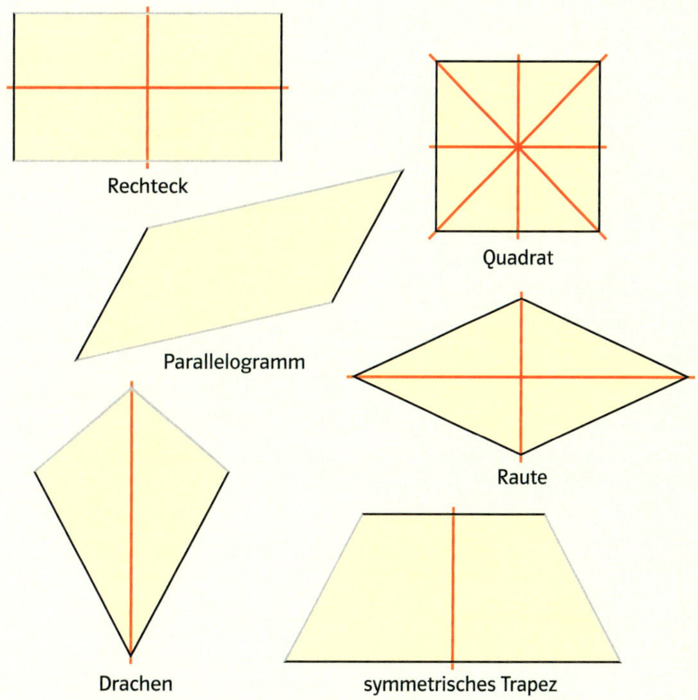

Im Bild gleich gefärbte Seiten sind gleich lang. Außerdem sind die Symmetrieachsen eingezeichnet.

1 Drei Eckpunkte eines Rechtecks ABCD sind gegeben:
A(3|2); B(9|5); C(7|9).
Bestimmen Sie die Koordinaten von D.

2 Ein Drachen ABCD mit der Symmetrieachse durch A und C hat die Eckpunkte A(2|8); B(3|2); C(7|3).
Bestimmen Sie die Koordinaten von D.

3 Ergänzen Sie die Punkte P(5|2); Q(7|7); R(2|5) zum Parallelogramm. Es gibt drei Möglichkeiten.

4 Übertragen Sie die Figur ins Heft und zeichnen Sie die Symmetrieachsen ein.

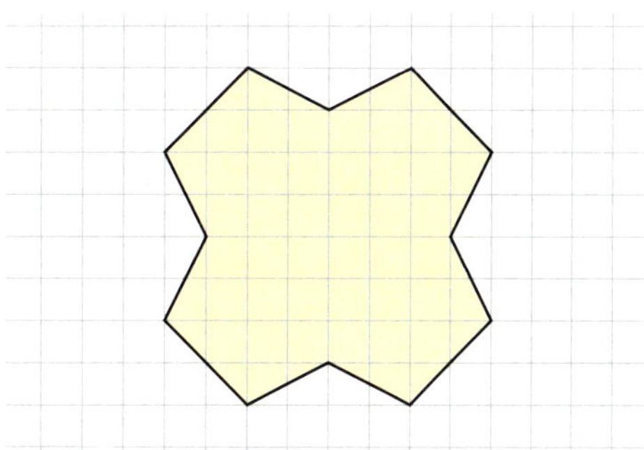

Basiswissen | Dreiecke

Die Summe der Winkel eines Dreiecks beträgt 180°: $\alpha + \beta + \gamma = 180°$.

spitzwinklig	Alle Winkel sind kleiner als 90°.
rechtwinklig	Ein Winkel beträgt 90°.
stumpfwinklig	Ein Winkel ist größer als 90°.

allgemein	Alle Seiten sind unterschiedlich lang.
gleichschenklig	Zwei Seiten sind gleich lang.
gleichseitig	Drei Seiten sind gleich lang.

Zum **Konstruieren** eines Dreiecks mit Geodreieck und Zirkel benötigt man drei Stücke. In einer Planfigur (Skizze) werden die gegebenen Stücke farbig hervorgehoben.

Gegeben:
$b = 8\,cm$; $c = 7\,cm$; $\alpha = 40°$
SWS-Konstruktion

Planfigur

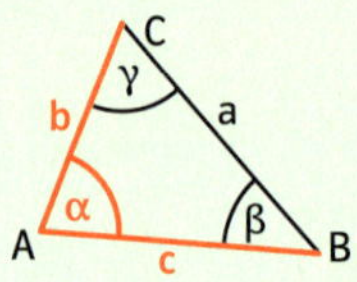

Konstruktion:
1. Seite c
2. Winkel α
3. der Kreis um A mit Radius b
4. Schnittpunkt des Kreises mit dem freien Schenkel von α.

Es gibt nur ein solches Dreieck.

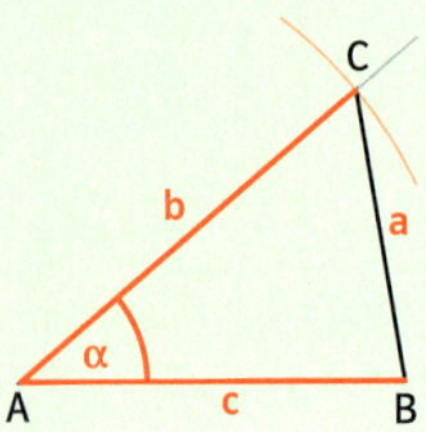

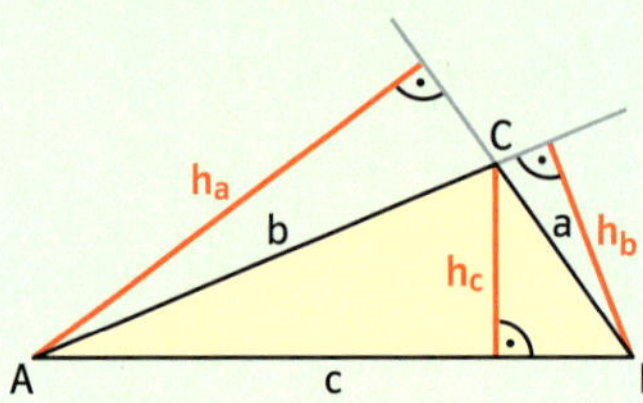

Seiten-Winkel-Beziehung
In jedem Dreieck liegt der größeren von zwei Seiten auch der größere Winkel gegenüber und umgekehrt.

Dreiecksungleichung
In jedem Dreieck ist die Summe der Längen zweier Seiten größer als die Länge der dritten Seite.

In Dreiecken gibt es Linien mit besonderen Eigenschaften.
Eine **Höhe** verläuft von einem Eckpunkt senkrecht zur gegenüberliegenden Seite.

1 Ergänzen Sie die Winkel des Dreiecks. Benennen Sie die Dreiecksart nach Winkeln.

	α	β	γ
a)	60°	60°	
b)		125°	15°
c)	45°		90°

2 Konstruieren Sie das Dreieck.
a) $a = 6\,cm$; $b = 7\,cm$; $c = 8\,cm$
b) $a = 5\,cm$; $c = 8\,cm$; $\beta = 100°$
c) $b = 6{,}5\,cm$; $\alpha = 85°$; $\gamma = 50°$
d) $a = 11\,cm$; $c = 7\,cm$; $\alpha = 42°$

3 Wie hoch ist der Turm?

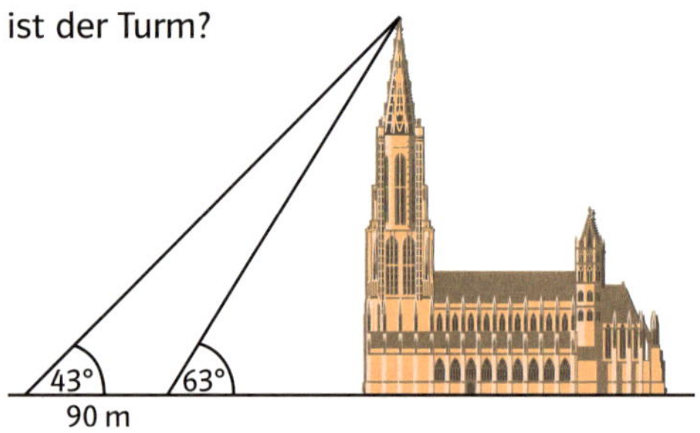

4 Auch mit diesen Stücken lassen sich Dreiecke konstruieren.
a) $c = 8{,}5\,cm$; $\alpha = 50°$; $h_c = 6\,cm$
b) $a = 7\,cm$; $\gamma = 42°$; $h_a = 7\,cm$

Basiswissen | Länge und Fläche

Längeneinheiten (Umrechnungszahl: 10)

Millimeter	mm	
Zentimeter	cm	1 cm = 10 mm
Dezimeter	dm	1 dm = 10 cm
Meter	m 1 m = 10 dm	
Kilometer	km	1 km = 1000 m

Beim Umrechnen von Längeneinheiten verwendet man die Zahl 10. **Vorsicht** bei **km**!

Flächeneinheiten (Umrechnungszahl: 100)

Seitenlänge des Quadrats	**1 mm**	**1 cm**	**1 dm**	**1 m**	**10 m**	**100 m**	**1 km**
Flächeneinheit	Quadratmillimeter	Quadratzentimeter	Quadratdezimeter	Quadratmeter	Ar	Hektar	Quadratkilometer
	$1\,mm^2$	$\xrightarrow{\cdot 100}$ $1\,cm^2$	$\xrightarrow{\cdot 100}$ $1\,dm^2$	$\xrightarrow{\cdot 100}$ $1\,m^2$	$\xrightarrow{\cdot 100}$ 1 a	$\xrightarrow{\cdot 100}$ 1 ha	$\xrightarrow{\cdot 100}$ $1\,km^2$

Volumeneinheiten (Umrechnungszahl: 1000)

Kantenlänge des Würfels	**1 mm**	**1 cm**	**1 dm**	**1 m**
Volumeneinheit	Kubikmillimeter	Kubikzentimeter	Kubikdezimeter	Kubikmeter
	$1\,mm^3$	$\xrightarrow{\cdot 1000}$ $1\,cm^3$	$\xrightarrow{\cdot 1000}$ $1\,dm^3$	$\xrightarrow{\cdot 1000}$ $1\,m^3$

1 Wandeln Sie um.
a) in **mm**: 5 cm; 2 dm; 4 m; 7 cm 8 mm
b) in **cm**: 7 dm; 13 dm; 32 m; 5 m 5 cm
c) in **m**: 3 km; 300 cm; 350 dm; 3 km 5 m

2 Wandeln Sie in die kleinere Einheit um.
a) 5 m 6 cm; 4 dm 8 cm; 57 m 8 dm
b) 5 km 987 m; 6 km 75 m; 2 km 8 m
c) 26 m 8 cm; 400 m 40 cm;

3 Schreiben Sie ohne Komma.
4,25 m = 4 m 25 cm = 4 m 2 dm 5 cm
a) 3,5 cm; 13,24 m; 2,342 km
b) 3,02 m; 5,070 km; 33,004 km
c) 3,04 m; 13,005 m; 45,01 dm

4 Wandeln Sie in eine kleinere Einheit um.
a) $4\,m^2$; $1\,cm^2$; 7 ha; 8 a; $6\,dm^2$
b) $46\,km^2$; $32\,dm^2$; $128\,m^2$; 553 a; 92 ha
c) 9,35 a; $42{,}61\,m^2$; 5,467 ha; $7{,}3925\,km^2$

5 Wandeln Sie in eine größere Einheit um.
a) $500\,cm^2$; $200\,dm^2$; $800\,mm^2$; $400\,m^2$
b) $6700\,m^2$; $4300\,dm^2$; $64\,000\,dm^2$
c) 80 000 a; 5400 ha; $9\,800\,000\,m^2$

6 Schreiben Sie in einer möglichst großen Einheit ohne Komma.
Beispiel: $60\,000\,cm^2 = 600\,dm^2 = 6\,m^2$
a) $70\,000\,cm^2$; $990\,000\,m^2$; $130\,000\,mm^2$
b) $850\,000\,cm^2$; $10\,050\,000\,m^2$; 230 000 a

7 Geben Sie in der nächstkleineren Einheit an.
a) $34\,m^3$; $80\,cm^3$; $115\,dm^3$; $200\,m^3$
b) 17 l; 230 l; 5,3 l; 14,09 l

8 Wandeln Sie um.
a) in $\mathbf{cm^3}$: $3000\,dm^3$; $17\,000\,mm^3$; $5\,dm^3$
b) in $\mathbf{dm^3}$: $5\,m^3$; $45\,000\,mm^3$; $3\,m^3\;5\,dm^3$
c) in **l**: $605\,dm^3$; $3\,m^3$; $75\,000\,cm^3$
d) in **ml**: 13 l; 4 l 550 ml; $2\,dm^3\;30\,cm^3$

1 Quadrat und Rechteck

Tobias will den Flächeninhalt des rechteckigen Parkplatzes bestimmen.
„Kein Problem", sagt er, „ich zähle einfach die Pflastersteine."
→ Seine große Schwester behauptet, dass man mit einer einfachen Rechnung schneller zum Ziel kommt.

Um den **Flächeninhalt** eines Rechtecks zu bestimmen, legt man es mit Zentimeterquadraten aus und bildet aus ihnen Streifen.

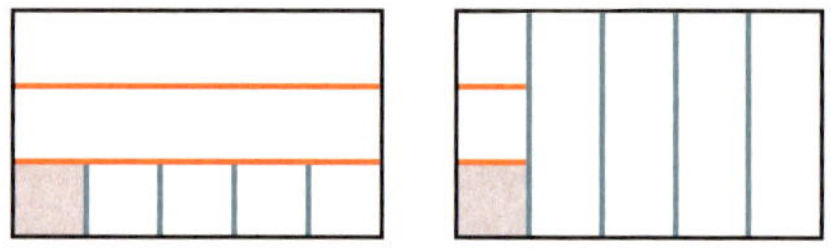

Es passen drei Streifen zu je fünf Quadratzentimetern bzw. fünf Streifen zu je drei Quadratzentimetern in das Rechteck.
Sein Flächeninhalt beträgt somit $15\,cm^2$.

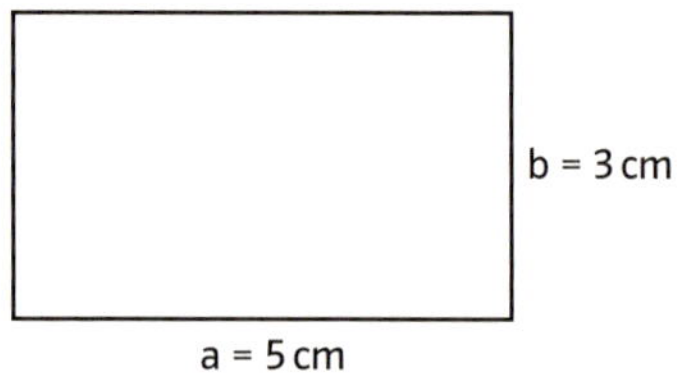

Soll der Flächeninhalt eines Rechtecks berechnet werden, bestimmt man zunächst die Länge a und die Breite b.
Der Flächeninhalt wird mit dem Produkt der Länge a und der Breite b berechnet.
$A = a \cdot b = 5 \cdot 3\,cm^2 = 15\,cm^2$

Der **Umfang** einer geometrischen Figur ist die Summe ihrer Seitenlängen.
Für das Rechteck ergibt sich:

$$u = a + b + a + b = 2 \cdot a + 2 \cdot b$$
$$= 2 \cdot (a + b)$$
$$= 2 \cdot (5 + 3)\,cm = 2 \cdot 8\,cm = 16\,cm$$

Ein Quadrat ist ein besonderes Rechteck. Länge und Breite sind gleich groß.

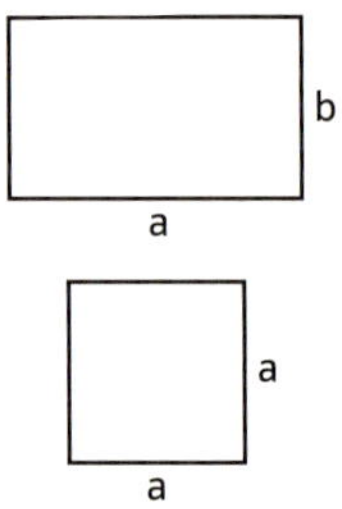

Der Flächeninhalt eines **Rechtecks** kann aus dem Produkt seiner Seitenlängen berechnet werden.
$\mathbf{A = a \cdot b}$
Für den Umfang gilt: $\mathbf{u = 2 \cdot (a + b)}$

Der Flächeninhalt eines **Quadrats** kann aus dem Quadrat seiner Seitenlänge berechnet werden.
$\mathbf{A = a \cdot a = a^2}$
Für den Umfang gilt: $\mathbf{u = 4 \cdot a}$

Beispiele

a) Aus dem Flächeninhalt A und einer Seite a eines Rechtecks wird die Länge der zweiten Seite berechnet.

$A = 45\,cm^2$ und $a = 9\,cm$

$A = a \cdot b \quad |:a$

$b = \frac{A}{a}$

$b = \frac{45}{9}\,cm$

$b = 5\,cm$

b) Aus dem Umfang u und einer Seite b eines Rechtecks wird die Länge der zweiten Seite berechnet.

$u = 17{,}8\,m$ und $b = 3{,}6\,m$

$u = 2 \cdot (a + b) \quad |:2$

$\frac{u}{2} = a + b \quad |-b$

$a = \frac{u}{2} - b = \frac{17{,}8}{2}\,m - 3{,}6\,m$

$a = 5{,}3\,m$

Aufgaben

1 Ein Fußballfeld darf 90 bis 120 m lang und 45 bis 90 m breit sein.
Wie groß sind Flächeninhalt und Umfang mindestens bzw. höchstens?

2 Berechnen Sie die Seitenlänge des Quadrates aus Umfang bzw. Fläche.
a) u = 6,4 cm b) u = 95,6 m c) u = 7,35 dm
d) A = 36 cm² e) A = 81 dm² f) A = 169 m²

3 Berechnen Sie die fehlenden Größen des Rechtecks.

a	5 cm		12,8 m	
b		8,5 cm		41,3 cm
u			38,6 m	6,84 m
A	40,0 cm²	2,55 dm²		

4 a) Geben Sie die Flächeninhalte der einzelnen Räume in m² an. Wie groß ist die gesamte Wohnfläche?
b) Für das Wohn- und die Kinderzimmer werden Fußbodenleisten benötigt.

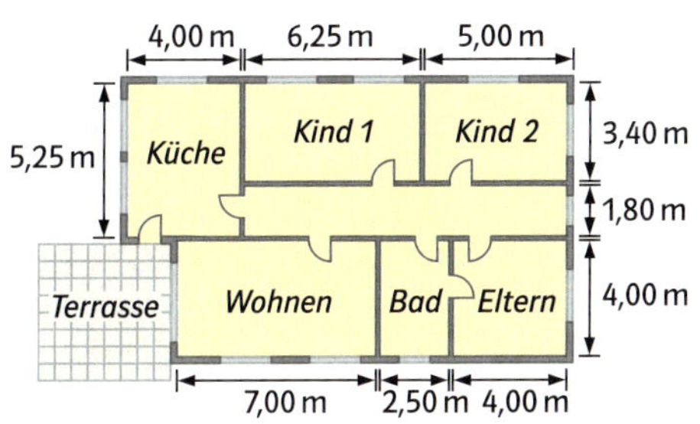

5 Reicht die Farbe im Eimer, um die Decke Ihres Klassenzimmers zu streichen?

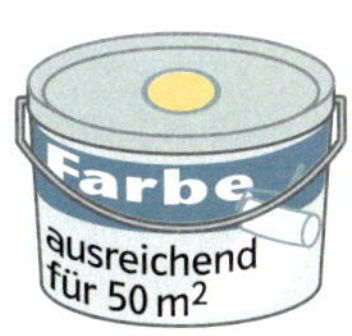

6 Ein Zimmer ist 2,55 m hoch; 4,50 m lang und 3,45 m breit. Ina möchte den Raum tapezieren. Eine Tapetenrolle ist 50 cm breit und 10 m lang. Wie viele Rollen Tapete muss sie kaufen? Zur Vereinfachung berücksichtigt sie Fenster und Türen nicht. Sie braucht dann auch keinen Verschnitt einzukalkulieren.

7 Berechnen Sie Flächeninhalt und Umfang der Figuren.

a)

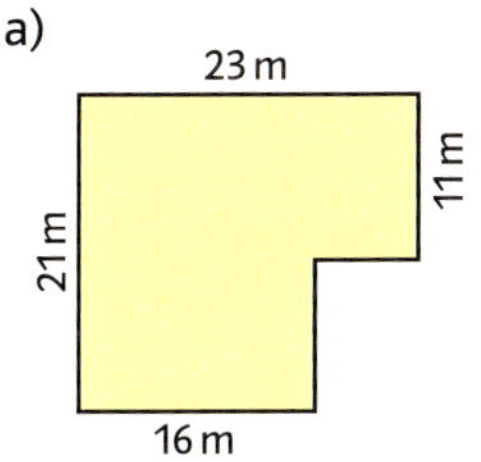

b)

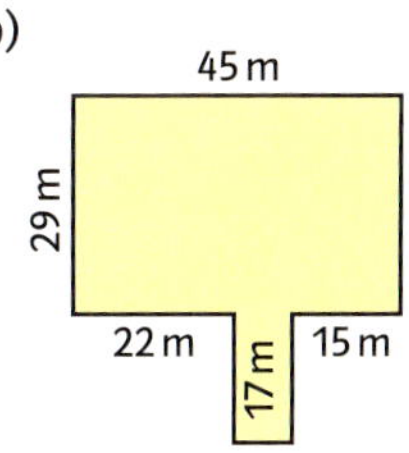

c)

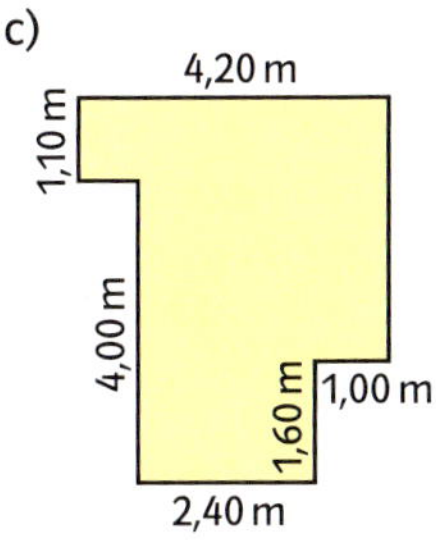

d)

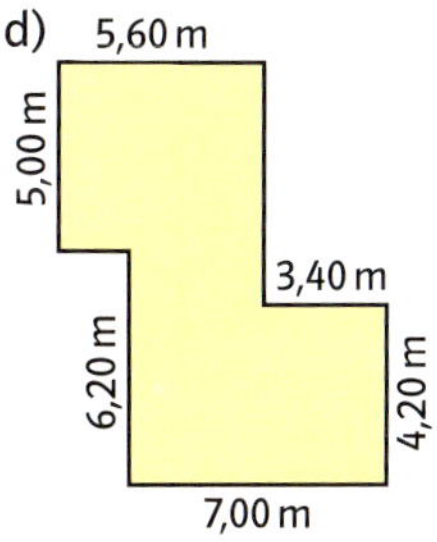

? Einer spannt ein Rechteck, der Partner bestimmt den Flächeninhalt (in Nagelquadraten).

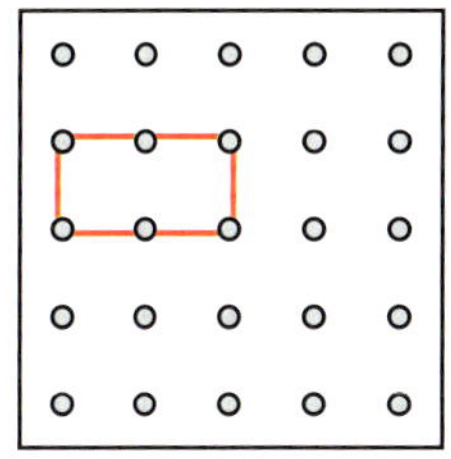

8 Wie verändert sich der Flächeninhalt eines Rechtecks, wenn man
a) die Länge einer Seite verdoppelt?
b) die Länge und die Breite verdoppelt?
c) die Länge verdoppelt und die Breite halbiert?

Rechteck und Dynamische Geometriesoftware (DGS)

Mit einem DGS lassen sich Umfang und Flächeninhalt von Figuren berechnen. Dazu werden die Formeln eingegeben. Verändert man die Figur, berechnet das System die Werte automatisch neu.

- Ermitteln Sie das Rechteck, das bei einem Umfang von 12 cm den größten Flächeninhalt hat.
- Welches Rechteck mit 8 cm² Flächeninhalt hat den kleinsten Umfang?

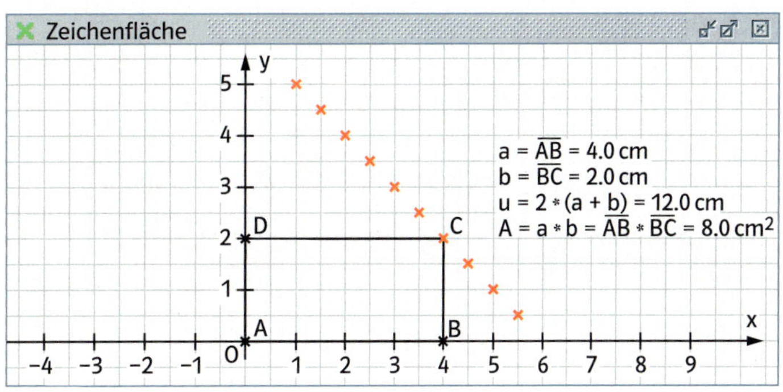

2 Parallelogramm und Raute

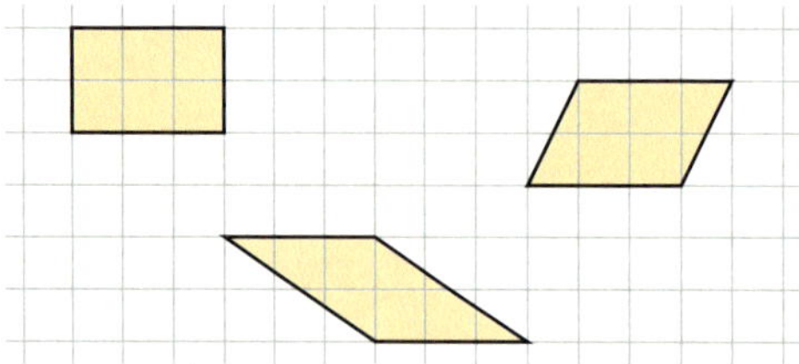

→ Bestimmen Sie die Flächeninhalte der Vierecke mithilfe von Einheitsquadraten.
→ Was stellen Sie fest, wenn Sie jeweils die Grundseiten und die Höhen vergleichen?

! Man muss nicht schneiden. Auch durch Falten kann man ein Parallelogramm in ein Rechteck umwandeln.

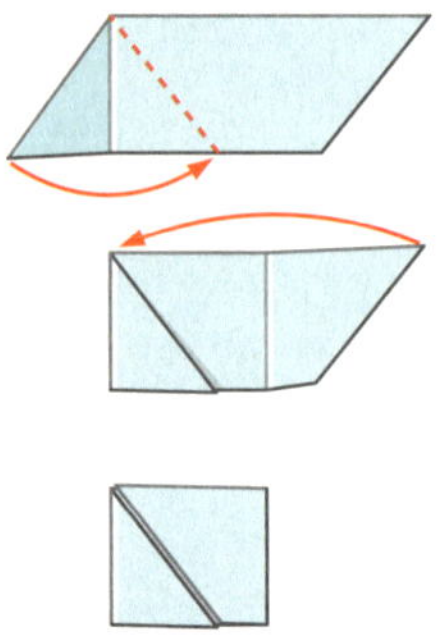

Um den Flächeninhalte eines Parallelogramms zu berechnen, kann man es in ein Rechteck umwandeln. Dazu schneidet man ein rechtwinkliges Teildreieck auf der einen Seite ab und setzt es auf der anderen Seite wieder an.
Da die Länge des entstehenden Rechtecks gleich der **Grundseite a** des Parallelogramms und die Breite gleich der zugehörigen **Höhe h_a** ist, ergibt sich: $A = a \cdot h_a$.

Die Raute ist ein besonderes Parallelogramm. Ihre Seiten sind alle gleich lang.

! Die Höhe eines Parallelogramms ist der Abstand zwischen zwei parallelen Seiten. Die Höhen müssen nicht in einem Eckpunkt enden.

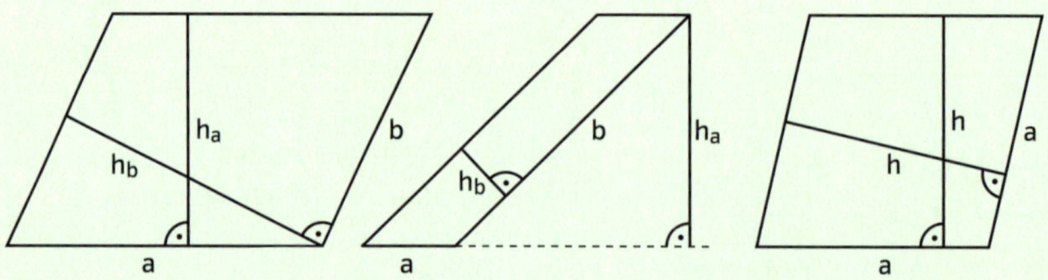

Der **Flächeninhalt eines Parallelogramms** kann aus dem Produkt einer Seitenlänge und der zugehörigen Höhe berechnet werden.
$\mathbf{A = a \cdot h_a}$ $\mathbf{A = b \cdot h_b}$
Für den **Umfang** gilt: $\mathbf{u = 2 \cdot (a + b)}$

Der **Flächeninhalt einer Raute** kann aus dem Produkt von Seitenlänge und Höhe berechnet werden.
$\mathbf{A = a \cdot h}$
Für den **Umfang** gilt: $\mathbf{u = 4 \cdot a}$

Beispiele

a) Aus der Seitenlänge a und der Höhe h_a wird der Flächeninhalt einer Raute berechnet.
$a = 12{,}0\,cm$
$h_a = 7{,}5\,cm$
$A = a \cdot h_a$
$A = 12{,}0 \cdot 7{,}5\,cm^2$
$A = 90{,}0\,cm^2$

b) Aus dem Flächeninhalt A und einer Seitenlänge b wird die zugehörige Höhe h_b eines Parallelogramms berechnet.
$A = 126{,}0\,cm^2$
$b = 15{,}0\,cm$
$A = b \cdot h_b \qquad |:b$
$h_b = \frac{A}{b} = \frac{126{,}0}{15{,}0}\,cm = 8{,}4\,cm$

Aufgaben

1 Zeichnen Sie verschiedene Parallelogramme. Bestimmen Sie beide Seitenlängen und Höhen durch Messung. Berechnen Sie den Flächeninhalt mit beiden Formeln und vergleichen Sie die Ergebnisse.

2 Berechnen Sie Flächeninhalt und Umfang des Parallelogramms.

a)	b)	c)
a = 6 cm	a = 11,5 m	a = 3 dm
b = 8 cm	b = 18,6 m	b = 71 cm
h_a = 4 cm	h_b = 4,5 m	h_a = 0,9 m

3 Ein Schüler spannt auf dem Nagelbrett ein Parallelogramm, der Partner bestimmt den Flächeninhalt (in Nagelquadraten).

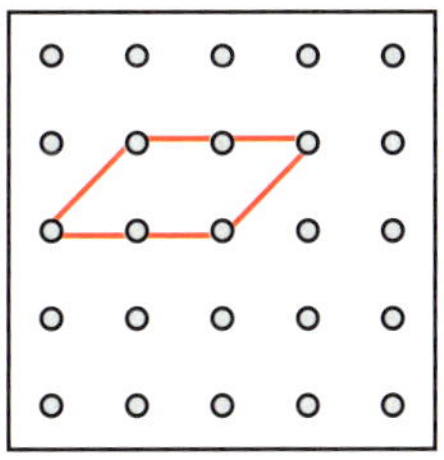

4 Berechnen Sie Umfang und Flächeninhalt der Figur.

a)

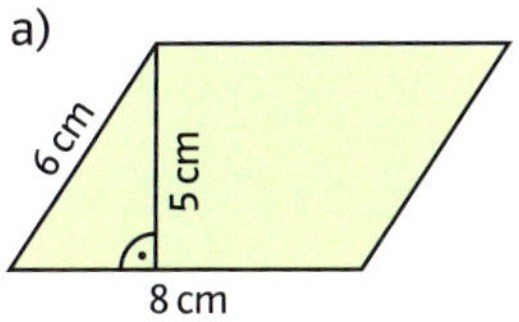

b)

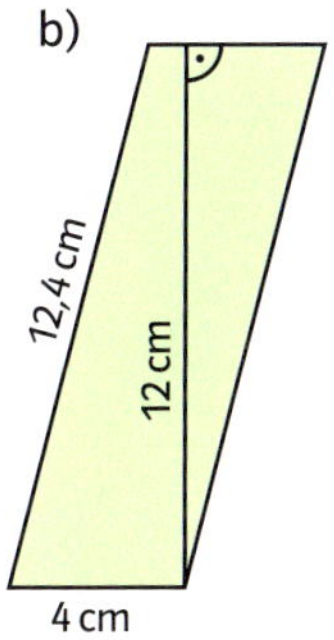

c)

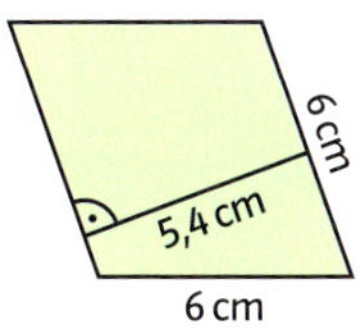

5 Bestimmen Sie den Flächeninhalt des Parallelogramms. Zeichnen Sie dazu die Punkte in ein Koordinatensystem (Längeneinheit 1 cm) ein und entnehmen Sie der Zeichnung die notwendigen Maße.

a) A(1 | 1); B(4 | 1); C(7 | 6); D(4 | 6)
b) A(1 | 2); B(7 | 1); C(6 | 5); D(0 | 6)
c) A(0 | 0); B(7 | 1,5); C(8 | 7,5); D(1 | 6)
d) A(3 | 0); B(8 | 2); C(8,5 | 5,5); D(3,5 | 3,5)

6 Berechnen Sie die fehlenden Größen des Parallelogramms.

a	9,0 cm	35 cm	40 m		
b		18 cm		7,5 m	
h_a	6,0 cm		12 m		6 m
h_b	4,5 cm				9 m
u			140 m	45,0 m	
A		315 cm²		75,0 m²	72 m²

7 Konstruieren Sie das Parallelogramm und berechnen Sie den Flächeninhalt.

a)	b)
a = 6,8 cm	α = 45°
b = 4,5 cm	h_a = 3,5 cm
α = 40°	h_b = 5,0 cm

8 Bestimmen Sie die Höhen des Parallelogramms auf dem Rand.

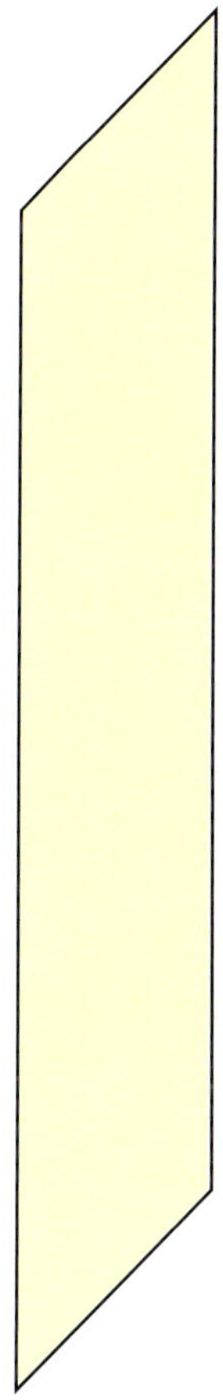

9 Ein Parallelogramm hat eine 3 cm lange Seite und einen Flächeninhalt von 12 cm².
a) Zeichnen Sie drei verschiedene Parallelogramme mit diesen Maßen.
b) Gibt es eine Raute, die diese Bedingung erfüllt?

10 Die Wand des Treppenaufgangs soll mit Holz verkleidet werden. Für 1 m² Holzverkleidung sind 45,30 € zu bezahlen. Berechnen Sie die Kosten.

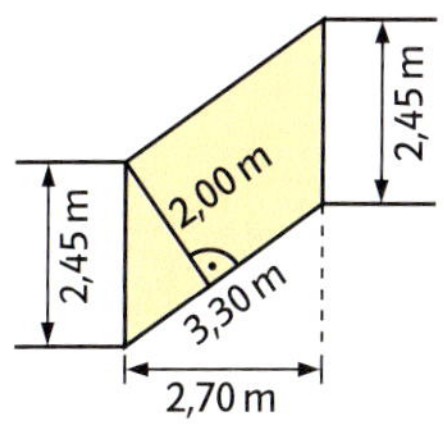

11 Zwei Straßen sind 5,50 m und 7,50 m breit. Sie kreuzen sich unter einem Winkel von 60°. Wie groß ist der Flächeninhalt der Kreuzung? Fertigen Sie zunächst eine maßstabsgerechte Zeichnung an.

12 Begründen Sie, dass die Parallelogramme gleichen Flächeninhalt haben.

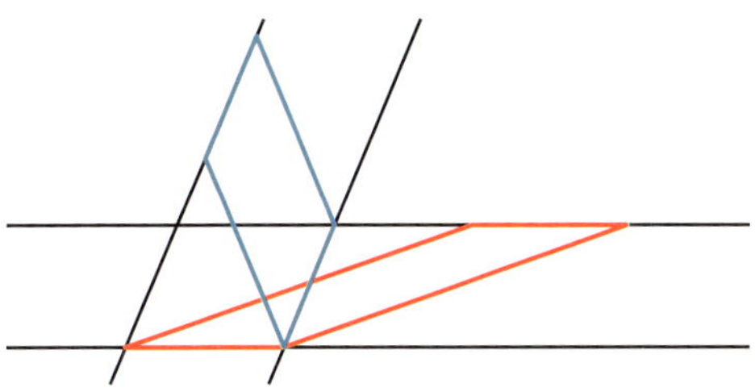

3 Dreieck

Schneiden Sie zwei deckungsgleiche Dreiecke aus und legen Sie sie zu einem Parallelogramm zusammen.
→ Was können Sie über den Flächeninhalt eines Dreiecks im Vergleich zum entstandenen Parallelogramm aussagen?

Bei der Berechnung des Flächeninhaltes von Dreiecken kann man bereits bekannte Figuren nutzen.

! *Auch durch Falten kann man ein Dreieck in ein Rechteck umwandeln.*

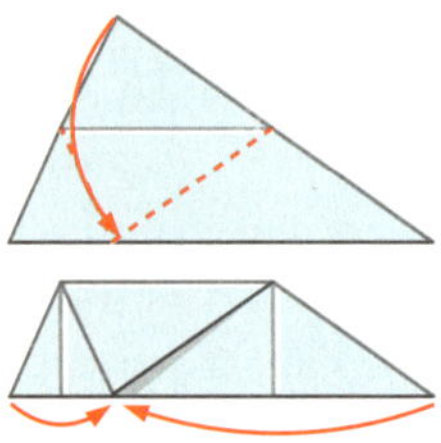

Ein rechtwinkliges Dreieck hat den halben Flächeninhalt eines Rechtecks.
$A = \frac{1}{2} a \cdot b$

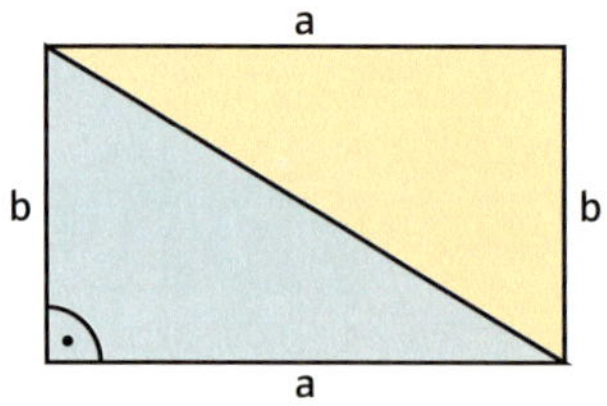

Ein allgemeines Dreieck kann man als halbes Parallelogramm betrachten.
$A = \frac{1}{2} a \cdot h_a$

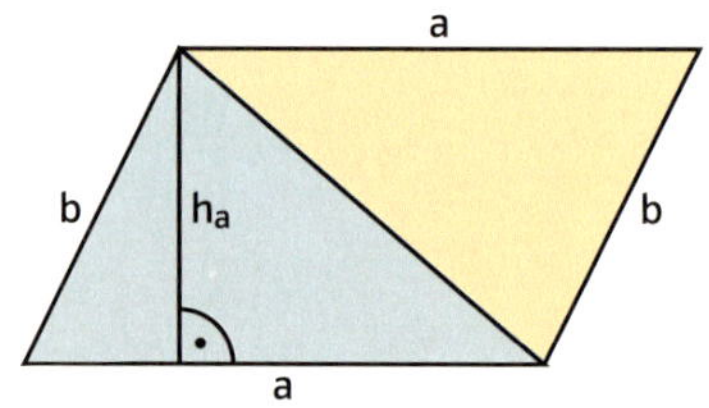

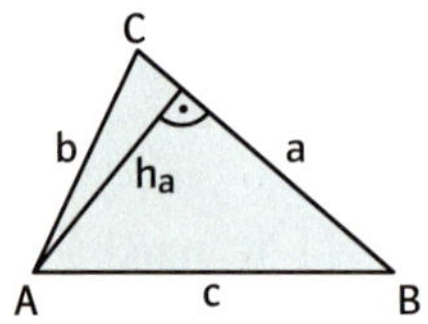

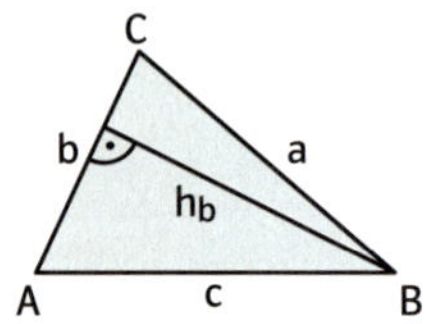

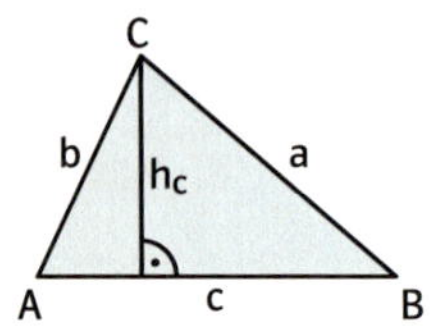

Der **Flächeninhalt eines Dreiecks** kann aus dem halben Produkt einer Seitenlänge und der zugehörigen Höhe berechnet werden.

$\mathbf{A = \frac{1}{2} a \cdot h_a}$ $\mathbf{A = \frac{1}{2} b \cdot h_b}$ $\mathbf{A = \frac{1}{2} c \cdot h_c}$

Beim **rechtwinkligen Dreieck** kann der Flächeninhalt aus dem halben Produkt der beiden am rechten Winkel anliegenden Seiten berechnet werden.

$\mathbf{A = \frac{1}{2} a \cdot b}$ $(\gamma = 90°)$

Für den **Umfang** eines Dreiecks gilt: $\mathbf{u = a + b + c}$

Bemerkungen

- Im rechtwinkligen Dreieck gehört zur Seite a die Höhe $b = h_a$ und zur Seite b die Höhe $a = h_b$.
- Bei stumpfwinkligen Dreiecken liegen zwei Höhen außerhalb des Dreiecks. Der Flächeninhalt ergibt sich aus der Differenz der Flächeninhalte zweier rechtwinkliger Dreiecke.
  $A = \frac{1}{2} \cdot (c + x) \cdot h_c - \frac{1}{2} \cdot x \cdot h_c$
  $A = \frac{1}{2} \cdot c \cdot h_c + \frac{1}{2} \cdot x \cdot h_c - \frac{1}{2} \cdot x \cdot h_c$
  $A = \frac{1}{2} \cdot c \cdot h_c$

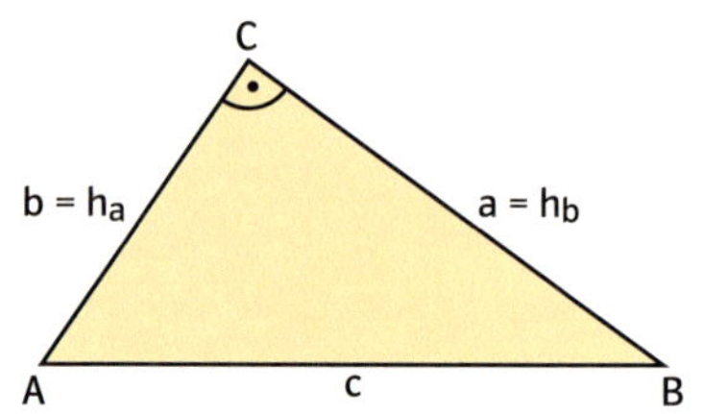

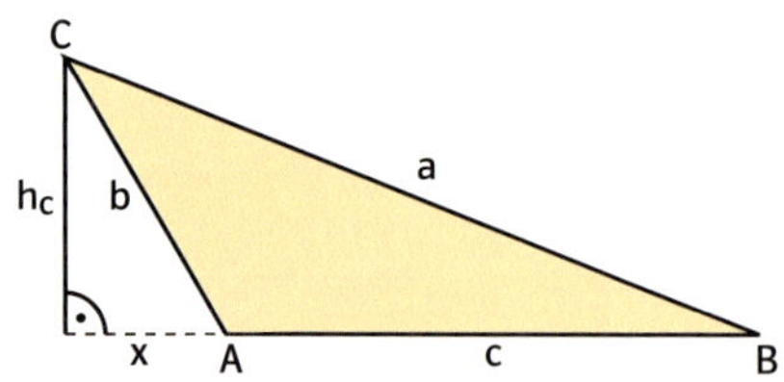

Beispiele

a) Aus der Seitenlänge c und der zugehörigen Höhe h_c wird der Flächeninhalt berechnet.

$c = 4{,}8\,cm;\ h_c = 2{,}8\,cm$

$A = \frac{1}{2} c \cdot h_c$

$A = \frac{1}{2} \cdot 4{,}8 \cdot 2{,}8\,cm^2$

$A = 6{,}72\,cm^2$

b) Aus dem Flächeninhalt A und der Höhe h_a wird die Länge der zugehörigen Seite berechnet.

$A = 19{,}25\,cm^2;\ h_a = 7{,}0\,cm$

$A = \frac{1}{2} a \cdot h_a \qquad | \cdot 2$

$2 \cdot A = a \cdot h_a \qquad | : h_a$

$a = \frac{2 \cdot A}{h_a}$

$a = \frac{2 \cdot 19{,}25}{7{,}0}\,cm = 5{,}5\,cm$

Aufgaben

1 Zeichnen Sie ein beliebiges Dreieck. Bestimmen Sie alle Seitenlängen und Höhen durch Messung. Berechnen Sie den Flächeninhalt mit den drei Formeln und vergleichen Sie die Ergebnisse.

2 Berechnen Sie den Flächeninhalt des Dreiecks.

a) $c = 7\,cm$, $h_c = 5\,cm$
b) $a = 5{,}5\,cm$, $h_a = 6{,}0\,cm$
c) $b = 12{,}2\,cm$, $h_b = 8{,}5\,cm$
d) $a = 4\,dm$, $h_a = 58\,cm$
e) $b = 7{,}6\,cm$, $h_b = 53\,mm$
f) $c = 2{,}5\,m$, $h_c = 136\,cm$

3 Berechnen Sie den Flächeninhalt.

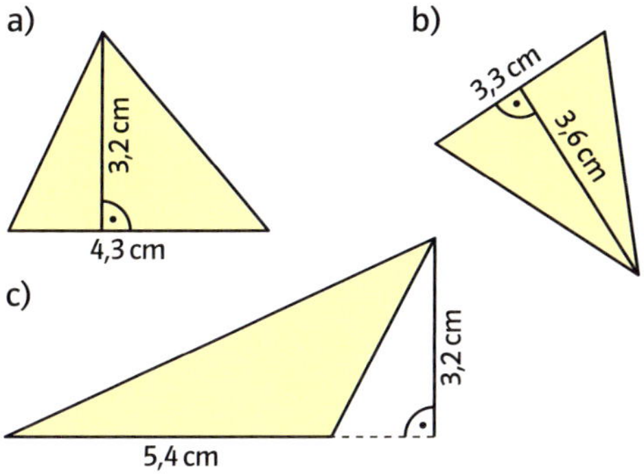

4 Bestimmen Sie den Flächeninhalt und den Umfang des Dreiecks. Zeichnen Sie dazu die Punkte in ein Koordinatensystem (Längeneinheit 1cm) ein und entnehmen Sie der Zeichnung die notwendigen Maße.

a) A(1|1); B(8|1); C(5|7)
b) A(2|1); B(10|2); C(4|9)
c) A(1|0); B(6|3); C(6|8)
d) A(0|0); B(8|5); C(5|8)
e) A(2|0); B(8|2); C(6|8)

5 Berechnen Sie den Flächeninhalt auf zwei Arten. Übertragen Sie ins Heft und entnehmen Sie der Zeichnung die notwendigen Maße.

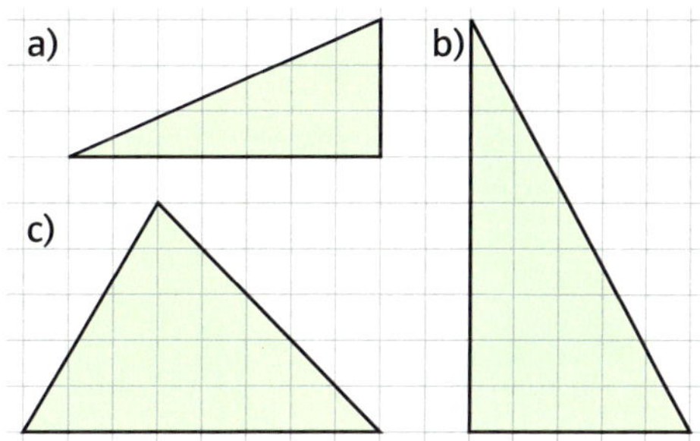

? Einer spannt ein Dreieck, der Partner bestimmt den Flächeninhalt (in Nagelquadraten).

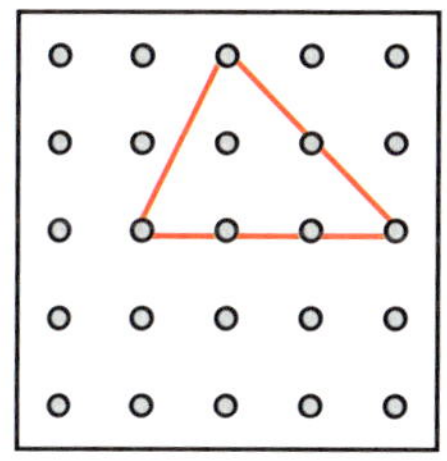

6 Konstruieren Sie das Dreieck mit den angegebenen Maßen. Bestimmen Sie mit den Angaben aus der Zeichnung den Umfang und den Flächeninhalt.

a) $a = 5\,cm;\ b = 6\,cm;\ c = 7\,cm$
b) $c = 8\,cm;\ \alpha = 72°;\ \beta = 62°$
c) $a = 7{,}5\,cm;\ b = 6{,}5\,cm;\ \gamma = 50°$
d) $c = 5{,}5\,cm;\ h_c = 4{,}5\,cm;\ \alpha = 50°$

7 Berechnen Sie die fehlenden Größen des Dreiecks.

a	6 cm	7,5 m		70 dm
b	8 cm		0,4 m	
h_a		80 dm	0,9 m	
h_b		50 dm	13,5 dm	35 dm
A	42 cm²			6,3 m²

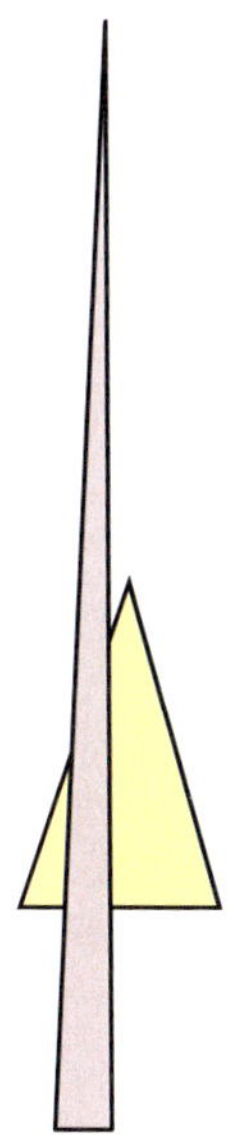

? Welches der Dreiecke hat den größeren Flächeninhalt? Schätzen Sie zuerst und überprüfen Sie dann durch Messen und Rechnen.

8 Zeichnen Sie vier verschiedene Dreiecke mit dem Flächeninhalt 8 cm². Bestimmen Sie jeweils den Umfang.

4 Drachen

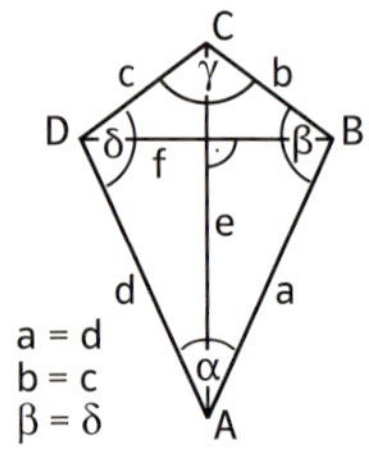

→ Spiegeln Sie verschiedene Dreiecke an ihren Seiten.
→ Vergleichen Sie die Ergebnisse. Wann ergeben sich Drachen wie hier im Beispiel?

Die beiden Diagonalen eines Drachenvierecks stehen senkrecht aufeinander, und eine Diagonale halbiert die andere. Weil er eine Symmetrieachse hat, kann man den Drachen in Dreiecke zerlegen und so den Flächeninhalt bestimmen.

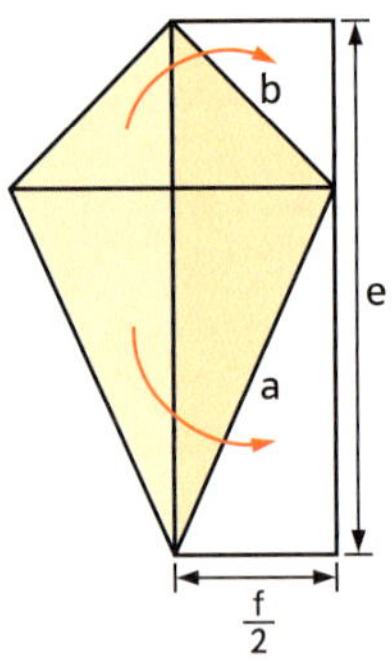

Für den **Flächeninhalt eines Drachens** gilt: $\mathbf{A = e \cdot \frac{f}{2}}$ oder $\mathbf{A = \frac{1}{2} \cdot e \cdot f}$
Für den **Umfang** gilt: $u = 2 \cdot (a + b)$

Beispiele

a) Aus den Längen der beiden Diagonalen e und f wird der Flächeninhalt A des Drachens berechnet.
$e = 60\,cm;\ f = 40\,cm$
$A = \frac{1}{2} \cdot e \cdot f$
$A = \frac{1}{2} \cdot 60 \cdot 40\,cm^2$
$A = 1200\,cm^2$

b) Aus der Länge der Diagonalen e und dem Flächeninhalt A wird die Länge der Diagonalen f berechnet.
$e = 12\,cm;\ A = 90\,cm^2$
$A = \frac{1}{2} \cdot e \cdot f \quad | \cdot 2$
$2A = e \cdot f \quad | : e$
$f = \frac{2A}{e} = \frac{2 \cdot 90}{12}\,cm = 15\,cm$

! *Die Raute ist ein besonderer Drachen mit vier gleich langen Seiten.*

Aufgaben

1 Berechnen Sie die fehlende Größe des Drachens.

e	24 cm		380 cm	20 mm
f	19 cm	9,5 cm		20 mm
A		76 cm²	20,9 m²	

2 a) Zeichnen Sie im Koordinatensystem das Viereck mit den Punkten A(0 | 0), B(5 | 5), C(10 | 0) und D(5 | 10).
Prüfen Sie, ob die Beschreibung für einen Drachen auf das Pfeilviereck zutrifft.
b) Entnehmen Sie der Zeichnung die Maße der Seiten und Diagonalen. Berechnen Sie Umfang und Flächeninhalt mit den Formeln für den Drachen.
Prüfen Sie Ihre Ergebnisse an der Zeichnung.

! *Ein Viereck wie in Aufgabe 2 heißt Pfeilviereck.*

3 a) Konstruieren Sie auf unliniertem Papier zwei verschiedene Drachen mit den Diagonalen e = 8 cm und f = 6 cm. Berechnen Sie für beide Drachen die Flächeninhalte und die Umfänge. Entnehmen Sie die notwendigen Maße der Zeichnung.
Was fällt Ihnen auf?
b) Konstruieren Sie mit einer DGS einen Drachen mit den Diagonalen e = 8 cm und f = 6 cm. Der Schnittpunkt der Diagonalen soll auf der Diagonalen e verschiebbar sein. Bestimmen Sie mit der DGS die Werte für den Flächeninhalt und den Umfang. Verschieben Sie den Diagonalenschnittpunkt und finden Sie heraus, welches der kleinste mögliche Wert für den Umfang ist. Welche besondere Form hat dann der Drachen?

5 Trapez

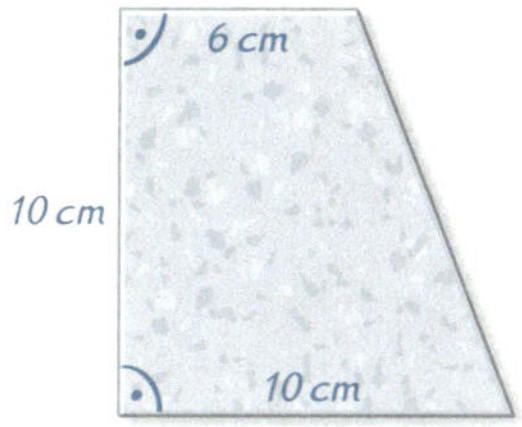

Welchen Flächeninhalt muss ein rechteckiges Blatt Papier mindestens haben, um zwei Exemplare des abgebildeten Trapezes ausschneiden zu können?
→ Versuchen Sie es auch mit anderen Trapezen.

Zwei deckungsgleiche Trapeze kann man zu einem Parallelogramm zusammenlegen.

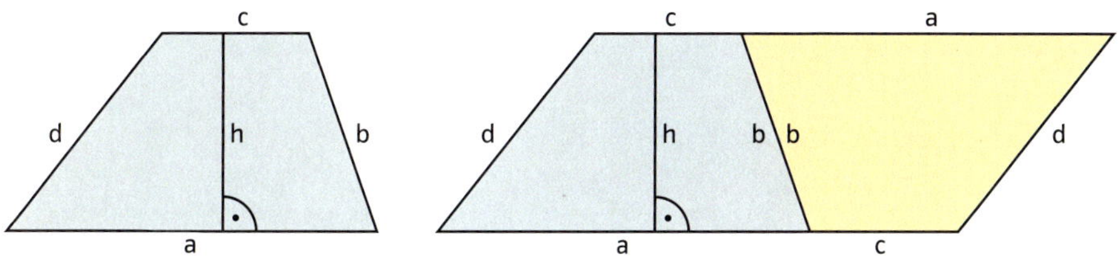

! Auch durch Falten kann man ein Trapez in ein Rechteck umwandeln.

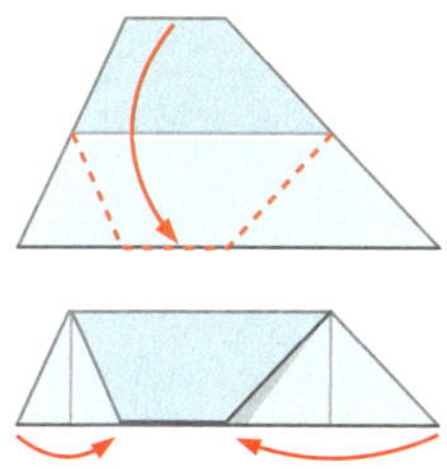

Die Grundseite des Parallelogramms hat dann die Länge $a + c$. Seine Höhe bleibt h.
Damit erhält man für den Flächeninhalt des Parallelogramms: $A = (a + c) \cdot h$.
Der Flächeninhalt des Parallelogramms ist doppelt so groß wie der des Trapezes.
Für den Flächeninhalt des Trapezes ergibt sich somit: $A = \frac{1}{2} \cdot (a + c) \cdot h$.

Der **Flächeninhalt des Trapezes** kann aus den Längen der parallelen Seiten und der Höhe berechnet werden.
$\mathbf{A = \frac{1}{2} \cdot (a + c) \cdot h}$
Für den **Umfang** gilt: $\mathbf{u = a + b + c + d}$

Beispiele

a) Aus den Seitenlängen a und c und der Höhe h wird der Flächeninhalt berechnet.

$a = 8\,\text{cm}$
$c = 6\,\text{cm}$
$h = 5\,\text{cm}$
$A = \frac{1}{2} \cdot (a + c) \cdot h$
$A = \frac{1}{2} \cdot (8 + 6) \cdot 5\,\text{cm}^2$
$A = 35\,\text{cm}^2$

b) Aus dem Flächeninhalt A, der Höhe h und der Länge der Seite c wird die Länge der zweiten parallelen Seite berechnet.

$A = 20\,\text{cm}^2;\; h = 4\,\text{cm};\; c = 7\,\text{cm}$
$A = \frac{1}{2} \cdot (a + c) \cdot h \qquad | \cdot 2 \,|\, : h$
$\frac{2 \cdot A}{h} = a + c \qquad | - c$
$a = \frac{2 \cdot A}{h} - c$
$a = \frac{2 \cdot 20}{4}\,\text{cm} - 7\,\text{cm} = 3\,\text{cm}$

Bemerkung

m ist die **Mittelparallele** des Trapezes. Sie geht durch die Mittelpunkte von b und d.
Die Länge von m ist der Mittelwert der Streckenlängen der parallelen Trapezseiten a und c.

$2 \cdot m = a + c \qquad m = \frac{1}{2} \cdot (a + c)$

Aus $A = \frac{1}{2} \cdot (a + c) \cdot h$ wird $\mathbf{A = m \cdot h}$.

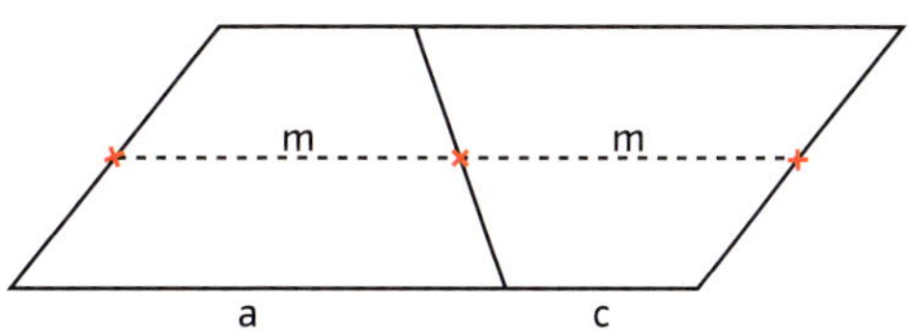

Aufgaben

1 Wie groß ist der Flächeninhalt des Trapezes?

a) a = 14 cm; c = 5 cm; h = 9 cm
b) m = 9 cm; h = 7 cm
c) a = 42,6 cm; c = 19,2 cm; h = 26,3 cm
d) m = 6 dm; h = 34 cm

2 Berechnen Sie den Flächeninhalt des Trapezes.

a)

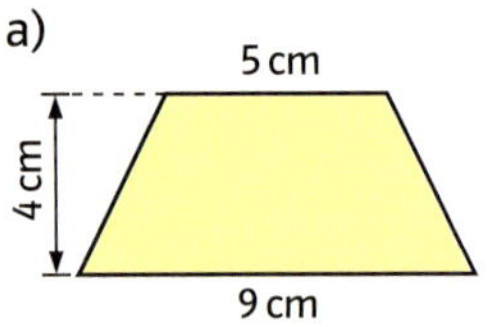

b)

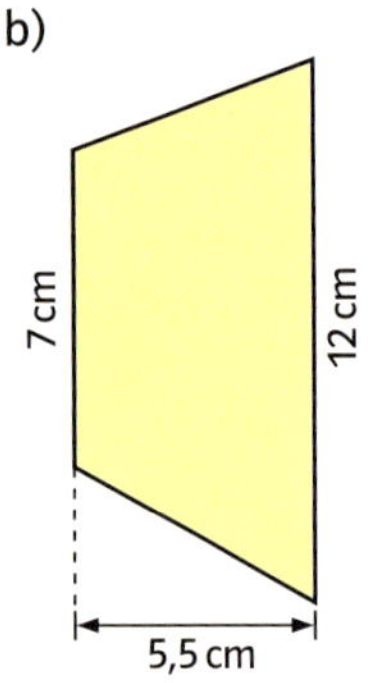

c)

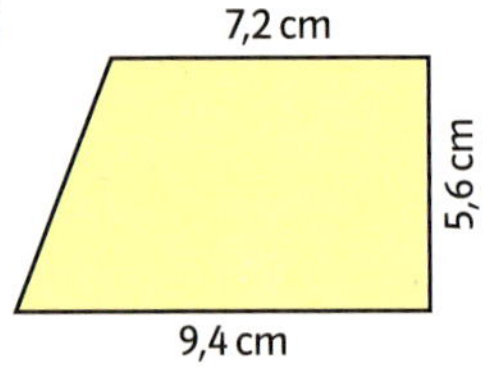

d)

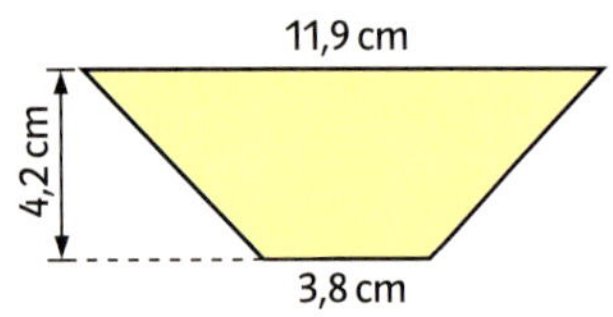

3 Einer spannt ein Trapez, der Partner oder die Partnerin bestimmt den Flächeninhalt (in Nagelquadraten).

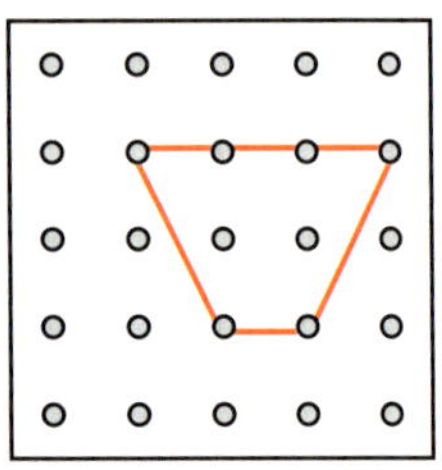

4 Berechnen Sie die fehlenden Größen des Trapezes ABCD (a‖c).

a	11,8 cm	6 cm	12 cm	
c	6,2 cm	4 cm		4,5 m
h	8,4 cm		8 cm	3,2 m
A		70 cm²	84 cm²	11,2 m²

5 Übertragen Sie das Trapez in doppelter Größe ins Heft. Entnehmen Sie die notwendigen Maße der Zeichnung und bestimmen Sie Umfang und Flächeninhalt.

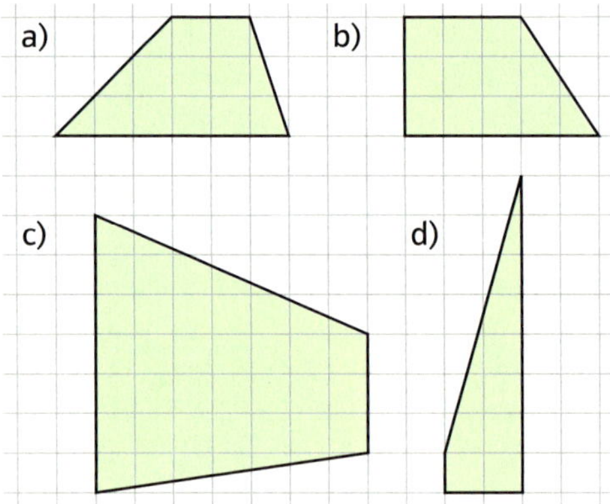

6 Konstruieren Sie das Trapez und bestimmen Sie Umfang und Flächeninhalt.

a) a = 8 cm; b = 5 cm; α = 65°; β = 50°
b) a = 9 cm; b = 6 cm; c = 5 cm; β = 68°
c) a = 8,5 cm; α = β = 70°; c = 4,5 cm
d) a = 3,5 cm; b = d = 4,5 cm; c = 8,0 cm

7 An einem Giebelfenster musste die Scheibe aus Isolierglas ersetzt werden. 1 m² kostete 75 €.

8 Berechnen Sie die Grundfläche. Entnehmen Sie die notwendigen Maße der Zeichnung.

Maßstab 1:250

6 Satz des Pythagoras

Schneiden Sie vier gleich große Quadrate mit der Seitenlänge 5 cm aus.
Zerlegen Sie zwei davon entlang ihrer Diagonalen und setzen Sie die Einzelteile zu einem größeren Quadrat zusammen.
→ Wie groß ist die neue Quadratseite?
→ Legen Sie die Quadrate Seite an Seite aneinander. Beschreiben Sie die eingeschlossene Fläche.

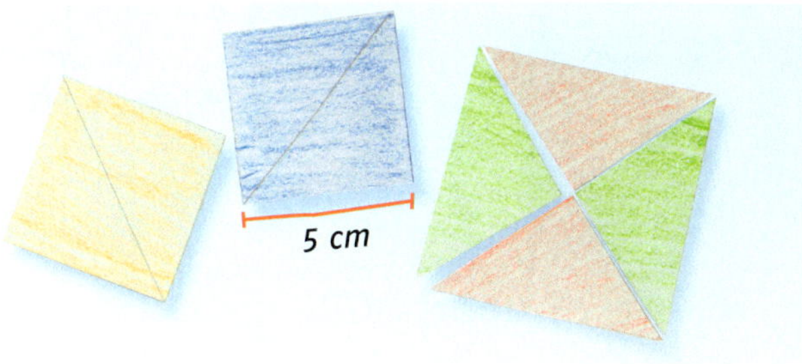

Wenn man die vier flächengleichen rechtwinkligen Dreiecke des linken Quadrats anders anordnet, erhält man im gleichen Quadrat die rechte Figur.

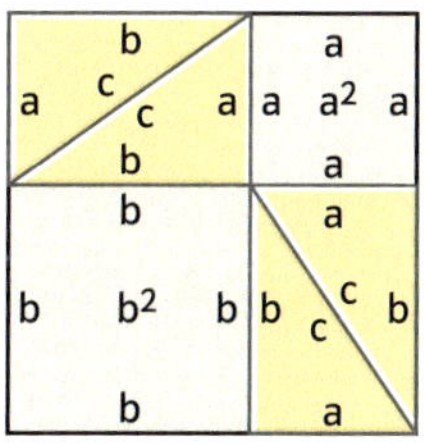

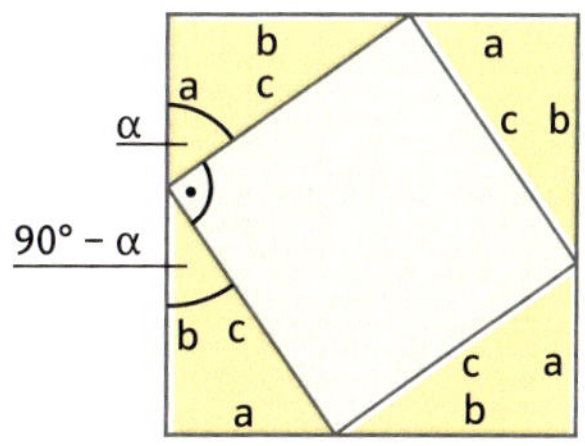

Die Darstellung zeigt, dass durch Umlegen der vier Dreiecke die Summe der Flächeninhalte der beiden Quadrate über den Katheten a und b mit dem Flächeninhalt des Quadrats über der Hypotenuse c übereinstimmt. Diesen Zusammenhang bezeichnet man als den Satz des Pythagoras.

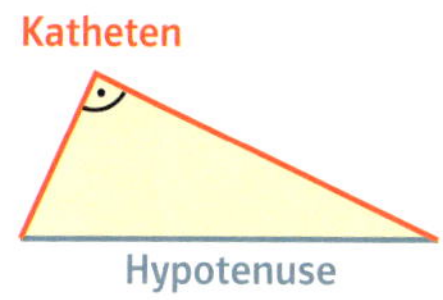

! *Katheten nennt man die am rechten Winkel anliegenden Dreiecksseiten.*
Die Hypotenuse liegt dem rechten Winkel gegenüber und ist die längste Seite.

Satz des Pythagoras
Ist ein Dreieck rechtwinklig, so haben die Quadrate über den **Katheten** zusammen denselben Flächeninhalt wie das Quadrat über der **Hypotenuse**. Werden die beiden Katheten mit a und b und die Hypotenuse mit c bezeichnet, gilt:
$\mathbf{a^2 + b^2 = c^2}$.

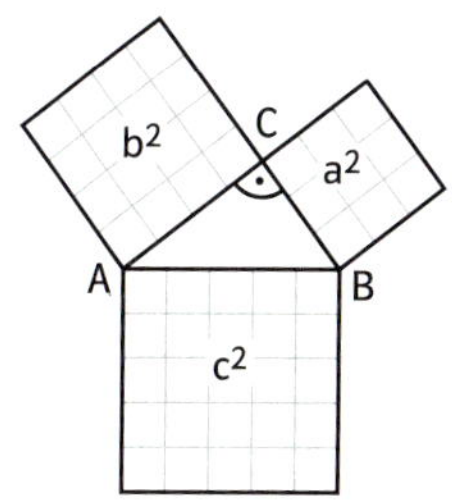

Beispiele

a) In einem rechtwinkligen Dreieck ABC ($\gamma = 90°$) kann aus den beiden Katheten $a = 6{,}0\,\text{cm}$ und $b = 4{,}0\,\text{cm}$ die Hypotenuse c berechnet werden:
$c^2 = a^2 + b^2$
$c = \sqrt{a^2 + b^2}$
$c = \sqrt{6{,}0^2 + 4{,}0^2}\ \text{cm}$
$c = \sqrt{52{,}0}\ \text{cm}$
$c = 7{,}2\ \text{cm}$

b) In einem rechtwinkligen Dreieck ABC kann aus der Hypotenuse $c = 12{,}1\,\text{cm}$ und der Kathete $a = 4{,}3\,\text{cm}$ die Kathete b berechnet werden.
$c^2 = a^2 + b^2$
$b^2 = c^2 - a^2$
$b = \sqrt{12{,}1^2 - 4{,}3^2}\ \text{cm}$
$b = \sqrt{127{,}92}\ \text{cm}$
$b = 11{,}3\ \text{cm}$

Bemerkung

Der Taschenrechner zeigt im Ergebnis oft mehr Stellen an als man braucht. Die Genauigkeit bei der Angabe des Ergebnisses richtet sich nach der Genauigkeit der Ausgangswerte. Trotz des gerundeten Ergebnisses verwenden wir das Gleichheitszeichen.

Der bekannteste aller mathematischen Sätze ist nach einem Mann benannt, von dem nur wenig bekannt ist. Man weiß nicht einmal, ob Pythagoras „seinen" Satz überhaupt entdeckt hat. Pythagoras wurde 600 v. Chr. (auch 570 v. Chr. wird angenommen) auf der Insel Samos geboren. Auf langen Reisen nach Babylon und Ägypten machte er sich in Mathematik und Philosophie kundig. Der Satz des Pythagoras findet sich erstmals im großen Lehrbuch des Euklid, der etwa von 340 bis 270 v. Chr. lebte.

Aufgaben

1 Zeichnen Sie drei verschieden große rechtwinklige Dreiecke. Überprüfen Sie die Genauigkeit Ihrer Messung mithilfe des Satzes von Pythagoras.

2 Formulieren Sie den Satz des Pythagoras für das Dreieck.

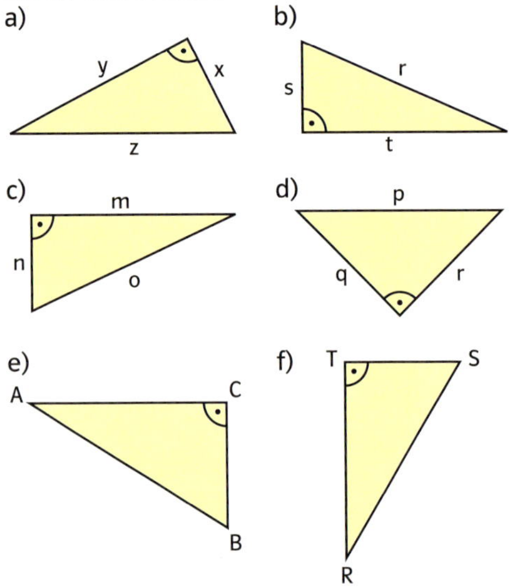

3 Formulieren Sie den Satz des Pythagoras in allen vorkommenden rechtwinkligen Dreiecken.

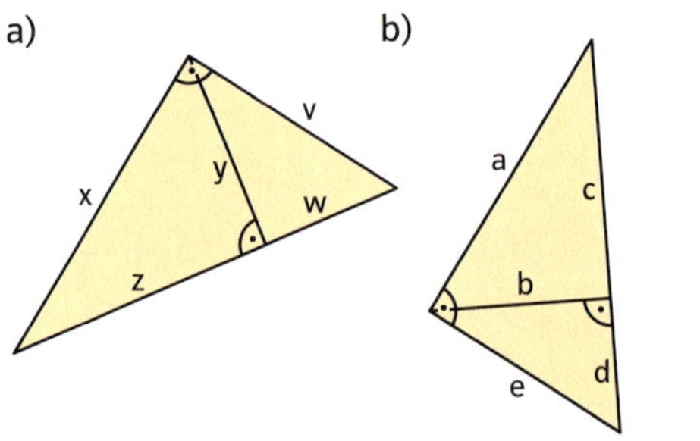

4 Berechnen Sie die Länge der Strecke x.

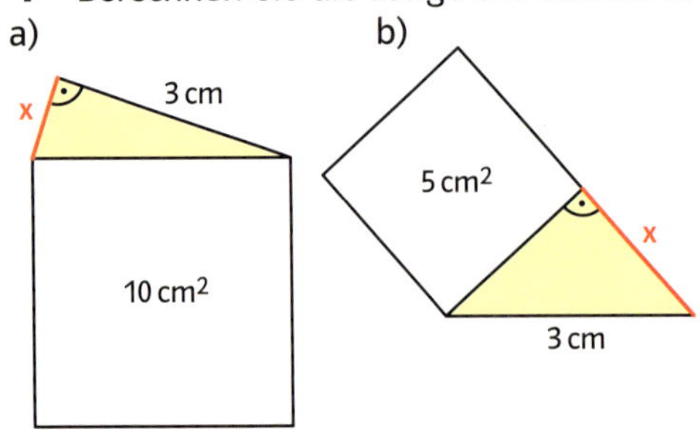

5 Wie lang ist x?

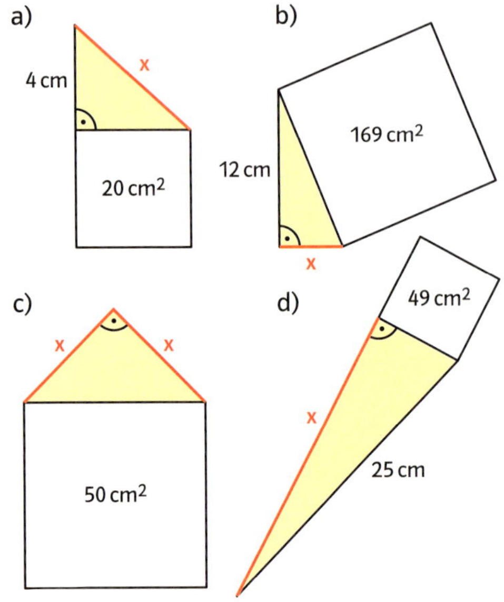

6 Berechnen Sie die Länge der Strecke x. (Maße in cm)

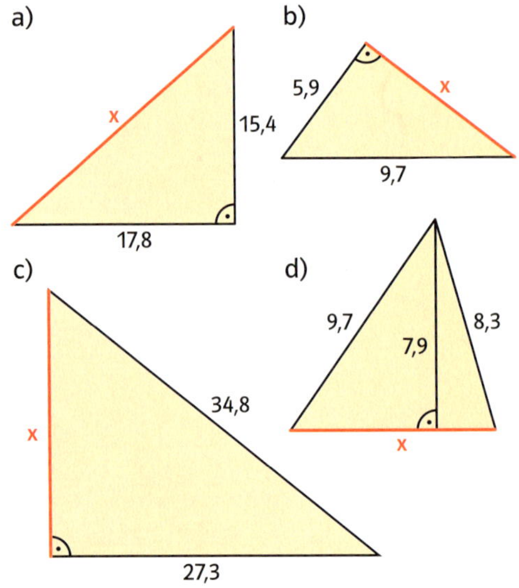

7 Berechnen Sie im Dreieck ABC ($\gamma = 90°$)

a) die Hypotenuse c aus
$a = 6{,}2\,\text{cm}$ und $b = 8{,}4\,\text{cm}$.

b) die Kathete a aus
$b = 12{,}7\,\text{m}$ und $c = 158\,\text{dm}$.

c) die Kathete b aus
$a = 2{,}43\,\text{m}$ und $c = 9{,}41\,\text{m}$.

d) die Kathete b aus
$c = 0{,}62\,\text{dm}$ und $a = 43\,\text{mm}$.

8 Berechnen Sie die fehlende Stücke des rechtwinkligen Dreiecks aus den Angaben a, b, c und A. Achten Sie darauf, wo der rechte Winkel liegt. Eine Skizze kann helfen.

a) $a = 10{,}0\,dm$
$c = 6{,}0\,dm$
$\alpha = 90°$

b) $a = 8{,}0\,m$
$b = 12{,}0\,m$
$\beta = 90°$

c) $A = 24{,}0\,cm^2$
$a = 7{,}2\,cm$
$\gamma = 90°$

d) $A = 14{,}4\,dm^2$
$b = 9{,}2\,dm$
$\alpha = 90°$

9 a) Die Längen der Katheten in einem rechtwinkligen Dreieck verhalten sich wie 3 : 4. Die Hypotenuse ist 12,0 cm lang. Wie lang sind die Katheten?
b) Die Hypotenuse eines rechtwinkligen Dreiecks ist dreimal länger als eine Kathete. Die andere Kathete ist 12,0 cm lang. Wie lang sind die Dreiecksseiten?

10 Haben rechtwinklige Dreiecke ganzzahlige Seitenlängen, nennt man diese Zahlen **pythagoreische Zahlen**.

Beispiel für 3 cm; 4 cm und 5 cm:
$3^2 + 4^2 = 5^2$ $\qquad 9 + 16 = 25$

a) Überprüfen Sie, ob pythagoreische Zahlen vorliegen: (9; 12; 15); (5; 12; 13); (24; 7; 25); (17; 15; 8); (9; 40; 41); (10; 24; 26)
b) Entstehen weitere pythagoreische Zahlen, wenn man (3; 4; 5) vervielfacht?
c) Geben Sie die fehlenden Seitenlängen an.

Kathete	10	□	27	11	□
Kathete	□	45	120	□	84
Hypotenuse	26	51	□	61	85

d) Wie heißt die dritte pythagoreische Zahl? (48; 52; □); (22; 122; □); (112; 113; □)

Pythagoras im Koordinatensystem

Die Entfernung zweier Punkte A und B im rechtwinkligen Koordinatensystem lässt sich mithilfe des Satzes des Pythagoras berechnen.

Beispiel für A(3|2) und B(10|6):

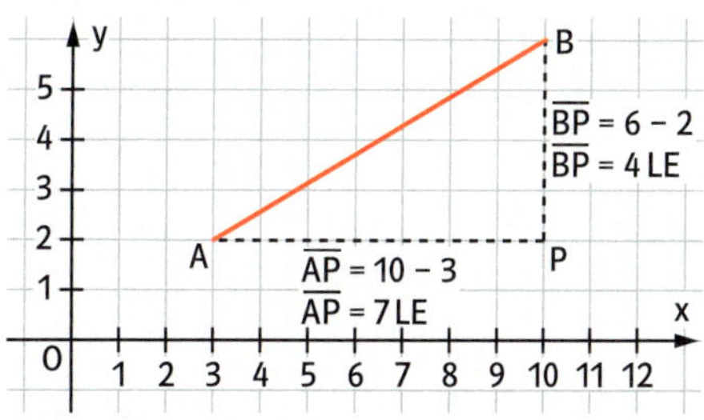

Es gilt:
$\overline{AB}^2 = \overline{AP}^2 + \overline{BP}^2$
$\overline{AB} = \sqrt{7^2 + 4^2}$ LE
$\overline{AB} = 8{,}1$ LE

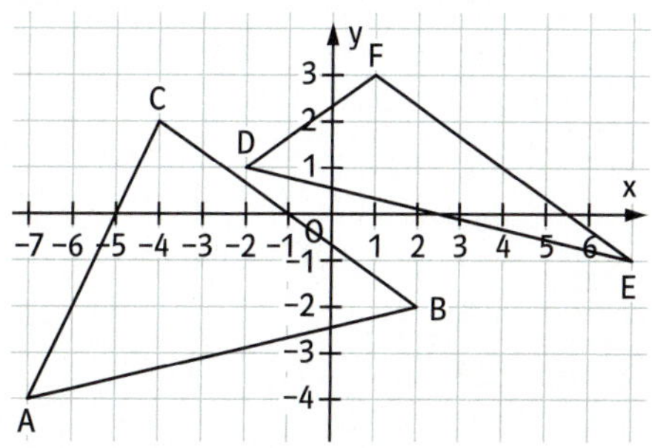

- Berechnen Sie die Umfänge der beiden Dreiecke.
- Welche Dreiecksseiten sind gleich lang, welche parallel?
Begründen Sie.
- Berechnen Sie den Abstand zwischen den Punkten.
A(2|4) und B(8|9); C(1|3) und D(10|10); E(0|0) und F(−3|8); G(−2|−3) und H(5|7)
- Zeichnen Sie das Dreieck ABC und berechnen Sie seinen Umfang und seinen Flächeninhalt.
  - A(1|1); B(0|2); C(6|8)
  - A(−5|−2); B(5|1); C(0|9)
  - A(−1|8); B(3|−3); C(−5|−2)

7 Kreisumfang

→ Messen Sie den Durchmesser d und den Umfang u von verschiedenen kreisförmigen Gegenständen.
→ Tragen Sie die Werte in eine Tabelle ein und bilden Sie das Verhältnis $\frac{u}{d}$.

Gegenstand	Umfang u	Durchmesser d	$\frac{u}{d}$
Dose	24 cm	7,7 cm	☐
CD	☐	☐	☐
	☐	☐	☐

→ Was fällt Ihnen auf?

π ist der 16. Buchstabe des griechischen Alphabets und wird „pi" gesprochen.

Zum Kreis mit dem doppelten (dreifachen, …) Durchmesser gehört der doppelte (dreifache, …) Umfang. Der Umfang u eines Kreises ist also proportional zu seinem Durchmesser d.

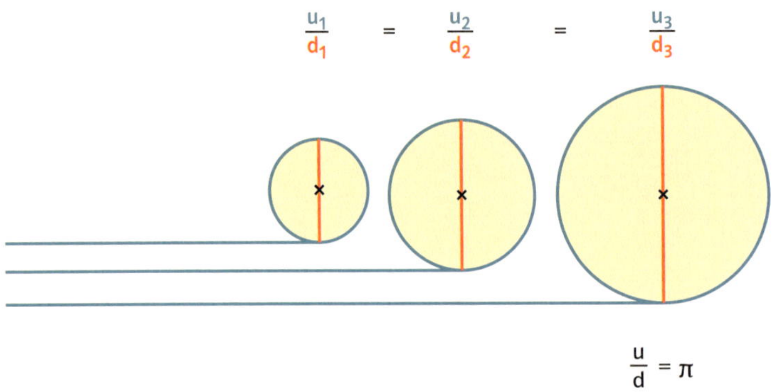

Dividiert man den Umfang eines Kreises durch seinen Durchmesser, so ist das Ergebnis für alle Kreise gleich.
Dieses Verhältnis wird **Kreiszahl** genannt und mit dem griechischen Buchstaben π bezeichnet.

In einfachen Experimenten kann man für π gute Näherungswerte wie 3,1 oder 3,14 finden.
Der Taschenrechner gibt für π einen sehr genauen Wert an: **3,141592654**

Für den **Umfang u** eines Kreises mit dem Durchmesser d bzw. dem Radius r gilt:
$\mathbf{u = \pi d}$ bzw. mit $d = 2r$ $\mathbf{u = 2\pi r}$

Bemerkung

$\frac{22}{7} = 3,\overline{142857}$

In der Praxis genügt in vielen Fällen die Zahl 3,14 oder der Bruch $\frac{22}{7}$ als Näherung für π.

Beispiele

a) Aus dem Durchmesser $d = 2,0\,\text{cm}$ eines Kreises wird der Umfang berechnet.
$u = \pi d$
$u = \pi \cdot 2,0\,\text{cm}$
$u = 6,3\,\text{cm}$
Man orientiert sich an der Genauigkeit der gegebenen Größen.
Obwohl gerundet wird, verwenden wir das Gleichheitszeichen.

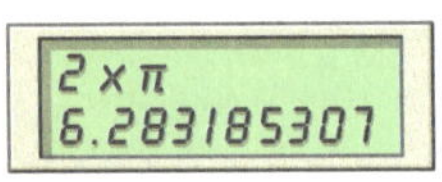

! *Es ist nicht sinnvoll, die gesamte Anzeige des Taschenrechners abzuschreiben.*

b) Aus dem Umfang $u = 8,50\,\text{m}$ eines Kreises wird der Radius berechnet.
$u = 2\pi r \quad |:2 \quad |:\pi$
$r = \frac{u}{2\pi}$
$r = \frac{8,50}{2\pi}\,\text{m}$
$r = 1,35\,\text{m}$

Aufgaben

1 Berechnen Sie den Umfang des Kreises.
a) d = 5,3 cm b) d = 7,7 cm
c) d = 17,2 cm d) r = 31,8 cm
e) r = 0,98 m f) r = 12,4 dm

2 Wie groß ist der Radius?
a) u = 133 cm b) u = 8,5 m
c) u = 0,41 m d) u = 12,9 mm

3 Berechnen Sie die fehlenden Größen.

	a)	b)	c)	d)	e)
r	24,4 cm				
d		0,5 m		31,84 m	
u			1,1 m		2,56 dm

4 Berechnen Sie den Umfang der Figur.
a)

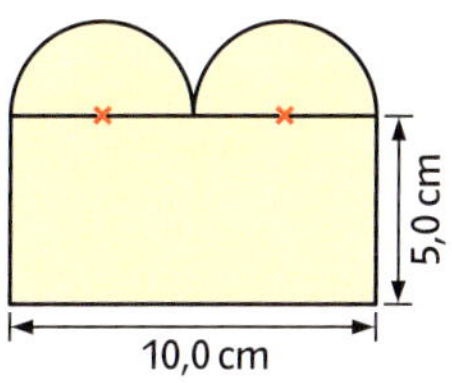

b)

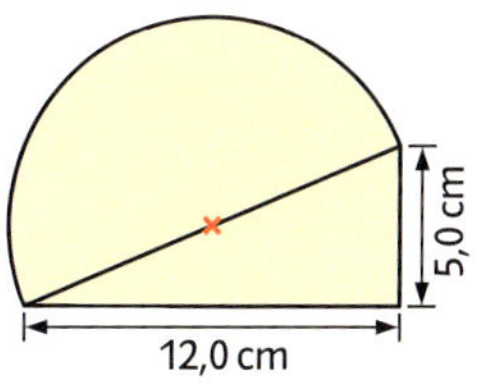

5 Geben Sie den Umfang der Figur unter Verwendung der Variable e an.
a)

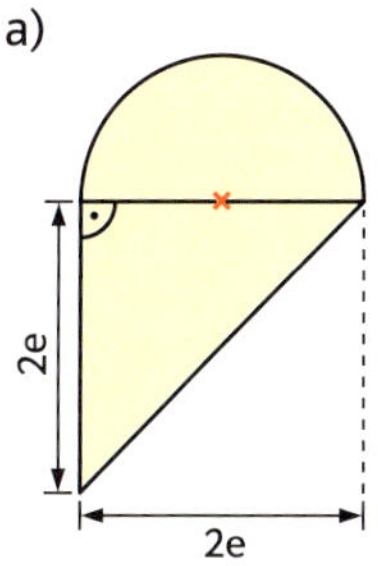

b)

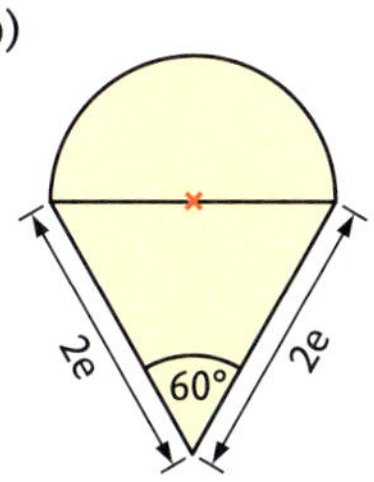

6 Vergleichen Sie die Umfänge der roten und der lila Kreise mit dem des blauen Kreises.

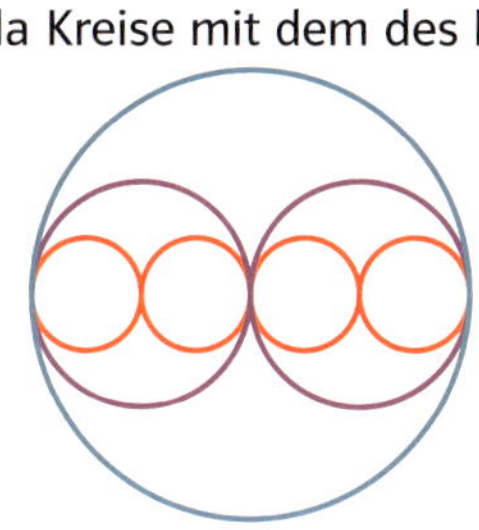

7 Die Naturschutzbehörde einer Stadt schreibt vor, dass das Fällen von Bäumen mit einem Durchmesser von über 20 cm in 1 m Höhe genehmigungspflichtig ist.
Prüfen Sie, welche Bäume auf dem Schulgelände nicht ohne Genehmigung gefällt werden dürften.
Gibt es auch in Ihrem Wohnort eine Baumschutzsatzung?

8 Ein Metallband von 1 m Länge wird zu einem Ring gebogen. Wie groß ist der Durchmesser?
Rechnen Sie auch für 2 m und 5 m Länge.

9 a) Das Rad eines schweren Muldenkippers in einem Tagebau ist 1,95 m hoch und dreht sich pro Tag etwa 6000-mal.
b) Das Rad eines anderen Kippers hat ein Rad mit 3 cm kleinerem Radius.

10 Das Messrad dient zur Bestimmung von Entfernungen z. B. bei Verkehrsunfällen. Nach zwei Umdrehungen wird eine Strecke von 1 m angezeigt. Was wissen Sie dann über das Messrad?

11 Ein Fahrrad fährt mit einer Geschwindigkeit von 25 km/h. Wie oft ungefähr dreht sich das Rädchen des Dynamos (d = 2 cm) in einer Sekunde?

12 Handwerker benutzen zur Umfangsberechnung die Faustformel:

> *Umfang gleich Durchmesser mal 3 plus 5 Prozent*

a) Rechnen Sie mit der Faustformel und dem exakten Wert für π. Vergleichen Sie die Ergebnisse.
1) d = 20 cm
2) d = 80 mm
3) d = 1,50 m
4) r = 65 cm
5) r = 3 dm
6) r = 5 mm
b) Welcher Näherungswert für π wird bei dieser Formel verwendet?

8 Kreisfläche

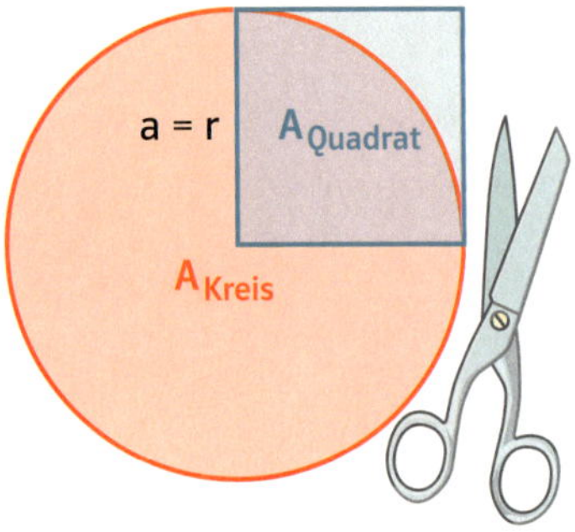

r = a	10 cm	15 cm	20 cm
$m_{Quadrat}$	5 g		
$m_{Viertelkreis}$	4 g		
m_{Kreis}	16 g		
$\frac{m_{Kreis}}{m_{Quadrat}}$	3,2		

→ Schneiden Sie aus gleich dickem Karton Quadrate und Viertelkreise mit $a = r$ aus.
→ Bestimmen Sie mit einer Waage das Gewicht der ausgeschnittenen Teile und bilden Sie jeweils das Verhältnis von Kreis und Quadratgewicht. Füllen Sie die Tabelle aus.
→ Was stellen Sie fest? Der Karton aller ausgeschnittenen Teile war gleich dick. Was heißt das für die Flächeninhalte?

Betrachtet man Kreise mit dem Radius r und Quadrate mit der Seitenlänge $a = r$, so ist das Verhältnis ihrer Flächeninhalte stets gleich groß. Es ist zu vermuten, dass der konstante Wert des Verhältnisses gleich der Kreiszahl π ist.

$$\frac{A_{Kreis\ 1}}{A_{Quadrat\ 1}} = \frac{A_{Kreis\ 2}}{A_{Quadrat\ 2}} = \frac{A_{Kreis\ 3}}{A_{Quadrat\ 3}}$$

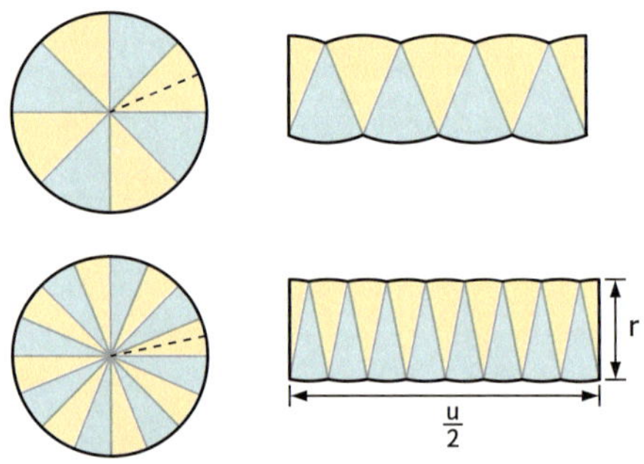

Wenn ein Kreis in gleiche Ausschnitte geteilt und einer von ihnen zusätzlich halbiert wird, lassen sich diese Ausschnitte näherungsweise wie eine Rechteckfläche anordnen. Je mehr Kreisteile gebildet werden, desto weniger weicht die Fläche von einem Rechteck ab.

Für den Flächeninhalt des Kreises ergibt sich also: $A = \frac{u}{2} \cdot r$.

Mit $u = 2 \cdot \pi \cdot r$ erhält man: $A = \frac{2 \cdot \pi \cdot r}{2} \cdot r = \pi \cdot r^2$. Es gilt: $\frac{A_{Kreis}}{A_{Quadrat}} = \frac{\pi \cdot r^2}{r^2} = \pi$.

Für den **Flächeninhalt A** eines Kreises mit dem Radius r gilt: $A = \pi r^2$

Wegen $r = \frac{d}{2}$ gilt auch: $A = \frac{\pi d^2}{4}$

Beispiele

a) Aus dem Durchmesser $d = 5{,}0\,m$ eines Kreises wird der Flächeninhalt berechnet.

$A = \frac{\pi d^2}{4}$

$A = \frac{\pi \cdot 5{,}0^2}{4} m^2$

$A = 19{,}6\,m^2$

b) Aus dem Flächeninhalt $A = 7{,}0\,dm^2$ eines Kreises wird der Radius berechnet.

$A = \pi r^2 \quad | : \pi$

$r^2 = \frac{A}{\pi} \qquad r = \sqrt{\frac{7{,}0}{\pi}}\ dm$

$r = \sqrt{\frac{A}{\pi}} \qquad r = 1{,}5\,dm$

Aufgaben

1 Berechnen Sie aus r bzw. d den Flächeninhalt A.

a) $r = 96\,cm$ b) $r = 238\,mm$
c) $d = 12{,}3\,cm$ d) $d = 2{,}79\,km$

2 Berechnen Sie Radius r und Durchmesser d.

a) $A = 50\,cm^2$ b) $A = 320\,m^2$
c) $A = 63{,}5\,dm^2$ d) $A = 1795\,mm^2$

3 Berechnen Sie den Umfang bzw. Flächeninhalt des Kreises.

a) A = 288 cm^2 b) A = 0,73 dm^2
c) u = 375,2 cm d) u = 0,09 km

4 Berechnen Sie die fehlenden Angaben.

	r	d	A	u
	▢	8,6 cm	▢	▢
b)	▢	▢	26,3 m^2	▢
c)	▢	▢	▢	149 cm
d)	▢	▢	0,8 m^2	▢

5 Ergänzen Sie und setzen Sie fort.

r in cm	1	2	3	▢
u in cm	▢	▢	▢	▢
A in cm^2	▢	▢	▢	▢

Stellen Sie die Zusammenhänge zwischen Radius und Umfang bzw. zwischen Radius und Flächeninhalt in jeweils einem Diagramm dar. Vergleichen Sie die Schaubilder. Ergänzen Sie: „Wenn man den Radius eines Kreises verdoppelt, verdreifacht, … , dann … sich der Umfang bzw. dann … sich der Flächeninhalt."

6 Berechnen Sie Umfang und Flächeninhalt der Figur. (Alle Maße in cm.)

a)

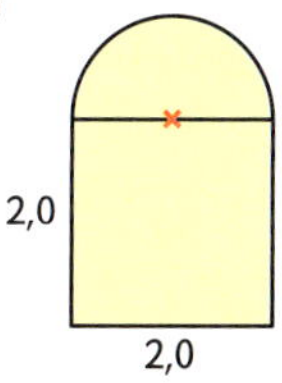

b)

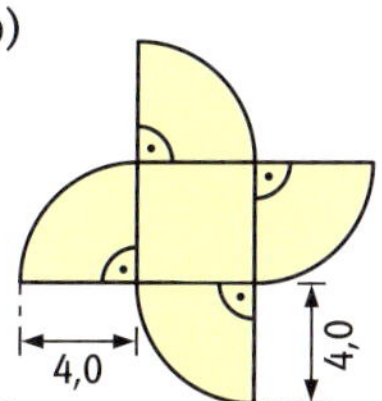

c)

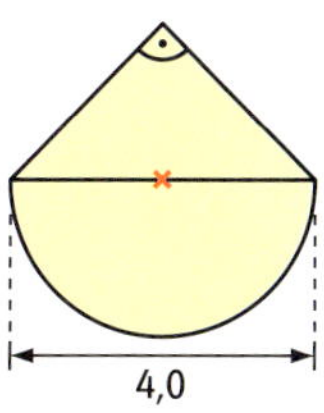

d)

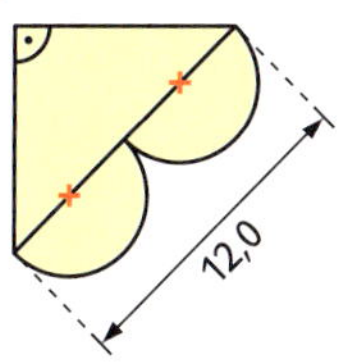

e)

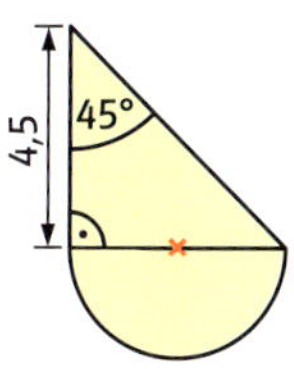

f)

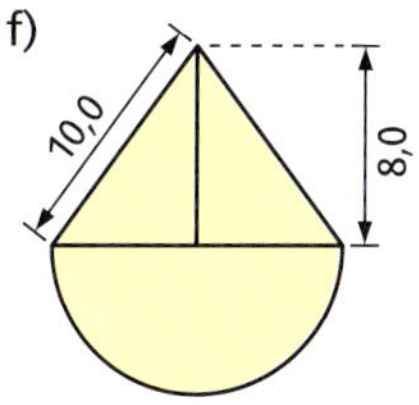

7 Ein Sendeverstärker für Ultrakurzwelle strahlt 55 km weit. Welche Größe besitzt das vom Sender versorgte Gebiet?

8 In vielen trockenen Regionen der Erde findet man kreisförmige Felder.
Können Sie die Kreisform erklären?
Die Seitenlänge der Feldquadrate beträgt 200 m.

9 a) Bestimmen Sie den Flächeninhalt der Kochflächen eines Elektroherdes.

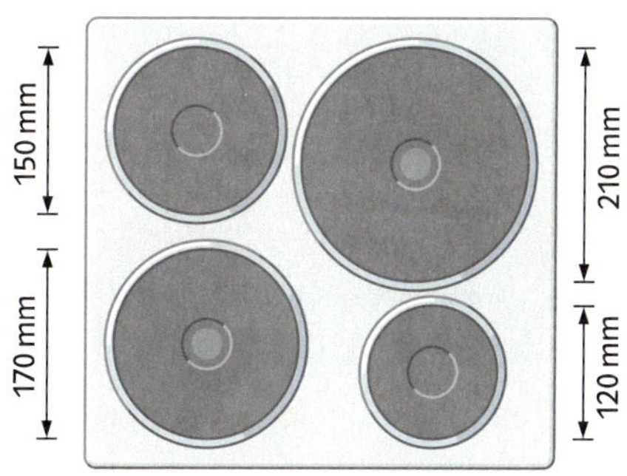

b) Beim Kochen lässt sich Energie sparen, wenn Platten- und Topfgröße zusammenpassen. Klaus behauptet: „Ein Topf mit 15 cm Durchmesser auf einer Kochplatte mit 18 cm Durchmesser vergeudet etwa 30 % kostbare Energie."

Kreisring

Werden zwei Kreise mit verschiedenen Radien und gemeinsamem Mittelpunkt gezeichnet, so entsteht ein **Kreisring**.

Zur Berechnung des Flächeninhaltes eines Kreisrings bildet man die Differenz der Flächeninhalte der beiden Kreise.

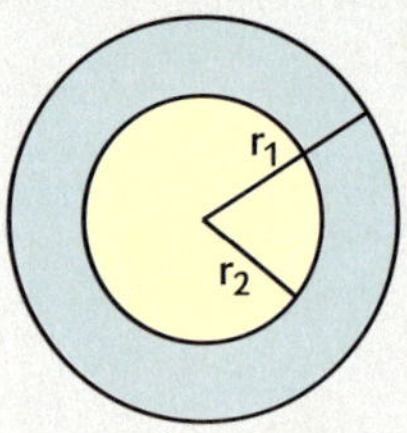

$r_1 = 6{,}7\,cm$
$r_2 = 4{,}1\,cm$

$A_R = A_1 - A_2$
$A_R = \pi r_1^2 - \pi r_2^2$
$A_R = \pi (r_1^2 - r_2^2)$
$A_R = \pi (6{,}7^2 - 4{,}1^2)$
$A_R = 88{,}2\,cm^2$

■ Berechnen Sie den Flächeninhalt der gefärbten Flächen. (Maße in cm)

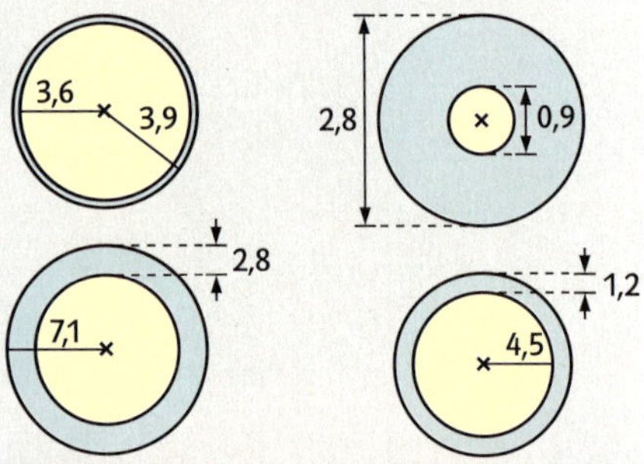

Der Durchmesser der zentralen Ringkampffläche beträgt 7 m. Um die Kampffläche herum liegt die 1 m breite Passivitätszone.

■ Wie viel Prozent der gesamten Fläche macht die Passivitätszone aus?

10 Berechnen Sie den Verschnitt, der beim Ausstanzen der Kreise aus einem Quadrat mit $a = 80\,cm$ jeweils übrig bleibt.

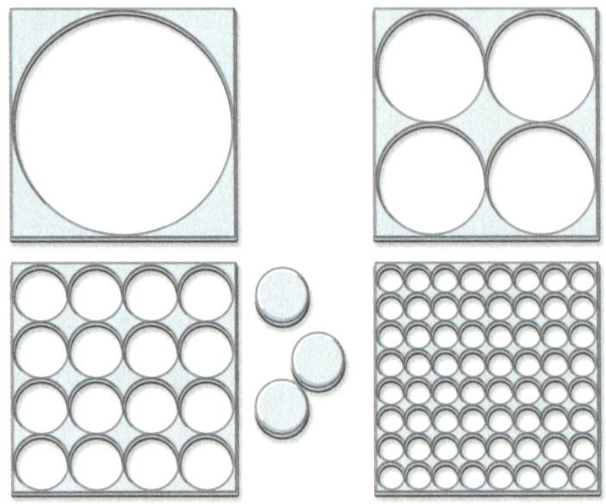

11 a) Ein Kreis hat denselben Umfang wie ein Quadrat mit der Seitenlänge $a = 4{,}0\,cm$. Welche Figur hat den größeren Flächeninhalt?
b) Ein Kreis ist zu einem gleichseitigen Dreieck mit $a = 6{,}0\,cm$ umfangsgleich. Vergleichen Sie die Flächeninhalte.
c) Ein Kreis und ein regelmäßiges Sechseck mit der Seitenlänge $a = 5{,}0\,cm$ haben denselben Umfang. Hat der Kreis den größeren Flächeninhalt?

12 Zum Abspeichern von Daten werden häufig CD oder DVD, früher auch Disketten, verwendet.
1 MB bedeutet dabei 1 Megabyte.
$1\,MB = 2^{20}\,B = 1\,048\,576\,B \approx 1\,000\,000\,B$

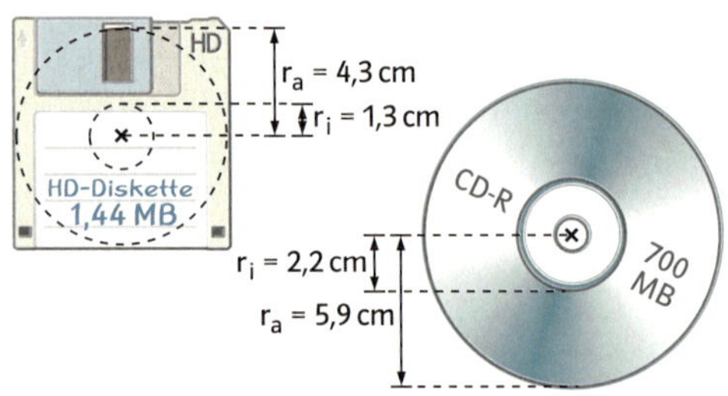

a) Berechnen Sie die auf diesen Medien vorhandene Speicherfläche.
b) Bestimmen Sie, welche Datenmengen gemessen in B auf einem Quadratzentimeter der Diskette bzw. der CD Platz findet.
c) Auf einer DVD sind 4,7 GB Daten abgespeichert.

9 Quader und Würfel

Die Kanten der kleinen Würfel sind 1 cm lang.
→ Aus wie vielen solcher Würfel sind die Würfel mit 2 cm; 3 cm; … 10 cm Kantenlänge aufgebaut?
→ Wie viele 1-cm-Quadrate passen in die Netze der größeren Würfel? Müssen Sie abzählen?
→ Was finden Sie über den blauen Quader heraus?

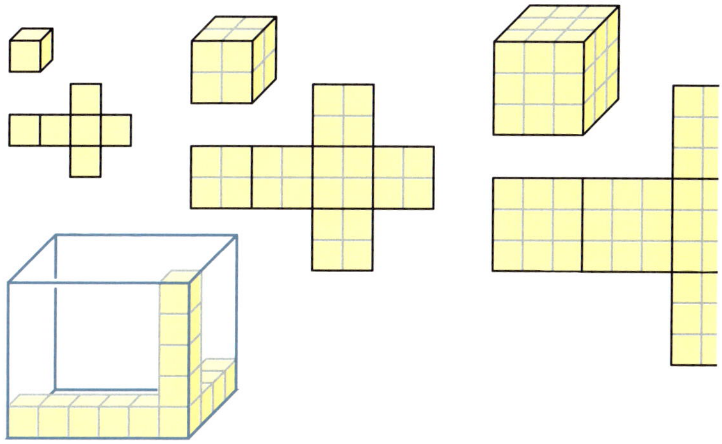

Das Volumen des Quaders ist das Produkt aus Länge, Breite und Höhe.
Quadernetze bestehen aus sechs Rechtecken. Je zwei davon sind gleich.
Daher ist die Oberfläche die verdoppelte Summe von drei Rechtecksflächen.
Für den Würfel ist die Rechnung einfacher, weil alle Kanten gleich lang sind.

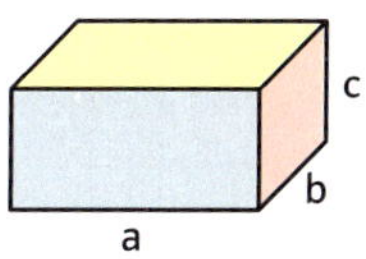

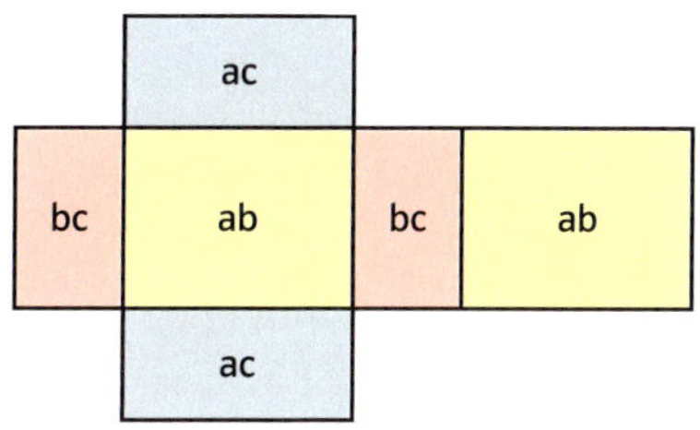

Ein **Quader** mit den Kantenlängen a, b und c hat
das **Volumen** $V = a \cdot b \cdot c$ und die **Oberfläche** $O = 2(a \cdot b + b \cdot c + a \cdot c)$.
Ein **Würfel** mit der Kantenlänge a hat
das **Volumen** $V = a^3$ und die **Oberfläche** $O = 6a^2$.

Beispiele

a) Ein Würfel mit der Kantenlänge
$a = 10\,cm$ hat das Volumen
$V = 10^3\,cm^3 = 1000\,cm^3$.
Seine Oberfläche beträgt
$O = 6 \cdot 10^2$
$O = 600\,cm^2$.

b) Ein Quader mit
$a = 8\,dm$, $b = 12\,dm$ und $c = 7\,dm$
hat das Volumen
$V = 8 \cdot 12 \cdot 7\,dm^3 = 672\,dm^3$.
Seine Oberfläche beträgt
$O = 2 \cdot (8 \cdot 12 + 8 \cdot 7 + 12 \cdot 7)$
$O = 472\,dm^2 = 4{,}72\,m^2$.

c) Jede der sechs Flächen eines Würfels mit der Oberfläche $O = 150\,cm^2$ hat den Flächeninhalt $A = 150 : 6 = 25$. Die Kantenlänge des Würfels beträgt also 5 cm.

d) Ein Quader mit
$V = 600\,cm^3$, $a = 20\,cm$ und $b = 5\,cm$
hat als dritte Kantenlänge
$c = 600 : (20 \cdot 5)\,cm = 6\,cm$.

$1\,m^3 = 1000\,dm^3$
$1\,dm^3 = 1000\,cm^3$
$1\,cm^3 = 1000\,mm^3$

Aufgaben

1 Berechnen Sie Volumen und Oberfläche des Würfels mit der Kantenlänge a.
a) a = 4 cm b) a = 12 cm
c) a = 15 cm d) a = 6 dm
e) a = 4,5 cm f) a = 0,5 m

2 Ein Quader hat die Kantenlängen a, b und c.
Berechnen Sie Volumen und Oberfläche.

	a	b	c
a)	5 cm	7 cm	9 cm
b)	12 cm	3 cm	4,5 cm
c)	0,5 dm	1,4 dm	6 dm
d)	2,5 m	5 dm	8 dm
e)	1,6 dm	1,5 cm	1,4 cm
f)	22 cm	0,22 m	2,2 dm

3 Bestimmen Sie die Kantenlänge des Würfels.
a) $O = 600\,cm^2$ b) $O = 54\,cm^2$
c) $V = 125\,cm^3$ d) $V = 216\,cm^3$

4 Wie lang ist die dritte Quaderkante?
a) $V = 672\,cm^3$;
a = 7 cm; b = 8 cm
b) $V = 243\,dm^3$;
a = 6 dm; c = 4,5 dm
c) $V = 168\,cm^3$;
b = 3,5 cm; c = 4,8 cm

5 Ein Quader hat die Kanten a = 10 cm; b = 5 cm und die Oberfläche $O = 220\,cm^2$. Für die dritte Kante c gilt dann
$2 \cdot (50 + 5 \cdot c + 10 \cdot c) = 220$
a) Berechnen Sie c aus dieser Gleichung.
b) Berechnen Sie c für
a = 12 cm; b = 11 cm; $O = 540\,cm^2$.
c) Jetzt ist b gesucht:
a = 11,5 cm; c = 9,0 cm; $O = 350,5\,cm^2$

6 Stellen Sie sich eine riesige Kunststofffolie ausgerollt vor: 1 km lang, 1 m breit, 1 mm dick. Ein 1-cm-Würfel aus demselben Kunststoff wiegt etwa 0,5 g.
Könnten Sie die Folie tragen?
Geben Sie vor dem Rechnen einen Tipp ab.

7 Ein Würfel hat 10 cm Kantenlänge.
a) Er wird parallel zur Grundfläche halbiert. Berechnen Sie die Gesamtoberfläche der zwei Teilquader und vergleichen Sie sie mit der Oberfläche des Würfels.
b) Der Würfel wird durch zwei Schnitte geviertelt. Vergleichen Sie die Gesamtoberfläche der Teilquader mit der Oberfläche des Würfels.
c) Der Würfel wird durch 10 Schnitte parallel zu seinen Flächen geteilt.

zu a)

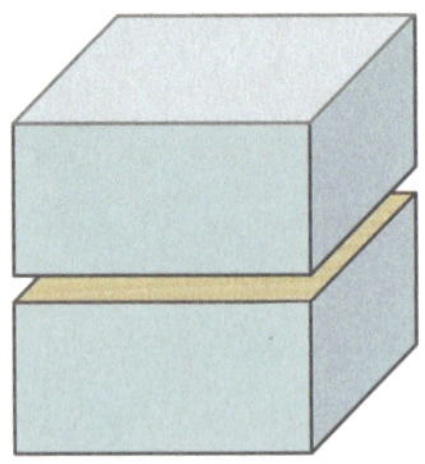

zu b)

11 a) Welches Volumen haben die Umzugskartons?
b) Wie groß sind die Oberflächen des Kartons?
c) Welchen Flächeninhalt hat das Netz, aus dem der Karton zusammengefaltet wird?
Untersuchen Sie einen solchen Karton.

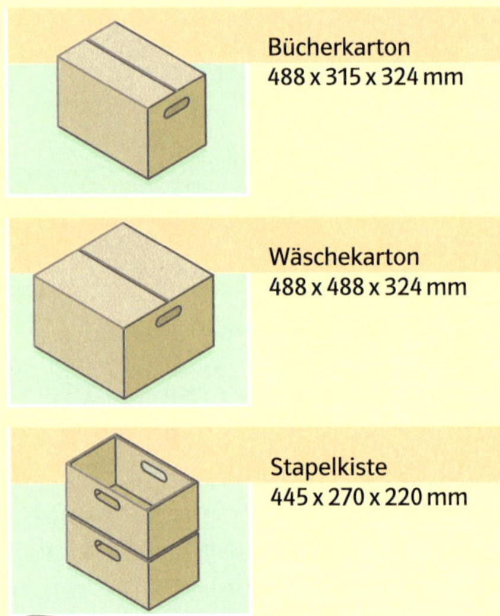

10 Prisma. Netz und Oberfläche

→ Welche Möglichkeiten sehen Sie, aus den Flächen ein Prismennetz zu legen? Gleich lange Seiten sind gleich gefärbt.
→ Gibt es noch andere Flächen, die als Grundfläche und Deckfläche geeignet wären?
→ Gibt es ein Prismennetz, das die Vierecke 1 und 15 enthält?
→ Warum gibt es kein Prisma mit den Vierecken 9 und 16?

Die **Oberfläche eines Prismas** setzt sich aus der **Grundfläche**, der Deckfläche und der **Mantelfläche** zusammen.
Grundfläche und Deckfläche sind deckungsgleiche (kongruente) Vielecke.
Die Mantelfläche M besteht aus Mantelrechtecken, die in der Länge einer Seite übereinstimmen. Diese ist die Höhe h des Prismas.

Die Grundfläche G und die Deckfläche D haben den gleichen Flächeninhalt.
Für die Oberfläche O gilt $O = 2 \cdot G + M$.

Für das abgebildete Vierecksprisma wird die Mantelfläche M aus den Flächeninhalten der vier Mantelrechtecke berechnet:

$$\begin{aligned} M &= M_1 + M_2 + M_3 + M_4 \\ &= a_1 \cdot h + a_2 \cdot h + a_3 \cdot h + a_4 \cdot h \\ &= (a_1 + a_2 + a_3 + a_4) \cdot h \\ &= u \cdot h \end{aligned}$$

Hierbei ist u der Umfang der Grundfläche.

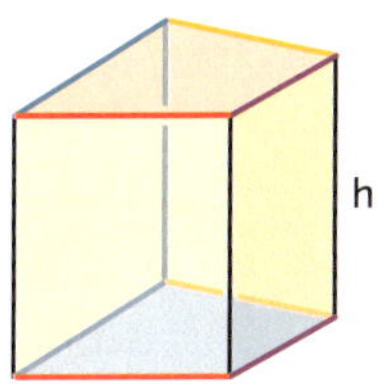

$D = G$
$M = M_1 + M_2 + M_3 + M_4$
$u = a_1 + a_2 + a_3 + a_4$

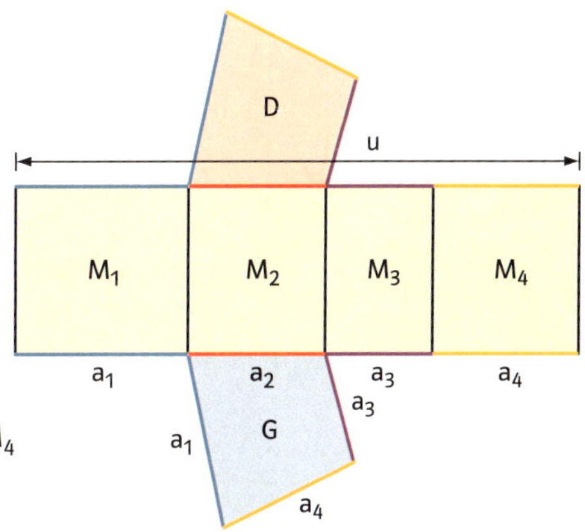

Die **Oberfläche O** eines Prismas lässt sich berechnen als Summe aus dem Doppelten der **Grundfläche G** und der **Mantelfläche M**. $O = 2 \cdot G + M$
Die **Mantelfläche M** eines Prismas lässt sich berechnen als Produkt aus dem **Umfang u** der Grundfläche und der **Körperhöhe h**. $M = u \cdot h$

Basaltgestein bildet unregelmäßige Prismen. Die meisten sind Sechsecksprismen.

Bemerkung
Prismen werden nach der Eckenzahl ihrer Grundfläche benannt. Man sagt also Dreiecksprisma, Vierecksprisma, Fünfecksprisma usw. Vierecksprismen können genauer nach der Art des Vierecks benannt werden: Rautenprisma, Trapezprisma usw.
Quader und Würfel sind besondere Prismen.

Beispiele

a) Ein Dreiecksprisma hat als Grundfläche ein rechtwinkliges Dreieck mit den Seitenlängen $a = 9\,cm$, $b = 12\,cm$ und $c = 15\,cm$. Seine Höhe ist 7 cm.

Die Grundfläche ist

$G = \frac{1}{2} \cdot a \cdot b = \frac{1}{2} \cdot 9 \cdot 12\,cm^2 = 54\,cm^2$

Die Mantelfläche ist

$M = u \cdot h = (a + b + c) \cdot h$
$= (9 + 12 + 15) \cdot 7\,cm^2 = 252\,cm^2$

Die Oberfläche ist

$O = 2 \cdot G + M$
$= 2 \cdot 54\,cm^2 + 252\,cm^2 = 360\,cm^2$.

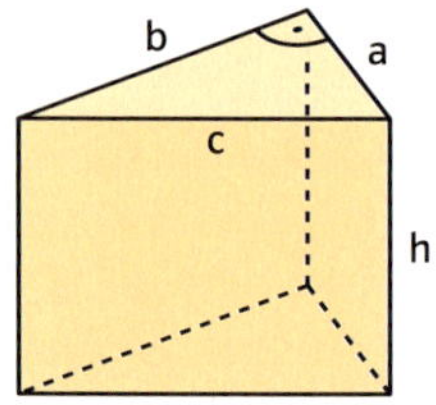

b) Ein Prisma hat die Oberfläche $250\,cm^2$ und die Mantelfläche $70\,cm^2$.

Daraus wird die Grundfläche berechnet:

$O = 2 \cdot G + M$
$2 \cdot G = O - M$
$G = (O - M) : 2$
$= (250\,cm^2 - 70\,cm^2) : 2 = 90\,cm^2$

Aufgaben

1 Übertragen Sie das Netz des Prismas in doppelter Größe ins Heft. Berechnen Sie die Oberfläche. Die dazu nötigen Maße entnehmen Sie Ihrer Zeichnung.

a)

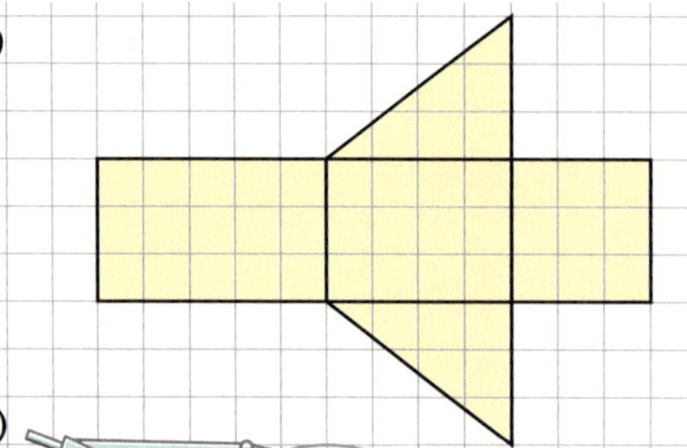

b)

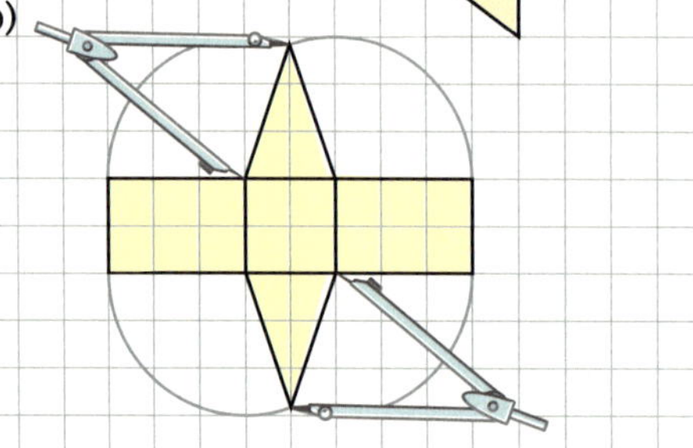

2 Bestimmen Sie die Oberfläche des Prismas mithilfe einer Zeichnung. Die Höhe des Prismas ist h.

a) Parallelogrammprisma
$a = 6\,cm$; $b = 4\,cm$; $\alpha = 40°$; $h = 5\,cm$

b) Rautenprisma
$a = 5\,cm$; $\alpha = 60°$; $h = 4\,cm$

c) Drachenprisma
$a = b = 4\,cm$; $c = d = 3\,cm$; $h = 7\,cm$

3 Zeichnen Sie das Netz des Prismas und berechnen Sie die Oberfläche.
Die fehlenden Maße entnehmen Sie Ihrer Zeichnung.
Beachten Sie: h ist die Höhe des Prismas.

a) Dreiecksprisma mit einem gleichseitigen Dreieck als Grundfläche
$a = b = c = 3\,cm$; $h = 5\,cm$

b) Dreiecksprisma mit einem gleichschenkligen Dreieck als Grundfläche
$a = b = 6\,cm$; $c = 3\,cm$; $h = 4\,cm$

c) Dreiecksprisma mit einem rechtwinkligen Dreieck als Grundfläche
$a = 3\,cm$; $b = 4\,cm$; $h = 5\,cm$; $\gamma = 90°$

d) Dreiecksprisma mit einem allgemeinen Dreieck als Grundfläche
$c = 4\,cm$; $\alpha = 70°$; $\beta = 45°$; $h = 6\,cm$

4 Von den fünf Größen u, h, G, M und O eines Prismas sind drei gegeben.
Berechnen Sie daraus jeweils die fehlenden Größen.

	a)	b)	c)	d)	e)
u	12 cm	28 cm		20 m	
h	8 cm		7 cm		1,4 m
G	$30\,cm^2$		$40\,cm^2$	$50\,m^2$	$0,4\,m^2$
M		$98\,cm^2$	$105\,cm^2$	$150\,m^2$	
O		$125\,cm^2$			$6,96\,m^2$

11 Schrägbild

→ Eleni zeichnet drei Quaderkanten in Rot. Lena ergänzt sichtbare Kanten blau und unsichtbare grau gestrichelt.

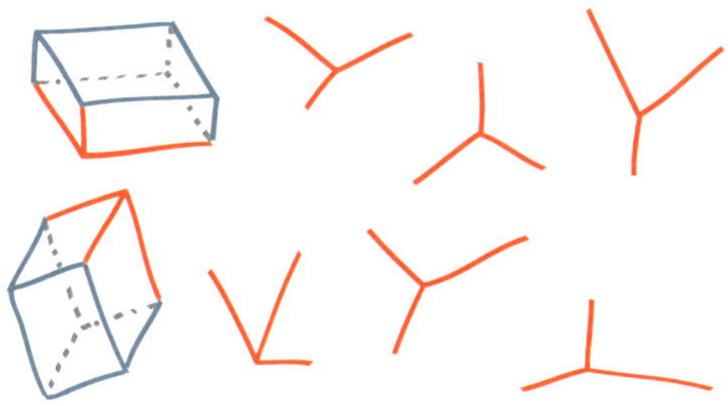

Schräglage, kein Schrägbild

Schrägbilder vermitteln einen guten räumlichen Eindruck von Körpern. Es gibt viele Arten, Schrägbilder zu zeichnen. Wir vereinbaren folgende Regeln:

In einem **Schrägbild** werden Strecken, die
- parallel zur Zeichenebene verlaufen, in Länge und Richtung unverändert gezeichnet.
- senkrecht zur Zeichenebene verlaufen, unter einem **Verzerrungswinkel** von 45° und auf die Hälfte (**Verzerrungsfaktor** $\frac{1}{2}$) verkürzt gezeichnet.
- weder parallel noch senkrecht zur Zeichenebene verlaufen, anhand von Hilfslinien gezeichnet.

Beispiele

Ein Trapezprisma wird in zwei Lagen gezeichnet.

a) Das Prisma liegt auf einem Mantelrechteck. Grund- und Deckfläche bleiben unverändert. Die Kante BF wird um 45° geneigt und auf die Hälfte verkürzt gezeichnet.

b) Das Prisma steht auf der Grundfläche. Zwei der Mantelrechtecke bleiben unverändert. Die Punkte G und H werden mithilfe der Trapezhöhen gezeichnet.

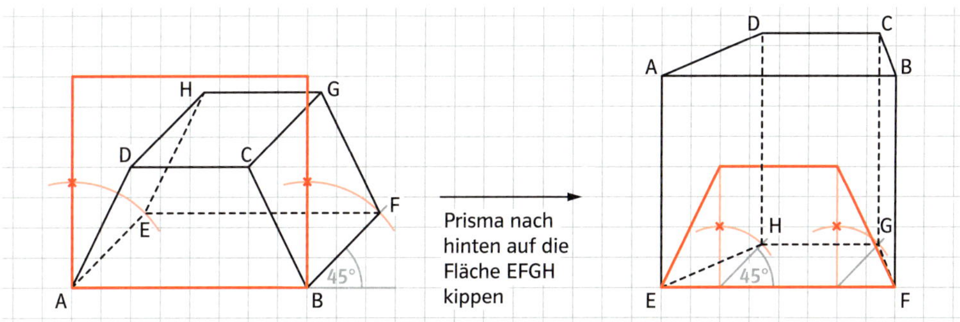

Die Kanten der Auflageflächen in wahrer Größe sind rot gezeichnet, Hilfslinien hellrot. Halbierungspunkte sind durch Kreuzchen bezeichnet.

Aufgaben

1 Zeichnen Sie den Quader in drei Lagen im Schrägbild.

a) a = 6 cm; b = 5 cm; c = 4 cm
b) a = 8 cm; b = 8 cm; c = 6 cm
c) a = 8 cm; b = 2 cm; c = 2 cm

2 Übertragen Sie die Grundfläche vom Rand in doppelter Größe ins Heft. Zeichnen Sie das Prisma auf einem Mantelrechteck liegend im Schrägbild. Die Höhe beträgt 10 cm.

a)

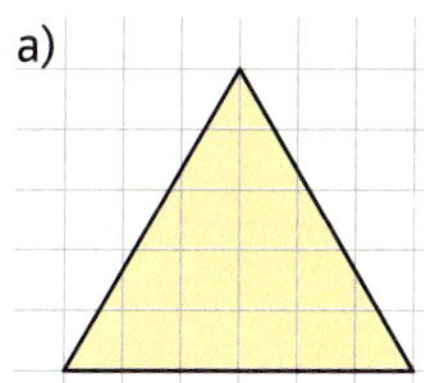

b)

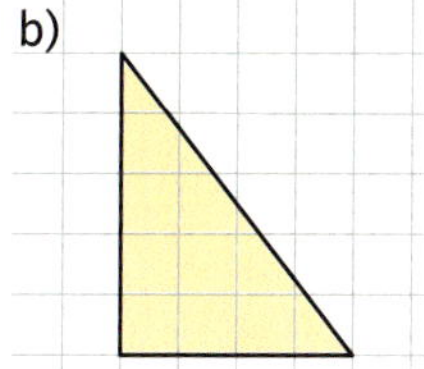

3 Zeichnen Sie das Schrägbild des Prismas mit der Grundfläche in der Zeichenebene.
Die Höhe des Prismas ist immer h.
a) Prisma mit einem gleichseitigen Dreieck als Grundfläche
a = b = c = 7 cm; h = 10 cm
b) Prisma mit einem rechtwinklig-gleichschenkligem Dreieck als Grundfläche
a = b = 6 cm; h = 9 cm
c) Prisma mit einem symmetrischen Trapez als Grundfläche
a = 8 cm; b = d = 5 cm; $\alpha = \beta = 70°$; h = 10 cm
d) Rautenprisma mit
a = 6 cm; $\alpha = 60°$; h = 8 cm

4 Übertragen Sie die Grundfläche in doppelter Größe ins Heft und zeichnen Sie das Schrägbild des auf der Grundfläche stehenden Prismas (h = 10 cm).

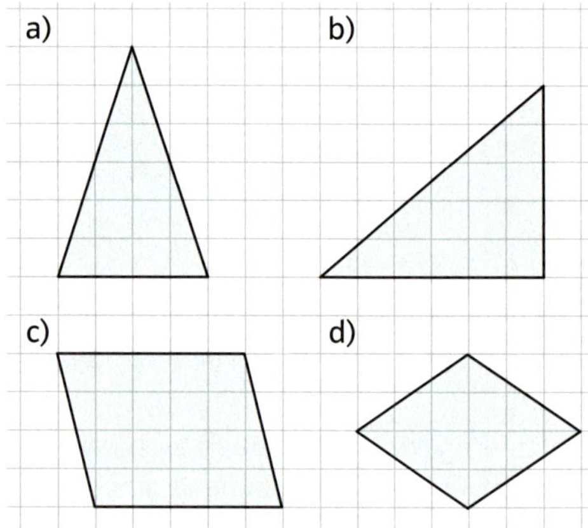

Körperansichten

Draufsicht, Vorderansicht und Seitenansicht entstehen, wenn bei einer Parallelprojektion die Projektionsrichtung und die Zeichenebene einen rechten Winkel bilden. Orthogonal zur Zeichenebene verlaufende Strecken erscheinen als Punkt.

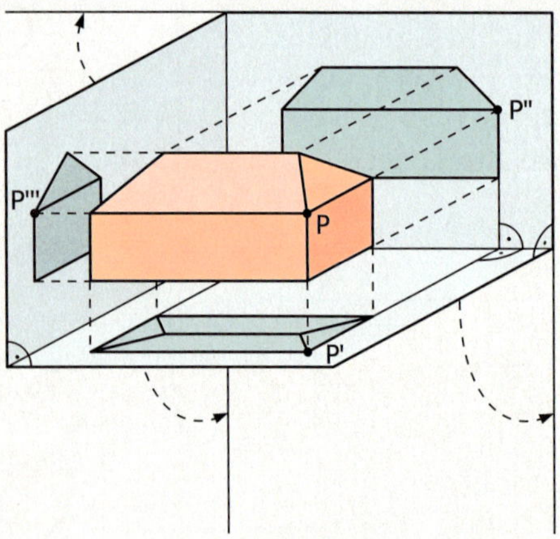

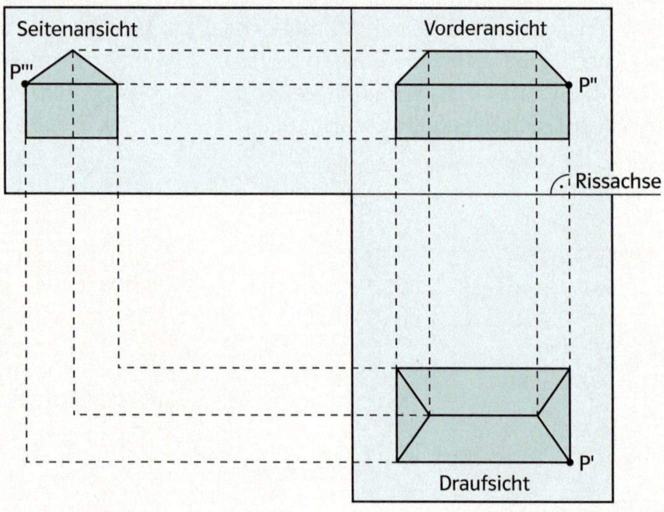

■ Zeichnen Sie die Würfelkörper jeweils in allen drei Ansichten.

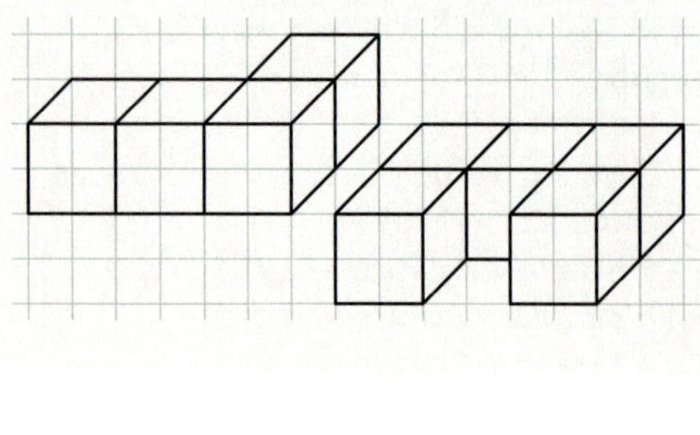

12 Prisma. Volumen

Das Volumen von Prismen ist manchmal gar nicht so einfach zu berechnen.
→ Wenn Sie aber die Reihe betrachten, finden Sie die Volumina der gefärbten Dreiecksprismen bestimmt heraus.

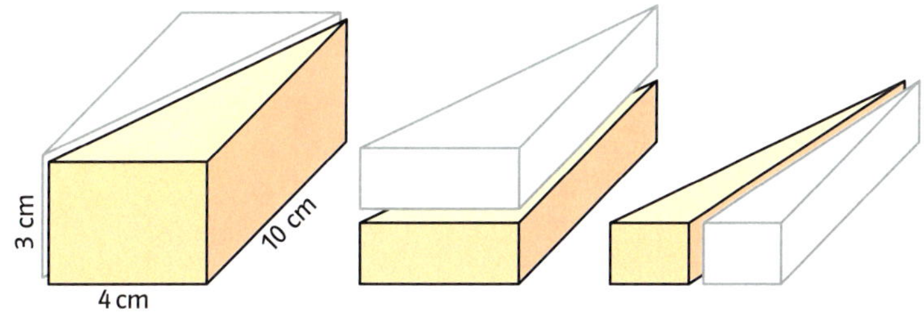

Aus der Formel $V = a \cdot b \cdot c$ für das Quadervolumen lässt sich in drei Schritten eine Formel für das Prismenvolumen entwickeln:

- Der Quader ist ein Prisma mit der Grundfläche $G = a \cdot b$ und der Körperhöhe $h = c$. Statt $V = a \cdot b \cdot c$ kann man damit auch $V = G \cdot h$ schreiben.
- Ein Prisma über einem rechtwinkligen Dreieck ist die Hälfte eines Quaders. Sein Volumen und seine Grundfläche sind halb so groß wie Volumen und Grundfläche des Quaders.
- Jedes Prisma lässt sich in Prismen über rechtwinkligen Dreiecken zerlegen.

Damit kann man die Volumenformel $V = G \cdot h$ auf alle Prismen übertragen.

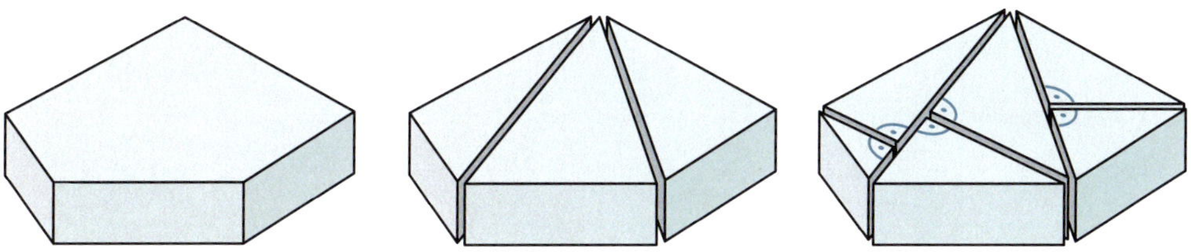

Das **Volumen eines Prismas** lässt sich als Produkt aus Grundfläche und Körperhöhe berechnen: $V = G \cdot h$

Beispiele

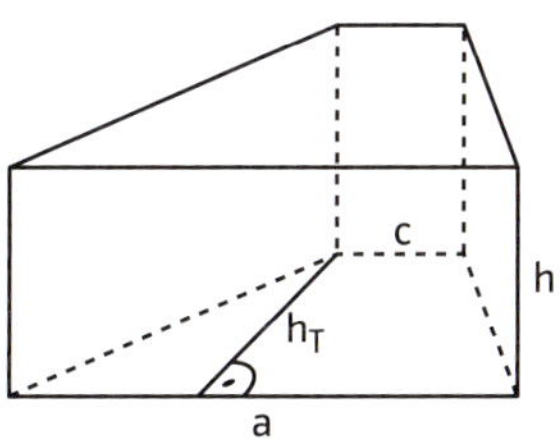

$a = 80\,cm$
$c = 20\,cm$
$h_T = 30\,cm$
$h = 35\,cm$

a) Mit der Formel $V = G \cdot h$ wird das Volumen des Trapezprismas berechnet:

$G = \frac{1}{2}(a + c) \cdot h_T$

$= \frac{1}{2}(80 + 20) \cdot 30\,cm^2 = 1500\,cm^2$

$G = 1500\,cm^2$

$V = 1500 \cdot 35\,cm^3 = 52\,500\,cm^3$

$V = 52\,500\,cm^3 = 52{,}5\,dm^3$

b) Aus dem Volumen $V = 1600\,l$ und der Höhe $h = 80\,cm$ wird die Grundfläche G des Aquariums berechnet.

$V = G \cdot h$

$= 1600\,l = 1600\,dm^3$; $h = 80\,cm = 8\,dm$

$G = \frac{V}{h} = \frac{1600}{8}\,dm^2 = 200\,dm^2$

$G = 200\,dm^2$

Aufgaben

1 Berechnen Sie das Volumen des Prismas.

a) $G = 25\,cm^2$; $h = 12\,cm$
b) $G = 35\,dm^2$; $h = 12\,dm$
c) $G = 4{,}2\,cm^2$; $h = 3{,}6\,cm$
d) $G = 15\,m^2$; $h = 4{,}5\,dm$

2 Berechnen Sie das Volumen des 14 cm hohen Prismas mit der abgebildeten Grundfläche (Maße in cm).

a)
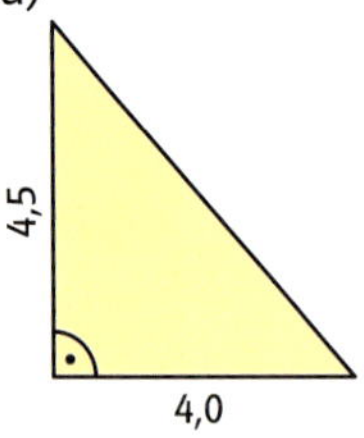

b)
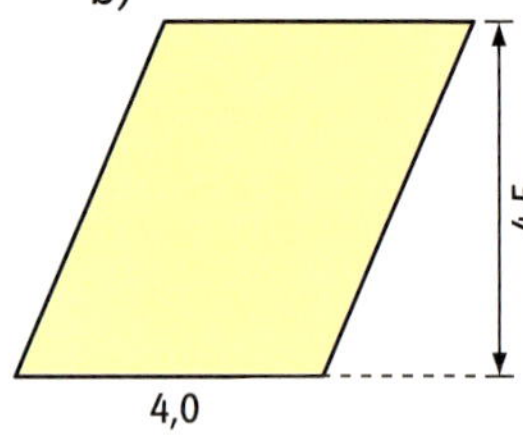

c)
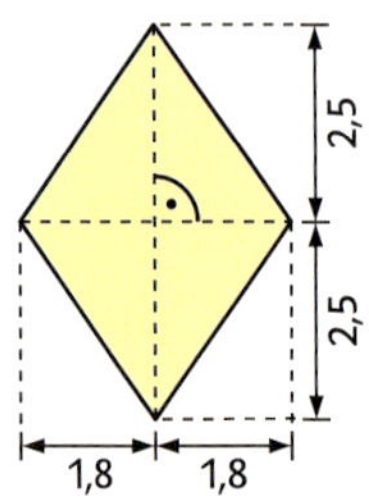

d)
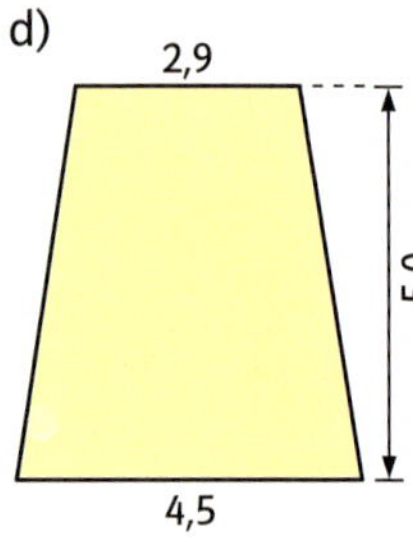

3 Berechnen Sie das Volumen des Prismas.

a) Grundfläche: Dreieck mit $c = 8\,cm$ und $h_c = 7\,cm$; Körperhöhe $h = 18\,cm$
b) Grundfläche: rechtwinkliges Dreieck mit $a = 7\,cm$, $b = 5\,cm$, $\gamma = 90°$; Körperhöhe $h = 12\,cm$
c) Grundfläche: Trapez mit $a = 12\,cm$; $c = 8\,cm$; Trapezhöhe $h_T = 6\,cm$; Körperhöhe $h = 25\,cm$
d) Grundfläche: Parallelogramm mit $a = 9\,cm$; Parallelogrammhöhe $h_a = 4{,}5\,cm$; Körperhöhe $h = 12{,}5\,cm$.

4 Berechnen Sie die fehlende Größe.

	a)	b)	c)	d)
G	$40\,cm^2$	$3\,dm^2$		
h			8,5 m	16 mm
V	$360\,cm^3$	12 l	$510\,m^3$	$720\,mm^3$

5 Berechnen Sie das Volumen (Maße in cm).

a)
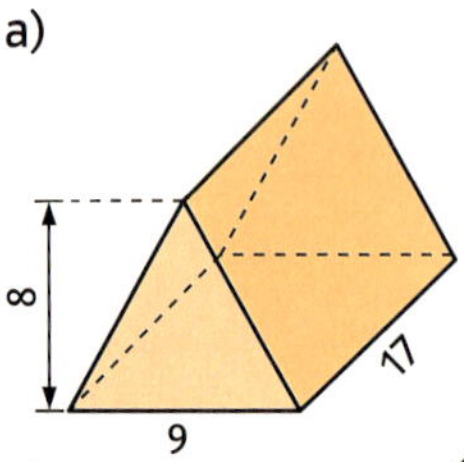

b)
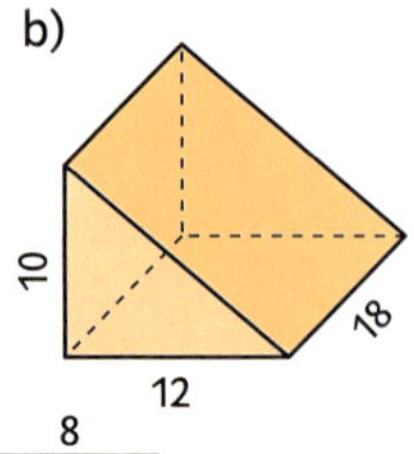

c)
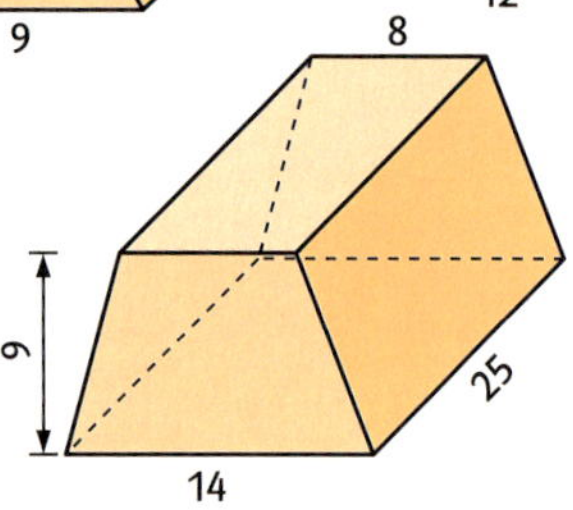

6 Ein 25 m langer Graben wird ausgehoben. Der Querschnitt ist ein Trapez.
a) Wie viel m^3 Erde enthält der Graben?
b) Durch das Auflockern erhöht sich das Volumen um 20 %.
Wie viel m^3 sind abzufahren?

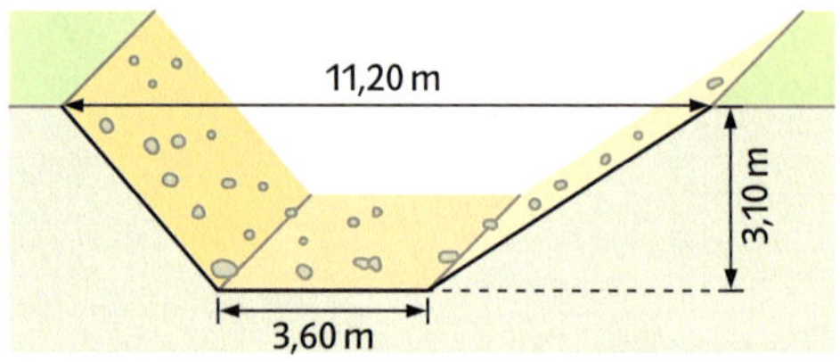

7 Bauschutt wird oft in Containern transportiert. Das Bild zeigt eine Seitenansicht. Die Breite beträgt 1,60 m.

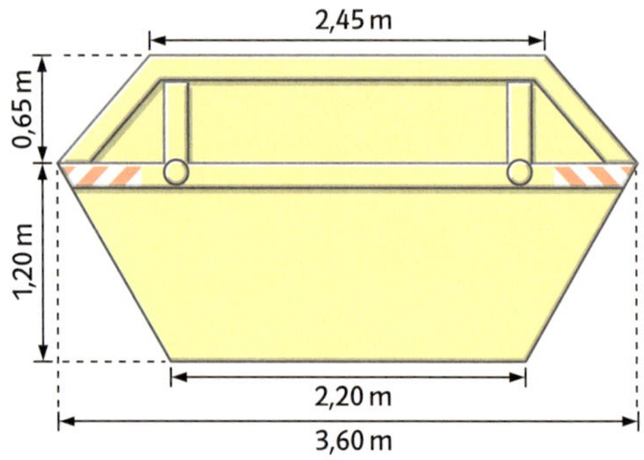

a) Wie viel m^3 fasst der Container?
b) Wie viel m^3 ist in einem nur auf 1,20 m Höhe gefüllten Container enthalten?
c) $1\,m^3$ Bauschutt wiegt etwa 1,5 t.

13 Zylinder. Oberfläche

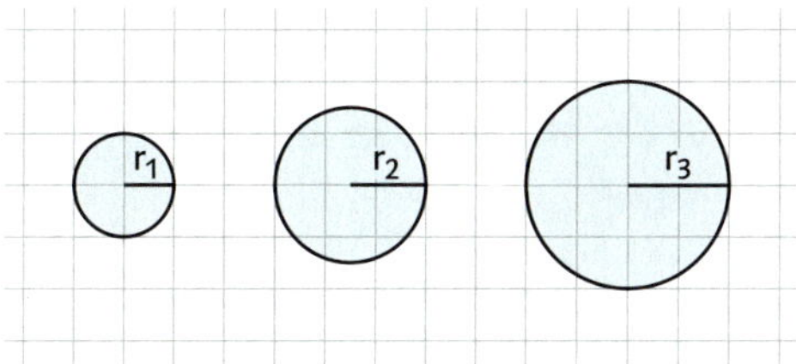

Welcher Grundkreis passt zum Zylindermantel?
→ Vergleichen Sie Ihre Ergebnisse.
→ Zeichnen Sie weitere passende Mantelrechtecke.

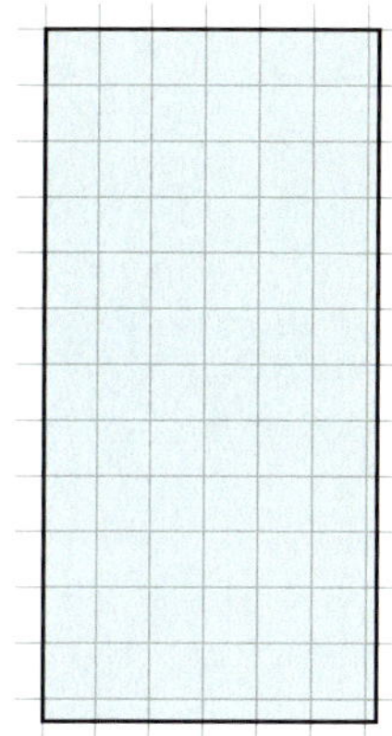

Ein Zylinder wird von zwei kongruenten Kreisflächen als **Grund- und Deckfläche** und einem Rechteck als **Mantel** begrenzt.

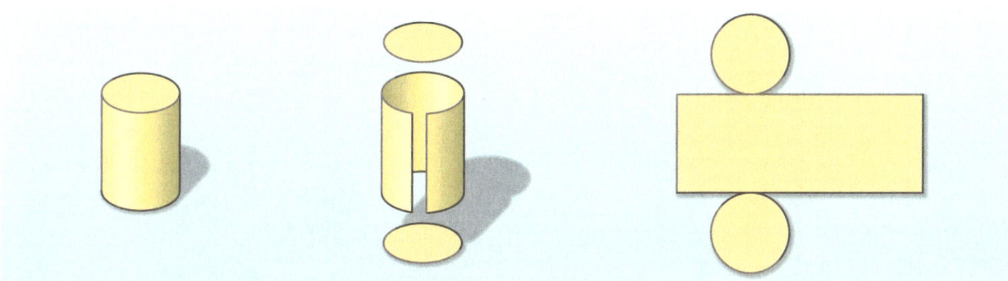

Beim Skizzieren eines Zylinders werden die Kreise zu Ellipsen. Zeichnen Sie zuerst links und rechts außen kleine Bögen.

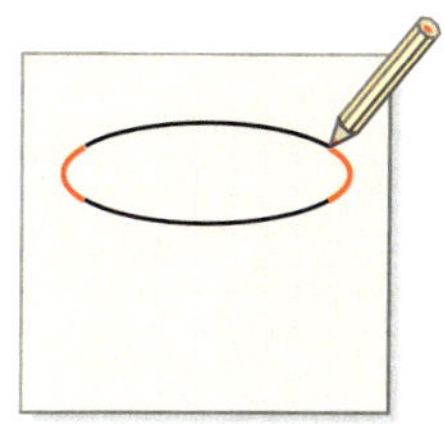

Für den Flächeninhalt des Grundkreises gilt: $G = D = \pi \cdot r^2$
Der Flächeninhalt des Mantelrechtecks beträgt: $M = u \cdot h$ mit $u = 2 \cdot \pi \cdot r$
$M = 2 \cdot \pi \cdot r \cdot h$
Die Zylinderoberfläche berechnet man aus der doppelten Grundfläche und der Mantelfläche.
$O = 2 \cdot G + M$
$O = 2 \cdot \pi \cdot r^2 + 2 \cdot \pi \cdot r \cdot h$

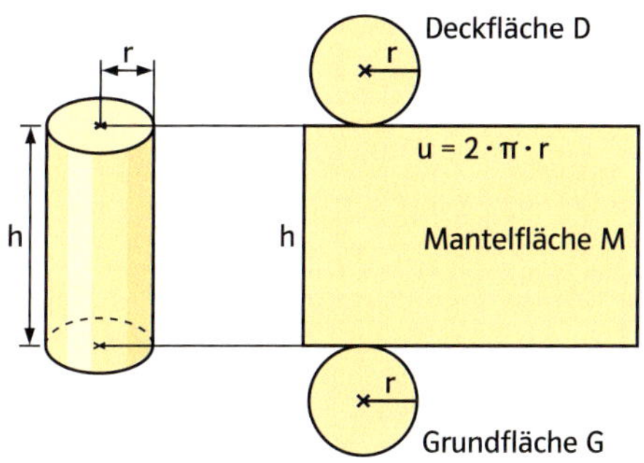

Die **Mantelfläche eines Zylinders** wird als Produkt des Grundkreisumfanges und der Zylinderhöhe berechnet. $\mathbf{M = u\,h}$ $\mathbf{M = 2\pi r h}$
Zur Berechnung der **Oberfläche eines Zylinders** bildet man die Summe aus der doppelten Grundfläche und der Mantelfläche.
$\mathbf{O = 2G + M}$ $\mathbf{O = 2\pi r^2 + 2\pi r h}$

Beispiele

a) Aus dem Radius $r = 3{,}0\,\text{cm}$ und der Höhe $h = 5{,}0\,\text{cm}$ wird die Oberfläche des Zylinders berechnet.
$O = 2\pi r^2 + 2\pi r h$
$O = 2\pi \cdot 3{,}0^2\,\text{cm}^2 + 2\pi \cdot 3{,}0 \cdot 5{,}0\,\text{cm}^2$
$O = 56{,}6\,\text{cm}^2 + 94{,}2\,\text{cm}^2$
$O = 150{,}8\,\text{cm}^2$

b) Aus der Mantelfläche $M = 220{,}0\,\text{cm}^2$ und der Höhe $h = 8{,}0\,\text{cm}$ wird der Radius des Zylinders berechnet.
$M = 2\pi r h \quad | : (2\pi h)$
$r = \frac{M}{2\pi h}$
$r = \frac{220{,}0}{2\pi \cdot 8{,}0}\,\text{cm}$
$r = 4{,}4\,\text{cm}$

Aufgaben

1 Stellen Sie einen Zylinder her.
a) Der Grundkreisradius beträgt 4 cm und die Höhe 10 cm.
b) Das Mantelrechteck ist 15 cm breit und 5 cm hoch.

2 Welche Figur ergibt einen Zylindermantel? Begründen Sie.
a) b)

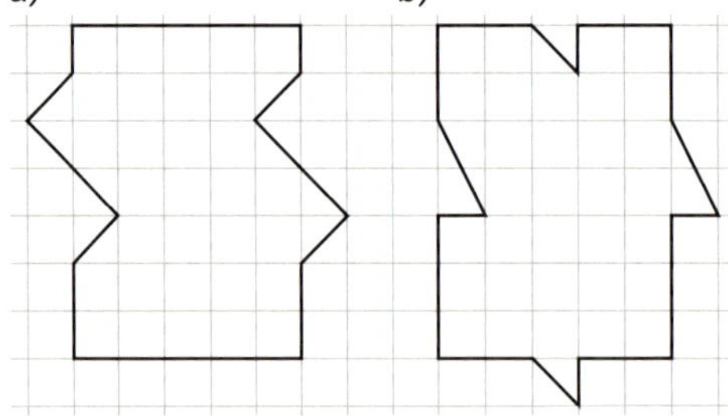

3 Berechnen Sie die Mantelfläche und die Oberfläche des Zylinders.

a) r = 5,5 cm
h = 7,5 cm

b) r = 8,4 cm
h = 15,1 cm

c) r = 4,1 dm
h = 1,8 m

d) d = 37,0 cm
h = 6,9 dm

e) d = 1,7 m
h = 8,9 dm

f) d = 8,4 cm
h = 12,2 cm

4 Berechnen Sie die fehlenden Größen.

	r	h	M	O
a)	6,3 cm	□	324,2 cm²	□
b)	114 mm	□	1826,5 cm²	□
c)	□	14,8 cm	1878,0 cm²	□
d)	2,0 cm	□	□	86,9 cm²
e)	55,5 cm	□	□	5,5 m²
f)	□	□	3,8 dm²	1477,9 cm²

5 Vergleichen Sie Mantel- und Oberflächen der Zylinder. Können Sie Ihr Ergebnis erklären?

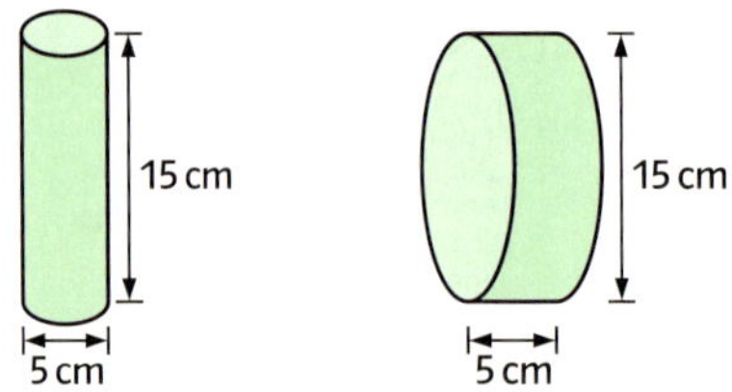

6 Wie groß ist die Werbefläche der links abgebildeten Litfaßsäule ungefähr?

7 Die Konservendose hat einen Durchmesser von 10 cm und ist 11,5 cm hoch.
a) Wie groß ist der Materialbedarf?

Für Falze und Verschnitt werden 18 % Zuschlag eingerechnet.
b) Welchen Flächeninhalt hat der Papierstreifen auf dem Dosenmantel? Zu den Falzen oben und unten bleibt 3 mm Abstand. Beim Kleben ist eine Überlappung von 1,2 cm notwendig.

8 Welche Gestalt hat das Stück Pappe, aus dem der Kern einer Rolle Küchenpapier hergestellt wird?

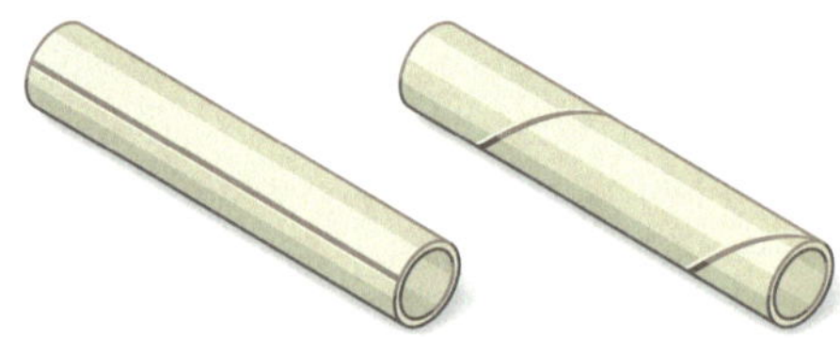

Können Sie die Form erklären?
Wie lang ist die Klebekante?

9 Wird ein ebener Schnitt entlang der Achse eines Zylinders durchgeführt, erhält man den Achsenschnitt des Zylinders. Die Schnittfläche ist ein Rechteck.

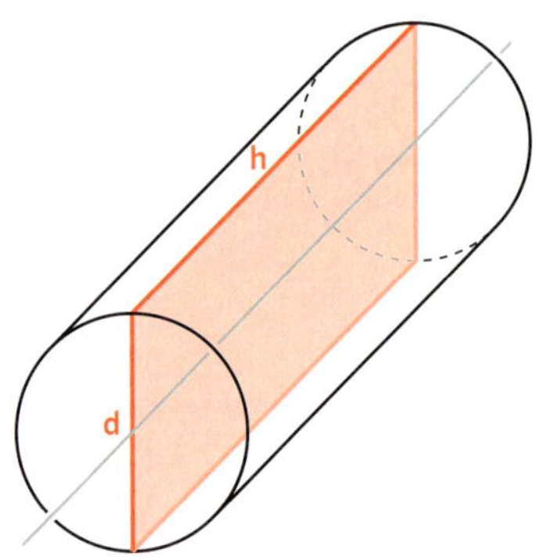

Bestimmen Sie die Maße der Schnittfläche und ihren Flächeninhalt.

a) d = 7,5 cm
h = 7,5 cm

b) r = 4,5 cm
M = 300 cm²

c) G = 0,6 m²
M = 2,4 m²

14 Zylinder. Volumen

Sammeln Sie verschiedene leere Dosen. Bestimmen Sie die Grundfläche und die Höhe. Das Volumen können Sie messen, indem Sie mit einem Messbecher Wasser einfüllen. Auch die Angaben auf dem Etikett können helfen.

G in cm^2	h in cm	V in cm^3
74	11,5	851
▢	▢	▢
▢	▢	▢
▢	▢	▢

→ Was fällt Ihnen auf?

Wird ein Zylinder ähnlich einem Kuchen in gleiche Teile zerlegt, kann man diese durch eine andere Anordnung näherungsweise zu einem Quader zusammensetzen. Je mehr Zylinderteile gebildet werden, desto genauer ist diese Näherung.
Das Volumen kann man so berechnen:

$V = \frac{u}{2} \cdot r \cdot h$

$V = \frac{2 \cdot \pi \cdot r}{2} \cdot r \cdot h$

$V = \pi \cdot r^2 \cdot h$

$V = G \cdot h$

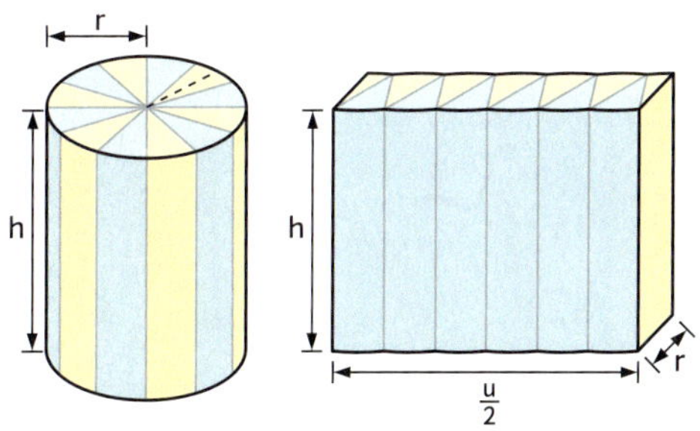

Wie bei Prismen ergibt sich das Volumen eines Zylinders aus dem Produkt der Grundfläche und der Körperhöhe. Der Unterschied besteht lediglich in der Form der Grundfläche.

Das **Volumen eines Zylinders** kann als Produkt der Grundfläche und der Höhe berechnet werden.
$\mathbf{V = G h; \; V = \pi r^2 h}$

Beispiele

a) Aus dem Radius $r = 2{,}0\,cm$ und der Höhe $h = 5{,}0\,cm$ wird das Volumen des Zylinders berechnet.

$V = \pi r^2 h$

$V = \pi \cdot 2{,}0^2 \cdot 5{,}0\,cm^3$

$V = 62{,}8\,cm^3$

b) Aus dem Volumen $V = 328{,}0\,cm^3$ und der Höhe $h = 18{,}0\,cm$ wird der Radius des Zylinders berechnet.

$V = \pi r^2 h \quad | : (\pi h)$

$r^2 = \frac{V}{\pi h}$

$r = \sqrt{\frac{V}{\pi h}}$

$r = \sqrt{\frac{328{,}0}{\pi \cdot 18{,}0}}\,cm$

$r = 2{,}4\,cm$

Aufgaben

1 Berechnen Sie das Volumen des Zylinders.

a) r = 8 cm
 h = 24 cm

b) r = 14 m
 h = 9 m

c) r = 4,2 cm
 h = 11,9 cm

d) r = 33,5 cm
 h = 96 mm

e) d = 68 mm
 h = 1,4 dm

f) d = 123,7 cm
 h = 0,8 m

2 Wie groß sind der Radius bzw. die Höhe des Zylinders?

a) V = 150 cm^3
 h = 10 cm

b) V = 760 dm^3
 h = 25 dm

c) V = 201,6 cm^3
 h = 4,2 cm

d) V = 1,8 l
 h = 7,5 cm

e) V = 35 dm^3
 r = 15,6 cm

f) V = 56 cm^3
 d = 12 mm

3 Berechnen Sie die fehlenden Angaben des Zylinders. (Maße in cm/cm^2/cm^3)

	r	h	M	O	V
a)	4,6	11,7	□	□	□
b)	13,5	□	605,0	□	□
c)	9,8	□	□	□	936,5
d)	□	10,1	□	□	769,0
e)	□	49,0	□	□	2345,0
f)	□	□	350,0	□	560,0

4 Eine zylinderförmige Regentonne hat einen Innendurchmesser von 80 cm und eine Höhe von 1,2 m.
a) Die Tonne ist zu 80 % gefüllt.
Wie viel Liter Wasser enthält sie?
b) In der Tonne sind 450 l Wasser.
Wie hoch steht das Wasser?

5 Alle abgebildeten Zylinder haben das gleiche Volumen von 144 π cm^3. Berechnen Sie die Radien und die Oberflächen.

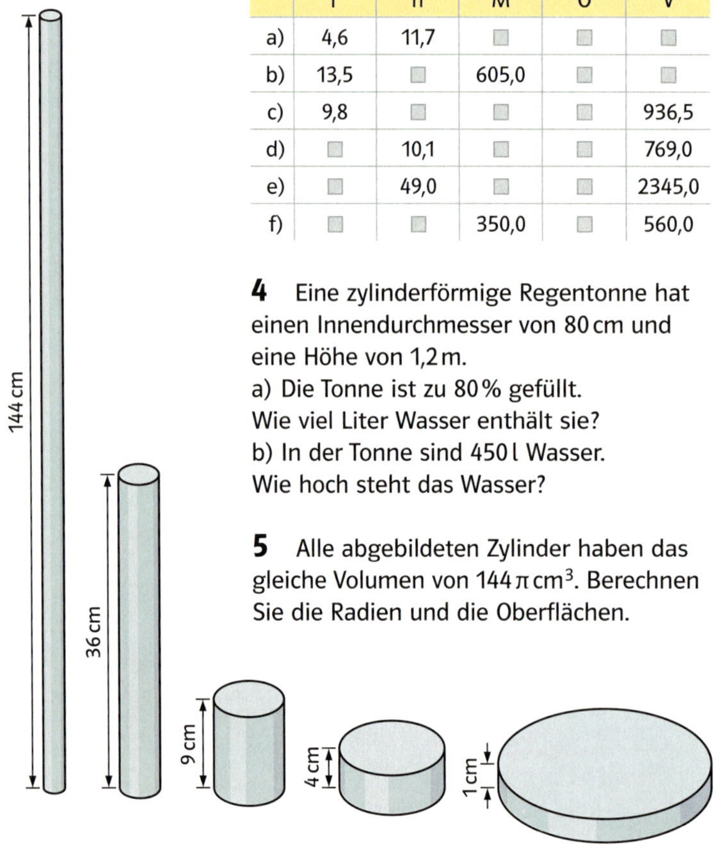

6 a) Berechnen Sie das Volumen der Zylinder.
b) Wie muss die Höhe des linken Zylinders verändert werden, damit beide das gleiche Volumen besitzen?

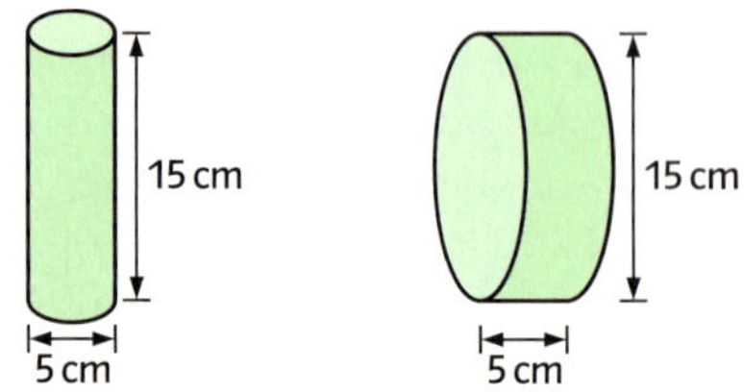

7 Ein Messzylinder hat einen Innendurchmesser von 76 mm.
a) In welcher Höhe befinden sich die Eichstriche für 50 ml; 100 ml; 150 ml, … ?
b) Das Fassungsvermögen soll ein Liter betragen. Wie hoch muss der Messzylinder mindestens sein?

8 Vergleichen Sie die Rauminhalte der Körper. Geben Sie den Unterschied in Prozent an.

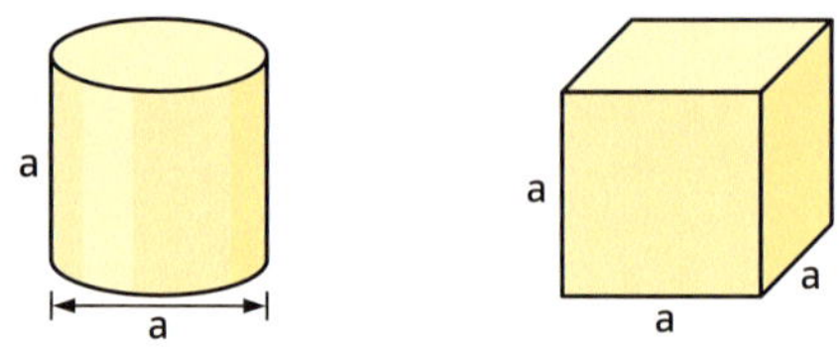

9 Wie verändern sich das Volumen und die Mantelfläche eines Zylinders?
a) Die Körperhöhe wird verdoppelt.
b) Der Radius wird verdoppelt.
c) Der Durchmesser wird verdreifacht.
d) Der Radius wird halbiert.
e) Der Radius wird verdoppelt und die Körperhöhe wird halbiert.

10 Bei der Herstellung integrierter Schaltkreise werden extrem dünne Drähte (d = 0,01 mm) aus Gold (19,3 g/cm3) verwendet.

a) Wie viel Meter Draht lassen sich aus 1 cm^3 Gold herstellen?
b) Wie viel Gold braucht man für 1000 km Draht?

15 Sinus. Kosinus. Tangens

Forstfahrzeuge arbeiten oft an steilen Hängen.

→ Welche Möglichkeiten kennen Sie, Steigungen zu messen?

→ Welche Strecken helfen beim Messen der Steigung besonders gut?

→ Das Fahrwerk zeigt die Steigung besonders gut an. Können Sie sie berechnen, ohne die Länge des Fahrwerks zu kennen?

→ Schätzen Sie den Steigungswinkel des Hangs und prüfen Sie dann, wie gut Sie geschätzt haben.

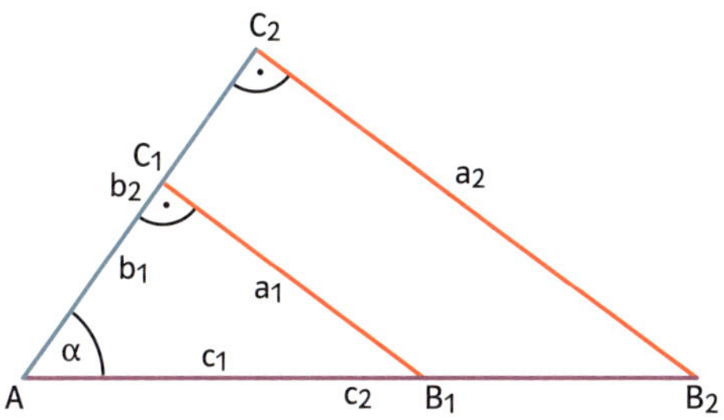

In den ähnlichen rechtwinkligen Dreiecken AB_1C_1 und AB_2C_2 gilt $\frac{a_1}{c_1} = \frac{a_2}{c_2}$. Das Seitenverhältnis hängt also nicht von der Größe der Dreiecke ab, sondern nur vom Winkel α. Dies gilt auch für andere Seitenverhältnisse. Die drei wichtigsten sind $\frac{a}{c}$; $\frac{b}{c}$ und $\frac{a}{b}$. Sie unterscheiden sich durch die Lage der Katheten in Bezug auf den Winkel α und haben besondere Namen.

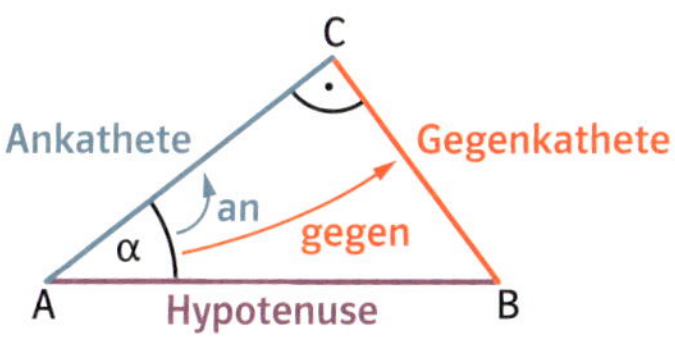

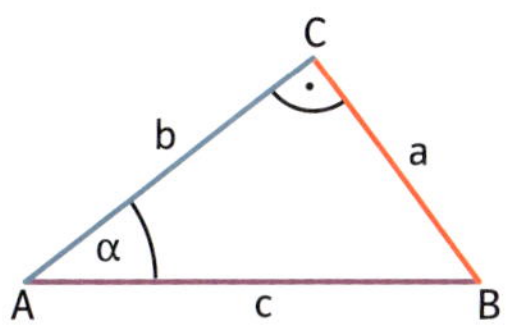

$\frac{a}{c} = \frac{\text{Gegenkathete von } \alpha}{\text{Hypotenuse}}$; $\frac{b}{c} = \frac{\text{Ankathete von } \alpha}{\text{Hypotenuse}}$; $\frac{a}{b} = \frac{\text{Gegenkathete von } \alpha}{\text{Ankathete von } \alpha}$

Die Seitenverhältnisse im rechtwinkligen Dreieck ABC mit $\gamma = 90°$ heißen

$\sin\alpha = \frac{\text{Gegenkathete von } \alpha}{\text{Hypotenuse}}$; $\cos\alpha = \frac{\text{Ankathete von } \alpha}{\text{Hypotenuse}}$; $\tan\alpha = \frac{\text{Gegenkathete von } \alpha}{\text{Ankathete von } \alpha}$

Man liest: Sinus von α; Kosinus von α; Tangens von α.

Beispiele

a) Im Dreieck ABC gilt

$\sin\alpha = \frac{3}{5}$; $\cos\alpha = \frac{4}{5}$; $\tan\alpha = \frac{3}{4}$.

Aus $\sin\alpha = \frac{3}{5}$ kann man mit dem Taschenrechner den Winkel α berechnen:

$\alpha = 36{,}9°$.

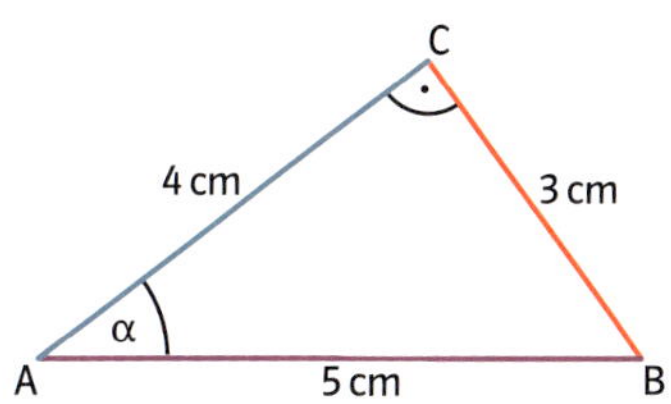

b) Oft müssen Sinus-, Kosinus- und Tangenswerte aus Dreiecken abgelesen werden, die anders liegen oder anders benannt sind als das Musterdreieck ABC.
In den rechtwinkligen Teildreiecken ADC und DBC gilt
$\sin\alpha = \frac{h}{b}$; $\tan\alpha = \frac{h}{q}$; $\cos\varepsilon = \frac{h}{b}$ und
$\sin\beta = \frac{h}{a}$; $\cos\beta = \frac{p}{a}$; $\tan\beta = \frac{h}{p}$.

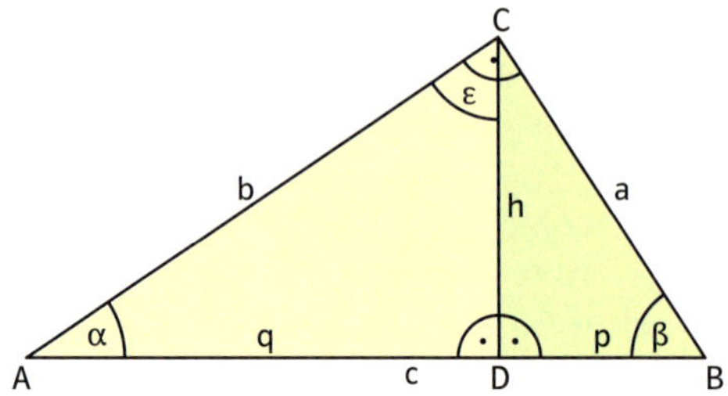

Aufgaben

1 a) Geben Sie $\sin\alpha$; $\cos\alpha$ und $\tan\alpha$ an.
b) Geben Sie $\sin\beta$; $\cos\beta$ und $\tan\beta$ an.

(1)

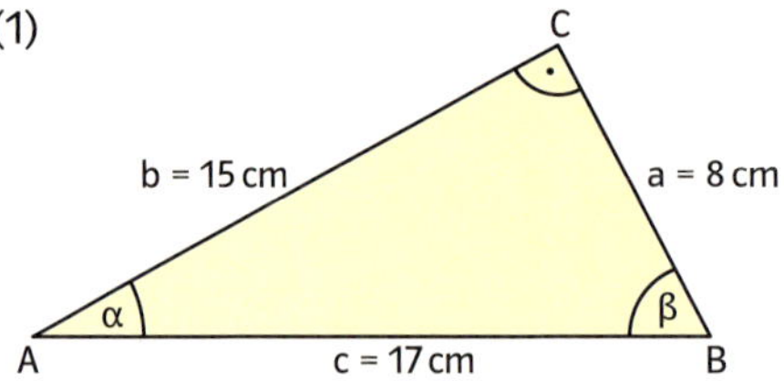

(2)

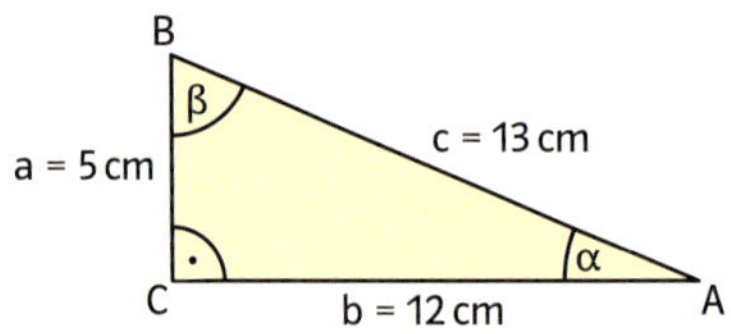

2 a) Berechnen Sie $\sin\alpha$ und $\sin\beta$.
b) Berechnen Sie $\cos\alpha$ und $\cos\beta$. Was fällt auf?

(1)

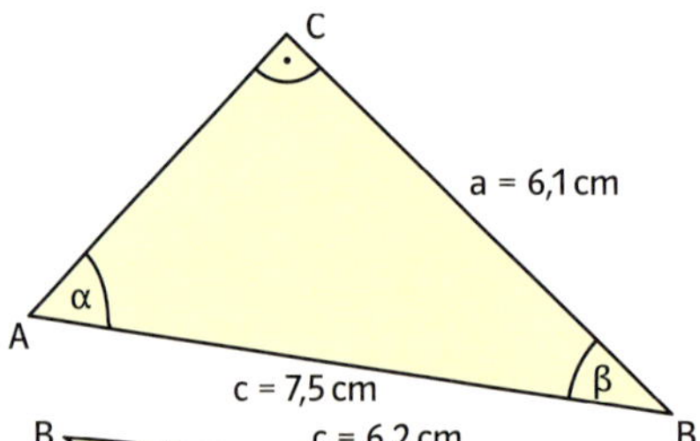

(2)

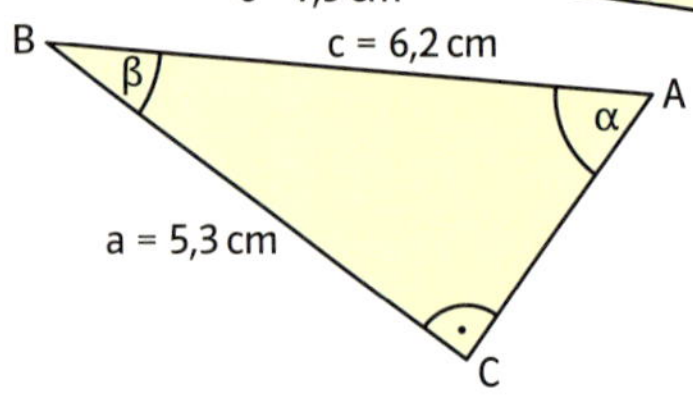

3 In $\triangle ABC$ gilt $\gamma = 90°$ und $\alpha = 38°$.
a) Berechnen Sie $\sin\alpha$ und $\cos\alpha$.
b) Berechnen Sie $\sin\beta$ und $\cos\beta$.

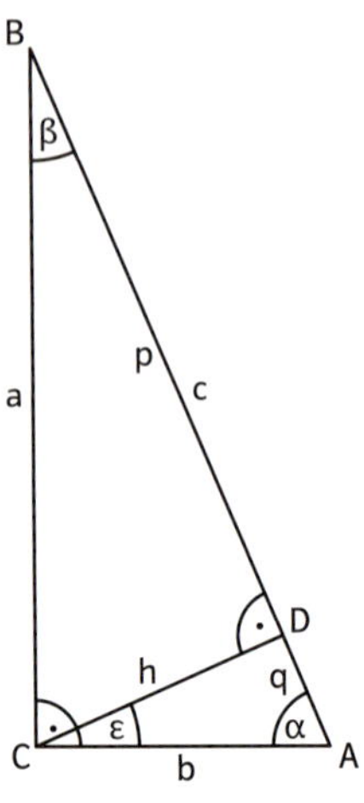

? *Warum gilt $\varepsilon = \beta$?*

4

α	10°	20°	30°	...	80°
sin α					
cos α					
tan α					

Füllen Sie die Tabelle aus. Was bemerken Sie? Schreiben Sie Ihre Beobachtungen auf.

5 Drücken Sie durch ein Seitenverhältnis aus:
a) $\sin\alpha$; $\cos\alpha$; $\tan\alpha$; $\sin\beta$; $\cos\beta$; $\tan\beta$
b) $\sin\beta$; $\cos\beta$; $\tan\beta$; $\sin\gamma$; $\cos\gamma$; $\tan\gamma$

a)

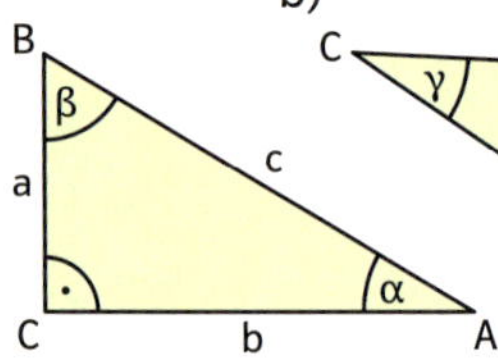

b)

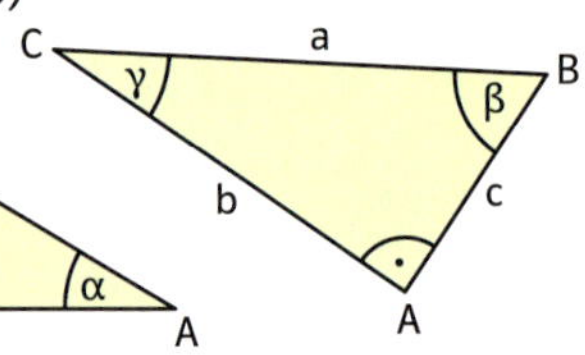

6 Drücken Sie für die Figur auf dem Rand das angegebene Seitenverhältnis durch Sinus, Kosinus oder Tangens aus:
a) $\frac{h}{p}$ b) $\frac{p}{a}$ c) $\frac{h}{b}$ d) $\frac{q}{b}$ e) $\frac{a}{c}$

7 Drücken Sie auf je drei Arten durch ein Seitenverhältnis aus:
a) $\sin\beta$ b) $\cos\beta$ c) $\cos\gamma$ d) $\tan\gamma$

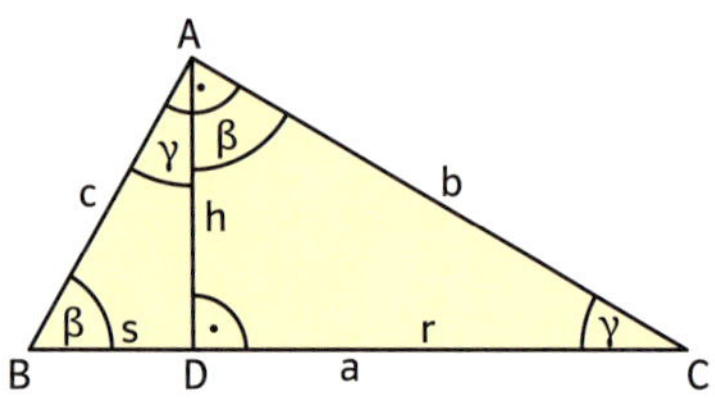

16 Rechtwinklige Dreiecke berechnen

Vor etwa 2000 Jahren überlegte der griechische Astronom Aristarch: „Steht bei Sonnenuntergang der Halbmond am Himmel, bilden Erde, Mond und Sonne ein rechtwinkliges Dreieck. Wenn ich also den Winkel α und die Entfernung Erde – Mond kenne, kann ich die Entfernung Erde – Sonne berechnen."

→ Welcher Wert für den Winkel α ergibt sich aus den heute bekannten Entfernungen $c = 150$ Mio km und $b = 384\,000$ km? Könnten Sie das Dreieck maßstäblich zeichnen?

→ Der Winkel α ist schwer zu messen. Aristarch erhielt 87°. Die Entfernung b kannte er recht genau. Welchen Wert errechnete er für c?

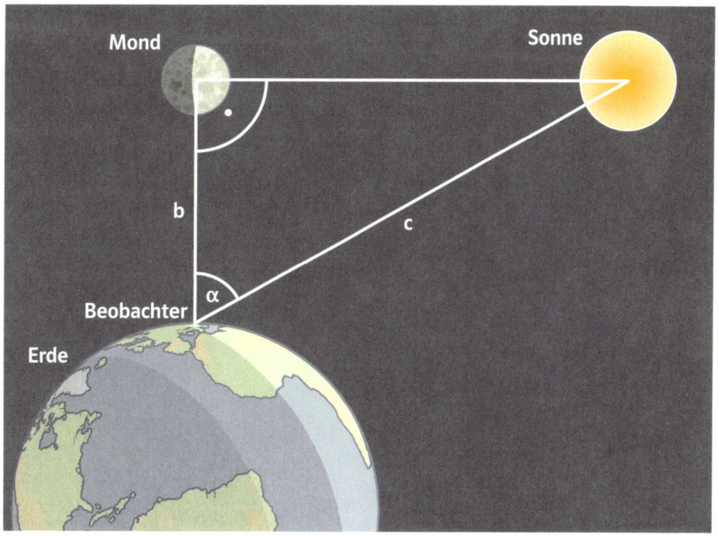

Im rechtwinkligen Dreieck gilt $\sin\alpha = \frac{a}{c}$. Aus je zwei der Größen α, a und c lässt sich die dritte berechnen. Allgemein braucht man für Berechnungen am rechtwinkligen Dreieck Sinus, Kosinus, Tangens und den Satz des Pythagoras.

Im rechtwinkligen Dreieck lassen sich die fehlenden Seiten und Winkel berechnen, wenn folgende Seiten oder Winkel gegeben sind:
- die Hypotenuse und ein spitzer Winkel
- eine Kathete und ein spitzer Winkel
- die zwei Katheten
- die Hypotenuse und eine Kathete

Bemerkung
Mit dem Taschenrechner ermittelte Werte sind meist zehnstellig. Da das Endergebnis nicht genauer sein kann als die gegebenen Größen, wird sinnvoll gerundet. Zur Vereinfachung schreiben wir statt des Zeichens „≈" das Gleichheitszeichen.

Beispiele
a) Gegeben: Hypotenuse und ein Winkel
$c = 8{,}8\,\text{cm}$; $\alpha = 57{,}4°$
Gesucht: a; b; β
Rechnung:
$\sin\alpha = \frac{a}{c}$ $\quad | \cdot c$
$a = c \cdot \sin\alpha = 7{,}4\,\text{cm}$
$b = c \cdot \cos\alpha = 4{,}7\,\text{cm}$
$\beta = 90° - 57{,}4° = 32{,}6°$
Ergebnis:
$a = 7{,}4\,\text{cm}$; $b = 4{,}7\,\text{cm}$; $\beta = 32{,}6°$

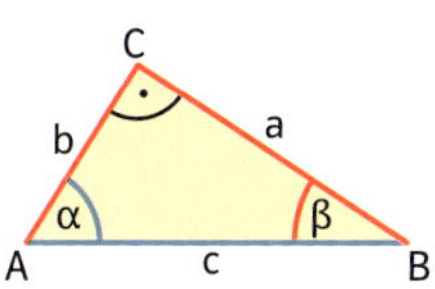

b) Gegeben: eine Kathete und ein Winkel
$a = 5{,}3\,\text{cm}$; $\alpha = 36{,}5°$
Gesucht: c; b; β
Rechnung:
$\sin\alpha = \frac{a}{c}$ $\quad | \cdot c \quad | : \sin\alpha$
$c = \frac{a}{\sin\alpha} = 8{,}9\,\text{cm}$
$b = \sqrt{c^2 - a^2} = 7{,}1\,\text{cm}$
$\beta = 90° - 36{,}5° = 53{,}5°$
Ergebnis:
$c = 8{,}9\,\text{cm}$; $b = 7{,}1\,\text{cm}$; $\beta = 53{,}5°$

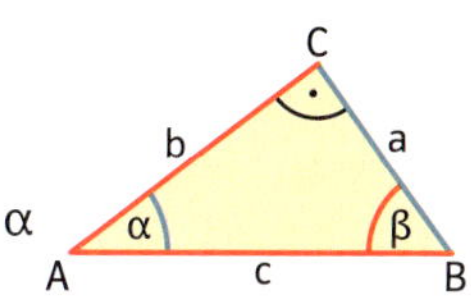

c) Gegeben: zwei Katheten
$a = 7{,}2\,\text{cm}$; $b = 5{,}1\,\text{cm}$
Gesucht: α; β; c

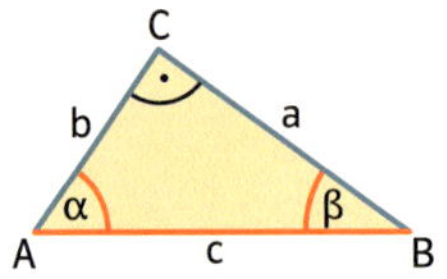

Rechnung:
$\tan\alpha = \frac{7{,}2\,\text{cm}}{5{,}1\,\text{cm}}$
$\alpha = 54{,}7°$
$\beta = 90° - 54{,}7° = 35{,}3°$
$c = \sqrt{a^2 + b^2} = 8{,}8\,\text{cm}$
Ergebnis:
$\alpha = 54{,}7°$; $\beta = 35{,}3°$; $c = 8{,}8\,\text{cm}$

d) Gegeben: Hypotenuse und Kathete
$c = 9{,}0\,\text{cm}$; $a = 4{,}4\,\text{cm}$
Gesucht: α; β; b

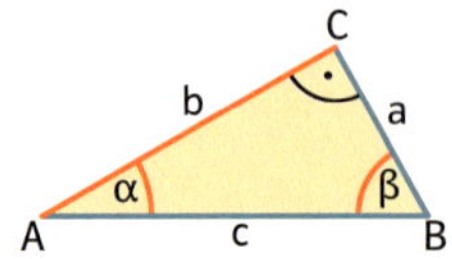

Rechnung:
$\sin\alpha = \frac{4{,}4\,\text{cm}}{9{,}0\,\text{cm}}$
$\alpha = 29{,}3°$
$\beta = 90° - 29{,}3° = 60{,}7°$
$b = \sqrt{c^2 - a^2} = 7{,}9\,\text{cm}$
Ergebnis:
$\alpha = 29{,}3°$; $\beta = 60{,}7°$; $c = 7{,}9\,\text{cm}$

Aufgaben

1 Berechnen Sie die rot markierten Größen.

a)

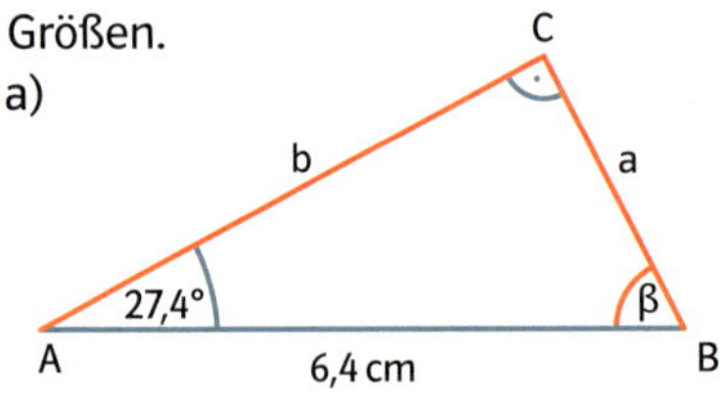

b)

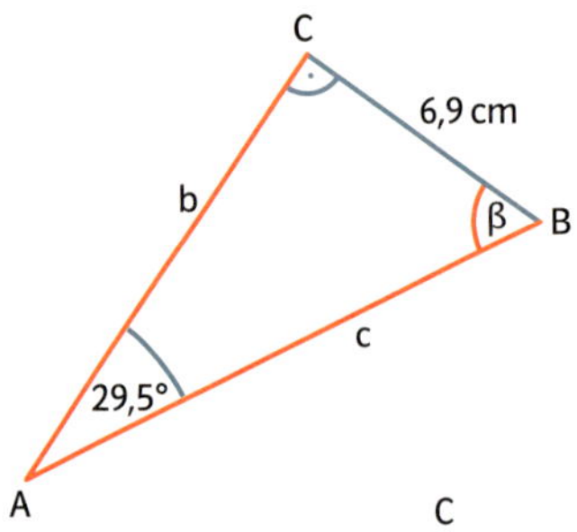

c)

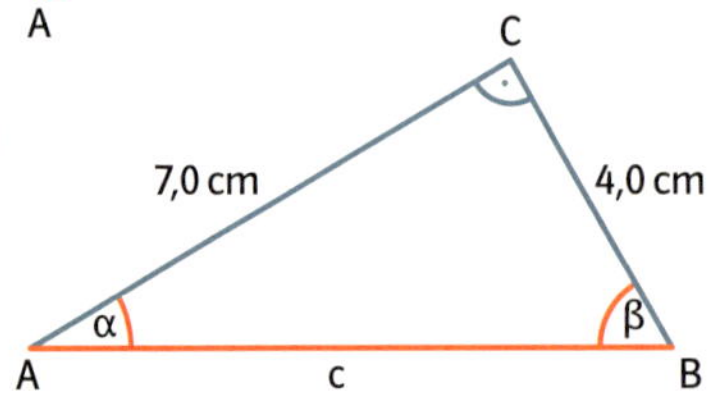

d)

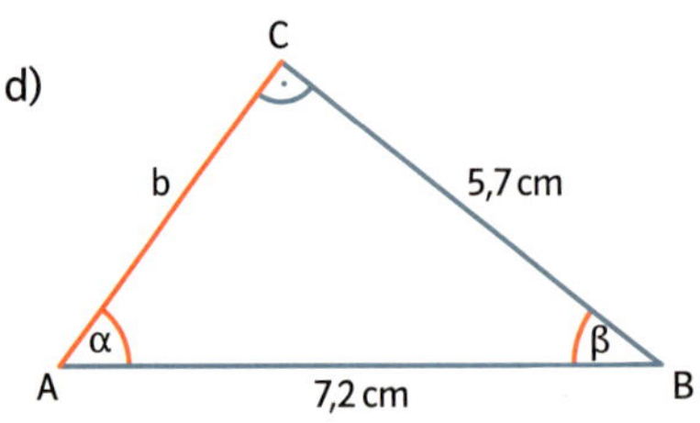

2 Berechnen Sie die fehlenden Größen. Beginnen Sie mit einer Planfigur. Der rechte Winkel liegt bei r. (Angegebene Seitenlängen in cm.)

	a)	b)	c)	d)	e)	f)
a		7,8	6,5		1,0	
b		1,2				7,7
c	9,6		9,3	8,4		
α	34,0°				10,0°	
β				19,5°		76,5°

3 Berechnen Sie die fehlenden Größen.

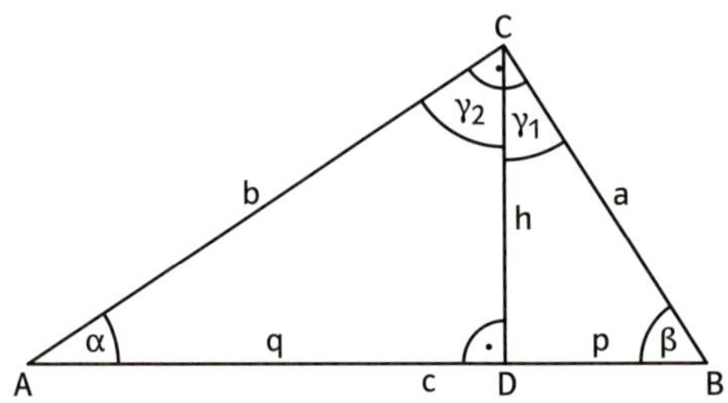

a) $q = 2{,}5\,\text{cm}$; $\alpha = 35{,}0°$
b) $h = 6{,}2\,\text{cm}$; $\alpha = 75{,}0°$
c) $p = 5{,}8\,\text{cm}$; $\beta = 31{,}2\,°$
d) $p = 7{,}6\,\text{cm}$; $\alpha = 37{,}9°$
e) $h = 8{,}0\,\text{cm}$; $p = 3{,}0\,\text{cm}$

17 Besondere Werte

Sie haben Ihren Taschenrechner vergessen.

→ Können Sie trotzdem im grünen Dreieck $\sin\alpha$, $\cos\alpha$, $\sin\beta$ und $\cos\beta$ angeben?

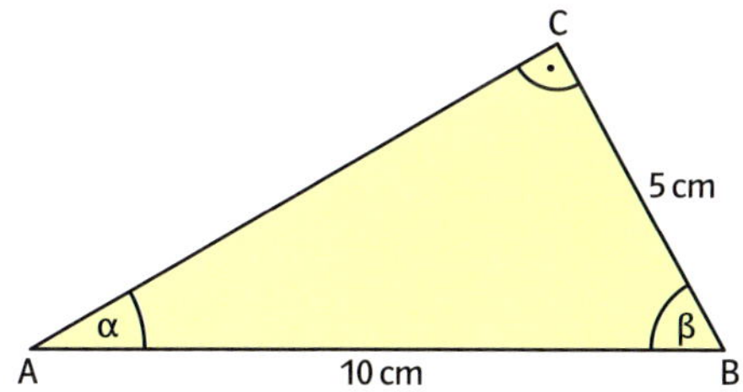

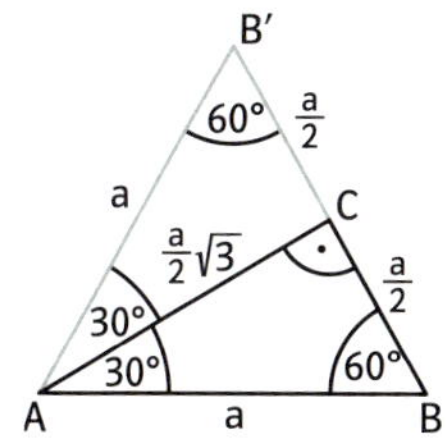

Nur zu wenigen ganzzahligen Winkelwerten gehören übersichtliche Sinus-, Kosinus- und Tangenswerte. Man findet sie an besonderen Dreiecken.
Das 30°-60°-90°-Dreieck ist die Hälfte eines gleichseitigen Dreiecks. Damit ergibt sich:

$\sin 30° = \frac{\frac{a}{2}}{a} = \frac{1}{2}$ $\quad\cos 30° = \frac{\frac{a}{2}\sqrt{3}}{a} = \frac{1}{2}\sqrt{3}$ $\quad\tan 30° = \frac{\frac{a}{2}}{\frac{a}{2}\sqrt{3}} = \frac{1}{3}\sqrt{3}$

$\sin 60° = \frac{\frac{a}{2}\sqrt{3}}{a} = \frac{1}{2}\sqrt{3}$ $\quad\cos 60° = \frac{\frac{a}{2}}{a} = \frac{1}{2}$ $\quad\tan 60° = \frac{\frac{a}{2}\sqrt{3}}{\frac{a}{2}} = \sqrt{3}$

! $\frac{1}{\sqrt{3}} = \frac{1}{3}\sqrt{3}$

Erweitern Sie mit $\sqrt{3}$!

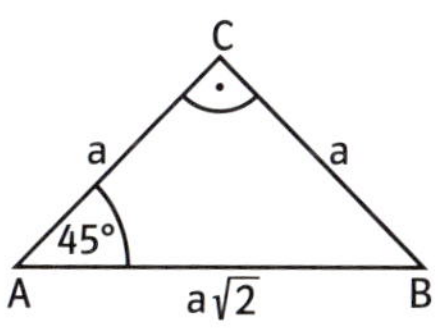

Am gleichschenklig-rechtwinkligen Dreieck ist abzulesen:

$\sin 45° = \frac{a}{a\sqrt{2}} = \frac{1}{2}\sqrt{2}$ $\quad\cos 45° = \frac{a}{a\sqrt{2}} = \frac{1}{2}\sqrt{2}$ $\quad\tan 45° = \frac{a}{a} = 1$

Merkhilfen

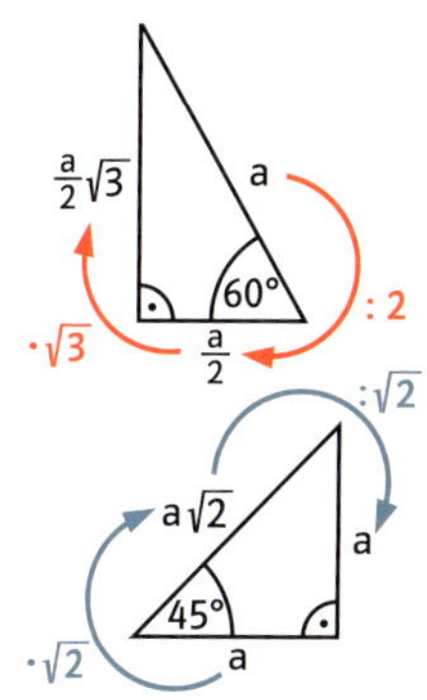

Besondere Sinus-, Kosinus- und Tangenswerte

Diese Werte sind besonders für Formeln wichtig. In Formeln werden die Wurzelterme nicht durch Dezimalzahlen ersetzt.

α	30°	45°	60°
$\sin\alpha$	$\frac{1}{2}$	$\frac{1}{2}\sqrt{2}$	$\frac{1}{2}\sqrt{3}$
$\cos\alpha$	$\frac{1}{2}\sqrt{3}$	$\frac{1}{2}\sqrt{2}$	$\frac{1}{2}$
$\tan\alpha$	$\frac{1}{3}\sqrt{3}$	1	$\sqrt{3}$

Beispiel

Der Umfang $u = a + b + c + d$ des Vierecks ABCD wird durch e ausgedrückt:

(1) $e = a \cdot \tan 45°$
$e = a \cdot 1$
$a = e$

(2) $e = b \cdot \sin 30°$
$e = b \cdot \frac{1}{2} \quad | \cdot 2$
$b = 2e$

(3) $e = c \cdot \tan 30°$
$e = c \cdot \frac{1}{3}\sqrt{3} \quad | \cdot \sqrt{3}$
$c = e \cdot \sqrt{3}$

(4) $e = d \cdot \sin 45°$
$e = d \cdot \frac{1}{2}\sqrt{2} \quad | \cdot \sqrt{2}$
$d = e \cdot \sqrt{2}$

Damit ergibt sich $u = e \cdot (3 + \sqrt{3} + \sqrt{2})$.

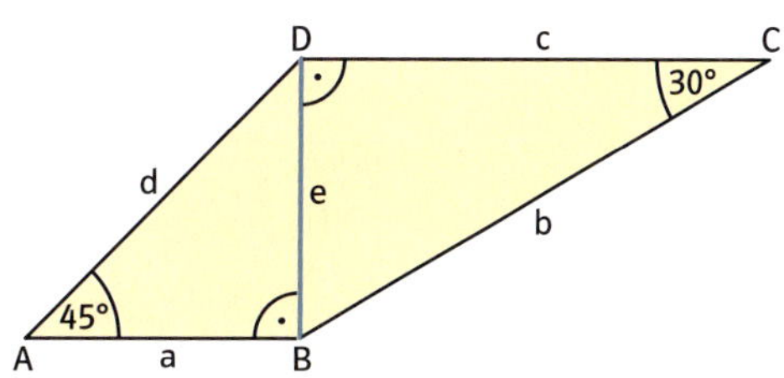

Aufgaben

1 Drücken Sie die Seitenlängen a, b bzw. c durch e aus.

a)

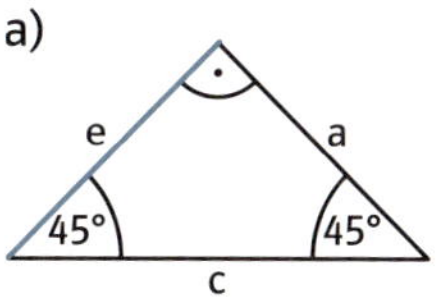

b)

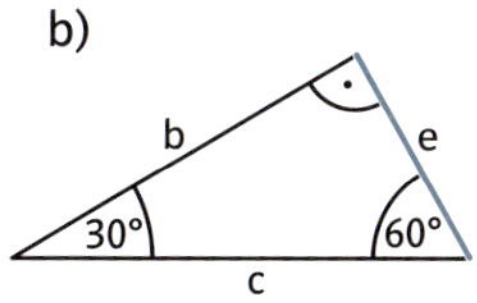

2 Drücken Sie die Seitenlängen a, b, c bzw. d durch e aus.

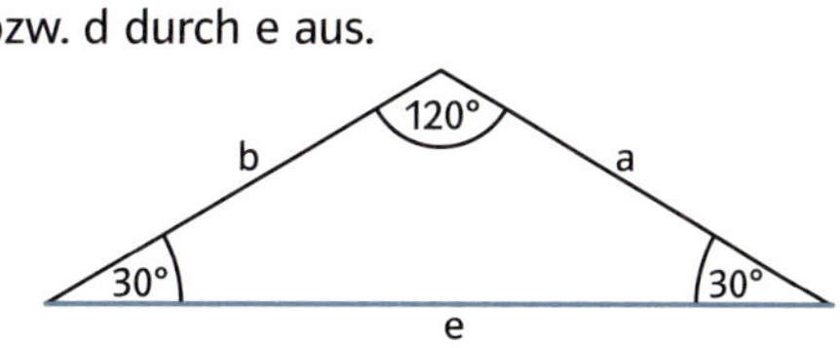

18 Trigonometrie im Raum

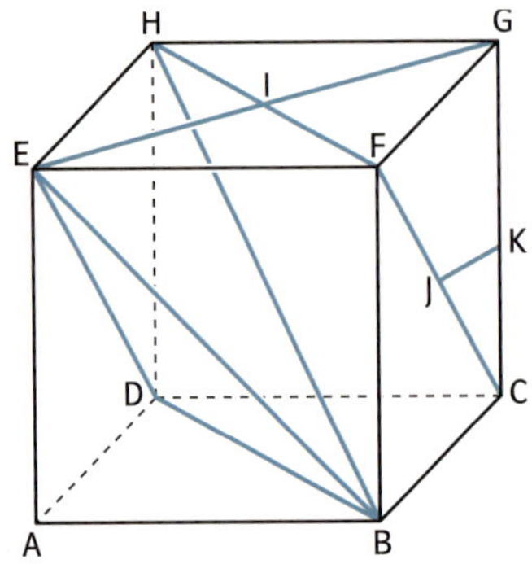

Manche in Wirklichkeit rechten Winkel sehen im Schrägbild nicht wie rechte Winkel aus, und umgekehrt sind nicht alle rechten Winkel des Schrägbilds auch in Wirklichkeit rechte Winkel.
Im abgebildeten Würfel finden Sie viele Dreiecke aus Kanten und farbigen Strecken.

→ Suchen Sie nach rechtwinkligen Dreiecken.

→ Suchen Sie auch Dreiecke, die sicher nicht rechtwinklig sind.

Um Strecken und Winkel in Körpern zu berechnen, muss man oft schräg liegende Dreiecke betrachten. Ihre Form kann von der wirklichen Form abweichen.

Im abgebildeten Quader ist △ ADH rechtwinklig. Auch △ ABH ist rechtwinklig, denn alle Strecken auf der linken Seitenfläche des Quaders stehen auf $\overline{AB}$ senkrecht. Man kann daher den Winkel β durch die Seitenlängen ausdrücken:

$d = \sqrt{a^2 + \overline{AH}^2}$

$\quad = \sqrt{a^2 + b^2 + c^2}$

$\cos\beta = \frac{a}{d}$

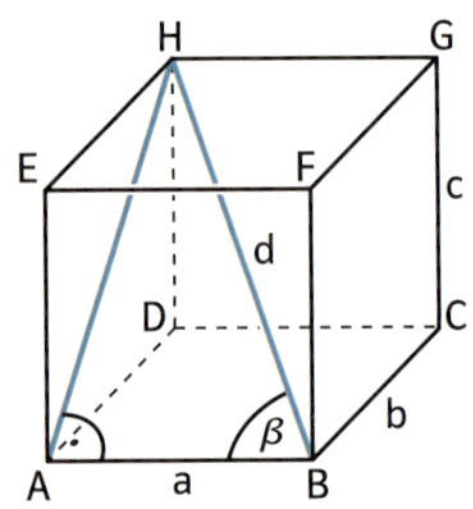

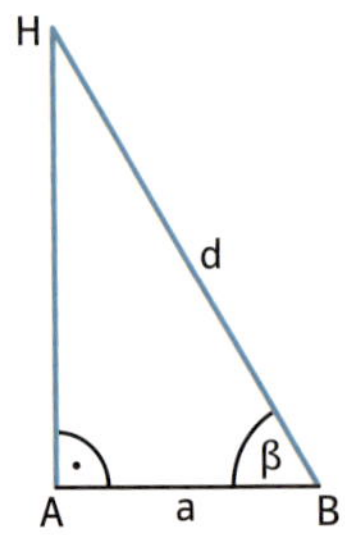

△ABH, in die Zeichenebene geklappt

Sind Strecken und Winkel in Körpern zu berechnen, sucht man geeignete rechtwinklige Dreiecke. In diesen **Stützdreiecken** wird dann gerechnet. Es ist oft günstig, sie einzeln herauszuzeichnen.

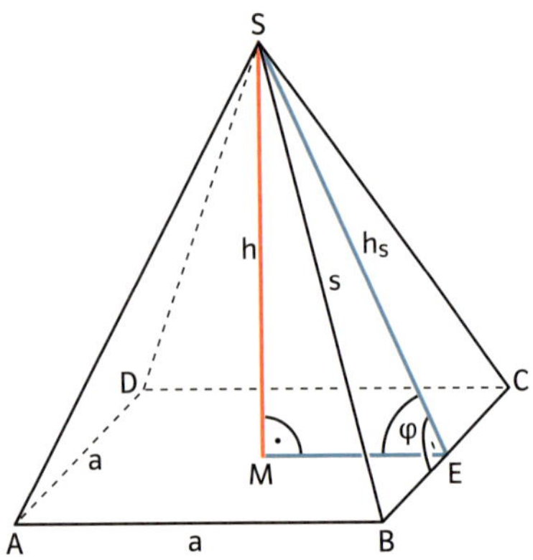

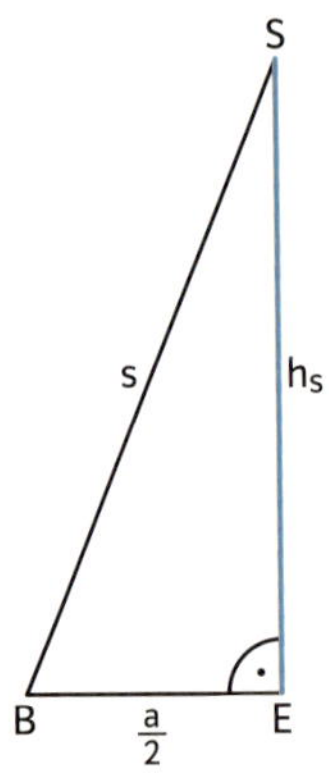

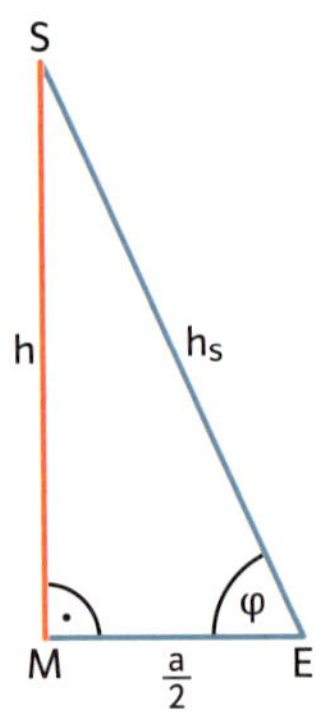

Grundkante $a = 10\,cm$
Seitenkante $s = 12\,cm$

Beispiel

Der Winkel φ zwischen der Grundfläche und einem Manteldreieck der quadratischen Pyramide wird berechnet.
Aus dem Stützdreieck BES ergibt sich die Seitenflächenhöhe h_S:

$h_S = \sqrt{s^2 - \left(\frac{a}{2}\right)^2} = 10{,}91\,cm$

Aus dem Stützdreieck MES ergibt sich:

$\cos\varphi = \frac{\frac{a}{2}}{h_S}$

$\varphi = 62{,}7°$.

Der gesuchte Winkel beträgt 62,7°.

Aufgaben

1 Zwischen welchen Strecken erkennen Sie rechte Winkel?
Die Punkte I, J und K sind Seitenmitten.
Rechte Winkel zwischen zwei Quaderkanten brauchen Sie nicht zu nennen.

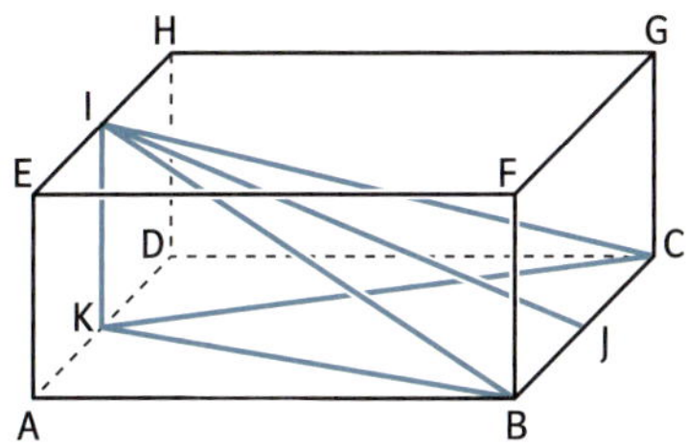

2 a) Geben Sie die Seiten und Winkel des Dreiecks im Würfel an.
b) Der Wert von a wird geändert. Was bemerken Sie?
c) Wie viele Dreiecke im Würfel gibt es, die zum eingezeichneten Dreieck kongruent sind? Zählen Sie systematisch.

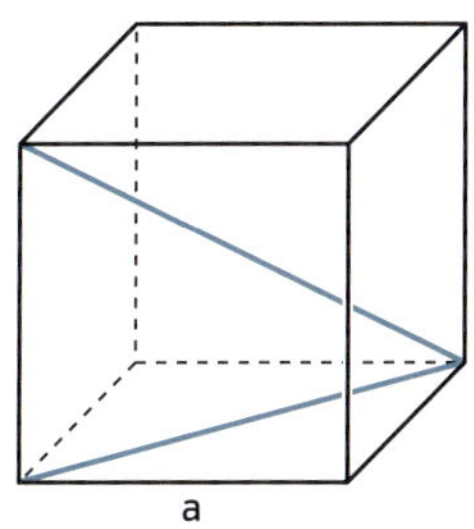

3 a) Geben Sie die Seitenlängen und Winkel des Dreiecks im Quader an.
b) Wie viele Dreiecke im Quader gibt es, die zu dem gezeichneten Dreieck kongruent sind?
c) Zeichnen Sie den Quader und tragen Sie die Dreiecke BHE und ABH ein. Wie groß sind die Winkel dieser Dreiecke?

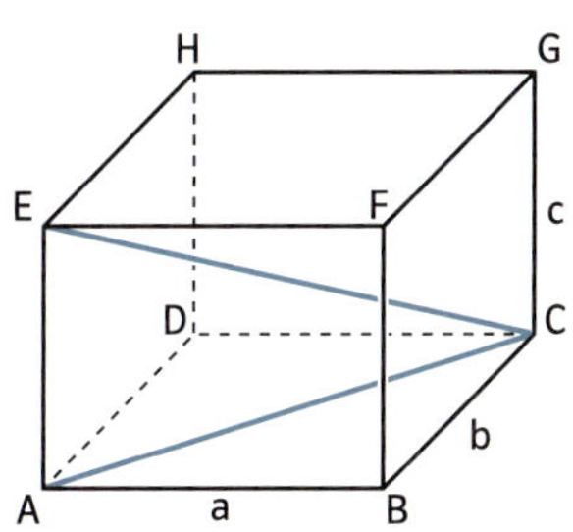

4 a) Berechnen Sie den Winkel φ zwischen der Grundfläche und dem Manteldreieck der quadratischen Pyramide.

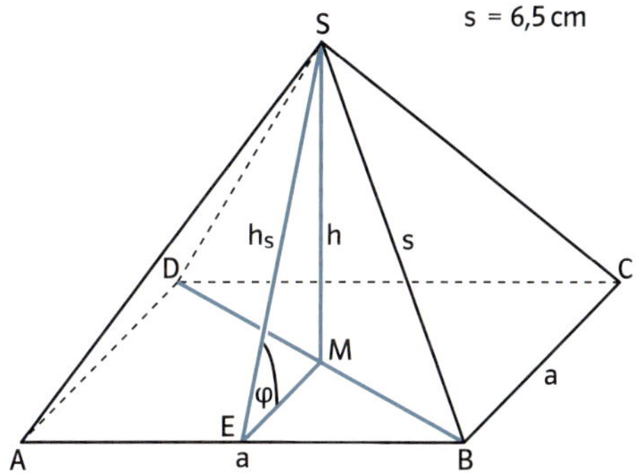

b) Berechnen Sie Winkel, Seitenlängen und Flächeninhalt des Dreiecks DBS.

5 In einen Würfel mit Kantenlänge a ist das Viereck EICJ eingetragen. Die Punkte I und J sind Kantenmitten.

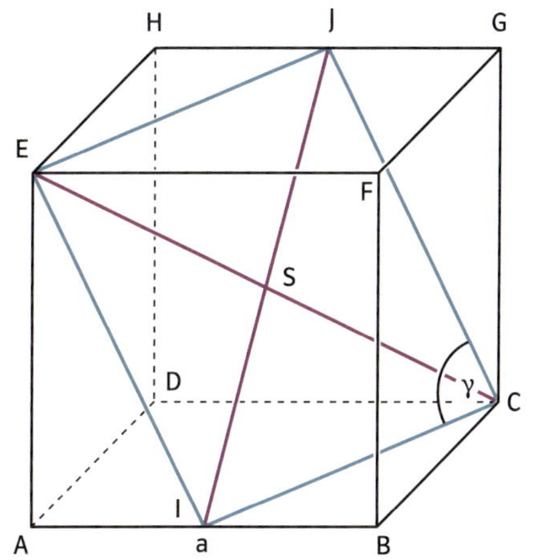

Maxi behauptet: Das Viereck EICJ ist eine Raute.
Michi behauptet: Das Viereck EICJ ist sogar ein Quadrat.
a) Unter welchem Winkel schneiden sich die Diagonalen $\overline{EC}$ und $\overline{IJ}$?
b) Berechnen Sie den Winkel γ.
c) Drücken Sie den Flächeninhalt des Vierecks durch a aus.
d) Zeichnen Sie ein Netz des Würfels und tragen Sie die blauen Linien ein.

19 Pyramide. Oberfläche

Mit einem passend zerschnittenen Rechteck von 15 cm Länge und 5 cm Breite wird eine quadratische Pyramide ohne Überlappung beklebt.

→ Wie hoch ist diese Pyramide? Wer nicht rechnen will, kann auch ein Modell bauen.

Pyramiden mit einem regelmäßigen Fünfeck, Sechseck usw. als Grundfläche bezeichnen wir kurz als Fünfecks-, Sechseckspyramiden usw.

Eine Pyramide wird von einem Vieleck als **Grundfläche** und einem Mantel begrenzt. Die **Mantelfläche** besteht aus so vielen Dreiecken, wie die Grundfläche Seiten bzw. Ecken hat. Ist das Vieleck der Grundfläche regelmäßig, dann sind alle Manteldreiecke gleichschenklig.

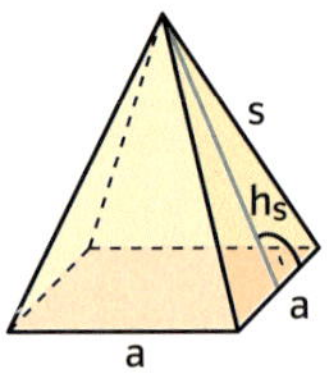

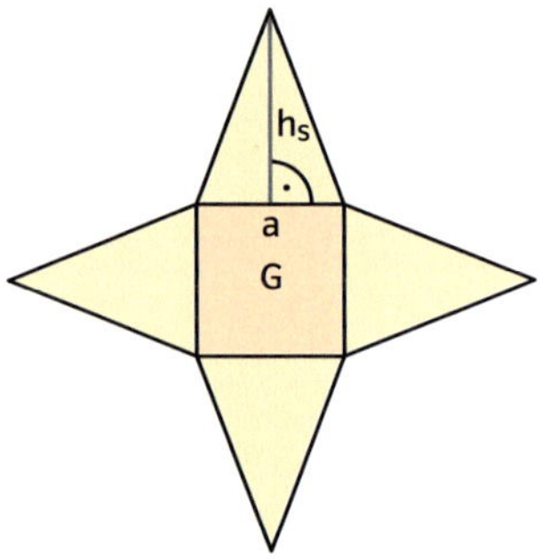

Die **Oberfläche** der Pyramide **O** setzt sich aus den Flächeninhalten der Grundfläche **G** und der Mantelfläche **M** zusammen.
Für die Mantelfläche der quadratischen Pyramide gilt:

$M = 4 \cdot A_\Delta$ also $M = 4 \cdot \frac{a \cdot h_s}{2}$

$M = 2 \cdot a \cdot h_s$

Für die Oberfläche gilt:

$O = G + M$ $O = a^2 + 2 \cdot a \cdot h_s$

Die **Oberfläche einer Pyramide** ist die Summe der Flächeninhalte von Grund- und Mantelfläche: **O = G + M**

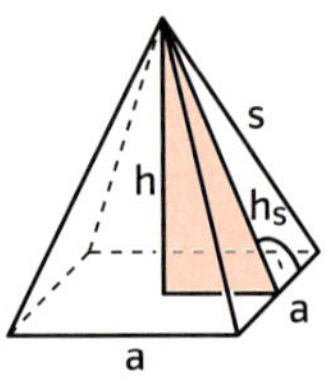

Bemerkung

Bei Berechnungen an Pyramiden muss man die Pyramidenhöhe h und die Höhe eines Manteldreiecks h_s über der Grundkante a unterscheiden.
Die Seitenkante einer Pyramide wird mit s bezeichnet.

Beispiel

Aus der Länge der Grundkante
a = 5,0 cm und der Pyramidenhöhe
h = 6,0 cm wird die Oberfläche der quadratischen Pyramide berechnet.

$O = a^2 + 2ah_s$

Satz des Pythagoras: $h_s^2 = h^2 + \left(\frac{a}{2}\right)^2$

$h_s = \sqrt{6{,}0^2 + 2{,}5^2}$ cm

$h_s = 6{,}50$ cm

$O = 5^2\,\text{cm}^2 + 2 \cdot 5 \cdot 6{,}50\,\text{cm}^2 = 90{,}0\,\text{cm}^2$

! *Schrägbild zeichnen:*
1. Grundfläche

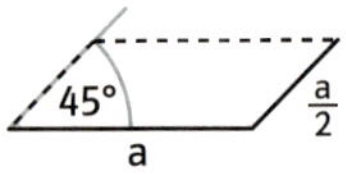

2. Körperhöhe

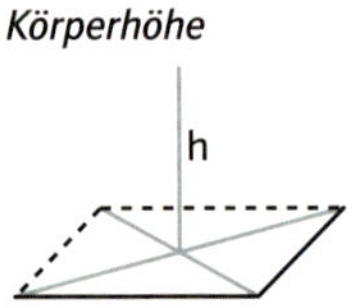

3. Seitenflächen

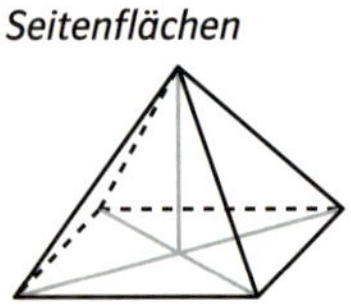

Aufgaben

1 Zeichnen Sie das Schrägbild einer quadratischen Pyramide mit
a = 4 cm und
h = 7 cm.
Die Abbildungen auf dem Rand zeigen Ihnen die notwendigen Schritte.

2 Gegeben ist eine quadratische Pyramide.
a) Berechnen Sie a, h und s aus
$M = 75{,}8\,\text{cm}^2$ und $h_s = 9{,}2$ cm.
b) Berechnen Sie h_s, h und s aus
$O = 456{,}5\,\text{cm}^2$ und a = 9,8 cm.

3 Für Berechnungen an quadratischen Pyramiden benötigt man oft rechtwinklige Dreiecke.

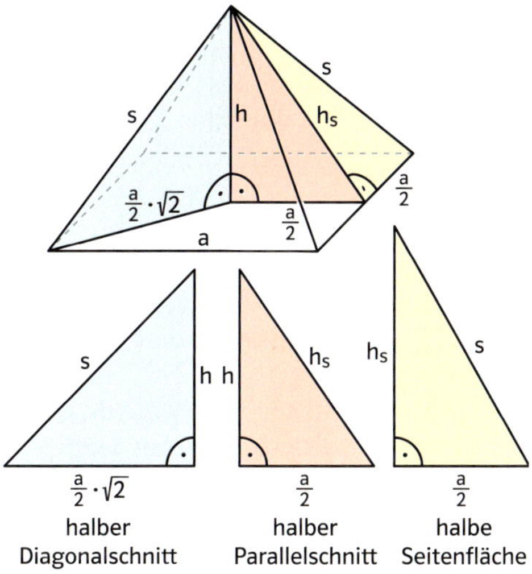

Fertigen Sie das Modell einer quadratischen Pyramide an, das die halbe Seitenfläche, die halbe Parallelschnittfläche und die halbe Diagonalschnittfläche zeigt.

4 Berechnen Sie die fehlenden Größen der quadratischen Pyramide. (Maße in cm)

	a	s	h	h_s	M	O
a)	7			9		
b)	5,9			8,4		
c)	7,8	9,5				
d)	6,2		8,5			
e)			1,1	1,3		

5 a) Die Seitenflächen einer quadratischen Pyramide sind gleichseitige Dreiecke mit der Seitenlänge 7,5 cm.
Berechnen Sie O.
b) Die Parallelschnittfläche einer quadratischen Pyramide ist ein rechtwinklig gleichschenkliges Dreieck mit der Kathetenlänge 12,8 cm. Wie groß ist seine Oberfläche?

6 Der Flächeninhalt eines pyramidenförmigen Daches über einer quadratischen Grundfläche beträgt 12,5 m². Die Grundkante ist 1,5 m lang. Berechnen Sie die Höhe des Daches und die Dachneigung.

7 Vier gleichseitige Dreiecke bilden den Mantel einer quadratischen Pyramide mit der Kantenlänge 10 cm.

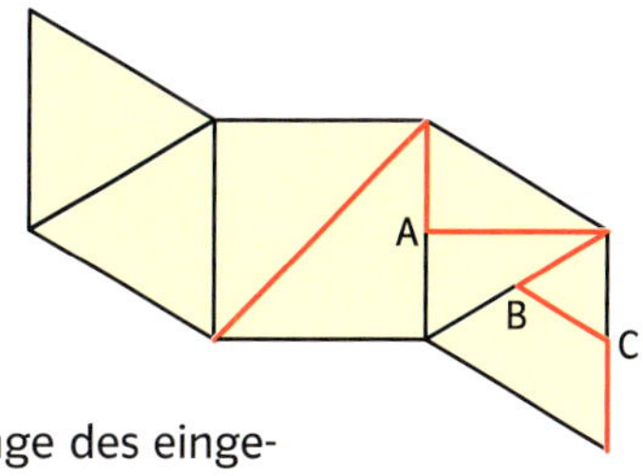

a) Berechnen Sie die Länge des eingezeichneten Streckenzuges. A, B, C sind Kantenmitten.
b) Zeichnen Sie das Schrägbild der Pyramide und tragen Sie den Streckenzug ein.

8 In einer quadratischen Pyramide lassen sich unterschiedliche Winkel finden.

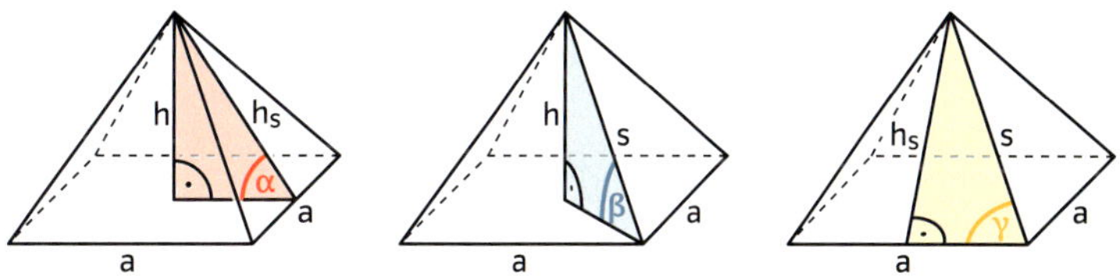

α… Winkel zwischen Seitenfläche und Grundfläche
β… Winkel zwischen Seitenkante und Grundfläche
γ… Winkel zwischen Seitenkante und Grundkante

a) Berechnen Sie die drei Winkel für $a = 6{,}0\,\text{cm}$ und $h = 8{,}0\,\text{cm}$.
b) Wie groß ist die Mantelfläche für $a = 25{,}0\,\text{cm}$ und $\alpha = 58{,}4°$?
c) Berechnen Sie die Oberfläche für $s = 27{,}5\,\text{cm}$ und $\beta = 78{,}3°$.

9 Stellen Sie Formeln für Mantel und Oberfläche der quadratischen Pyramide in Abhängigkeit von e auf.
a) $a = 5e$ und $h_s = 8e$
b) $G = 100e^2$ und $h_s = 15e$
c) Seitenfläche

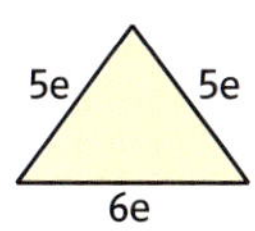

d) Parallelschnittfläche

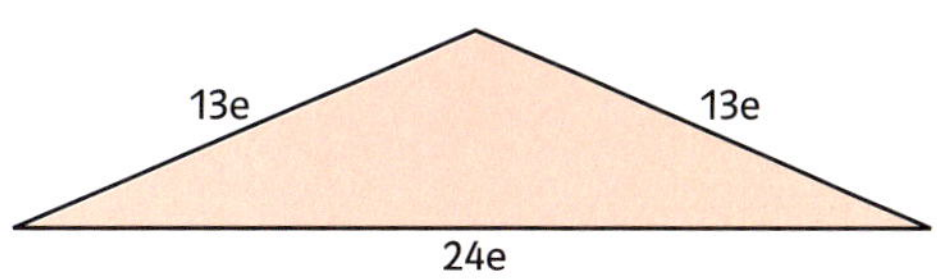

20 Pyramide. Volumen

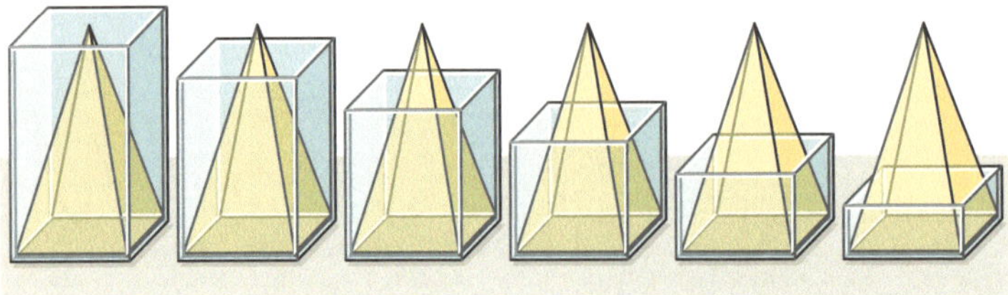

Eine Pyramide wird in Quader mit verschiedenen Höhen gestellt.
Alle Körper haben die gleiche Grundfläche.
→ Welcher Quader hat das gleiche Volumen wie die Pyramide? Schätzen Sie.

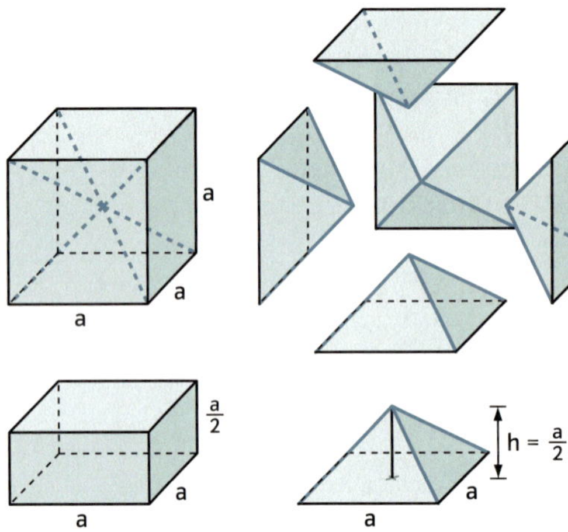

Ein Würfel hat die Kantenlänge a. Er wird in sechs volumengleiche quadratische Pyramiden geteilt.
Das Volumen einer solchen Pyramide ist also gleich dem sechsten Teil des Würfelvolumens.
$V_P = \frac{1}{6} \cdot V_W = \frac{1}{6} \cdot a^3$
Zum Vergleich betrachten wir ein Quadratprisma mit der Grundkantenlänge a und der Körperhöhe $h = \frac{a}{2}$.
Es besitzt das halbe Würfelvolumen.
$V_Q = a^2 \cdot \frac{a}{2} = \frac{1}{2} \cdot a^3$

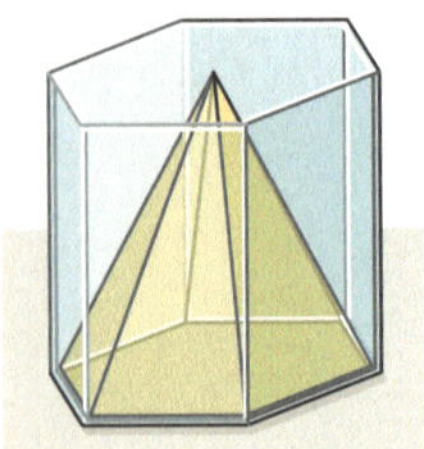

Das Volumen einer Pyramide mit der Grundkantenlänge a und der Höhe $h = \frac{a}{2}$ ist also gleich dem dritten Teil des Quadervolumens.
$V_P = \frac{1}{3} \cdot V_Q = \frac{1}{3} \cdot a^2 \cdot \frac{a}{2} = \frac{1}{3} \cdot G \cdot h$

Mithilfe weiter gehender Überlegungen kann man zeigen, dass auch Pyramiden mit anderen Grundflächen ein Drittel des Volumens der entsprechenden Prismen besitzen.

Für das **Volumen einer Pyramide** mit der Grundfläche G und der Pyramidenhöhe h gilt:
$\mathbf{V = \frac{1}{3} G h}$

Beispiele

a) Aus der Länge der Grundkante $a = 8\,cm$ und der Pyramidenhöhe $h = 12\,cm$ wird das Volumen einer quadratischen Pyramide berechnet.

$V = \frac{1}{3} G h$

$V = \frac{1}{3} \cdot 8^2 \cdot 12\,cm^3$

$V = 256\,cm^3$

b) Aus dem Volumen $V = 180\,cm^3$ und der Pyramidenhöhe $h = 15\,cm$ wird die Länge der Grundkante einer quadratischen Pyramide berechnet.

$V = \frac{1}{3} a^2 h$

$a = \sqrt{\frac{3V}{h}} = \sqrt{\frac{3 \cdot 180}{15}}\ cm$

$a = 6\,cm$

Aufgaben

1 Berechnen Sie die fehlenden Größen der quadratischen Pyramide.
Sie müssen verschiedene rechtwinklige Dreiecke verwenden.
Erstellen Sie zunächst eine Skizze.
(Maße in $cm/cm^2/cm^3$)

	a	s	h	h_s	G	V
a)	15		24			
b)			32,4		155,8	
c)	9,2			17,5		
d)			7,8	9,4		
e)	8,5	9,5				
f)		92,2	62,5			
g)	9,5					882,4
h)			15,8			580

2 Berechnen Sie das Volumen der quadratischen Pyramide.

a) $M = 135{,}8\,cm^2$
$a = 9{,}5\,cm$

b) $M = 420{,}4\,m^2$
$h_s = 12{,}5\,m$

c) $O = 885\,cm^2$
$a = 15\,cm$

d) $O = 235{,}4\,cm^2$
$a = 8{,}2\,cm$

3 Die Grundkante einer quadratischen Pyramide beträgt $a = 5{,}2\,cm$, ihr Volumen $V = 86{,}5\,cm^3$. Berechnen Sie die Oberfläche O und den Winkel γ zwischen Seitenkante und Grundkante.

4 Berechnen Sie jeweils Volumen und Oberfläche der quadratischen Pyramide.

a) Ein gleichseitiges Dreieck mit der Seitenlänge 7,5 cm ist Parallelschnittfläche.

b) Ein rechtwinklig gleichschenkliges Dreieck mit der Hypotenusenlänge 12,4 cm ist Diagonalschnittfläche.

c) Ein gleichschenkliges Dreieck mit der Schenkellänge 17,8 cm und der Basislänge 9,2 cm ist Seitenfläche.

5 Alle Kanten einer quadratischen Pyramide sind 10 cm lang.

a) Welche Kantenlänge hat ein volumengleicher Würfel?

b) Um wie viel Prozent unterscheiden sich die Oberflächen von Pyramide und Würfel?

6 Das Volumen einer quadratischen Pyramide beträgt $75{,}7\,cm^3$. Sie besitzt eine Höhe von 8,4 cm.

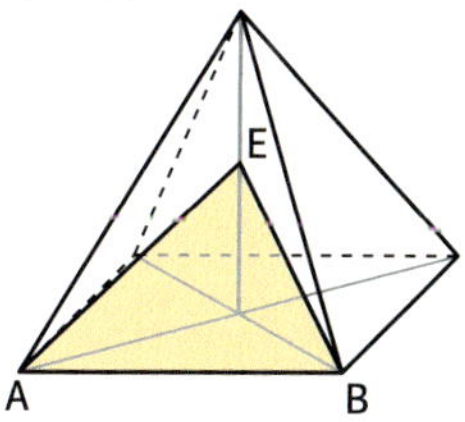

Der Punkt E halbiert die Höhe. Berechnen Sie den Flächeninhalt des Dreiecks ABE.

7 Von der abgebildeten quadratischen Pyramide sind die Strecken $\overline{AF} = 7{,}2\,cm$ und $\overline{BF} = 2{,}4\,cm$ bekannt.
Berechnen Sie das Volumen der Pyramide.

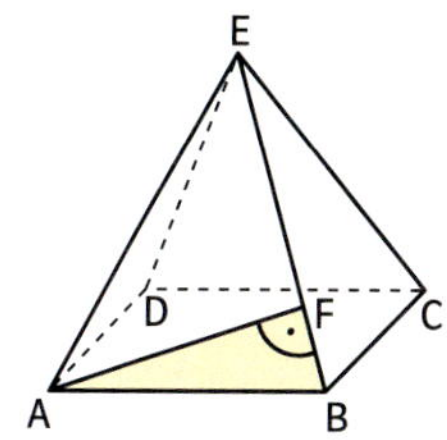

$\overline{BF} : \overline{FE} = 1 : 3$

8 Berechnen Sie Volumen und Oberfläche der quadratischen Pyramide und den Winkel α bzw. β.

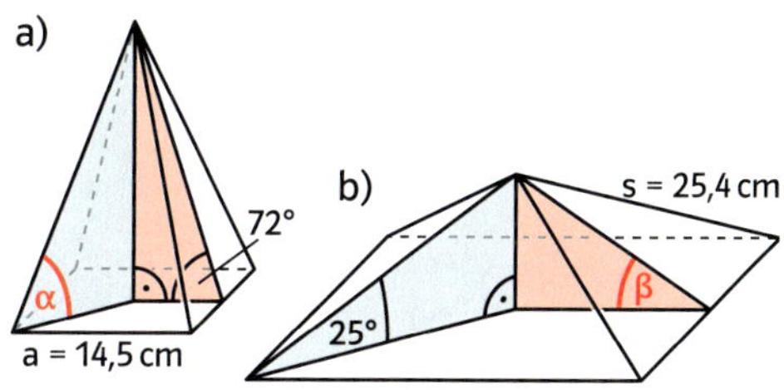

9 Das Volumen der quadratischen Pyramide beträgt $21{,}6\,cm^3$ und ihre Grundkante ist 3,4 cm lang. Die Punkte E und F halbieren die Seitenkanten und der Punkt G die Grundkante.

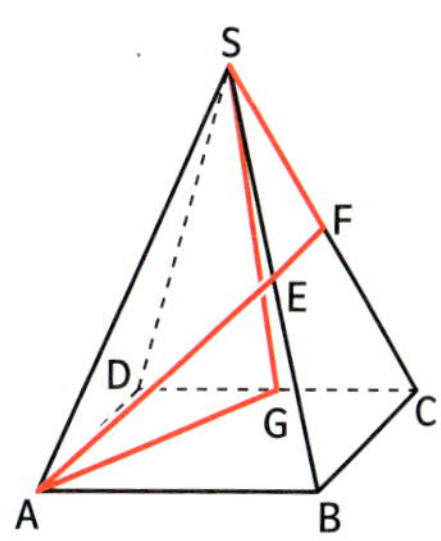

a) Berechnen Sie die Oberfläche der Pyramide.

b) Zeichnen Sie das Pyramidennetz.

c) Berechnen Sie die Länge des Streckenzuges und zeichnen Sie diesen in das Netz ein.

21 Kegel. Oberfläche

Stellen Sie verschieden große Tüten her.
→ Schneiden Sie dazu Papierkreise mit einem Radius von 10 cm vom Rand bis zum Mittelpunkt geradlinig ein.
→ Markieren Sie mit einem Farbstift die Grenze der Überlappung. Nun können Sie die verschiedenen Kegelmäntel betrachten.

Ein Kegel wird von einem Kreis als **Grundfläche** und einem Mantel begrenzt. Wird die **Mantelfläche** des Kegels in die Ebene ausgerollt, erhält man einen Kreisausschnitt.

Der Flächeninhalt eines Kreisausschnitts verhält sich zum Flächeninhalt des gesamtes Kreises wie seine Bogenlänge zum Umfang des ganzen Kreises.

$\frac{A_S}{A} = \frac{b}{u}$

$\frac{A_S}{\pi r^2} = \frac{b}{2\pi r}$

Somit ergibt sich:

$A_S = \frac{b \cdot r}{2}$

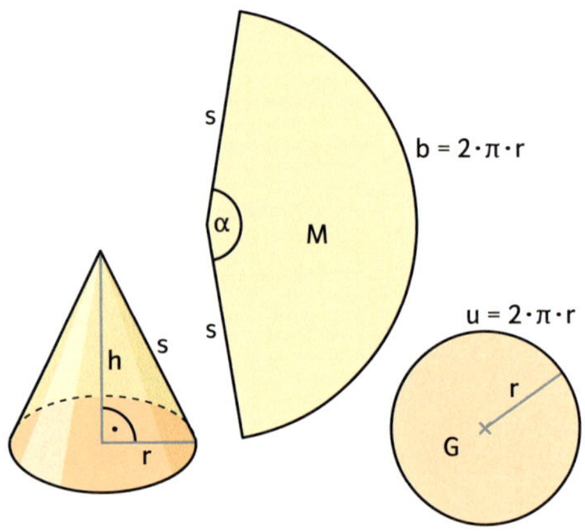

Für den Flächeninhalt des Grundkreises **G** gilt:

$G = \pi \cdot r^2$

Die **Mantellinie s** ist der Radius des Kegelmantels. Seine **Bogenlänge b** ist gleich dem Umfang des Grundkreises.

$b = 2 \cdot \pi \cdot r$

Somit erhält man für den Flächeninhalt der Mantelfläche **M**:

$M = \frac{b \cdot s}{2}$

$M = \frac{2 \cdot \pi \cdot r \cdot s}{2}$

$M = \pi \cdot r \cdot s$

Die **Oberfläche** des Kegels **O** setzt sich aus dem Grundkreis und der Mantelfläche zusammen. Also ergibt sich:

$O = G + M$ $\qquad O = \pi \cdot r^2 + \pi \cdot r \cdot s$

Die **Oberfläche eines Kegels** ist die Summe der Flächeninhalte von Grund- und Mantelfläche.
$\mathbf{O = \pi \cdot r^2 + \pi \cdot r \cdot s}$

Beispiele

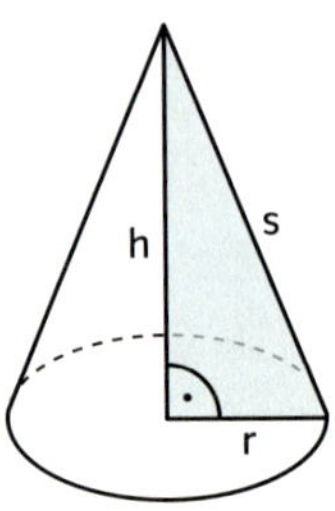

a) Aus dem Radius des Grundkreises $r = 5{,}4\,cm$ und der Kegelhöhe $h = 7{,}2\,cm$ wird die Mantellinie s und die Oberfläche O berechnet.

$O = \pi r^2 + \pi r s$

Satz des Pythagoras: $s^2 = h^2 + r^2$

$s = \sqrt{7{,}2^2 + 5{,}4^2}$

$s = 9{,}00\,cm$

$O = \pi \cdot 5{,}4^2\,cm^2 + \pi \cdot 5{,}4 \cdot 9{,}00\,cm^2$

$O = 244{,}3\,cm^2$

b) Aus der Oberfläche $O = 1388{,}6\,cm^2$ und dem Grundkreisradius $r = 13{,}0\,cm$ wird die Mantellinie s eines Kegels berechnet.

$O = \pi r^2 + \pi r s$

$O - \pi r^2 = \pi r s$

$s = \frac{O - \pi r^2}{\pi r}$

$s = \frac{1388{,}6 - \pi \cdot 13{,}0^2}{\pi \cdot 13{,}0}\ cm$

$s = 21{,}0\,cm$

Aufgaben

1 a) Stellen Sie drei Kegel her. Der Mantel soll ein Viertelkreis, ein Halbkreis bzw. ein Dreiviertelkreis mit einem Radius von jeweils 10 cm sein. Bestimmen Sie die Radien der Grundkreise durch Messung.
b) Der Mittelpunktswinkel des Kegelmantels verhält sich zu 360° wie die Mantelfläche zur Fläche des gesamten Kreises.
$\frac{\alpha}{360°} = \frac{\pi \cdot r \cdot s}{\pi \cdot s^2}$ also $\frac{\alpha}{360°} = \frac{r}{s}$
Mit dieser Gleichung können Sie Ihre Messergebnisse bestätigen.

2 Zeichnen Sie das Schrägbild eines Kegels. Die Abbildungen auf dem Rand zeigen Ihnen die notwendigen Schritte.
a) r = 3,0 cm, h = 8,0 cm
b) r = 6,0 cm, h = 4,0 cm

3 Berechnen Sie die fehlenden Größen des Kegels. (Maße in cm/cm²)

	r	s	h	M	O
a)	5	8			
b)	6		8		
c)		29	21		
d)	6			227	
e)	4,0				163,5

4 Berechnen Sie die Mantel- und Oberfläche der Kegel (Maße in cm). Was fällt Ihnen auf?

a)
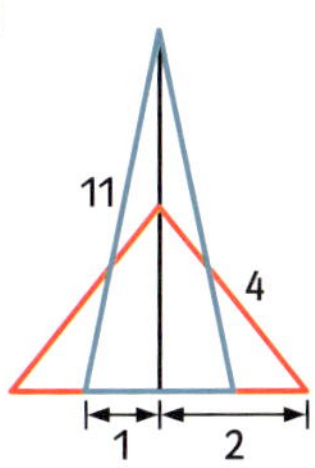

b)
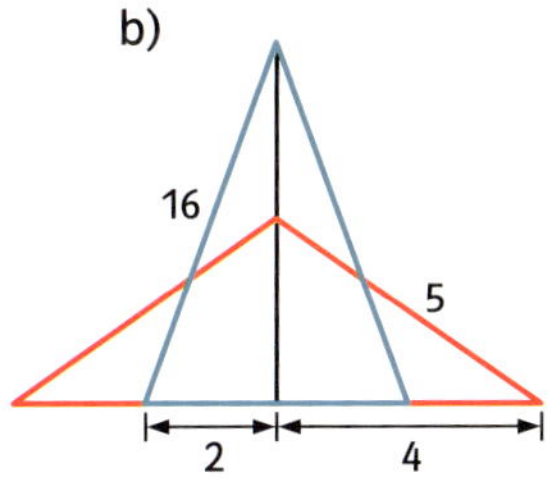

5 Der Mantel eines Kegels ist ein Kreisausschnitt mit r = 5 cm und α = 240°. Mit welchem Faktor muss man den Radius des Kreisausschnitts vergrößern, damit ein Kegelmantel mit doppeltem Flächeninhalt entsteht? Stellen Sie beide Kegel her.

6 Um wie viel Prozent unterscheiden sich die Oberflächen der beiden Körper?

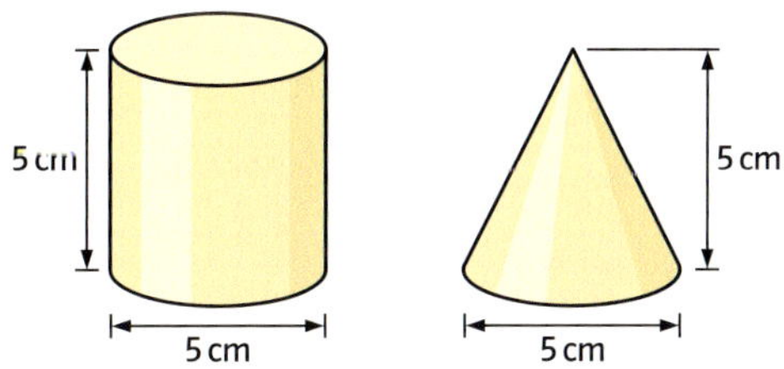

7 Die Abbildung zeigt den Achsenschnitt eines Kegels. Berechnen Sie die Mantelfläche.

8 In welchem Verhältnis stehen Radius und Mantellinie des Kegels, dessen Mantelfläche doppelt so groß wie die Grundkreisfläche ist?

9 Gegeben ist der Achsenschnitt eines Kegels. Geben Sie M und O abhängig von e an.

a)
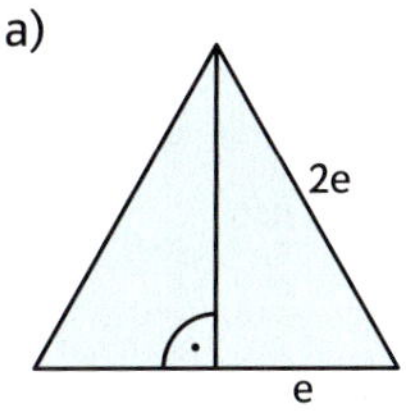

b)
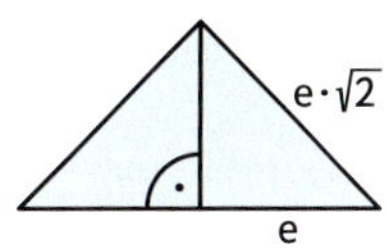

c)
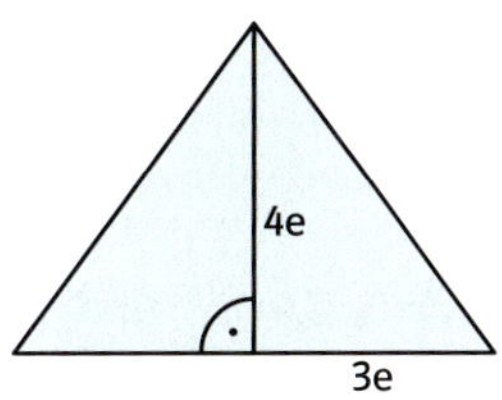

d)
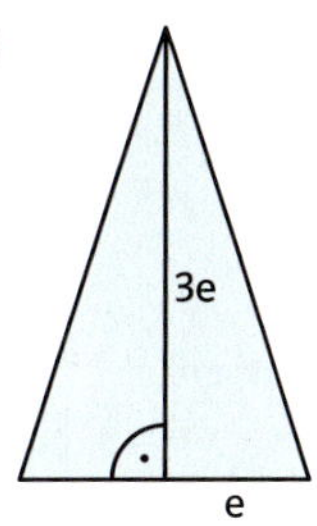

10 Kegelförmige Eistüten haben am oberen Rand einen Durchmesser von 4 cm und sind 12 cm hoch.
Wie viel Teig braucht man für 100 Eistüten mit je 2 mm Dicke?

! *Schrägbild zeichnen:*

1. Grundfläche

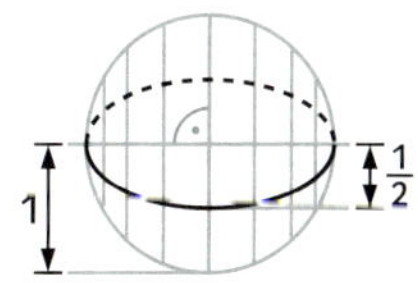

2. Körperhöhe

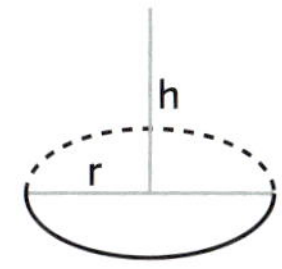

3. Mantel

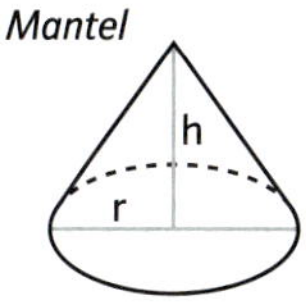

? *Wie oft dreht sich der Kegel um seine Achse, bis er wieder in seine Ausgangslage zurückkehrt?*

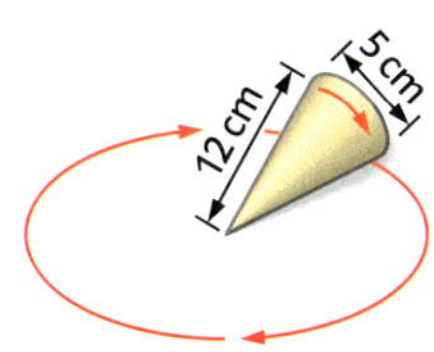

22 Kegel. Volumen

Die beiden Füllkörper haben die gleichen Radien und Körperhöhen.

→ Gießen Sie das Wasser aus dem vollständig gefüllten Kreiskegel in den Zylinder.

→ Wie oft können Sie den Versuch wiederholen, bis auch im Zylinder das Wasser bis zum oberen Rand steht?

→ Schätzen Sie zunächst.

Die Abbildung zeigt eine Reihe von Pyramiden mit regelmäßigen Vielecken als Grundflächen. Für das Volumen der Pyramiden gilt jeweils: $V = \frac{1}{3} \cdot G \cdot h$.

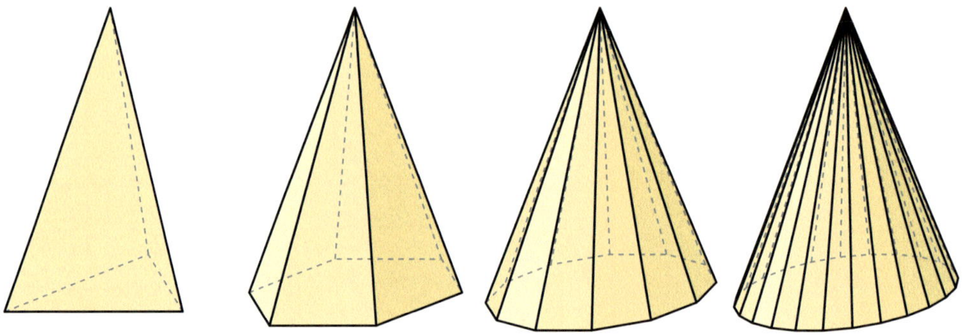

Mit zunehmender Eckenzahl der Grundfläche kommen die Pyramiden einem Kegel immer näher. Der Kegel kann also als Grenzfall einer Pyramide angesehen werden.
Tatsächlich kann das Volumen eines Kegels nach dem gleichen Prinzip wie das Volumen einer Pyramide berechnet werden:

$$V = \frac{1}{3} \cdot G \cdot h$$

$$V = \frac{1}{3} \cdot \pi \cdot r^2 \cdot h$$

Für das **Volumen eines Kegels** mit dem Grundkreisradius r und der Kegelhöhe h gilt:
$\mathbf{V = \frac{1}{3}\pi r^2 h}$

Beispiele

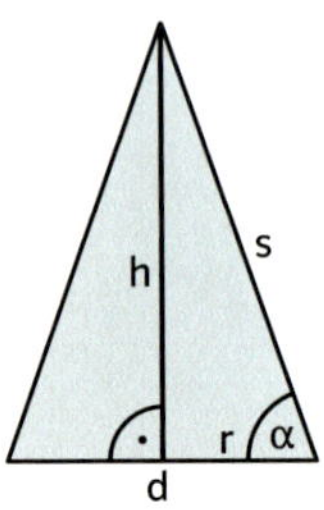

a) Aus dem Volumen $V = 148{,}0\,\text{cm}^3$ und der Kegelhöhe $h = 13{,}8\,\text{cm}$ wird der Radius r des Grundkreises berechnet.

$V = \frac{1}{3}\pi r^2 h$ $\quad r = \sqrt{\frac{3V}{\pi h}}$

$r = \sqrt{\frac{3 \cdot 148{,}0}{\pi \cdot 13{,}8}}\,\text{cm}$

$r = 3{,}2\,\text{cm}$

b) Aus dem Winkel $\alpha = 70°$ zwischen dem Radius r und der Mantellinie s sowie der Kegelhöhe $h = 6{,}4\,\text{cm}$ wird das Volumen V berechnet.

$\tan\alpha = \frac{h}{r}$ $\quad V = \frac{1}{3}\pi r^2 h$

$r = \frac{h}{\tan\alpha} = \frac{6{,}4}{\tan 70°}\,\text{cm}$ $\quad V = \frac{1}{3} \cdot \pi \cdot 2{,}33^2 \cdot 6{,}4\,\text{cm}^3$

$r = 2{,}33\,\text{cm}$ $\quad V = 36{,}4\,\text{cm}^3$

Aufgaben

1 Berechnen Sie die fehlenden Größen des Kegels. (Maße in $cm/cm^2/cm^3$)

	r	h	s	O	V
a)	3	8			
b)	4,5	11,0			
c)	2,0				22,0
d)		8,0			253,4
e)	5		13		
f)		35	37		
g)	5			200	

2 Das Volumen eines Kegels beträgt $89{,}8\,cm^3$ und seine Höhe 7,0 cm. Zeichnen Sie das Netz des Kegels.

3 Ein Zylinder und ein Kegel besitzen das gleiche Volumen. Der Zylinder hat einen Radius von 3,4 cm und eine Höhe von 12,6 cm. Der Kegel ist nur halb so hoch wie der Zylinder. Berechnen Sie die Mantelfläche des Kegels.

4 Der Umfang des Grundkreises eines Kegels beträgt 18,8 cm. Seine Mantellinie ist 8,5 cm lang. Aus dem Kegel wurde ein Stück herausgeschnitten.
Berechnen Sie Volumen und Oberfläche des Restkörpers.

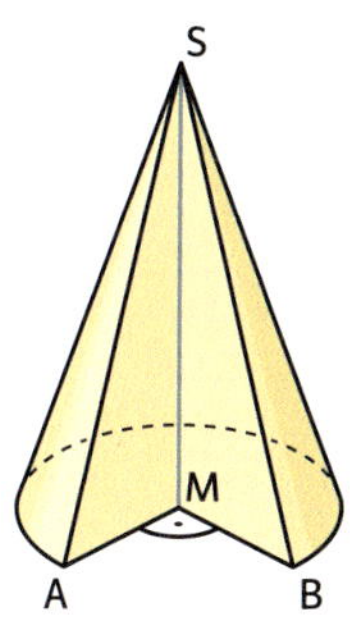

5 Berechnen Sie V und O.
a) Der Achsenschnitt des Kegels ist ein gleichseitiges Dreieck mit einem Flächeninhalt von $84{,}9\,cm^2$.
b) Der Achsenschnitt des Kegels ist ein gleichschenkliges Dreieck. Die Basis ist 22 cm lang, die Basiswinkel betragen 62°.

6 Der schwerste Baum der Erde ist ein Mammutbaum in einem kalifornischen Nationalpark. Er hat eine Höhe von 83,8 m und in Bodennähe einen Umfang von 24,4 m. Die Dichte des Holzes beträgt etwa $300\,\frac{kg}{m^3}$.
Berechnen Sie die Masse des Stammes. Warum ist zu erwarten, dass die tatsächliche Masse von Ihrem Ergebnis erheblich abweicht?

7 Von einem Förderband fällt Sand auf einen Haufen. Dieser Haufen hat immer die Form eines Kreiskegels mit $h = 1{,}2 \cdot r$.

Fünf Minuten nach dem Start des Förderbandes ist der Haufen einen Meter hoch. Wie lange dauert es noch, bis der Haufen zwei Meter hoch ist?

8 Gegeben ist der Achsenschnitt eines Kegels. Berechnen Sie V und O in Abhängigkeit von e.

a)

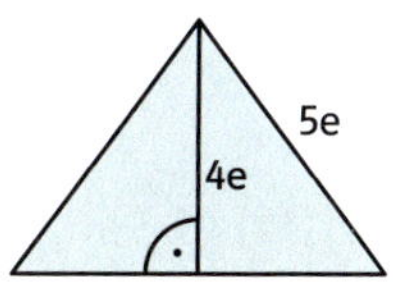

b)

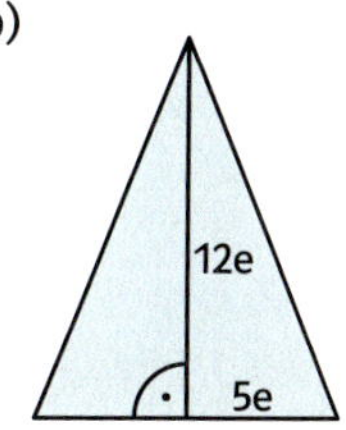

9 Das Volumen des Kegels beträgt $720\pi e^3$. Berechnen Sie die gesuchte Größe in Abhängigkeit von e.

a)

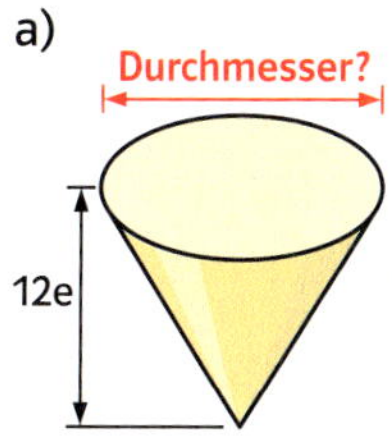

b)

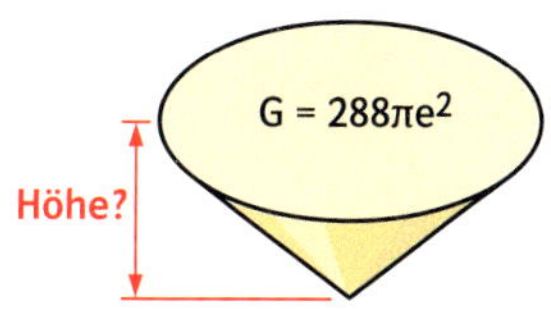

Zusammenfassung

Rechteck und Quadrat

Der **Flächeninhalt eines Rechtecks** kann aus dem Produkt seiner Seitenlängen berechnet werden.
$\mathbf{A = a \cdot b}$
Für den **Umfang** gilt: $\mathbf{u = 2 \cdot (a + b)}$
Beim **Quadrat** sind Länge und Breite gleich groß.

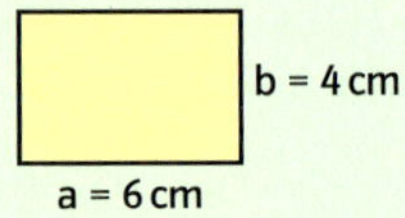

$A = a \cdot b$ $\quad$ $u = 2 \cdot (a + b)$
$A = 6 \cdot 4\,cm^2$ $\quad$ $u = 2 \cdot (6 + 4)\,cm$
$A = 24\,cm^2$ $\quad$ $u = 20\,cm$

Parallelogramm und Raute

Der **Flächeninhalt eines Parallelogramms** kann aus dem Produkt einer Seitenlänge und der zugehörigen Höhe berechnet werden.
$\mathbf{A = a \cdot h_a}$ $\qquad$ $\mathbf{A = b \cdot h_b}$
Für den **Umfang** gilt: $\mathbf{u = 2 \cdot (a + b)}$
Bei der **Raute** sind alle Seiten gleich lang.

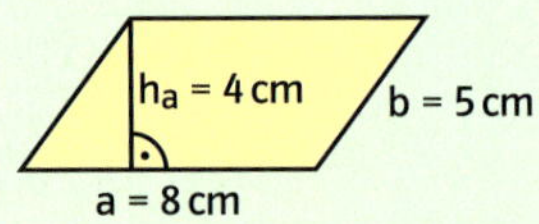

$A = a \cdot h_a$ $\quad$ $u = 2 \cdot (a + b)$
$A = 8 \cdot 4\,cm^2$ $\quad$ $u = 2 \cdot (8 + 5)\,cm$
$A = 32\,cm^2$ $\quad$ $u = 26\,cm$

Dreieck

Der **Flächeninhalt eines Dreiecks** kann aus dem halben Produkt einer Seitenlänge und der zugehörigen Höhe berechnet werden.
$\mathbf{A = \frac{1}{2} a \cdot h_a}$ $\qquad$ $\mathbf{A = \frac{1}{2} b \cdot h_b}$ $\qquad$ $\mathbf{A = \frac{1}{2} c \cdot h_c}$
Für das **rechtwinklige Dreieck** ergibt sich:
$\mathbf{A = \frac{1}{2} a \cdot b}$ $\quad (\gamma = 90°)$
Für den **Umfang** von Dreiecken gilt:
$\mathbf{u = a + b + c}$

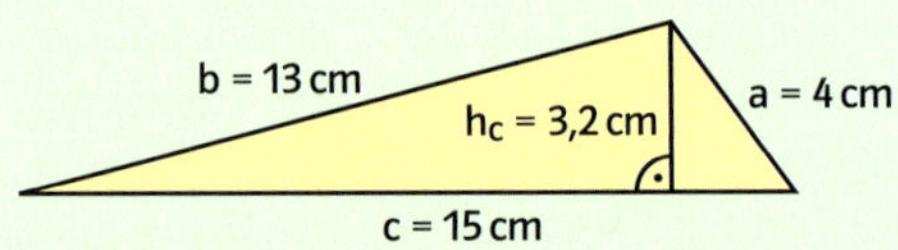

$A = \frac{1}{2} c \cdot h_c$ $\quad$ $u = a + b + c$
$A = \frac{1}{2} \cdot 15 \cdot 3{,}2\,cm^2$ $\quad$ $u = 4 + 13 + 15\,cm$
$A = 24\,cm^2$ $\quad$ $u = 32\,cm$

Drachen

Der **Flächeninhalt eines Drachens** kann aus dem halben Produkt der Längen der beiden Diagonalen berechnet werden:
$\mathbf{A = \frac{1}{2} \cdot e \cdot f}$
Für den **Umfang** gilt: $\mathbf{u = 2 \cdot (a + b)}$

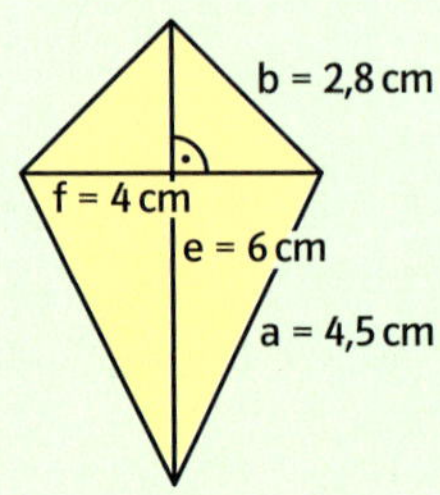

$A = \frac{1}{2} \cdot e \cdot f$
$A = \frac{1}{2} \cdot 6 \cdot 4\,cm^2$
$A = 12\,cm^2$
$u = 2 \cdot (a + b)$
$u = 2 \cdot (4{,}5 + 2{,}8\,cm)$
$u = 14{,}6\,cm$

Trapez

Der **Flächeninhalt des Trapezes** kann aus den Längen seiner beiden parallelen Seiten und der Höhe berechnet werden.
$\mathbf{A = \frac{1}{2} \cdot (a + c) \cdot h}$ oder $\mathbf{A = m \cdot h}$
Für den **Umfang** gilt: $\mathbf{u = a + b + c + d}$

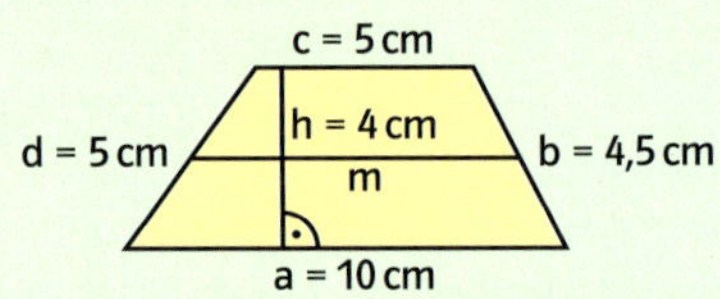

$A = \frac{1}{2} \cdot (a + c) \cdot h$ $\quad$ $u = a + b + c + d$
$A = \frac{1}{2} \cdot (10 + 5) \cdot 4\,cm^2$ $\quad$ $u = 10 + 4{,}5 + 5 + 5\,cm$
$A = 30\,cm^2$ $\quad$ $u = 24{,}5\,cm$

Satz des Pythagoras

Ist ein Dreieck rechtwinklig, so haben die Quadrate über den beiden Katheten zusammen denselben Flächeninhalt wie das Quadrat über der Hypotenuse. Nennt man die Katheten a und b und die Hypotenuse c, gilt: $c^2 = a^2 + b^2$.

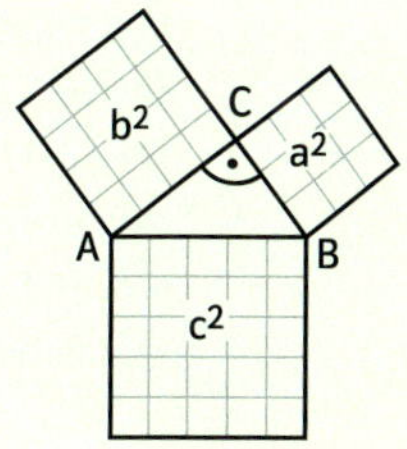

Berechnungen in räumlichen Figuren

Um Strecken auf oder in Körpern zu berechnen, wählt man geeignete rechtwinklige Dreiecke.

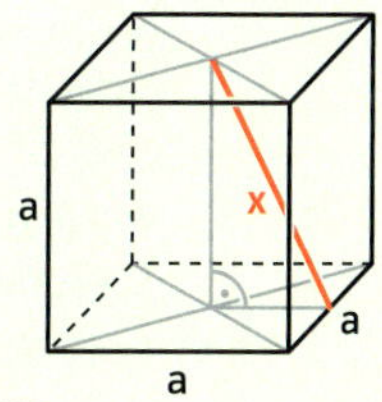

Für $a = 5{,}0\,\text{cm}$:

$x^2 = 5{,}0^2 + 2{,}5^2$ $\quad x = \sqrt{31{,}25}$

$x^2 = 31{,}25$ $\quad x = 5{,}6\,\text{cm}$

Kreiszahl π

Das Verhältnis von Kreisumfang zu Kreisdurchmesser wird **Kreiszahl π** genannt. In Anwendungen genügt meist die Näherung 3,14.

$\frac{u}{d} = \pi = 3{,}141\,592\,653\,589\,793\,238\,462\,643\,383\,279\,502\,884\,197\,169\,399\,375\,105\,820\,974\,944\,592\,307\ldots$

Kreisumfang

Für den **Umfang u eines Kreises** mit dem Durchmesser d bzw. dem Radius r gilt:
$\mathbf{u = \pi d}$ bzw. $\mathbf{u = 2\pi r}$

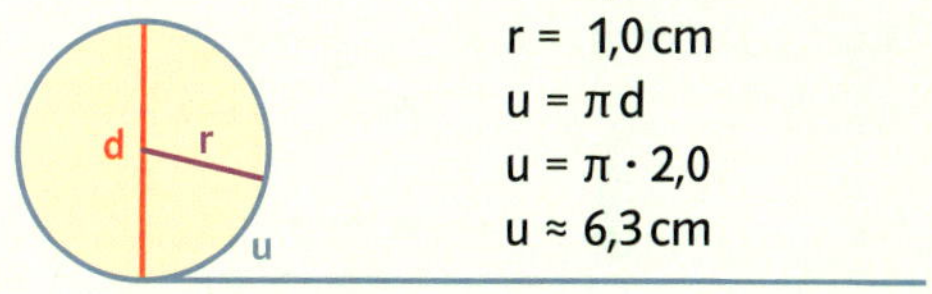

$d = 2{,}0\,\text{cm}$

$r = 1{,}0\,\text{cm}$

$u = \pi d$

$u = \pi \cdot 2{,}0$

$u \approx 6{,}3\,\text{cm}$

Kreisfläche

Für den **Flächeninhalt A eines Kreises** mit dem Radius r gilt: $A = \pi r^2$

Wegen $r = \frac{d}{2}$ gilt auch: $A = \frac{\pi d^2}{4}$

$A = \pi r^2$ $\quad A = \frac{\pi d^2}{4}$

$A = \pi \cdot 1{,}0^2$ $\quad A = \frac{\pi \cdot 2{,}0^2}{4}$

$A = 3{,}1\,\text{cm}^2$ $\quad A = 3{,}1\,\text{cm}^2$

Kreisring

Der **Flächeninhalt eines Kreisrings** ist gleich der Differenz der Flächeninhalte der beiden ursprünglichen Kreise.

$A_R = \pi r_1^2 - \pi r_2^2$

$A_R = \pi (r_1^2 - r_2^2)$

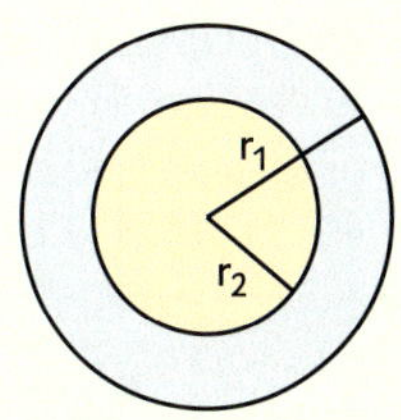

$r_1 = 4{,}8\,\text{cm}$

$r_2 = 2{,}1\,\text{cm}$

$A_R = \pi (r_1^2 - r_2^2)$

$A_R = \pi (4{,}8^2 - 2{,}1^2)$

$A_R = 58{,}5\,\text{cm}^2$

Zusammenfassung

Prisma

Ein **Prisma** wird begrenzt von der **Grundfläche**, der **Deckfläche** und dem **Mantel**.
Grundfläche und Deckfläche sind deckungsgleiche (kongruente) Dreiecke, Vierecke oder Vielecke.
Die Mantelfläche besteht aus Rechtecken.

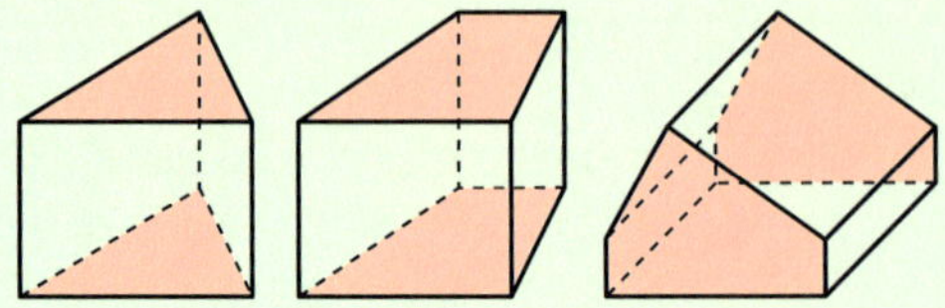

Oberfläche

Die **Oberfläche O** ist die Summe aus dem Doppelten der **Grundfläche G** und der **Mantelfläche M**:
$O = 2 \cdot G + M$

$D = G$
$M = M_1 + M_2 + M_3 + M_4$
$u = a_1 + a_2 + a_3 + a_4$

Die **Mantelfläche M** ist das Produkt aus dem **Umfang u** der Grundfläche und der **Körperhöhe h**:
$M = u \cdot h$

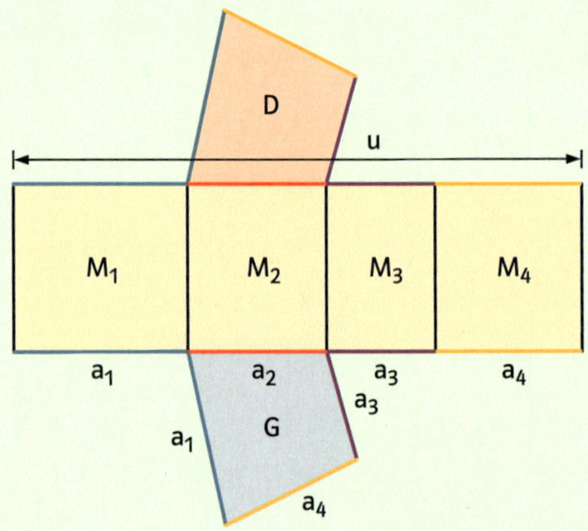

Volumen

Das **Volumen eines Prismas** lässt sich als Produkt aus Grundfläche und Körperhöhe berechnen:
$V = G \cdot h$

Oberfläche eines Zylinders

Die **Mantelfläche eines Zylinders** kann als Produkt des Grundkreisumfangs und der Zylinderhöhe berechnet werden.
$M = u h$ **$M = 2 \pi r h$**

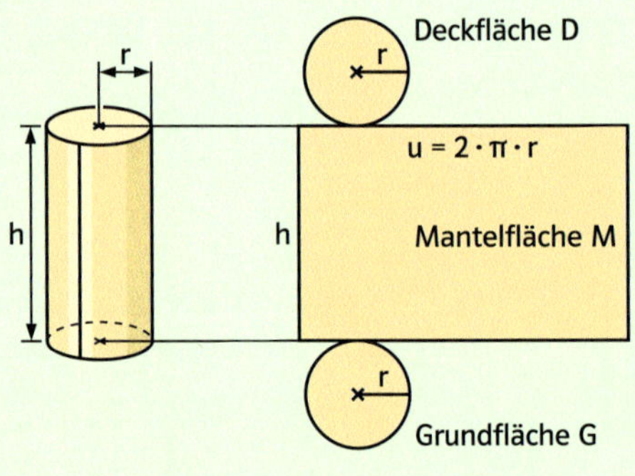

Volumen eines Zylinders

Zur Berechnung der **Oberfläche eines Zylinders** verdoppelt man den Flächeninhalt der Grundfläche und addiert die Mantelfläche.
$O = 2G + M$; $O = 2\pi r^2 + 2\pi r h$
$O = 2\pi r(r + h)$

$r = 2{,}0\,cm$
$h = 4{,}0\,cm$

$O = 2\pi r^2 + 2\pi r h$
$O = 2\pi \cdot 2{,}0^2 + 2\pi \cdot 2{,}0 \cdot 4{,}0$
$O = 25{,}1 + 50{,}3\,cm^2$
$O \approx 75{,}4\,cm^2$

Das **Volumen eines Zylinders** kann als Produkt der Grundfläche und der Höhe berechnet werden.
$V = G h$; $V = \pi r^2 h$

$V = \pi r^2 h$
$V = \pi \cdot 2{,}0^2 \cdot 4{,}0\,cm^2$
$V \approx 50{,}3\,cm^3$

Sinus, Kosinus, Tangens

Im rechtwinkligen Dreieck gilt

$\sin\alpha = \frac{\text{Gegenkathete von } \alpha}{\text{Hypotenuse}}$; also $\sin\alpha = \frac{a}{c}$

$\cos\alpha = \frac{\text{Ankathete von } \alpha}{\text{Hypotenuse}}$; also $\cos\alpha = \frac{b}{c}$

$\tan\alpha = \frac{\text{Gegenkathete von } \alpha}{\text{Ankathete von } \alpha}$; also $\tan\alpha = \frac{a}{b}$

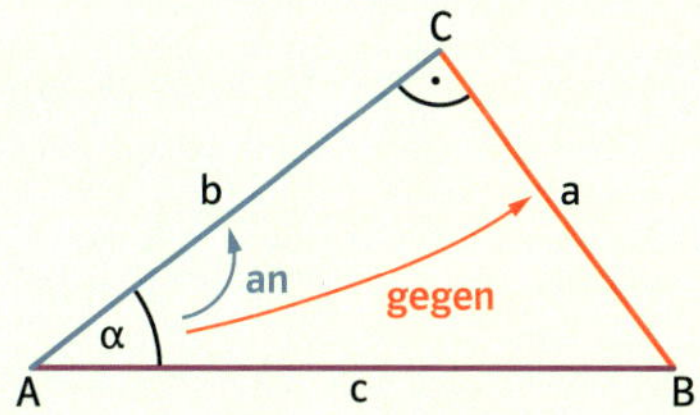

rechtwinklige Dreiecke berechnen

Im rechtwinkligen Dreieck lassen sich aus zwei Seiten oder aus einer Seite und einem spitzen Winkel die übrigen Seiten und Winkel berechnen.
In den Dreiecken rechts sind gegebene Größen blau markiert, gesuchte rot.

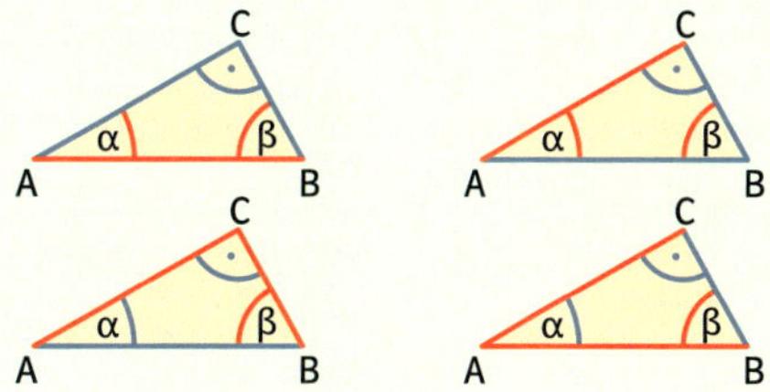

Trigonometrie im Raum

Sind Strecken und Winkel in Körpern zu berechnen, sucht man geeignete rechtwinklige Dreiecke. In diesen **Stützdreiecken** wird dann gerechnet. Es ist oft günstig, sie einzeln herauszuzeichnen.

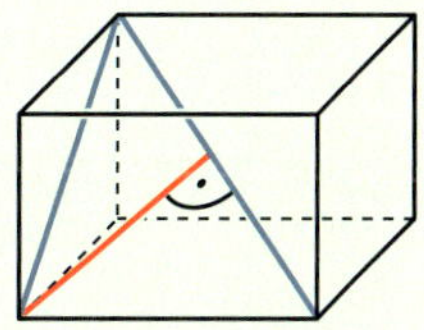

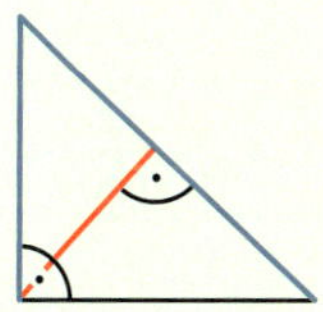

Pyramide
- **Oberfläche**

Die Oberfläche einer Pyramide ist die Summe der Flächeninhalte von Grundfläche und Mantelfläche.
$\mathbf{O = G + M}$

- **Volumen**

Für das Volumen einer Pyramide mit der Grundfläche G und der Pyramidenhöhe h gilt:
$\mathbf{V = \frac{1}{3} \cdot G \cdot h}$

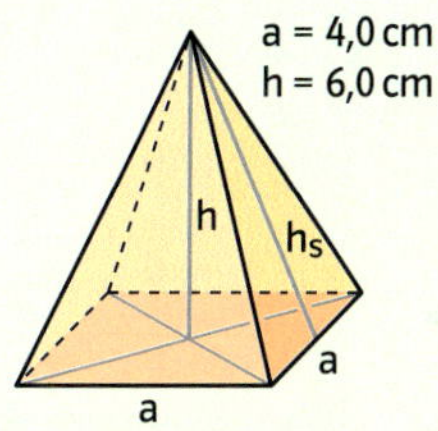

$h_s^2 = h^2 + \left(\frac{a}{2}\right)^2$
$h_s = \sqrt{6{,}0^2 + 2{,}0^2}\,\text{cm}$
$h_s = 6{,}32\,\text{cm}$
$O = a^2 + 2\,a\,h_s$
$O = 4{,}0^2\,\text{cm}^2 + 2 \cdot 4{,}0 \cdot 6{,}32\,\text{cm}^2$
$O = 66{,}6\,\text{cm}^2$
$V = \frac{1}{3}G\,h$
$V = \frac{1}{3} \cdot 4{,}0^2 \cdot 6{,}0\,\text{cm}^3$
$V = 32{,}0\,\text{cm}^3$

Kegel
- **Oberfläche**

Die Oberfläche eines Kegels ist die Summe der Flächeninhalte von Grundfläche und Mantelfläche.
$\mathbf{O = \pi \cdot r^2 + \pi \cdot r \cdot s}$

- **Volumen**

Für das Volumen eines Kegels mit dem Grundkreisradius r und der Kegelhöhe h gilt:
$\mathbf{V = \frac{1}{3} \cdot \pi \cdot r^2 \cdot h}$

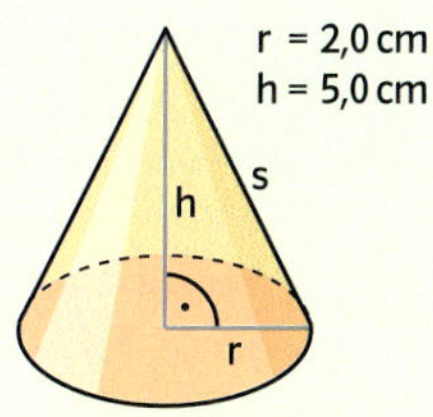

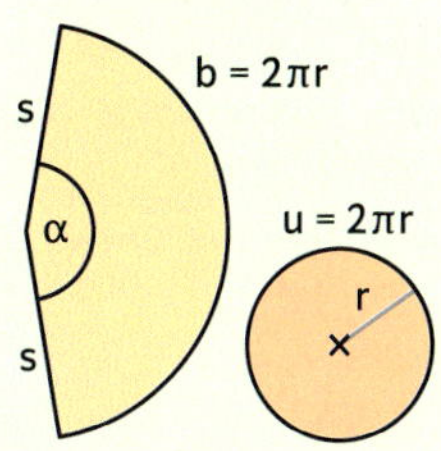

$s^2 = h^2 + r^2$
$s = \sqrt{5{,}0^2 + 2{,}0^2}\,\text{cm}$
$s = 5{,}39\,\text{cm}$
$O = \pi r^2 + \pi r s$
$O = \pi \cdot 2{,}0^2\,\text{cm}^2 + \pi \cdot 2{,}0 \cdot 5{,}39\,\text{cm}^2$
$O = 46{,}4\,\text{cm}^2$
$V = \frac{1}{3}\pi r^2 h$
$V = \frac{1}{3} \cdot \pi \cdot 2{,}0^2 \cdot 5{,}0\,\text{cm}^3$
$V = 20{,}9\,\text{cm}^3$

Üben • Anwenden • Nachdenken

1 Berechnen Sie die fehlenden Größen.

a) Rechteck

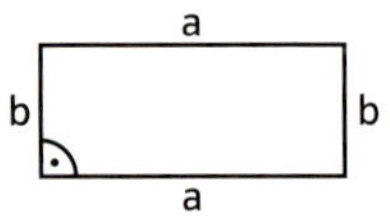

a	12 cm		4,8 cm	
b		3,5 m		25,2 m
u	38 cm	19,4 m		
A			16,8 cm²	340,2 m²

b) Parallelogramm

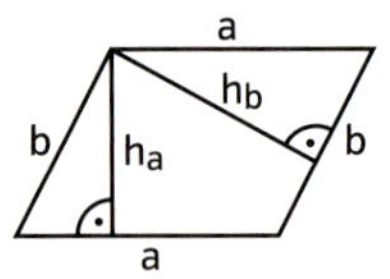

a	8 cm	18 cm	3,2 m	
b		15 cm		25,2 cm
h_a			5,2 m	27,9 cm
h_b	7 cm	12 cm		7,2 cm
u	28 cm		19,2 m	
A				181,44 cm²

c) Dreieck

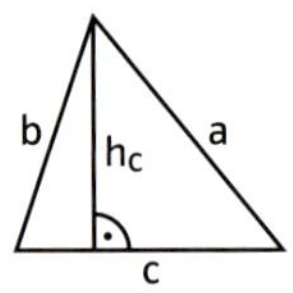

c	32 cm		47 m	
h_c		6,8 cm		156 cm
A	720 cm²	18,7 cm²	13,63 a	5,46 m²

d) Trapez

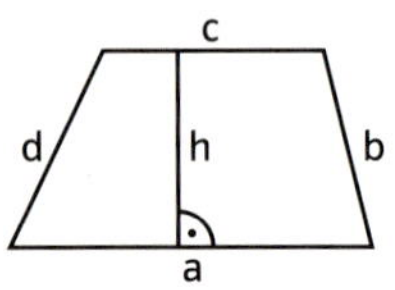

a	38 cm	2,5 m		1,8 m
c	14 cm		5,4 m	140 cm
h		2,8 m	3,5 cm	
A	650 cm²	4,76 m²	22,05 cm²	496 dm²

2 a) Im Quadratgitter (Längeneinheit 1 cm) sind die Koordinaten der Eckpunkte eines Drachens gegeben.
A(−1|1); B(1|−2); C(5|1); D(1|4)
Berechnen Sie Umfang und Flächeninhalt. Entnehmen Sie die notwendigen Maße deiner Zeichnung.
b) Die Koordinaten von zwei Eckpunkten eines Drachens sind A(−3|−4); C(1|−4).
Der Flächeninhalt ist 15 cm².
Wo können B und D liegen? Es gibt viele Möglichkeiten.

3 Wie lang ist die obere Seite des Trapezes?

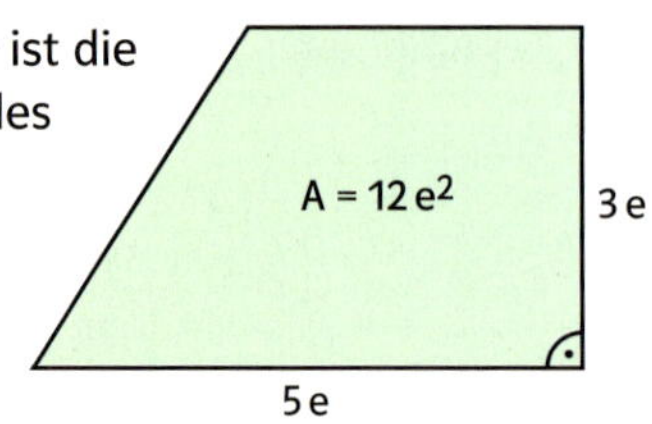

4 Haben die beiden Figuren gleiche Flächeninhalte?

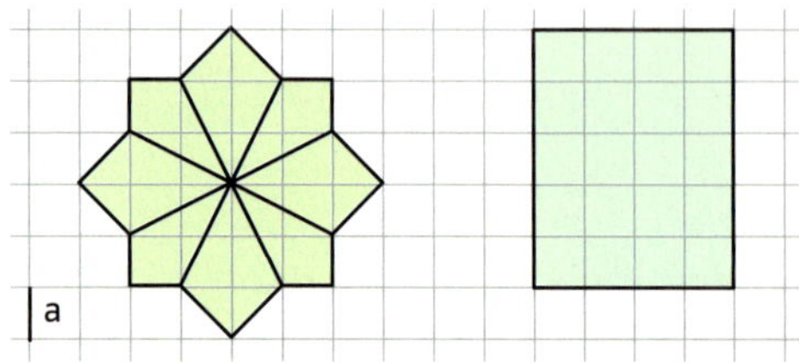

5 Berechnen Sie die Flächeninhalte.

a)

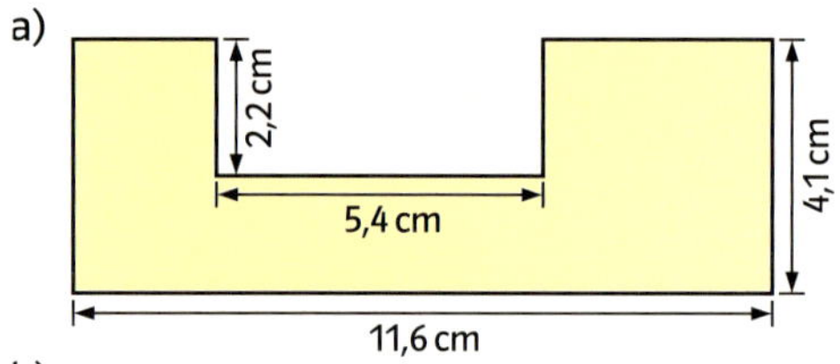

b)

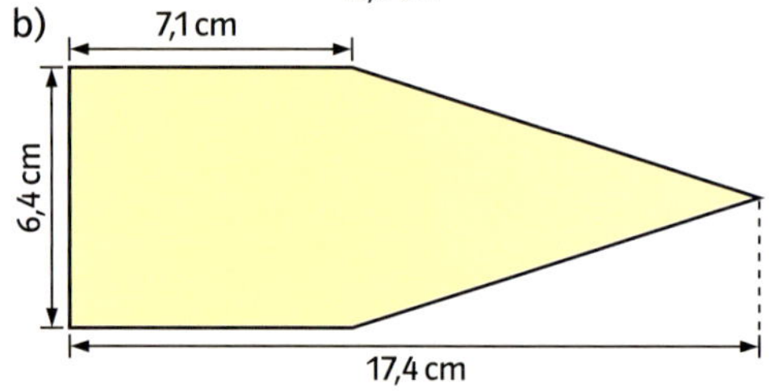

6 Ein Wohnungsbauunternehmen plant den Erwerb von sieben Baugrundstücken. Welches Kapital muss dafür bei einem Quadratmeterpreis von 262,50 € aufgebracht werden?

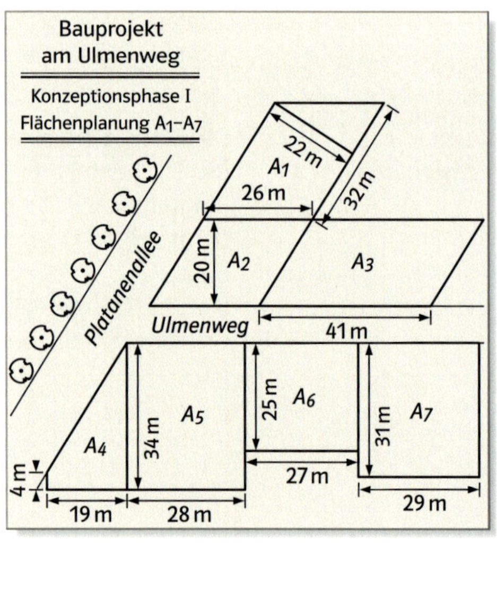

7 a) Berechnen Sie die Dachfläche der Kirchturmspitze.
b) Können Sie eine Formel für die gesamte Dachfläche angeben?
Rechnen Sie dazu mit Variablen.

Maße:
a = 14,20 m
b = 3,80 m
h_1 = 7,95 m
h_2 = 15,90 m
h_3 = 9,30 m

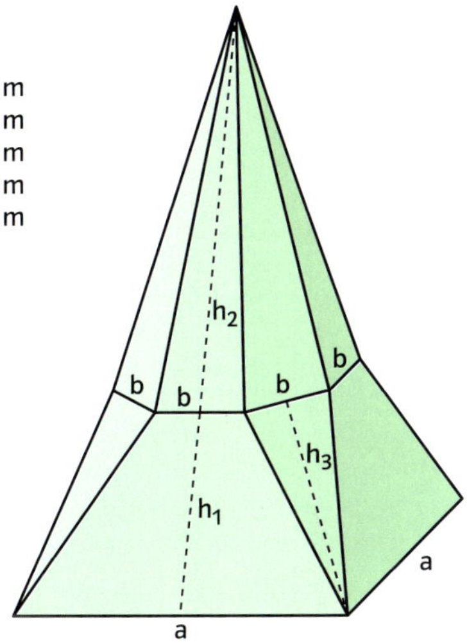

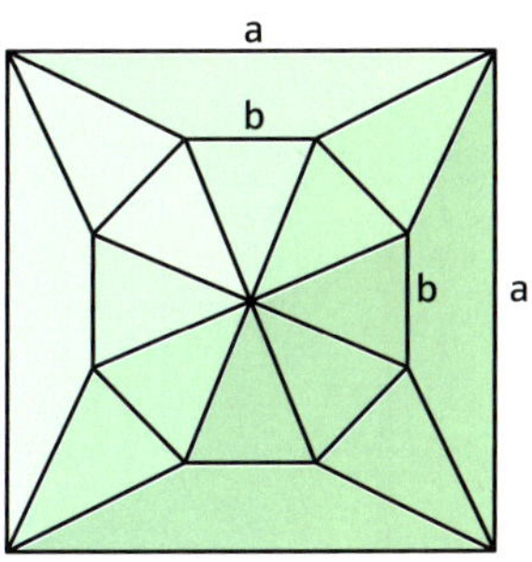

8 Wie viel Prozent der gesamten Grundstücksfläche sind nicht bebaut?

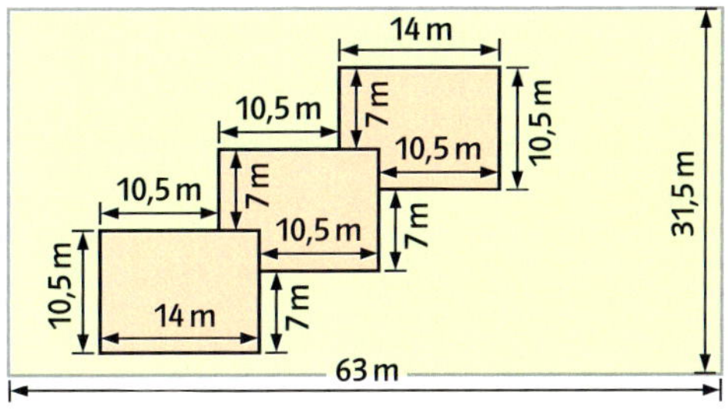

9 Ein Dach, dessen Seitenflächen aus Trapezen und Dreiecken bestehen, nennt man Walmdach.
Die beiden Dächer müssen neu eingedeckt werden. Der Quadratmeter Dachdeckung kostet 32,50 € (Maße in m).

a)

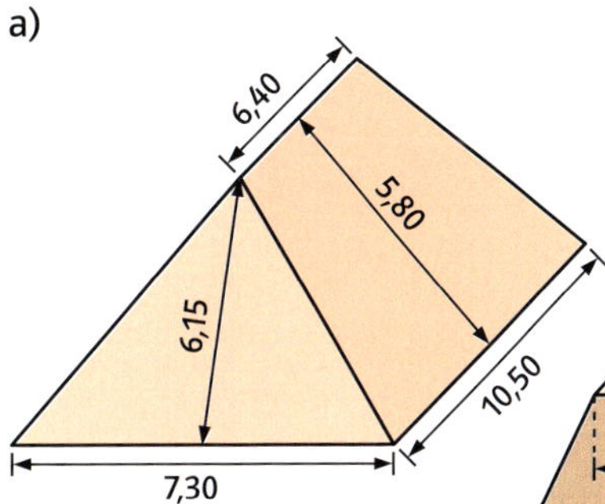

b)

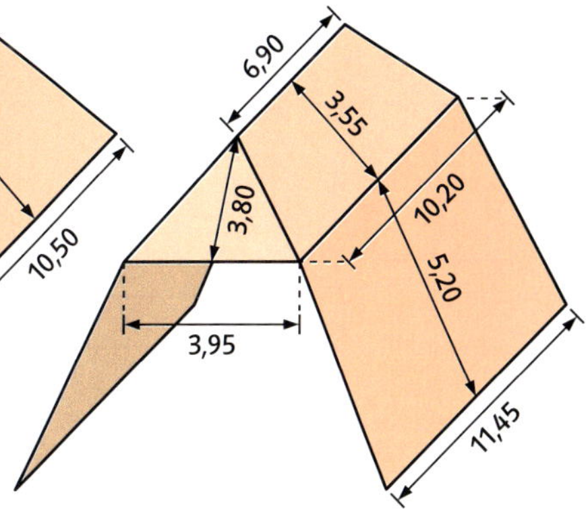

Büromöbel

Manche Büro- oder Schulmöbel gibt es in Trapezform. Schnell lassen sich Gruppenarbeitsplätze für unterschiedliche Personenzahlen zusammenstellen.
Zusammen mit quadratischen oder rechteckigen Tischen ergeben sich viele Möglichkeiten.

- Überlegen Sie sich weitere Anordnungen und zeichnen Sie sie auf.
- Welche Bedingungen müssen die Seitenlängen der Tische erfüllen?
- Wie viele Stühle passen an einen solchen Tisch?

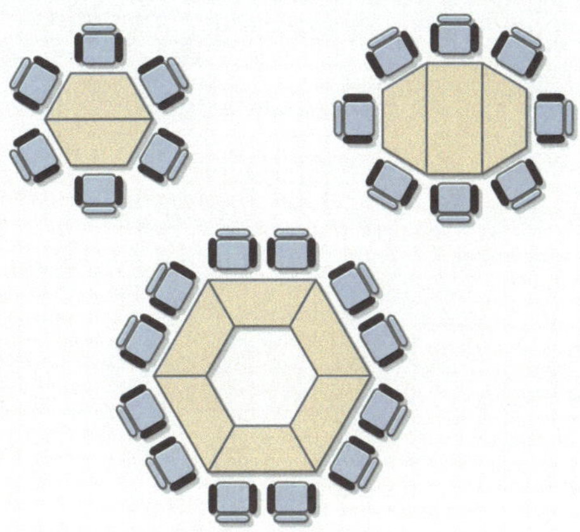

10 Sina soll den Satz des Pythagoras nennen.
Sie antwortet: „$a^2 + b^2 = c^2$."
Reicht diese Antwort aus? Begründen Sie.

11 Berechnen Sie die fehlende Seite der Dreiecksfigur.

a)

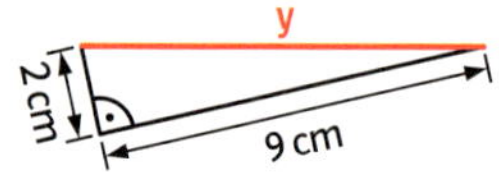

b)

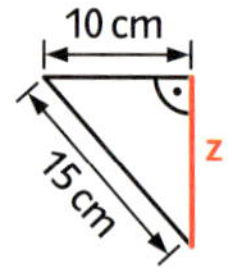

12 Berechnen Sie die Strecke x.

a)

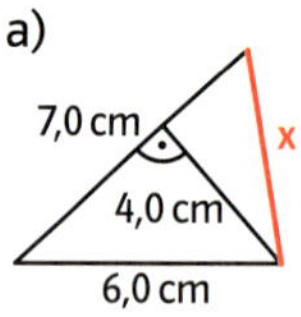

b)

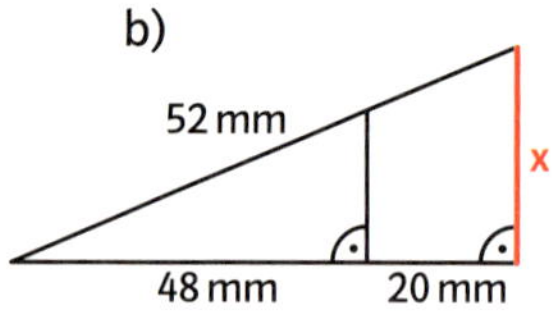

13 Berechnen Sie Umfang und Flächeninhalt der Figur. (Maße in cm)

a)

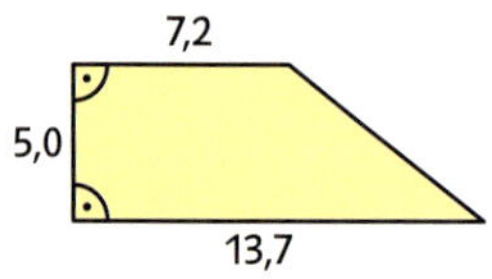

b)

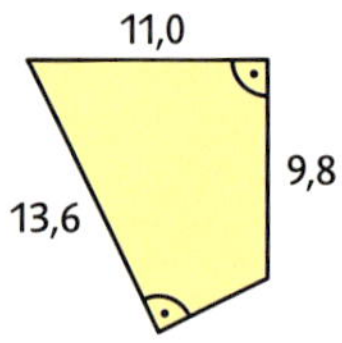

14 Gegeben ist das Viereck ABCD mit
$\overline{AB} = 4{,}2\,cm$; $\overline{AC} = 7{,}4\,cm$; $\overline{AE} = 2{,}7\,cm$; $\overline{DE} = \frac{1}{2}\overline{BE}$.

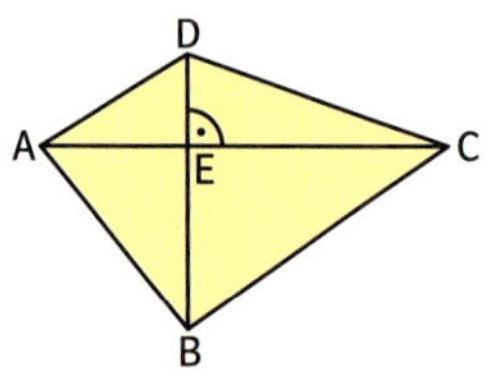

Berechnen Sie Umfang und Flächeninhalt des Vierecks.

15 Gegeben ist das Fünfeck ABCDE.
Berechnen Sie den Flächeninhalt der Figur.

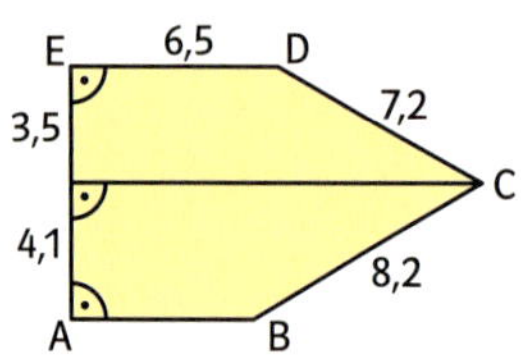

16 Auf der Mantelfläche des quadratischen Prismas ist ein Streckenzug ABCDE aufgezeichnet.

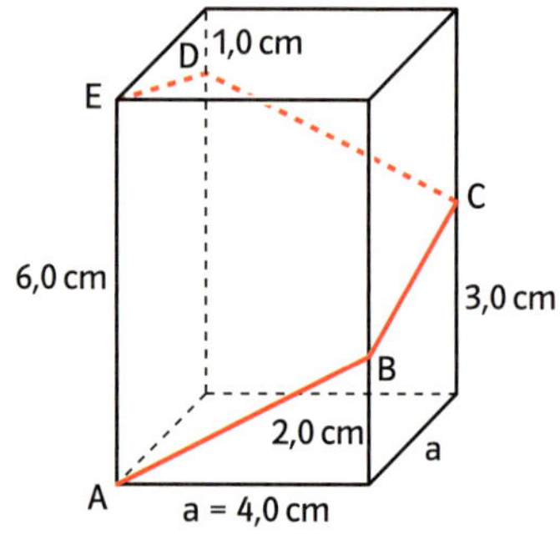

a) Berechnen Sie die Länge des Streckenzugs.
b) Zeichnen Sie das Netz des Prismas und tragen Sie den Streckenzug ein.

17 Ein Würfel hat das Volumen $V = 343\,cm^3$. Berechnen Sie den Umfang und den Flächeninhalt des Dreiecks RTS.

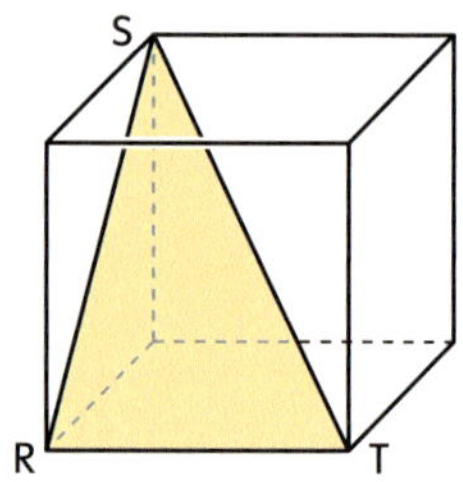

18 a) Durch einen Diagonalschnitt wird ein Würfel mit der Kantenlänge 10 cm in zwei Dreiecksprismen zerlegt. Berechnen Sie die Oberfläche eines dieser Prismen.
b) Halbiert man den Würfel so, dass zwei Trapezprismen entstehen, ändern sich die Oberflächen der Prismen je nach Teilung der Würfelkanten. Teilen Sie einmal mit 8 cm und 2 cm, dann mit 6 cm und 4 cm und vergleichen Sie die Oberflächen der Prismen.

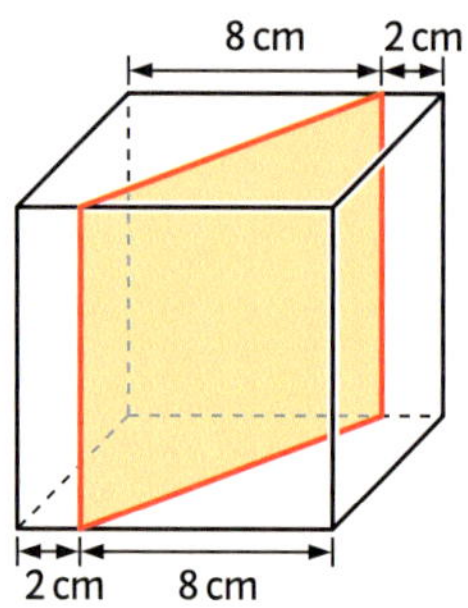

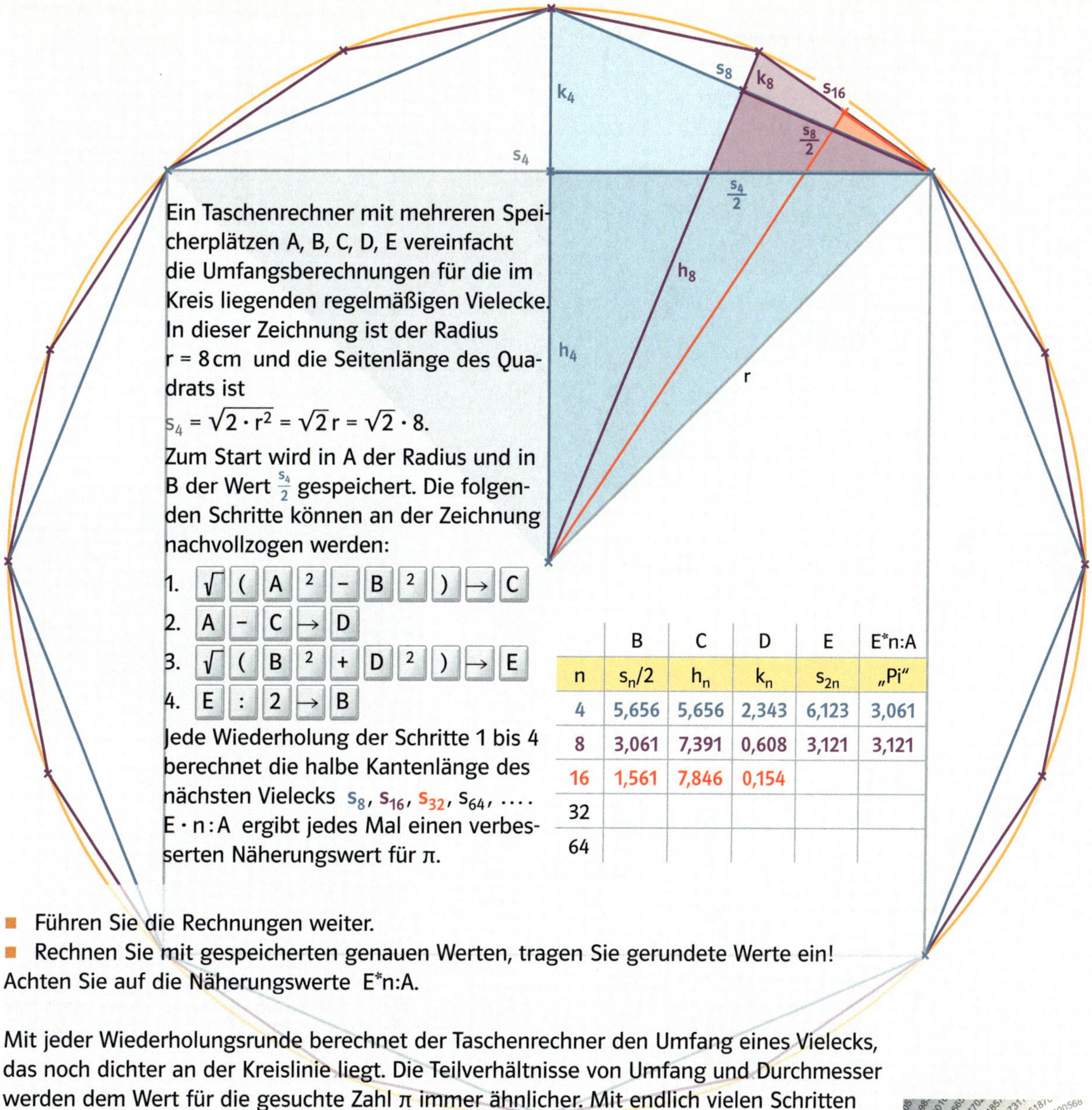

Ein Taschenrechner mit mehreren Speicherplätzen A, B, C, D, E vereinfacht die Umfangsberechnungen für die im Kreis liegenden regelmäßigen Vielecke. In dieser Zeichnung ist der Radius $r = 8\,\text{cm}$ und die Seitenlänge des Quadrats ist

$s_4 = \sqrt{2 \cdot r^2} = \sqrt{2}\,r = \sqrt{2} \cdot 8.$

Zum Start wird in A der Radius und in B der Wert $\frac{s_4}{2}$ gespeichert. Die folgenden Schritte können an der Zeichnung nachvollzogen werden:

1. √ (A ² − B ²) → C
2. A − C → D
3. √ (B ² + D ²) → E
4. E : 2 → B

Jede Wiederholung der Schritte 1 bis 4 berechnet die halbe Kantenlänge des nächsten Vielecks s_8, s_{16}, s_{32}, s_{64}, … .
E · n : A ergibt jedes Mal einen verbesserten Näherungswert für π.

	B	C	D	E	E*n:A
n	$s_n/2$	h_n	k_n	s_{2n}	„Pi"
4	5,656	5,656	2,343	6,123	3,061
8	3,061	7,391	0,608	3,121	3,121
16	1,561	7,846	0,154		
32					
64					

- Führen Sie die Rechnungen weiter.
- Rechnen Sie mit gespeicherten genauen Werten, tragen Sie gerundete Werte ein!

Achten Sie auf die Näherungswerte E*n:A.

Mit jeder Wiederholungsrunde berechnet der Taschenrechner den Umfang eines Vielecks, das noch dichter an der Kreislinie liegt. Die Teilverhältnisse von Umfang und Durchmesser werden dem Wert für die gesuchte Zahl π immer ähnlicher. Mit endlich vielen Schritten lässt sie sich jedoch nie genau errechnen.

Es gibt viele Methoden, π näherungsweise zu berechnen,
z. B. $\frac{\pi}{4} = 1 - \frac{1}{3} + \frac{1}{5} - \frac{1}{7} + \frac{1}{9} - \frac{1}{11} + \ldots$

Man kann beweisen: Der Dezimalbruch für π ist weder abbrechend noch periodisch, also keine rationale Zahl.
Die Kreiszahl π ist eine **irrationale Zahl**, die sich nur näherungsweise angeben lässt:
π = 3,141 592 653 589 793 238 462 643 383 279 502 884 197 169 399 375 105 820 974 …

19 Berechnen Sie Umfang und Flächeninhalt des Kreises.

a) $d = 35\,mm$ b) $d = 77\,mm$
c) $d = 123\,mm$ d) $r = 12{,}8\,cm$
e) $r = 2400\,mm$ f) $r = 0{,}97\,dm$

20 Berechnen Sie den Durchmesser bzw. den Radius.

a) $u = 91{,}1\,mm$ b) $u = 411{,}55\,cm$
c) $u = 86{,}08\,m$ d) $u = 1153\,dm$
e) $A = 56{,}75\,cm^2$ f) $A = 363{,}1\,cm^2$

21 Gesucht ist die Kreisfläche oder der Umfang.

a) $u = 10{,}0\,cm$ b) $u = 279{,}6\,mm$
c) $A = 452{,}4\,cm^2$ d) $A = \pi \cdot 144\,dm^2$

22 Gibt es einen Kreis, der ebenso viel Meter Umfang wie Quadratmeter Flächeninhalt hat?

23 Welchen Flächeninhalt hat der Kreis?

a)

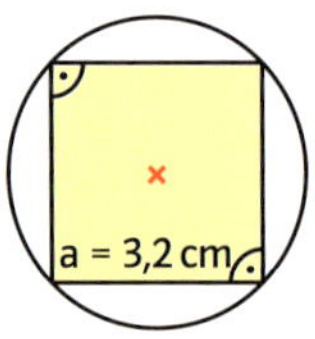

b)

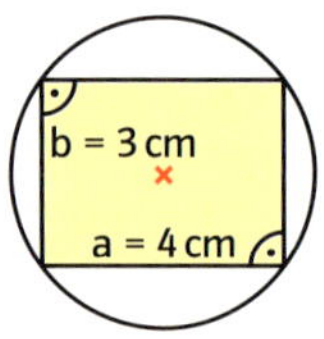

c)

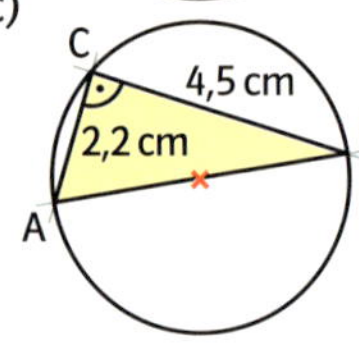

d)

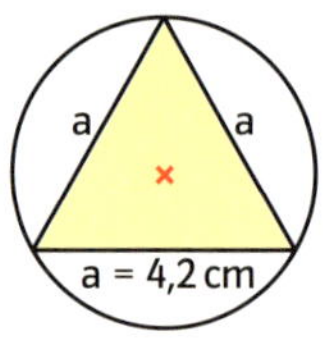

24 Vergleichen Sie die Umfänge der vier flächengleichen Figuren mit $A = 50{,}0\,cm^2$.

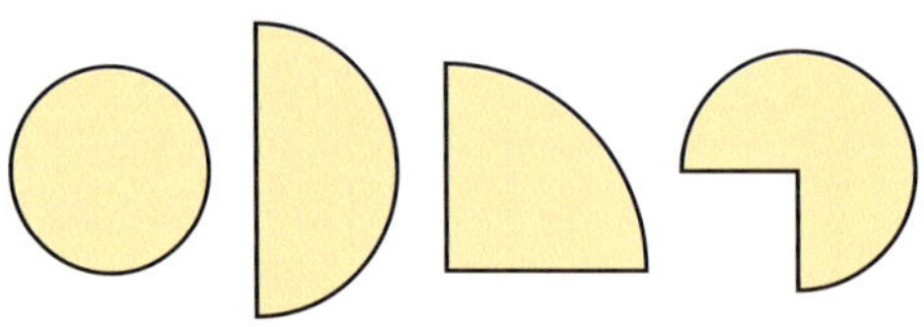

25 a) Eine mittlere Pizza hat einen Durchmesser von 26 cm, eine große von 36 cm. Um wie viel Prozent ist die Fläche der zweiten Pizza größer?
b) Eine Familienpizza hat einen Durchmesser von 48 cm.

26 Familie Gerhard hat einen kreisförmigen Gartenteich mit einem Durchmesser von 4 m. Er soll mit Natursteinen umrandet werden.

Wie viel laufende Meter müssen mindestens bestellt werden?

27 Runde 1000 Jahre hat der Baum auf dem Buckel, den 10 Personen mit einer Spannweite von durchschnittlich 1,50 m gerade so umfassen können.

28 Das Laufrad eines Fahrrades hat einen Durchmesser von 75 cm. Das Kettenblatt hat 40, das Ritzel 16 Zähne.
Wie viel m kommt man bei 1000 Umdrehungen der Tretkurbel vorwärts?

29 Berechnen Sie den Flächeninhalt des Kreisrings.

a) $r_1 = 2{,}8\,cm$, $r_2 = 4{,}6\,cm$ b) $r_1 = 6{,}3\,cm$, $r_2 = 10{,}9\,cm$
c) $r_1 = 3{,}0\,cm$, $a = 1{,}1\,cm$ d) $a = 33\,mm$, $r_2 = 102\,mm$
e) $r_1 = 2e$, $r_2 = 6e$ f) $a = 0{,}5e$, $r_2 = 8e$

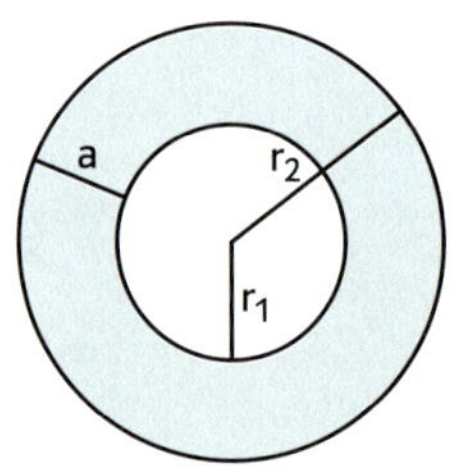

30 Berechnen Sie die Oberfläche und das Volumen des Prismas.

a)

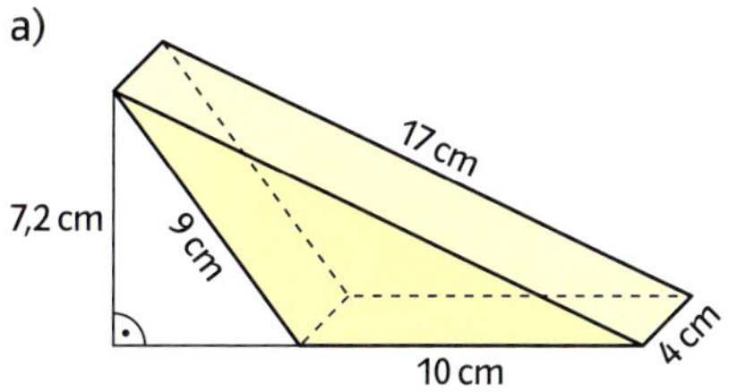

b)

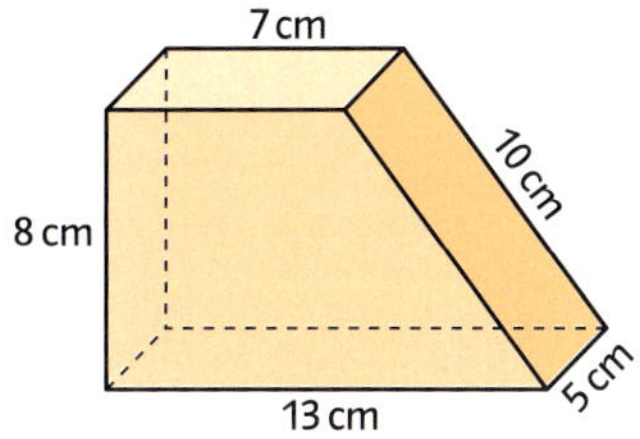

31 a) Warum gilt $V_3 < V_5$ und $V_6 < V_2$? Antworten Sie, ohne zu rechnen.
b) Ordnen Sie die sechs Prismenvolumina der Größe nach; beginnen Sie mit dem kleinsten. (Alle Maße in cm.)

1

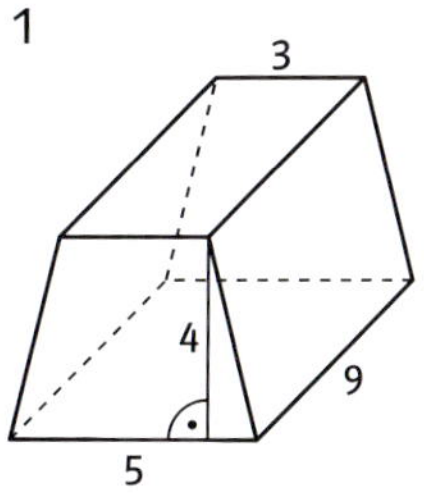

2

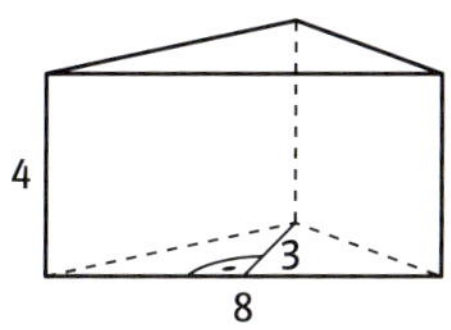

3

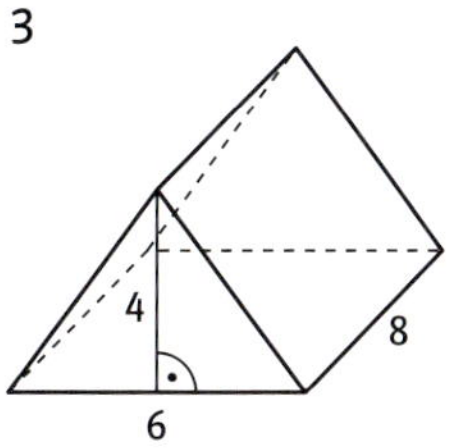

4

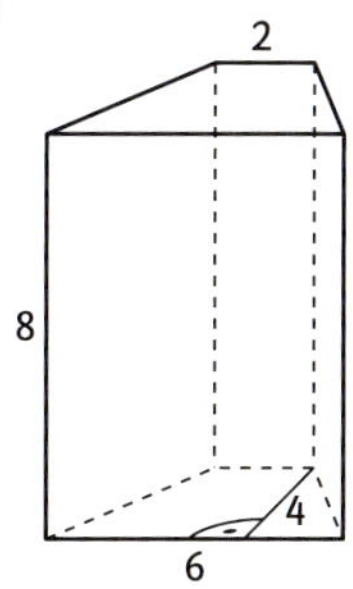

5

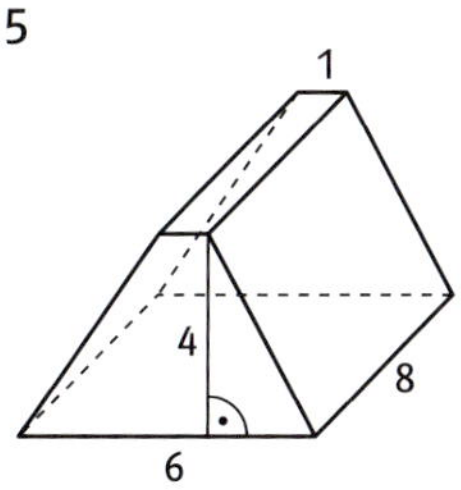

6

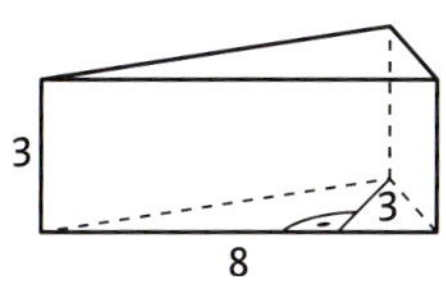

32 Berechnen Sie die nicht gegebenen Größen des Prismas.

	a)	b)	c)	d)
u	18 cm	20 dm		
h	36 cm		3,5 cm	25 cm
G	216 cm²	5,8 m²	12 cm²	
M				18 dm²
O			94 cm²	
V		8,7 m³		10 dm³

33 Die obere der zwei parallelen Seiten des Trapezes ist verschiebbar. Bestimmen Sie für einige Lagen der Seite die Oberfläche des Prismas. Die Länge der Trapezschenkel lesen Sie aus einer Zeichnung ab. Finden Sie das Prisma mit kleinstem Volumen?

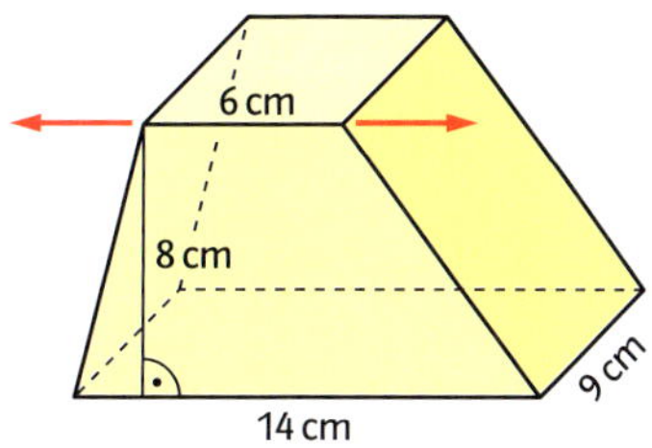

34 Die Grundfläche eines Prismas ist ein Dreieck mit $a = 8{,}5\,cm$, $b = 5\,cm$, $c = 10{,}5\,cm$ und $h_c = 4\,cm$.
Wie hoch ist das Prisma, wenn es
a) das Volumen $V = 168\,cm^3$ hat?
b) die Oberfläche $O = 234\,cm^2$ hat?

35 Ein Prisma hat als Grundfläche ein Dreieck mit der Grundlinie x und der Höhe 2x. Die Körperhöhe beträgt 10 cm.
a) Vergrößert man die Grundlinie x um 1 cm und die Dreieckshöhe 2x um 2 cm, so erhöht sich das Volumen V des Prismas um $150\,cm^3$.
Wie groß ist x?
b) Die Grundlinie wird um 1 cm vergrößert und die Dreieckshöhe wird um 2 cm verkleinert.
Um wie viel verändert sich das Volumen?
c) Gilt das Ergebnis b) wirklich für jeden Wert von x?

? *Hat ein zusammengesetzter Körper immer eine größere Oberfläche als die zwei Teilkörper zusammen?*

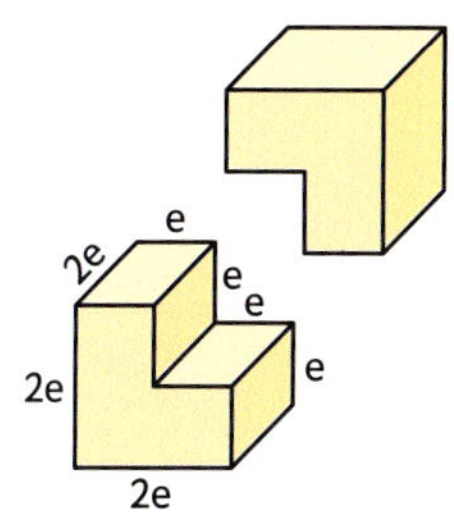

36 Stellen Sie aus einem DIN-A4-Blatt einen Zylinder her.
a) Sieger ist, wer den Zylinder mit dem größten Volumen gebastelt hat.
b) Jetzt ist die größte Oberfläche das Ziel.

37 Berechnen Sie Volumen und Oberfläche des Zylinders.
a) r = 6,5 cm, h = 78,0 cm b) r = 2,4 dm, h = 5,3 dm c) d = 72,0 cm, h = 8,9 m

38 Von einem Zylinder sind zwei Maße gegeben.
a) Berechnen Sie die Oberfläche.
$V = 1178{,}1\,cm^3$, $h = 15{,}0\,cm$ $V = 3041{,}1\,mm^3$, $h = 2{,}0\,mm$
b) Berechnen Sie das Volumen.
$O = 62{,}8\,dm^2$, $r = 2{,}0\,dm$ $O = 40{,}8\,m^2$, $r = 0{,}5\,m$

39 Berechnen Sie die fehlenden Größen des Zylinders.

	a)	b)	c)	d)
r	6,0 cm	4,5cm	□	□
h	□	□	41,0 cm	□
M	$4{,}5\,dm^2$	□	□	$140{,}0\,cm^2$
O	□	□	□	□
V	□	$482{,}0\,cm^3$	$0{,}77\,m^3$	$385{,}0\,cm^3$

40 a) Ein Würfel hat eine Kantenlänge von 25 cm. Geben Sie die Abmessungen eines Zylinders an, der mit dem Würfel volumengleich ist.
b) Ein Prisma hat als Grundfläche ein gleichseitiges Dreieck. Es gilt a = h = 15 cm. Welche Abmessungen kann ein Zylinder haben, der die gleiche Oberfläche besitzt?

Optimale Dosen

Konservendosen gibt es in ganz unterschiedlichen Formaten. Das zu verpackende Produkt, die Standfestigkeit oder Stapelbarkeit der Dosen und die für Produktwerbung zur Verfügung stehende Fläche sind Kriterien, sich für ein bestimmtes Dosenformat zu entscheiden.
Von großer Bedeutung ist der Materialverbrauch. Die „ideale" Dose benötigt zur Verpackung einer bestimmten Warenmenge am wenigsten Blech.

- Ermitteln Sie mit einer Tabellenkalkulation die Abmessungen der „idealen" Dose mit einem Volumen von 850 ml.

Für eine vorgegebene Höhe berechnet das Programm Radius und Oberfläche. Sie können die Eingabe schrittweise verfeinern.

E6 ▼ fx =2*PI()*D6^2+2*PI()*D6*C6

	A	B	C	D	E
1					
2	**Zylinder**	**Gleichbleibendes Volumen / Kleinste Oberfläche**			
3					
4		Volumen	Höhe	Radius	Oberfläche
5					
6		850	1	16,45	1803,35
7		850	2	11,63	996,16
8		850	3	9,50	745,68
9		850	4	8,22	631,70
10		850	5	7,36	571,10
11		850	6	6,72	536,49
12		850	7	6,22	516,30
13		850	8	5,82	504,82
14		850	9	5,48	498,94
15		850	10	5,20	496,82
16		850	11	4,96	497,32
17		850	12	4,75	499,68
18		850	13	4,56	503,41

41 Berechnen Sie die fehlenden Größen des Dreiecks ABC.
Wie immer hilft eine Planfigur.
a) $b = 5{,}1\,cm$; $\beta = 39{,}5°$; $\gamma = 90°$
b) $a = 7{,}8\,cm$; $b = 4{,}9\,cm$; $\gamma = 57{,}6°$
c) $c = 8{,}1\,cm$; $\alpha = 23{,}4°$; $\beta = 110{,}5°$
d) $b = 7{,}2\,cm$; $c = 6{,}1\,cm$; $\beta = 67{,}2°$
e) $a = 5{,}4\,cm$; $\alpha = 37{,}6°$; $\beta = 52{,}4°$

42 a) Konstruieren und berechnen Sie.
$a = 5{,}3\,cm$; $b = 8{,}2\,cm$; $\alpha = 30{,}0°$
b) Was stellen Sie fest, wenn Sie $\triangle ABC$ mit $a = 5{,}3\,cm$; $b = 8{,}2\,cm$; $\alpha = 70{,}0°$ zu konstruieren versuchen? Versuchen Sie auch, die fehlenden Größen zu berechnen.

43 Berechnen Sie im Dreieck ABC die Seite c aus
$A = 30{,}0\,cm^2$; $b = 8{,}2\,cm$;
$\alpha = 67{,}0°$.

44 a) Berechnen Sie den Flächeninhalt A eines Dreiecks mit
$b = 5\,cm$; $c = 7\,cm$; $\alpha = 30°$.
b) Geben Sie ein anderes Dreieck mit gleichen Werten von b, c und A an.

45 Drücken Sie die Streckenlänge x durch e aus.

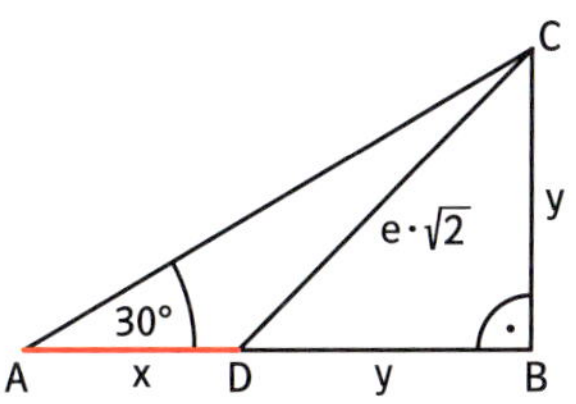

46 Berechnen Sie die Seiten und Winkel der Dreiecke in den Quadern.

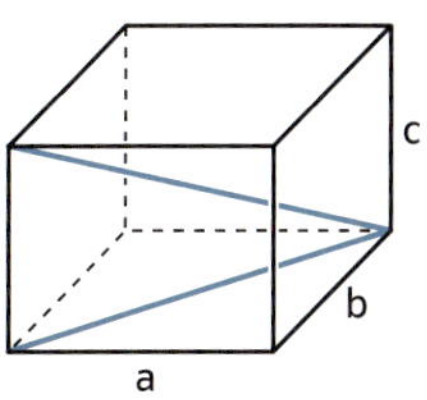

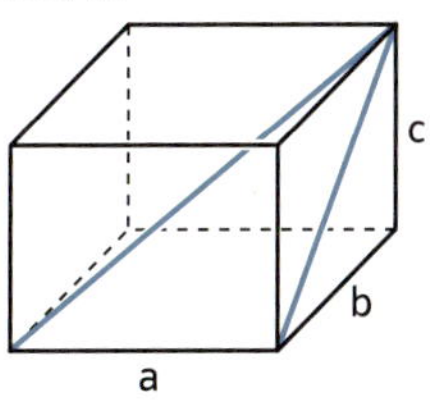

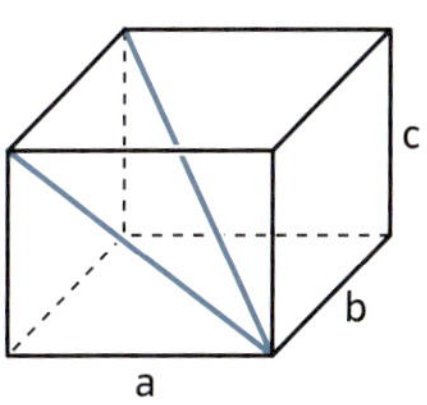

$a = 8\,cm$
$b = 10\,cm$
$c = 6\,cm$

47 Ein Parallelogramm hat die Seitenlängen $a = 10{,}0\,cm$ und $b = 5{,}0\,cm$. Sein Flächeninhalt A_P wird dem Flächeninhalt A_R eines Rechtecks mit ebenso langen Seiten verglichen.
a) Wie groß ist der Parallelogrammwinkel α, wenn A_P 50 % von A_R beträgt?
b) Um wie viel % ist A_R größer als A_P, wenn $\alpha = 45°$ gilt?
c) Wie viel % von A_R ist A_P für $\alpha = 1°$?

48 Wenn die Sonne hoch am Himmel steht, verteilt sich ihre Strahlungsenergie auf eine kleinere Fläche als wenn sie flach über dem Horizont steht. Die Energie, die auf eine horizontale Fläche auftrifft, verringert sich also mit dem Faktor $\frac{b}{c}$.

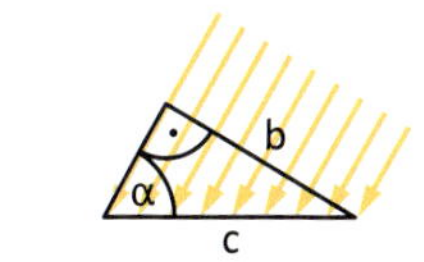

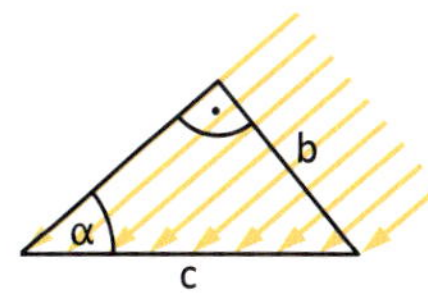

a) Auf wie viel Prozent verringert sich die Strahlungsintensität beim Einfallswinkel $\alpha = 60°; 45°; 30°; 15°; 10°$?
b) Ein Solarmodul muss günstig zum Einfallswinkel stehen. Wie sollte man also den Neigungswinkel β wählen, um zu gegebenem α eine möglichst hohe Energieausbeute zu bekommen?

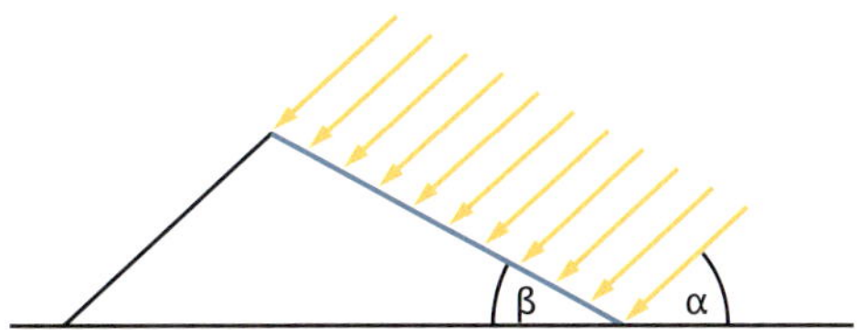

c) Für Stuttgart gelten um 12 Uhr MEZ folgende Werte:

Datum	21.3.	21.6.	21.9.	21.12.
α	42°	65°	42°	17°

Erklären Sie, warum häufig für β Werte um 35° gewählt werden.

49 Berechnen Sie die fehlenden Größen der quadratischen Pyramide.
Alle Maße sind in cm/cm²/cm³ angegeben.

	a	s	h	h_s	O	V
a)	8,0			6,0		
b)	6,2		12,5			
c)	12	16				
d)		6,2	5,5			
e)			6,8	9,6		
f)			9			108
g)	9,2				216,6	
h)				7,4	104	

50 Eine quadratische Pyramide ist durch ihren Parallelschnitt gegeben.
Berechnen Sie Oberfläche und Volumen der Pyramide.

a)

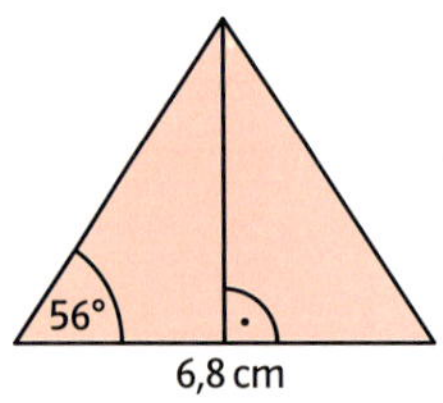

b)

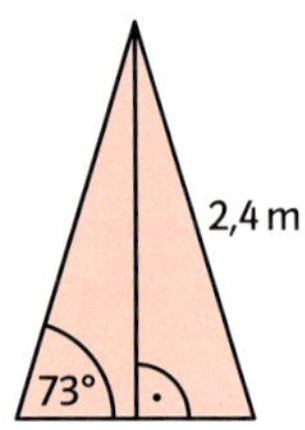

51 Eine quadratische Pyramide ist durch ihren Diagonalschnitt gegeben.
Berechnen Sie Oberfläche und Volumen der Pyramide.

a)

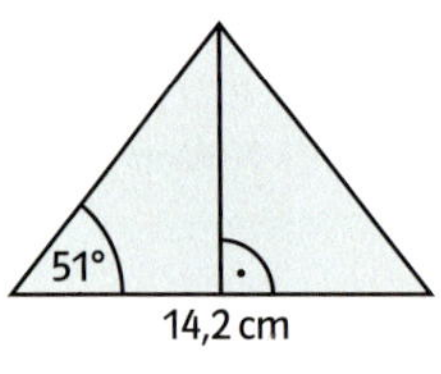

b)

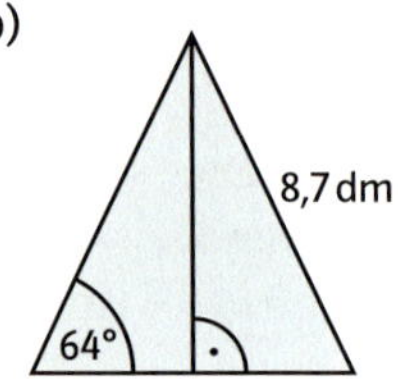

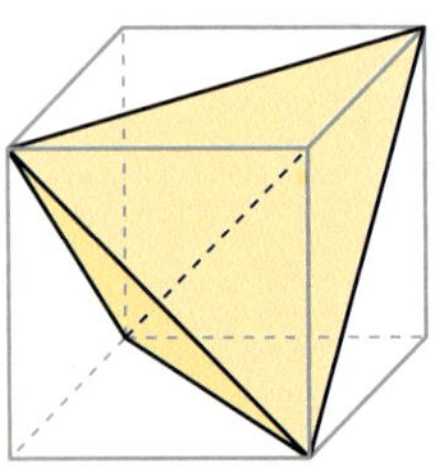

52 Eine Dreieckspyramide, bei der die Grund- und Seitenkanten gleich lang sind, nennt man Tetraeder.
Wie groß ist das Volumen des Tetraeders, der in den Würfel mit der Kantenlänge 9,0 cm einbeschrieben ist?
In welchem Verhältnis stehen Würfel- und Tetraedervolumen?

53 Zeichnen Sie das Netz und das Schrägbild der quadratischen Pyramide.

a) $a = 5{,}0\,cm$, $h = 4{,}0\,cm$ b) $a = 4{,}2\,cm$, $h_s = 6{,}0\,cm$

54 Ein Kegel ist durch seine Oberfläche $O = 425{,}0\,cm^2$ und seine Mantellinie $s = 10{,}81\,cm$ gegeben.
Welche Höhe hat ein Zylinder mit gleichem Volumen und gleichem Grundkreisradius?

55 Eine quadratische Pyramide hat die Grundkante $a = 6{,}0\,cm$ und die Höhe $h = 7{,}0\,cm$. Das Dreieck FES zerlegt die Pyramide in zwei volumengleiche Teile.

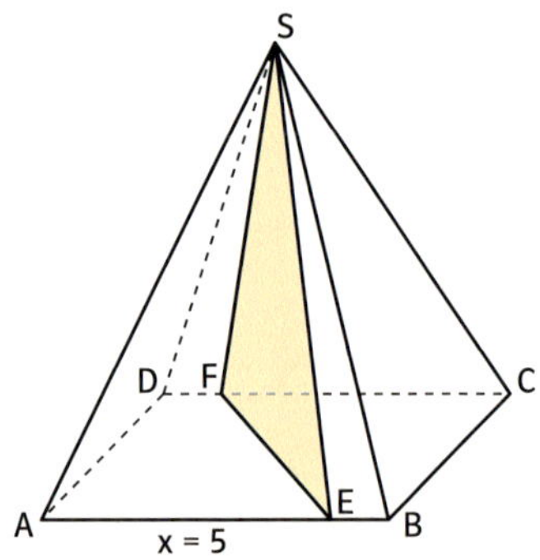

a) Berechnen Sie die Winkel und den Flächeninhalt des Dreiecks FES.
b) Die Länge x wird verändert. Für welchen Wert von x hat das Dreieck FES seinen größten bzw. kleinsten Flächeninhalt?
Wie groß sind dann die Winkel des Dreiecks?

56 Aus dem Kegel wurde ein Stück herausgeschnitten. Gegeben sind die Längen $\overline{AS} = 32\,cm$ und $\overline{MS} = 25\,cm$. Um wie viel Prozent hat sich die Oberfläche des Körpers verringert?

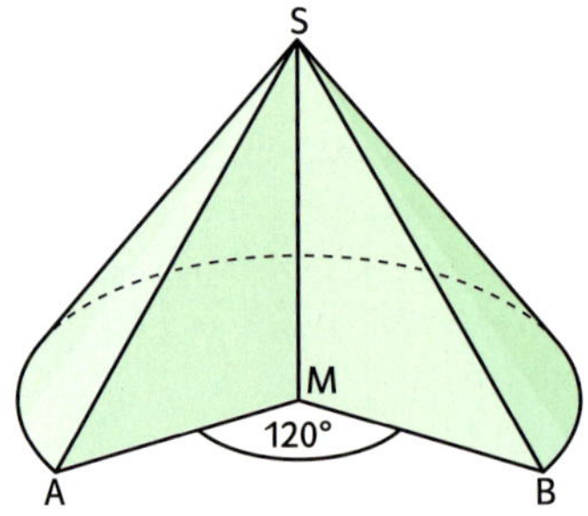

Pyramidenstumpf

Schneidet man eine Pyramide parallel zu ihrer Grundfläche durch, so entstehen ein **Pyramidenstumpf** und die zugehörige Ergänzungspyramide.

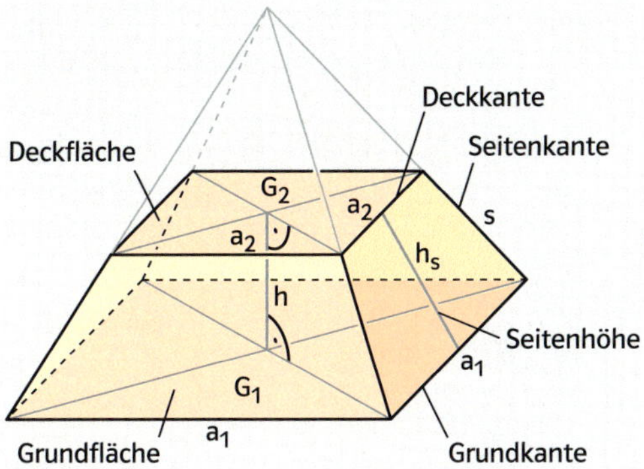

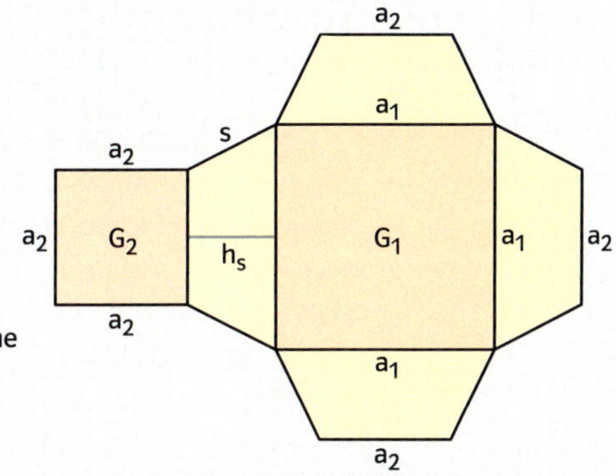

Das **Volumen eines Pyramidenstumpfes** ist die Differenz der Volumina von Pyramide und Ergänzungspyramide.
$\mathbf{V = V_1 - V_2}$

■ Zeichnen Sie das Schrägbild eines quadratischen Pyramidenstumpfes.
a) Grundkante 6 cm, Höhe der gesamten Pyramide 10 cm, Höhe des Stumpfes 7,0 cm
b) Grundkante 7 cm, Höhe der gesamten Pyramide 9 cm, Deckkante 4,0 cm

■ Für Berechnungen am Stumpf benötigt man oft Teilfiguren.

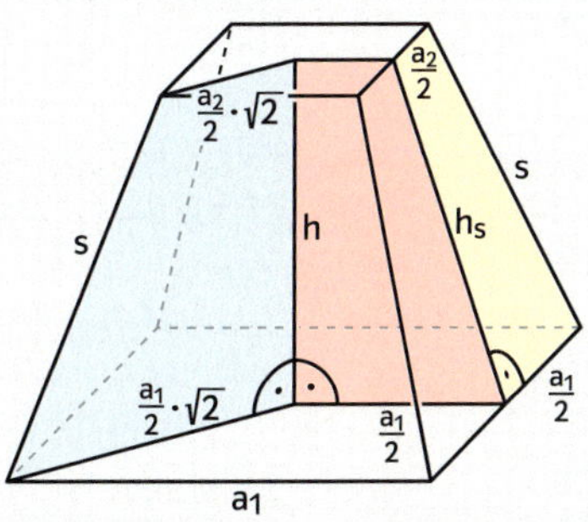

Fertigen Sie das Modell eines quadratischen Pyramidenstumpfes an, bei dem man die halbe Seitenfläche, die halbe Parallelschnittfläche und die halbe Diagonalschnittfläche sieht.

Die **Oberfläche eines Pyramidenstumpfes** setzt sich aus Grund-, Deck- und Mantelfläche zusammen. $\mathbf{O = G_1 + G_2 + M}$

■ Berechnen Sie die Mantel- und die Oberfläche eines quadratischen Pyramidenstumpfes mit $a_1 = 7{,}8\,\text{cm}$, $a_2 = 3{,}1\,\text{cm}$ und $h = 8{,}4\,\text{cm}$.
Die Mantelfläche besteht aus symmetrischen Trapezen.

■ Berechnen Sie das Volumen eines quadratischen Pyramidenstumpfes mit $a_1 = 9{,}8\,\text{cm}$; $a_2 = 6{,}9\,\text{cm}$ und $h = 7{,}4\,\text{cm}$.
Zur Berechnung der Höhe der gesamten Pyramide kann man den Tangens anwenden.

■ Gegeben ist ein Stumpf mit $a_1 = 15{,}0\,\text{cm}$; $a_2 = 8{,}0\,\text{cm}$ und $h = 10{,}0\,\text{cm}$. Die Punkte C und D halbieren die Seitenkanten.

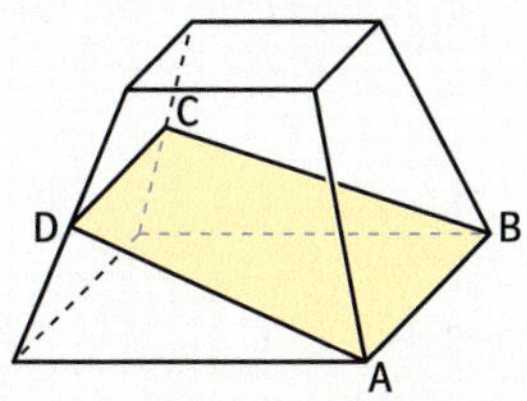

Berechnen Sie den Umfang und den Flächeninhalt des Vierecks ABCD.

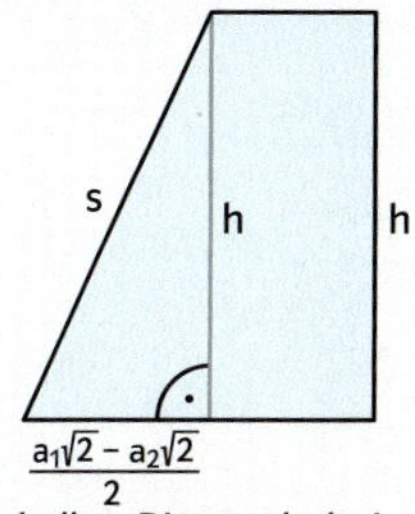

halber Diagonalschnitt

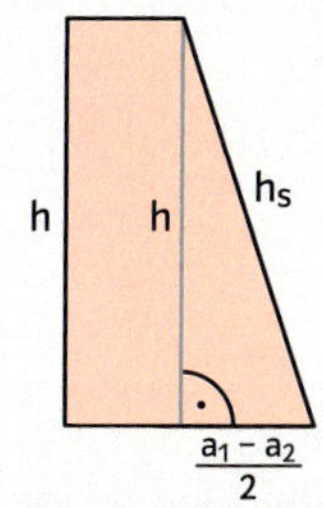

halber Parallelschnitt

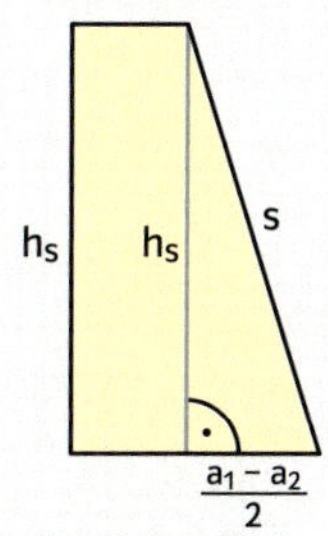

halbe Seitenfläche

Rückspiegel | Flächen

1 Ein Rechteck ist 16,0 cm lang und 9,0 cm breit.
Welche Seitenlänge besitzt ein Quadrat mit gleichem Flächeninhalt?
Welche Figur hat den größeren Umfang?

2 Zeichnen Sie die Figur. Entnehmen Sie die notwendigen Maße der Zeichnung und berechnen Sie Flächeninhalt und Umfang.
a) allgemeines Dreieck aus
   $a = 5{,}8\,cm$; $b = 6{,}4\,cm$; $c = 7{,}5\,cm$
b) Raute aus
   $a = 5{,}5\,cm$ und $\alpha = 70°$

3 Die Giebelwand des Hauses soll gestrichen werden. Wie groß ist der Flächeninhalt?

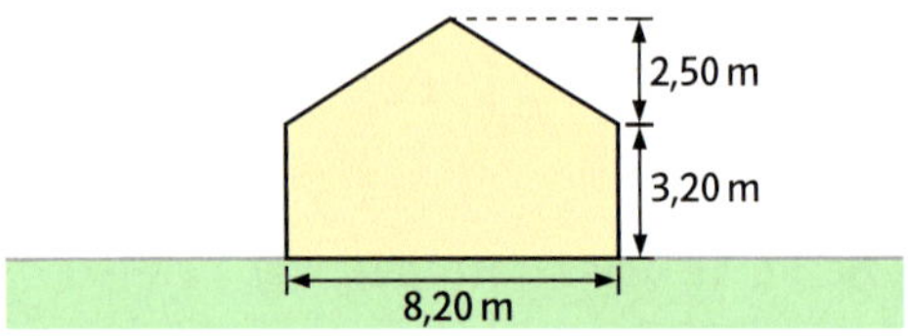

4 Berechnen Sie den Flächeninhalt der Grundstücke 1 und 2.

1 Ein Rechteck ist 12,5 cm lang und 8,0 cm breit.
Eine Seitenlänge eines dazu flächengleichen Dreiecks beträgt 10,0 cm. Wie lang ist die zugehörige Dreieckshöhe?

2 Zeichnen Sie die Figur. Entnehmen Sie die notwendigen Maße der Zeichnung und berechnen Sie Flächeninhalt und Umfang.
a) Parallelogramm aus
   $a = 6{,}5\,cm$; $b = 3{,}5\,cm$; $\alpha = 60°$
b) gleichschenkliges Trapez aus
   $a = 9{,}2\,cm$; $b = d = 5{,}2\,cm$; $\alpha = \beta = 50°$

3 Die Giebelwand des Hauses soll gestrichen werden. Wie groß ist der Flächeninhalt?

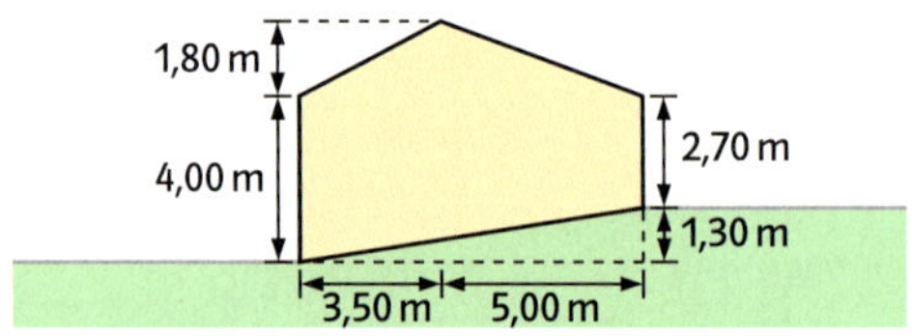

4 Berechnen Sie den Flächeninhalt der Grundstücke 1, 2 und 3.

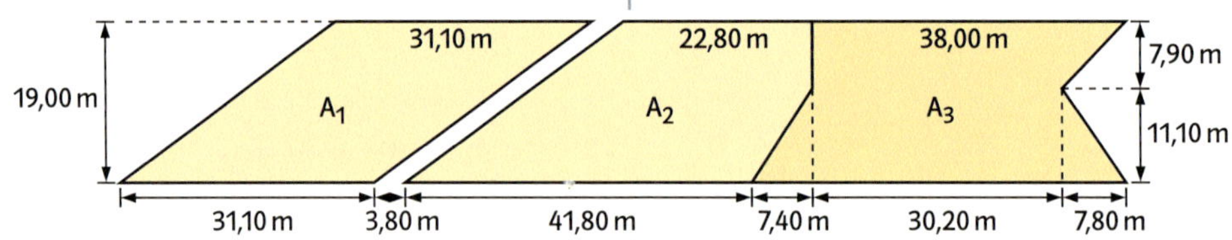

5 a) Berechnen Sie den Umfang eines Rechtecks mit der Länge $a = 12{,}5\,cm$ und dem Flächeninhalt $A = 50\,cm^2$.
b) Wie hoch ist ein Trapez, dessen parallele Seiten $a = 9{,}0\,cm$ und $c = 6{,}0\,cm$ lang sind und das den Flächeninhalt $A = 31{,}5\,cm^2$ hat?

5 a) Berechnen Sie den Flächeninhalt eines Rechtecks mit der Breite $b = 5{,}5\,cm$ und dem Umfang $u = 27\,cm$.
b) Wie lang ist die zu $a = 3{,}5\,cm$ parallele Trapezseite c, wenn die Höhe $h = 8{,}0\,cm$ und der Flächeninhalt $A = 36{,}0\,cm^2$ betragen?

Rückspiegel | Pythagoras. Kreis

1 Formulieren Sie den Satz des Pythagoras für alle rechtwinkligen Dreiecke.

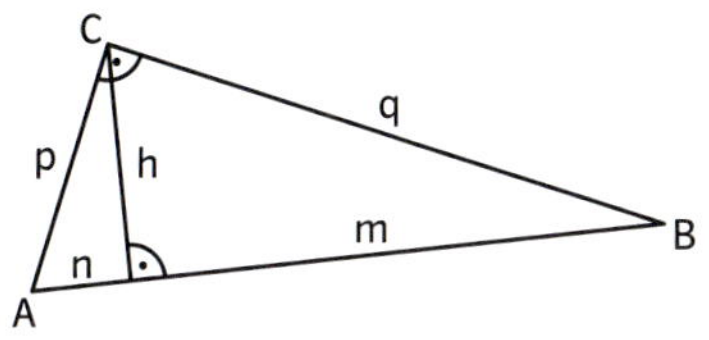

2 Überprüfen Sie, ob das Dreieck rechtwinklig ist. Wenn nicht, begründen Sie, dass es spitz- bzw. stumpfwinklig ist.

a) 9 cm; 40 cm; 41 cm
b) 25 cm; 48 cm; 60 cm
c) 11 cm; 60cm; 61 cm

3 Berechnen Sie den Umfang und den Flächeninhalt des Kreises.

a) r = 12 cm b) r = 54 mm
c) r = 6,1 cm d) d = 1,38 m
e) d = 0,77 dm f) d = 1,04 km

4 Berechnen Sie den Radius des Kreises.

a) A = 625 cm^2 b) A = 4650 mm^2
c) u = 25,9 cm d) u = 0,015 km

5 Eine der größten öffentlichen Uhren ist die Turmuhr in Berlin-Siemensstadt. Ihr Stundenzeiger ist 2,20 m, der Minutenzeiger 3,40 m lang.

a) Welche Wegstrecke legt die Spitze des Minutenzeigers in einer Stunde zurück?
b) Berechnen Sie die Strecke, die die Spitze des Stundenzeigers während eines Tages zurücklegt.

6 Eine kreisförmige Tischplatte hat einen Durchmesser von 1,10 m.
Welche Kantenlänge hat ein flächengleicher quadratischer Tisch?

7 Berechnen Sie den Flächeninhalt des Kreisrings. a ist die Differenz der beiden Radien.

a) r_1 = 23 cm, r_2 = 16 cm
b) r_1 = 1,5 dm, d_2 = 200 mm
c) r_1 = 740 m, a = 80 m
d) d_2 = 0,56 m, a = 9 cm

1 Formulieren Sie den Satz des Pythagoras für alle rechtwinkligen Dreiecke in der Figur.

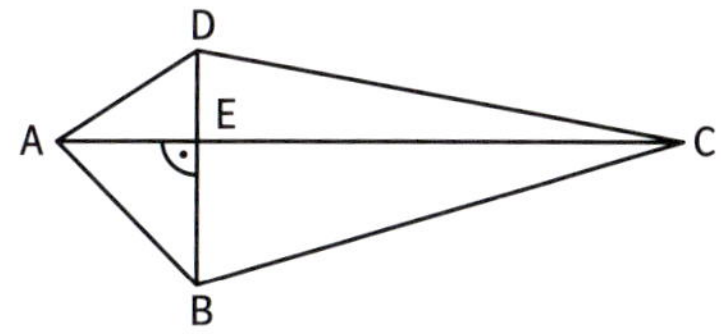

2 Überprüfen Sie, ob das Dreieck rechtwinklig ist. Wenn nicht, dann korrigieren Sie ein Maß.

a) 7 cm; 24 cm; 25 cm
b) 10 cm; 26 cm; 25 cm
c) 7,5 cm; 18 cm; 19,5 cm

3 Berechnen Sie den Radius und den Durchmesser des Kreises.

a) u = 18,3 cm b) u = 6373 mm
c) u = 2 m d) A = 48 cm^2
e) A = 720 mm^2 f) A = 31,0 dm^2

4 Berechnen Sie den Flächeninhalt bzw. den Umfang.

a) u = 5,8 cm b) u = 1,02 m
c) A = 5,5 m^2 d) A = 0,09 dm^2

5 Ein riesiger Flugzeugpropeller hat einen Durchmesser von 6,9 m.
Welche Wegstrecke legt die Propellerspitze bei 545 Umdrehungen pro Minute in einer Minute zurück? Welcher Geschwindigkeit in km/h ist die Propellerspitze ausgesetzt?

6 Eine kreisförmige Tischplatte hat einen Durchmesser von 1,60 m. Welche Kantenlängen könnte ein flächengleicher rechteckiger Tisch haben?

7 Welche Farbe in der Zielscheibe nimmt die größte Fläche ein?
(Maße in cm)

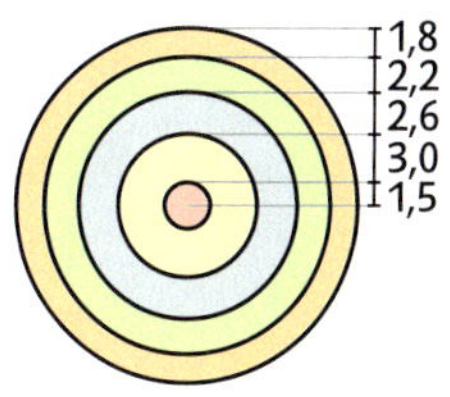

Rückspiegel | Körper

1 Ein Quader hat die Kantenlängen $a = 16\,cm$; $b = 9\,cm$; $c = 7{,}5\,cm$. Berechnen Sie sein Volumen V und seine Oberfläche O.

2 Zeichnen Sie die Figur in doppelter Größe. Vervollständigen Sie sie zum Netz eines Prismas.

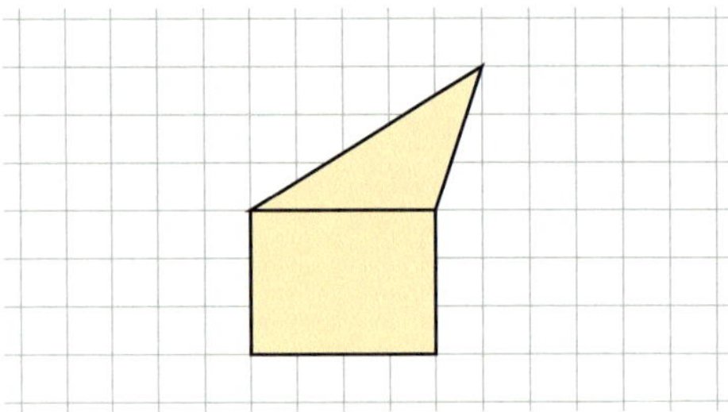

3 Die Grundfläche eines Prismas ist ein Dreieck ABC mit $a = 6\,cm$; $b = 6\,cm$; $c = 5\,cm$. Die Höhe des Prismas ist $h = 8\,cm$. Zeichnen Sie das Prisma
a) auf einem Mantelrechteck liegend.
b) auf der Grundfläche stehend.

4 Ein Prisma hat als Grundfläche ein Dreieck mit $a = 15\,cm$; $b = 13\,cm$; $c = 4\,cm$ und der Höhe $h_c = 12\,cm$. Die Höhe des Prismas ist $h = 8\,cm$. Berechnen Sie das Volumen V und die Oberfläche O.

5 Berechnen Sie die Mantelfläche, die Oberfläche und das Volumen des Zylinders.
a) $r = 6\,cm$; $h = 15\,cm$
b) $r = 37{,}0\,mm$; $h = 25{,}5\,cm$
c) $r = 0{,}62\,m$; $h = 1{,}84\,m$

6 Berechnen Sie den Radius des Zylinders.
a) $M = 78\,cm^2$
$h = 6\,cm$
b) $M = 1{,}5\,m^2$
$h = 25\,cm$
c) $V = 3{,}5\,m^3$
$h = 1{,}2\,m$

1 Alle Kantenlängen eines Quaders werden verdoppelt. Mit welchem Faktor vergrößert sich das Volumen? Mit welchem Faktor vergrößert sich die Oberfläche?

2 Zeichnen Sie die Figur in doppelter Größe. Vervollständigen Sie sie zum Netz eines Prismas.

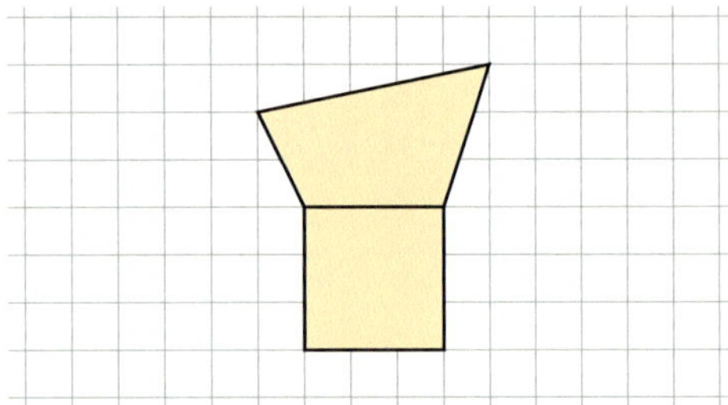

3 Die Grundfläche eines Prismas ist ein symmetrisches Trapez mit $a = 9\,cm$, $c = 3\,cm$ und der Höhe $h_T = 4\,cm$. Die Höhe des Prismas ist $h = 8\,cm$. Zeichnen Sie das Prisma
a) auf einem Mantelrechteck liegend.
b) auf der Grundfläche stehend.

4 Ein Prisma hat als Grundfläche ein Parallelogramm mit $a = 12{,}5\,cm$; $b = 8{,}5\,cm$ und der Höhe $h_a = 6\,cm$. Die Höhe des Prismas ist $h = 12\,cm$. Berechnen Sie das Volumen V und die Oberfläche O.

5 Wie hoch ist der Zylinder?
a) $M = 282{,}7\,cm^2$; $r = 9{,}0\,cm$
b) $O = 37{,}7\,dm^2$; $r = 15{,}0\,cm$
c) $V = 942{,}5\,dm^3$; $r = 0{,}5\,m$

6 Berechnen Sie das Volumen des Zylinders.
a) $M = 660\,cm^2$
$h = 15\,cm$
b) $M = 77\,dm^2$
$d = 6\,dm$
c) $M = 0{,}09\,m^2$
$r = 15\,cm$
d) $G = 49\,cm^2$
$M = 32\,cm^2$
e) $O = 512\,cm^2$
$M = 3{,}3\,dm^2$
f) $O = 0{,}12\,m^2$
$d = 0{,}12\,m$

Rückspiegel | Trigonometrie. Spitzkörper

1 Berechnen Sie die fehlenden Größen im Dreieck ABC mit
a) $c = 8{,}0\,cm$; $\alpha = 34{,}7°$; $\gamma = 90°$.
b) $b = 4{,}9\,cm$; $c = 6{,}7\,cm$; $\alpha = 74{,}1°$.
c) $c = 7{,}9\,cm$; $\alpha = 44{,}5°$; $\beta = 59{,}6°$.

2 Eine Leiter ist 4,50 m lang.
a) Sie lehnt unter einem Winkel von 65° an einer Hauswand. Wie hoch reicht sie?
b) Anstellwinkel von mehr als 80° sind gefährlich, weil die Leiter nach hinten kippen kann. Kann die Leiter gefahrlos 4,35 m hoch reichen?

3 Berechnen Sie die Seiten und Winkel des Dreiecks BCE im Quader.

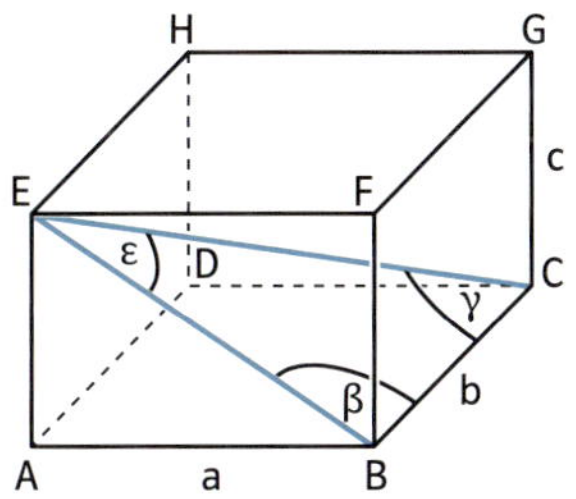

$a = 6{,}5\,cm$; $b = 8{,}4\,cm$; $c = 4{,}3\,cm$

4 Berechnen Sie Mantelfläche, Oberfläche und Volumen der quadratischen Pyramide.
a) $a = 10\,cm$, $h_s = 7{,}0\,cm$
b) $h = 0{,}8\,cm$, $s = 1{,}0\,cm$

5 Gegeben ist der Achsenschnitt eines Kegels. Berechnen Sie Oberfläche und Volumen.

a)

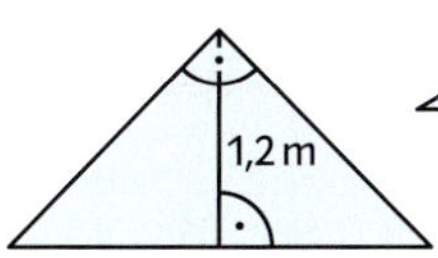

b)

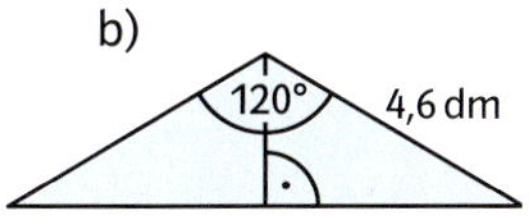

6 Geben Sie M, O und V einer quadratischen Pyramide in Abhängigkeit von e an.
a) $a = 6e$, $h = 4e$
b) $h = 12e$, $h_s = 15e$

1 Berechnen Sie die fehlenden Größen im Dreieck ABC mit
a) $b = 7{,}5\,cm$; $\beta = 62{,}4°$; $\gamma = 90°$.
b) $a = 4{,}7\,cm$; $b = 8{,}2\,cm$; $\beta = 106{,}7°$.
c) $a = 6{,}0\,cm$; $c = 9{,}0\,cm$; $\alpha = 38{,}8°$.

2 Ein Höhenunterschied von 3,40 m soll durch eine rollstuhlgerechte Rampe zugänglich gemacht werden. Der Steigungswinkel beträgt 5°.
a) Wie lang wird der Weg auf der Rampe?
b) Nach je 6 m Weg muss ein 1,50 m langer ebener Absatz eingerichtet werden.

3 Berechnen Sie die Seiten und Winkel des Dreiecks MGH im Quader.

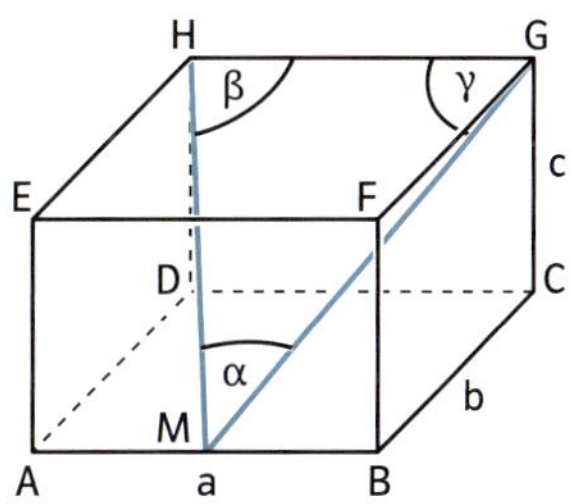

$a = 6{,}5\,cm$; $b = 8{,}4\,cm$; $c = 4{,}3\,cm$
M: Seitenmitte

4 Berechnen Sie h_s, h und V einer quadratischen Pyramide mit einer Oberfläche von $39{,}2\,cm^2$ und einer Grundkante von 3,0 cm.

5 Bei einem Kegel ist die Höhe doppelt so groß wie der Radius. Sein Volumen beträgt $575\,cm^3$.
Berechnen Sie die Oberfläche.

6 Stellen Sie Formeln für die Oberfläche und das Volumen auf. Verwenden Sie dabei keine gerundeten Werte.

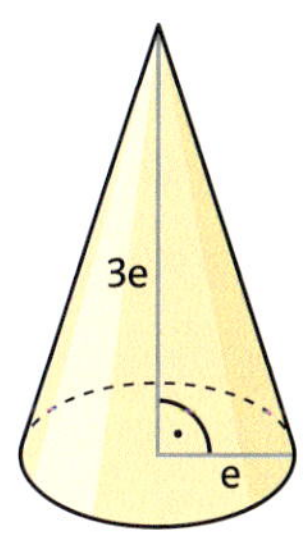

Handytarife

Das Handy ist aus unserem Alltag nicht mehr wegzudenken. Vor allem Jugendliche geben für die Benutzung oft sehr viel Geld aus.
Deshalb ist es wichtig, die Abrechnungssysteme der Mobilfunkgesellschaften kritisch zu prüfen.

Kinder und Jugendliche verwenden das Handy überwiegend, um SMS zu versenden.

Die Tabelle zeigt ein besonderes Angebot:

Tarif	Einsteiger	Normal	Profi
SMS-Paket	40 SMS	150 SMS	300 SMS
Kosten	5 €	15 €	25 €

Tarifunabhängig kostet jede weitere SMS 19 Cent.

- Welches Tarifmodell ist für durchschnittlich 70 SMS, 100 SMS oder 220 SMS pro Monat das günstigste?
- Nora hat die Anzahl der in den letzten vier Monaten versandten SMS-Nachrichten notiert: 113 SMS, 145 SMS, 169 SMS und 136 SMS. Können Sie ihr bei der Tarifwahl behilflich sein?

Im Tarifdschungel der vielen Anbieter behält man nur schwer den Überblick. Mobilfunkanbieter Maxicom wirbt mit den rechts abgebildeten Angeboten.

- Max versendet pro Monat ungefähr 150 SMS-Nachrichten.
- Ab welcher monatlichen SMS-Zahl wird der Tarif „Normal" günstiger?
- Besorgen Sie sich Daten von aktuellen Tarifen und vergleichen Sie.

Maxicom-Aktuell

Tarif	Einsteiger	Normal
Grundgebühr pro Monat	4,95 €	9,95 €
Einmalige Anschlussgebühr	24,95 €	24,95 €
Freie SMS pro Monat	100	200
Empfang einer SMS	frei	frei
Versand einer SMS	0,19 €	0,19 €

Lara und Vanessa unterhalten sich über das abgebildete Tarifangebot (ohne SMS-Tarife und ohne internen Mobilfunk).

Lara: „Ich bin mir nicht schlüssig, welchen Tarif ich für mich wählen soll."
Vanessa: „Wie lange telefonierst du denn pro Monat?"
Lara: „Ich schätze so ungefähr 2 Stunden am Wochenende, 1 Stunde zur Hauptzeit und 3 Stunden zur Nebenzeit."

• Können Sie den beiden einen Rat geben?

Neben den Tarifen „Basic" und „Quality" wird noch der Tarif „Premium" angeboten. Er beinhaltet 60 Freiminuten pro Monat (Gesprächsgebühren wie Tarif „Basic"). Allerdings beträgt die Grundgebühr 24,95 €.

• Ist dieser Tarif für Lara attraktiv? Was meinen Sie?

Gesprächsgebühren pro Minute ins Festnetz (in €):

Tarif	Grundgebühr	Hauptzeit	Nebenzeit	Wochenende
Basic	9,95	0,49	0,19	0,09
Quality	19,95	0,15	0,15	0,09

Der Tabelle können Sie die Entwicklung des SMS-Versands pro Jahr in Deutschland entnehmen (Angaben in Milliarden).

Jahr	1998	1999	2000	2001	2002	2003	2004
SMS	0,6	3,6	11,4	14,4	17	19,7	20,6

Quelle: Bundesnetzagentur

• Zeichnen Sie ein geeignetes Diagramm. Weshalb ist ein Kreisdiagramm nicht geeignet?
• In Deutschland leben ca. 80 Millionen Menschen. Drei Viertel davon besitzen ein Handy. Wie viele SMS kommen ungefähr auf einen Handybesitzer pro Jahr? Vergleichen Sie mit der Anzahl der von Ihnen verfassten SMS-Nachrichten.

In diesem Kapitel lernen Sie,

- was proportionale Zusammenhänge sind und wie man sie beschreibt,
- wie man eine Geradengleichung bestimmt und die Gerade zeichnet,
- wie man die Steigung einer Geraden bestimmt,
- was ein lineares Gleichungssystem ist,
- wie man die Lösung eines linearen Gleichungssystems zeichnerisch und rechnerisch bestimmt.

1 Einführung

Ergänzen Sie die Preistabellen.

Katzenfutter in Dosen	1	2	5	10	20
Preis in €	0,60				

Jogurt in Bechern	1	3	6	12	15
Preis in €			2,40		

Hackfleisch in kg	$\frac{1}{5}$	$\frac{1}{2}$	1	1,5	2
Preis in €			3,00		

→ Warum kann man die fehlenden Preise so einfach bestimmen?

Zwischen der Menge einer Ware und dem zu zahlenden Preis besteht in der Regel ein einfacher Zusammenhang.
Kostet z. B. 1 kg Tomaten 2,00 €, so muss für die
- doppelte Menge Tomaten (2 kg) doppelt so viel gezahlt werden (4,00 €).
- dreifache Menge Tomaten (3 kg) dreimal so viel gezahlt werden (6,00 €).
- halbe Menge Tomaten $\left(\frac{1}{2}\text{kg}\right)$ halb so viel gezahlt werden (1,00 €).

Zwei Größen verhalten sich **proportional** zueinander, wenn zum Doppelten, Dreifachen, … der einen Größe immer das Doppelte, Dreifache, … der anderen Größe gehört. Man spricht auch von einem **proportionalen Zusammenhang**.

Beispiele

a) Der Preis für 1 kg Äpfel beträgt 1,40 €. Der Zusammenhang zwischen Gewicht und Preis ist proportional.
Der Preis für die doppelte Menge (2 kg) beträgt also $2 \cdot 1{,}40\,€ = 2{,}80\,€$.
Der Preis für die halbe Menge $\left(\frac{1}{2}\text{kg}\right)$ beträgt also $\frac{1}{2} \cdot 1{,}40\,€ = 0{,}70\,€$.

b) Der 533 m hohe CN-Tower in Toronto ist eines der höchsten Gebäude der Welt. Ein Expressaufzug bringt die Besucher schnell in das 346 m hohe Drehrestaurant. Eine Höhe von 100 m hat der Aufzug bereits nach 16 s erreicht. In der Tabelle lässt sich der proportionale Zusammenhang Höhe – Zeit darstellen.

Höhe in m	Zeit in s
20	3,2
50	8
100	16
200	32
250	40
300	48

(Pfeile: von 100 zu 50 bzw. 16 zu 8 „:2“; von 100 zu 300 bzw. 16 zu 48 „· 3“)

Bemerkung

Bei einem proportionalen Zusammenhang können fehlende Werte auch durch Addition oder Subtraktion ermittelt werden. Die benötigte Zeit für 250 m Höhe ergibt sich z. B. auch aus dem Wert für 200 m Höhe (32 s) und dem Wert für 50 m Höhe (8 s):
Für eine Höhe von 250 m Höhe benötigt der Aufzug 32 s + 8 s = 40 s.

Aufgaben

1 Vervollständigen Sie im Heft.

a)

	Gewicht in kg	Preis in €	
	8	16	
$\cdot 4$	32	□	$\cdot 4$
$: 8$	□	□	$: 8$
$\cdot \frac{1}{4}$	□	□	$\cdot \frac{1}{4}$
$\cdot 5$	□	□	$\cdot 5$

b)

	Zeit in h	Weg in km	
	6	24	
$\cdot 3$	18	□	$\cdot 3$
$: 9$	□	□	$: 9$
$\cdot 5$	□	□	$\cdot 5$
$\cdot \frac{1}{2}$	□	□	$\cdot \frac{1}{2}$

2 Ergänzen Sie die fehlenden Werte. Überlegen Sie sich ein passendes Beispiel für den proportionalen Zusammenhang.

a)

Zeit in h	3	9	1,5	4,5
Weg in km	12			

b)

Menge in l	4	20	40	64
Preis in €		30		

c)

Zeit in min	7,5	15	60	135
Weg in km		4		

d)

Einzelpreis in €	1	2	2,5	5
Gesamtpreis in €			10	

e)

Zeit in s	6	18	24	27
Anzahl der Umdrehungen		3		

3 Übertragen Sie die Tabelle in Ihr Heft. Durch geschicktes Addieren bzw. Subtrahieren können Sie die Tabelle schnell ausfüllen.

Anzahl Flaschen	Volumen in l
5 (+)	3,5 (+)
3	2,1
8	□
13	□
21	□
18	□
10	□

Fahrrad

Dreht sich beim Fahrrad das Kettenblatt einmal, so dreht sich das Ritzel je nach Übersetzung mehrmals.

drei Ritzel: 16, 18 und 24 Zähne

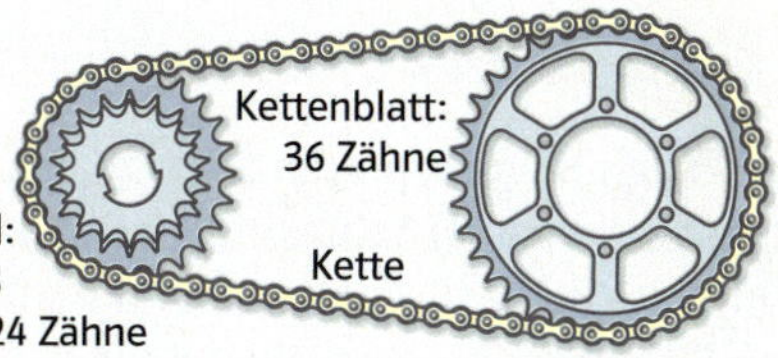

Die Tabelle gibt die Anzahl der Umdrehungen von Ritzel und Kettenblatt an.

Kettenblatt	3	10	150	200
Ritzel 1	4,5	15	225	300
Ritzel 2	6	20	300	400
Ritzel 3	6,75	22,5	337,5	450

- Bilden Sie die Quotienten aus der Anzahl der Umdrehungen des Ritzels und der Anzahl der Umdrehungen des Kettenblatts. Was stellen Sie fest? Welche Bedeutung hat das Ergebnis?

Der Quotient aus der Anzahl der Umdrehungen des Ritzels und der Anzahl der Umdrehungen des Kettenblatts wird Übersetzung ü genannt.

$$\text{ü} = \frac{\text{Anzahl der Umdrehungen des Ritzels}}{\text{Anzahl der Umdrehungen des Kettenblatts}}$$

- Wie können Sie die Übersetzung nutzen, um die Anzahl der Umdrehungen des Ritzels zu berechnen?
- Übertragen Sie die Tabelle in Ihr Heft und füllen Sie sie aus.

Anzahl der Umdrehungen Kettenblatt	1	5	20	150
Anzahl der Umdrehungen Ritzel bei ü = 2				
Anzahl der Umdrehungen Ritzel bei ü = $1\frac{1}{2}$				
Anzahl der Umdrehungen Ritzel bei ü = 1,7				
Anzahl der Umdrehungen Ritzel bei ü = 0,9				

4 a) Bestimmen Sie den Quotienten. Was stellen Sie fest? Welche Bedeutung hat der Quotient?

Anzahl der Eier	3	5	12	20
Kosten in Cent	60	100	240	400
$\frac{\text{Kosten in Cent}}{\text{Anzahl der Eier}}$				

b) Stellen Sie den proportionalen Zusammenhang in einer Tabelle mit mindestens fünf unterschiedlichen Werten dar, wenn der Quotient den folgenden Wert hat.

- $\frac{\text{Weg in km}}{\text{Zeit in h}}$: $12\,\frac{\text{km}}{\text{h}}$
- $\frac{\text{Kosten in €}}{\text{Anzahl}}$: $0{,}80\,\frac{€}{\text{Stück}}$
- $\frac{\text{Kosten in €}}{\text{Menge in l}}$: $2{,}5\,\frac{€}{\text{l}}$

5 Entscheiden und begründen Sie, welche Tabelle einen proportionalen Zusammenhang wiedergibt.

Anzahl	5	10	20	100
Kosten in €	8	16	30	120

Wasserverbrauch in l	10	30	50	80
Kosten in €	25	75	125	200

Zurückgelegter Weg in km	40	60	80	100
Reststrecke in km	80	60	40	20

Höhe in m	8	12	20	50
Zeit in s	12	18	30	75

Rabatte

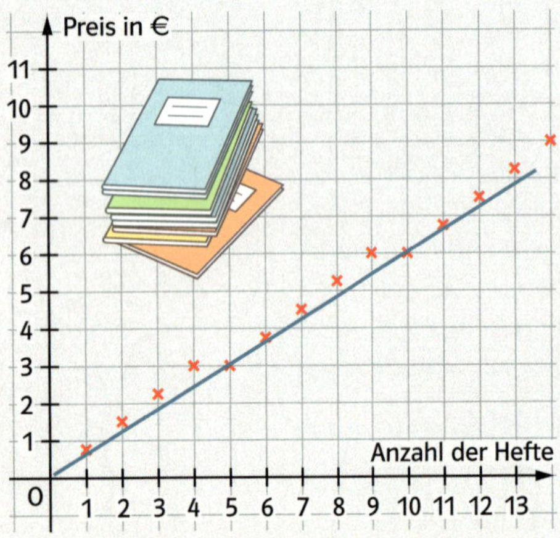

Ein Schreibheft kostet 0,75 €. Ein Fünferpack Hefte kostet 3,00 €. In der Preistabelle wird immer der günstigste Preis angegeben.

Anzahl der Hefte	1	2	3	4	5	6
Kosten in €	0,75	1,50	2,25	3,00	3,00	3,75

Anzahl der Hefte	7	8	9	10	11	12
Kosten in €	4,50	5,25	6,00	6,00	6,75	7,50

Durch den Mengenrabatt liegt ab dem fünften Heft keine proportionale Zuordnung mehr vor.
Die Zuordnung Anzahl der Fünferpakete und deren Preis ist aber eine proportionale Zuordung.

- Begründen Sie.

Ihr Kopiershop

Angebot der Woche

nur 8 ct pro Kopie
ab 100 Kopien nur 7 ct
ab 300 Kopien nur 6 ct

- Wie viel kosten 50 (150; 250; 350) Kopien?
- Zeichnen Sie ein möglichst großes Schaubild bis 400 Kopien. Was stellen Sie fest?
- Durch den Mengenrabatt ist es billiger, 100 Kopien anfertigen zu lassen als nur 90 Kopien. Rechnen Sie nach.
- Bestimmen Sie mithilfe des Schaubildes, ab welcher Kopienzahl es günstiger ist, 100 bzw. 300 Kopien anfertigen zu lassen.

2 Ursprungsgeraden

Der tropfende Wasserhahn füllt langsam, aber gleichmäßig das Gefäß.
Der proportionale Zusammenhang zwischen der verstrichenen Zeit und der Höhe des Wasserstandes im Glas ist im Quadratgitter dargestellt.

→ Wie hoch ist der Wasserstand nach 3 h?
→ Nach welcher Zeit steht das Wasser 6 cm hoch im Becher?
→ Erklären Sie, wie Sie die Werte ermittelt haben.

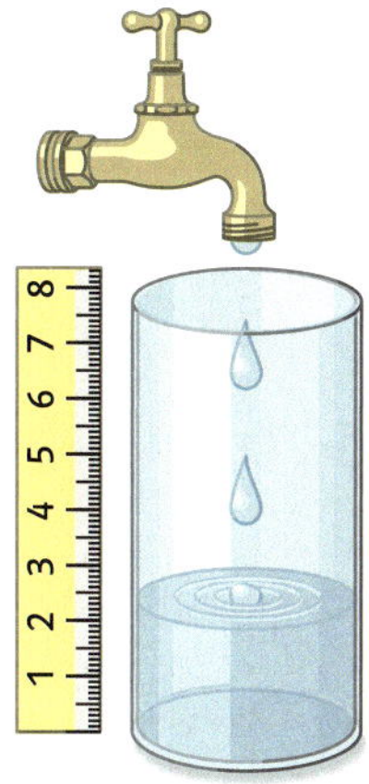

Zusammenhänge zwischen zwei Größen lassen sich im Koordinatensystem zeichnerisch darstellen.
Auf der x-Achse wird eine Skala für die Eingabegröße (z. B. Zeit), auf der y-Achse für die Ausgabegröße (z. B. Wasserstandshöhe) abgetragen. Dabei wird jedes Wertepaar durch einen Punkt im Gitter dargestellt.
Schaubilder proportionaler Zusammenhänge sind besonders einfach.

Ursprungsgeraden
Die Punkte eines proportionalen Zusammenhangs liegen alle auf einer Geraden.
Die Gerade verläuft immer durch den Ursprung.

Beispiele

a) Die Ausdehnung einer Federwaage ist proportional zur angehängten Masse. Aus der Tabelle können die Punkte zur Darstellung im Koordinatensystem entnommen werden.

Masse in g	0	10	20	50	100
Ausdehnung in cm	0	0,8	1,6	4,0	8,0

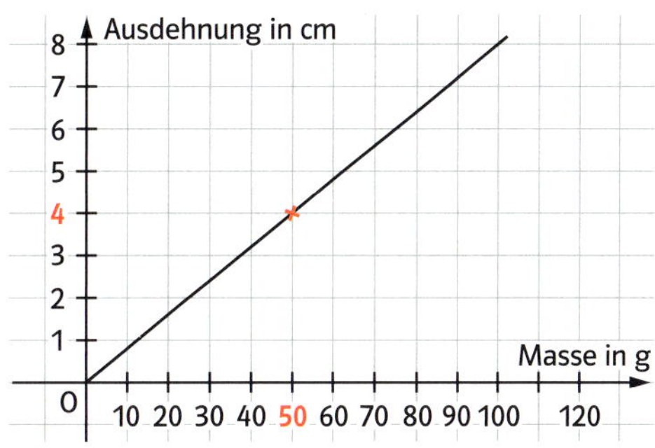

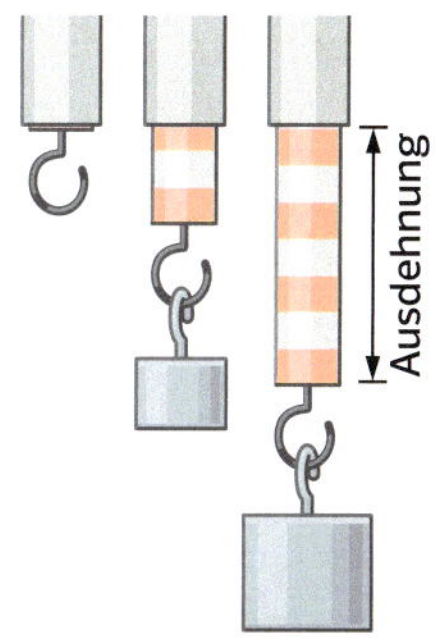

b) Eine Zahnradbahn fährt von der Talstation mit gleichmäßiger Geschwindigkeit bergauf. Pro Minute gewinnt sie 60 m Höhe.
Nach 3 Minuten ist sie 180 m höher. Eine Höhe von 300 m hat sie nach 5 Minuten erreicht.

Aufgaben

1 Tragen Sie die Wertepaare in ein Koordinatensystem ein und zeichnen Sie die Gerade. Achten Sie auf die Vorgaben der Einheiten auf den beiden Achsen.

a)

Zeit in h	0	2	4	6	8
Weg in km	0	6	12	18	24

x-Achse: 1 cm für 1 h,
y-Achse: 1 cm für 3 km

b)

Anzahl	0	2	6	10	20
Preis in €	0	3	9	15	30

x-Achse: 1 cm für 2 Stück
y-Achse: 1 cm für 3 €

c)

Volumen in l	0	250	400	700	1000
Höhe in mm	0	50	80	140	200

x-Achse: 1 cm für 100 l,
y-Achse: 1 cm für 20 mm

2 In der Tabelle ist ein proportionaler Zusammenhang dargestellt.
Tragen Sie die Wertepaare in ein Koordinatensystem ein und zeichnen Sie die Gerade. Lesen Sie fehlende Werte ab.

a)

Anzahl Eiskugeln	0	1	2	3	4	5
Preis in ct	0		140		280	

b)

Anzahl der Kiwis	0	3	5	7	15
Preis in €					4,50

c)

Milch in l	0	0,5	1	1,5	2
Preis in €					1,60

d)

Füllhöhe in cm	0	15	45	90
Volumen in cm3		100		

3 a) Ein Flugzeug legt pro Stunde 700 km zurück. Erstellen Sie eine Tabelle, in der die Werte von 0 Std. bis 8 Std. in 1-Std.-Schritten eingetragen sind.
Zeichnen Sie die dazugehörige Gerade.
b) In einer Minute legt ein Spaziergänger 60 m zurück. Erstellen Sie eine Tabelle, in der die Werte von 0 min bis 90 min in 10-min-Schritten eingetragen sind.
Zeichnen Sie die dazugehörige Gerade.

4 Im Koordinatensystem sind die Wertepaare zweier proportionaler Zusammenhänge eingetragen. Übertragen Sie die zusammengehörigen Wertepaare in eine Tabelle und erweitern Sie jede Tabelle um zwei Wertepaare.

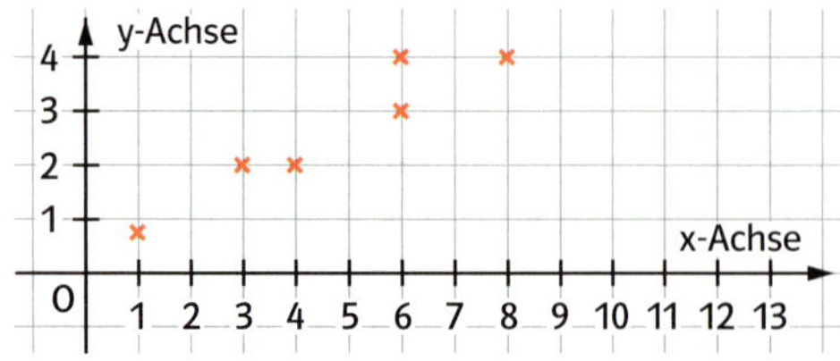

5 Zeichnen Sie und prüfen Sie, ob ein proportionaler Zusammenhang vorliegt. Begründen Sie Ihre Entscheidung.

a)

Anzahl der Personen	2	3	5
Preis in €	4	6	10

b)

Alter in Jahren	0	2	6
Körpergröße in cm	50	85	120

c)

Strecke in km	5	10	15
Preis in €	7	12	17

6 In den USA wird für Flüssigkeitsmengen die Maßeinheit Gallon verwendet. Die Umrechnung von Gallons in Liter ist im Schaubild dargestellt.

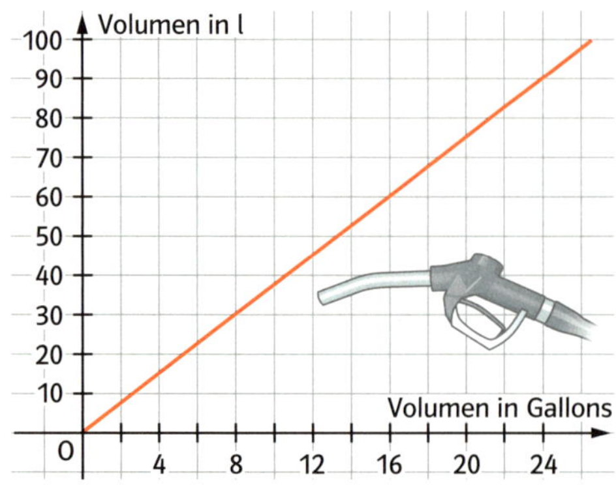

Ergänzen Sie die Tabelle, indem Sie die fehlenden Werte aus der Geraden möglichst genau ablesen.

Gallons	5		10		19	25
Liter		23		60		

3 Steigung einer Geraden. Proportionalitätsfaktor

Steigungen werden durch das Verhältnis des Höhenunterschieds zur horizontalen Strecke ausgedrückt. Die Oberweißbacher Bergbahn in Thüringen überwindet auf einer horizontalen Strecke von 1000 m einen Höhenunterschied von 240 m.
Ihre Steigung ist: $\frac{240}{1000} = \frac{24}{100} = 24\,\%$.
→ Lesen Sie die Steigungen ab. Geben Sie die Steigung auch in Prozent an.
→ Drücken Sie die Abhängigkeit von Streckenlänge und Höhenunterschied jedes Mal in einer Gleichung aus.

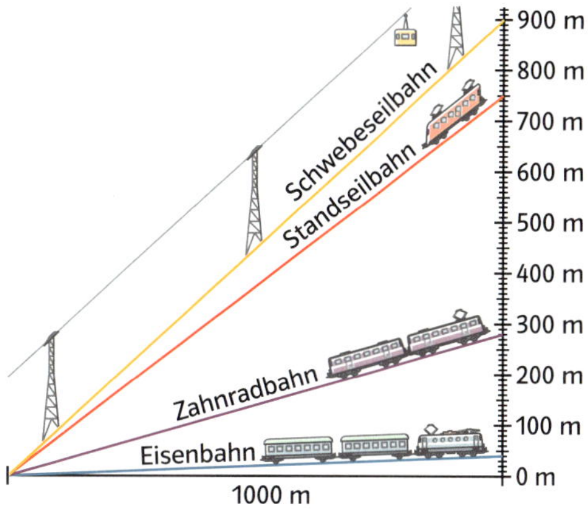

Ist ein Wertepaar eines proportionalen Zusammenhangs bekannt, lassen sich weitere bestimmen. Da der Quotient aus y-Wert und x-Wert eines jeden Punkts gleich ist, nennt man ihn den **Proportionalitätsfaktor**. Da er ein Ausdruck dafür ist, wie steil die zugehörige Gerade verläuft, nennt man ihn auch den **Steigungsfaktor m**. Man verwendet die **Gleichung $y = m \cdot x$**.

Das Schaubild der Geraden $y = 2x$ zeigt: Erhöht sich der x-Wert um 1, so vergrößert sich der y-Wert um 2.

Das Schaubild der Geraden $y = \frac{3}{4}x$ zeigt: Erhöht sich der x-Wert um 1, so vergrößert sich der y-Wert um $\frac{3}{4}$. Ebenso kann man auch 4 Einheiten nach rechts und drei Einheiten nach oben gehen. Zeichnet man diesen Weg ein, so entsteht ein **Steigungsdreieck**.

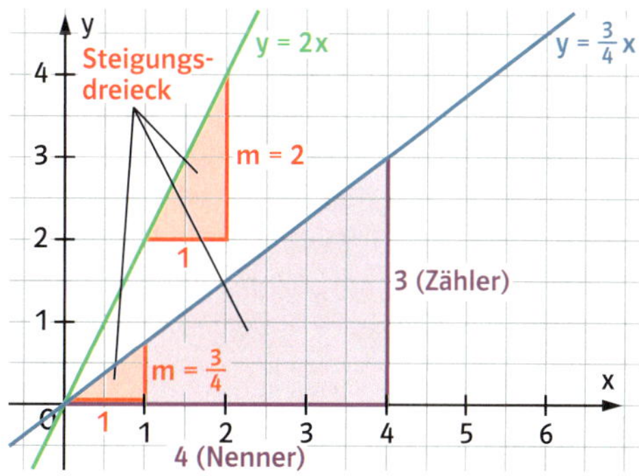

Ein proportionaler Zusammenhang wird durch eine Gleichung der Form **$y = m \cdot x$** beschrieben.
Das Schaubild zeigt eine Gerade, die durch den Ursprung des Koordinatensystems geht. Der Steigungsfaktor **m** bestimmt die **Steigung** der Geraden.

Beispiele

a) Zeichnen der Gerade

Das Schaubild der Geraden $y = \frac{3}{2}x$ lässt sich mithilfe eines Steigungsdreiecks zeichnen. Dazu geht man vom Ursprung des Koordinatensystems eine Einheit nach rechts und $\frac{3}{2}$ Einheiten nach oben.
Um Brüche zu vermeiden, kann man auch 2 Einheiten nach rechts und 3 Einheiten nach oben gehen. Die Ursprungsgerade geht durch den Punkt P(2 | 3).

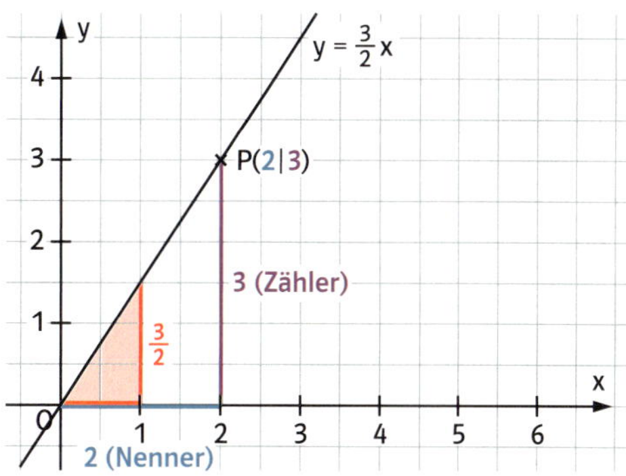

b) Bestimmen der Geradengleichung
Geht man vom Ursprung um zwei Einheiten nach rechts, muss man eine Einheit nach unten gehen. Daraus ergibt sich die Steigung $m = -\frac{1}{2}$.
Die Gerade hat die Gleichung $y = -\frac{1}{2}x$.

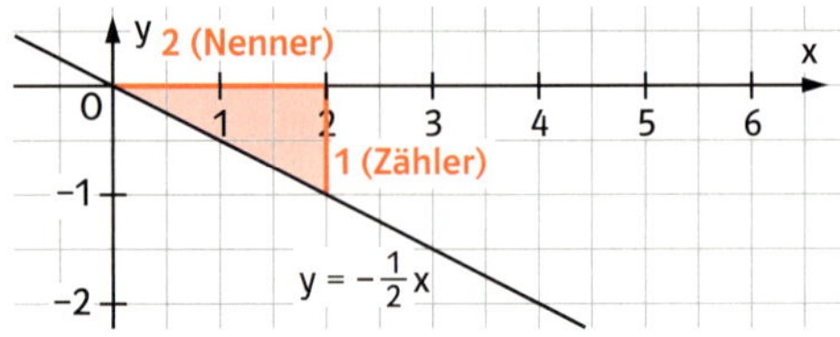

Aufgaben

1 Zeichnen Sie die Ursprungsgerade durch den angegebenen Punkt. Beschreiben Sie den Verlauf der Geraden.
a) P(2|4) b) P(6|1) c) P(4,5|4,5)
d) Q(−3|2) e) Q(−1|5) f) Q(−8|2)

Zu Aufgabe 5:
G1: $y = 2x$
G2: $y = -0{,}5x$
G3: $y = -\frac{2}{3}x$
G4: $y = \frac{1}{2}x$
G5: $y = -\frac{3}{2}x$
G6: $y = \frac{1}{4}x$
G7: $y = -3x$
G8: $y = -\frac{3}{4}x$

2 Zeichnen Sie das Steigungsdreieck samt Gerade. Gehen Sie dazu vom Ursprung
a) um 1 nach rechts und 3 nach oben.
b) um 1 nach rechts und 2 nach unten.
c) um 3 nach rechts und 6 nach unten.
d) um 1 nach links und 4 nach unten.

? *Zeichnen Sie die Gerade mit der Steigung m. Was fällt Ihnen auf?*
m = −3
m = −2
m = −1
m = 0
m = 1
m = 2
m = 3

3 Der Proportionalitätsfaktor m legt den Verlauf einer Geraden fest. Beschreiben Sie die Lage der Geraden mit Worten. Verwenden Sie zur Eingrenzung die beiden Geraden $y = x$ bzw. $y = -x$.

Beispiel: $y = 2x$
Die Gerade verläuft durch den 1. und 3. Quadranten. Sie ist steiler als die Gerade $y = x$.

a) $y = \frac{1}{2}x$ b) $y = -1{,}5x$ c) $y = 3x$

4 Zeichnen Sie die Gerade mithilfe des Steigungsdreiecks.

Beispiel: $y = -\frac{2}{5}x$

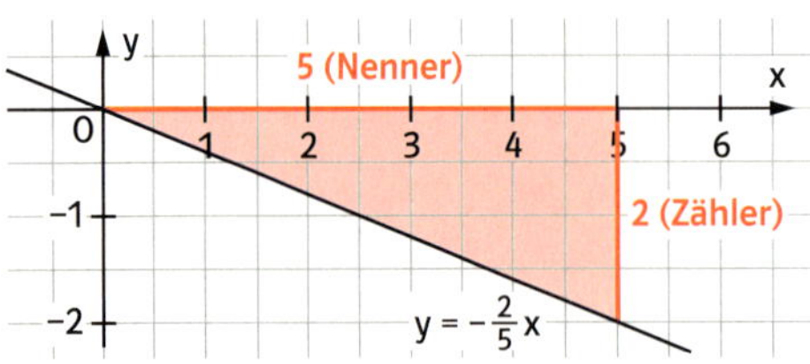

a) $y = \frac{1}{3}x$ b) $y = \frac{3}{7}x$ c) $y = \frac{4}{3}x$
d) $y = -\frac{4}{5}x$ e) $y = -\frac{1}{5}x$ f) $y = -\frac{7}{2}x$

5 Welche Gleichung gehört zu welcher Geraden?

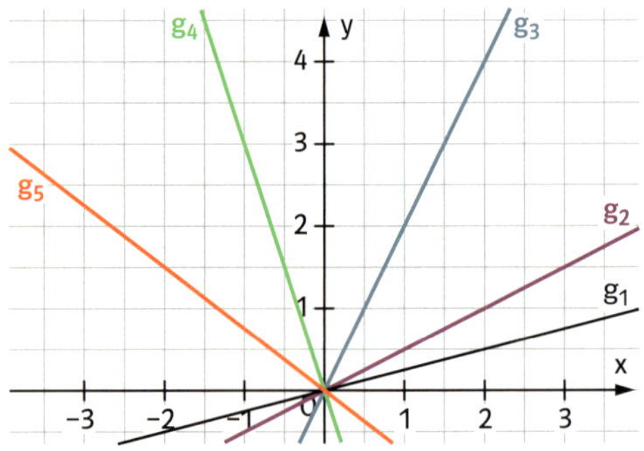

6 Geben Sie zu jeder Gerade die Gleichung an.

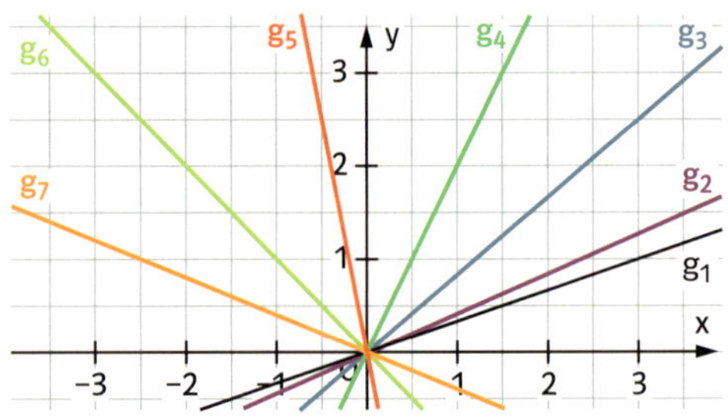

7 Eine Ursprungsgerade geht durch den Punkt P. Geben Sie die Gleichung an.
a) P(6|3) b) P(2|1) c) P(−2|4)
P(3|6) P(2|−1) P(4|−2)
P(6|−3) P(−2|−1) P(−2|−4)

8 Liegt ein proportionaler Zusammenhang vor? Sie brauchen nicht zu zeichnen.

a)

x	3	5	7	10	15
y	9	15	21	30	45

b)

x	−5	−2	0	3	7
y	−2,5	−1	0	1,5	3,5

4 Geraden mit der Gleichung $y = m \cdot x + b$

Dem Schaubild kann man den Fahrpreis einer Taxifahrt im Nahverkehr entnehmen.
→ Geben Sie für jede Entfernung an, wie viel bezahlt werden muss.
→ Weshalb verläuft die Gerade durch die Punkte nicht auch durch den Ursprung?

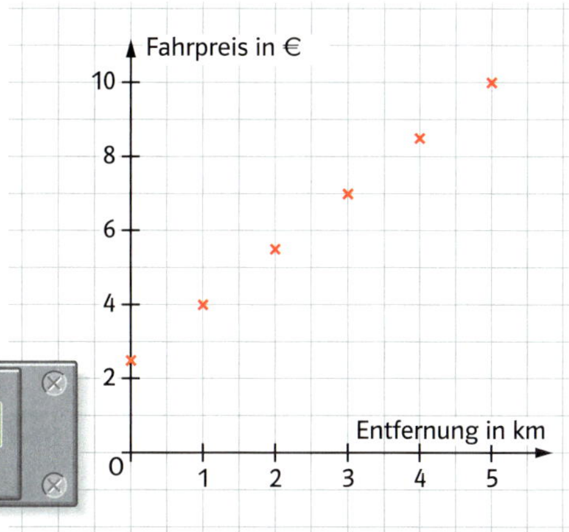

Die Gerade mit der Gleichung $y = \frac{1}{2}x + 2$ entsteht durch Verschieben der Geraden $y = \frac{1}{2}x$ in y-Richtung. Das zeigen die Wertetabellen der beiden Gleichungen.

Für $y = \frac{1}{2}x$ erhält man:

x	−2	−1	0	1	2	3	4
y	−1	−0,5	0	0,5	1	1,5	2

Für $y = \frac{1}{2}x + 2$ erhält man:

x	−2	−1	0	1	2	3	4
y	1	1,5	2	2,5	3	3,5	4

Hier erkennt man, dass jeder Punkt der Geraden $y = \frac{1}{2}x$ um 2 Einheiten in y-Richtung verschoben wurde.
Beide Geraden haben dieselbe Steigung $m = \frac{1}{2}$, sie verlaufen parallel.
Die Gerade zu $y = \frac{1}{2}x + 2$ geht nicht durch den Ursprung.
Der Zusammenhang ist nicht proportional.

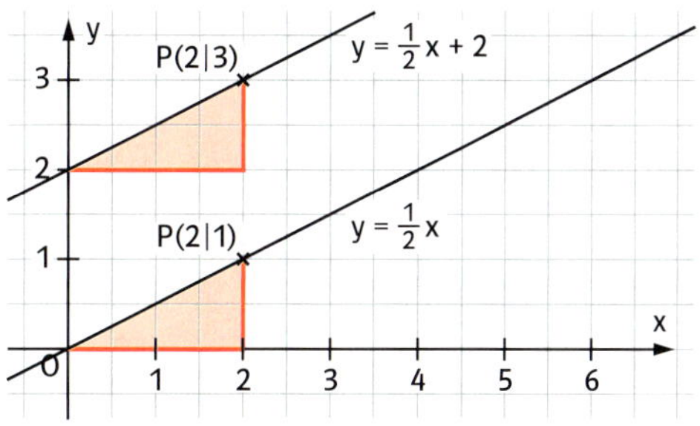

Zur Gleichung $y = m \cdot x + b$ gehört eine Gerade mit der **Steigung m**. Die Gerade schneidet die y-Achse im Punkt P(0 | b). Man bezeichnet b als **y-Achsenabschnitt** der Geraden.

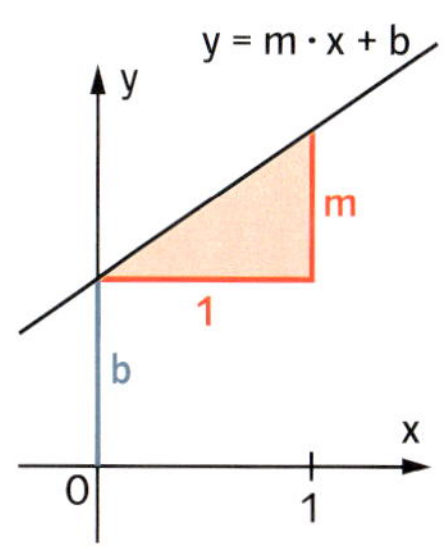

Bemerkung
Mit dem y-Achsenabschnitt $b = 0$ ergeben sich wieder Ursprungsgeraden.

Beispiele
a) Die Gerade $y = 3x - 2$ kann mithilfe des y-Achsenabschnitts $b = -2$ und der Steigung $m = 3$ gezeichnet werden.

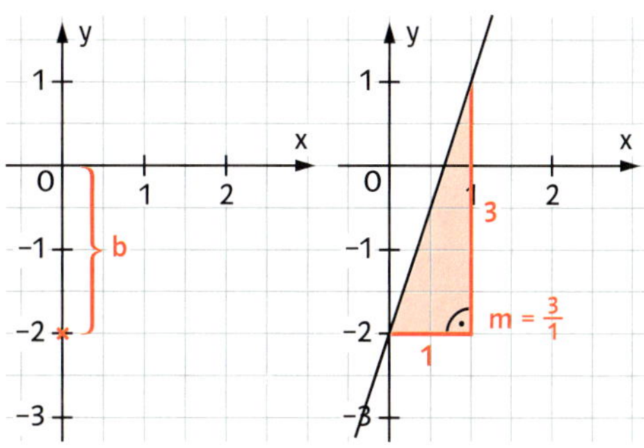

b) Aus dem Schaubild lassen sich die Werte für die Steigung m und den y-Achsenabschnitt b ablesen.
$b = 1$ $\qquad m = \frac{3}{4}$
Zur Gerade gehört damit die Gleichung
$y = \frac{3}{4}x + 1$.

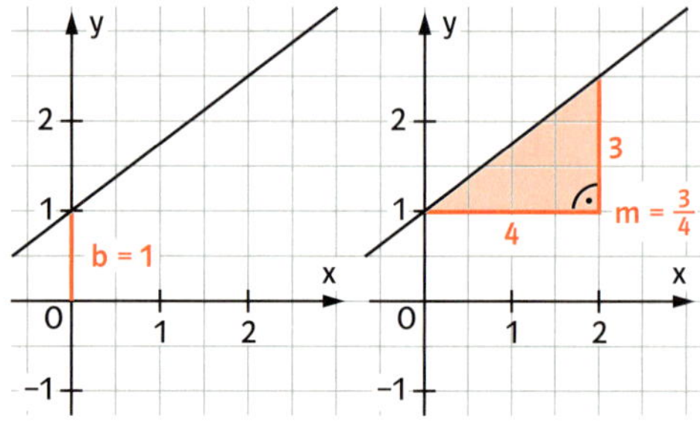

Aufgaben

1 Entscheiden Sie, ob der Zusammenhang durch eine Gerade $y = mx + b$ oder sogar durch eine Ursprungsgerade beschrieben werden könnte. Begründen Sie.

Eingabegröße	Ausgabegröße
Kraftstoffmenge	Kraftstoffpreis
Wärmezufuhr	Wassertemperatur
Bahnkilometer	Fahrpreis
Länge einer Kerze	Brenndauer
Arbeitsstunden	Handwerkerrechnung

2 Welche Gerade gehört zu welcher Gleichung?

G1: $y = \frac{1}{2}x - 1$
G2: $y = 2x + 1$
G3: $y = x + 1$
G4: $y = -\frac{1}{2}x + 1$
G5: $y = -2x + 2$
G6: $y = -x - 1$

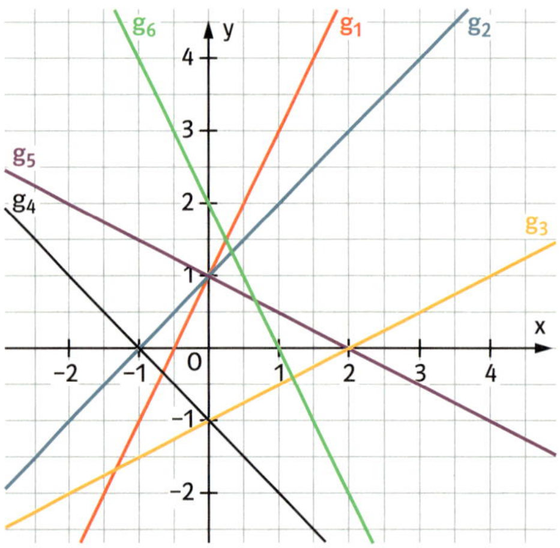

3 Zeichnen Sie die Gerade. Verwenden Sie den y-Achsenabschnitt und ein Steigungsdreieck.

a) $y = 2x + 1$ b) $y = 2x - 1$
c) $y = -2x + 1$ d) $y = -2x - 1$
e) $y = \frac{1}{4}x - 1$ f) $y = \frac{2}{3}x + 2$

4 Bestimmen Sie die Gleichungen. Was fällt Ihnen an den Geradengleichungen auf?
Vergleichen Sie sämtliche y-Werte für $x = 1{,}5$ und für $x = 3$.

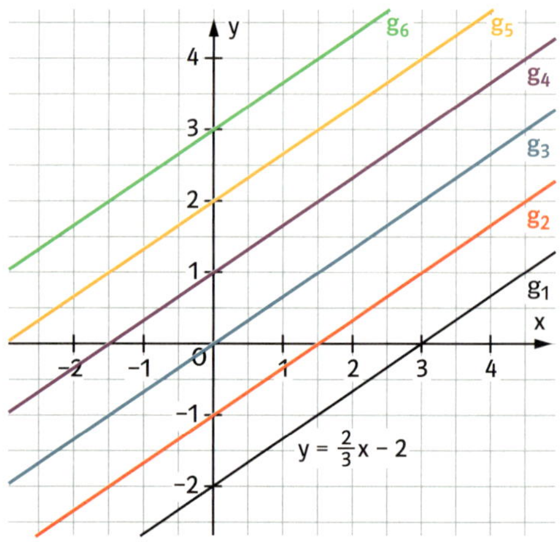

5 Alle Geraden gehen durch den Punkt P(0|1). Wie heißen die Gleichungen? Was fällt Ihnen an den Geradengleichungen auf?

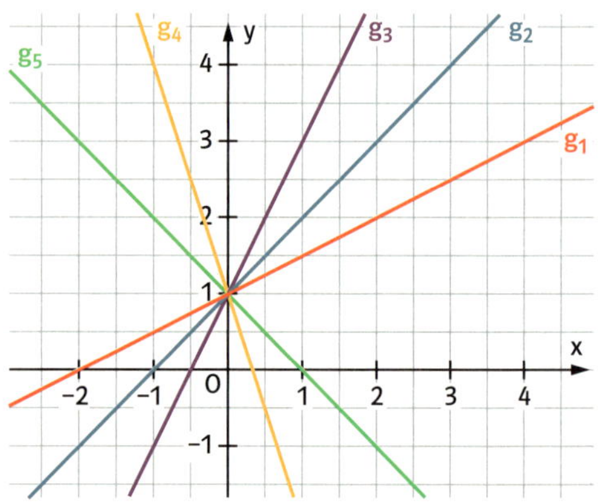

6 a) Bestimmen Sie die Gleichung der Geraden g.

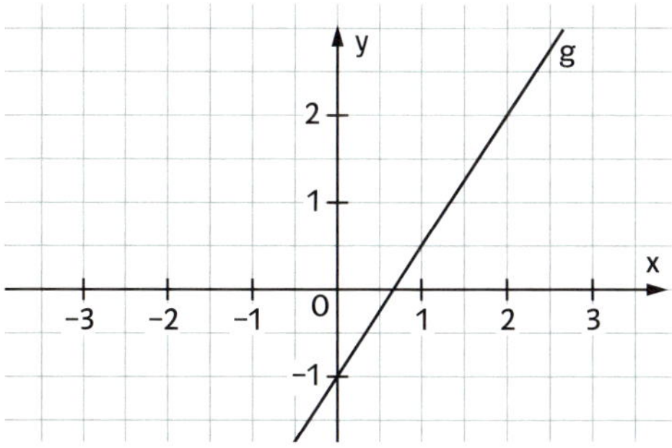

b) Zeichnen Sie zwei weitere, zu g parallele Geraden ins Schaubild und geben Sie deren Gleichungen an.
c) Zeichnen Sie zwei weitere Geraden ein, die die y-Achse im selben schneiden wie die Gerade g. Bestimmen Sie deren Gleichung.

7 Die Gerade geht durch den Punkt T und hat den y-Achsenabschnitt b. Bestimmen Sie die Gleichung.

a) T(3 | 2); b = 1 b) T(−3 | −1); b = 2
c) T(4 | −7); b = 1 d) T(−2 | 0); b = −3

8 Wie heißen die Gleichungen?

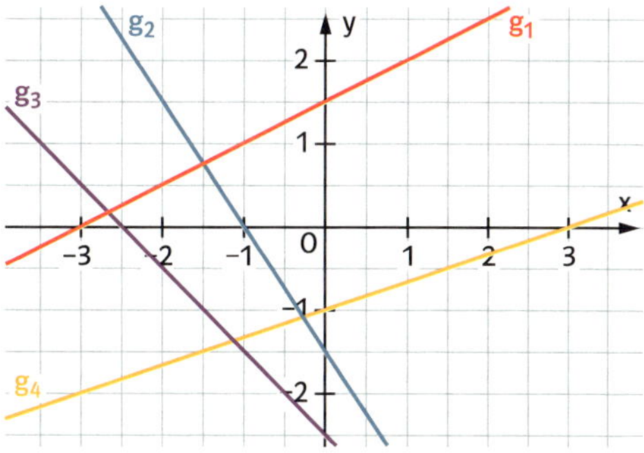

9 Wenn bestimmte Punkte einer Geraden bekannt sind, kann man die zugehörige Gleichung sogar im Kopf bestimmen.

a) P(0 | 1) Q(1 | 2)
b) P(0 | 1) Q(1 | 4)
c) P(0 | 2) Q(1 | −2)

10 Bestimmen Sie die Gleichung mithilfe einer Zeichnung.
Die Gerade verläuft parallel zu
a) $y = 1{,}5x + 1$ und geht durch P(2 | 6).
b) $y = -0{,}5x - 1$ und geht durch P(4 | −6).
c) $y = \frac{3}{4}x - 2$ und geht durch P(−4 | 0).

Zwei Punkte sind genug

Zwei vorgebene Punkte einer Geraden genügen, um die Steigung und damit auch die zugehörige Gleichung zu bestimmen.

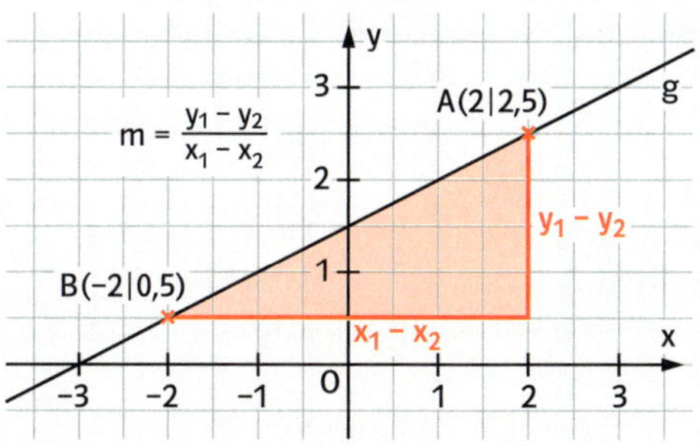

Beispiel:
Die Gerade g geht durch die Punkte A(2 | 2,5) und B(−2 | 0,5).
Für die Steigung m gilt damit:

$m = \frac{y_1 - y_2}{x_1 - x_2}$

$m = \frac{2{,}5 - 0{,}5}{2 - (-2)}$ $m = \frac{2}{4} = \frac{1}{2}$

- Die Gerade geht durch die beiden Punkte. Bestimmen Sie die Steigung.
  g: A(3 | 3); B(−1 | −5)
  h: C(−2 | 5); D(4 | −4)
  i: M(6 | 2,5); N(−3 | −3,5)
  j: S(7 | −3); T(0 | 1)
- Die Gerade g geht durch die Punkte A(3 | 6) und B(−2 | −6). Die Gerade h geht durch P(−3 | 6) und Q(2 | −4). Bestimmen Sie die Steigungen. Was fällt Ihnen auf?
- Liegen die Punkte P(6 | 1); Q(1 | −1,5) und R(−8 | −6) auf einer Geraden?
- Die Gerade g verläuft durch A(−18 | 1) und B(24 | 22). Die Gerade h geht durch P(−10 | −5) und Q(30 | 13). Sind die beiden Geraden g und h parallel? Eine zeichnerische Lösung macht große Mühe.

Ein großer Teil der Bevölkerung leidet an Übergewicht. Nicht zuletzt deshalb wurden eine Reihe von Berechnungsmodellen entwickelt, mithilfe derer eine Aussage über das Körpergewicht im Zusammenhang mit der Körpergröße gemacht werden kann.

Der **Broca-Index** gibt an, wie das **Normalgewicht** berechnet wird. Man benutzt die „Faustformel":
Normalgewicht in kg = Körpergröße in cm − 100

- Erstellen Sie für die zugehörige Gleichung $y = x - 100$ ein geeignetes Schaubild.

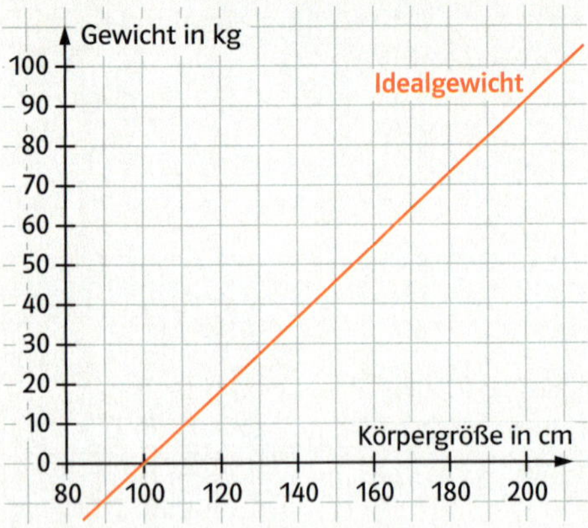

Das **Idealgewicht** errechnet sich so: „Normalgewicht minus 10 Prozent". Die Geradengleichung $y = (x - 100) \cdot 0{,}9$, also $y = 0{,}9x - 90$ ermöglicht genauere Bestimmungen.

- Wie schwer sollte ein 1,90 m großer Mann mit Idealgewicht sein? Wie groß sollte ein 85 kg schwerer Mann mit Idealgewicht sein? Wie groß müsste ein 150 kg schwerer Mensch sein? Hier lässt Sie das Schaubild im Stich.
- Warum ergibt diese Berechnungsmethode für Kinder keinen Sinn?

Der **Body-Mass-Index** (BMI) ist ein Maß für die Körperform. Man bestimmt dazu das Verhältnis von Körpergewicht (in kg) zum Quadrat der Körpergröße (in m^2).

Beispiel: Der BMI bei einem Körpergewicht von 65 kg und einer Körpergröße von 1,70 m berechnet sich so:

$$\text{BMI} = \frac{65\,\text{kg}}{1{,}70\,\text{m} \cdot 1{,}70\,\text{m}} = 22{,}49\,\frac{\text{kg}}{\text{m}^2}$$

- Wie groß ist eine 70 kg schwere Frau mit Untergewicht? Ein Mann ist 1,80 m groß und hat Übergewicht.

Einteilung von Über-, Unter- und Normalgewicht bei Erwachsenen:

Gewicht	BMI in $\frac{kg}{m^2}$
Untergewicht	< 18,5
Normalgewicht	18,5 – 24,9
Übergewicht	> 25

Insbesondere für Sportler ist der Body-Mass-Index von Bedeutung.
Eine zu starke Reduzierung des eigenen Körpergewichts ist nicht ungefährlich. Deshalb wurde für die Skispringer ein BMI von mindestens 20 eingeführt. (Die Springer werden dabei mit Schuhen und Ski gewogen.)

- Berechnen Sie den BMI folgender Skispringer:

Jörg Ritzerfeld:	1,72 m/56 kg
Georg Späth:	1,89 m/70 kg
Janne Ahonen:	1,83 m/66 kg
Sigurd Pettersen:	1,80 m/60 kg

- Berechnen Sie zum Vergleich den BMI anderer Sportler:

Yokozuna Akebono (Sumo-Ringer):	2,03 m/236 kg
Shaquille O'Neal (Basketballer):	2,16 m/143 kg

5 Lösen durch Modellieren I

Lara möchte sich einen gebrauchten Roller im Wert von etwa 1500 € anschaffen. Dazu hat sie bereits 500 € gespart. In den Sommerferien kann sie einen Ferienjob annehmen. Für jede Arbeitsstunde bekommt Lara 9 € ausbezahlt. Die tägliche Arbeitszeit beträgt acht Stunden.

→ Reichen drei Arbeitswochen aus?

→ Lara überlegt, ob sie am Tag sieben Stunden arbeiten soll.

Mithilfe von Geraden lassen sich bestimmte Fragestellungen und Probleme des Alltags bearbeiten und lösen. Eine exakte Beantwortung der Fragen ist jedoch oftmals schwierig und auch nicht nötig. Vereinfachungen helfen, die reale Situation in einen mathematischen Zusammenhang zu übersetzen. Die gefundene mathematische Lösung muss dann jedoch in der Alltagssituation auf ein sinnvolles Ergebnis überprüft werden. Diesen Kreislauf nennt man **mathematisches Modellieren.**

Reale Welt — Übersetzen → — **Mathematik**

Realsituation

Familie Müller interessiert sich für ein Ferienhaus. Es liegen zwei Angebote vor. Die Realsituation zeigt zwei Inserate. Es stellt sich die Frage: „Welches Angebot ist das günstigere?"

Mathematisches Modell

Die Kosten für die Hausmiete lassen sich mit einer Gerade darstellen. Die Variable x wird für die Anzahl der Miettage verwendet.
Sonne & Haus
$y = (85 + 10) \cdot x + 120 = 95 \cdot x + 120$

↑ Bewerten — Lösen ↓

Reale Ergebnisse

Bei einer Mietdauer von 2 Wochen übersteigen die Kosten für das Angebot „Sonne & Haus" das Pauschalangebot „Traumhaus" um 50 €.
„Sonne & Haus": 95 € · 14 + 120 € = 1450 €
Traumhaus: Pauschalangebot 1400 €

Mathematische Ergebnisse

Im Schaubild kann man erkennen, dass die Kosten für das Angebot „Sonne & Haus" höher als das Pauschalangebot „Traumhaus" sind.

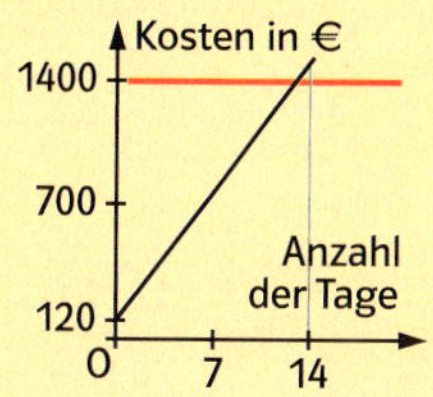

← Interpretieren

Eine Bewertung kann etwa so aussehen: Sollte Familie Müller das Angebot „Sonne & Haus" mehr zusagen, ist sie vielleicht bereit, die Mehrkosten von 50 € zu tragen.

Das **mathematische Modellieren** läuft in Stufen ab.
1. **Übersetzen** der Realsituation in ein mathematisches Modell
2. **Lösen:** Ermitteln der mathematischen Ergebnisse
3. **Interpretieren** der Lösung in der Realsituation
4. **Bewerten** des realen Ergebnisses

Beispiel

Eine Computerfirma erstellt ein Angebot für einen Wartungsvertrag. Der Firmeninhaber hofft, für 3000 € den Zuschlag zu bekommen. Die Stundensätze betragen 70 € für einen Techniker und 40 € für eine Hilfskraft. Für Materialkosten werden 500 € kalkuliert. Die Fahrtkostenpauschale beträgt 250 €.

1. Realsituation
Wie viele Stunden dürfen Techniker und Hilfskraft längstens arbeiten?

2. Mathematisches Modell
Fahrtkosten + Material: 250 € + 500 €
= 750 €
Techniker: 70 € pro Stunde
Helfer: 40 € pro Stunde
Lösungsansatz über eine Gleichung. Die Variable x bezeichnet die Arbeitsstunden.

3. Mathematische Ergebnisse
$3000 = 250 + 500 + x \cdot (70 + 40)$
$x = 20{,}5$ (gerundet)

4. Reale Ergebnisse
Techniker und Hilfskraft dürfen jeweils längstens 20 Stunden arbeiten.

Aufgaben

1 Tobias misst die Länge einer brennenden zylindrischen Kerze. Um 9:00 Uhr misst sie 14 cm, um 12:00 Uhr hat sie noch eine Länge von 9,5 cm.
a) Wie lang war die Kerze um 8:00 Uhr, wie lang wird sie um 17:00 Uhr sein?
b) Die Kerze wurde um 7:00 Uhr angezündet. Welche Länge hatte sie ursprünglich?
c) Wann ist die Kerze abgebrannt? Beachten Sie dabei das Brennverhalten, kurz bevor die Kerze abgebrannt ist.
d) Eine dünnere Kerze brennt doppelt so schnell ab. Sie wurde zum gleichen Zeitpunkt angezündet und war um 10:00 Uhr noch 10 cm lang.

2 Familie Schwan hat im Urlaub 80 digitale Fotos geschossen und möchte diese nun auf Papier ausdrucken lassen. Welchen Rat würden Sie geben?

Meisterfoto

Format	Ab 1 Stück	Ab 30 Stück	Ab 100 Stück
9 x 13 cm	€ 0,17	€ 0,15	€ 0,09
10 x 15 cm	€ 0,19	€ 0,17	€ 0,12
13 x 18 cm	€ 0,35	€ 0,30	€ 0,19

Fotoservice Preisübersicht

Format	Preis	ab 25 Stück
9 x 13	0,22 €	0,15 €
10 x 15	0,26 €	0,22 €
13 x 18	0,42 €	0,33 €

3 Eine Telefongesellschaft bietet folgenden Tarif:

monatliche Grundgebühr: 19,95 €
Kosten für 1 Minute: 9 ct

Eine Tarifänderung schlägt vor, die Grundgebühr entfallen zu lassen.
a) Machen Sie einen Vorschlag, der für die Telefongesellschaft keine finanziellen Nachteile bringt. Gehen Sie von einer durchschnittlichen täglichen Gesprächsdauer von 30 Minuten aus.
b) Wie muss sich der Tarif pro Minute ändern, wenn die tägliche Telefonnutzung um 50 % höher liegt?

4 Die Tabelle zeigt die Preise eines Telefonanbieters. (Abrechnung monatlich; Minutentakt; Preis pro Stunde)

a) Anna sagt zu Julia: „Das ist aber ein komischer Tarif. Da telefoniere ich lieber zehn Stunden lang als neun Stunden." Was meinen Sie zu der Aussage? Was ist billiger – ein Telefonat über 50 oder über 45 Stunden?
b) Skizzieren Sie eine Gerade für die jeweiligen Abschnitte.

5 Das Fahren mit der BahnCard ist in vielen Fällen preislich interessant. Die BahnCard 25 kostet einmal jährlich 55 € und ermäßigt jeden Fahrpreis im Fernverkehr um 25 %. Die BahnCard 50 kostet einmalig 220 € und halbiert jeden Preis. Die BahnCard 100 kostet pro Jahr 3400 €.

Strecke	Normalpreis
Stuttgart - München	50 €
Köln - Hamburg	84 €
Frankfurt - Berlin	107 €

a) Tina fährt alle drei Monate die Strecke Stuttgart - München und zurück. Was können Sie empfehlen?
b) Noah fährt ebenso oft die Strecke Köln - Hamburg. Was raten Sie ihm?
c) Herr Schmid fährt dreimal im Monat die Strecke Frankfurt - Berlin.

6 Eine Autovermietung wirbt mit diesem Angebot.

PKW Mittelklasse

Miete für einen Tag (ohne Kilometerbegrenzung)	69,- €
Miete für einen Monat (pro gefahrenem km 0,03 €)	399,- €

a) Frau Specht hatte einen Unfall und kann für ungefähr eine Woche ihr eigenes Auto nicht benutzen.
b) Herr Seidel ist als Vertreter in ganz Süddeutschland tätig. Er braucht den Mietwagen für die Dauer von 3 Wochen.

7 Die Besucherzahlen des Freizeitparks „Dreamworld" haben in den letzten Jahren pro Jahr um etwa die gleiche Zahl zugenommen.

Jahr 2002	840 000 Besucher
Jahr 2007	1 070 000 Besucher

a) Wie sehen demnach die Besucherzahlen für die Jahre 2008–2010 aus?
b) Für das Jahr 2010 ist eine Erweiterung des Freizeitparks geplant. Der jährliche Zuwachs soll sich dadurch verdoppeln.

Taxitarife

Taxifahren ist nicht billig. Die Tabelle ermöglicht eine Übersicht über die Tarife der Stadt Stuttgart.

Grundtarif		*2,40 €*	*2,40 €*
Arbeitstarif		*4 Uhr – 22 Uhr*	*22 Uhr – 4 Uhr*
bis 4 km	*je km*	*1,70 €*	*1,90 €*
ab 4 km	*je km*	*1,50 €*	*1,70 €*
Zeittarif	*je Stunde*	*30,00 €*	*30,00 €*

Beispiel:
Für eine 15-km-Fahrt nach 22 Uhr ergibt sich folgende Berechnung:

Grundtarif		2,40 €
Arbeitstarif	$15 \cdot 1{,}70$ €	25,50 €
Zeittarif (12 Minuten Wartezeit)	30 € $\cdot \frac{12}{60}$	6,00 €
Summe		33,90 €

■ Frau Berg fährt am Nachmittag zu ihrer Freundin, die 12 km entfernt wohnt. Gegen Mitternacht fährt sie wieder zurück. Auf der Hinfahrt entstehen zehn Minuten Wartezeit, auf der Rückfahrt nur zwei Minuten. Was zahlt Frau Berg insgesamt? Um wie viel Prozent unterscheidet sich der Preis der Nachtfahrt von der Fahrt am Tage?

■ Für die Fahrt tagsüber vom Flughafen zur Hanns-Martin-Schleyer-Halle bezahlt Betty 36,90 €. Für Wartezeiten waren 9 € zu entrichten.
Was kostet die Fahrt nach 22 Uhr, wenn nur die Hälfte der Wartezeit anfällt?

■ Erstellen Sie eine Gleichung für eine Fahrt zwischen 22 Uhr und 4 Uhr, die kürzer als 4 km ist.
Vergessen Sie die Wartezeit nicht. Welches Problem entsteht?

6 Lineare Gleichungen mit zwei Variablen

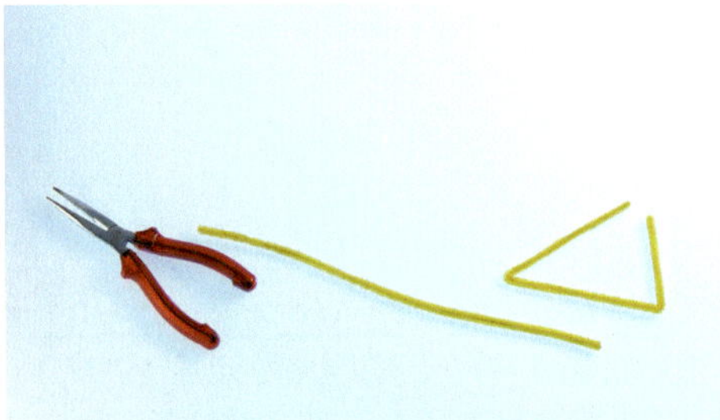

Aus einem 40 cm langen Draht lassen sich ohne Rest gleichschenklige Dreiecke biegen.
Die Maßzahlen der Seitenlängen sollen natürliche Zahlen sein.
→ Nennen Sie verschiedene Möglichkeiten.

Die Gleichung $2x + y = 8$ enthält **zwei Variablen**. Ihre Lösungen sind **Zahlenpaare** (x ; y). Durch Probieren erhält man: (0 ; 8); (1 ; 6); (2 ; 4); (3 ; 2); (4 ; 0); (5 ; −2); …
Die Zahlenpaare lassen sich auch in einer Wertetabelle darstellen.

! (4 ; 2) ≠ (2 ; 4)

x	0	1	2	3	4	5…
y	8	6	4	2	0	−2…

Die beiden Werte hängen voneinander ab. Legt man für eine der Variablen einen Wert fest, kann man daraus den zugehörigen Wert der anderen bestimmen.
Dazu formt man die Gleichung $2x + y = 8$ nach y um und erhält $y = -2x + 8$. Alle Lösungen können als Punkte im Koordinatensystem dargestellt werden. Zum Zahlenpaar (1 ; 6) gehört der Punkt P (1 | 6).
Alle Punkte liegen auf einer Geraden.

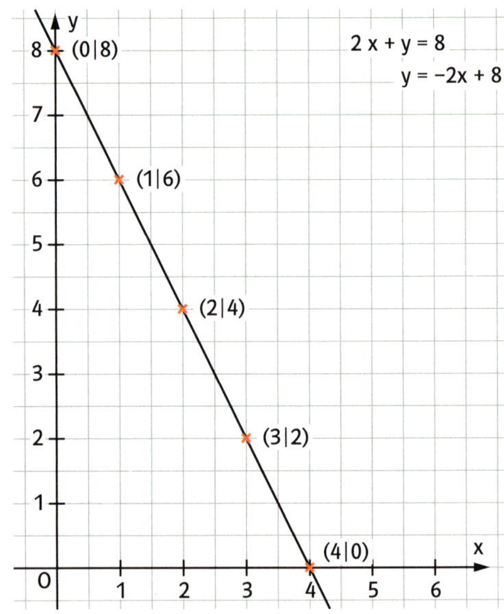

*! Wenn eine lineare Gleichung die Form $y = m \cdot x + b$ hat, sagt man, dass sie in der **Hauptform** vorliegt.*

Eine Gleichung der Form $ax + by = c$ heißt **lineare Gleichung** mit den **zwei Variablen** x und y. Hierbei stehen a, b und c für gegebene Zahlen.
Lösungen dieser Gleichung sind **Zahlenpaare (x ; y)**, welche die Gleichung erfüllen.
Die zugehörigen Punkte im Koordinatensystem liegen auf einer Geraden.

Beispiel
Die Differenz zweier Zahlen beträgt 3.

Gleichung: $x - y = 3$
$y = x - 3$

Lösungen: (0 ; −3); (2,5 ; −0,5);
(3 ; 0); (3,5 ; 0,5); …

Wertetabelle:

x	0	2,5	3	3,5	…
y	−3	−0,5	0	0,5	…

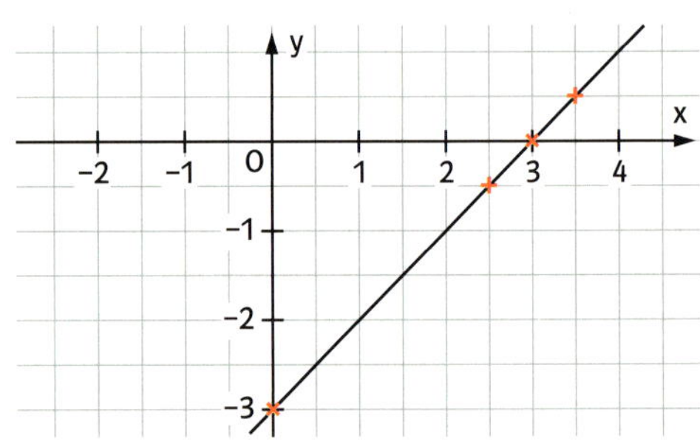

Aufgaben

1 Es gibt mehrere Lösungen.
a) 24 Schüler werden in Zweier- und Dreiergruppen eingeteilt.
b) Dora muss beim Einkaufen 52 € bezahlen.
Sie bezahlt mit 10-Euro-Scheinen und 2-Euro-Stücken.
c) Auf einer Waage sollen mit 3-kg- und 5-kg-Gewichten 68 kg zusammengestellt werden.

2 Stellen Sie eine Gleichung mit zwei Variablen auf und lösen Sie das Rätsel.
a) Die Summe zweier Zahlen beträgt 9.
b) Die Summe aus einer Zahl und dem Dreifachen einer zweiten Zahl beträgt 10.
c) Die Differenz aus dem Dreifachen einer Zahl und dem Doppelten einer anderen Zahl beträgt 7.
d) Das 5-Fache einer Zahl, vermehrt um die Hälfte einer zweiten Zahl, ergibt 134.

3 Geben Sie drei Lösungen für die Gleichung an. Rechnen Sie im Kopf.
a) $3x + 4y = 12$ b) $2x - 3y + 4 = 0$
c) $y = 2x + 5$ d) $-x + 3 = y + 2$
e) $x - 2y = 1$ f) $-2x - 1 = -y$

4 Zur zeichnerischen Darstellung benötigen Sie mindestens zwei Zahlenpaare. Prüfen Sie mit einem dritten Zahlenpaar.
a) $x + y = 7$ b) $2x + y = 9$
c) $x - 2y = 3$ d) $3x - y = 3$
e) $2x + 3y = 5$ f) $5x - 3y = 2$

5 Stellen Sie die Gleichung um in die Form $y = mx + b$ und zeichnen Sie das Schaubild.
a) $y - 2x = 5$ b) $y - x = 3$
c) $y + 3x = 6$ d) $y + 2x = 2{,}5$
e) $y - 4 = x$ f) $y + 3 = \frac{1}{2}x$
g) $x - y = 5$ h) $2x - y = 3$

6 Ergänzen Sie die Zahlenpaare so, dass sie Lösung der Gleichung $y = -4x + 3$ sind.
a) (1 ; ☐) b) (0 ; ☐) c) (−2 ; ☐)
d) (☐ ; 4) e) (☐ ; −10) f) (1,5 ; ☐)

7 Prüfen Sie zeichnerisch und rechnerisch, welche Zahlenpaare welche Gleichung erfüllen.

$2x - 3y + 3 = 0$	(4 ; 2)
$3x - y = 3$	(2 ; −2)
$x + y = 0$	(1,5 ; 1,5)
$2y + x = 8$	(−3 ; −1)

8 Stellen Sie eine Gleichung auf und geben Sie mindestens zwei mögliche Lösungen an.
a) Der Umfang eines Parallelogramms beträgt 28 cm.
b) Der Umfang eines symmetrischen Trapezes beträgt 30 cm.
Die Grundseite ist doppelt so lang wie die Deckseite.
c) Der Umfang eines Drachens beträgt 30 cm.

9 Stellen Sie eine Gleichung für die Summe der Kantenlängen auf und geben Sie drei verschiedene Lösungen an.

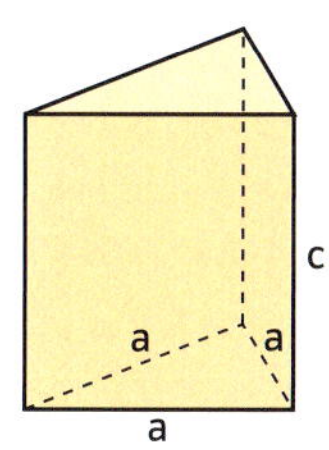

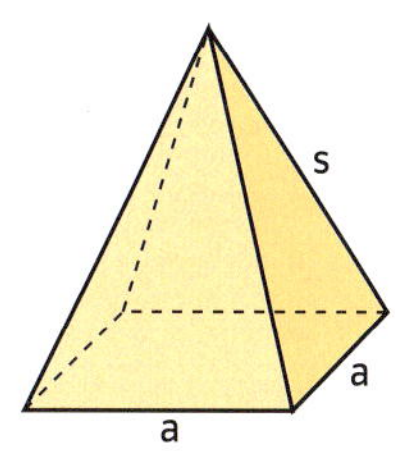

a) Die Kantensumme eines Prismas mit einem gleichseitigen Dreieck als Grundfläche beträgt 60 cm.
b) Die Summe aller Kantenlängen einer quadratischen Pyramide soll 40 cm betragen.
c) Aus einem Draht von 1 m Länge soll das Kantenmodell einer quadratischen Säule hergestellt werden.

10 Ordnen Sie die Texte den Schaubildern zu.
A Die Summe zweier positiver Zahlen beträgt 8.
B Addiert man zwei Zahlen, erhält man 8.
C Werden zwei natürliche Zahlen addiert, so erhält man 8.
D Werden zwei ganze Zahlen addiert, so erhält man 8.

? *Setzen Sie die Augenzahlen für ☐ ein und suchen Sie Zahlenpaare (x ; y), die die Gleichung erfüllen.*
☐ · x + ☐ · y = 30

1
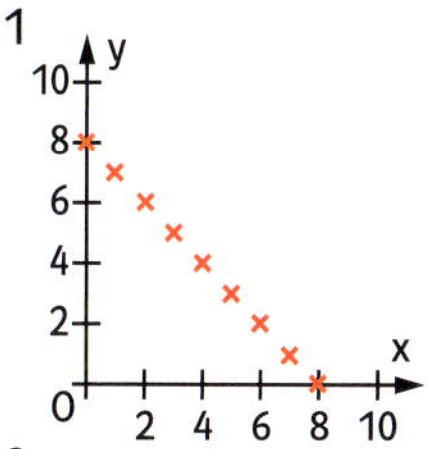

2
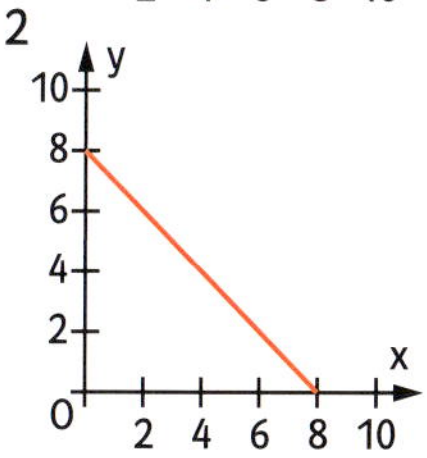

3
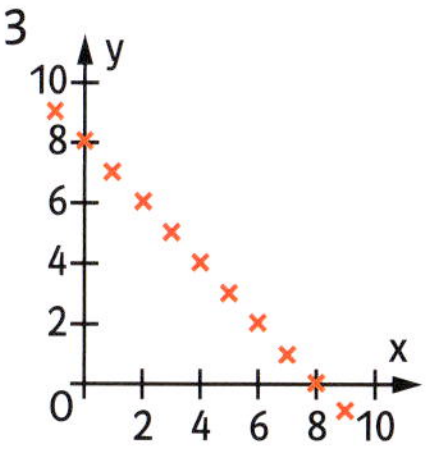

4
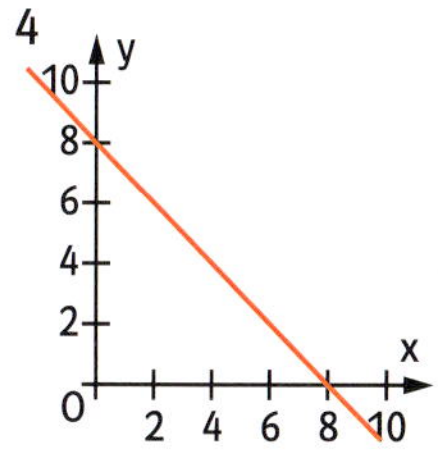

7 Lineare Gleichungssysteme

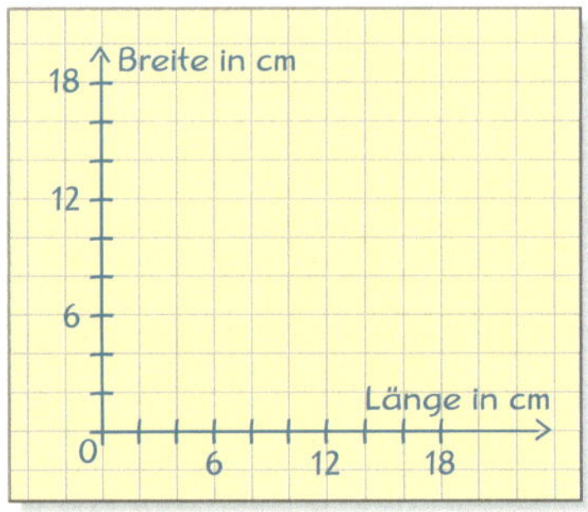

→ Welche Rechtecke mit ganzzahligen Seitenlängen lassen sich aus einem 36 cm langen Draht biegen? Stellen Sie die jeweils zusammengehörigen Seitenlängen als Punkte im Schaubild dar.

→ Überlegen Sie sich nun Rechtecke, die doppelt so lang wie breit sind. Es entstehen wieder Punkte.

→ Gibt es ein Rechteck, welches beide Bedingungen erfüllt?

Zwei lineare Gleichungen mit zwei Variablen bilden ein **lineares Gleichungssystem**. Beim Lösen eines Gleichungssystems muss man Zahlenpaare (x ; y) finden, die beide Gleichungen erfüllen.

(1) $x + y = 6$

x	0	1	2	3	4	5
y	6	5	4	3	2	1

(2) $x - y = 2$

x	0	1	2	3	4	5
y	−2	−1	0	1	2	3

Das Zahlenpaar (4;2) ist Lösung des linearen Gleichungssystems. Im Schaubild findet man die Lösung als **Koordinaten des Schnittpunktes** der beiden zugehörigen Geraden.

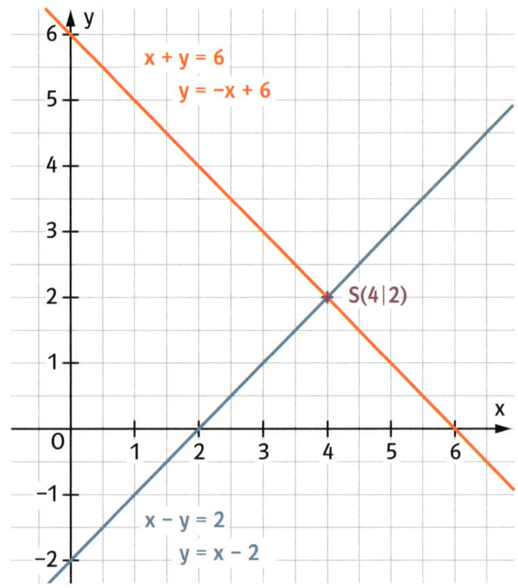

Ein **lineares Gleichungssystem** besteht aus zwei Gleichungen mit jeweils zwei Variablen. Die Koordinaten des Schnittpunktes S (x | y) der Geraden im Schaubild erfüllen beide Gleichungen und sind somit **Lösung dieses Gleichungssystems**.

Beispiel

In einem Stall leben Hasen und Hühner. Es sind insgesamt 9 Tiere mit 24 Füßen. Wie viele Hasen und Hühner sind es jeweils?

Anzahl der Hasen: x; Anzahl der Hühner: y

(1) $x + y = 9$ Gleichung für die Anzahl der Tiere

(2) $4x + 2y = 24$ Gleichung für die Anzahl der Beine

Die beiden Geraden schneiden sich im Punkt S (3 | 6).

Im Stall leben drei Hasen und sechs Hühner.

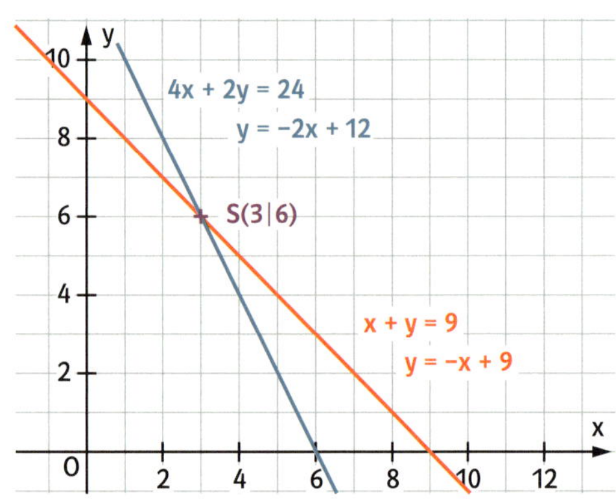

Die Anzahl der Lösungen eines linearen Gleichungssystems kann man an der Lage der zugehörigen Geraden im Koordinatensystem ablesen. Es gibt drei Fälle.

1. Fall	2. Fall	3. Fall
Das Gleichungssystem hat **genau eine Lösung**. (1) $x + 2y = 4$ (2) $x - y = 1$	Das Gleichungssystem hat **keine Lösung**. (1) $-3x + 2y = 1$ (2) $3x - 2y = 2$	Das Gleichungssystem hat **unendlich viele Lösungen**. (1) $x - y = -1$ (2) $2x - 2y = -2$
Durch Umformen erhält man die Funktionsgleichung der Form $y = mx + b$.		
(1′) $y = -\frac{1}{2}x + 2$ (2′) $y = x - 1$	(1′) $y = \frac{3}{2}x + \frac{1}{2}$ (2′) $y = \frac{3}{2}x - 1$	(1′) $y = x + 1$ (2′) $y = x + 1$
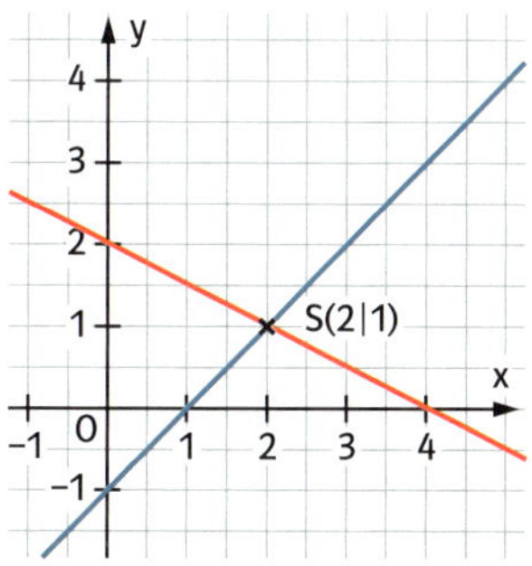	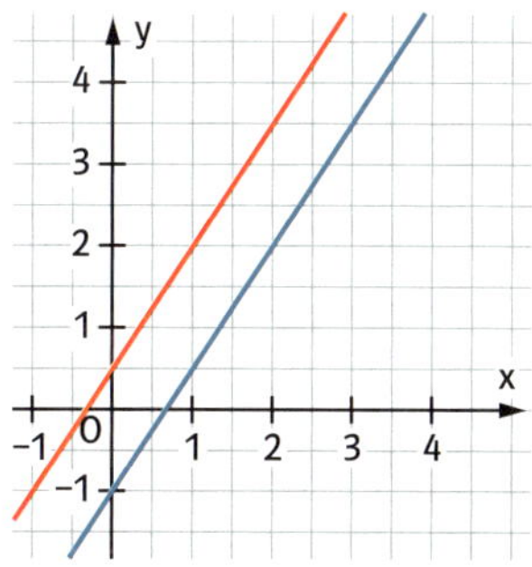	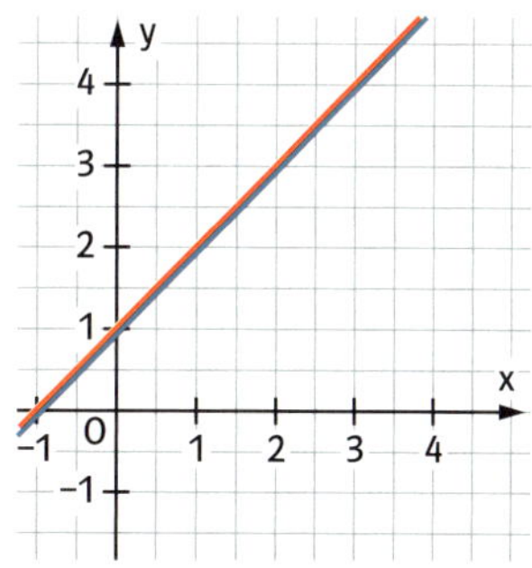
Die Geraden **schneiden sich in einem Punkt.**	Die Geraden **verlaufen parallel**. Sie haben keinen gemeinsamen Punkt.	Zu den zwei Gleichungen gehört **dieselbe Gerade**.
Die Lösung lautet (2 ; 1).	Es gibt keine Lösung.	**Die Koordinaten aller Punkte der Gerade erfüllen beide Gleichungen.**

Ein lineares Gleichungssystem mit zwei Variablen hat entweder genau **eine** Lösung, **keine** Lösung oder **unendlich viele** Lösungen.

Beispiel

(1) $y = 2x - 3$ (2) $y = m \cdot x + b$

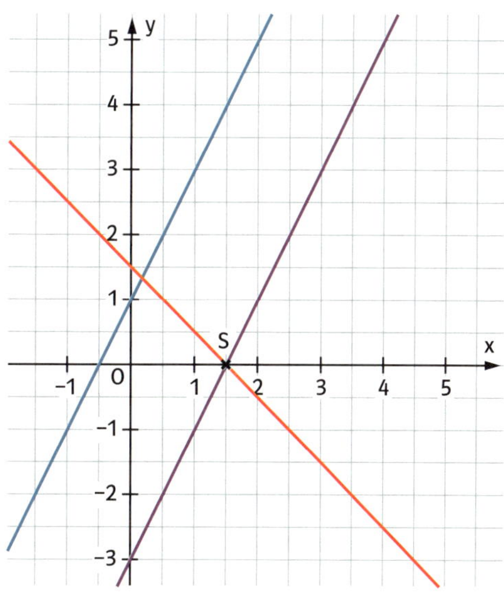

Wenn man für m und b verschiedene Zahlen einsetzt, kann das Gleichungssystem unterschiedlich viele Lösungen besitzen.
Für $m = -1$ und $b = 1{,}5$ ergibt sich:
$y = -x + 1{,}5$. Die Geraden schneiden sich im Punkt S (1,5 | 0). Es gibt genau eine Lösung, da die Geraden verschiedene Steigungen haben.
Für $m = 2$ und $b = 1$ ergibt sich:
$y = 2x + 1$. Die Geraden verlaufen parallel, da sie die gleiche Steigung besitzen.
Es gibt keine Lösung.
Für $m = 2$ und $b = -3$ erhält man:
$y = 2x - 3$. Zu den Gleichungen gehört dieselbe Gerade. Es gibt unendlich viele Lösungen.

Peter liest die Lösung (3 ; 2) ab. Was sagen Sie?

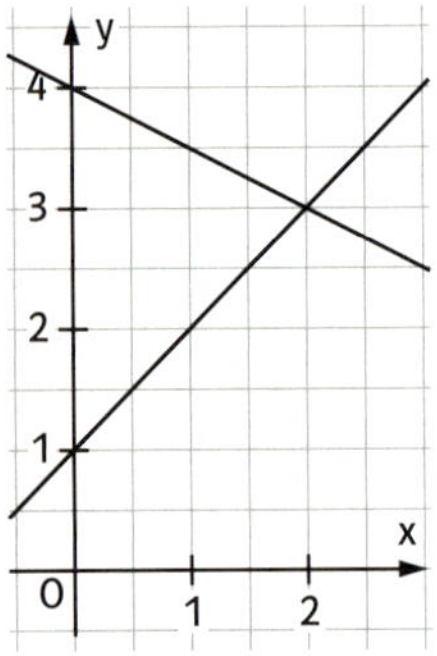

Aufgaben

1 Stellen Sie das Gleichungssystem zeichnerisch dar und geben Sie die Koordinaten des Schnittpunkts der beiden Geraden an.
Setzen Sie zur Kontrolle die Koordinaten der Schnittpunkte in beide Gleichungen ein und prüfen Sie, ob sie diese erfüllen.

a) $y = 2x - 3$
$y = -3x + 7$

b) $y = x + 1$
$y = -\frac{1}{2}x + 4$

c) $y = -2x + 1$
$y = -2x + 5$

d) $y = -3x - 2$
$y = x + 6$

e) $y = -\frac{1}{4}x - 2$
$y = -\frac{7}{4}x - 5$

f) $y = 3x - 3$
$y = -3x$

2 Stellen Sie beide Gleichungen in die Form $y = mx + b$ um und lösen Sie das Gleichungssystem zeichnerisch.

a) $2y - x = 4$
$2y + 3x = 12$

b) $y + 4x = 0$
$y - 2x - 6 = 0$

c) $3x - y = -1$
$x + y = -3$

d) $2x + 24 = 6y$
$2x + 9 = 3y$

e) $3y + x = 3$
$y - x = 5$

f) $4y + 2x = 8$
$6y + 7x = 36$

3 Überlegen Sie gut, wie Sie die Koordinatenachsen einteilen. Lösen Sie zeichnerisch.

a) (1) $y = 50x - 300$
(2) $y = -100x + 900$

b) (1) $y = -0{,}02x + 1$
(2) $y = 0{,}02x + 5$

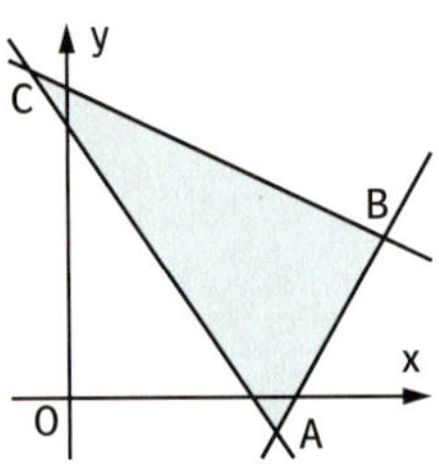

4 Die drei Geraden schneiden sich in drei Punkten und bilden so ein Dreieck ABC. Lesen Sie aus der Zeichnung die Koordinaten der drei Eckpunkte des Dreiecks ab.

a) $y = \frac{1}{2}x$
$y = -\frac{1}{2}x + 8$
$y = \frac{5}{2}x - 4$

b) $y = x - 1$
$y = -\frac{1}{2}x + 2$
$y = \frac{1}{2}x + 4$

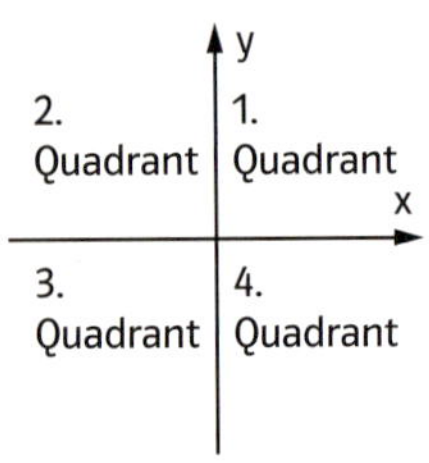

5 In welchem Quadranten liegt der Schnittpunkt? Gelingt Ihnen die Antwort im Kopf ohne Zeichnung?

a) $y = x$
$y = -x + 3$

b) $y = x$
$y = -x - 3$

c) $y = -x$
$y = x + 3$

d) $y = -x$
$y = x - 3$

6 Die Koordinaten des Schnittpunkts haben jeweils eine Nachkommaziffer. Zeichnen Sie besonders sorgfältig.

a) $y = \frac{1}{3}x + 4$
$y = 2x - 2$

b) $y = \frac{1}{5}x - 4$
$y = -3x + 4$

c) $y = -\frac{1}{2}x + 3$
$y = \frac{1}{3}x + 5$

d) $y = -x - 3$
$y = \frac{3}{2}x + 3$

7 Luise fotografiert mit einer Kleinbildkamera, Max mit der Digitalkamera seines Vaters. Sie vergleichen die Kosten.

Kleinbildkamera	Digitalkamera
Film und Entwicklung 3,00 €	CD, Bearbeitung 2,00 €
Preis pro Bild 0,05 €	Preis pro Bild 0,15 €

a) Ermitteln Sie die jeweiligen Kosten bei einer Anzahl von 6 bzw. 20 Bildern.
b) Stellen Sie die beiden Zusammenhänge in einem gemeinsamen Koordinatensystem dar und bestimmen Sie die Anzahl der Bilder, bei der die Kosten gleich sind.

8 Markus ist mit seinen Eltern im Urlaub. Sie möchten Fahrräder ausleihen und finden zwei Angebote.
A: 10 € Grundgebühr und 3 € pro Tag
B: 5 € pro Tag
Was würden Sie raten?

9 Zur Reparatur eines Daches liegen zwei Angebote vor.
A: Gerüstbau 125 €, je Arbeitsstunde 25 €
B: Gerüstbau kostenlos, je Arbeitsstunde 30 €
Beide Firmen veranschlagen 4 Arbeitstage.

10 Bei einer Grundgebühr von 100 € kann eine Hebebühne für 12 € pro Stunde ausgeliehen werden. Vergleichen Sie die Kosten mit einem zweiten Verleiher, der 60 € Grundgebühr und 20 € je Stunde verlangt.

11 Zeigen Sie grafisch, wie viele Lösungen das Gleichungssystem hat.

a) (1) $y = 2x + 5$
   (2) $y = 2x - 1$

b) (1) $2x + y = 4$
   (2) $x + y = 3$

c) (1) $x + y = 5$
   (2) $2x + 2y = 10$

d) (1) $3x + y = -2$
   (2) $6x + 2y = 4$

12 Bilden Sie aus den vorgegebenen Gleichungen jeweils zwei Gleichungssysteme mit einer Lösung, mit keiner Lösung und unendlich vielen Lösungen. Zeichnen Sie.

$y = \frac{1}{2}x + 5$	$4x - 2y - 10 = 0$
$y = \frac{1}{5}x - 3$	$2y = x + 10$
$y = -\frac{1}{2}x + 5$	$2x - y = 0$
$y = -2x - 5$	$2x + 4y - 20 = 0$
$y = -5x - 2$	$5x - 2 = y$
$5y - 2 = x$	$x - y - 5 = 0$

13 Was muss man für ▢ einsetzen, damit die beiden Gleichungen ein Gleichungssystem ohne Lösung bilden?

a) $y = ▢x + 5$
   $y = 2x - 5$

b) $y + ▢x = 3$
   $y = 2x - 5$

c) $2y = ▢x - 3$
   $y = 2x - 5$

d) $6x - ▢y = 1$
   $y = 2x - 5$

14 Eine lineare Gleichung lautet $3x - y = 6$.
Bestimmen Sie jeweils eine zweite Gleichung, damit für das entstehende Gleichungssystem die folgende Aussage wahr ist.

a) Es gibt keine Lösung.
b) Es gibt unendlich viele Lösungen.
c) Die Lösung lautet (2 ; 0).

Formulieren Sie und lösen Sie mit einem Partner weitere derartige Aufgaben.

Treffpunkte

Bewegungen lassen sich zeichnerisch in einem Koordinatensystem darstellen. Im Allgemeinen wird auf der x-Achse die benötigte Zeit t und auf der y-Achse der zurückgelegte Weg s abgetragen.
Wenn man die Bewegungen von zwei Autos, Fahrrädern oder Schiffen in ein Koordinatensystem einträgt, kann man ablesen, wann und nach welchem Weg sich beide treffen.
Auto A fährt mit 60 km/h. Auto B fährt 40 Minuten später los, aber mit einer Geschwindigkeit von 90 km/h. Auto B holt Auto A nach 120 km und 1 h 20 min ein.

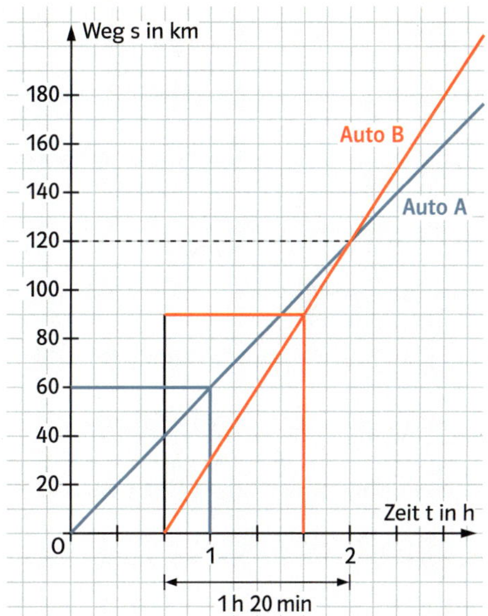

- Vom Rastplatz „Dürre Buche" startet um 5:30 Uhr ein Schwertransporter. Ein LKW folgt ihm von dort um 6:00 Uhr. Der Schwertransporter fährt mit 40 km/h, der LKW ist doppelt so schnell. Wo und nach welcher Fahrzeit überholt der LKW den Schwertransporter?

- Herr Peters fährt mit dem Auto von A-Stadt nach C-Hausen. Zur gleichen Zeit startet Herr Pauli in B-Dorf nach C-Hausen. Herr Peters fährt mit 90 km/h, Herr Pauli mit 50 km/h. Wie viele Kilometer ist Herr Peters im Augenblick des Überholens gefahren? Nach welcher Zeit überholt er?

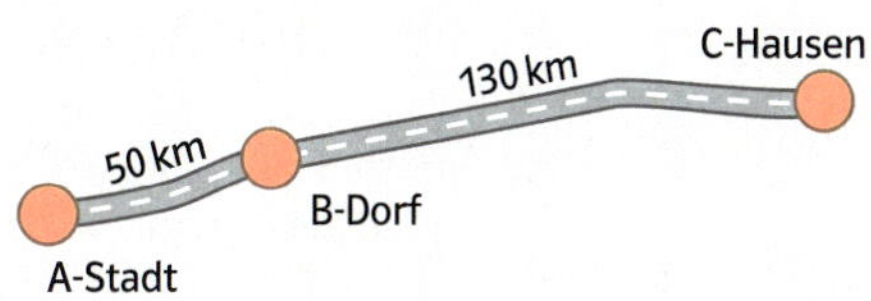

- Frau Müller ist von C-Hausen nach A-Stadt unterwegs. Sie begegnet Herrn Pauli eine Stunde nach dem gemeinsamen Fahrtbeginn. Wie schnell ist Frau Müller gefahren?

8 Lösen durch Gleichsetzen

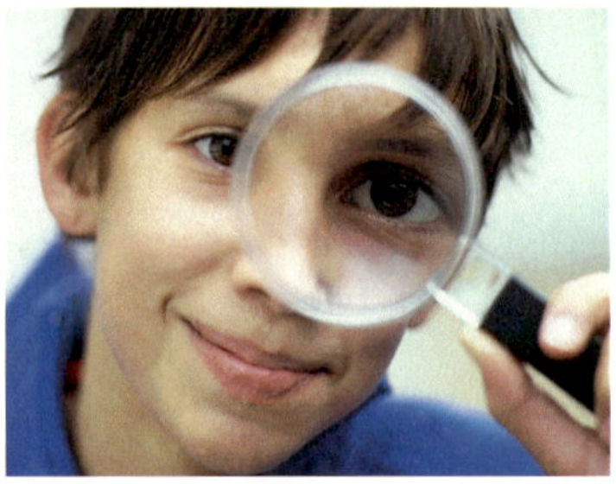

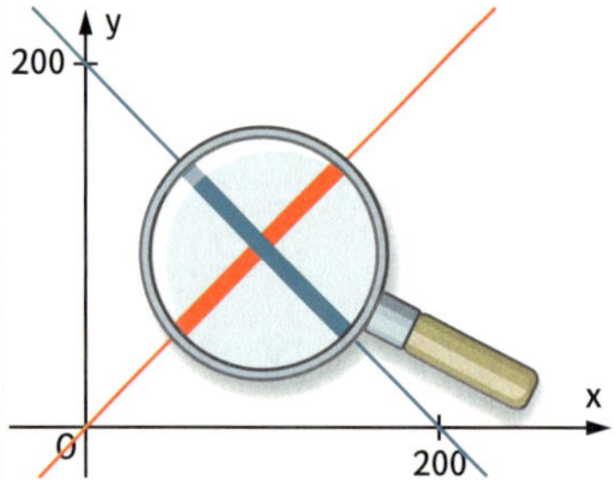

Lösen Sie das Gleichungssystem zeichnerisch.

(1) $y = \frac{3}{4}x - 1$ (2) $y = \frac{3}{5}x + 1$

→ Wie genau können Sie die Lösung ablesen?

→ Welche Probleme bekommen Sie bei der zeichnerischen Lösung des Gleichungssystems aus
(1) $y = -x + 199$ und (2) $y = x - 1$?

Die Lösungen von Gleichungssystemen lassen sich zeichnerisch nicht immer exakt bestimmen. Mit **rechnerischen Lösungsverfahren** ist dies aber möglich. Ziel ist es, aus zwei Gleichungen mit zwei Variablen eine Gleichung mit einer Variablen zu machen.

(1) $2y = 6x - 4$ $|:2$
(2) $y - 2x = 8$ $|+2x$
Beide Gleichungen werden nach y aufgelöst.

(1′) $y = 3x - 2$
(2′) $y = 2x + 8$
Die beiden Terme der rechten Seite werden gleichgesetzt.

$3x - 2 = 2x + 8$ $|-2x + 2$
$x = 10$
Man erhält eine Gleichung mit einer Variablen, die sich lösen lässt.

$y = 3 \cdot 10 - 2$
$y = 28$
Durch Einsetzen des Wertes für x kann man den Wert für y berechnen.

Das Gleichungssystem hat als Lösung das Zahlenpaar $x = 10$; $y = 28$, kurz (10 ; 28).

*Weil beim Lösen des Gleichungssystems Terme **gleichgesetzt** werden, spricht man vom Gleichsetzungsverfahren.*

Gleichsetzungsverfahren
Man löst beide Gleichungen des Gleichungssystems nach derselben Variablen auf. Durch Gleichsetzen der Terme erhält man eine Gleichung mit einer Variablen.

Bemerkung

Häufig bietet es sich an, die beiden Gleichungen nach demselben Vielfachen einer Variablen aufzulösen.

Beispiele

a) (1) $y = 4x - 2$
(2) $y - 3x = 5$ $|+3x$

Hier ist eine Gleichung bereits nach y aufgelöst.

(1′) $y = 4x - 2$
(2′) $y = 3x + 5$

Gleichsetzen von (1) und (2′):

$4x - 2 = 3x + 5$ $|-3x + 2$
$x = 7$

Man kann in beide Gleichungen einsetzen:
Einsetzen von $x = 7$ in (1) liefert

$y = 4 \cdot 7 - 2$
$y = 26$
Die Lösung lautet (7 ; 26).

Für die Probe müssen beide Gleichungen erfüllt sein.

b) (1) $3x + 4y = 32$ $|-4y$
(2) $3x + 7y = 47$ $|-7y$

Hier ist das Auflösen beider Gleichungen nach 3x besonders vorteilhaft.

(1′) $3x = 32 - 4y$
(2′) $3x = 47 - 7y$

Gleichsetzen von (1′) und (2′):

$32 - 4y = 47 - 7y$ $|+7y - 32$
$3y = 15$ $|:3$
$y = 5$

Einsetzen von $y = 5$ in (1′):

$3x = 32 - 4 \cdot 5$
$x = 4$
Die Lösung lautet (4 ; 5).

Aufgaben

1 Gleichungssysteme lassen sich auch mit Balkenwaagen veranschaulichen.

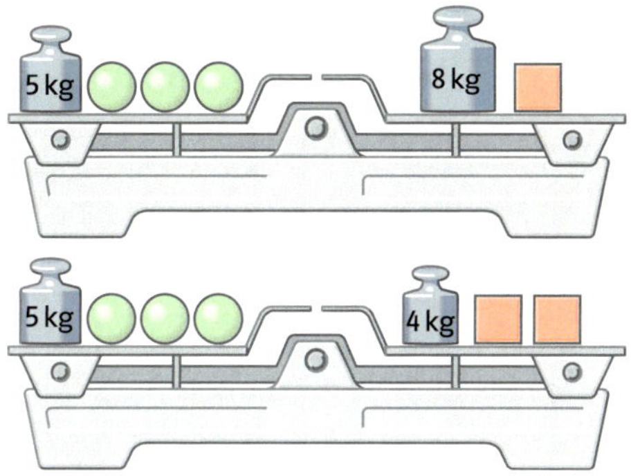

Wie viel wiegt ein Würfel?

2 Lösen Sie das Gleichungssystem rechnerisch.

a) $y = 3x - 4$
$y = 2x + 1$

b) $x = y + 5$
$x = 2y + 3$

c) $5x + 4 = 2y$
$6x - 1 = 2y$

d) $y = 4x + 2$
$5x - 1 = y$

e) $5y = 2x - 1$
$4x + 3 = 5y$

f) $12y + 12 = 6x$
$6x = 25y - 1$

3 Lösen Sie nach einer Variablen auf und rechnen Sie.

a) $x + 2y = 3$
$x + 3y = 4$

b) $2x + y = 5$
$5x + y = 11$

c) $12x - y - 15 = 0$
$8x - y + 1 = 0$

d) $2y - 3x = 9$
$3x + y = 18$

4 Wenn Sie geschickt umformen, gelingt Ihnen eine schnelle Lösung.

a) $3x - 2y = 3$
$3x - y = 5$

b) $2x + 4y = 2$
$3x + 4y = 5$

c) $2x - 5y = 7$
$3y = 2x + 3$

d) $5x + 3y = 30$
$4x = 3y - 3$

e) $5x = y + 6$
$5x - 12 = 2y$

f) $5x + 2y = 3$
$3x - 2y = 11$

5 Lösen Sie im Kopf.

a) $y = x$
$y = -x$

b) $y = x$
$y = -x + 2$

c) $y = x + 2$
$y = 2x + 2$

d) $y = x - 5$
$y = -x + 5$

Erklären Sie Ihr Vorgehen. Können Sie sich auch das Schaubild vorstellen?

6 Beschreiben Sie zunächst, wie Sie beim Umformen vorgehen wollen, um schnell zur Lösung zu kommen.

a) $x + 5y = 13$
$2x + 6y = 18$

b) $7x + y = 37$
$3x + 2y = 30$

c) $2x + 3y = 4$
$4x - 4y = 28$

d) $4x = 6y + 2$
$5y = 2x - 7$

e) $3x + 4y - 5 = 2x + 3y - 1$
$6x - 2y + 2 = 4x - 3y + 5$

7 Gleichungsvariablen müssen nicht immer x und y heißen.

a) $a = 2b + 4$
$a = b + 5$

b) $21 + 6n = 3m$
$12m - 36 = 6n$

c) $s = 5 + t$
$s = 2t + 1$

d) $5p + 5q = 10$
$3p + 5q = 14$

e) $2a + 2b = 0$
$5a - 27 = 4b$

f) $7z + 5p = 9$
$10p - 5z = -20$

8 Hier müssen Sie die Gleichungen erst umformen.

a) $2x + 3y - 4 = 3x + 6y - 5$
$5x + 2y + 7 = 4x - 5y + 12$

b) $x + 5y + 2 = 6x + 4y - 12$
$6x + 3y - 4 = 2x + 2y + 9$

c) $2(x + 3) + 4y = 3(x - 2) + 7y$
$5x - 2(y + 3) = 4x + 8(y - 2{,}5)$

9 a) Finden Sie zu den Gleichungen

$y = 2x - 4$ $y + x = 5$ $2y - x = 6$

jeweils eine zweite Gleichung, so dass das Gleichungssystem mit dem Gleichsetzungsverfahren vorteilhaft gelöst werden kann. Geben Sie die Gleichungssysteme Ihrem Nachbarn zum Lösen.

b) Ergänzen Sie $y = 2x + 1$ durch eine weitere Gleichung zu einem Gleichungssystem mit der Lösung $x = 1$ und $y = 3$. Vergleichen Sie Gleichungen.
Das Schaubild hilft Ihnen auch beim Finden verschiedener Lösungen.

10 Bestimmen Sie die Koordinaten des Schnittpunkts der beiden Geraden durch Rechnung exakt und vergleichen Sie Ihre Lösung mit dem Schaubild. Zeichnen Sie selbst.

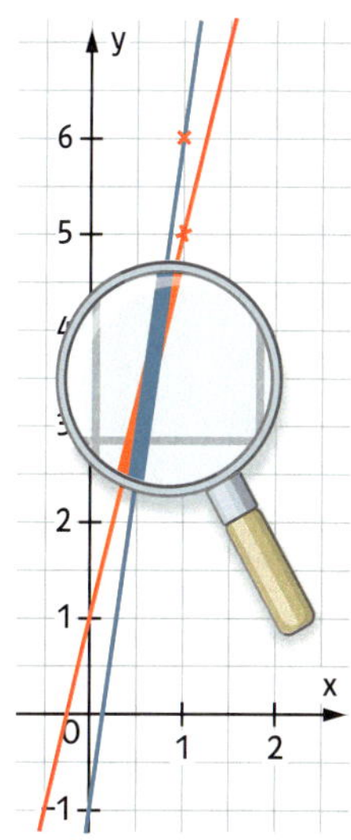

Heike sagt:
„Das Gleichungssystem
$x + y = 3$
$x + 2y = 5$
hat die Lösung $x = 1$."
Was hat Heike nicht bedacht?

Lösen durch Einsetzen

Bei manchen Gleichungssystemen ist ein weiteres Verfahren noch vorteilhafter. Überlegen Sie zunächst selbst, wie Sie vorgehen würden.

(1) $5x + y - 281x + 5 = 20$
(2) $y = 281x$

Um aus zwei Gleichungen mit zwei Variablen eine Gleichung mit einer Variablen zu erhalten, kann man auch in die andere Gleichung **einsetzen.**

(1) $3x + 2y = 19$
(2) $y = x - 3$

Einsetzen von $x - 3$ in (1):

$$3x + 2(x - 3) = 19$$
$$3x + 2x - 6 = 19 \quad |+6$$
$$5x = 25 \quad |:5$$
$$x = 5$$

Einsetzen von $x = 5$ in (2):

$$y = 5 - 3$$
$$y = 2$$

Die Lösung ist (5 ; 2).

Weil man das Gleichungssystem dadurch löst, dass man in eine Gleichung **einsetzt,** nennt man das Verfahren **Einsetzungsverfahren.**

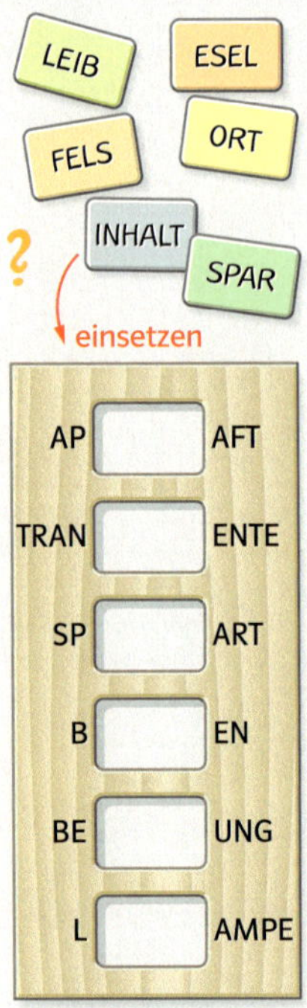

Suchen Sie selbst weitere Beispiele.

■ Lösen Sie mit dem Einsetzungsverfahren.

(1) $5x + y = 8$
(2) $y = 3x$

(1) $x + 2y = 49$
(2) $x = 5y$

(1) $3x + y = 11$
(2) $x + 1 = y$

(1) $x - 2y = 7$
(2) $5y + 4 = x$

■ Lösen Sie mit dem Einsetzungs- und dem Gleichsetzungsverfahren und vergleichen Sie.
Können Sie die Unterschiede und die Gemeinsamkeiten beschreiben?

(1) $5x + y = 7$
(2) $2x + y = 4$

(1) $x + 3y = 5$
(2) $x - 2y = 10$

(1) $3x - 2y = 2$
(2) $5x + 2y = 14$

(1) $4x + 3y = 15$
(2) $4x - 2y = 10$

(1) $x - 3y = 9$
(2) $2x = 3y - 3$

(1) $5x + 3y = 1$
(2) $x + 3y = 11$

11 Wie viele Lösungen hat das Gleichungssystem?

a) $x + y = 2$ (1) $2x + 2y = 5$ (2)
b) $3x + 4y = 5$ (1) $9x + 12y = 15$ (2)
c) $x + y + 1 = 0$ (1) $x - y + 1 = 0$ (2)

Erklären Sie die Anzahl der Lösungen mithilfe eines Schaubildes. Was fällt Ihnen bei der Rechnung auf?

12 Ergänzen Sie $y = 2x - 3$ durch eine zweite Gleichung zu einem Gleichungssystem,
a) das keine Lösung hat.
b) das unendlich viele Lösungen hat.
c) Warum gibt es nicht genau zwei Lösungen?

13 Lösen Sie das Gleichungssystem.

a) $5x + 2y = 20$
$3x - y = 1$

b) $7x + 3y = 64$
$6y - 8x = 40$

c) $11x - 6y = 39$
$2y + 17 = 5x$

d) $40 - 5x = 6y$
$4y + x = 8$

e) $5x + 28 = 3y$
$12y - 4x = 80$

f) $3(x - 3y) = 27$
$3(y - 4) = 4(x - 3)$

14 Wenn Sie bei einem Gleichungssystem beide Gleichungen nach y auflösen, können Sie die Gleichungen als Geradengleichungen auffassen.
Erklären Sie den Zusammenhang zwischen grafischer und rechnerischer Lösung von linearen Gleichungssystemen.

15 Ermitteln Sie die Gleichungen der beiden Geraden, lesen Sie die Koordinaten des Schnittpunkts ab und bestimmen Sie sie anschließend exakt durch Rechnung.

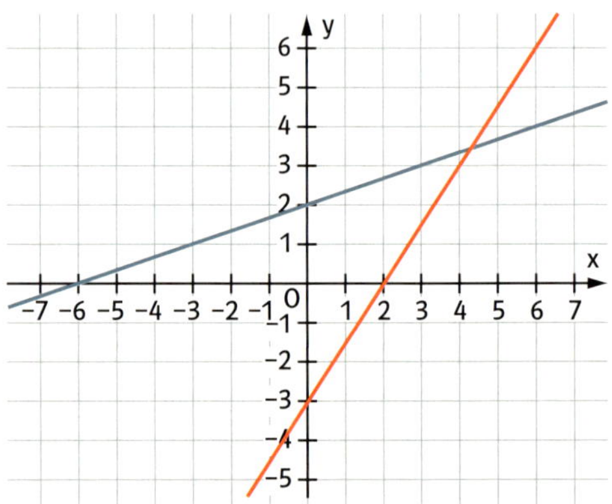

9 Lösen durch Addieren

Addieren Sie die beiden rechten Terme und die beiden linken Terme der Gleichungen.
(1) $2x + 2y = 10$
(2) $2x \quad = 2y + 6$
→ Können Sie jetzt lösen?
Stellen Sie sich vor, dass Sie die beiden linken Waagschalen und die beiden rechten Waagschalen jeweils auf einer Waagschale zusammen legen.
→ Vergleichen Sie Ihren rechnerischen Lösungsvorgang mit diesem Vorgehen.

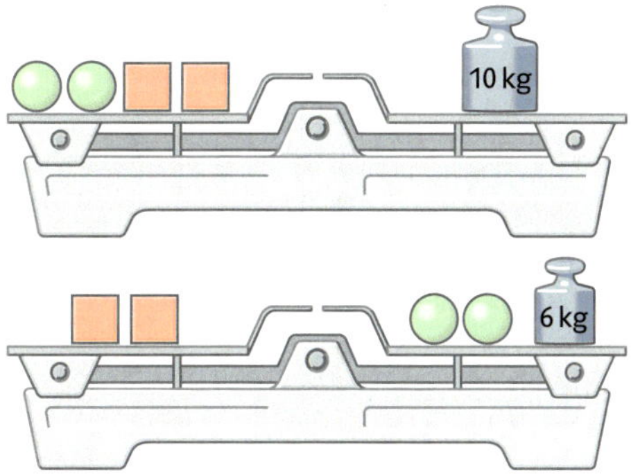

Wenn in einem Gleichungssystem in einer Gleichung eine Variable den Koeffizient 3 und in der zweiten Gleichung den Koeffizient −3 hat, kann man das Gleichungssystem lösen, nachdem man die beiden Gleichungen addiert hat.

Durch Addieren wird aus zwei Gleichungen mit zwei Variablen eine Gleichung mit einer Variablen.
Diese Gleichung hat die Lösung $x = 3$.
Durch Einsetzen in eine der beiden Ausgangsgleichungen erhält man $y = 1$.

(1) $4x + 3y = 15$
$+ \quad + \quad +$
(2) $3x - 3y = 6$
$7x \quad = 21 \quad |:7$
$x = 3$
$x = 3$ in (1): $4 \cdot 3 + 3y = 15 \quad |-12 \quad |:3$
$y = 1$

Das Gleichungssystem hat als Lösung das Zahlenpaar $x = 3$; $y = 1$, kurz $(3 ; 1)$.

Additionsverfahren
Man formt beide Gleichungen so um, dass beim Addieren beider Gleichungen eine Variable wegfällt.
So entsteht eine Gleichung mit einer Variablen.

Beispiele

a) Durch Umformen soll beim Addieren die Variable x wegfallen. Beim Vervielfachen beider Gleichungen sucht man daher ein gemeinsames Vielfaches der Koeffizienten von x.

(1) $2x + 3y = 9 \quad |\cdot 3$
(2) $3x - 4y = 5 \quad |\cdot(-2)$
(1′) $6x + 9y = 27$ Gleichungen
(2′) $-6x + 8y = -10$ addieren
$17y = 17 \quad |:17$
$y = 1$
Einsetzen in (1):
$2x + 3 \cdot 1 = 9 \quad |-3$
$2x = 6 \quad |:2$
$x = 3$
Die Lösung ist $(3 ; 1)$.

b) Bei manchen Gleichungssystemen ist es einfacher zu subtrahieren. Dieses Vorgehen wird auch als Subtraktionsverfahren bezeichnet.
Hier fällt die Variable y weg und man bekommt eine Gleichung für x.

(1) $15x + 3y = 57$ Gleichungen
(2) $7x + 3y = 33$ subtrahieren
$8x = 24 \quad |:8$
$x = 3$
Einsetzen in (1):
$15 \cdot 3 + 3y = 57 \quad |-45$
$3y = 12 \quad |:3$
$y = 4$
Die Lösung ist $(3 ; 4)$.

? *Lösen Sie schnell durch Addieren oder Subtrahieren.*
(1) $x + y = 5$
(2) $x - y = 1$

Aufgaben

1 Wie schwer ist ein Würfel?

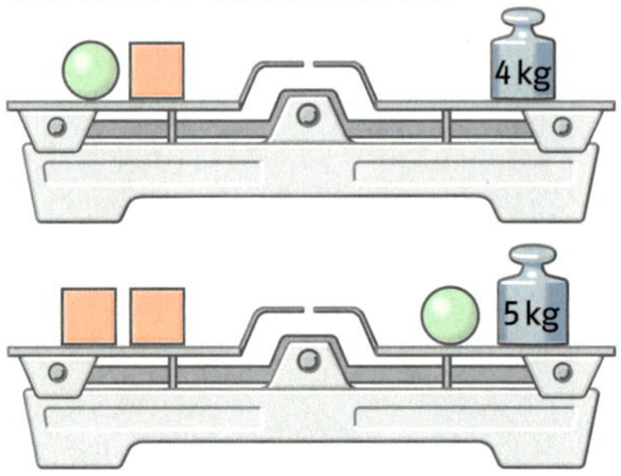

2 Lösen Sie das Gleichungssystem.

Ordnen Sie vor dem Addieren!
... x ... y = ...
... x ... y = ...

a) $3x + y = 18$
$2x - y = 7$

b) $4x + 3y = 2$
$5x - 3y = 16$

c) $12x - 5y = 6$
$2x + 5y = 36$

d) $14x - 7y = 7$
$7y + 3x = 27$

e) $4x + 3y = 14$
$5y = 4x - 30$

f) $-28 = 6y + 5x$
$5x + 3y = -19$

3 Bei diesen Gleichungssystemen genügt es, eine der beiden Gleichungen geschickt zu multiplizieren.

... + ○·y = ...
... − ·y = ... |·○

a) $3x + y = 5$
$2x - 2y = 6$

b) $5x - 3y = 16$
$6x + y = 33$

c) $4x + 3y = 35$
$-2x - 5y = -21$

d) $4x - 3y = 1$
$5x + 6y = 50$

e) $3x + y = 12$
$7x - 5y = 6$

f) $2x - 3y = 13$
$9y + 4x = 11$

4 Vervielfachen Sie beide Gleichungen geschickt und lösen Sie das Gleichungssystem.

a) $5x + 2y = 16$
$8x - 3y = 7$

b) $5x + 4y = 29$
$-2x + 15y = 5$

c) $3x - 2y = -22$
$7x + 6y = 2$

d) $11x + 3y = 21$
$2x - 4y = 22$

e) $4x + 3y = 23$
$5y - 6x = 13$

f) $3y - 10x = 22$
$15x - 4y = -31$

5 a) Beschreiben Sie die Vorteile des Additionsverfahrens.
b) Geben Sie drei verschiedene lineare Gleichungssysteme an, die man vorteilhaft mit dem Additionsverfahren lösen kann.
c) Finden Sie Gleichungssysteme mit der Lösung $x = 2$ und $y = 1$, die geschickt mit dem Additionsverfahren gelöst werden können.

Gleichungskette

Lösen Sie diese Gleichungssysteme nacheinander.

1. $x + y = 1$
$x + 2y = 1$
2. $x + 2y = 1$
$2x + 3y = 1$
3. $2x + 3y = 1$
$3x + 5y = 1$
4. $3x + 5y = 1$
$5x + 8y = 1$
5. $5x + 8y = 1$
$8x + 13y = 1$

...

■ Haben Sie das Baumuster für die Gleichungssysteme erkannt?
Erklären Sie die Gesetzmäßigkeit.
■ Schreiben Sie die nächsten drei Gleichungssysteme auf.
Wenn Sie die Lösungen ohne Rechnung angeben können, machen Sie zur Kontrolle eine Probe.

6 Lösen Sie das Gleichungssystem. Begründen Sie, warum Sie ein bestimmtes Verfahren bevorzugen.

a) $8x + 3y - 47 = 0$
$4x - 2y - 6 = 0$

b) $14x - 5y + 3 = 2$
$4x + 15y - 26 = 23$

c) $5x - 2y + 36 = 4y$
$3y - 63 + 15x = 10x$

d) $45 - 4x + 6y = 5y$
$4x - 3y + 8 = 3x$

7 Lösen Sie die linearen Gleichungssysteme. Was fällt Ihnen auf?

a) $2x = 4y + 4$
$2x = 4y + 5$

b) $2x = 4y + 4$
$4y = 2x - 4$

Überprüfen Sie Ihre Ergebnisse durch eine zeichnerische Lösung.
Kann man die Besonderheit schon am Gleichungssystem erkennen?

8 An der Kasse im Zoo zahlen zwei Erwachsene und zwei Kinder zusammen 28 €. Ein Erwachsener und drei Kinder müssen 22 € bezahlen.
Nun kommen drei Erwachsene mit vier Kindern.
Wie viel Eintritt müsste Ihre gesamte Familie bezahlen?

10 Lösen durch Modellieren II

Beim Kauf eines Druckers muss man verschiedene Dinge beachten.
Neben dem Kaufpreis spielt vor allem der Preis für die Ausdrucke eine Rolle.

→ Vergleichen Sie den Tintenstrahldrucker mit dem Laserdrucker.

→ Von welchen Überlegungen würden Sie Ihre Kaufentscheidung abhängig machen?

Laserdrucker G35

Gerätepreis: 270,– €

Druckerkartusche: 70,– € (reicht für ca. 3500 Ausdrucke)

Tintenstrahldrucker JetX 67

Preis: **100,- €**

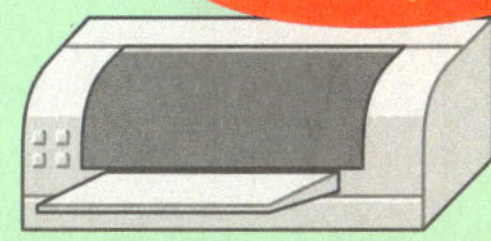

Druckerpatrone **30,- €** (reicht für ca. 500 Ausdrucke)

Mithilfe von linearen Gleichungssystemen lassen sich Preise oder Angebote vergleichen und Entscheidungen vorbereiten. Bevor man die Mathematik zu Hilfe nehmen kann, muss man die Situation verstehen, strukturieren und meist auch vereinfachen.
Die mathematische Lösung muss dann noch in der Alltagssituation auf ein sinnvolles Ergebnis überprüft werden.
Diesen Kreislauf nennt man **mathematisches Modellieren**.

Reale Welt — **Übersetzen** → **Mathematik**

Realsituation

Martinas Vater braucht einen Leihwagen für einen Tag. Er muss sich zwischen Angebot A und Angebot B entscheiden.

Angebot A	**Angebot B**
Leihgebühr: 45 €	Leihgebühr: 35 €
Kosten pro gefahrenem Kilometer:	
35 Cent	45 Cent

Vollkaskoversicherung inklusive!

Mathematisches Modell

Die Kosten lassen sich jeweils mit einer Geradengleichung darstellen.
Wir verwenden x für die Anzahl der Kilometer und y für die Kosten in Euro.
Angebot A: $y = 0{,}35x + 45$
Angebot B: $y = 0{,}45x + 35$
Wir erhalten ein lineares Gleichungssystem mit zwei Variablen.

Lösen ↓

Mathematische Ergebnisse

Als rechnerische Lösung des linearen Gleichungssystems erhält man
$x = 100$ und $y = 80$
Das Schaubild eignet sich gut für die Entscheidung. Die beiden Geraden schneiden sich im Punkt P(100 | 80).

← **Interpretieren**

Reale Ergebnisse

Bei einer Fahrtstrecke von 100 km sind die Kosten gleich.
Aus dem Schaubild lässt sich ablesen, dass es ab 100 km billiger ist, das Angebot A zu nehmen, bei weniger als 100 km dagegen Angebot B.

↑ **Bewerten**

Zur Bewertung des Ergebnisses muss Martinas Vater nur noch überschlagen, wie viele Kilometer er wohl fahren wird.

Das **mathematische Modellieren** läuft in Stufen ab.
1. **Übersetzen** der Realsituation in ein mathematisches Modell
2. **Lösen:** Ermitteln der mathematischen Ergebnisse
3. **Interpretieren** der Lösung in der Realsituation
4. **Bewerten** des realen Ergebnisses

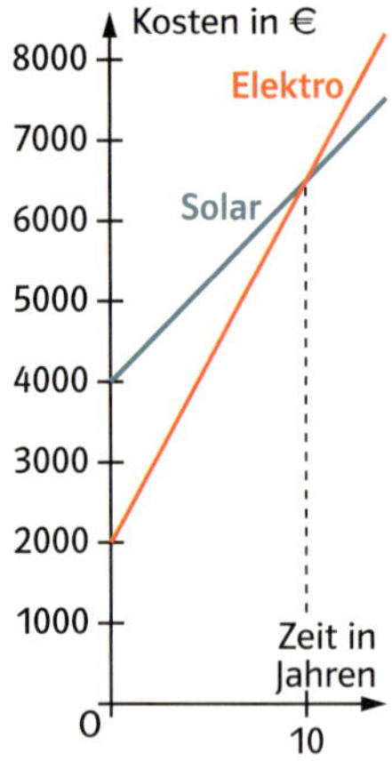

Beispiel

Familie Baumann hat zwei Angebote für die Warmwasseraufbereitung in ihrem neuen Haus.
Die Elektroanlage kostet in der Anschaffung 2000 € und 450 € Jahresenergiekosten.
Die Solaranlage kostet in der Anschaffung 4000 € und 250 € Energiekosten jährlich.

1. **Übersetzen:** Als mathematisches Modell zur Darstellung der Gesamtkosten beider Anlagen können beide Angebote mit Geraden im Schaubild veranschaulicht und verglichen werden.
   x sei die Anzahl der Jahre; y seien die Gesamtkosten in Euro
   Elektroanlage: $y = 450x + 2000$ Solaranlage: $y = 250x + 4000$
2. **Lösen:** Die beiden Geraden schneiden sich nach 10 Jahren, die Gesamtkosten betragen dann 6500 €.
3. **Interpretieren:** Am Schaubild erkennt man, dass in den ersten neun Jahren die Gesamtkosten bei der Elektroanlage geringer sind, ab dem elften Jahr sind die Gesamtkosten bei der Solaranlage günstiger.
4. **Bewerten:** Zur Entscheidung muss die Familie nun überlegen, ob sich die Investition lohnt. Dazu müssen noch weitere Aspekte wie z. B. die Kosten der Wartung, die Gesamtnutzungsdauer oder die Beschaffung von öffentlichen Fördermitteln berücksichtigt werden.

Aufgaben

1 Simone will sich einen neuen Drucker anschaffen. Sie prüft zwei Angebote:
Der erste Drucker kostet als Sonderangebot nur noch 99 €. Die Druckerpatrone kostet 30 €. Der zweite Drucker kostet 150 €, die Druckerpatrone jedoch nur 20 €. Bei beiden Modellen reicht eine Patrone für etwa 1000 Ausdrucke.
a) Was muss Simone beim Kauf berücksichtigen, wie soll sie sich entscheiden?
b) Wie müsste der Druckerpatronenpreis beim ersten Drucker gesenkt werden, um auch bei 10 000 Ausdrucken noch günstiger zu sein?

2 Ein Sportverein plant ein Weihnachtskonzert. Der Eintritt kostet 4 €.
Um das Kostenrisiko gering zu halten, macht die Band zwei Angebote:
Entweder 300 € und zusätzlich 1 € pro Konzertbesucher oder 600 € und 0,40 € pro Besucher.
Welches Angebot würden Sie wählen? Was müssen Sie überlegen?
Der Verein macht ein drittes Angebot: 450 € und ab dem 400. Besucher zusätzlich 2 € für die Band.

3 Im Schaubild sind die Kosten für die unterschiedlichen Transportformen zum Transport von Gütern dargestellt.
a) Beschreiben Sie die Unterschiede bei Schiff, Zug und LKW.
b) Auf welche Weise würden Sie Güter transportieren? Geben Sie Empfehlungen für einige Beispiele. Was empfehlen Sie an den Schnittpunkten?
c) Stellen Sie für die Geraden in der Grafik die Geradengleichungen auf und geben Sie die Unterschiede der Kosten für eine Entfernung von 1200 km an.

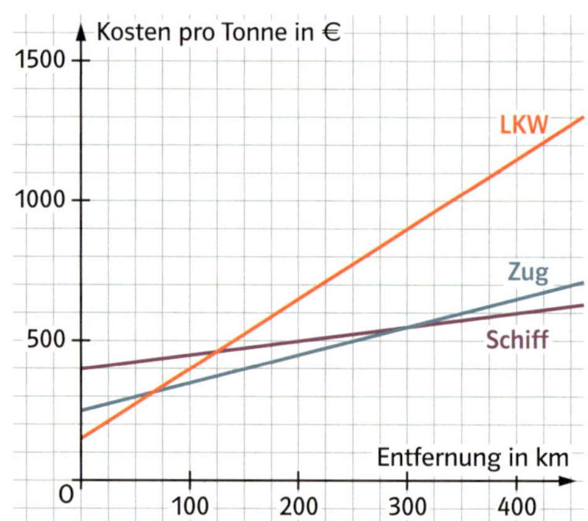

Break-even-Point

Um den Nutzen einer Produktion festzustellen, muss man die Kosten mit den Erlösen (Einnahmen) vergleichen.
Wenn die Kosten auf Dauer die Einnahmen übersteigen, geht die Firma bankrott.
Den Punkt, an dem die Einnahmen die Kosten übersteigen, nennt man Nutzenschwelle oder „Break-even-Point".
In dem Schaubild ist der Sachverhalt veranschaulicht.

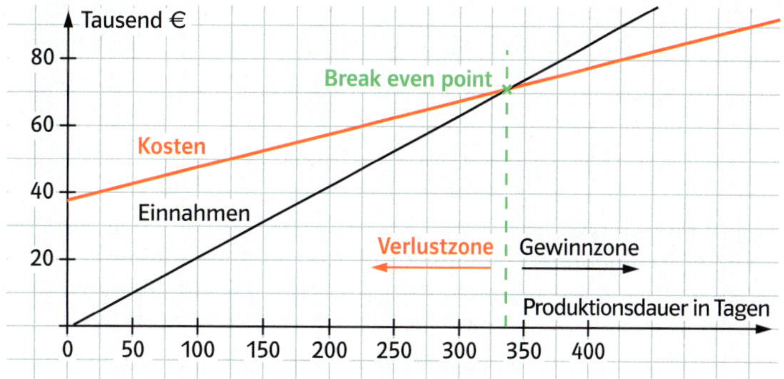

Zur Herstellung von Maschinenteilen werden fixe Kosten von 300 € berechnet. Pro Teil kommen 1,50 € variable Kosten dazu.
Beim Verkauf bringt jedes Teil 3,50 €.

- Stellen Sie den Sachverhalt in einem Schaubild dar.
- Lesen Sie aus dem Schaubild ab, bei welcher Stückzahl die Nutzenschwelle liegt.
- Wie groß ist der Verlust bei 125, wie groß ist der Gewinn bei 250 verkauften Teilen?
- Wie müsste man den festen Kostenanteil senken, um bei 100 verkauften Teilen die Nutzenschwelle zu erreichen?
- Wie ändert sich der Break-even-Point, wenn die festen Kosten 400 € betragen?
- Lösen Sie die Aufgaben rechnerisch.

Eine Firma holt zwei Angebote von verschiedenen Herstellern für Mikrochips ein.

Hersteller A
Versandkostenanteil:
10 € pro Lieferung
10 € für jeweils 10 Chips

Hersteller B
Mindestbestellmenge:
40 Chips
keine Versandkosten
40 Chips kosten 30 €
je 10 weitere 20 € mehr

- Stellen Sie den Sachverhalt grafisch dar.
- Bei welchem Hersteller sollte die Firma 100 Chips bestellen?
- Für welche Bestellmenge ist welcher Hersteller am günstigsten?

Eine Autozeitschrift hat folgende monatliche Kosten für das Diesel- und Benzinmodell eines PKW veröffentlicht:

	Festkosten	Kraftstoffkosten/km
Benzin	190,95 €	0,12 €
Diesel	230,90 €	0,08 €

- Stellen Sie Gleichungen für die Berechnung der monatlichen Gesamtkosten in Abhängigkeit von der Anzahl der gefahrenen Kilometer auf.
- Vergleichen Sie die Kosten bei 5000 km, 10 000 km und 20 000 km Fahrleistung im Jahr.
- Stellen Sie die unterschiedlichen Kosten in einem gemeinsamen Schaubild dar. Was können Sie alles ablesen?
- Wann ist der Kauf eines Dieselfahrzeugs günstiger? Was muss man dabei noch berücksichtigen? Holen Sie sich die nötigen Informationen bei einem Autohändler.

Zusammenfassung

Proportional

Zwei Größen verhalten sich **proportional zueinander**, wenn zum Doppelten, Dreifachen, ... der einen Größe immer das Doppelte, Dreifache, ... der anderen Größe gehört. Man spricht auch von einem **proportionalen Zusammenhang**.

Der Preis für Öl ist proportional zur gekauften Menge:

Menge in l	1100	1350	1579	1700
Kosten in €	550,00	675,00	789,50	850,00

Ursprungsgeraden

Man kann Zusammenhänge zwischen zwei Größen im Koordinatensystem darstellen, indem man die Werte der ersten Größe auf der x-Achse und die Werte der zweiten Größe auf der y-Achse abträgt. Die Punkte von proportionalen Zusammenhängen liegen immer auf einer Ursprungsgeraden.

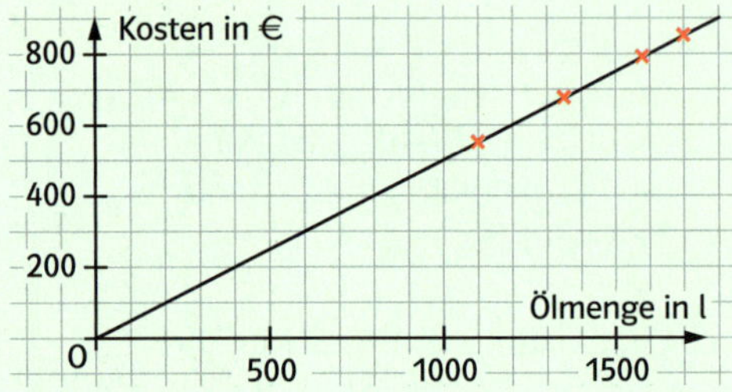

Proportionalitätsfaktor. Steigung

Bei proportionalen Zusammenhängen ist der Quotient aus Eingabe- und Ausgabegröße immer gleich. Man nennt ihn daher den **Proportionalitätsfaktor m.**
Die zugehörige Gerade wird durch die Gleichung $\mathbf{y = m \cdot x}$ beschrieben. Da m auch die Steigung der Gerade angibt, heißt er auch **Steigungsfaktor**.

Der Proportionalitätsfaktor für den Zusammenhang Preis – Öl im Beispiel oben beträgt 0,50 €/Liter.

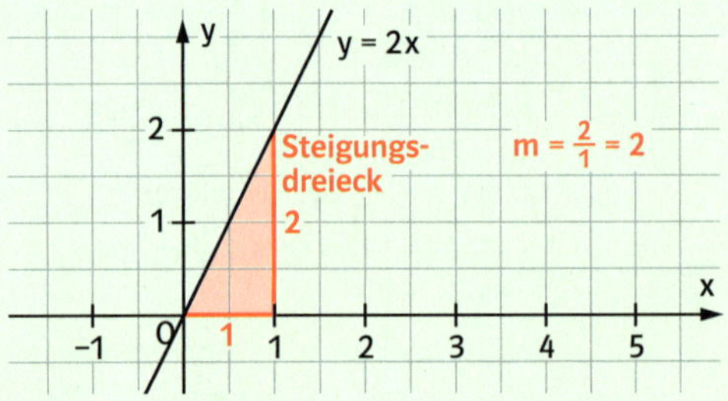

Die Geradengleichung $\mathbf{y = m \cdot x + b}$

Die Gerade mit der Gleichung $y = m \cdot x + b$ entsteht durch Verschieben der Gerade $y = m \cdot x$ um b Einheiten in y-Richtung.
Sie hat die Steigung m und schneidet die y-Achse im Punkt P(0 | b).
Man nennt b den **y-Achsenabschnitt** der Geraden.

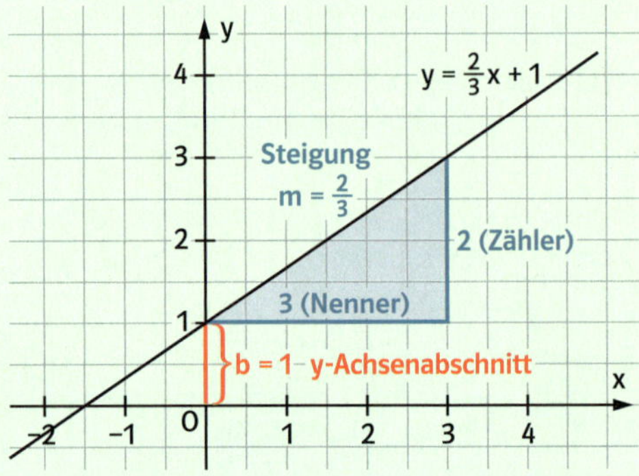

Lösen durch Modellieren

Beim Modellieren wird eine Problemsituation aus der realen Welt in ein mathematisches Modell übersetzt.
Mithilfe der Lösung werden mathematische Ergebnisse formuliert, die wiederum interpretiert werden können und zu realen Ergebnissen führen.
Abschließend erfolgt eine Bewertung des Ergebnisses in der realen Situation.

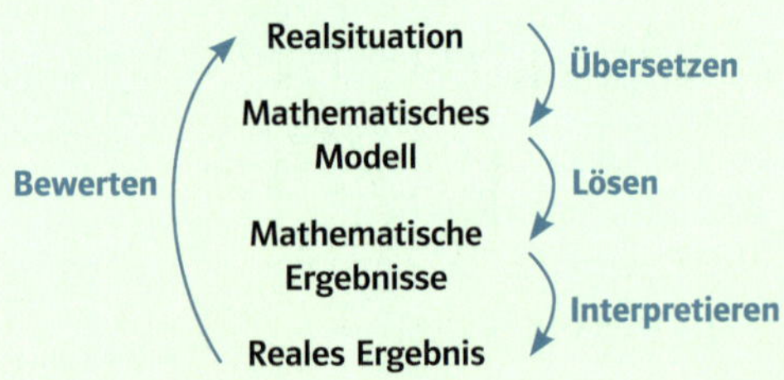

lineares Gleichungssystem

Zwei lineare Gleichungen mit jeweils zwei Variablen bilden zusammen ein **lineares Gleichungssystem.**

(1) $x - 2y = 2$
(2) $x + y = 5$

grafisches Lösungsverfahren

Die linearen Gleichungen lassen sich als Geraden darstellen.
Die Koordinaten des Schnittpunkts der beiden Geraden erfüllen beide Gleichungen und sind somit die **Lösung des Gleichungssystems**.
Ein Gleichungssystem hat
- **genau eine Lösung**, wenn sich die zugehörigen Geraden **in einem Punkt schneiden**.
- **keine Lösung**, wenn die Geraden parallel verlaufen.
- **unendlich viele Lösungen**, wenn zu den zwei Gleichungen **dieselben Geraden** gehören.

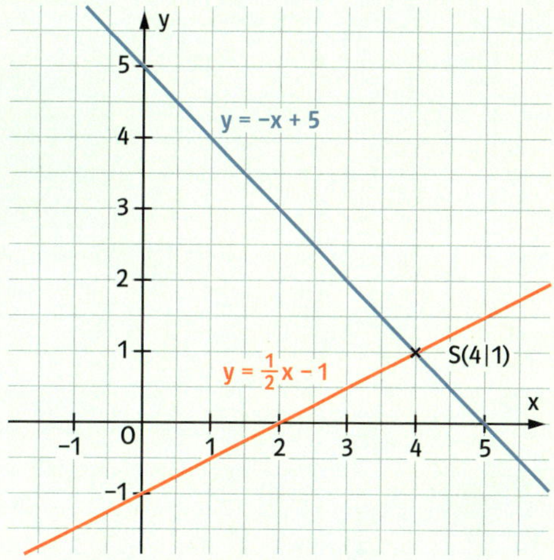

rechnerische Lösungsverfahren

Jedes Zahlenpaar, das beide Gleichungen erfüllt, ist eine Lösung des linearen Gleichungssystems.

Die Lösung besteht aus dem Zahlenpaar (4 ; 1).

Gleichsetzungsverfahren

Man löst beide Gleichungen nach derselben Variablen auf.
Durch Gleichsetzen der Terme erhält man eine Gleichung mit einer Variablen.
Man löst diese Gleichung und setzt die Lösung in eine der Gleichungen ein, um die Lösung für die zweite Variable zu bekommen.

(1) $y = 2x - 1$
(2) $y = -x + 5$
(1) = (2): $2x - 1 = -x + 5$
$x = 2$
Einsetzen in (1) ergibt
$y = 3$
Die Lösung lautet (2 ; 3).

Einsetzungsverfahren

Um aus zwei Gleichungen mit zwei Variablen eine Gleichung mit einer Variablen zu erhalten, kann man auch die eine in die andere Gleichung **einsetzen**. Die Lösung, die man so für die eine Variable erhält, setzt man in eine der Ursprungsgleichungen ein, um die Lösung für die zweite Variable zu erhalten.

(1) $13x + y = 11$
(2) $-8y - 3 = 13x$
(2) in (1): $-8y - 3 + y = 11$
$y = -2$
Einsetzen in (1) oder (2) ergibt
$x = 1$
Die Lösung lautet (1 ; −2).

Additionsverfahren

Man formt beide Gleichungen so um, dass beim Addieren oder **Subtrahieren** beider Gleichungen eine Variable wegfällt. So entsteht eine Gleichung mit einer Variablen.

(1) $3x + 5y = 10$
(2) $4x - 5y = 4$
(1) + (2): $7x = 14$
$x = 2$
$y = 0{,}8$
Die Lösung lautet (2 ; 0,8).

Üben • Anwenden • Nachdenken

? *Hat Firma B einen größeren Umsatzanstieg zu verzeichnen als Firma A?*

Firma A

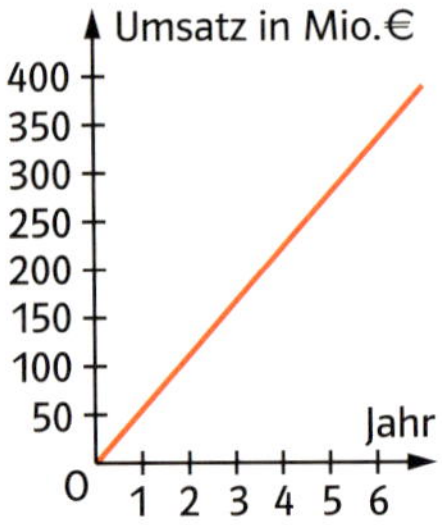

Firma B

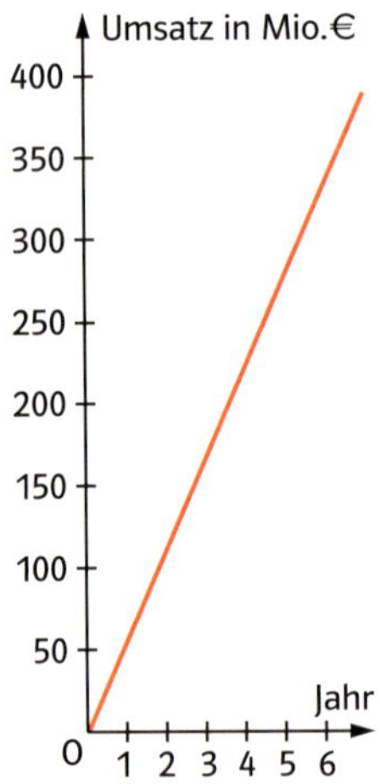

1 Erstellen Sie für das angebotene Obst Tabellen von 0 kg bis 3 kg in 0,5-kg-Schritten und zeichnen Sie die Geraden. Legen Sie die Einheiten auf den Achsen sinnvoll fest.

2 In den Schaubildern ist der durchschnittliche Benzinverbrauch von vier Autos dargestellt.

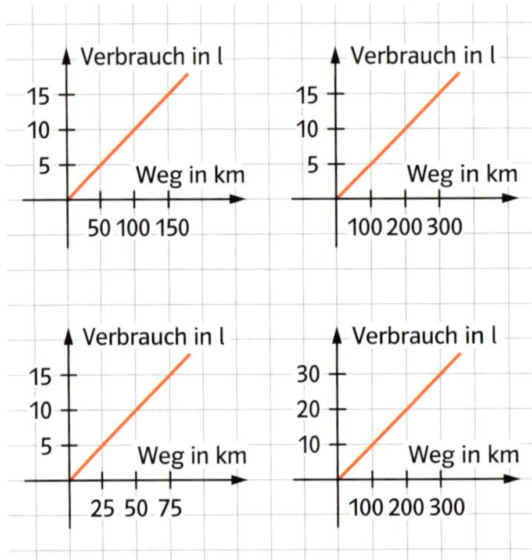

a) Welches Auto hat den höchsten, welches den geringsten Verbrauch?
b) Fassen Sie die vier Schaubilder in einem Koordinatensystem zusammen.

3 Ein Ausgabewert der proportionalen Zuordnung ist falsch. Korrigieren Sie ihn.
a)

Gewicht in g	12	18	30	42
Kosten in €	0,50	0,75	1,20	1,75

b)

Einnahme in €	600	720	990
Anzahl Eintrittskarten	67	80	110

4 Unterschiedliche Materialien mit gleichem Volumen haben meist unterschiedliche Gewichte. An den Geraden können Sie die Unterschiede erkennen.

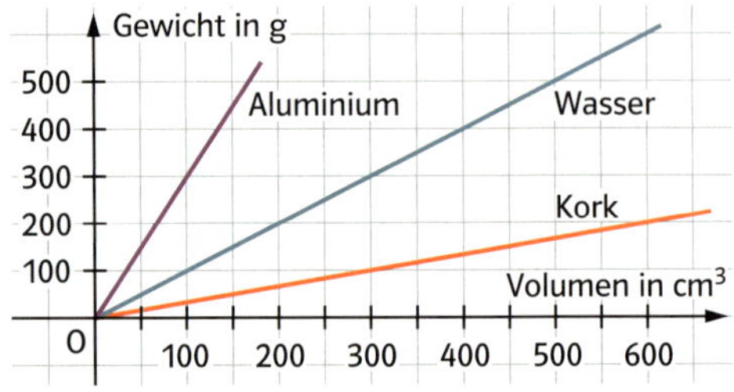

a) Wie viel wiegen 150 cm³ des jeweiligen Materials?
b) Welches Volumen haben die Materialien bei einem Gewicht von 200 g?
c) Wie viel cm³ Kork sind genauso schwer wie 100 cm³ Wasser?

Vorsicht Steigung

Das Verkehrsschild zeigt die Steigung von 13 % an. Das bedeutet, dass die Straße auf 100 m um 13 m steigt.

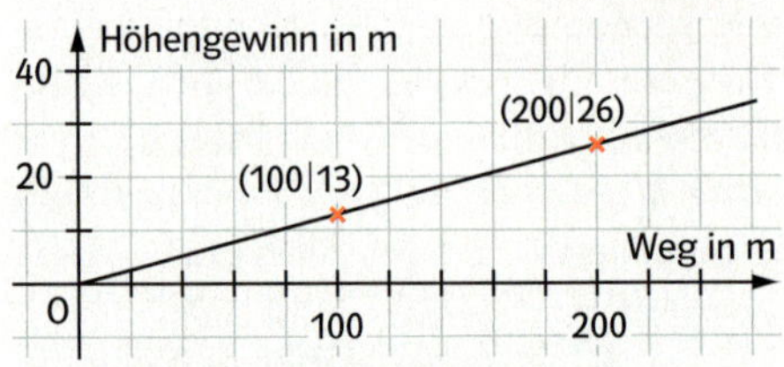

Der Höhengewinn ist also proportional zum horizontalen Weg.

- Wie groß ist der Höhengewinn auf einer Strecke von 2 km; 0,8 km; 7 km; $4\frac{1}{2}$ km; 6,3 km?
- Zeichnen Sie in ein gemeinsames Koordinatensystem die Schaubilder für eine Steigung von 7 %; 10 %; 15 %; 20 %; 30 %.
- Wie steigt eine Gerade bei einer Steigung von 100 %? Was bedeuten 200 %?

5 Das Wertepaar gehört zu einer Ursprungsgerade.
Bestimmen Sie die Geradengleichung.
a) (2 | 7) b) (−5 | −7,5) c) (8,4 | 2,8)

6 a) Die Ursprungsgerade g_1 geht durch drei der 24 markierten Punkte.
Wie heißt die Geradengleichung von g_1?
Nennen Sie weitere Gitterpunkte von g_1.
b) Finden Sie weitere Ursprungsgeraden, die durch mindestens drei Punkte verlaufen.
c) Welche Ursprungsgerade geht durch vier Punkte?
d) Bestimmen Sie die Geradengleichungen sämtlicher Ursprungsgeraden, die durch zwei der 24 Punkte verlaufen.

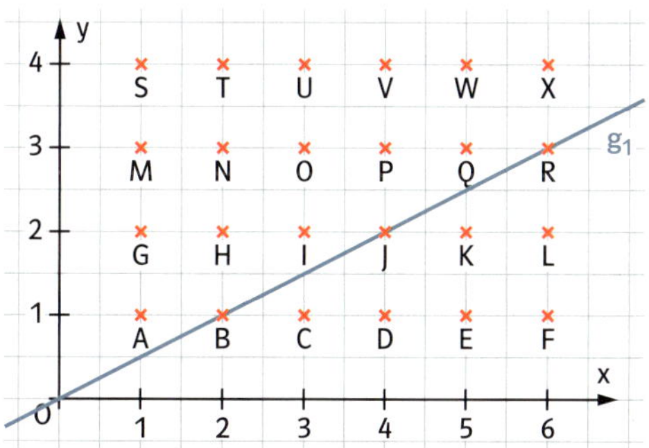

7 In die beiden quaderförmigen Behälter fließt in gleicher Zeit gleich viel Wasser. Die Höhe beider Behälter ist gleich.
Welche Gerade gehört zu welchem Gefäß? Bestimmen Sie die jeweilige Geradengleichung. Machen Sie eine Aussage über die Grundflächen der beiden Quader.

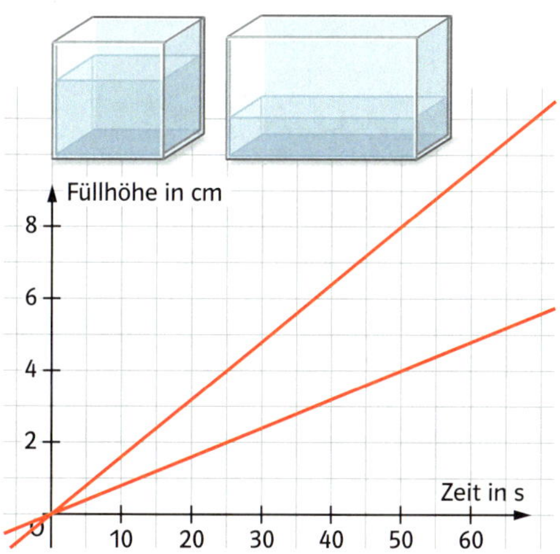

8 a) Ordnen Sie die Gleichungen nach der Eigenschaft:
„Die zugehörige Gerade ist steiler als".
$y = 0{,}2x$ $y = 1{,}2x$ $y = x$
$y = 5x$ $y = \frac{1}{3}x$ $y = \frac{4}{3}x$
b) Ordnen Sie die Gleichungen nach der Eigenschaft:
„Die zugehörige Gerade hat eine geringere Steigung als".
$y = -\frac{2}{3}x$ $y = -2{,}5x$ $y = -0{,}5x$
$y = -\frac{5}{4}x$ $y = -x$ $y = -3x$

9 Vergleichen Sie den Verlauf der beiden Geraden, ohne zu zeichnen.
a) $y_1 = \frac{1}{3}x$ $y_2 = \frac{1}{4}x$
b) $y_1 = -4x$ $y_2 = -6x$
c) $y_1 = -\frac{1}{4}x$ $y_2 = -\frac{1}{5}x$
d) $y_1 = \frac{2}{3}x$ $y_2 = 0{,}6x$
e) $y_1 = \frac{9}{10}x$ $y_2 = \frac{10}{9}x$

10 Welche Punkte liegen auf welcher Geraden?

A (2 | 3)	$y = \frac{1}{2}x$
B (−2 | −1)	$y = -x$
C (5 | 0,5)	$y = 1{,}5x$
D (−2 | 4)	$y = 0{,}1x$
E (−4,5 | 4,5)	$y = \frac{2}{3}x$
F (−3 | −2)	$y = -2x$

11 Beide Punkte liegen auf einer Ursprungsgeraden.
a) S(2 | −3) T(−4 | □)
b) S(−2 | −4) T(1 | □)
c) S(−3 | 1) T(1,5 | □)
d) S(4 | −1) T(6 | □)
e) S(1 | 3) T(□ | 4,5)
f) S(−7 | −3) T(□ | 4,5)

12 Berechnen Sie die fehlende Koordinate der beiden Punkte einer Ursprungsgeraden.
a) A(4 | 6) B(□ | 9)
b) C(5 | 3) D(2,5 | □)
c) E(1 | 9) F(□ | 13,5)
d) G(□ | 7,5) H(−2 | −3)
e) I(8 | −10) K(−6 | □)
f) L(6 | □) M(−4,5 | 7,5)

Mehr oder weniger als 100 % Gefälle?

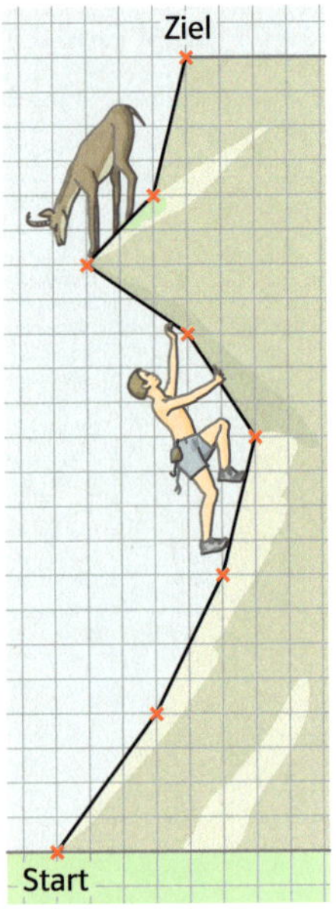

? *Klettermax geht die Wand hoch. Bestimmen Sie die Steigungen der Kletterabschnitte.*

13 Zeichnen Sie die Gerade.

a) $y = 2x + 1{,}5$ b) $y = 1{,}5x$
c) $y = -1{,}5x - 2$ d) $y = -2x$
e) $y = -2x - 1{,}5$ f) $y = -1{,}5x + 2$

14 Ergänzen Sie die fehlenden Werte. Wie heißt die zugehörige Geradengleichung?

a)

x	−2	−1	0	1	2	▢	▢
y	0	1	2	3	▢	▢	▢

b)

x	1	2	3	4	0	−▢	−▢
y	3	5	7	▢	▢	▢	▢

c)

x	3	2	1	0	−1	−2	▢
y	7	2	−1	−2	▢	▢	▢

15 Geben Sie an, in welchem Quadranten sich die Geraden schneiden. Wenn Sie überlegen, können Sie auf eine Zeichnung verzichten.

a) g: $y = 2x + 1$
h: $y = 0{,}5x + 5$
b) g: $y = 0{,}4x + 3$
h: $y = -3x - 2$

16 Das Schaubild zeigt das Streckenprofil der „Tour de France"-Etappe nach L'Alpe-d'Huez.

a) Bestimmen Sie die Steigungen der einzelnen Streckenabschnitte in Prozent.
b) Vergleichen Sie mit der Gesamtsteigung.

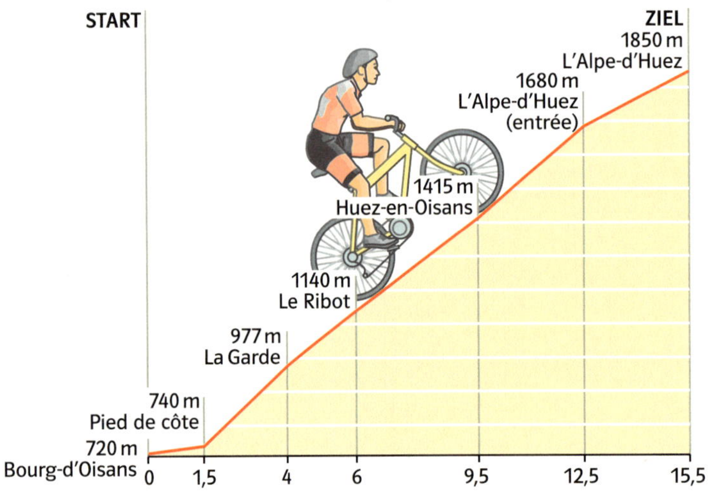

17 Wie lauten die Geradengleichungen?

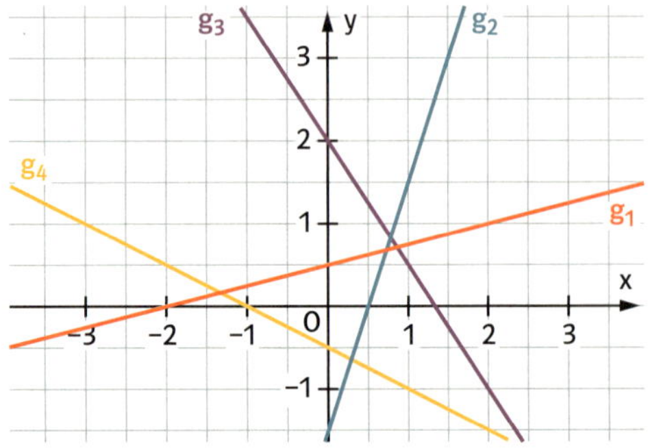

18 Bestimmen Sie die Schnittpunkte mit der x-Achse und mit der y-Achse.

a) $y = -x + 4$ b) $y = -\frac{1}{2}x + 5$
c) $y = 1{,}5x + 3$ d) $y = \frac{1}{4}x - 2$

19 Welcher der Punkte liegt auf welcher Geraden?

P(−1 | −9)	(1) $y = x - 5$
Q(6,5 | 1,5)	(2) $y = -2x + 1$
R(−10 | 0)	(3) $y = 3x - 6$
S(2,5 | −4)	(4) $y = -\frac{2}{5}x - 4$

20 Zeichnen Sie eine Gerade auf ein weißes Blatt Papier. Legen Sie anschließend ein Koordinatensystem an, sodass die Gerade folgende Gleichung hat.

a) $y = x$ b) $y = 2x$ c) $y = x + 1$

21 Zeichnen Sie die Schaubilder der angegebenen Funktionsgleichungen in ein Koordinatensystem. Was stellen Sie fest?

a) $y = \frac{1}{2}x$ b) $y = 3x$
c) $y = -\frac{5}{3}x$ d) $y = -\frac{1}{3}x$
e) $y = -2x$ f) $y = \frac{3}{5}x$

22 Ein Erwachsener und zwei Kinder wollen mit einem Boot einen Fluss überqueren. Das Boot kann höchstens zwei Kinder oder einen Erwachsenen tragen.

a) Wie oft muss das Boot mindestens über den Fluss gerudert werden, bis alle drei Personen auf der anderen Seite angekommen sind?
b) Wie viele Flussüberquerungen braucht man mindestens, wenn 5 Erwachsene und 2 Kinder auf die andere Seite wollen?

Schaubilder erzählen Geschichten

Mit Schaubildern können auch Bewegungsvorgänge veranschaulicht und dargestellt werden.
Das abgebildete Schaubild zeigt Forstmeister Fichte, der vom Waldrand zur Jagdhütte geht, sein Hund Bello rennt dabei deutlich schneller.

- Erklären Sie das Entfernungs-Zeit-Diagramm.

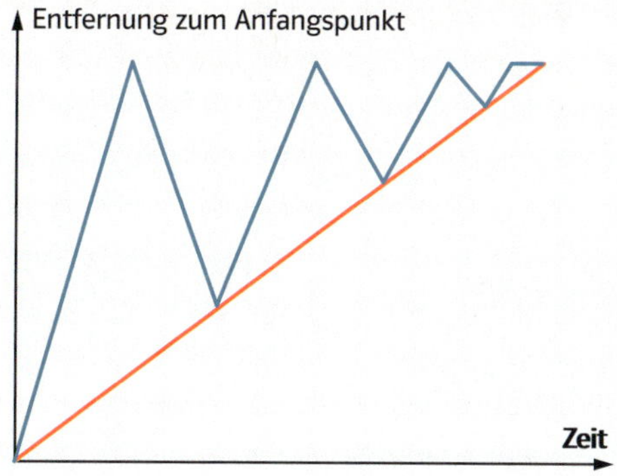

Sarah und Kim trainieren ihre Ausdauer.

- Ordnen Sie die Texte den drei Schaubildern zu und ergänzen Sie jeweils den Text für Kim.

Sarah beginnt mit langsamem Tempo, sprintet dann, bleibt kurz stehen und läuft anschließend gleichmäßig bis zum gemeinsamen Treffpunkt.

Sarah beginnt sehr langsam, sprintet dann, läuft danach etwas langsamer, steigert das Tempo, wird dann wieder langsamer und lässt es am Ende ganz langsam auslaufen.

Sara beginnt mit langsamem Tempo, bleibt kurze Zeit stehen, legt einen Sprint ein und lässt es dann langsam auslaufen.

- Was können Sie aus den Schaubildern noch ablesen?

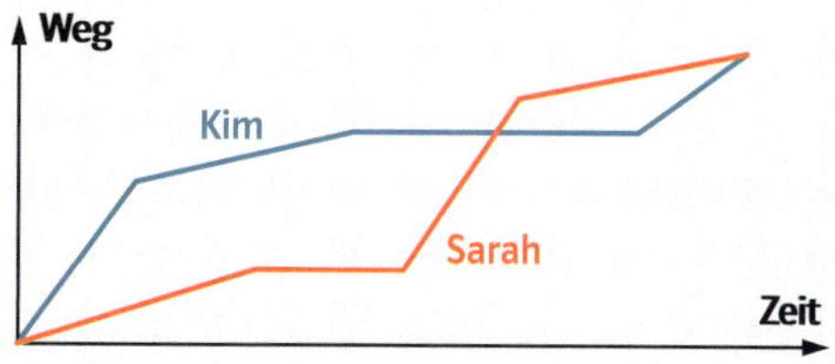

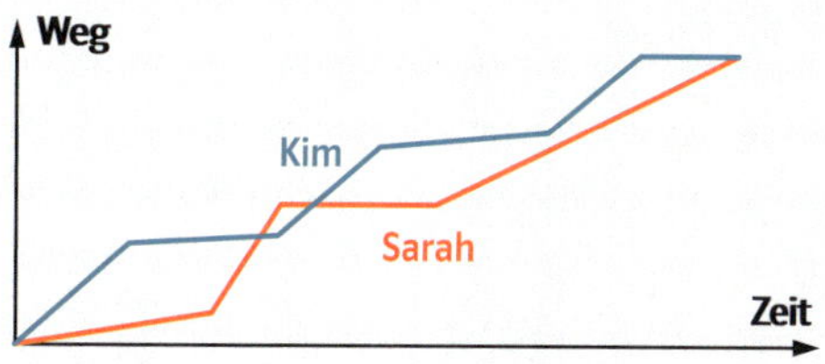

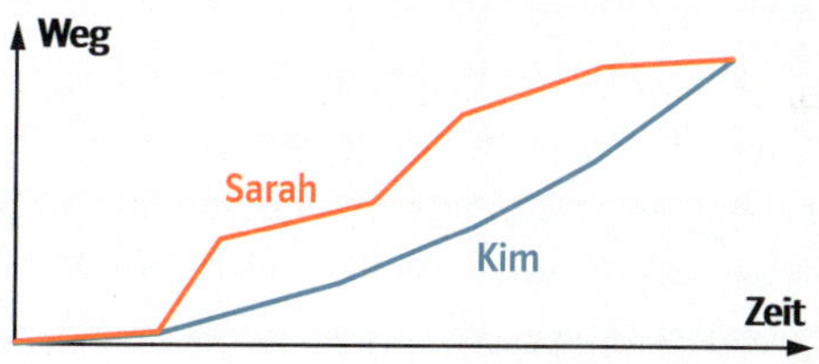

Lars und Mara fahren mit dem Fahrrad zur Schule. Lars fährt zuerst ein kurzes Stück langsam bergauf, kann dann aber ein längeres Stück bergab fahren. Danach verläuft die Straße ganz eben bis zur Ampel, wo Lars ein wenig warten muss. Nach der Ampel folgt das letzte Stück bis zur Schule. Es geht leicht bergauf.
Mara fährt etwas später los. Sie kann aber auch gleich eine größere Strecke bergab fahren. Bis zur Ampel, wo sie Lars trifft, verläuft die Straße dann flach.
Den Rest der Strecke fahren sie zusammen.

- Stellen Sie die Fahrt von Lars und Mara in einem Weg-Zeit-Diagramm dar.

Vergleichen Sie Ihre Ergebnisse. Was können Sie aus den Schaubildern alles ablesen?

Ausgleichsgeraden

In einem Experiment wird die Ausbreitung des Schalls untersucht.
Dazu wird eine Messreihe erfasst und ein Schaubild gezeichnet.

Weg in m	100	200	300	400	500	600	700	800
Zeit in s	0,4	0,5	1,0	1,1	2,0	1,9	2,1	2,3

Die im Koordinatensystem eingetragenen Wertepaare lassen sich durch eine so genannte **Ausgleichsgerade** annähern. Diese setzt man sinnvoller Weise per Augenmaß.
Folgende Orientierungshilfen werden normalerweise beim Zeichnen von Ausgleichsgeraden verwendet:
- Es liegen etwa gleich viele Punkte über wie unter der Geraden.
- Ausreißer werden nicht berücksichtigt.

Da die einzelnen Punkte im Koordinatensystem verstreut liegen, nennt man das Diagramm auch **Streudiagramm**.

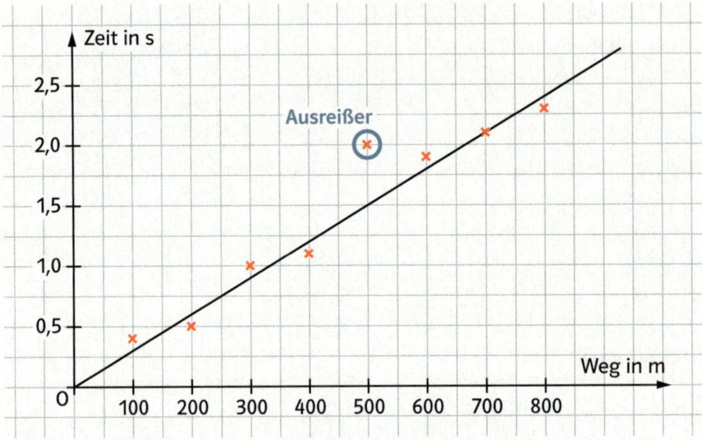

Für das Schallexperiment lässt sich die Gleichung einer Ausgleichsgeraden ablesen: $y = 330 \cdot x$.
Der Schall legt also in einer Sekunde ungefähr 330 m zurück.
Es liegen vier Messwerte unter der Gerade, drei Messwerte oberhalb. Ein Messwert liegt auf der Gerade.
Der Messwert (500 | 2,0) ist ein Ausreißer und wird nicht berücksichtigt.

■ Probieren Sie die Versuchsreihe aus und vergleichen Sie die Werte mit den hier abgedruckten.

Frau Sommer möchte den Durchschnittsverbrauch ihres neuen Wagens bestimmen.
Dazu hat sie folgende Werte festgehalten.

gefahrene km	380	425	295	350	410	365
Liter	27,0	31,5	21,0	24,5	29,5	26,0

■ Erstellen Sie ein Schaubild und tragen Sie eine Ausgleichsgerade ein. Geben Sie die Geradengleichung an.

■ Berechnen Sie mit dieser Gleichung den Durchschnittsverbrauch für 100 km.

■ Wie weit kann Frau Sommer mit einer Tankfüllung (36 l) voraussichtlich fahren?

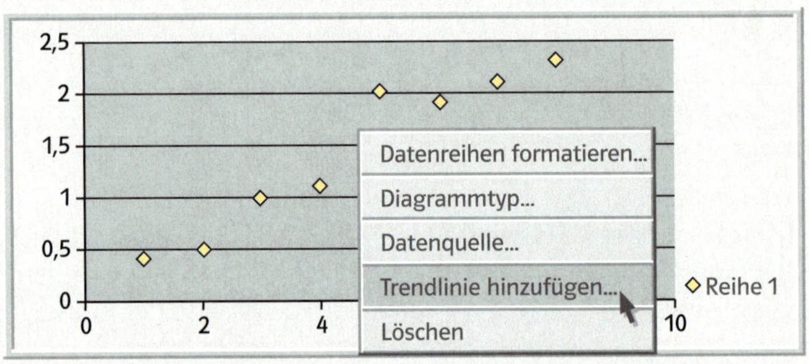

Mit einem Tabellenkalkulationsprogramm lässt sich die Gleichung der Ausgleichsgeraden bestimmen.
1. aus Datenreihen Punktdiagramm erstellen
2. Punkte im Diagramm mit rechter Maustaste anklicken
3. Trendlinie hinzufügen (linear)
4. Trendlinie mit rechter Maustaste anklicken, formatieren
5. Optionen, Gleichung im Diagramm darstellen

23 Lösen Sie das Gleichungssystem. Überlegen Sie sich vorher, welches Verfahren am besten geeignet ist.

a) $y = 2x + 1$
$y = -x + 10$

b) $2x - y = 4$
$3x + y = 1$

c) $y = 3x - 15$
$2y = x + 10$

d) $3y + x = -1$
$y = x + 3$

e) $y + 3x = 7$
$x = y - 3$

f) $2x - 3 = y$
$3x + 2 = 2y$

g) $13x - 2y = 20$
$2x + y = 7$

h) $2x + 1 = 3y$
$4x - 5y = 0$

i) $2x + 3y = 0$
$x = 4y - 11$

k) $3x + 4y = 21$
$2x + 2y = 13$

l) $3x + 5y = -30$
$5x - 3y = 120$

m) $x + 2y = 2$
$9x + 14y = 64$

24 Lösen Sie das Gleichungssystem zeichnerisch und überprüfen Sie Ihre Lösung durch Rechnung.

a) $y = 2x - 4$
$y = -3x + 6$

b) $y = \frac{1}{2}x - 2$
$y = -2x + 3$

c) $y = -\frac{3}{2}x + 3$
$y = \frac{1}{2}x - 5$

d) $y = -\frac{2}{5}x - \frac{4}{5}$
$y = -\frac{5}{2}x + 5{,}5$

e) $y + 2x + 6 = 0$
$y - x + 3 = 0$

f) $2x - y = 7$
$5x + 2y = 10$

25 Lösen Sie rechnerisch. Formen Sie geschickt um.

a) $\frac{1}{2}x - 2 = \frac{1}{4}y$
$\frac{1}{3}x + 6 = 2y$

b) $\frac{1}{3}x + 3y = 29$
$3x - \frac{1}{5}y = -11$

c) $3y + 5x + 57 - 7x = 3x - 11y - 23$
$4y + 9x - y - 20 = 5x - 11 - 8x$

d) $10 + (4x - 3) + (y + 9) = 2x + (3y - 16) + 19$
$6x + 2 + (2y - 20) = (18x - 3) + (18 - y) - 3$

e) $2(y - 2) = 4(x - 3)$
$3(y + 4) = 4(x + 1)$

f) $9(x - y + 1) = 0$
$10x + y = 4(x + y) + 3$

26 Stellen Sie durch Zeichnung und Rechnung fest, ob das Gleichungssystem eine, keine oder unendlich viele Lösungen hat.

a) $y = 3x - 4$
$y = 3x + 1$

b) $y = \frac{1}{2}x - 3$
$y = -\frac{1}{2}x + 3$

c) $2x + 3y = 9$
$y = -\frac{2}{3}x + 3$

d) $y = \frac{2}{5}x + 4$
$y = -\frac{2}{5}x + 4$

e) $2y = 3x - 5$
$y = \frac{3}{2}x + 1$

f) $8x - 6y + 12 = 0$
$-3y + 6 + 4x = 0$

g) $2x + 3y - 4 = 3x + 4y - 5$
$2y - 5x - 2 = -2x + 5y - 5$

27 Arbeiten Sie besonders sorgfältig.

a) $3(14 - 5x) - 2y = y + 3$
$2(9 - 2x) - y = y + 4$

b) $34 - 4(x + y) = 10 - x - y$
$41 - 8(y - x) = 5 - x - y$

c) $3(4x - y) - 2(3x - 1) = -13$
$-2(3y - x) - 5(x - 2y) = 10$

d) $(x + 5)(y + 2) = xy + 130$
$(x + 3)(y - 2) = xy + 14$

e) $(2x - 1)(3y - 5) = (2x - 3)(3y - 1)$
$3(5x - 2) = 2(5y - 4) + 2$

f) $(x + 3)(y - 4) + 3 = x(y - 2)$
$(2x + 5)(y - 1) + 10 = 2y(x + 3) - 6$

28 Achten Sie auf die Brüche.

a) $\frac{x}{3} + \frac{y}{5} = 260$
$5x - 3y = 150$

b) $\frac{2x}{7} - \frac{3y}{5} = 5$
$\frac{x}{5} + \frac{2y}{25} = 1$

c) $x - y = 37$
$\frac{x - 1}{y} = 3$

d) $x + y = 45$
$\frac{x}{y} = \frac{2}{3}$

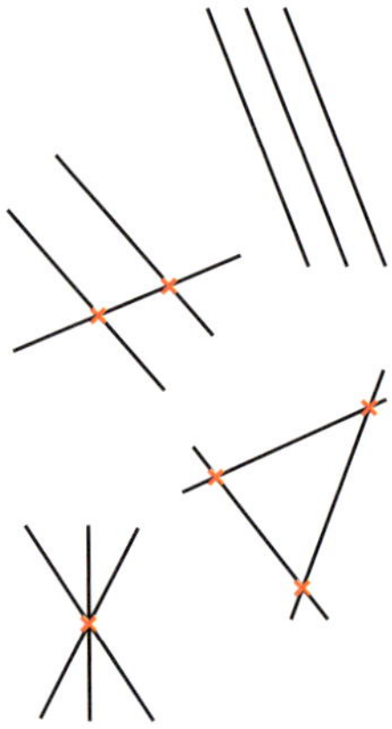

29 Drei verschiedene Geraden können keinen, einen, zwei oder drei Schnittpunkte haben. Zeichnen Sie und stellen Sie fest, welcher der vier Fälle vorliegt.
Bestätigen Sie Ihr Ergebnis durch Rechnung, indem Sie die drei möglichen Gleichungssysteme untersuchen.

a) $y = 2x - 2$
$y = -x + 4$
$y = \frac{1}{2}x + 1$

b) $y = \frac{1}{2}x + 3$
$y = \frac{1}{2}x - 2$
$y = \frac{1}{2}x$

c) $y = -\frac{2}{3}x + 8$
$y = \frac{3}{5}x + \frac{2}{5}$
$y = \frac{5}{2}x - \frac{3}{2}$

d) $2y = 3x + 4$
$3y = -\frac{3}{2}x + 12$
$4y = 6x - 8$

e) Berechnen Sie bei den Dreiecken Umfang und Flächeninhalt. Messen Sie die notwendigen Größen.

30 Entnehmen Sie der Zeichnung die Gleichungen der parallelen Geraden.
Übertragen Sie die Schaubilder in Ihr Heft und lesen Sie die Schnittpunktkoordinaten auf eine Nachkommaziffer genau ab.

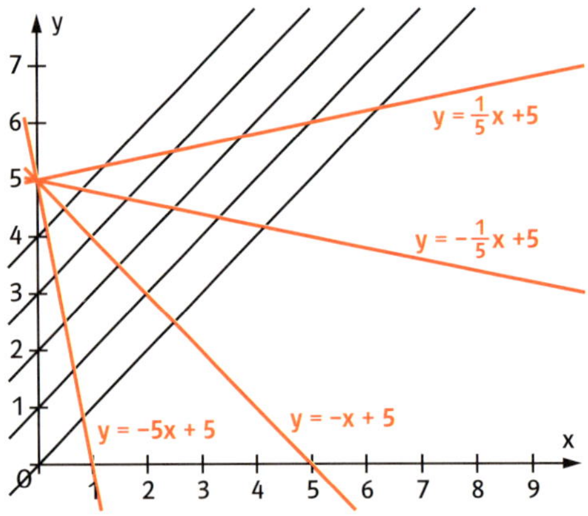

Überprüfen Sie durch Rechnung.

31 Kleine Ursache – große Wirkung
Lösen Sie beide Gleichungssysteme rechnerisch.

$123x - 124y = 61$
$248x - 250y = 123$

$123{,}01x - 124y = 61$
$248x - 250y = 123$

Vergleichen Sie die Ergebnisse. In welchen Quadranten liegen die Schnittpunkte?

32 Erfinden Sie einen Text, der zu dem Gleichungssystem passt. Lösen Sie das Gleichungssystem rechnerisch und überprüfen Sie die Lösung an Ihrem Text.

a) $x - y = 5$
$x + y = 5$

b) $3x + 4y = 36$
$x + y = 10$

33 Bilden Sie aus den vorgegebenen Gleichungen je zwei Gleichungssysteme mit einer Lösung, mit keiner Lösung und mit unendlich vielen Lösungen.
Zeichnen und rechnen Sie.

$y = -\frac{1}{2}x + 5$

$y = \frac{1}{2}x + 5$

$y = -5x + 2$

$2x + 4y - 20 = 0$

$y = \frac{1}{5}x - 3$

$4x - 2y - 10 = 0$

$2x - y = 0$

$x - y - 5 = 0$

$y = -2x - 5$

$5y - 2 = x$

$2y = x + 10$

$5x - 2 = y$

34 Konstruieren Sie das Dreieck.
a) Eine Seite ist 10 cm lang. Die beiden anderen Seiten sind zusammen 12 cm lang, eine davon ist 5 cm länger als die andere.
b) Der Umfang des Dreiecks beträgt 18 cm. Die längste Seite ist 7 cm lang. Die beiden anderen unterscheiden sich um 1 cm in der Länge.

35 Legt man vier kongruente gleichschenklige Dreiecke zu einem großen Dreieck zusammen, so hat dies 46 cm Umfang. Legt man sie zu einem Parallelogramm zusammen, ist der Umfang 38 cm.
Wie lang sind die Seiten des Dreiecks?

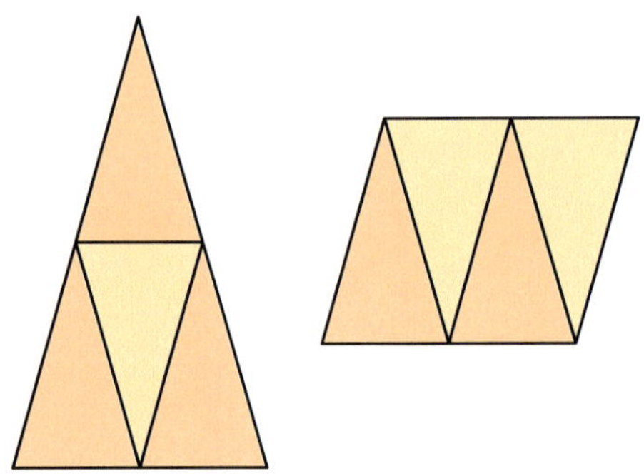

36 In einem Basketballspiel der NBA hat Dirk Nowitzki in einem Spiel 43 Punkte erzielt. Neun Punkte davon waren Freiwürfe. Freiwürfe zählen einen Punkt, aus dem Spiel heraus gibt es zwei oder drei Punkte, das ist von der Wurfentfernung abhängig. Wie viele Dreier hatte Nowitzki in diesem Spiel, wenn er die Feldpunkte mit 15 Würfen erreicht hat?

37 Sarah arbeitet am Wochenende in einem Café als Kellnerin. Sie arbeitet täglich sechs Stunden. Der Cafébesitzer macht ihr zwei verschiedene Angebote. Entweder erhält sie 8 € pro Stunde und 5 % vom Umsatz oder 5 € pro Stunde und 8 % vom Umsatz. Beurteilen Sie die beiden Angebote.

38 Der Elektroladen bietet Glühlampen und Energiesparleuchten an.

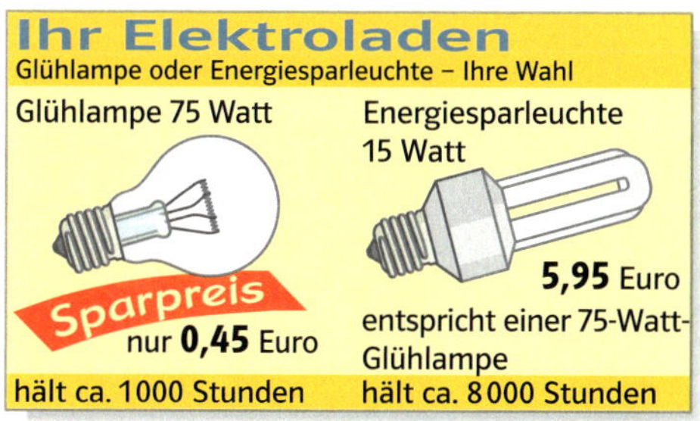

a) Stellen Sie für die Gesamtkosten der beiden Angebote zwei Gleichungen auf. Grundlage ist ein Preis von 0,19 € pro kWh.
b) Für welche Einschaltdauer sind die Gesamtkosten für beide Angebote gleich?
c) Stellen Sie in einem Schaubild die Gesamtkosten der Glühlampe und der Energiesparleuchte im Vergleich dar. Überlegen Sie sich eine günstige Einteilung der Achsen. Was können Sie aus dem Schaubild ablesen?
d) Tim behauptet: Eine Energiesparleuchte ist 13-mal teurer als eine Glühlampe und brennt nur 8-mal länger, man spart also überhaupt nichts. Was meinen Sie?
e) Wählen Sie in Ihrer Wohnung eine Glühlampe und überschlagen Sie, wie lange sie im Jahr brennt. Ermitteln Sie die Ersparnis in Prozent, wenn sie durch eine Energiesparleuchte ersetzt wird.

Geradengleichung aus zwei Punkten

Mithilfe der Koordinaten zweier Punkte einer Geraden kann man deren Gleichung bestimmen.
Wenn man die Koordinaten der Punkte P und Q in die Geradengleichung $y = m \cdot x + b$ einsetzt, erhält man ein lineares Gleichungssystem mit den Variablen m und b.

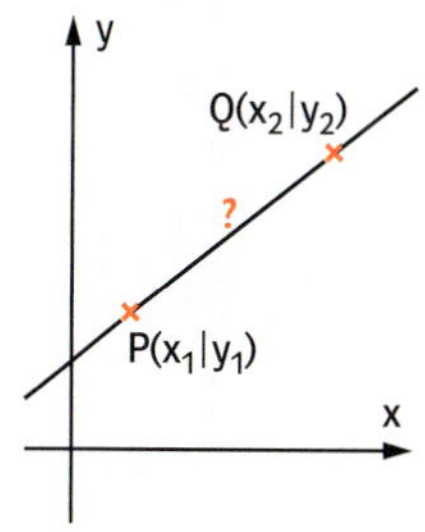

Beispiel: P(2 | 2) und Q(4 | 3)
P(2 | 2) ergibt: (1) $2 = 2m + b$
Q(4 | 3) ergibt: (2) $3 = 4m + b$
Man erhält $m = \frac{1}{2}$ und $b = 1$.
Damit ergibt sich die Gleichung der Geraden: $y = \frac{1}{2}x + 1$.

■ Finden Sie die Gleichung der Geraden, die durch P und Q verläuft.
P(1 | 2) und Q(5 | 6)
P(3 | 4) und Q(6 | 1)
P(−1 | 2) und Q(3 | 7)

■ Prüfen Sie, ohne zu zeichnen, ob der Punkt Q auf der Geraden liegt, die durch P und R verläuft.
P(2 | 3); Q(3 | 4) und R(5 | 7)
P(1 | 5); Q(3 | 3) und R(5 | 1)

Mit der Formel $\frac{y - y_1}{x - x_1} = \frac{y_2 - y_1}{x_2 - x_1}$
kann man schnell die Gleichung einer Geraden mithilfe der Koordinaten zweier Punkte bestimmen. Man bezeichnet dies als **Zwei-Punkte-Form** der Geradengleichung.
Jeder der beiden Terme der Gleichung kann als Steigung der Geraden interpretiert werden.

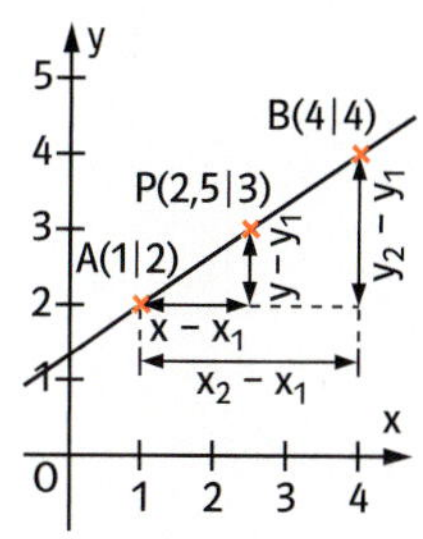

■ Bestimmen Sie mit der Zwei-Punkte-Form zunächst die Steigung m und anschließend die Gleichung der Geraden, die durch die Punkte P und Q verläuft.
P(1 | 2); Q(5 | 4)
P(2 | 4); Q(4 | 2)
P(−1,5 | −1,5); Q(6 | 1)
Formen Sie die Gleichung um in die Form $y = m \cdot x + b$.

Rückspiegel | Geraden

1 Erstellen Sie eine Wertetabelle und zeichnen Sie die Gerade.

a) $y = 2{,}5x$　　b) $y = -2x - 1$

c) $y = 0{,}4x + 1{,}5$　　d) $y = -\frac{3}{5}x + 0{,}8$

2 Gehört die Gleichung zu einer Geraden, zu einer Ursprungsgeraden oder keiner von beiden? Begründen Sie.

a) $y = -\frac{2}{3}x - 4$　　b) $y = 3x$

c) $y = 2$　　d) $y = x^2 - 5x$

3 Bestimmen Sie die Geradengleichung.

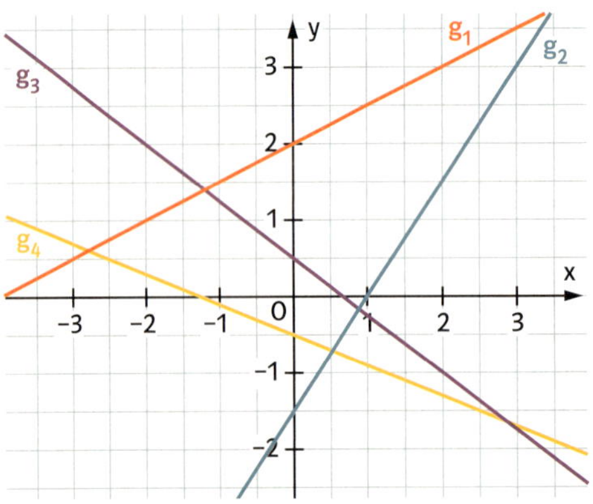

4 Zeichnen Sie die Gerade.

a) $y = \frac{4}{5}x + 2$　　b) $y = -\frac{7}{4}x - 0{,}5$

5 Beide Punkte liegen auf einer Ursprungsgeraden.
Bestimmen Sie die fehlende Koordinate.

a) P(2 | 1,5)　　b) V(−2 | 4)　　c) S(2 | 0,5)
Q(4 | ▢)　　W(−1,5 | ▢)　　T(5 | ▢)

6 Geben Sie die Gleichung einer Geraden an, die den 3. Quadranten nicht trifft.

7 Bambusarten wachsen sehr schnell, nämlich bis zu 40 cm täglich.

a) Welche Höhe hat eine ursprünglich 2 m hohe Pflanze nach 5 Tagen erreicht?

b) Stellen Sie eine Geradengleichung auf.

c) Zeichnen Sie ein geeignetes Schaubild und lesen Sie ab, nach welcher Zeit die Pflanze die Höhe von 10 m überschreitet.

1 Erstellen Sie eine Wertetabelle und zeichnen Sie die Gerade.

a) $y = -\frac{3}{2}x$　　b) $y = -\frac{2}{3}x - 1{,}5$

c) $y = x^2 - 2{,}5$　　d) $y = 4 - \frac{x}{2}$

2 Wie heißt die zugehörige Geradengleichung?

x	−3	−2	−1	0	1	2	3
y	−6,5	−4	−1,5	1	3,5	6	8,5

3 Bestimmen Sie die Geradengleichung.

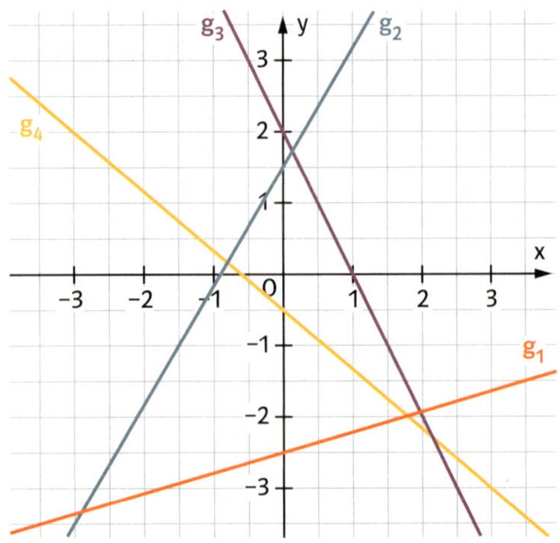

4 Die Gerade geht durch den Punkt P(2 | −1) und hat die Steigung $m = -1{,}5$. Zeichnen Sie die Gerade ins Koordinatensystem. Wie heißt die Geradengleichung?

5 Beide Punkte liegen auf einer Geraden. Bestimmen Sie die Gleichung.

a) P(0 | 1)　　b) V(3 | 0)　　c) S(6 | 1)
Q(3 | 4)　　W(−3 | 6)　　T(−4 | −4)

6 Ein zylinderförmiges Wasserfass ist bis zur Höhe von 15 cm gefüllt.

a) Durch einen gleichmäßigen Wasserzufluss steigt das Wasser in 3 Stunden um 75 cm. Erstellen Sie eine Geradengleichung.

b) Das Fass war anfangs zu 12,5 % gefüllt. Nach welcher Zeit läuft das Fass bei konstantem Wasserzufluss über?

Rückspiegel | Lineare Gleichungssysteme

1 Lösen Sie das Gleichungssystem. Zeichnen Sie.

a) $y = -3x + 7$
$y = -\frac{1}{3}x - 1$

b) $y = -\frac{1}{2}x + 4$
$y = x - 2$

2 Formen Sie die Gleichungen um und lösen Sie das Gleichungssystem zeichnerisch.

a) $y + \frac{1}{2}x = 5$
$y + 1 = x$

b) $3y - 9x = 9$
$x - 2y = 4$

3 Lösen Sie das Gleichungssystem rechnerisch. Wählen Sie ein geeignetes Verfahren.

a) $y = -x + 5$
$y = 2x - 1$

b) $2x - 3y = 4$
$4x + 3y = 2$

4 Lösen Sie das Gleichungssystem. Rechnen Sie.

a) $2x + 1 = 6y$
$x - 2y = 1$

b) $4x + 5y = 31$
$22 = 4x + 2y$

c) $4(x + 2) = 3(y + 2)$
$5(x + 5) = 4(y + 5)$

5 Die Gerade g geht durch die Punkte P(0 | 2) und Q(1 | 3), die Gerade h durch R(0 | 5) und S(1 | 4,5).
Bestimmen Sie die Gleichungen der beiden Geraden und berechnen Sie die Koordinaten ihres Schnittpunkts.

6 Stellen Sie das Gleichungssystem grafisch dar und geben Sie an, ob es eine oder keine Lösung hat.

a) $y = \frac{2}{3}x - 3$
$y = \frac{2}{3}x + 3$

b) $y = \frac{3}{4}x - 1$
$y = \frac{4}{3}x - 1$

7 Familie Mann will sich ein Wohnmobil leihen. Sie bekommt zwei Angebote:

A: Grundgebühr 120 € und
für jeden Tag der Nutzung 25 €.

B: Grundgebühr 100 € und
für jeden Tag der Nutzung 30 €.

Was muss die Familie berücksichtigen und wofür soll sie sich dann entscheiden?

1 Lösen Sie das Gleichungssystem. Zeichnen Sie.

a) $y = \frac{4}{3}x - 2$
$y = -\frac{2}{3}x + 4$

b) $y = -\frac{3}{4}x + 3$
$y = \frac{5}{4}x - 1$

2 Formen Sie die Gleichungen um und lösen Sie das Gleichungssystem zeichnerisch.

a) $y - \frac{1}{2}x - 1 = 0$
$2y + 6x - 16 = 0$

b) $2x + 5y = -4$
$5x + 2y = 11$

3 Lösen Sie das Gleichungssystem rechnerisch. Wählen Sie ein geeignetes Verfahren.

a) $6y = 5x + 17$
$4 - 8x = 6y$

b) $2x + 3y - 12 = 0$
$6x - 3y + 12 = 0$

4 Lösen Sie das Gleichungssystem. Rechnen Sie.

a) $4x + 5y = 2$
$7x + 5y = 11$

b) $5x + 8y = 248$
$8x + 5y = 272$

c) $3(x + 7) - 2(y + 7) = 0$
$4(x + 21) - 3(y + 20) = 0$

5 Die Punkte P(0 | 2) und Q(3 | 3) liegen auf der Geraden g, die Punkte R(0 | 4) und S(4 | 0) auf der Geraden h.
Wie heißen die Gleichungen der beiden Geraden? Bestimmen Sie zeichnerisch und rechnerisch ihren Schnittpunkt.

6 Prüfen Sie durch Rechnung, wie viele Lösungen das Gleichungssystem hat. Begründen Sie mithilfe des Schaubildes.

a) $3x - y = 4$
$2y + 8 = 6x$

b) $2x + 5y - 5 = 0$
$5y + 2x + 5 = 0$

7 Familie Munz liegen zwei Angebote für die Stromversorgung vor.

Tarif A: Grundgebühr 45,50 €
Kosten pro kWh 16,5 ct

Tarif B: Grundgebühr 75,25 €
Kosten pro kWh 15,5 ct

Für welchen Tarif soll sich Familie Munz entscheiden?
Welche Bedingungen sollen bei der Entscheidung berücksichtigt werden?

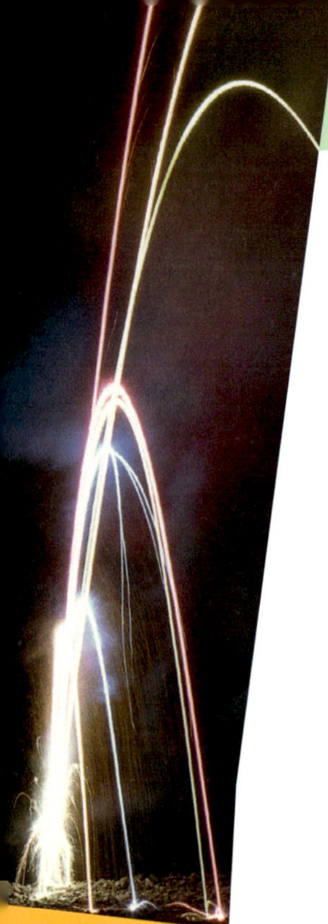

Spiel-Felder

Beachvolleyball

Maren, Jasmin, Tobias und Jan markieren am Strand ein Beachvolleyballfeld. Die beiden Spielfeldhälften sind quadratisch und haben eine Gesamtfläche von $72\,m^2$.

Wie lang und wie breit ist das gesamte Feld?

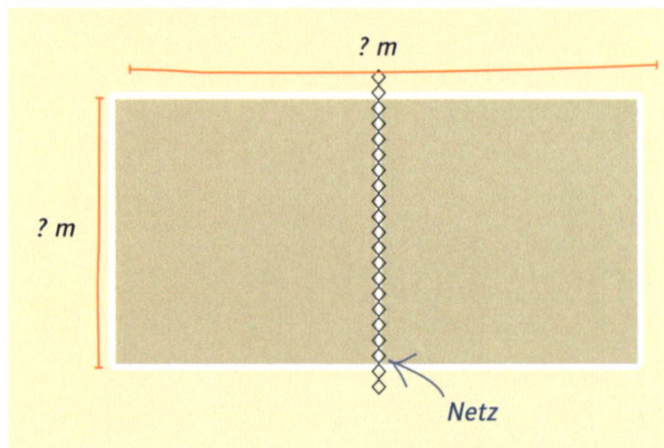

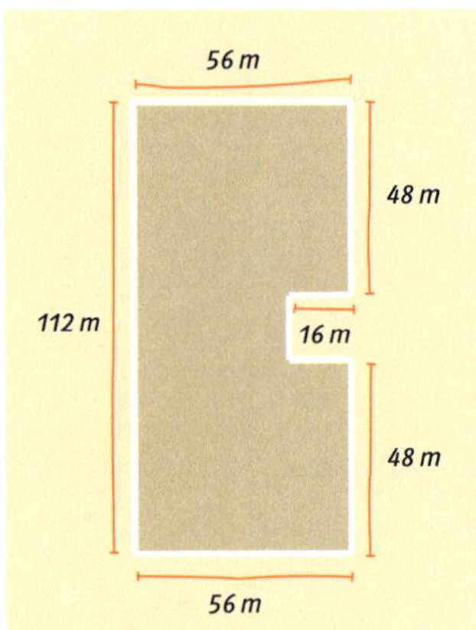

Bei einer Beachvolleyballmeisterschaft wurden zwölf Felder markiert. Die Gesamtfläche aller Spielfelder beträgt $1536\,m^2$. Daraus können Sie die Spielfeldmaße bestimmen.

Wie können die Felder angeordnet werden, wenn das Gelände den links oben abgebildeten Grundriss hat? Zwischen den einzelnen Spielfeldern und zum Rand hin muss stets eine Spielfeldbreite Platz bleiben.

Markieren Sie in ca. 8 cm Entfernung vom unteren Blattrand etwa in der Blattmitte einen Punkt P. Falten Sie dann das Blatt so, dass die untere Blattkante durch den Punkt P verläuft. Wiederholen Sie das Falten mit unterschiedlichen Neigungen etwa 10-mal.

- Zeichnen Sie die Faltkanten mit dem Stift nach.
- Beschreiben Sie den Verlauf der Linien. Was fällt Ihnen auf?

Nehmen Sie ein zweites Blatt und legen dort ebenso einen Punkt in der Mitte, aber nun 3 cm von der unteren Blattkante entfernt, fest. Wiederholen Sie das Falten wie beschrieben.

- Zeichnen Sie die Faltlinien nach und vergleichen diese mit Ihrem ersten Ergebnis.

Faltlinien aus dem ersten Ergebnis

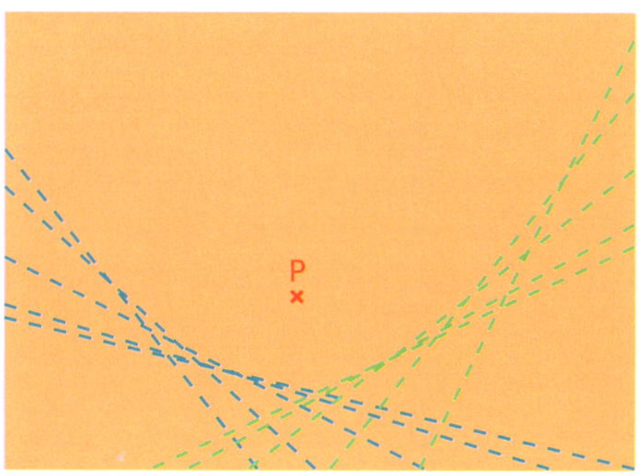

In diesem Kapitel lernen Sie,

- was eine Normalparabel ist,
- dass es Parabeln verschiedener Form und Lage gibt,
- wie man die Nullstellen von Parabeln bestimmen kann,
- wie man quadratische Gleichungen rechnerisch lösen kann,
- wie sich die Koordinaten der Schnittpunkte von Parabeln und Geraden rechnerisch ermitteln lassen,
- wie man mithilfe von Parabeln und quadratischen Gleichungen modelliert.

1 Die Parabel mit der Gleichung $y = x^2 + c$

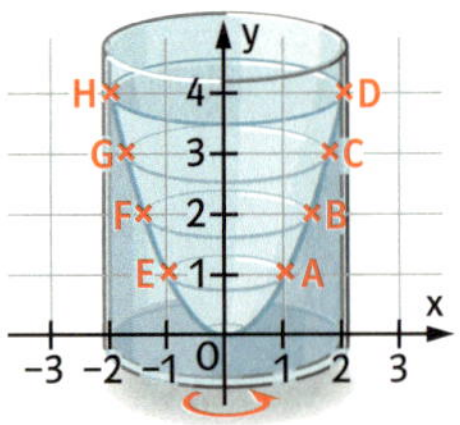

Ein Becherglas wird um seine Achse gedreht. Das Wasser bildet eine rotierende Fläche. Ihre Schnittfigur mit der x-y-Ebene ist eine charakteristische Kurve.

→ Lesen Sie die Koordinaten der Punkte A, B, C, D, E, F, G, und H in dem hinterlegten Koordinatensystem ab.

Viele Bogenformen in Architektur und Technik lassen sich mithilfe von Gleichungen beschreiben. Dabei kommt die Variable x im Quadrat vor wie z. B. in $y = x^2$. Man spricht deshalb von einer quadratischen Gleichung.

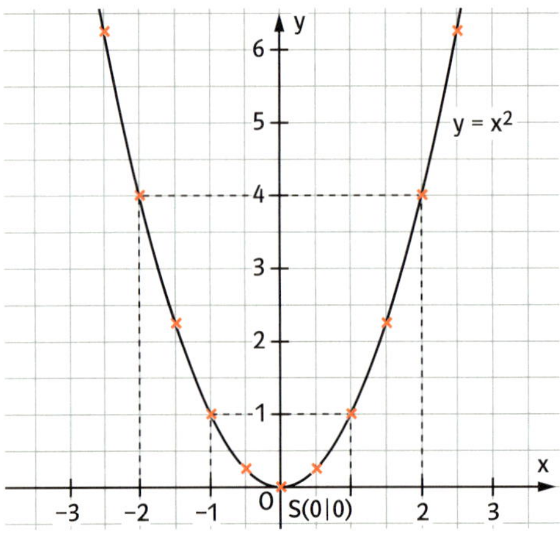

Zum Zeichnen des Schaubildes von $y = x^2$ wird eine Wertetabelle für den Bereich $-3 \leqq x \leqq 3$ mit der Schrittweite 0,5 erstellt:

x	−3	−2,5	−2	−1,5	−1	−0,5	0
y	9	6,25	4	2,25	1	0,25	0

x	0,5	1	1,5	2	2,5	3
y	0,25	1	2,25	4	6,25	9

Den tiefsten Punkt S(0 | 0) dieser **Normalparabel** bezeichnet man als **Scheitel S**.
Die x-Werte 2 und −2 zum Beispiel haben denselben y-Wert 4. Da für andere x-Werte Ähnliches gilt, ist die Normalparabel achsensymmetrisch zur y-Achse.

Die einfachste **quadratische Gleichung** hat die Form $\mathbf{y = x^2}$.
Ihr Schaubild heißt **Normalparabel**.

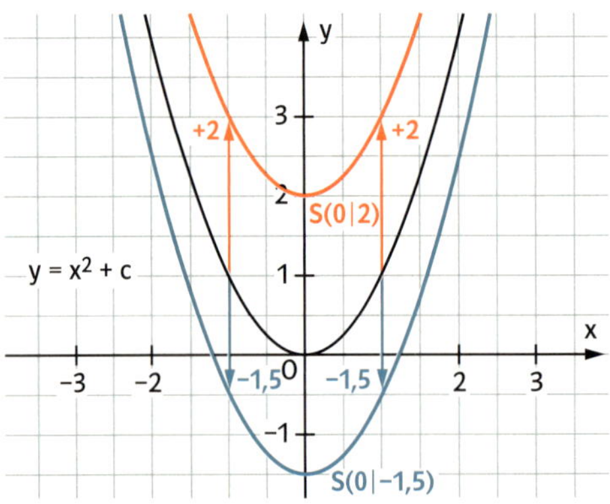

Addiert man zu den y-Werten der Normalparabel einen festen Summanden c, so verschiebt sich das Schaubild in y-Richtung. Die Form bleibt erhalten.
So entstehen die Schaubilder der Gleichungen $\mathbf{y = x^2 + c}$ aus der Normalparabel durch Verschiebung in y-Richtung. Der Summand **c** gibt dabei die Länge und die Richtung der Verschiebung an:
$c > 0$ Verschiebung nach oben, $c < 0$ Verschiebung nach unten. Der Scheitel hat dann die Koordinaten **S(0 | c)**.

Das Schaubild der Gleichung $\mathbf{y = x^2 + c}$ entsteht aus der Normalparabel durch Verschiebung in y-Richtung. Der Scheitel hat die Koordinaten **S(0 | c)**.

Aufgaben

1 Stellen Sie eine Parabelschablone her. Zeichnen Sie dazu die Normalparabel möglichst genau auf Millimeterpapier. Wählen Sie das Intervall $-3 \leqq x \leqq 3$ und die Schrittweite 0,2.
Kleben Sie das Schaubild auf Karton und schneiden Sie die Parabel aus.

2 Untersuchen Sie das Schaubild der Parabel $y = x^2$ im Intervall $-1 \leqq x \leqq 1$. Eine Einheit soll 10 cm betragen.

3 Entscheiden und begründen Sie, ob eine Gerade oder eine Parabel vorliegt.
a) $y = 2x$ b) $y = x^2 + 2$
c) $y = -x + \left(\frac{1}{2}\right)^2$ d) $y = x^2 + 0{,}5$
e) $y = 3x + 2^2$ f) $y = 3x^2 + 2$

4 Welche Punkte liegen nicht auf der Normalparabel?
$A(1|1)$ $B(1|-1)$ $C(-1|1)$
$D(2|-2)$ $E(0{,}5|0{,}5)$ $F(-2|4)$
$G(1{,}5|3)$ $H(-1{,}5|-2{,}25)$ $I(2{,}5|6{,}25)$

5 Liegt der Punkt P auf der Normalparabel, oberhalb oder unterhalb der Kurve? Lösen Sie zunächst ohne Zeichnung und überprüfen Sie dann Ihr Ergebnis mit dem Graphen.
a) $P(3{,}5|12{,}25)$ b) $P(-2{,}4|5{,}76)$
c) $P(1{,}4|2{,}1)$ d) $P(0{,}9|1{,}0)$
e) $P(-0{,}4|0{,}4)$ f) $P(-1{,}8|3{,}6)$

6 Geben Sie die Gleichungen der Parabeln an.

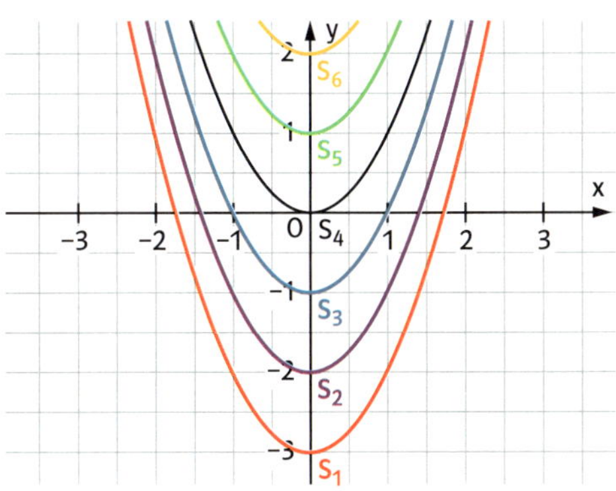

7 Die Punkte liegen auf der Normalparabel. Wie lautet die fehlende Koordinate?
a) $P_1(6|\square)$ b) $P_3(1{,}2|\square)$
$P_2(1{,}2|\square)$ $P_4(0{,}8|\square)$
c) $P_5(-0{,}5|\square)$ d) $P_7(-3{,}5|\square)$
$P_6(0{,}1|\square)$ $P_8(2{,}9|\square)$
e) $P_9(\square|1{,}69)$ f) $P_{11}(\square|6)$
$P_{10}(\square|10)$ $P_{12}(\square|3)$

8 Zeichnen Sie das Schaubild.
a) $y = x^2 + 2$ b) $y = x^2 - 3$
c) $y = x^2 + 1{,}6$ d) $y = x^2 - 4{,}2$
e) $y = 5 + x^2$ f) $y = x^2 + \frac{13}{4}$

9 Wie heißt die Gleichung der verschobenen Normalparabel?
a) $S(0|5)$ b) $S(0|-7)$ c) $S(0|-1{,}5)$
d) $S(0|8)$ e) $S(0|-0{,}5)$ f) $S(0|3{,}5)$

10 Eine Parabel mit der Gleichung $y = x^2 + c$ verläuft durch den Punkt P. Bestimmen Sie die Parabelgleichung.

Beispiel: Der Punkt $P(1|2)$ hat die Koordinaten $x = 1$ und $y = 2$. In $y = x^2 + c$ eingesetzt erhält man: $2 = 1 + c$; $c = 1$

Es gilt: $y = x^2 + 1$
a) $P(1|3)$ b) $P(2|6)$ c) $P(-1|3)$
d) $P(1|-3)$ e) $P(0{,}5|2{,}75)$ f) $P(-2|2)$
g) $P(-3|1)$ h) $P(-0{,}5|-1{,}75)$ i) $P(-2|-7)$

! Mit 5 Punkten können Sie die Normalparabel schnell skizzieren.

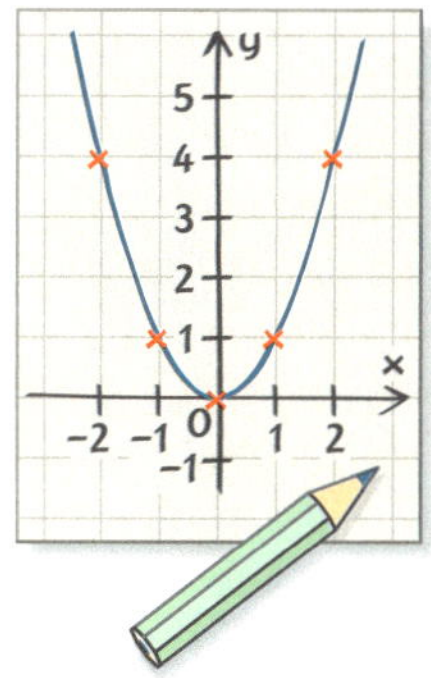

Schülerparabeln

- Stellen Sie sich im Schulhof so auf, dass eine Normalparabel zu sehen ist.
- Bewegen Sie sich alle in gleich großen Schritten und mit vereinbarter Schrittzahl in Richtung der y-Achse.
- Finden Sie die neue Parabelgleichung.

2 Die Parabel mit der Gleichung $y = a \cdot x^2 + c$

x	−2	−1	0	1	2	3
y	5	2	1	2	5	10

x	−2	−1	0	1	2	3
y	7	1	−1	1	7	17

x	−2	−1	0	1	2	3
y	8	2	0	2	8	18

x	−2	−1	0	1	2	3
y	−4	−1	0	−1	−4	−9

x	−2	−1	0	1	2	3
y	1	0,25	0	0,25	1	2,25

$y = -x^2$

$y = \frac{1}{4} \cdot x^2$

$y = 2 \cdot x^2$

$y = 2 \cdot x^2 - 1$

$y = x^2 + 1$

Wertetabellen und Parabelgleichungen sind durcheinandergeraten.
→ Welche Wertetabelle gehört zu welcher Gleichung?
→ Zwei Gleichungen beschreiben eine veränderte Lage der Normalparabel.
→ Drei Gleichungen beschreiben eine veränderte Form der Normalparabel. Versuchen Sie sie zu skizzieren.

Multipliziert man die y-Werte der Gleichung $y = x^2$ mit einem konstanten Faktor a, erhält man die Gleichung $\mathbf{y = a \cdot x^2}$. An a lässt sich die Form und Öffnung der Parabel erkennen.
Ist Faktor **a positiv** (a > 0), ist die Parabel nach oben geöffnet.
Ist Faktor **a negativ** (a < 0), ist die Parabel nach unten geöffnet.
Die Schaubilder zeigen:

a > 0		a < 0	
Die Parabel ist			
nach oben geöffnet		nach unten geöffnet	
a > 1	0 < a < 1	a < −1	−1 < a < 0
Die Parabel ist			
schmaler	breiter	schmaler	breiter
als die Normalparabel			

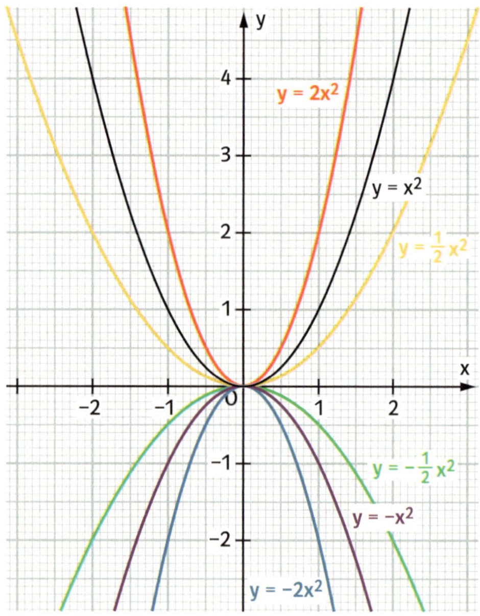

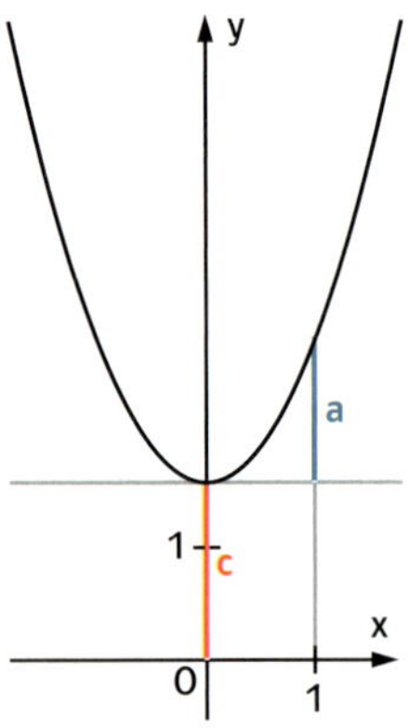

Das Schaubild der Gleichung $\mathbf{y = a \cdot x^2 + c}$ ist eine Parabel.
Der Faktor a bestimmt die Form und Öffnung der Parabel, der Summand c die Lage. Der Scheitel hat die Koordinaten S(0 | c).

Beispiel

Das Schaubild der Gleichung $y = \frac{1}{8}x^2 - 2{,}5$ ist eine nach oben geöffnete Parabel. Sie ist breiter als die Normalparabel und der Scheitel hat die Koordinaten S(0 | −2,5).

x	−6	−4	−2	0	2	4	6
y	2	−0,5	−2	−2,5	−2	−0,5	2

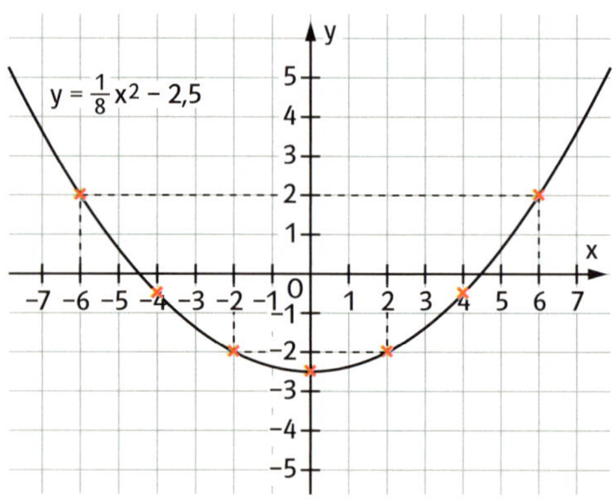

Aufgaben

1 Zeichnen Sie das Schaubild der Parabel. Erstellen Sie dazu eine Wertetabelle. Wenn Sie Werte geschickt wählen, können Sie sich Arbeit sparen.

a) $y = 2x^2$ b) $y = \frac{1}{2}x^2$
c) $y = 3x^2$ d) $y = -\frac{1}{4}x^2$
e) $y = \frac{5}{2}x^2$ f) $y = -2x^2$

2 Beschreiben Sie Form und Öffnung der Parabel. Skizzieren Sie dazu die Parabel im Koordinatensystem.

a) $y = 5x^2$ b) $y = \frac{1}{5}x^2$
c) $y = -4x^2$ d) $y = -\frac{1}{4}x^2$
e) $y = 0{,}3x^2$ f) $y = \frac{6}{5}x^2$

3 Zeichnen Sie die Parabel.

a) $y = 2x^2 + 1$ b) $y = \frac{1}{2}x^2 - 4$
c) $y = 3x^2 - 2$ d) $y = \frac{1}{3}x^2 + 2$
e) $y = \frac{5}{2}x^2 - 1$ f) $y = 1{,}5x^2 - 3$

4 Vergleichen Sie die drei Parabeln und stellen Sie ihre Unterschiede fest.
Wenn Sie nicht sicher sind, zeichnen Sie die drei Schaubilder.

a) $y = x^2 + 3$; $y = x^2 - 3$; $y = x^2$
b) $y = x^2$; $y = 2x^2$; $y = x^2 + 2$
c) $y = x^2 + 2$; $y = 2x^2 + 2$; $y = \frac{1}{2}x^2 + 2$
d) $y = \frac{1}{2}x^2 + 3$; $y = \frac{1}{3}x^2 + 3$; $y = \frac{1}{4}x^2 + 4$

5 Beschreiben Sie Lage und Form der Parabel im Vergleich zur Normalparabel. Am besten ohne zu zeichnen.

a) $y = 10x^2$ b) $y = x^2 - 100$
c) $y = \frac{1}{10}x^2 + 10$ d) $y = 100x^2 - 100$
e) $y = -x^2 + 100$ f) $y = -0{,}01x^2 + 10$

6 Zeichnen Sie die Schaubilder der Parabel $y = ax^2 - a$ für

$a = 0{,}5$ $a = 1$ $a = 1{,}5$
$a = 2$ $a = 2{,}5$ $a = 3$.

7 Stellen Sie sich gegenseitig die Aufgabe, an einer Parabelgleichung die Besonderheiten der zugehörigen Parabel zu erkennen, ohne zu zeichnen.

Beispiel: $y = -2{,}5x^2 + 1$

„Die Parabel ist nach unten geöffnet und ist schmaler als die Normalparabel. Ihr Scheitel ist $S(0|1)$."

8 Geben Sie die Gleichung der Parabel in der Form $y = ax^2 + c$ an.

a) $a = 1$; $S(0|-2)$ b) $a = -0{,}5$; $S(0|4)$
c) $a = -3$; $S(0|3)$ d) $a = \frac{5}{6}$; $S(0|-5)$

9 Eine Parabel mit der Gleichung $y = ax^2$ verläuft durch den Punkt P. Bestimmen Sie die Parabelgleichung.

a) $P(1|3)$ b) $P(-1|-3)$ c) $P(4|5)$
d) $P(2|0)$ e) $P(-2|6)$ f) $P(0|-2{,}5)$

10 Es sind Gleichungen und Schaubilder von Parabeln gegeben. Welches Schaubild gehört zu welcher Gleichung?

a) $y = 3x^2$ b) $y = 2x^2 - 3$
c) $y = \frac{1}{2}x^2 - 3$ d) $y = \frac{1}{3}x^2$
e) $y = -x^2 + 2$ f) $y = x^2 + 2$
g) $y = -2x^2 + 3$ h) $y = -\frac{1}{3}x^2 + 3$

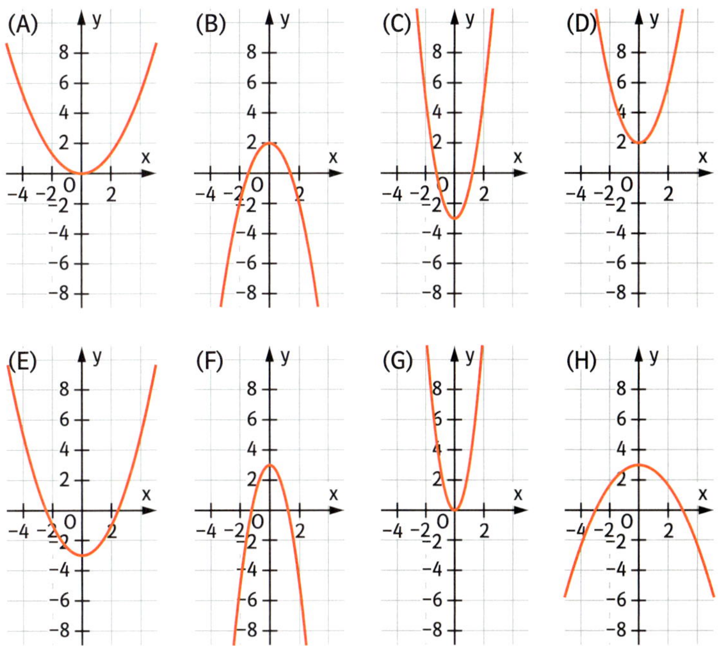

! *Zum raschen Skizzieren von Parabeln multipliziert man die y-Werte der Normalparabel mit dem angegebenen Faktor.*

Für $y = \frac{1}{2}x^2$ erhält man:

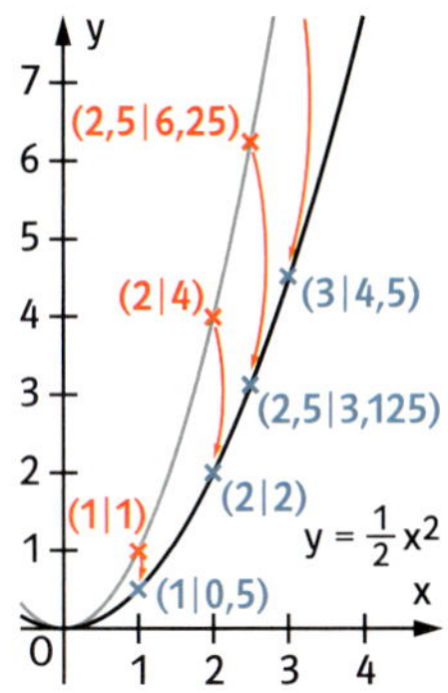

11 Lesen Sie den Faktor a ab und geben Sie die Gleichung an.

Beispiel:
Für A: P(2|1) eingesetzt in $y = ax^2$:

$1 = a \cdot 4$; $a = \frac{1}{4}$ Lösung: $y = \frac{1}{4}x^2$

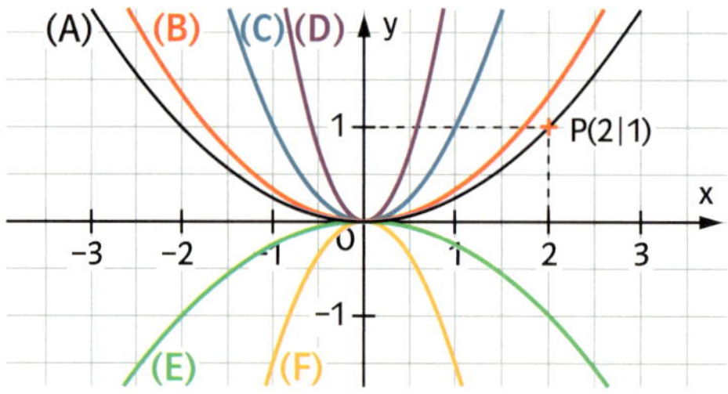

12 Bestimmen Sie die Gleichung der Form $y = ax^2 + c$. Gegeben sind c und der Punkt P.

a) $c = 1$; P(2|2) b) $c = -2$; P(1|3)
c) $c = 3$; P(−2|−4) d) $c = -4$; P(−4|−5)

13 Welcher Punkt liegt auf welchem Graph?

A(1|2)	$y = \frac{1}{2}x^2 + 4$
B(2|6)	$y = x^2 - 2$
C(−2|2)	$y = -2x^2 + 4$

Dynamische Geometriesoftware (DGS) I

Mit dem Computer lassen sich Parabeln der Form $\mathbf{y = a \cdot x^2 + c}$ grafisch darstellen. Die Variablen **a** und **c** kann man über Schieberegler verändern.

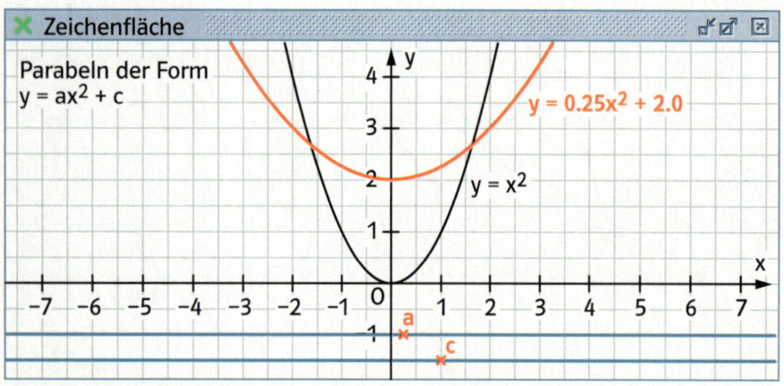

- Entdecken Sie die Wirkung der beiden Variablen a und c experimentell.
- Beschreiben Sie die Graphen $y = ax^2 - c$ für $a = c$. Skizzieren Sie einige ins Heft. Was fällt Ihnen auf?

14 Die Wertetabelle gehört zu einer Parabel. Bestimmen Sie ihre Gleichung.

a)

x	−2	−1	0	1	2
y	9	3	1	3	9

b)

x	−2	−1	0	1	2
y	−4	−2,5	−2	−2,5	−4

15 Die Parabel wird an der x-Achse gespiegelt. Geben Sie die neue Gleichung an.

a) $y = -x^2$
b) $y = 3x^2$
c) $y = x^2 - 1$
d) $y = \frac{1}{2}x^2 + 2$

16 Bestimmen Sie die fehlenden Koordinaten der Parabelpunkte. Es können mehrere Lösungen möglich sein.

a) $y = 2x^2 - 1$ P(0|□) Q(2|□)
b) $y = -x^2 + 1$ P(0|□) Q(□|0)
c) $y = x^2 - 2$ P(□|14) Q(3,5|□)
d) $y = -3x^2 + 2$ P(0,5|□) Q(−□|0)

17 Haben die beiden Parabeln gemeinsame Punkte? Bestätigen Sie Ihre Antwort durch eine Skizze.

a) $y = 2x^2 + 3$; $y = 2x^2 - 3$ b) $y = x^2 + 3$; $y = 2x^2$
c) $y = 2x^2 + 3$; $y = x^2 + 3$ d) $y = 2x^2 - 3$; $y = \frac{1}{2}x^2 + 3$
e) $y = 2x^2 - 3$; $y = -2x^2 + 3$ f) $y = -\frac{1}{2}x^2$; $y = 2x^2 + \frac{1}{2}$

18 a) Wie groß muss a sein, damit der Punkt P(3|−6) auf der Parabel $y = ax^2$ liegt?
b) Wie muss c gewählt werden, damit der Punkt P(−1|−1) auf der Parabel $y = 9x^2 + c$ liegt?
Wo liegt dann der Scheitel S?
c) Wie groß muss a sein, damit der Punkt P(−1|5) auf der Parabel $y = ax^2 + 3$ liegt?
d) Eine Parabel hat die Gleichung $y = -x^2 + c$. Sie schneidet die x-Achse in den Punkten $P_1(3|0)$ und $P_2(-3|0)$. Wo liegt der Scheitel S der Parabel?

3 Die Parabel mit der Gleichung $y = (x - d)^2 + c$

→ Ergänzen Sie die Wertetabellen.
→ Was fällt Ihnen beim Ausfüllen auf?
→ Wo vermuten Sie den Scheitel?
→ Sehen Sie einen Zusammenhang zwischen Scheitel und Parabelgleichung?

x	−4	−3	−2	−1	0	1	2
$y = (x + 1)^2$	9	□	□	□	□	□	□

x	−2	−1	0	1	2	3	4
$y = (x - 1)^2$	□	4	□	□	□	□	□

x	−5	−4	−3	−2	−1	0	1
$y = (x + 2)^2$	□	□	1	□	□	□	□

x	−1	0	1	2	3	4	5
$y = (x - 2)^2$	□	□	□	□	1	□	□

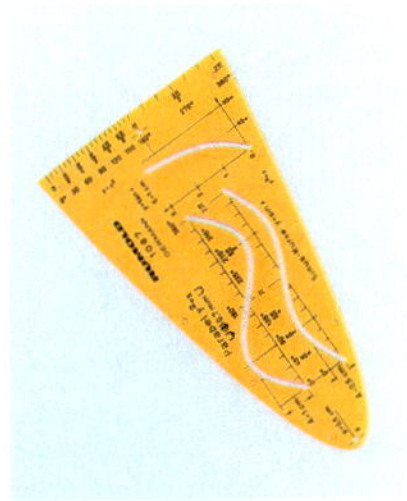

Setzt man in die Gleichung $y = (x - 4)^2$ für x den Wert 4 ein, erhält man die y-Koordinate des Scheitels S(4 | 0).
Man erkennt an der blauen Parabel, dass die Symmetrieachse gegenüber der Normalparabel um 4 LE nach rechts verschoben ist.
Allgemein gilt, dass die Graphen der Parabelgleichungen $y = (x - d)^2$ für alle **positiven** Werte von **d** nach **rechts** verschoben sind. Für **d < 0** ergibt sich demnach eine Verschiebung nach **links**.

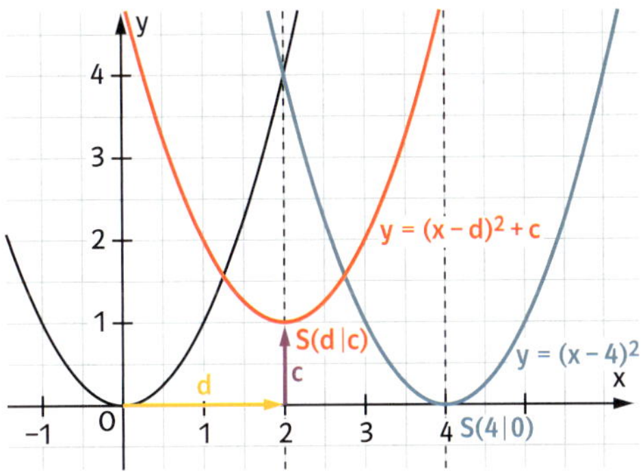

Das rote Schaubild der Parabel $\mathbf{y = (x - d)^2 + c}$ erhält man, indem die Normalparabel zunächst um d Einheiten in x-Richtung und um c Einheiten in y-Richtung verschoben wird. Da man die Koordinaten des Scheitels S(d | c) leicht bestimmen kann, nennt man $y = (x - d)^2 + c$ die Scheitelform der Parabel.

Das Schaubild einer Parabel mit $\mathbf{y = (x - d)^2 + c}$ ist eine um **d in x-Richtung** und um **c in y-Richtung** verschobene Normalparabel mit dem Scheitel **S(d1c)**.
Man nennt $y = (x - d)^2 + c$ die **Scheitelform** der Parabel.

Beispiele

a) Zum Zeichnen des Schaubilds der Parabel $y = (x + 4)^2 + 3$ verschiebt man den Scheitel der Normalparabel um 4 Einheiten in x-Richtung nach links und um 3 Einheiten in y-Richtung nach oben.

b) Eine verschobene Normalparabel hat den Scheitel S(−1,5 | −2,5).
Man bestimmt die zugehörige Parabelgleichung, indem man die Koordinaten in die Scheitelform einsetzt: $y = (x - (-1{,}5))^2 - 2{,}5$
Die Parabelgleichung lautet:
$y = (x + 1{,}5)^2 - 2{,}5$

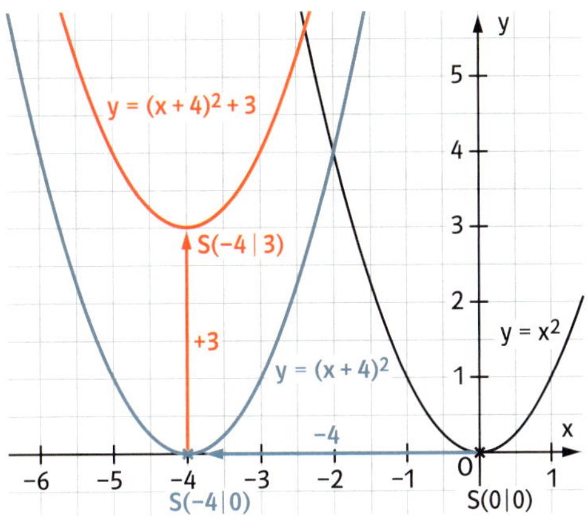

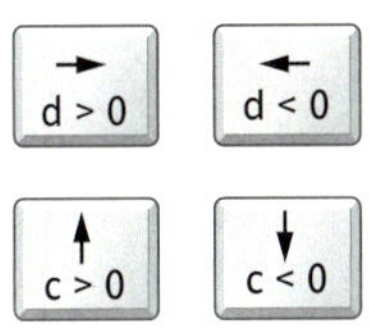

Erinnern Sie sich an die 1. binomische Formel:

$x^2 + 6x + \ldots$
$x^2 + 2 \cdot 3 \cdot x + \ldots$
$a^2 + 2 \cdot a \cdot b + \ldots$

Auch Parabeln der Form $y = x^2 + px + q$ haben verschobene Normalparabeln als Graphen. Das erkennt man, indem man sie auf die Scheitelform $y = (x - d)^2 + c$ bringt.

Für $y = x^2 + 6x + 7$ gilt:

$y = x^2 + 6x + \left(\frac{6}{2}\right)^2 + 7 - \left(\frac{6}{2}\right)^2$

$y = (x + 3)^2 - 2$

$y = (x - (-3))^2 - 2$

$S(-3 \mid -2)$

Für $y = x^2 + px + q$ gilt allgemein:

$y = x^2 + px + \left(\frac{p}{2}\right)^2 + q - \left(\frac{p}{2}\right)^2$

$y = \underbrace{\left(x + \frac{p}{2}\right)^2}_{-d} + \underbrace{\left(q - \frac{p}{2}\right)^2}_{+c} \qquad S(d \mid c)$

Die Parabelgleichung $y = x^2 + px + q$ lässt sich durch **quadratisches Ergänzen** auf die Scheitelform bringen. Dann lassen sich die Scheitelkoordinaten der verschobenen Normalparabel ablesen.

Beispiele

c) Bestimmung des Scheitelpunkts der Parabel mit

$y = x^2 - 3x + 2{,}75$

$y = x^2 - 3x + \left(\frac{3}{2}\right)^2 + 2{,}75 - \left(\frac{3}{2}\right)^2$

$y = (x - 1{,}5)^2 + 0{,}5$

Damit ergibt sich der Scheitelpunkt $S(1{,}5 \mid 0{,}5)$.

d) Eine Parabel besitzt den Scheitel $S\left(-\frac{1}{2} \mid \frac{3}{4}\right)$. Daraus lässt sich die Parabelgleichung bestimmen.

$y = \left(x - \left(-\frac{1}{2}\right)\right)^2 + \frac{3}{4}$

$y = x^2 + x + \frac{1}{4} + \frac{3}{4}$

Parabelgleichung: $y = x^2 + x + 1$.

Aufgaben

1 Geben Sie die Koordinaten des Scheitels der Parabel an und zeichnen Sie dann.
a) $y = (x - 2)^2 + 3$ b) $y = (x + 1)^2 + 2$
c) $y = (x + 3)^2 - 6$ d) $y = (x - 4)^2 - 7$

2 Geben Sie die Parabelgleichung und die Koordinaten des Scheitels an.
Die Normalparabel ist verschoben um
a) 3 LE nach rechts und um 2 LE nach oben.
b) 2,5 LE nach rechts und um 4,5 LE nach unten.

3 Eine verschobene Normalparabel hat den Scheitel S.
Geben Sie die Parabelgleichung in Scheitelform an.
a) $S(3 \mid 2)$ b) $S(4 \mid -3)$ c) $S(-2 \mid 1)$
d) $S(-3 \mid -6)$ e) $S(0 \mid 1)$ f) $S(-5 \mid 0)$

4 a) Skizzieren Sie wie auf dem Rand gezeigt: $y = (x - 0{,}5)^2 - 3{,}5$
b) Notieren Sie verschiedene Scheitel und skizzieren Sie die zugehörigen Parabeln.

5 Stellen Sie eine mögliche Gleichung der Parabel auf.
a) Scheitel S liegt im 1. Quadranten und die Parabel ist nach oben geöffnet.
b) Scheitel S liegt im 4. Quadranten und die Parabel ist nach unten geöffnet.
c) Stellen Sie selbst solche Aufgaben.

6 Liegt der Punkt P auf der Parabel? Rechnen und überprüfen Sie durch Zeichnung.
a) $y = (x - 4)^2$ $P(1 \mid 9)$
b) $y = (x - 2)^2 - 1$ $P(0 \mid -5)$
c) $y = (x + 1)^2 + 2$ $P(-2 \mid 3)$
d) $y = (x + 3)^2 - 3$ $P(-4 \mid -2)$

7 Zeichnen Sie das Parabelpaar und lesen Sie die Koordinaten der Schnittpunkte ab.
a) $y = (x + 3)^2 + 2$, $y = (x - 1)^2 + 2$
b) $y = (x + 1)^2 - 2$, $y = (x - 2)^2 + 1$
c) $y = (x - 1{,}5)^2 - 1{,}5$, $y = (x + 1{,}5)^2 + 1{,}5$
d) $y = (x - 6{,}5)^2 + 0{,}5$, $y = (x - 1{,}5)^2 - 4{,}5$

! *Skizzieren*
- *Gehen Sie vom Scheitel aus 1 LE nach rechts und 1 LE nach oben, dann 2 LE nach rechts und 4 LE nach oben usw.*
- *Nutzen Sie dann die Achsensymmetrie der Parabel.*
Beispiel:
$y = (x + 1{,}5)^2 + 1$

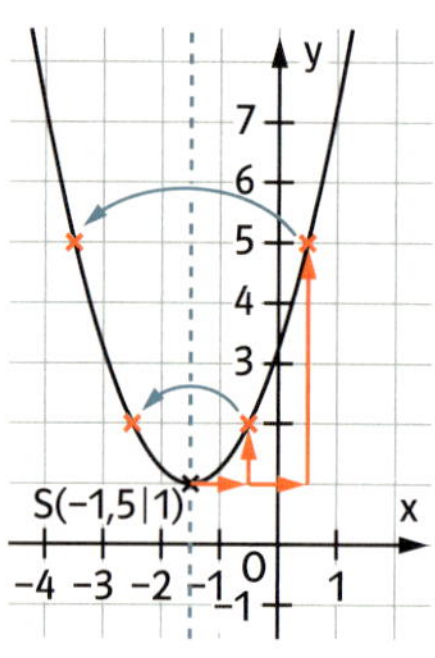

8 Eine verschobene Normalparabel geht durch die Punkte P_1 und P_2. Finden Sie über die Achsensymmetrie den Scheitel. Sie können sich auch mit einer Schablone helfen.
a) $P_1(1|3)$ und $P_2(3|3)$
b) $P_1(3|4)$ und $P_2(7|4)$
c) $P_1(-2|0)$ und $P_2(-4|0)$
d) $P_1(-2|-6)$ und $P_2(4|6)$
e) $P_1(-2|1)$ und $P_2(-3|2)$

9 Zeichnen Sie die Parabel zur Gleichung $y = (x - 2)^2 + 1$.
a) Spiegeln Sie die Parabel an der x-Achse und geben Sie die neue Gleichung an.
b) Spiegeln Sie die Parabel an der y-Achse und geben Sie die neue Gleichung an.
c) Drehen Sie die Parabel um 180° um den Ursprung und geben Sie die neue Gleichung an.

10 Der Punkt P liegt auf der Parabel. Bestimmen Sie die vollständige Parabelgleichung.
a) $y = x^2 + 6x + q$ $\quad$ $P(1|17)$
b) $y = x^2 - 4x + q$ $\quad$ $P(2|2)$
c) $y = x^2 - px - 4$ $\quad$ $P(3|-1)$
d) $y = x^2 + px + 18{,}25$ $\quad$ $P(-2{,}5|2)$

11 Bestimmen Sie aus den Koordinaten des Scheitels der Parabel die Gleichung in der Form $y = x^2 + px + q$.
a) $S(2|1)$ $\quad$ b) $S(-1|3)$
c) $S(3|-4)$ $\quad$ d) $S(-4|-5)$
e) $S(-2{,}5|0)$ $\quad$ f) $S(0|-12)$

12 Wo liegt der Scheitel der Parabel?
a) $y = x^2 + 8x + 7$ $\quad$ b) $y = x^2 - 12x + 1$
c) $y = x^2 - 10x + 25$ $\quad$ d) $y = x^2 + 20x + 50$
e) $y = x^2 + 5x + 1$ $\quad$ f) $y = x^2 - 9x - 9$
g) $y = x^2 - 7x$ $\quad$ h) $y = x^2 - x$

Die Parabelgleichung $y = a \cdot (x - d)^2 + c$

i

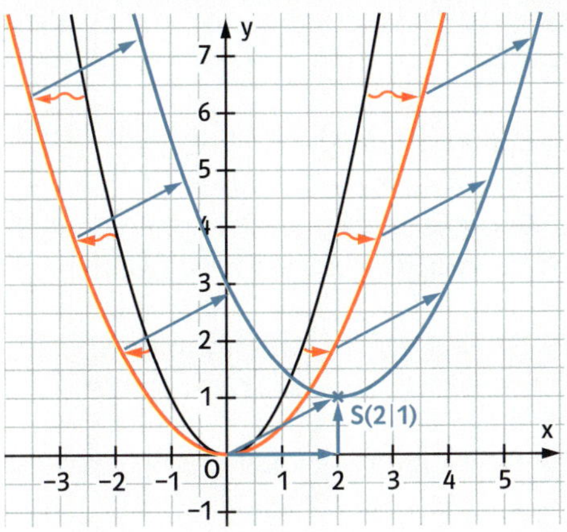

Der zusätzliche Faktor a ($a \neq 0$) bestimmt die Öffnung der Parabel.

Beispiel: $y = \frac{1}{2}(x - 2)^2 + 1$

1. Schritt: Der Faktor $\frac{1}{2}$ bewirkt, dass die Parabel breiter wird als die Normalparabel.
2. Schritt: Verschiebung des Scheitels von $(0|0)$ nach $(2|1)$

■ Zeichnen Sie ebenso:
$y = 2(x - 2)^2 + 2$
$y = 0{,}5(x + 1)^2 + 2$
$y = -(x - 1)^2 - 3$
$y = -2(x + 3)^2$
$y = \frac{1}{4}(x + 2)^2 - 2$

■ Bestimmen Sie den Scheitel und skizzieren Sie die Parabel.
$y = \frac{1}{2}(x - 3)^2$
$y = 3(x - 2)^2 - 1$
$y = -(x + 1)^2 + 4$
$y = -\frac{1}{3}(x - 1)^2$

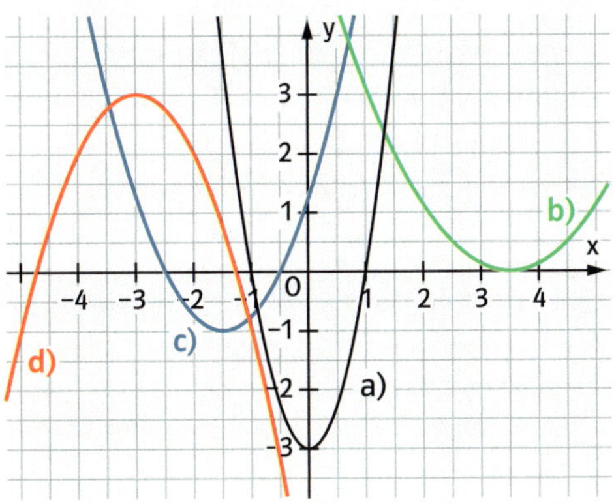

■ Geben Sie die Gleichungen der Parabeln an.

■ Zeichnen Sie mithilfe einer Wertetabelle und bestimmen Sie den Scheitel sowie die Öffnung der Parabel.
a) $y = 2x^2 - 4x + 3$
b) $y = 3x^2 + 12x + 10$
c) $y = -x^2 - 4x - 7$
d) $y = -0{,}5x^2 - 4x - 6$

4 Quadratische Gleichungen

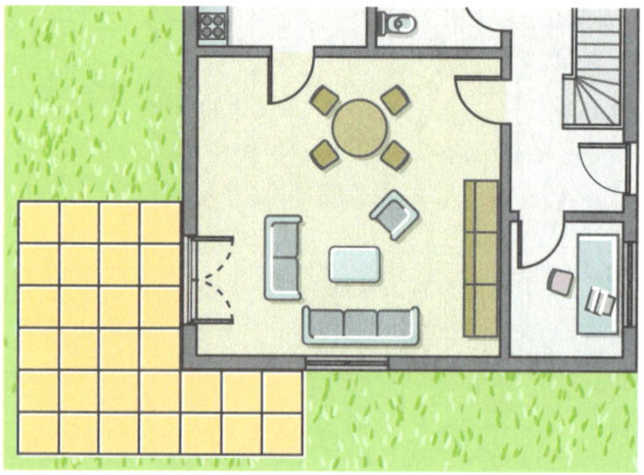

Familie Hauber möchte ihre Terrasse mit quadratischen Platten auslegen. Die Gesamtfläche beträgt 10,8 m^2.
Peter hat ausgerechnet, dass man die Fläche mit 30 Platten genau auslegen kann.

→ Welche Seitenlänge hat eine Platte?

→ Wie viele Platten würde man bei einer Seitenlänge von 30 cm benötigen?

→ Passen für die Form der Terrasse auch noch andere quadratische Plattengrößen?

Wenn in einer Gleichung die Variable im Quadrat vorkommt, spricht man von einer **quadratischen Gleichung** oder einer Gleichung 2. Grades.
Kommen außer dem Quadrat der Variablen nur Zahlen vor, so ist die Gleichung **rein quadratisch**.

! $\sqrt{9} = 3$ aber $x^2 = 9$ hat zwei Lösungen, nämlich +3 und −3.

Rein quadratische Gleichungen können immer so umgeformt werden, dass das Quadrat der Variablen allein steht.
Es gibt zwei Zahlen, die dieses Quadrat ergeben.
Deshalb hat die Gleichung auch zwei Lösungen, die mit x_1 und x_2 bezeichnet werden.

$$\begin{aligned} 5x^2 + 12 &= 192 && \mid -12 \\ 5x^2 &= 180 && \mid :5 \\ x^2 &= 36 && \mid \sqrt{} \\ x_{1,2} &= \pm\sqrt{36} \\ x_1 &= +6 \\ x_2 &= -6 \end{aligned}$$

Rein quadratische Gleichungen kann man lösen, indem man die Gleichung nach x^2 auflöst und dann auf beiden Seiten die **Wurzel zieht.**
Ist der Radikand positiv, hat die Gleichung immer zwei Lösungen.

? $\sqrt{-36} = \square$ Warum finden Sie keine Zahl, die mit sich selbst multipliziert −36 ergibt?

Bemerkung

Ist der Radikand negativ, so hat die Gleichung keine Lösung.
Hat der Radikand den Wert null, so hat die Gleichung nur eine Lösung, nämlich $x = 0$.

Beispiele

a)
$$\begin{aligned} 3x^2 + 4 &= 79 && \mid -4 \\ 3x^2 &= 75 && \mid :3 \\ x^2 &= 25 && \mid \sqrt{} \\ x_{1,2} &= \pm\sqrt{25} \\ x_1 &= +5 \\ x_2 &= -5 \end{aligned}$$

b)
$$\begin{aligned} 5x^2 + 132 &= 52 && \mid -132 \\ 5x^2 &= -80 && \mid :5 \\ x^2 &= -16 && \mid \sqrt{} \\ x_{1,2} &= \pm\sqrt{-16} \end{aligned}$$

Da der Radikand negativ ist, hat die Gleichung keine Lösung.

c) Aus dem Flächeninhalt 2 m^2 eines quadratischen Tisches kann man die Länge der Tischkanten berechnen.

$$\begin{aligned} a^2 &= 2 && \mid \sqrt{} \\ a_{1,2} &= \pm\sqrt{2} \\ a &= 1{,}41 \end{aligned}$$

Der negative Wert −1,41 ist hier unbrauchbar, weil es negative Längen nicht gibt.
Hier ist es sinnvoll, das Ergebnis auf zwei Dezimalen zu runden, da die zweite Stelle Zentimeter angibt.
Die Tischkante ist 1,41 m oder 141 cm lang.

Aufgaben

1 Lösen Sie die Gleichung im Kopf.
a) $x^2 = 25$ b) $x^2 = 196$
c) $x^2 = 1{,}44$ d) $x^2 = 0{,}36$
e) $x^2 - 49 = 0$ f) $x^2 - 0{,}25 = 0$
g) $x^2 = \frac{4}{9}$ h) $x^2 = \frac{25}{16}$

2 Runden Sie auf zwei Nachkommaziffern.
a) $x^2 = 10$ b) $x^2 = 1{,}8$ c) $x^2 = \frac{1}{3}$
d) $x^2 = \frac{16}{7}$ e) $x^2 - 7 = 0$ f) $x^2 - 4{,}5 = 0$

3 Lösen Sie die Gleichung.
a) $5x^2 = 125$ b) $3x^2 = 243$
c) $2x^2 - 50 = 0$ d) $8x^2 - 8 = 0$
e) $\frac{1}{2}x^2 = 8$ f) $\frac{1}{3}x^2 - 27 = 0$

4 Runden Sie die Lösung auf eine Dezimale.
a) $4x^2 = 200$ b) $7x^2 = 91$
c) $\frac{1}{2}x^2 = 45$ d) $3x^2 - 100 = 0$
e) $6x^2 - 17 = 28$ f) $1{,}5x^2 - 0{,}16 = 0{,}08$

5 Geben Sie die Lösungen als Bruch an.
a) $15x^2 - 2 = 6x^2 - 1$
b) $39x^2 + 3 = 3x^2 + 4$
c) $10x^2 - 8 = -6x^2 + 1$
d) $8x^2 - 21 = -x^2 - 5$

6 Formen Sie um und lösen Sie.
a) $12x + 10{,}5 - 16x - 2x^2 = 8x^2 - 4x - 12$
b) $2(2x^2 - 5) + 12 = 3x^2 + 6$
c) $(8x - 8)(5x + 5) = 40 - 85x^2$
d) $(5x + 1)^2 = 10x + 5$
e) $(3x + 1)(3x - 1) = 15$

7 Hier kommen Brüche vor.
a) $\frac{x^2}{3} = 12$ b) $\frac{1}{4}x^2 = 25$ c) $\frac{2x^2}{5} = 10$

8 a) Wenn man vom Quadrat einer Zahl 17 subtrahiert, erhält man 127. Um welche positive Zahl handelt es sich?
b) Multipliziert man das Quadrat einer natürlichen Zahl mit 5, so erhält man 45.
c) Addiert man zum Quadrat einer Zahl 32, so erhält man dasselbe, wie wenn man das Quadrat der Zahl mit 3 multipliziert.

9 Wie lang ist x?
a)
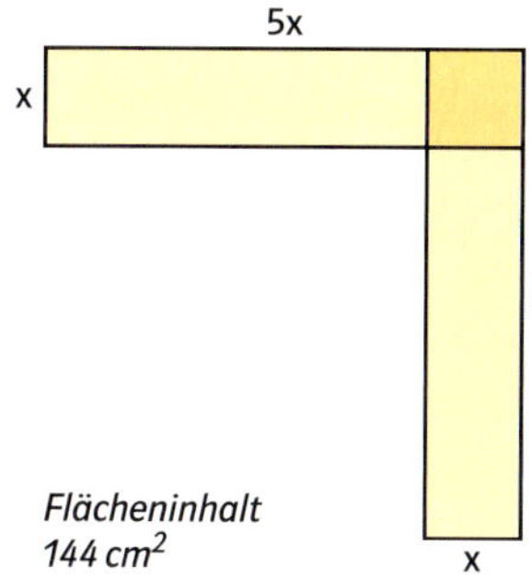

Flächeninhalt 144 cm²

b)
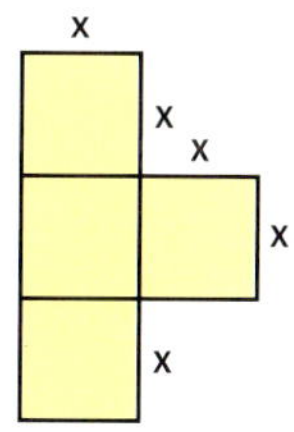

Flächeninhalt 100 cm²

10 a) Ein Quadrat wird auf der einen Seite um 8 cm verlängert und auf der anderen Seite um 8 cm verkürzt. Das entstandene Rechteck hat einen Flächeninhalt von 512 cm². Welche Seitenlänge hatte das Quadrat?
b) Länge und Breite eines Rechtecks stehen im Verhältnis 5 : 4. Der Flächeninhalt beträgt 180 cm². Bestimmen Sie die Länge und die Breite des Rechtecks.

11 Prüfen Sie, welche der Gleichungen nur eine oder keine Lösung hat.
Wie weit müssen Sie jeweils rechnen?
a) $x^2 + 2 = 0$ b) $3x^2 + 3 = 3$
c) $\frac{1}{2}x^2 - \frac{1}{2} = 0$ d) $x^2 + 2 = 3x^2 + 4$
e) $x(x + 2) = 2x$ f) $2x(x - 2) = 1 - 4x$

12 a) Erklären Sie ohne zu rechnen, warum die Gleichung $x^2 + 10 = 0$ keine Lösung hat.
b) Warum hat die Gleichung $x^2 + 10 = 10$ nur eine Lösung?

13 a) Welche Zahlen kann man für a in die Gleichung $x^2 - a = 0$ einsetzen, damit die Gleichung zwei Lösungen hat?
b) Für welche Werte von a hat die Gleichung $3x^2 + 3a = 0$ keine Lösung?
c) Welche Zahlen muss man für a in die Gleichung $ax^2 + a = 0$ einsetzen, um als Lösungen der Gleichung ganze Zahlen zu bekommen?
d) Warum kann man in die Gleichung $2x^2 = a^2 + 1$ für a jede beliebige Zahl einsetzen und erhält immer zwei Lösungen?

? *Würfeltürme – Wie groß ist das Volumen?*

Oberfläche 640 cm²

Oberfläche 350 cm²

5 Quadratische Ergänzung*

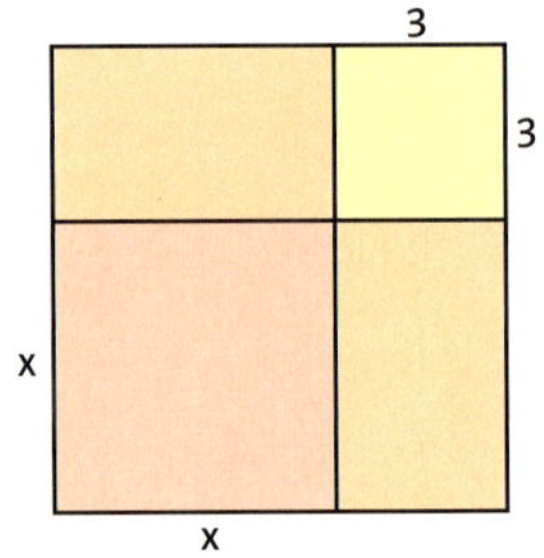

Das gesamte Quadrat hat einen Flächeninhalt von $64\,cm^2$.
Patrick setzt die Teilflächen zusammen und formuliert für den Flächeninhalt die Gleichung $x^2 + 6x + 9 = 64$.
Carmen betrachtet das ganze Quadrat und stellt die Gleichung $(x + 3)^2 = 64$ auf.
➔ Patrick und Carmen versuchen die Länge der Strecke x zu finden.

Quadratische Gleichungen der Form $x^2 + px + q = 0$ bezeichnet man als **gemischt quadratische Gleichungen**, weil die Variable nicht nur als Quadrat, sondern auch in der 1. Potenz vorkommt.

$a^2 + 2ab + b^2 = (a + b)^2$

Die Gleichung $x^2 + 10x + 25 = 64$ lässt sich lösen, indem man den linken Term in ein Binom umwandelt und dann wie beim Lösen einer rein quadratischen Gleichung auf beiden Seiten die Wurzel zieht.
Man erhält die beiden Lösungen x_1 und x_2.

$$
\begin{aligned}
x^2 + 10x + 25 &= 64 \\
(x + 5)^2 &= 64 \qquad | \sqrt{\ } \\
x + 5 &= \pm\sqrt{64} \\
x_{1,2} &= -5 \pm 8 \\
x_1 &= 3 \\
x_2 &= -13
\end{aligned}
$$

Die linke Seite der Gleichung $x^2 + 8x = -7$ wird zu einem Binom ergänzt. Dazu addiert man auf beiden Seiten den zuerst halbierten und dann quadrierten Koeffizienten von x.
Dieses Vorgehen nennt man **quadratische Ergänzung**.
Die umgeformte Gleichung lässt sich wie eine rein quadratische Gleichung lösen.

$$
\begin{aligned}
x^2 + 8x + 7 &= 0 \qquad | -7 \\
x^2 + 8x &= -7 \\
x^2 + 8x + \left(\tfrac{8}{2}\right)^2 &= -7 + \left(\tfrac{8}{2}\right)^2 \\
x^2 + 8x + 16 &= -7 + 16 \\
(x + 4)^2 &= 9 \qquad | \sqrt{\ } \\
x_{1,2} &= -4 \pm 3 \\
x_1 &= -1 \\
x_2 &= -7
\end{aligned}
$$

Gemischt quadratische Gleichungen der Form $x^2 + px + q = 0$ kann man lösen, indem man den Term $x^2 + px$ **quadratisch ergänzt.**

Beispiele

a) Die Gleichung $x^2 - 3x - 4 = 0$ wird mithilfe der quadratischen Ergänzung gelöst.

$$
\begin{aligned}
x^2 - 3x - 4 &= 0 \qquad | +4 \\
x^2 - 3x &= 4 \qquad | +\left(\tfrac{3}{2}\right)^2 \\
x^2 - 3x + \left(\tfrac{3}{2}\right)^2 &= 4 + \left(\tfrac{3}{2}\right)^2 \\
x^2 - 3x + \tfrac{9}{4} &= \tfrac{25}{4} \\
\left(x - \tfrac{3}{2}\right)^2 &= \tfrac{25}{4} \qquad | \sqrt{\ } \\
x - \tfrac{3}{2} &= \pm\tfrac{5}{2} \qquad | +\tfrac{3}{2} \\
x_1 = 4;\ x_2 &= -1
\end{aligned}
$$

b) Die Gleichung $x^2 + 6x + 13 = 0$ hat keine Lösung.
Dies erkennt man schon nach der quadratischen Ergänzung.

$$
\begin{aligned}
x^2 + 6x + 13 &= 0 \qquad | -13 \\
x^2 + 6x &= -13 \qquad | +\left(\tfrac{6}{2}\right)^2 \\
x^2 + 6x + \left(\tfrac{6}{2}\right)^2 &= -13 + \left(\tfrac{6}{2}\right)^2 \\
x^2 + 6x + 9 &= -4
\end{aligned}
$$

Aus der negativen Zahl −4 kann keine Wurzel gezogen werden.

Aufgaben

1 Wandeln Sie in ein Binom um.

a) $x^2 + 6x + 9$ b) $b^2 + 10b + 25$
c) $x^2 - 4x + 4$ d) $a^2 - 12a + 36$
e) $y^2 - 5y + 6{,}25$ f) $m^2 + m + 0{,}25$

2 Formen Sie mithilfe der quadratischen Ergänzung um.

Beispiel: $x^2 + 4x + 5 = (x + 2)^2 + 1$
a) $x^2 + 8x + 20$ b) $x^2 + 10x + 50$
c) $x^2 - 6x + 6$ d) $b^2 - 3b - 1$
e) $a^2 + 5a + 3$ f) $y^2 - y + 1$

3 Lösen Sie die Gleichung.

a) $(x + 3)^2 = 4$ b) $(x - 2)^2 = 9$
c) $(x - 1)^2 - 16 = 0$ d) $(x + 3)^2 - 0{,}25 = 0$
e) $2(x + 3)^2 = 50$ f) $3(x - 4)^2 - 48 = 0$

4 Formen Sie um und lösen Sie die Gleichung.

a) $x^2 + 6x + 9 = 25$ b) $x^2 - 4x + 4 = 9$
c) $x^2 - 18x + 81 = 64$ d) $x^2 - 20x + 100 = 1$
e) $x^2 + x + 0{,}25 = 0{,}36$ f) $x^2 + 7x + \frac{49}{4} = \frac{9}{4}$

5 Lösen Sie die Gleichung durch quadratische Ergänzung.

a) $x^2 + 8x + 15 = 0$ b) $x^2 + 14x + 48 = 0$
c) $x^2 + 3x + 1{,}25 = 5{,}25$ d) $x^2 - 2x + 3 = 11$
e) $x^2 - 4x = 12$ f) $x^2 - 5x = 2{,}75$

6 Achten Sie auf die Reihenfolge.

a) $8 + x^2 + 6x = 0$ b) $10 - x^2 = 3x$
c) $x^2 = 125 - 20x$ d) $28x = 60 - x^2$
e) $10x - x^2 = 0$ f) $1{,}5x = 4{,}5x^2$

7 Lösen Sie die Gleichung.

a) $5x^2 + 14 + 4x = 6x^2 + 3x - 6$
b) $9 - 2x - 2x^2 = 8x - 3x^2 - 12$
c) $3x(x + 2) = 16 + 2x^2$
d) $(x - 3)(x - 1) - 48 = 0$
e) $1 - 4(2x + 1) = x^2 + 4$
f) $(x + 3)(x - 3) = 12x + 4$

8 Nicht jede gemischt quadratische Gleichung hat zwei Lösungen.

a) $(x + 4)^2 = 0$ b) $(x + 1)^2 + 2 = 0$
c) $(x - 2)^2 + 3 = 3$ d) $x^2 + 6x + 10 = 0$

Der Satz vom Nullprodukt

Die Gleichung $x^2 + 6x = 0$ kann leicht durch Faktorisieren gelöst werden.
$x(x + 6) = 0$
ergibt die Lösungen $x_1 = 0$ und $x_2 = -6$.

Satz vom Nullprodukt:
Hat ein Produkt den Wert null, muss mindestens ein Faktor den Wert null haben. Wenn $a \cdot b = 0$ ist, dann ist $a = 0$ oder $b = 0$ oder beides.

■ Lösen Sie die Gleichung.
$x^2 + 5x = 0$
$x^2 - 10x = 0$
$x^2 = 3x$
$2x^2 + 5x = 0$
$3x^2 + 5x = 2x^2 - 12x$

Die Gleichung $x^2 + 6x + 9 = 0$ kann auch in Form eines Produkts geschrieben werden: $(x + 3)^2 = 0$ oder $(x + 3)(x + 3) = 0$. Man erhält die Lösung $x = -3$ für beide Faktoren und schreibt $x_1 = x_2 = -3$.

In der quadratischen Gleichung
$(x - 3)(x - 5) = 0$
lassen sich die beiden Lösungen leicht bestimmen, indem man jeden der beiden Faktoren gleich null setzt.
Es ist also $x_1 = 3$ und $x_2 = 5$.

Die Darstellung einer quadratischen Gleichung in dieser Form bezeichnet man als **Produkt von Linearfaktoren**.

■ Lösen Sie die Gleichungen.
$(x + 4)(x + 5) = 0$
$(x + 1001)(x - 999) = 0$
$(2x + 1)(2x - 4) = 0$
$3(x + 5)(x - 10) = 0$

■ Wie lauten die quadratischen Gleichungen mit den Lösungen x_1 und x_2 in der Form $x^2 + px + q = 0$?
$x_1 = 4;\ x_2 = 5$ $x_1 = -4;\ x_2 = 5$
$x_1 = 4;\ x_2 = -5$ $x_1 = -4;\ x_2 = -5$

6 Nullstellen von Parabeln – zeichnerische Lösung

Gegeben sind vier verschobene Normalparabeln und ihre Scheitel.
→ Geben Sie die x-Koordinaten der Schnittpunkte mit der x-Achse an.
→ Bestimmen Sie die Parabelgleichungen und setzen Sie die x-Werte der Schnittpunkte ein.
Was stellen Sie fest?

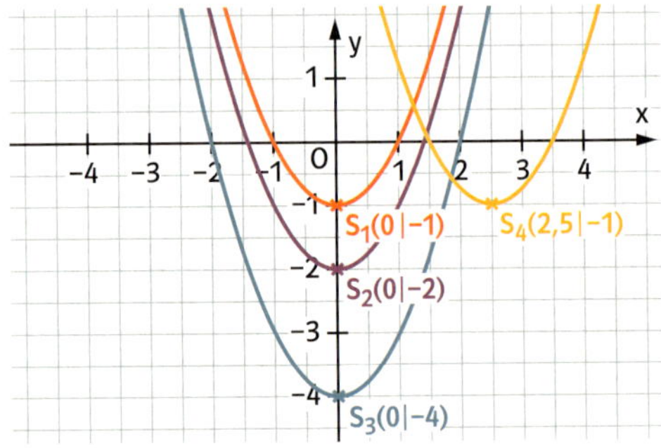

Am Schaubild der Parabel $y = (x-1)^2 - 4$ mit $S(1|-4)$ sieht man, dass die x-Achse in den Punkten $P_1(-1|0)$ und $P_2(3|0)$ geschnitten wird.

Da die y-Koordinaten dieser Punkte Null sind, kann man die x-Koordinaten auch berechnen:

$0 = (x-1)^2 - 4$

$(x-1)^2 = 4 \qquad |\sqrt{\ }$

$x - 1 = \pm 2 \qquad |+1$

$x_{1,2} = \pm 2 + 1$

$x_1 = 3;\ \ x_2 = -1$

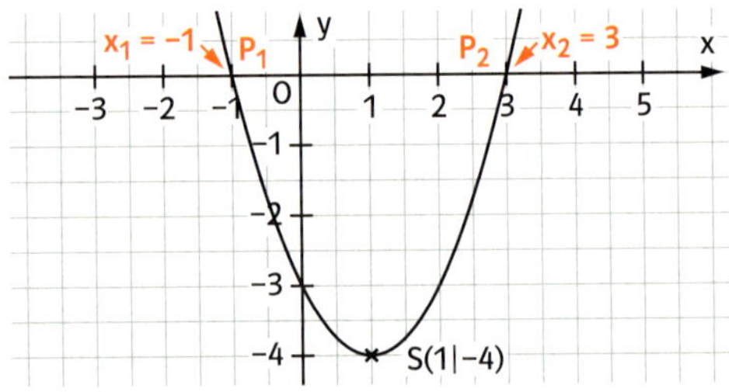

Die x-Koordinaten der Schnittpunkte von Parabel und x-Achse $x_1 = 3$ und $x_2 = -1$ nennt man **Nullstellen der Parabel**.

Die x-Koordinaten der Schnittpunkte von x-Achse und Parabel heißen **Nullstellen der Parabel**.
Um die Nullstellen zu berechnen, setzt man die rechte Seite der Parabelgleichung gleich null.

Beispiel

Die Nullstellen der Parabel $y = x^2 + 6x + 8$ werden durch Zeichnung und Rechnung bestimmt.
Um die Parabel zu zeichnen, bringt man $y = x^2 + 6x + 8$ in die Scheitelform:
$y = (x+3)^2 - 1 \qquad S(-3|-1)$

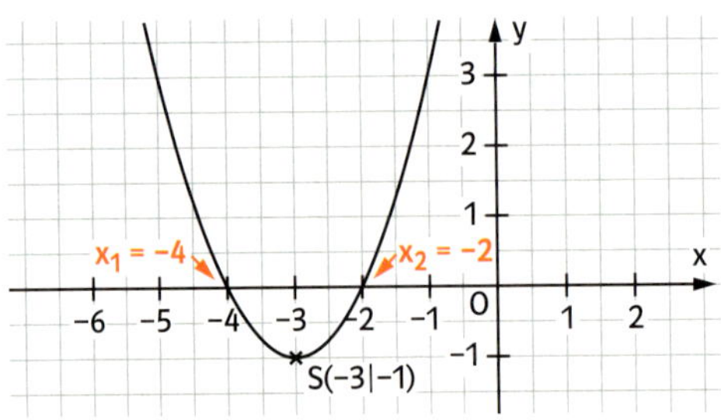

Für $y = 0$ gilt:
$x^2 + 6x + 8 = 0$
Rechnerisch ergibt sich:

$0 = (x+3)^2 - 1 \qquad |+1$

$(x+3)^2 = 1 \qquad |\sqrt{\ }$

$x + 3 = \pm 1 \qquad |-3$

$x_{1,2} = -3 \pm 1$

$x_1 = -4$

$x_2 = -2$

Die Nullstellen sind $x_1 = -4$ und $x_2 = -2$.

Bemerkung

Bei Parabeln unterscheidet man drei Fälle:

zwei Nullstellen
Die Gleichung
$x^2 + 4x + 3 = 0$ hat die Lösungen $x_1 = -3$ und $x_2 = -1$.
Zeichnerische Lösung:
$y = x^2 + 4x + 3$
$y = (x + 2)^2 - 1$
$S(-2|-1)$

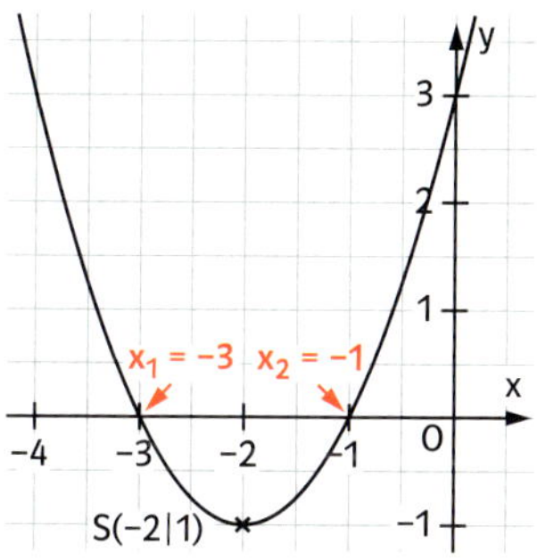

Es gibt zwei Nullstellen:
$x_1 = -3$; $x_2 = -1$

keine Nullstelle
Die Gleichung
$x^2 + 2x + 4 = 0$
hat keine Lösung.

Zeichnerische Lösung:
$y = x^2 + 2x + 4$
$y = (x + 1)^2 + 3$
$S(-1|3)$

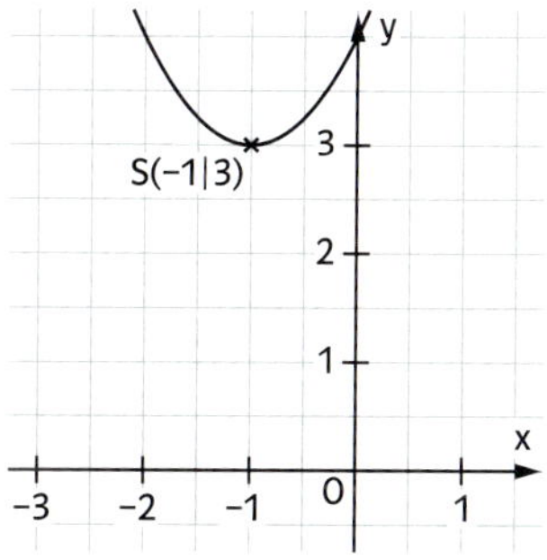

Es gibt keine Nullstellen.

genau eine Nullstelle
Die Gleichung
$x^2 + 2x + 1 = 0$
hat die Lösung $x_1 = x_2 = -1$.

Zeichnerische Lösung:
$y = x^2 + 2x + 1$
$y = (x + 1)^2$
$S(-1|0)$

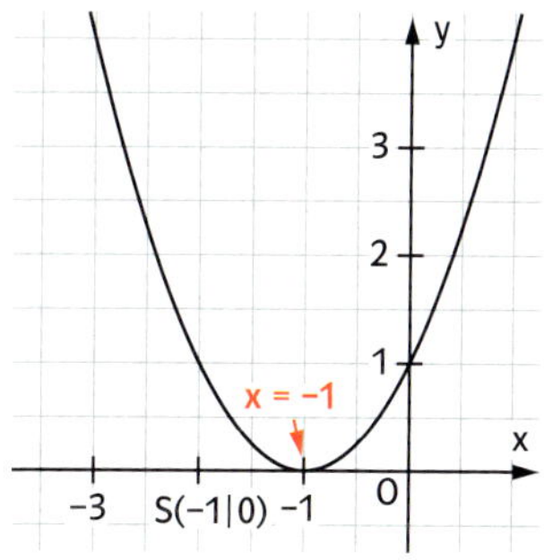

Es gibt eine Nullstelle:
$x_1 = -1$

Aufgaben

1 Bestimmen Sie die Nullstellen der Parabelgleichungen im Kopf.
a) $y = x^2 - 25$ b) $y = x^2 - 121$
c) $y = x^2 - 0{,}25$ d) $y = x^2 - 6{,}25$
e) $y = x^2 - \frac{4}{9}$ f) $y = x^2$

2 Bringen Sie die Gleichung zuerst auf die Scheitelform und geben Sie dann die Nullstellen an.
a) $y = x^2 + 6x + 9$ b) $y = x^2 - 7x + 12\frac{1}{4}$
c) $y = x^2 + 2x - 3$ d) $y = x^2 + 2x - 8$
e) $y = x^2 - 6x + 5$ f) $y = x^2 - 4x$
g) $x^2 - 3x + 1{,}25 = y$ h) $x^2 + x - 2 = y$

3 Bestimmen Sie die Nullstellen der Parabel durch Rechnung.
a) $y = x^2 - 16$ b) $y = x^2 + 9$
c) $y = (x + 2)^2 - 9$ d) $y = (x - 4)^2 - 1$
e) $y = x^2 + 3x$ f) $y = x^2 - 6x$
g) $y = x^2 + 6x - 5$ h) $y = x^2 + 6x - 2$
i) $y = x^2 - 12x + 36$ j) $y = x^2 - 7x - 9{,}75$

4 Lesen Sie die Nullstellen aus dem zugehörigen Schaubild ab.
a) $y = x^2 - 4$ b) $y = x^2 - 1$
c) $y = (x - 3)^2 - 1$ d) $y = (x + 2{,}5)^2 - 4$
e) $y = (x - 1{,}5)^2 - 9$ f) $y = (x + 3{,}5)^2 - 1$
g) $y = (x + 6)^2$ h) $y = (x - 0{,}5)^2 - 6\frac{1}{4}$

5 Bestimmen Sie die Parabelgleichung und die Nullstellen.

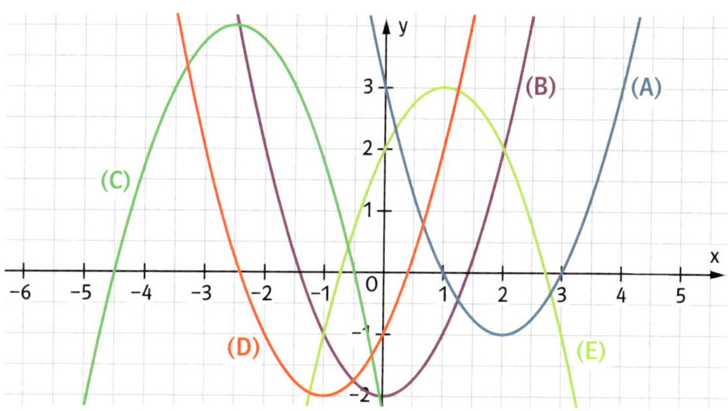

Besitzt eine Normalparabel zwei Nullstellen, liegt die x-Koordinate ihres Scheitels in der Mitte zwischen den beiden Nullstellen.

6 Entnehmen Sie dem Schaubild die Nullstellen und den Scheitel. Stellen Sie die Parabelgleichung auf. Überprüfen Sie die Nullstellen durch Rechnung.

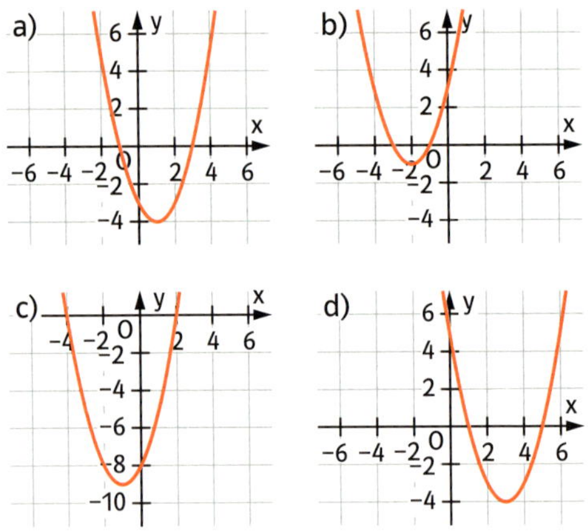

7 Die Scheitelform der Parabelgleichung lautet $y = (x - d)^2 + c$.
Geben Sie an, für welche Werte von c die Parabel zwei Nullstellen, keine Nullstelle oder eine Nullstelle besitzt.

DGS II

Mit dem Computer lassen sich die Nullstellen der Parabel $\mathbf{y = x^2 + px + q}$ grafisch ermitteln. Die Variablen p und q kann man mit Schiebereglern verändern.

- Betrachten Sie die verschiedenen Fälle für zwei Nullstellen, keine oder eine Nullstelle.
- Notieren Sie Nullstellen und Scheitelkoordinaten. Was fällt Ihnen auf?

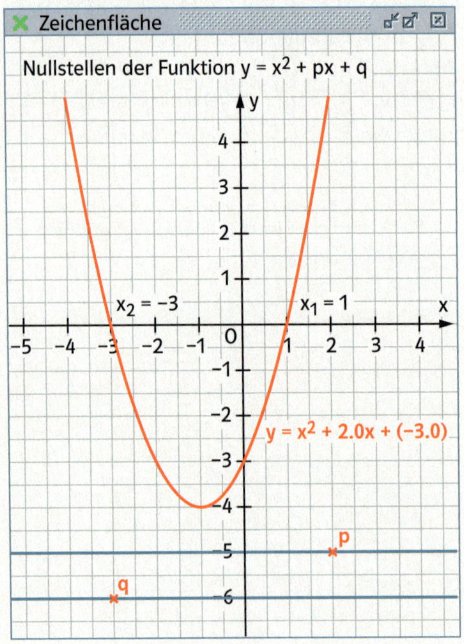

8 Gegeben sind die Normalparabeln p_1 und p_2 mit ihren Scheiteln S_1 und S_2.
Legen Sie den Ursprung O so auf die markierten Gitterpunkte, dass es für p_1 und p_2 jeweils zwei Nullstellen, keine Nullstelle oder eine Nullstelle gibt.

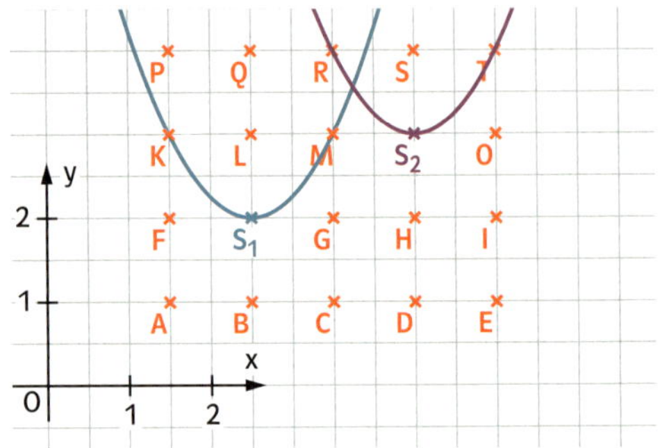

9 Geben Sie zu den Nullstellen die Gleichung der verschobenen Normalparabel an.

a) $x_1 = 1;\ x_2 = 3$ b) $x_1 = -1;\ x_2 = 4$
c) $x_1 = 2;\ x_2 = -5$ d) $x_1 = -1{,}5;\ x_2 = 4{,}5$

10 Bestimmen Sie die x-Koordinate des Scheitels für die Nullstellen.

a) $x_1 = 3;\ x_2 = 5$ b) $x_1 = 0;\ x_2 = 4$
c) $x_1 = 1;\ x_2 = -3$ d) $x_1 = -2;\ x_2 = -7$

11 Zu den Schnittpunkten von x-Achse und Graph $P_1(-2|0)$ und $P_2(2|0)$ können viele Parabeln gehören. Geben Sie verschiedene Parabelgleichungen an.

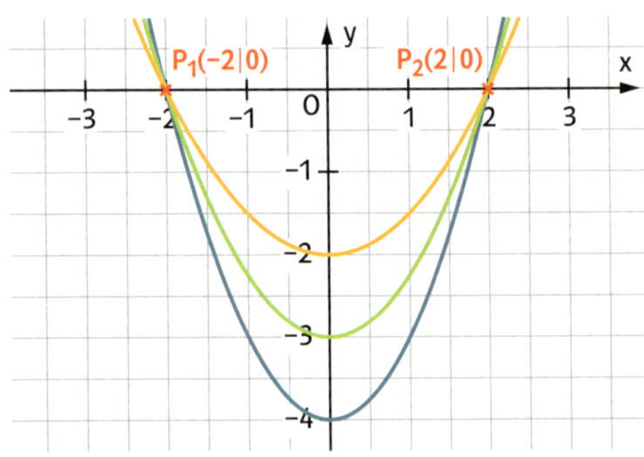

12 Bestimmen Sie aus den Nullstellen die Lage des Scheitels S und die Gleichung der verschobenen Normalparabel.

a) $x_1 = 1;\ x_2 = -1$ b) $x_1 = 2;\ x_2 = -2$
c) $x_1 = -1;\ x_2 = 3$ d) $x_1 = 3;\ x_2 = 4$
e) $x_1 = -1;\ x_2 = -5$ f) $x_1 = 1;\ x_2 = 7$

7 Nullstellen quadratischer Gleichungen – rechnerische Lösung

→ Lösen Sie die quadratischen Gleichungen.
→ Wie viel Zeit haben Sie zum Lösen der einzelnen Aufgaben benötigt?
→ Warum war der Zeitaufwand unterschiedlich hoch?

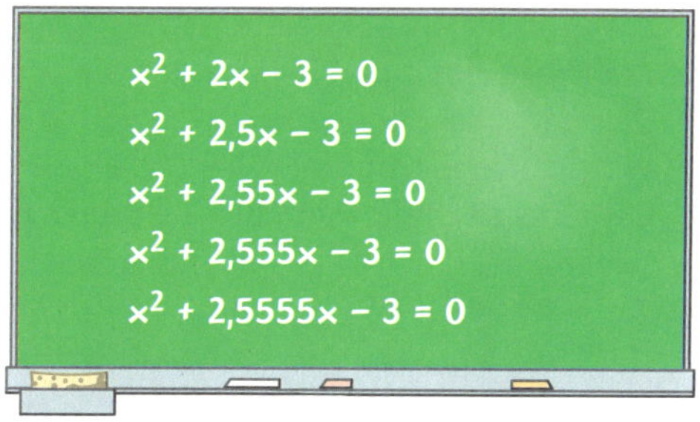

Wenn man die Nullstellen einer quadratischen Gleichung der Form $\mathbf{ax^2 + bx + c = 0}$ berechnen will, muss man immer dieselben Umformungsschritte durchführen. Wenn man beim Umformen die Variablen stehen lässt, anstatt Zahlen einzusetzen, erhält man eine allgemeine Formel für die Nullstellen.
Sie heißt **abc-Formel** und lautet: $x_{1,2} = \frac{-b \pm \sqrt{b^2 - 4ac}}{2a}$

! Liegt die Gleichung in der Normalform $x^2 + px + q = 0$ *vor, wird die Formel einfacher:*
$x_{1,2} = -\frac{p}{2} \pm \sqrt{\left(\frac{p}{2}\right)^2 - q}$
(p-q-Formel).

Die Nullstellen einer quadratischen Gleichung der Form $ax^2 + bx + c = 0$ kann man mit der **abc-Formel** berechnen. Man erhält

$x_1 = \frac{-b + \sqrt{b^2 - 4ac}}{2a}$ $x_2 = \frac{-b + \sqrt{b^2 - 4ac}}{2a}$

Beispiele

a) Die Gleichung $3x^2 = 42 - 39x$ wird mit der abc-Formel gelöst:

$3x^2 = 42 - 39x$

$3x^2 + 39x - 42 = 0$

$a = 3;\ b = 39;\ c = -42$

$x_1 = \frac{-39 + \sqrt{(-39)^2 + 4 \cdot 3 \cdot 42}}{6}$

$= \frac{-39 + 45}{6} = 1$

$x_2 = \frac{-39 - 45}{6} = -14$

b) Die Gleichung $x^2 - 18x + 17 = 0$ besitzt die Koeffizienten $p = -18$ und $q = +17$.
Sie werden in die p-q-Formel eingesetzt.

$x_{1,2} = -\frac{(-18)}{2} \pm \sqrt{\left(\frac{-18}{2}\right)^2 - 17}$

$x_{1,2} = +9 \pm \sqrt{81 - 17}$

$x_{1,2} = +9 \pm 8$

$x_1 = 17;\ x_2 = 1$

Bemerkungen

- Die abc-Formel kann man mithilfe der **ersten binomischen Formel** herleiten:
  $(x + m)(x + m) = x^2 + 2mx + m^2$

  Das „2m" auf der rechten Seite der binomischen Formel entspricht „$\frac{b}{a}$" auf der linken Seite der quadratischen Gleichung bzw.
  „m" entspricht „$\frac{b}{2a}$". Also addiert man die **quadratische Ergänzung** $\left(\frac{b}{2a}\right)^2$ auf beiden Seiten der Gleichung und wendet die Umkehrung der binomischen Formel an.

$ax^2 + bx + c = 0 \quad | -c \quad | :a$

$x^2 + \frac{b}{a}x = -\frac{c}{a} \quad | + \left(\frac{b}{2a}\right)^2$

$x^2 + \frac{b}{a}x + \left(\frac{b}{2a}\right)^2 = \left(\frac{b}{2a}\right)^2 - \frac{c}{a} \quad |$ quadr. Erg.

$\left(x + \frac{b}{2a}\right)^2 = \left(\frac{b}{2a}\right)^2 - \frac{c}{a} \quad | \sqrt{\ }$

$x + \frac{b}{2a} = \sqrt{\frac{b^2}{4a^2} - \frac{c}{a}}$

$x_{1,2} = \frac{-b}{2a} + \sqrt{\frac{b^2 - 4ac}{4a^2}}$

$x_{1,2} = \frac{-b + \sqrt{b^2 - 4ac}}{2a}$

*! Achten Sie beim Einsetzen in die abc-Formel besonders auf **die Vorzeichen**!*

- Um herauszufinden, wie viele Lösungen eine quadratische Gleichung hat, muss man die Gleichung nicht vollständig lösen. Es genügt, den Radikanden der Wurzel in der Lösungsformel zu untersuchen.
  Man bezeichnet den Radikanden als **Diskriminante D**. $x_{1,2} = \frac{-b \pm \sqrt{b^2 - 4ac}}{2a}$
  Wir unterscheiden drei Fälle: Die Diskriminante kann **positiv**, **Null** oder **negativ** sein. Dementsprechend kann die Gleichung **zwei Lösungen**, **eine Lösung** oder **keine Lösung** haben.

$2x^2 + 12x + 2 = 0$	$2x^2 + 12x + 18 = 0$	$2x^2 + 12x + 20$
$D = 144 - 16$	$D = 144 - 144$	$D = 144 - 160$
zwei Lösungen, da $D > 0$	eine Lösung, da $D = 0$	keine Lösung, da $D < 0$

! *discriminare (lat.) heißt unterscheiden oder den Unterschied verdeutlichen.*

Aufgaben

1 Lösen Sie mit der p-q-Formel.
a) $x^2 + 8x + 7 = 0$ b) $x^2 + 7x + 10 = 0$
c) $x^2 + 2x - 3 = 0$ d) $x^2 - 5x - 24 = 0$
e) $x^2 + 10x - 11 = 0$ f) $x^2 - 22x + 72 = 0$
g) $x^2 + 2{,}5x + 1 = 0$ h) $x^2 - 5{,}2x + 1 = 0$

2 Lösen und runden Sie auf zwei Dezimalen.
a) $x^2 + 6x + 3 = 0$ b) $x^2 + 6x - 3 = 0$
c) $x^2 - 6x + 3 = 0$ d) $x^2 - 6x - 3 = 0$

3 Lösen Sie mit der abc-Formel.
a) $2x^2 + 12x + 10 = 0$
b) $3x^2 + 9x - 84 = 0$
c) $5x^2 - 25x - 120 = 0$
d) $\frac{1}{2}x^2 - x - 4 = 0$

4 Vereinfachen Sie zuerst.
a) $7x^2 - 14x - 23 = 6x^2 - 23x + 29$
b) $\frac{1}{2}x^2 - x - 19 = \frac{1}{2}x + 16$
c) $3x^2 - 29x + 11 = 20x - 4x^2 - 59$

5 Lösen Sie zuerst die Klammern auf.
a) $5(2x - 3) = x(8 - x)$
b) $(x + 2)(8x - 3) = 3x - 3$
c) $2x(x + 3) = (x + 1)(x - 2) - 10$
d) $2x(x - 3) = 5 - (x^2 - 4)$
e) $(x - 9)(2x + 2) - 2(1 + x) = 0$
f) $5(x^2 - 7) - 3x(2 + x) - x(x - 8) = 0$

6 Es gibt verschiedene Lösungswege.
a) $\frac{x^2}{9} - \frac{1}{2} = \frac{x}{3} + \frac{3}{2}$ b) $\frac{1}{10}x^2 = 5 + \frac{x}{2}$
c) $\frac{x^2 + 4}{6} + \frac{4x}{3} = \frac{x}{2}$ d) $\frac{x^2 - 6}{6} + \frac{1}{3}x = \frac{1}{2}x$

7 Geben Sie die Lösungen an, ohne zu runden.
a) $x^2 - 2x - 1 = 0$
b) $(1 - 3x)(5x + 2) = 0$
c) $9x(2x - 1) = -1$
d) $x^2 - \sqrt{12}x - 9 = 0$

8 Lösen Sie die Gleichung.
a) $(x - 7)^2 = 4(x + 8)$
b) $(x - 4)^2 - 3(x - 1) = 1$
c) $(2 + x)^2 - (x - 7)^2 = x^2$
d) $(5x - 3)^2 - (3x - 4)^2 = 13x^2 + 17$
e) $(2x + 5)^2 + (3x + 6)^2 + (x - 2)^2 = (1 - 2x)^2$

9 Welches Lösungspaar gehört zu welcher Gleichung?

$(x - 5)(x + 3) = 9$	$x_1 = 7;\ x_2 = 1$
$(x - 5)(x - 3) = 8$	$x_1 = 1;\ x_2 = -9$
$(x + 5)(x - 3) = -7$	$x_1 = 6;\ x_2 = -4$
$(x + 5)(x + 3) = 24$	$x_1 = 2;\ x_2 = -4$

10 Welche der Gleichungen hat zwei Lösungen, eine oder keine Lösung?
a) $3x^2 + 20x + 120 = 12 - 16x$
b) $(x + 3)^2 - 5 = 2(x - 5) + 3x^2$
c) $(x - 1)^2 + x^2 - 2 = (x - 2)(x + 2)$
d) $x(x + 3) + 12 = 12 - (2x + 1)^2$

11 Bestimmen Sie die Diskriminante D und geben Sie die Anzahl der Lösungen an.
a) $x^2 - 10x - 11 = 0$
b) $x^2 + 6x + 10 = 0$
c) $x^2 + \frac{6}{7}x + \frac{3}{14} = 0$
d) $9x^2 - 36x + 4 = 0$

8 Schnittpunkte

Arthur und Nina sind sich uneins, ob sich die beiden Parabeln schneiden. Arthur meint sogar, er könne den Schnittpunkt im Kopf bestimmen.

→ Was meinen Sie?

→ Haben die verschobenen Normalparabeln mit den Scheitelpunkten $S_1(-36\,|\,0)$ und $S_2(36\,|\,0)$ einen Schnittpunkt? Vielleicht hilft Ihnen der Taschenrechner.

→ Bettina findet viele Paare von Parabeln, die sich nicht schneiden.

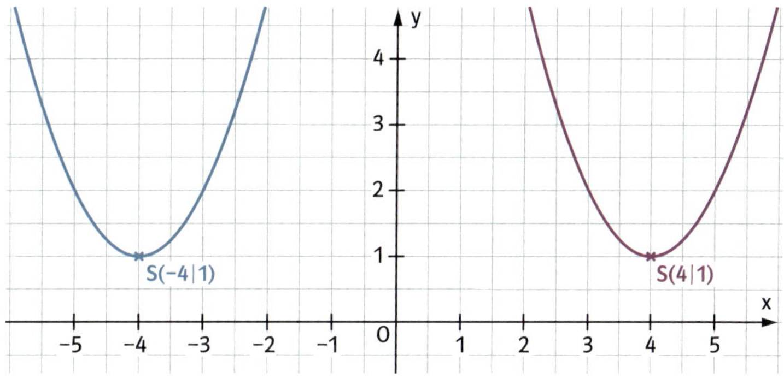

Will man Schnittpunkte von zwei Graphen rechnerisch ermitteln, setzt man die beiden Gleichungen einander gleich.

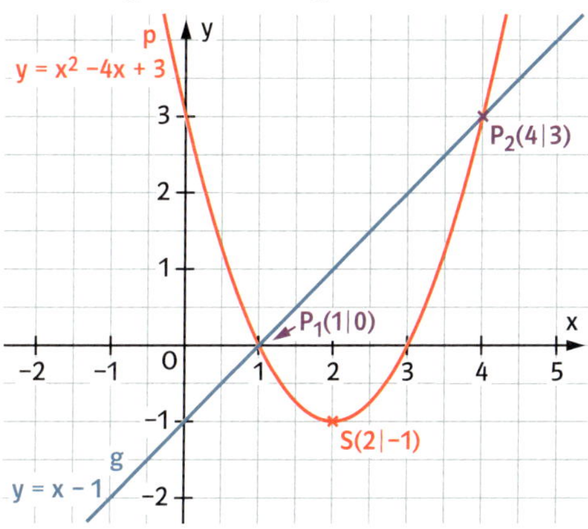

g: $y = x - 1$

p: $y = x^2 - 4x + 3$

Durch Gleichsetzen erhält man:

$x - 1 = x^2 - 4x + 3 \quad | -x + 1$

$x^2 - 5x + 4 = 0$

$x_{1,2} = 2{,}5 \pm \sqrt{(2{,}5)^2 - 4}$

$x_1 = 2{,}5 - 1{,}5 = 1$

$x_2 = 2{,}5 + 1{,}5 = 4$

Durch Einsetzen ergibt sich:

$y_1 = 1 - 1 = 0;\; y_2 = 4 - 1 = 3$

Die Schnittpunkte sind: $P_1(1\,|\,0)$ und $P_2(4\,|\,3)$.

Zur Bestimmung der **Schnittpunkte** einer Parabel und einer Geraden oder von zwei Parabeln setzt man die Gleichungen einander gleich.

Beispiele

a) Gesucht sind Schnittpunkte von zwei Parabeln.

p_1: $y = x^2 + 2x - 1$

p_2: $y = x^2 - 4x + 5$

Durch Gleichsetzen erhält man:

$x^2 + 2x - 1 = x^2 - 4x + 5 \quad | -x^2 + 4x$

$6x - 1 = 5 \quad | +1$

$6x = 6$

$x = 1$

Für $x = 1$ ergibt sich:

$y = 1^2 + 2 \cdot 1 - 1$

$y = 2$

Der einzige Schnittpunkt der beiden Parabeln ist $P(1\,|\,2)$.

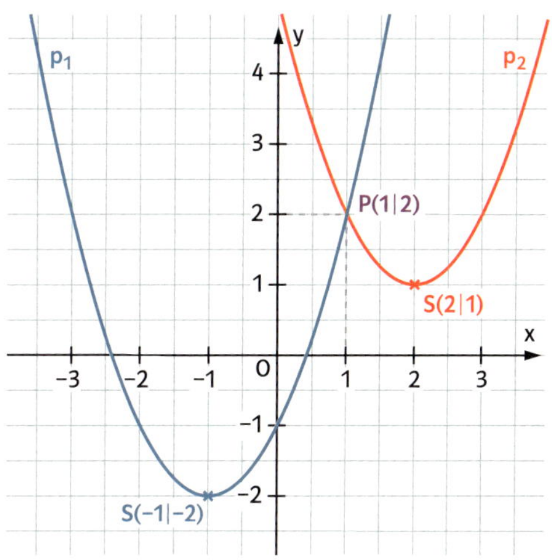

b) Gesucht sind gemeinsame Punkte der beiden Parabeln.

p_1: $y = (x + 2)^2 + 2$

p_2: $y = -x^2 + 4$

Durch Gleichsetzen erhält man

$$(x + 2)^2 + 2 = -x^2 + 4$$
$$x^2 + 4x + 6 = -x^2 + 4 \quad | + x^2 - 4$$
$$2x^2 + 4x + 2 = 0 \quad | : 2$$
$$x^2 + 2x + 1 = 0$$
$$x_{1,2} = -1 \pm \sqrt{(1)^2 - 1}$$
$$x = -1$$

Für $x = -1$ erhält man:

$y = -1 + 4$

$y = 3$ $\qquad$ $T(-1|3)$

Die Parabeln haben nur den Punkt $T(-1|3)$ gemeinsam, sie berühren einander.

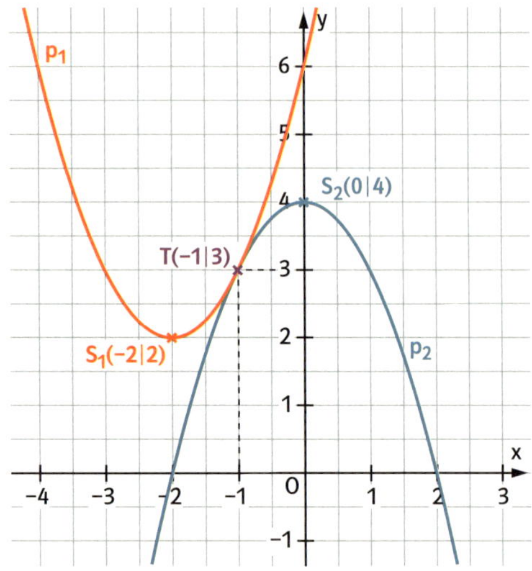

Aufgaben

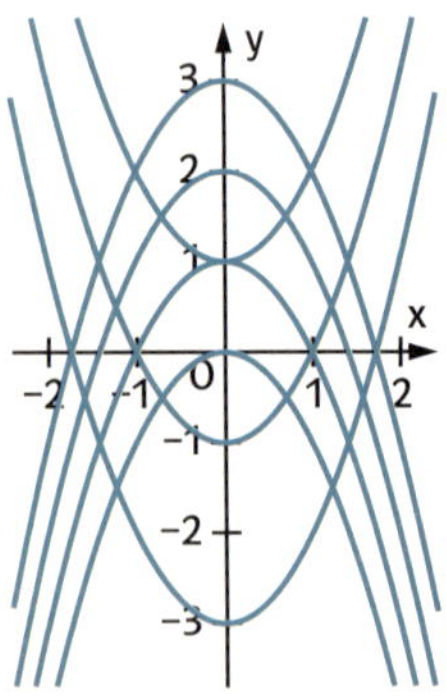

1 Bestimmen Sie die gemeinsamen Punkte der Parabeln. Die Parabelschablone hilft.

a) $y = x^2$ $\qquad$ $y = (x - 1)^2$

b) $y = x^2 + 1$ $\qquad$ $y = (x - 2)^2$

c) $y = x^2 + 2$ $\qquad$ $y = (x - 3)^2$

d) $y = x^2 - 1$ $\qquad$ $y = (x + 1)^2$

2 Berechnen Sie die gemeinsamen Punkte der Parabeln.
Überprüfen Sie das Ergebnis anschließend zeichnerisch.

a) $y = (x + 3)^2 + 1$ $\qquad$ $y = x^2 + 2$

b) $y = (x - 1)^2 + 3$ $\qquad$ $y = x^2 + 1$

c) $y = (x - 2)^2 - 10$ $\qquad$ $y = (x + 3)^2 + 11$

d) $y = x^2 - 4x - 4$ $\qquad$ $y = x^2 - x + 8$

3 Wie viele gemeinsame Punkte besitzen die Parabeln?
Lösen Sie im Kopf.

a) $y = x^2$ $\qquad$ $y = x^2 + 1$

b) $y = 2x^2$ $\qquad$ $y = -x^2$

c) $y = x^2 + 2$ $\qquad$ $y = -x^2 + 3$

d) $y = (x + 1)^2$ $\qquad$ $y = (x - 1)^2$

4 Wie viele Schnittpunkte kann es beim Schnitt der Normalparabel mit einer beliebigen Geraden geben?
Geben Sie die Geradengleichung zu Ihrer Lösung an.

5 Berechnen Sie verschiedene Schnittpunkte der verschobenen Normalparabeln auf dem Rand. Was fällt Ihnen bei den x-Koordinaten auf?

6 Berechnen Sie die Schnittpunkte von Parabel p und Gerade g.

a) p: $y = x^2 - 5$ $\qquad$ g: $y = 2x + 3$

b) p: $y = (x - 3)^2$ $\qquad$ g: $y = -2x + 6$

c) p: $y = (x + 2)^2$ $\qquad$ g: $y = x + 4$

d) p: $y = -(x - 1)^2 + 3$ $\qquad$ g: $y = 0{,}5x - 0{,}5$

7 Bestimmen Sie die Gleichungen der Parabeln und berechnen Sie ihre Schnittpunkte.

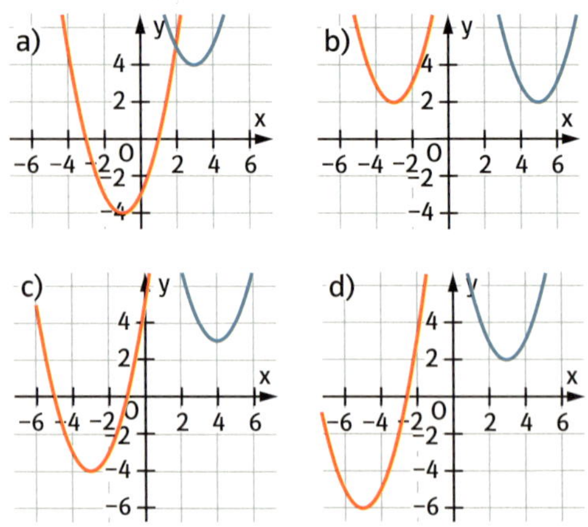

8 Gegeben ist die Parabel mit der Gleichung $y = (x + 2)^2$.
Bestimmen Sie jeweils mehrere Geraden, die mit der Parabel zwei Schnittpunkte, genau einen bzw. keinen Schnittpunkt haben. Geben Sie mehrere Lösungen an.

9 Verschieben Sie zwei Normalparabeln im Koordinatensystem so, dass sich ein Schnittpunkt oder kein Schnittpunkt ergibt. Geben Sie dazu die Gleichungen in Scheitelform an.

10 Berechnen Sie die Schnittpunkte der Parabeln.

a) p_1: $y = -x^2 + 2$ $\quad$ p_2: $y = (x + 1)^2 - 2$
b) p_1: $y = 2x^2 - 1$ $\quad$ p_2: $y = (x - 2)^2 + 1$
c) p_1: $y = -\frac{1}{2}x^2 + 3$ $\quad$ p_2: $y = 3x^2 - 2$
d) p_1: $y = x^2 + 6x + 6$ $\quad$ p_2: $y = -2x^2 + 4$

11 Beschreiben Sie zuerst die Lage der Parabeln. Berechnen Sie dann ihre Schnittpunkte.

a) p_1: $y = 1{,}01x^2$ $\quad$ p_2: $y = x^2 + 100$
b) p_1: $y = 0{,}99x^2$ $\quad$ p_2: $y = 1{,}01x^2 - 2$
c) p_1: $y = \frac{1}{100}x^2 + 100$ $\quad$ p_2: $y = \frac{1}{50}x^2$
d) p_1: $y = -\frac{1}{1000}x^2 + 80$ $\quad$ p_2: $y = -\frac{1}{2000}x^2$

12 Eine Gerade, die mit einer Parabel nur einen Punkt gemeinsam hat, heißt **Tangente** an der Parabel.
Berechnen Sie die Koordinaten des Berührpunktes T und überprüfen Sie durch Zeichnung.

a) g: $y = 2x - 5$ $\quad$ p: $y = (x - 3)^2 + 2$
b) g: $y = -2x - 3$ $\quad$ p: $y = x^2 + 4x + 6$
c) g: $y = -x - 3{,}25$ $\quad$ p: $y = x^2 + 2x - 1$

13 Eine verschobene Normalparabel hat den Scheitel $S(-3|-5)$. Eine Gerade verläuft durch den Punkt $P(1|-3)$ und hat die Steigung $m = -1$.
a) Berechnen Sie die Koordinaten der Schnittpunkte der Parabel und der Geraden.
b) Eine weitere Gerade verläuft parallel zur ersten Geraden und geht durch den Scheitel der Parabel. Geben Sie die Gleichung dieser zweiten Geraden an.

DGS III

Mit dem Computer lassen sich Schnittpunkte bestimmen.

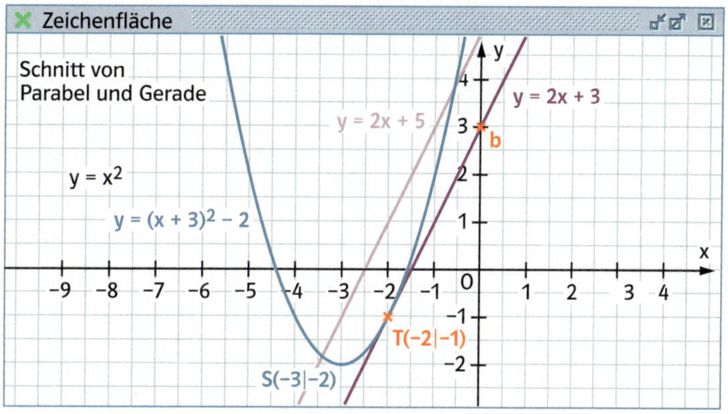

■ Durch Ziehen am Schnittpunkt der Geraden mit der y-Achse lässt sich die Gerade parallel verschieben.
■ Experimentieren Sie mit der Geraden so, dass es zwei Schnittpunkte, keinen oder genau einen Schnittpunkt gibt. Prüfen Sie Ihre Ergebnisse rechnerisch nach.

14 Eine nach oben geöffnete verschobene Normalparabel hat den Scheitel $S_1(4|-7)$. Eine zweite Parabel hat die Gleichung $y = x^2 - 4x + 3$.
a) Berechnen Sie die Koordinaten des Scheitels S_2 und geben Sie die Entfernung $\overline{S_1S_2}$ an.
b) Berechnen Sie die Koordinaten des Schnittpunktes T.

15 a) Eine nach oben geöffnete verschobene Normalparabel hat den Scheitel $S(1|2{,}5)$. Eine zweite Parabel hat die Gleichung $y = -x^2 + 5$. Berechnen Sie die Koordinaten der Schnittpunkte der Parabeln.
b) Eine nach oben geöffnete verschobene Normalparabel geht durch die Punkte $P_1(-1|0)$ und $P_2(-6|5)$. Eine Gerade mit der Gleichung $y = x + 7{,}75$ schneidet die Parabel in den Punkten R und T. Berechnen Sie die Koordinaten von R und T.
c) Eine Parabel hat die Gleichung $y = x^2 + 4x + 1$. Eine Gerade geht durch den Scheitel der Parabel und durch den Punkt $P(3|4)$. Wie lautet die Gleichung? Berechnen Sie, wie weit der zweite Schnittpunkt T von Parabel und Gerade vom Ursprung O entfernt ist.

9 Lösen durch Modellieren

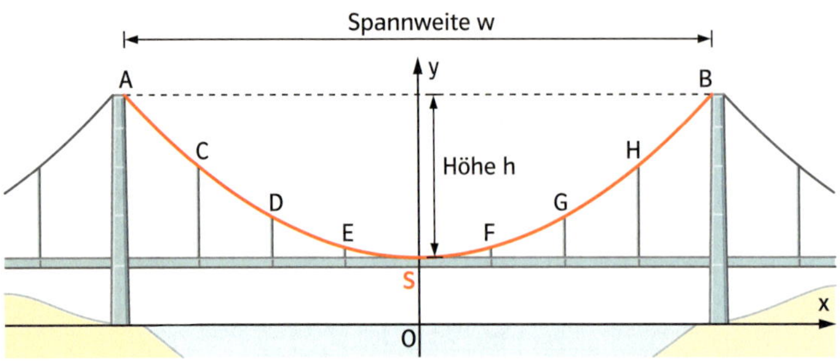

An Brücken findet man oft Bögen, die die Form von Parabeln haben. Eine solche Hängebrücke soll gebaut werden.
Die Stützpfeiler A und B sollen 100 m hoch werden, die Spannweite der Brücke soll 1200 m betragen.
Sechs Halteseile werden in gleichmäßigen Abständen befestigt.
→ Wie lange müssen die einzelnen Halteseile sein?

Mithilfe von Parabelgleichungen kann man den Verlauf eines Brückenbogens oder einer Wurfparabel recht genau beschreiben und auch berechnen. Dazu braucht man Daten wie z. B. die Spannweite des Bogens oder die Höhe des Bogens vom Scheitel aus gemessen. Es wird geprüft, ob ein Schwertransporter mit einer Überbreite von 10 m und einer Höhe von 4,80 m unter einer Brücke mit den gegebenen Maßen durchfahren kann.

Übersetzen

Reale Welt

Realsituation

Der Brückenbogen hat eine Spannweite von 24 m und eine Höhe von 6 m. Passt der Schwertransport unter der Brücke durch?

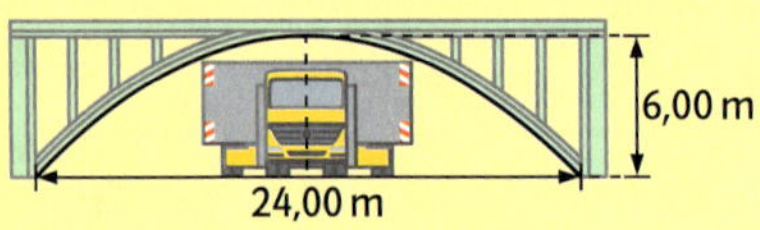

Mathematik

Mathematisches Modell

Mithilfe der Parabelgleichung $y = ax^2 + c$ wird für $x = 12$; $y = 0$ und $c = 6$ der Faktor a berechnet: $0 = a \cdot 12^2 + 6$

$a = \frac{-6}{144} = \frac{-1}{24}$

Die Parabelgleichung für den Brückenbogen lautet: $y = -\frac{1}{24}x^2 + 6$

Lösen

Mathematische Ergebnisse

Der Schwertransporter braucht von der Straßenmitte aus 5 m Breite nach beiden Seiten. Durch Einsetzen von $x = 5$ in die Parabelgleichung erhält man die Höhe des Brückenbogens.

$y = -\frac{1}{24} \cdot 5^2 + 6 = 4{,}96$

Interpretieren

Reale Ergebnisse

Die Höhe des Brückenbogens über dem Rand der Ladung ist 4,96 m. Zwischen Ladung und Brückenbogen verbleibt also ein Abstand von 16 cm.

Bewerten

Für eine **Bewertung** muss der Fahrer des Transporters weitere Überlegungen anstellen:
- Lässt sich die Fahrbahnmitte exakt einhalten?
- Welche Rolle spielt der Reifendruck bzw. die Federung?
- Gibt es Befestigungen am Brückenbogen? …

Das **mathematische Modellieren** läuft in Stufen ab.
1. **Übersetzen** der Realsituation in ein mathematisches Modell
2. **Lösen:** Ermitteln der mathematischen Ergebnisse
3. **Interpretieren** der Lösung in der Realsituation
4. **Bewerten** des realen Ergebnisses.

Beispiel

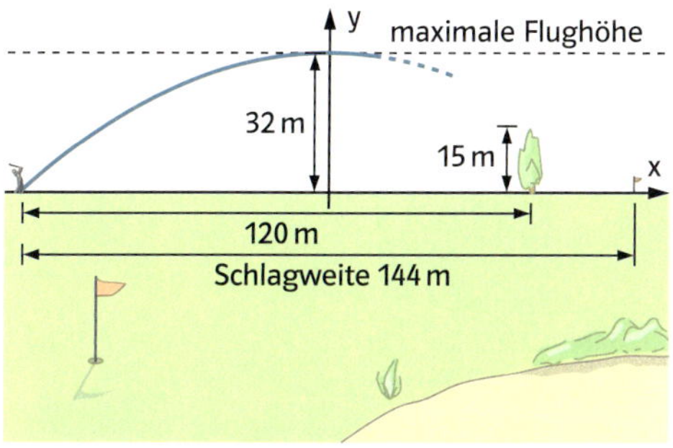

1. Realsituation:

Gelingt es der Golferin, das Hindernis „Baum" in 120 m Entfernung zu überspielen?

2. Mathematisches Modell

Die Flugkurve eines Golfballs lässt sich mit einer Parabel modellieren. Hier ist es günstig, den Ursprung des Koordinatensystems auf Höhe 0 m senkrecht unterhalb des Scheitels zu legen.

Allgemeine Parabelgleichung: $y = -a \cdot x^2 + c$

Durch Einsetzen der Zahlenwerte erhält man:

$0 = -a \cdot 72^2 + 32$

$a = \frac{32}{72^2} = \frac{1}{162}$

$y = -\frac{1}{162}x^2 + 32$

3. Mathematisches Ergebnis

$y_B = -\frac{1}{162} \cdot 48^2 + 32 = 17{,}8$

4. Reales Ergebnis

Im Idealfall fliegt der Ball etwa 2,8 m über den Baumwipfel hinweg.

Aufgaben

1 Die Hauptkabel von Hängebrücken beschreiben einen annähernd parabelförmigen Bogen.
Mit w ist die Spannweite, mit h die Bogenhöhe bezeichnet.

Bestimmen Sie die Gleichung $y = a x^2$ für die Brooklyn Bridge in New York:
$w = 486\,m$; $h = 88\,m$

2 Überprüfen Sie anhand der Daten, ob der rechts abgebildete Brückenbogen die Form einer Parabel hat.
Wie lautet dann die Parabelgleichung?

3 Der Bogen der Müngstener Brücke lässt sich durch eine Parabel mit der Gleichung $y = -\frac{1}{90}x^2$ beschreiben. Die Spannweite beträgt 158 m, die Bogenhöhe 69 m.
Passen diese Daten zusammen?

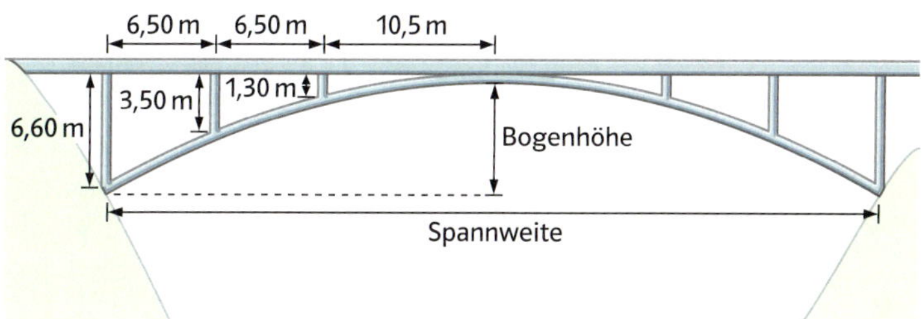

DGS IV

Mit dem Computer lassen sich Flugkurven von Skifahrern mit einer Parabel modellieren. Den Ursprung des Koordinatensystems legt man in den Scheitel der Kurve.

- Vergleichen Sie die Flugbahn des Skifahrers mit dem Parabelbogen.
- Können Sie Abweichungen der Parabelkurve erklären?
- Suchen Sie ähnliche Sportbilder und hinterlegen Sie sie mit einer Parabel.

Erklären Sie Ihre Ergebnisse.

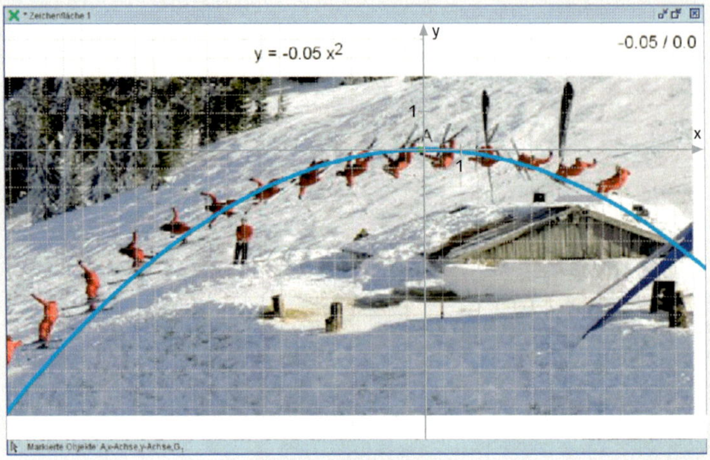

Der Körperschwerpunkt eines Menschen liegt etwa auf Hüfthöhe.

4 Bei einem Freistoß fliegt ein Fußball – horizontal gemessen – 50 m weit. Der höchste Punkt seiner parabelförmigen Flugbahn liegt 5 m hoch.
a) Skizzieren Sie die Flugbahn in einem Koordinatensystem.
b) Wählen Sie den Ursprung des Koordinatensystems geschickt. Bestimmen Sie die Koordinaten des Scheitels und die Parabelgleichung.

5 Die Flugbahn des Fußballs bei einem Schuss lässt sich beschreiben mit
$y = -\frac{1}{160}x^2 + 4$ (x und y in m).
a) Wie hoch ist der Ball nach einem Meter Flug horizontal gerechnet?
b) Für welchen x-Wert hat der Ball die Höhe von 2 m?
c) Für welchen x-Wert erreicht der Ball seine größte Höhe?
d) Ein 1,90 m großer Gegenspieler steht 10 m entfernt. Kann er den Ball abwehren?

6 Die Flugkurve eines Golfballs gleicht einer Parabel mit der Gleichung
$y = -\frac{1}{400}x^2 + 25$ (x und y in m).
a) Wie weit kann der Ball, horizontal gemessen, höchstens fliegen?
b) Für welchen x-Wert erreicht der Ball den höchsten Punkt der Flugbahn?

7 Der Körperschwerpunkt eines Hochspringers beschreibt annähernd eine parabelförmige Flugbahn mit der Gleichung
$y = -0{,}18x^2 + 2{,}4$ (x und y in m).
a) Welche Sprunghöhe kann der Hochspringer erreichen?
b) In welcher Entfernung zur Sprunglatte sollte der Hochspringer abspringen?

8 Bob Beamons Weitsprungweltrekord von 8,90 m, den er bei der Olympiade 1968 in Mexiko-City aufstellte, ging als „Sprung ins nächste Jahrhundert" in die Sportgeschichte ein.
Die Flugbahn seines Körperschwerpunktes lässt sich annähernd durch eine Parabel beschreiben mit der Gleichung
$y = -\frac{2}{35}x^2 + 1{,}8$ (x und y in m).
a) Bei welcher horizontal gemessenen Entfernung lag der Körperschwerpunkt 1,50 m hoch?
b) Welche maximale Höhe erreichte sein Körperschwerpunkt?
c) Wäre beim Rekordsprung ein Pkw übersprungen worden?
d) Vergleichen Sie die Flugbahn des Rekordsprungs mit der Flugbahn eines Flohs
$y = -5x^2 + 0{,}3$.
e) Versuchen Sie aus der Parabelgleichung auf die Sprungweite zu kommen.

Zusammenfassung

Normalparabel

Das Schaubild der einfachsten quadratischen Gleichung $y = x^2$ ist die **Normalparabel**. Sie ist achsensymmetrisch zur y-Achse und ihr **Scheitel** liegt im Koordinatenursprung.

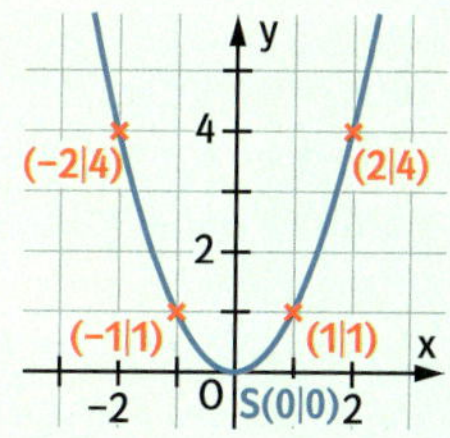

Parabelgleichung
$y = a \cdot x^2 + c$

Der Graph der Parabel $y = ax^2 + c$ ist eine nach oben oder unten geöffnete Parabel, die schmaler oder breiter als die Normalparabel sein kann. Sie ist zusätzlich um den Summanden c in Richtung der y-Achse verschoben. Ihr Scheitel ist $S(0\,|\,c)$.

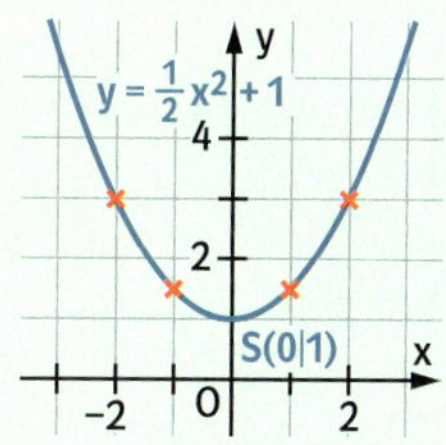

$0 < a < 1$: breiter
$a > 1$: schmaler als die Normalparabel

Parabelgleichung in der Scheitelform
$y = (x - d)^2 + c$

Der Graph der Parabel $y = (x - d)^2 + c$ ist eine um d in Richtung der x-Achse und um c in Richtung der y-Achse **verschobene Normalparabel**.
Ihr **Scheitel** ist **$S(d\,|\,c)$**.
Durch quadratisches Ergänzen kann die Parabelgleichung $y = x^2 + px + q$ in die Scheitelform umgewandelt werden.

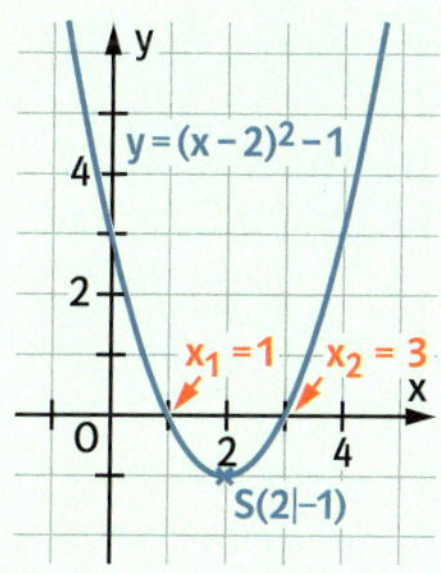

$y = x^2 - 4x + 3$
$y = x^2 - 4x + \left(\frac{4}{2}\right)^2 + 3 - \left(\frac{4}{2}\right)^2$
$y = (x - 2)^2 - 1$
$S(2\,|\,-1)$

Nullstellen einer Parabel

An den Schnittstellen der Parabel mit der x-Achse ist der Wert y gleich null.
Den x-Wert des Schnittpunktes mit der x-Achse nennt man **Nullstelle**.

Schnittpunkte

Um die Koordinaten der Schnittpunkte zweier Parabeln oder von Parabel und Gerade zu berechnen, setzt man die Gleichungen gleich.

p_1: $y = (x + 3)^2 - 5$
p_2: $y = x^2 + 2x + 10$
Gleichsetzen:

$$(x + 3)^2 - 5 = x^2 + 2x + 10$$
$$x^2 + 6x + 4 = x^2 + 2x + 10 \quad | -x^2 - 2x$$
$$4x = 6 \quad | : 4$$
$$x = 1{,}5$$

x einsetzen: $y = 4{,}5^2 - 5$
$y = 15{,}25$ $\quad P(1{,}5\,|\,15{,}25)$

Zusammenfassung

quadratische Gleichungen

Quadratische Gleichungen kann man lösen, indem man die Gleichung nach x^2 auflöst und dann auf beiden Seiten die Wurzel zieht. Ist der Radikand positiv, hat die Gleichung zwei Lösungen; ist er negativ, gibt es keine Lösung. Hat der Radikand den Wert null, gibt es genau eine Lösung.

$$
\begin{aligned}
7x^2 - 13 &= 15 && \mid +13 \\
7x^2 &= 28 && \mid :7 \\
x^2 &= 4 && \mid \sqrt{2} \\
x_{1,2} &= \pm\sqrt{4} \\
x_1 &= 2;\quad x_2 = -2
\end{aligned}
$$

quadratische Ergänzung

Gemischt quadratische Gleichungen der Form $x^2 + px + q = 0$ kann man lösen, indem man den Term $x^2 + px$ quadratisch ergänzt.

$$
\begin{aligned}
x^2 + 6x + 5 &= 0 && \mid -5 \\
x^2 + 6x &= -5 && \mid +\left(\tfrac{6}{2}\right)^2 \\
x^2 + 6x + \left(\tfrac{6}{2}\right)^2 &= -5 + \left(\tfrac{6}{2}\right)^2 && \mid \text{Binom} \\
(x+3)^2 &= -5 + 9 && \mid \sqrt{\ } \\
x + 3 &= \pm\sqrt{4} && \mid -3 \\
x_{1,2} &= -3 \pm \sqrt{4} \\
x_1 &= -1;\quad x_2 = -5
\end{aligned}
$$

abc-Formel

Die Nullstellen einer Parabel mit der Gleichung $y = ax^2 + bx + c$ lauten

$$x_{1,2} = \frac{-b \pm \sqrt{b^2 - 4ac}}{2a}$$

$$
\begin{aligned}
y &= 2x^2 + 6x + 4 \\
x_{1,2} &= \frac{-6 \pm \sqrt{36 - 32}}{4} \\
&= \frac{-6 \pm 2}{4} \\
x_1 &= -1;\quad x_2 = -2
\end{aligned}
$$

p-q-Formel

Eine gemischt quadratische Gleichung in der Normalform $x^2 + px + q = 0$ hat die Koeffizienten p und q. Die Lösung der Gleichung kann auch mit der p-q-Formel

$$x_{1,2} = -\frac{p}{2} \pm \sqrt{\left(\frac{p}{2}\right)^2 - q}$$

bestimmt werden.

Die Gleichung $x^2 + 4x - 21 = 0$ hat die Koeffizienten $p = 4$ und $q = -21$.
Einsetzen ergibt:

$$
\begin{aligned}
x_{1,2} &= -\frac{4}{2} \pm \sqrt{\left(\frac{4}{2}\right)^2 - (-21)} \\
x_{1,2} &= -2 \pm \sqrt{4 + 21} \\
x_{1,2} &= -2 \pm 5 \\
x_1 &= 3;\quad x_2 = -7
\end{aligned}
$$

Lösen durch Modellieren

Mithilfe von quadratischen Gleichungen lassen sich Brückenbögen, Flugbahnen usw. beschreiben und Werte berechnen.
Es ist notwendig, die errechneten Werte in der wirklichen Situation zu interpretieren und das Ergebnis zu bewerten.
Dieses Vorgehen nennt man mathematisches Modellieren.

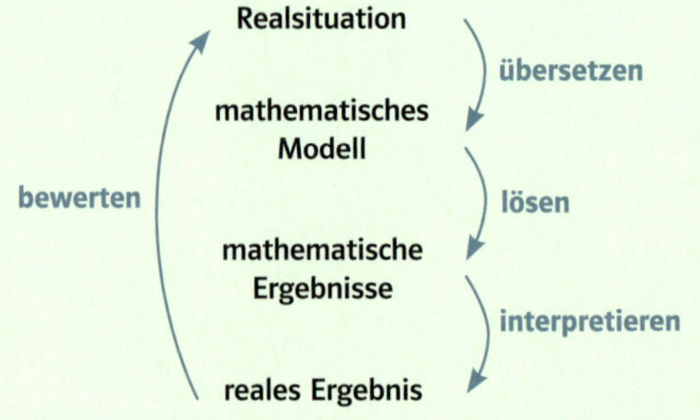

Üben • Anwenden • Nachdenken

1 Stellen Sie fest, ob der Punkt auf, unterhalb oder oberhalb der Normalparabel liegt.

a) A(17 | 289) b) B(−4 | −16)
c) C(4,5 | 20) d) D(−3,5 | 12,25)
e) E(1,1 | 1,2) f) F(0,2 | 0,4)

2 Ergänzen Sie die Wertetabelle der Parabelgleichung $y = x^2$ durch gerundete Werte. Zeichnen oder rechnen Sie.

x	1,5	+□	4,6	−□	0,7	+□	−□
y	□	5,2	□	3,9	□	11,2	13,5

3 Beschreiben Sie Form und Lage der Parabel. Spiegeln Sie die Parabel dann an der x-Achse bzw. der y-Achse und geben Sie die veränderte Parabelgleichung an.

a) $y = x^2 - 2{,}5$
b) $y = 0{,}5x^2 - 1{,}5$
c) $y = (x + 2{,}5)^2$
d) $y = (x + 2)^2 + 1$
e) $y = (x - 3)^2 + 3$
f) $y = (x - 4{,}5)^2$

4 Dieselben Parabeln, aber unterschiedliche Gleichungen. Beachten Sie die Wahl der Einheiten.

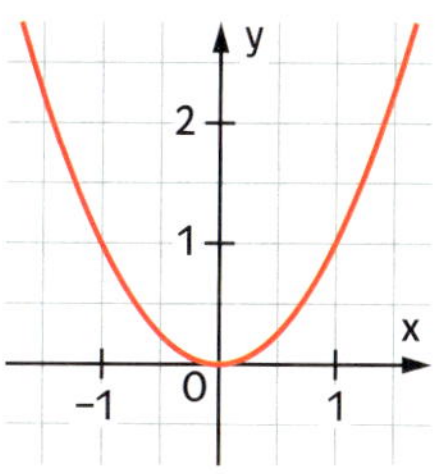

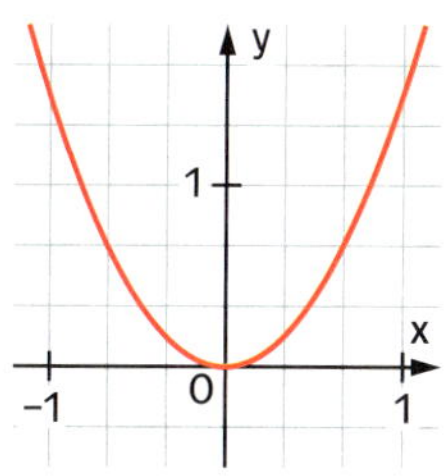

5 Wählen Sie die Einheiten auf den Koordinatenachsen so, dass die Parabel zur Gleichung gehört.

a) $y = x^2$ b) $y = \frac{1}{2}x^2$ c) $y = 4x^2$

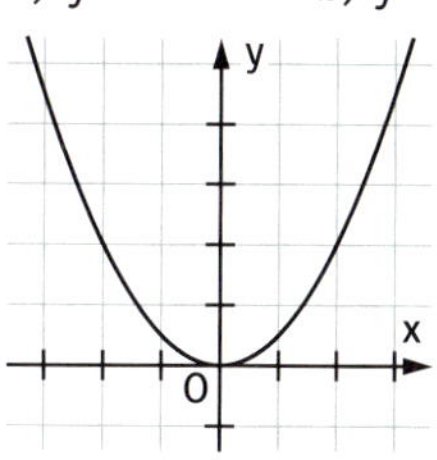

6 Berechnen Sie die fehlenden Koordinaten.

a) $y = x^2 + 3$ P(0 | □) $Q_{1,2}$(□ | 7)
b) $y = 0{,}5x^2$ P(0 | □) $Q_{1,2}$(□ | 4,5)
c) $y = 2x^2 - 4$ P(0 | □) $Q_{1,2}$(□ | 14)
d) $y = -3x^2 + 2$ P(0 | □) $Q_{1,2}$(□ | −9)

7 Beschreiben Sie Form und Lage der Parabel.
Schneidet sie die x-Achse?

a) $y = (x + 2)^2 + 1$ b) $y = (x - 3)^2 + 3$
c) $y = -x^2 - 2{,}5$ d) $y = (x + 2{,}5)^2$

8 Geben Sie die Gleichungen der Parabeln (A) bis (D) an. Berechnen Sie die Schnittpunkte der Parabel (B) mit der x-Achse.

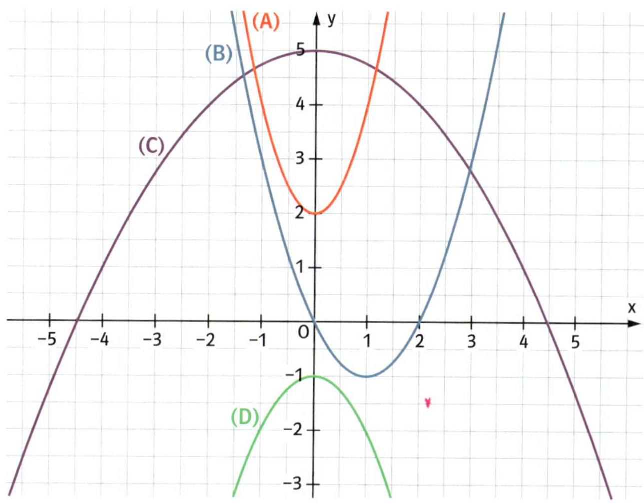

9 Wandeln Sie in die Scheitelform um und zeichnen Sie.

a) $y = x^2 + 2x - 5$
b) $y = x^2 - 4x + 7$
c) $y = x^2 - 5x + 2{,}25$
d) $y = x^2 + 5x + 4{,}75$
e) $y = x^2 - x + 5{,}75$
f) $y = (x + 1{,}5)(x - 4)$

10 Berechnen Sie die Schnittpunkte der zugehörigen Parabel mit x- und y-Achse.

a) $y = x^2 - 1$ b) $y = -x^2 + 4$
c) $y = (x - 2)^2$ d) $y = 0{,}5x^2 - 2$
e) $y = x^2 - 8x + 16$ f) $y = x^2 + 5x + 6{,}25$

11 Gegeben sind die Nullstellen einer verschobenen Normalparabel.
Bestimmen Sie ihre Gleichung in der Scheitelform.

Beispiel: $x_1 = 2$; $x_2 = 5$
Wegen der Symmetrie der Normalparabel ist die x-Koordinate des Scheitels 3,5.
Aus $(x_1 - 3{,}5)^2 + c = 0$ erhält man dann c.

a) $x_1 = 0$
$x_2 = 3$

b) $x_1 = -6$
$x_2 = -2$

c) $x_1 = -3$
$x_2 = 2$

12 Gegeben sind ein Punkt auf der Parabel und die unvollständige Parabelgleichung.
(1) $P(-1|7{,}5)$ $y = x^2 + px + 2{,}5$
(2) $P(-5|33)$ $y = x^2 + px - 2$
(3) $P(-2|2)$ $y = x^2 + 3x + q$
(4) $P(4|-10{,}25)$ $y = x^2 - 5x + q$
a) Bestimmen Sie jeweils den Scheitelpunkt der Parabel.
b) Berechnen Sie die Entfernung zwischen dem Punkt P und dem Scheitel S.
c) Geben Sie die Gleichung der Geraden durch S und P an.

13 Ergeben sich beim Schnitt der Geraden mit der Parabel zwei Schnittpunkte, ein Schnittpunkt oder kein Schnittpunkt? Überprüfen Sie durch Zeichnung und Rechnung.

	Parabel	Gerade
a)	$y = (x + 2)^2 - 4$	$y = 2x + 3$
b)	$y = (x - 5)^2 + 3$	$y = -0{,}5x - 2$
c)	$y = x^2 - 6x + 5$	$y = -x + 5$
d)	$y = x^2 - 7x + 9{,}75$	$y = -2x + 7{,}5$

14 Eine Parabel hat die Gleichung $y = x^2 + 3x - 1{,}25$.
Die Gerade g hat die Gleichung $y = -x + 1$.
a) Ermitteln Sie die Koordinaten der Schnittpunkte von Parabel und Gerade.
b) Eine weitere Gerade h geht durch die beiden Schnittpunkte von Parabel und Gerade g. Wie heißt die Gleichung dieser zweiten Gerade?
c) Berechnen Sie die Entfernung der beiden Schnittpunkte.

15 Lesen Sie die Nullstellen der Parabeln ab.

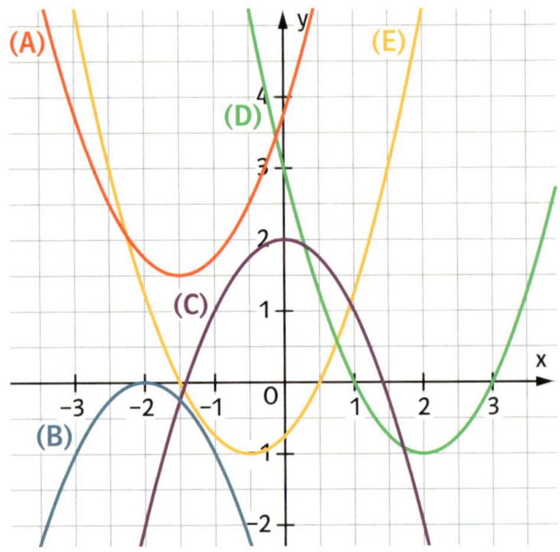

16 Bestimmen Sie zuerst die Gleichungen der Parabeln. Berechnen Sie alle Schnittpunkte der vier Parabeln.

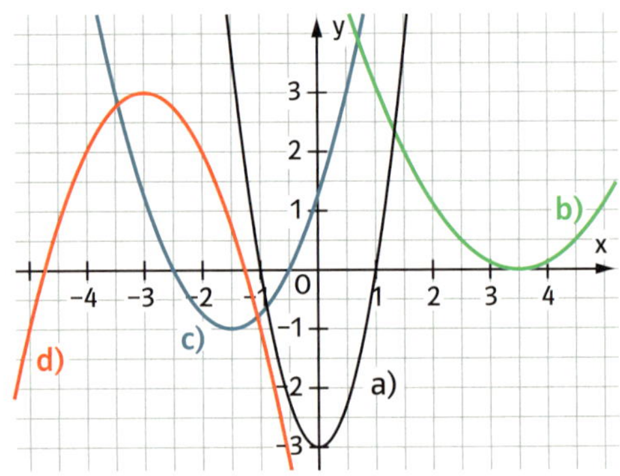

17 a) Die Gleichung $y = x^2 + 2x + q$ hat je nach Wahl des Wertes von q genau eine Nullstelle, zwei Nullstellen oder keine Nullstelle.
Bestimmen Sie passende Werte von q.
b) Die Gleichung $y = x^2 + px + 4$ hat je nach Wahl des Wertes von p genau eine Nullstelle, zwei Nullstellen oder keine Nullstelle.
Bestimmen Sie passende Werte von p.

18 Geben Sie drei verschiedene Gleichungen von Parabeln an, die
a) bei $x = 2$ ihre einzige Nullstelle haben.
b) die beiden Nullstellen $x_1 = -5$ und $x_2 = 1$ haben.

19 Eine verschobene Normalparabel wird von einer Geraden in den Punkten $P_1(1|3)$ und $P_2(6|8)$ geschnitten.
a) Wie heißen Geraden- und Parabelgleichung?
b) Berechnen Sie den Umfang und den Flächeninhalt des Dreiecks OP_1P_2.

20 Die Punkte $P(7|6)$ und $Q(-2|24)$ liegen auf einer nach oben geöffneten verschobenen Normalparabel.
a) Berechnen Sie die Koordinaten des Scheitels.
b) Welche Steigung besitzt die Gerade, die durch den Ursprung und durch den Scheitel geht?

21 Eine Feuerwerksrakete bewegt sich auf einer annähernd parabelförmigen Flugkurve.
Dabei fliegt sie 52 m hoch und – horizontal gemessen – 30 m weit.
a) Mit welcher Gleichung lässt sich die Flugkurve beschreiben?
b) Nach welcher horizontal zurückgelegten Strecke erreicht die Rakete eine Höhe von 30 m?

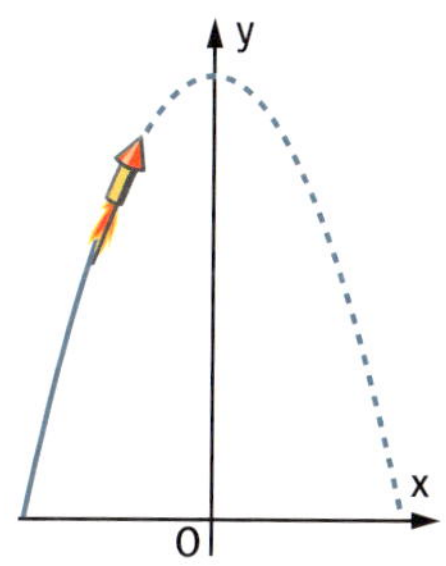

22 Ein Speerflug kann näherungsweise mit der Parabelgleichung
$y = -0{,}013x^2 + 15{,}93$ (x und y in m)
beschrieben werden.
Was können Sie daraus über die Höhe und die horizontale Flugstrecke des Speeres schließen?

23 Lösen Sie die Gleichung.
a) $3x^2 - 1 = x^2 + 17$
b) $2(2x^2 - 5) + 12 = 3x^2 + 5$
c) $7x^2 + 18x - 99 = 6x^2 - 4x + 5$
d) $3x(x - 4) + 8 = 2(x^2 - 6x) + 57$

24 Bestimmen Sie die Lösungen.
a) $3(x^2 + 2x - 9) = 33 - x(x + 2)$
b) $(x + 10)(2x + 3) - 3(3x + 1) = (x + 8)^2 - 2$
c) $(4x + 3)^2 - (5x + 4)^2 + (3x + 2)^2 = 1$
d) $-3(2x + 5)^2 - (3x - 4)^2 - 2(3x - 77) = 0$

25 Eine Lösung der Gleichung
$(2x - 1)^2 = 2(x - 1)^2 + 1$ heißt $x_1 = 1$.
Ergänzen Sie die Gleichungen so, dass $x_1 = 1$ eine Lösung ist und suchen Sie die 2. Lösung.
$(3x - 2)^2 = 3(x - 2)^2 - \square$
$(4x - 3)^2 = 4(x - 3)^2 - \square$
$(5x - 4)^2 = 5(x - 4)^2 - \square$
$(6x - 5)^2 = 6(x - 5)^2 - \square$

26 Die Lösungen finden Sie unter den Zahlen $-4; -3; -2; -1; 0; 1; 2; 3; 4$.
a) $2(x^2 - 7x + 4) = 2x(x + 1) - 8$
b) $(2x + 2)(x - 1) - (x + 1)^2 = -(x + 1)$
c) $8x - (2x - 1)^2 + (x - 3)^2 = 4x - 2x^2$

27 Wie viele Lösungen hat die Gleichung? Geben Sie die Lösungen an.
a) $2x(x + 3) - (x + 1)(x - 2) + 11 = 1$
b) $7 - x(x - 16) = x^2 - 2(x - 4)^2$
c) $3x^2 - (x + 2)^2 = (2x - 4)^2$
d) $2(x - 3)^2 - 3(x + 1)^2 = 3(5 - 6x)$
e) $\frac{(x + 3)^2}{5} + 1 - \frac{(3x - 1)^2}{5} = \frac{x(2x - 3)}{2}$

Quadratisches

Aufeinander folgende Quadratzahlen können in besonderer Beziehung zueinander stehen.
- Wie heißen die drei aufeinander folgenden natürlichen Zahlen, die die Gleichung $x^2 + (x + 1)^2 = (x + 2)^2$ erfüllen?
Bestimmen Sie x.
- Für welches x gilt: $x^2 + (x + 1)^2 + (x + 2)^2 = (x + 3)^2 + (x + 4)^2$?
- Benjamin entdeckt folgende Zusammenhänge:
$21^2 + 22^2 + 23^2 + 24^2 = 25^2 + 26^2 + 27^2$
$36^2 + 37^2 + 38^2 + 39^2 + 40^2 = 41^2 + 42^2 + 43^2 + 44^2$
$55^2 + 56^2 + 57^2 + 58^2 + 59^2 + 60^2 = 61^2 + 62^2 + 63^2 + 64^2 + 65^2$
Können Sie dies allgemein erklären? Wie heißt die nächste Gleichung?

28 Eine natürliche Zahl ist um 11 größer als eine andere. Die Summe der Quadrate beider Zahlen ergibt 745.

29 Subtrahiert man vom Produkt zweier aufeinander folgender natürlicher Zahlen die Zahl 239, so erhält man die Summe der beiden Zahlen.

30 Das Quadrat und das Rechteck haben zusammen einen Flächeninhalt von 200 m^2.

a)

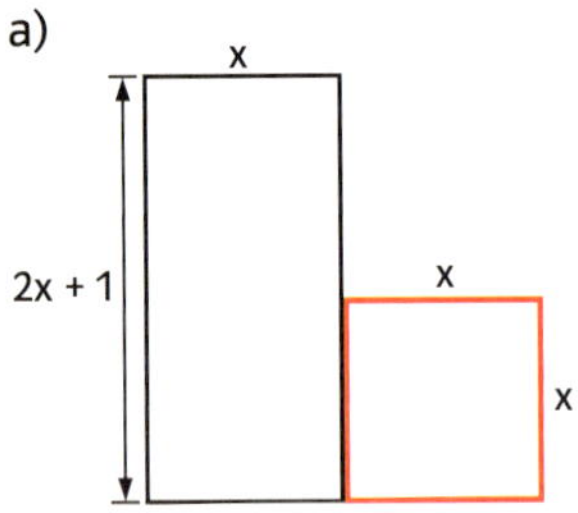

b)

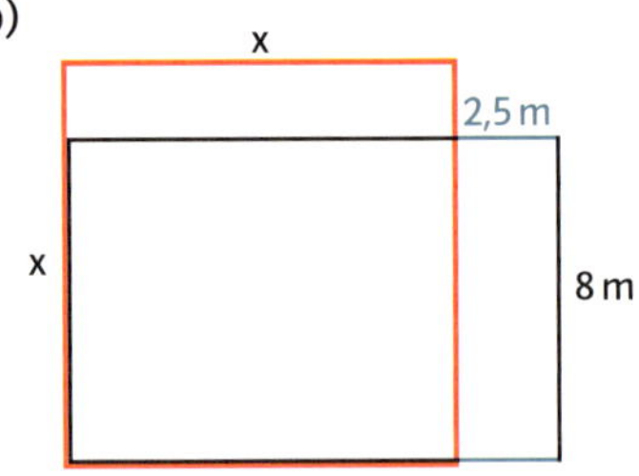

31 Rotes und blaues Rechteck sind flächengleich.

a)

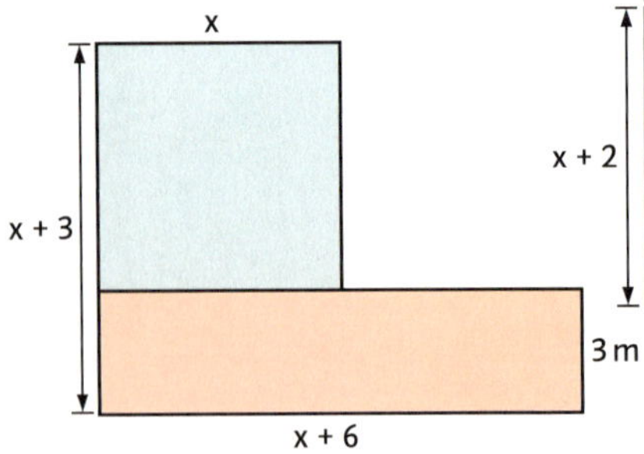

b)

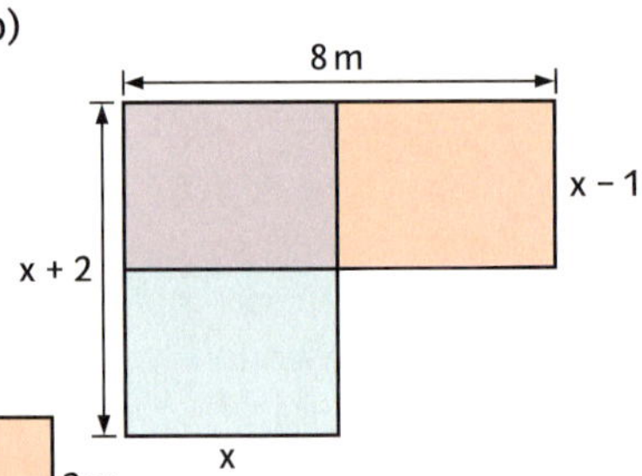

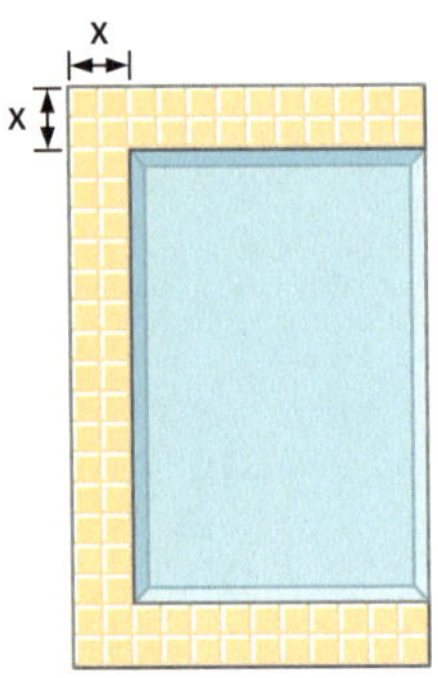

32 Ein Schwimmbecken soll an drei Seiten eine gepflasterte Umrandung erhalten. Das Schwimmbecken ist 15 m lang und 10 m breit.

a) Die Umrandung hat durchgehend die gleiche Breite von x m. Wie viel m^2 Pflastersteine werden gebraucht?

b) Das Geld reicht für 123 m^2 Pflastersteine.

33 Eine Seite eines Rechtecks ist um 18 cm kürzer als die andere. Der Flächeninhalt des Rechtecks ist so groß wie der eines Quadrates mit der Seitenlänge 12 cm. Wie groß ist der Umfang des Rechtecks?

34 Der Umfang eines Rechtecks beträgt 134 cm, der Flächeninhalt 1050 cm^2.
Wie lang sind die Rechteckseiten?

35 Ein Quader hat eine Oberfläche von 286 cm^2. Die zweitlängste Kante ist 7 cm lang. Ihre Länge unterscheidet sich von der längsten Kante gleich viel wie von der kürzesten.
Berechnen Sie das Volumen des Quaders.

36 Der Flächeninhalt des weißen Kreuzes der dänischen Flagge beträgt ein Viertel der Gesamtfläche.

a) Wie breit wird der weiße Streifen bei einer Flaggengröße von 3 m auf 5 m?

b) Bei einer anderen dänischen Flagge mit demselben Längenverhältnis ist der weiße Streifen 1 m breit. Berechnen Sie die Maße.

37 Eine mehr als 800 Jahre alte Aufgabe aus Indien:

Von einer Herde Affen sprang das Quadrat ihres 8. Teils in einem Hain herum und ergötzte sich am Spiel. Die übrigen 12 sah man auf einem Hügel vergnügt miteinander scherzen. Wie stark war die Herde?

Bremsen und Bremsweg

Nach einer wichtigen Grundregel der Straßenverkehrsordnung darf man mit einem Fahrzeug nur so schnell fahren, dass man innerhalb des überschaubaren Weges anhalten kann. Viele Verkehrsunfälle passieren, weil diese Grundregel nicht ernst genommen wird. Vielfach wird unterschätzt, welchen Weg man braucht, um ein Fahrzeug mit der Geschwindigkeit v zum Stillstand zu bringen. Man nennt ihn **Anhalteweg**.

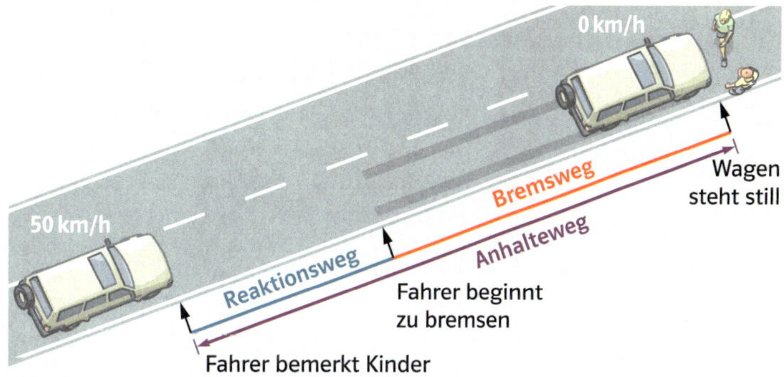

Während der Reaktionszeit t_R des Fahrers fährt das Fahrzeug noch ungebremst weiter:
Reaktionsweg: $s_R = v \cdot t_R$

Anhalteweg = Reaktionsweg + Bremsweg

Der **Bremsweg** s_B lässt sich berechnen mit der Formel $s_B = \frac{v^2}{2 \cdot a}$
(v in $\frac{m}{s}$; a Bremsverzögerung in $\frac{m}{s^2}$).
In der Fahrschule lernt man eine **Faustformel**, mit der leichter zu rechnen ist:
$s_B = \left(\frac{v}{10}\right)^2$ (v in km/h; s in m).

- Vergleichen Sie die Ergebnisse der beiden Formeln für eine Fahrt auf trockenem und auf nassem Asphalt mit 50; 60; 100 und 120 $\frac{km}{h}$.
- Überlegen Sie, wie sich der Bremsweg bei verdoppelter Geschwindigkeit verändert. Können Sie das Ergebnis begründen?

Verkehrssachverständige können mithilfe der Bremswegformel aus der Länge des Bremsweges auf die gefahrene Geschwindigkeit schließen.

- Ein Pkw ist auf trockenem Asphalt nach 80 m zum Stehen gekommen. Ein anderer Pkw brauchte ebenfalls 80 m bis zum Stillstand, allerdings bei nasser Fahrbahn.
- Wie groß ist die Bremsverzögerung eines beladenen Lkw, der bei 80 $\frac{km}{h}$ nach 70 m zum Stehen kommt?

Den **Anhalteweg** s_A berechnet man nach der Formel $s_A = v \cdot t_R + \frac{v^2}{2 \cdot a}$
(v in $\frac{m}{s}$; t_R in s; a in $\frac{m}{s^2}$).
In der Fahrschule lernt man zum schnellen Überschlagen die **Faustformel**:
$s_A = 3 \cdot \frac{v}{10} + \left(\frac{v}{10}\right)^2$ (v in $\frac{km}{h}$; s_A in m).

- Berechnen Sie nach der ersten Formel den Anhalteweg eines Pkw mit 120 $\frac{km}{h}$ bei schneller Reaktion auf nassem Asphalt. Vergleichen Sie mit dem Ergebnis der Faustformel.
- Vergleichen Sie die errechneten Werte mit den Ergebnissen, die bei langsamer Reaktion und nassem Pflasterbelag zustande kommen.

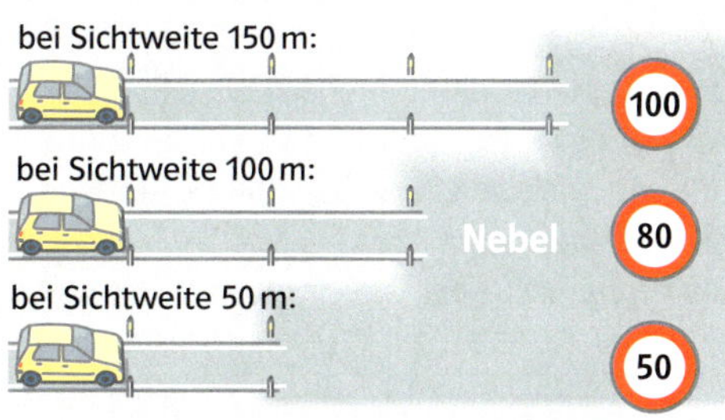

- Sind die angegebenen Höchstgeschwindigkeiten nach der Faustformel vertretbar?
- Erstellen Sie eine Warntafel für Lkw-Fahrer.

Reaktion	Reaktionszeit in Sekunden
schnell	1,3
normal	1,5
langsam	2,0
unter Alkohol	3,0
normal nach der Rechtsprechung	1,0

Bremsverzögerungen a in $\frac{m}{s^2}$

Pkw	
trockener Asphalt	7,0
nasser Asphalt	5,5
Pflaster trocken	6,0
Pflaster nass	5,0
Neuschnee und Sommerreifen	2,3
Neuschnee und Winterreifen	2,8
Glatteis	1,3
Motorrad	
trockener Asphalt	4,0
Fahrrad	
trockener Asphalt	3,0
Lkw, beladen	
trockener Asphalt	3,5

Zum Umrechnen
$1 \frac{km}{h} = 0{,}28 \frac{m}{s}$
$1 \frac{m}{s} = 3{,}6 \frac{km}{h}$

Rückspiegel | Parabeln

1 Geben Sie die Koordinaten des Scheitels der Parabel an.

a) $y = x^2 - 5$ b) $y = -x^2$
c) $y = (x - 3)^2$ d) $y = (x + 1)^2 - 4$

2 Bestimmen Sie die Gleichungen der Geraden und der verschobenen Normalparabeln.

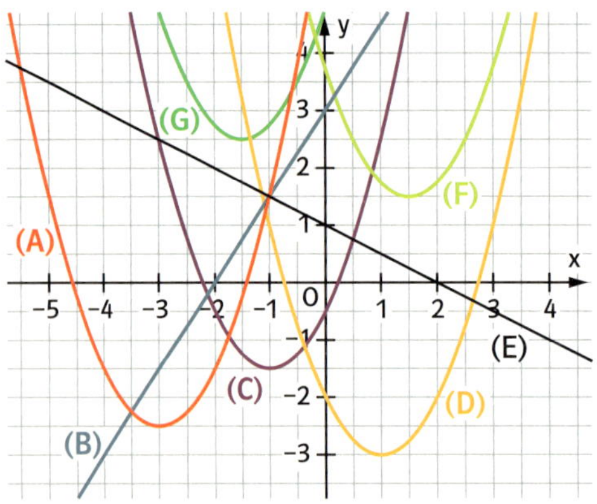

3 Geben Sie den Scheitel der Parabel an.

a) $y = x^2 + 4x + 5$ b) $y = x^2 - 6x + 7$
c) $y = x^2 - 5x + 7{,}5$ d) $y = x^2 + 9x$

4 Berechnen Sie die Nullstellen der Parabeln und geben Sie die Koordinaten der Schnittpunkte der zugehörigen Parabeln an.

a) p_1: $y = x^2 - 4x + 3$
  p_2: $y = x^2 + 2x - 3$
b) p_1: $y = x^2 + 6x - 7$
  p_2: $y = x^2 + 3{,}5x - 2$

5 Das Halteseil einer Hängebrücke hat näherungsweise die Form einer Parabel. Die Spannweite w beträgt 800 m, die Höhe h der Stützpfeiler 72 m.
Bestimmen Sie die Gleichung der Parabel.

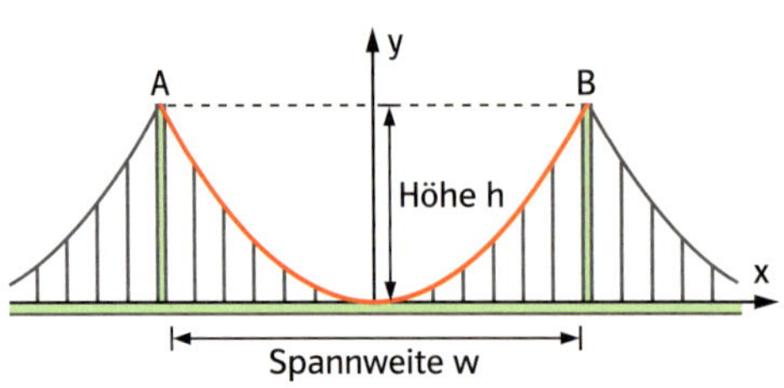

1 Welcher Punkt liegt auf welcher Parabel?

p_1: $y = x^2 + 6x + 10$ $P_1(3\,|\,-1)$
p_2: $y = x^2 - 2x - 4$ $P_2(-2{,}5\,|\,2)$
p_3: $y = (x - 2)^2 + 2$ $P_3(1\,|\,17)$
p_4: $y = x^2 + 9x + 18{,}25$ $P_4(2\,|\,2)$

2 Geben Sie die Parabelgleichungen an.

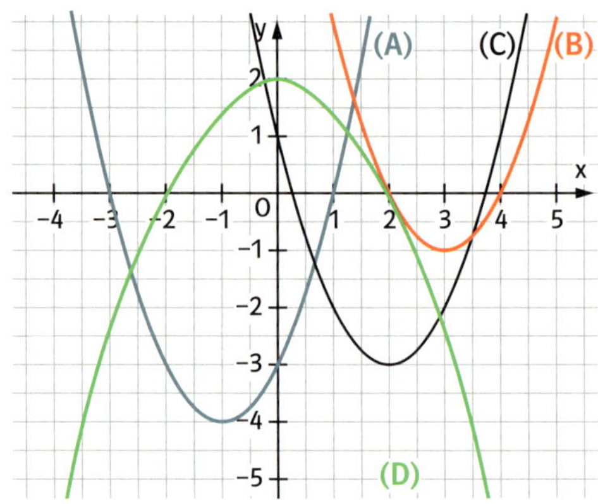

3 Berechnen Sie die Koordinaten der Schnittpunkte der Graphen.

a) g: $y = 2x + 11$ b) g: $y = -x + 5{,}5$
  p: $y = x^2 + 4x + 8$ p: $y = x^2 - 2x + 3{,}5$
c) g: $y = x - 0{,}5$ d) g: $y = 3x - 5$
  p: $y = (x - 2{,}5)^2 - 4$ p: $y = x^2 - x$
e) p_1: $y = x^2 - 8x + 7$ f) p_1: $y = -0{,}5x^2 - 1$
  p_2: $y = x^2 - 3x - 4$ p_2: $y = x^2 - 6x + 5$

4 Die Punkte A und B liegen auf der Parabel mit der Gleichung $y = x^2 + px + q$. Berechnen Sie die Koordinaten des Scheitels.

a) $A(-1\,|\,2{,}5)$; $B(-6\,|\,7{,}5)$
b) $A(3\,|\,-4)$; $B(-1\,|\,4)$

5 Die Klippenspringer von Acapulco (Mexiko) legen eine parabelförmige Flugbahn zurück, die sich mit der Gleichung $y = -x^2 + 28$ (x und y in Metern) beschreiben lässt.

a) Wie weit entfernt vom Fuß des Felsens taucht der Springer ins Wasser?
b) Der Fels ist 27 m hoch. Erklären Sie die Parabelgleichung.

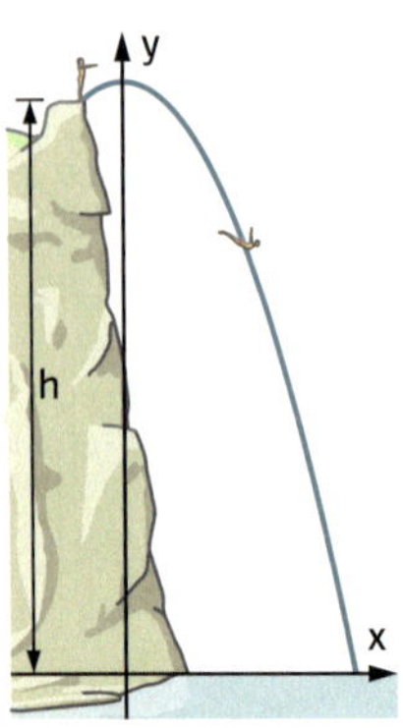

Rückspiegel | Nullstellen

1 Lösen Sie die Gleichung.
a) $x^2 - 36 = 0$
b) $x^2 - 79 = 42$
c) $2x^2 = 800$
d) $4x^2 - 15 = 2x^2 + 3$
e) $-x^2 + 100 = 0$
f) $-x^2 - 59 = -4x^2 + 88$

2 Lösen Sie durch quadratische Ergänzung.
a) $x^2 + 8x + \square = 33 + \square$
b) $x^2 - 14x + \square = 15 + \square$
c) $x^2 - 10x + \square = 231 + \square$

3 Lösen Sie die quadratische Gleichung.
a) $x^2 - 5x - 24 = 0$
b) $2x^2 + 8x + 10 = 100$
c) $5x^2 + 6x - 44 = 4x^2 + 4x - 36$

4 Berechnen Sie die Lösungen.
a) $4x(x + 2) - 8 = 3(x^2 + 4)$
b) $6(2x - 1) - x(1 - 2x) = 0$
c) $(x - 6)(x - 4) + (x + 2)^2 = 2(x + 11)$
d) $(2x - 5)^2 - 2(x - 1)(x + 1) = -5$

5 Multipliziert man eine natürliche Zahl mit der um 7 größeren Zahl, so erhält man die Zahl 144.

6 Der Flächeninhalt des roten Quadrats ist um $4\,m^2$ größer als der des Rechtecks. Berechnen Sie den Umfang von Quadrat und Rechteck (Maße in m).

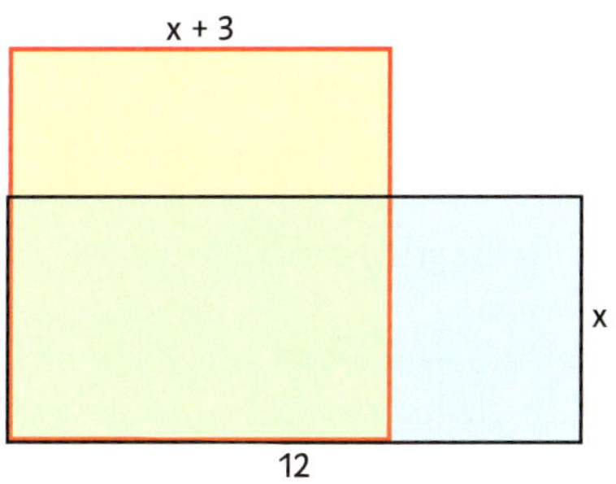

1 Lösen Sie die Gleichung.
a) $x^2 - 0{,}01 = 0$
b) $x^2 - 0{,}15 = 0{,}21$
c) $\frac{1}{2}x^2 = 162$
d) $2x^2 = \frac{128}{81}$

2 Berechnen Sie die Lösungen.
a) $x^2 + 6 = 5{,}5x$
b) $5x^2 + 8x - 15 = 20x + 30 - 7x^2$
c) $\frac{1}{4}x^2 + 8 = 3x$

3 Lösen Sie die quadratische Gleichung.
a) $(x - 2)^2 - 4x = 25 - (x + 1)^2$
b) $(3x - 2)(x + 4) - (2x + 5)^2 = 2x(8 - x) - 6$
c) $\frac{x(x-5)}{3} - 4\left(\frac{x}{2} - 1\right)^2 = -x$

4 a) Vermindert man eine natürliche Zahl um 1 und multipliziert das Ergebnis mit der um 2 vermehrten Zahl, so erhält man 28.
b) Vermindert man eine Zahl um 3 und addiert den Kehrwert dieser Differenz hinzu, erhält man die Zahl 2.

5 Das Kreuz überdeckt 50 % der Flagge. Wie breit sind die beiden Streifen?

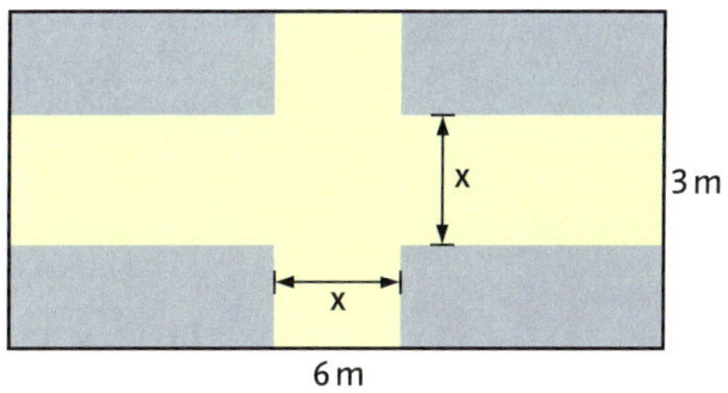

Spätestens wenn Ihr Bewerbungsschreiben erfolgreich war, müssen Sie an die nächste Hürde denken: Der Einstellungstest muss bestanden werden.
Die Aufgaben in diesem Teil sollen Ihnen helfen, sich auf den mathematischen Bereich vorzubereiten.

Achtung:
In der Regel werden auch Aufgaben zum Allgemeinwissen und zu Ihren sprachlichen Fähigkeiten gestellt!

Allgemeine Hinweise

Vor dem Test sollten Sie sich über den Betrieb informieren. Machen Sie sich auch Gedanken über Ihre Stärken und Schwächen. Lassen Sie sich bei der Wahl der Kleidung für ein Vorstellungsgespräch beraten, achten Sie auf ein gepflegtes Äußeres. Pünktlichkeit und höfliches Verhalten sind ebenfalls sehr wichtig – auch bei einem Test. Der erste Eindruck, den Ihr zukünftiger Chef von Ihnen bekommt, hat immer Einfluss auf die Entscheidung zur weiteren Zusammenarbeit.
Durch Auswahltests versucht der Betrieb, sich ein Bild von Ihren Fähigkeiten zu machen. Nicht immer bekommen die Bewerber mit den besten Testergebnissen den Ausbildungsplatz. Entscheidend ist oft, wer insgesamt am besten den Erwartungen entspricht und damit die Ausbildung erfolgreich abschließen kann.
Zu den Tests gehören meist auch schriftliche Prüfungen, die mit Klassenarbeiten vergleichbar sind.

Tipps für den schriftlichen Test

- Beginnen Sie die Prüfung ohne Hektik, konzentrieren Sie sich auf Ihre Aufgabe. Zeitdruck ist Absicht, um zu testen, wie Sie auf Stress reagieren.
- Lesen Sie die Aufgabe gewissenhaft durch, damit Sie sicher sind, dass Sie alles verstanden haben.
- Geben Sie nicht sofort auf, wenn Sie bei einer Aufgabe Schwierigkeiten bekommen. Beißen Sie sich aber auch nicht zu lange an einem Problem fest, wechseln Sie dann zur nächsten Aufgabe.
- Bei manchen Aufgaben kann Ihnen eine Skizze, ein Diagramm oder eine Tabelle weiterhelfen.
- Überprüfen Sie Ihre Ergebnisse daraufhin, ob sie sinnvoll sind.
- Wissen wird abgeprüft, ebenso die Fähigkeit zum logischen Denken und räumlichen Vorstellungsvermögen.

LINDENER LANDMASCHINEN GMBH

Eignungstest (Dauer: 30 Minuten)

Liebe Bewerberin, lieber Bewerber,

herzlich willkommen bei unserer Veranstaltung.
Durch diesen Test möchten wir herausfinden, ob Sie für den angebotenen Ausbildungsplatz geeignet sind.
Bitte bearbeiten Sie die Aufgaben selbstständig und ohne Hilfsmittel (Taschenrechner).
Bitte lesen Sie sich die Aufgaben genau durch und bearbeiten Sie einen Aufgabentyp bis zur leeren Seite.
Befolgen Sie die Anweisungen unserer Mitarbeiter, ansonsten müssen Sie die Veranstaltung leider vorzeitig verlassen.

Wir wünschen Ihnen viel Erfolg!

Aufgabe: Markieren Sie die Ziffern 6 und 9

2	9	3	1	6	8	5	9	6	2	5	5	5	2	2	5
6	6	5	9	5	6	9	3	5	5	9	6	8	6	4	8
5	7	4	8	8	7	8	9	8	8	9	2	8	8	7	9
2	4	1	4	5	5	8	6	7	1	6	6	5	6	5	2
4	4	4	5	5	3	4	2	2	2	1	2	6	2	2	9
4	8	1	4	1	2	1	2	3	1	6	8	9	9	7	6
3	6	3	1	6	4	7	1	3	3	1	6	8	9	5	9
8	9	6	5	6	7	5	7	8	9	8	2	2	3	7	5
2	4	1	1	5	3	5	5	5	8	9	9	8	3	5	8
1	4	1	8	1	8	3	2	5	4	6	5	3	4	7	6
4	5	1	9	7	3	8	6	5	1	9	2	9	4	7	5
1	7	9	9	5	8	8	7	8	2	2	2	9	3	1	6

Bewerbungstraining | Grundrechenarten

8 : 4
Dividend : Divisor

Beim schriftlichen **Addieren** und **Subtrahieren** müssen die Zahlen stellenwertgerecht untereinanderstehen, dabei steht Komma unter Komma.
Dezimalzahlen sind zunächst ohne Berücksichtigung des Kommas zu **multiplizieren**. Das Komma wird erst im Endergebnis gesetzt. Dabei hat das Ergebnis so viele Nachkommastellen wie die einzelnen Faktoren zusammen haben.
Beim **Dividieren** muss der Divisor eine natürliche Zahl sein. Gegebenenfalls müssen Dividend und Divisor entsprechend mit einer Zehnerpotenz erweitert werden. Das Komma ist also nach rechts zu verschieben.

Beispiele

a) Addition

```
     1,354
+ 44,580
+   2,679
    1 21
----------
   48,613
```

↑ Komma unter Komma

b) Subtraktion

```
   64,390
- 21,822
-   6,656
   12   1
----------
   35,912
```

↑ Komma unter Komma

c) Multiplikation

```
6,28 · 5,7
----------
  3140
   4396
  35,796
----------
```

3 Nachkommastellen

d) Division

1,68 : 0,3 =
16,8 : 3 = 5,6
15
 18
 18
  0

Komma um eine Stelle nach rechts

Aufgaben

1 Berechnen Sie im Kopf.

a) 17,6 + 12,3 b) 0,6 + 1,23
c) 11,7 + 18,8 d) 65,6 + 48,7
e) 3,8 − 2,3 f) 12,8 − 2,76
g) −5,6 − 3,8 h) −5,6 + 3,8
i) 0,7 · 0,3 j) 0,04 · 1,2
k) 0,005 · 0,007 l) 0,001 · 348
m) 0,8 : 0,2 n) 0,57 : 0,3
o) 0,51 : 0,003 p) 12,1 : 0,11

! *Vergessen Sie nicht: Komma unter Komma!*

2 Addieren Sie schriftlich.

a) 19,53 + 21,89 + 17,52
b) 129,87 + 17,3 + 4523,6
c) 125,04 + 87,9 + 0,0026 + 28
d) 23,87 + 5432, 8 + 12,483
e) 4,3 + 21 + 6,362 + 12,91 + 3,228 + 2,2

0,1234
↑
Zehntel

3 Subtrahieren Sie schriftlich.

a) 87,49 − 75,34 b) 56,41 − 33,88
c) 256,7 − 129,65 d) 870 − 495,36
e) 589,23 − 123,35 − 84,3 − 215,469
f) 58 345,022 − 15 634,472 − 38 945,36

4 Berechnen Sie durch Kommaverschiebung.

a) 2,85 · 10 b) 3,96 · 100 c) 45,325 · 100
d) 72,1 · 100 e) 15,625 · 1000 f) 2,3 · 10 000

5 Berechnen Sie durch Kommaverschiebung.

a) 13,5 : 10 b) 78,3 : 100 c) 2,5 : 100
d) 0,056 : 10 e) 3752 : 100 f) 85 : 1000

6 Multiplizieren Sie schriftlich.

a) 2,86 · 8 b) 1,7 · 3,6 c) 12,45 · 0,021
d) 47 · 1,23 e) 3,7 · 2,5 · 0,68

7 Dividieren Sie schriftlich.

a) 1890 : 6 b) 165,8 : 0,8 c) 96,6 : 0,12
d) 0,025 26 : 0,3 e) 9,027 : 1,7 f) 3,42 : 0,019

8 Dividieren Sie schriftlich. Runden Sie das Ergebnis auf Zehntel.

a) 3,9 : 0,7 b) 6,86 : 1,5 c) 8,1 : 0,17
d) 78 : 2,01 e) 4,96 : 0,48 f) 10,354 : 0,51

Bewerbungstraining | Schätzen

In Bewerbungstests geht es manchmal auch nur darum, sich eine Vorstellung von der Größenordnung des Ergebnisses zu machen. Häufig ist ein Näherungswert aus mehreren Lösungsvorschlägen anzukreuzen. Wichtigstes Hilfsmittel ist dabei der Überschlag.

Gute Schätzwerte erhält man beim Überschlagen, wenn man folgende Regeln beachtet:

Beim **Addieren** und **Multiplizieren** werden zwei Summanden bzw. Faktoren **gegensinnig verändert**: Einer wird verkleinert, der andere vergrößert.

Beim **Subtrahieren** und **Dividieren** werden die Zahlen **gleichsinnig verändert**: beide verkleinert oder beide vergrößert. Bei der Division wird der Dividend so gerundet, dass die Division glatt aufgeht.

Beispiele

a) 3754 · 84 982
≈ 4000 · 80 000 = 320 000 000

b) 96 358 : 532
≈ 95 000 : 500 = 190

Aufgaben

1 Schätzen Sie.
a) 67 385 + 823 356
b) 32 568 + 47 888 + 426 333
c) 72,23 + 179,3 + 36,78 + 114,238
d) 523 489 − 217 912
e) 2 526 815 − 287 256 − 224 569
f) 256,87 − 23,56 − 112,3 − 82,4

2 Schätzen Sie. Kontrollieren Sie Ihre Schätzung, indem Sie schriftlich rechnen.
a) 379 · 829 b) 2589 · 75 089
c) 67 589 · 8289 d) 232 589 · 778
e) 2,786 · 83,5 f) 23,872 · 38,9

3 Schätzen Sie, berechnen Sie dann zur Kontrolle und als zusätzliche Übung schriftlich.
a) 34 782 : 83 b) 4822 : 68
c) 556 231 : 865 d) 145,7 : 1,887
e) 365,8 : 59,8 f) 913,54 : 15,03

4 In einen Swimmingpool passen 42 540 Liter Wasser.
a) Wie viele Stunden werden ungefähr zum Füllen des Pools benötigt, wenn die Wasserpumpe 5100 l je Stunde schafft?
b) Wie viele Stunden werden benötigt, wenn ein Pool 480 000 l Wasser enthält?

5 Überschlagen Sie, wie viel Müll in folgenden Städten anfiel. (Zahlen von 2006)
a) Schwerin: 96 280 Einwohner
b) Potsdam: 148 691 Einwohner
c) Kiel: 235 366 Einwohner
d) Wiesbaden: 274 640 Einwohner
e) Stuttgart: 594 970 Einwohner

Müll je Bundesbürger und Jahr: 523 kg

6 Im Jahr 2006 lebten in Würzburg auf 87,63 km² insgesamt 131 320 Einwohner.
a) Schätzen Sie die Einwohnerzahl je km². Kreuzen Sie dann die richtige Lösung an.
☐ 149,86 ☐ 1498,6 ☐ 14 986
b) Wie viel Butter aßen die Würzburger im Jahr 2006 ungefähr?
☐ 8 404 l ☐ 84 040 l
☐ 840 400 l ☐ 8 404 000 l
c) Schätzen Sie den Milchkonsum des gleichen Jahres. Kreuzen Sie die Lösung an, die Ihrer Schätzung am nächsten ist.
☐ 85 095 l ☐ 850 950 000 l
☐ 850 950 l ☐ 8 509 500 l
d) Überschlagen Sie, wie viel Wasser die Würzburger Privathaushalte im Jahr 2006 verbrauchten.
☐ 52 000 000 l ☐ 6 000 000 000 l
☐ 5 200 000 000 l ☐ 520 000 000 l
☐ 60 000 000 l ☐ 600 000 000 l

Pro-Kopf-Verbrauch der Bundesbürger: jährlich 6,4 kg Butter monatlich 5,4 l Milch täglich 126 l Wasser

Bewerbungstraining | Schätzen

Soll zum Beispiel eine große Menschenmenge geschätzt werden, so zählt man einen geeigneten Anteil der Menge und schätzt, mit welchem Faktor diese Anzahl zu multiplizieren ist, um die Gesamtmenge zu erhalten.
Es kann auch eine Vergleichsgröße, zum Beispiel ein Mensch, abgebildet sein.

Beispiel

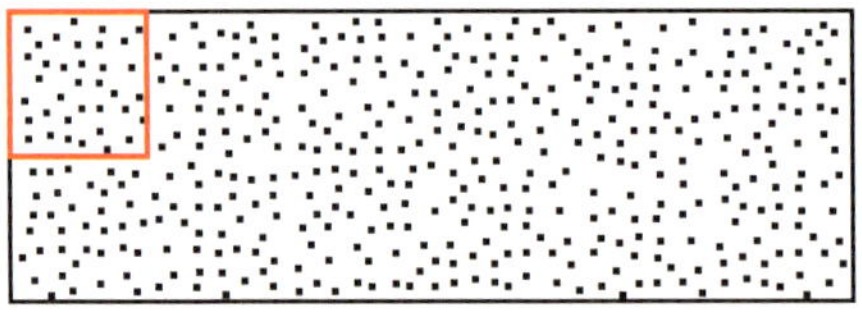

Das kleine rote Quadrat enthält 36 Punkte. Es bedeckt den zwölften Teil des Rechtecks.
Folglich enthält das Rechteck rund 420 Punkte. ($\approx 12 \cdot 35 = 420$)

Aufgaben

7 Schätzen Sie die Zahl der Gummibären.

8 Das Foto zeigt einen Schmetterlingsschwarm. Wie viele Schmetterlinge sind ungefähr zu sehen?

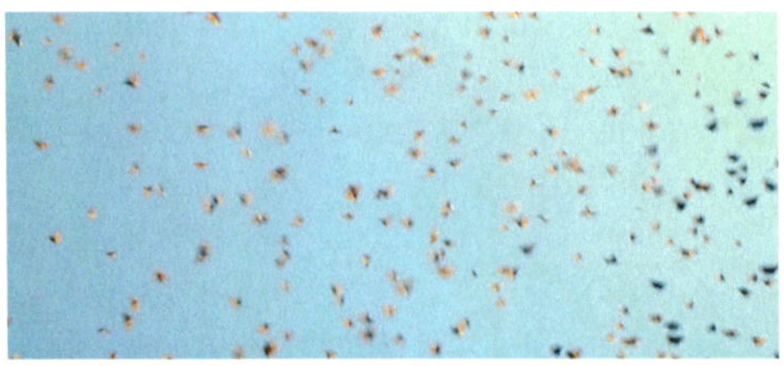

9 Man sieht einen Flamingoschwarm. Schätzen Sie die Anzahl der Flamingos.

10 Wie viele Menschen sind zu sehen? Wählen Sie den zu zählenden Teil geschickt.

11 Wie hoch ist der Zaun?

12 Wie viel km^2 groß ist Deutschland?

Bewerbungstraining | Bruchrechnung

Addition
Zwei Brüche werden addiert, indem man beide Brüche gleichnamig macht und dann die Zähler addiert.

Subtraktion
Zwei Brüche werden subtrahiert, indem man beide Brüche gleichnamig macht und dann die Zähler subtrahiert.

Beispiele

a) $\frac{3}{4} + \frac{2}{3} = \frac{9}{12} + \frac{8}{12} = \frac{17}{12} = 1\frac{5}{12}$

b) $\frac{3}{4} - \frac{2}{3} = \frac{9}{12} - \frac{8}{12} = \frac{1}{12}$

Multiplikation
Zwei Brüche werden multipliziert, indem man Zähler mit Zähler und Nenner mit Nenner multipliziert.

Division
Zwei Brüche werden dividiert, indem man den ersten Bruch mit dem Kehrbruch des zweiten Bruches multipliziert.

Der Kehrbruch zu $\frac{a}{b}$ ist $\frac{b}{a}$.

Beispiele

c) $\frac{4}{5} \cdot \frac{2}{3} = \frac{4 \cdot 2}{5 \cdot 3} = \frac{8}{15}$

d) $\frac{4}{5} : \frac{3}{7} = \frac{4 \cdot 7}{5 \cdot 3} = \frac{28}{15} = 1\frac{13}{15}$

Aufgaben

1 Addieren bzw. subtrahieren Sie die gleichnamigen Brüche.

a) $\frac{3}{11} + \frac{5}{11}$ b) $\frac{4}{7} + \frac{5}{7}$ c) $\frac{7}{8} - \frac{3}{8}$
d) $\frac{13}{25} - \frac{3}{25}$ e) $5\frac{2}{9} + 3\frac{4}{9}$ f) $3\frac{5}{6} + 2\frac{5}{6}$

2 Addieren Sie, machen Sie vorher gleichnamig.

a) $\frac{3}{4} + \frac{5}{12}$ b) $\frac{3}{5} + \frac{7}{30}$
c) $\frac{6}{7} + \frac{3}{8}$ d) $\frac{3}{8} + \frac{9}{10}$
e) $8\frac{2}{3} + 7\frac{3}{4}$ f) $3\frac{5}{9} + 2\frac{2}{3}$
g) $\frac{2}{9} + \frac{7}{15} + \frac{11}{45} + \frac{7}{18} + \frac{3}{5} + \frac{19}{30}$

3 Machen Sie gleichnamig und subtrahieren Sie.

a) $\frac{4}{5} - \frac{3}{13}$ b) $\frac{8}{9} - \frac{5}{12}$
c) $\frac{29}{30} - \frac{5}{6}$ d) $6\frac{5}{6} - 3\frac{2}{15}$
e) $3\frac{2}{3} - 2\frac{9}{10}$ f) $8\frac{1}{4} - 7\frac{4}{5}$
g) $19\frac{5}{12} - 6\frac{3}{4} - 2 - 3\frac{1}{2} - \frac{2}{3}$
h) $\frac{1}{8} - \frac{7}{24}$ i) $4\frac{1}{5} - 7\frac{11}{15}$

4 Multiplizieren Sie. Kürzen Sie, wenn möglich, vor dem Ausrechnen.

a) $\frac{13}{44} \cdot \frac{11}{65}$ b) $\frac{34}{45} \cdot \frac{15}{68}$
c) $\frac{48}{77} \cdot \frac{121}{96}$ d) $\frac{19}{112} \cdot 28$
e) $5\frac{3}{8} \cdot 7\frac{5}{9}$ f) $3\frac{11}{35} \cdot 1\frac{6}{29}$
g) $\frac{8}{39} \cdot \frac{13}{28} \cdot 3\frac{1}{2}$ h) $\frac{5}{18} \cdot \frac{9}{35} \cdot 7$

Kürzen Sie vor dem Ausrechnen:
$\frac{\overset{3}{\cancel{27}}}{\underset{1}{\cancel{32}}} \cdot \frac{\overset{2}{\cancel{64}}}{\underset{5}{\cancel{45}}} = \frac{6}{5} = 1\frac{1}{5}$

Tipp:
$5\frac{3}{8} = \frac{5 \cdot 8 + 3}{8} = \frac{43}{8}$

5 Dividieren Sie.

a) $8 : \frac{3}{7}$ b) $\frac{3}{7} : 4$
b) $\frac{9}{32} : \frac{45}{64}$ d) $\frac{21}{40} : \frac{7}{16}$
e) $\frac{17}{19} : \frac{119}{152}$ f) $\frac{56}{95} : \frac{21}{38}$
g) $2\frac{1}{2} : 4\frac{1}{2}$ h) $1\frac{11}{25} : 1\frac{3}{5}$

6 Welche Zahl müssen Sie für x einsetzen, sodass eine wahre Aussage entsteht? Probieren Sie oder formen Sie um.

a) $\frac{5}{7} \cdot x = \frac{15}{49}$ b) $\frac{7}{8} \cdot x = 4\frac{3}{8}$
c) $\frac{1}{2} : x = \frac{1}{12}$ d) $x : \frac{4}{7} = \frac{7}{8}$
e) $3 : x = \frac{5}{9}$ f) $\frac{5}{6} : x = \frac{10}{33}$

Bewerbungstraining | Längenmaße

Früher gab es eine Vielfalt von unterschiedlichen Maßen. Um sie zu vereinheitlichen, wurden seit Ende des 18. Jahrhunderts Standards nach folgenden Grundsätzen entwickelt:

- Die Basiseinheiten beziehen sich auf unveränderliche Größen aus der Natur.
- Alle anderen Einheiten leiten sich aus den Basiseinheiten ab.
- Die Multiplikation der Einheiten erfolgt in Dezimalschritten.

Seit 1983 wird ein **Meter** definiert als die Länge der Strecke, die Licht im Vakuum während der Dauer von $\frac{1}{299\,792\,458}$ Sekunde durchläuft.

Vorsilben:
kilo – tausend
dezi – zehntel
zenti – hundertstel
milli – tausendstel

Kilometer	**km**	1 km = 1000 m
Meter	**m**	1 m = 10 dm = 100 cm = 1000 mm
Dezimeter	**dm**	1 dm = 10 cm = 100 mm
Zentimeter	**cm**	1 cm = 10 mm
Millimeter	**mm**	

Die **Umwandlungszahl bei Längen ist grundsätzlich 10.** Ungebräuchlich sind die Einheiten Dekameter (1 dam = 10 m) und Hektometer (1 hm = 10 dam = 100 m).

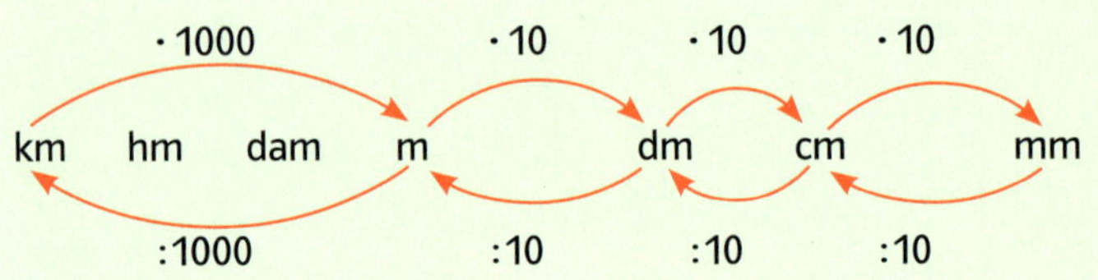

Beispiele

a) 7 m = 7 · 10 dm = 70 dm

b) 5 cm = (5 : 10 : 10) m = 0,05 m

Aufgaben

1 Wandeln Sie in die in Klammern angegebene Längeneinheit um.

a) 12 m (dm) b) 20 dm (cm)
c) 71 cm (mm) d) 3 m (cm)
e) 4 dm (mm) f) 5 km (m)
g) 9 m (cm) h) 12 m (mm)

2 Rechnen Sie in die in Klammern angegebene Längeneinheit um.

a) 3,7 m (dm) b) 5,87 m (cm)
c) 1,2 cm (mm) d) 0,05 dm (mm)
e) 3,65 km (m) f) 2,37 m (cm)
g) 0,6 dm (mm) h) 1,38 m (mm)

3 Wandeln Sie jeweils in Zentimeter um.

a) 1,25 dm b) 0,82 dm
c) 0,78 m d) 0,053 m
e) 2 km f) 0,091 km

4 Schreiben Sie in der in Klammern angegebenen Längeneinheit.

a) 40 mm (cm) b) 120 cm (dm)
c) 500 cm (m) d) 27 000 m (km)
e) 8000 mm (m) f) 12 000 cm (m)
g) 7000 mm (dm) h) 700 000 cm (m)

5 Notieren Sie mit Komma in der angegebenen Längeneinheit.

a) 4 mm (cm) b) 8 cm (dm)
c) 12 dm (m) d) 12 987 m (km)
e) 428 m (km) f) 3 mm (dm)
g) 2 cm (m) h) 17 m (km)

6 Im Mittelalter war die Elle Hannovers 584,2 mm lang. In Hannover und in Braunschweig wurde ein Stoff zum gleichen Preis verkauft. Vergleichen Sie.

Bewerbungstraining | Flächenmaße

1 Quadratmeter = 1 m

Ein **Quadratmeter** oder Meterquadrat (1 qm oder 1 m^2) ist der Flächeninhalt eines Quadrates mit der Seitenlänge 1 m. Entsprechend lassen sich die anderen Flächeneinheiten erklären:
Quadratkilometer (km^2), **Quadratdezimeter** (dm^2), **Quadratzentimeter** (cm^2) und **Quadratmillimeter** (mm^2).
Grundstücksgrößen werden oft auch in **Ar** (a) oder **Hektar** (ha) angegeben. 1 Ar ist der Flächeninhalt eines Quadrates mit der Seitenlänge 10 m, ist also $10\,m \cdot 10\,m = 100\,m^2$ groß, ein Hektar hat eine Seitenlänge von 100 m, ist also $100\,m \cdot 100\,m = 10\,000\,m^2$ groß.
Ein **Morgen** ist ein altes bäuerliches Feldmaß und entsprach der Feldfläche, die von einem Mann an einem Vormittag (Morgen) abgemäht werden konnte. Heute entsprechen vier Morgen einem Hektar.

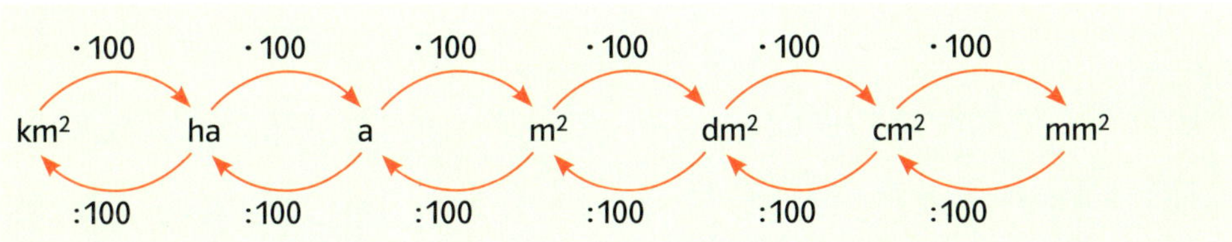

Die Umwandlungszahl von einer Einheit zur nächsten ist grundsätzlich $10^2 = 100$.

Beispiele

a) $7\,m^2 = 7 \cdot 100\,dm^2 = 700\,dm^2$

b) $800\,mm^2 = (800 : 100)\,cm^2 = 8\,cm^2$

c) $2{,}5\,ha = 2{,}5 \cdot 100 \cdot 100\,m^2 = 25\,000\,m^2$

d) $52\,m^2 = (52 : 100)\,a = 0{,}52\,a$

Aufgaben

1 Drücken Sie in der in Klammern angegebenen Flächeneinheit aus.
a) 9 dm^2 (cm^2) b) 3 a (m^2)
c) 4 cm^2 (mm^2) d) 27 m^2 (dm^2)
e) 12 ha (a) f) 35 km^2 (ha)
g) 12 dm^2 (mm^2) h) 3 m^2 (cm^2)

2 Verwandeln Sie in die in Klammern angegebene Flächeneinheit.
a) 2,45 km^2 (ha) b) 1,06 m^2 (dm^2)
c) 0,46 ha (a) d) 2,375 dm^2 (cm^2)
e) 1,82 cm^2 (mm^2) f) 64,5 a (m^2)
g) 2,3 m^2 $(cm)^2$ h) 12,4 cm^2 (mm^2)
i) 4,243 m^2 (mm^2) j) 0,0003 km^2 (m^2)

3 Notieren Sie in der in Klammern angegebenen Flächeneinheit.
a) 2300 mm^2 (cm^2) b) 300 a (ha)
c) 500 dm^2 (m^2) d) 5000 ha (km^2)
e) 1200 m^2 (a) f) 3100 cm^2 (dm^2)
g) 80 000 cm^2 (m^2) h) 950 000 dm^2 (a)

4 Schreiben Sie mit Komma in der angegebenen Maßeinheit.
a) 634 ha (km^2) b) 132 m^2 (a)
c) 30 mm^2 (cm^2) d) 81 cm^2 (dm^2)
e) 9,4 a (ha) f) 7 cm^2 (dm^2)
g) 2,43 dm^2 (m^2) h) 223,6 m^2 (ha)

5 Wandeln Sie jedes der folgenden Maße in Quadratmeter um.
a) 13 000 cm^2 b) 5,8 ha
c) 36,5 dm^2 d) 127 a
e) 6,79 km^2 f) 3 Morgen

6 Laut Grundbuchauszug ist ein Grundstück 1 ha 4 a 4 m^2 groß.
a) Wie viel m^2 groß ist die Fläche?
b) Schreiben Sie mit Komma in Hektar bzw. Ar.
c) Die Fläche soll in 18 gleich große Bauplätze geteilt werden. Wie viel m^2 groß wird ein Bauplatz sein?

Bewerbungstraining | Rauminhalte – Volumen

Ein **Kubikmeter** (1 m³) ist der **Rauminhalt** (das **Volumen**) eines Würfels mit der Kantenlänge 1 m. Entsprechend sind die Einheiten **Kubikmillimeter (mm³), Kubikzentimeter** (cm³), **Kubikdezimeter** (dm³) und **Kubikkilometer** (km³) definiert. Selten werden die Einheiten cbm für Kubikmeter und ccm für Kubikzentimeter verwendet.

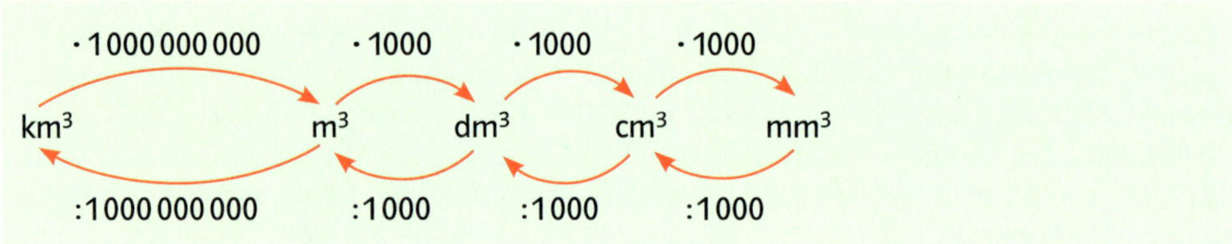

Die Umwandlungszahl bei Rauminhalten ist $10^3 = 1000$.

Beispiele

a) $3\,m^3 = 3 \cdot 1000\,dm^3 = 3000\,dm^3$

b) $2\,mm^3 = (2 : 1000)\,cm^3 = 0{,}002\,cm^3$

Dienen Raummaße zum Messen von Flüssigkeiten, so spricht man von **Hohlmaßen**. Hierfür werden die Einheiten **Hektoliter** (hl), **Liter** (l), **Zentiliter** (cl) und **Milliliter** (ml) verwendet.

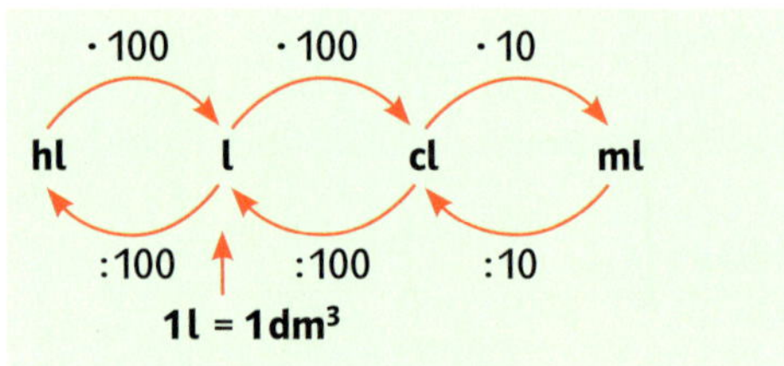

c) 45 hl = 45 · 100 l = 4500 l

d) 3 ml = (3 : 1000) l = 0,003 l

Vorsilbe beachten!
hekto = hundert

Aufgaben

1 Wandeln Sie jeweils in die in der Klammer stehende Einheit um.
a) 35 dm³ (cm³) b) 12 cm³ (mm³)
c) 4 m³ (dm³) d) 4,635 m³ (dm³)
e) 2,87 cm³ (mm³) f) 0,3 cm³ (mm³)
g) 0,07 dm³ (cm³) h) 7 m³ (cm³)

2 Schreiben Sie in der in Klammern angegebenen Volumeneinheit.
a) 6000 cm³ (dm³) b) 75 000 dm³ (m³)
c) 4500 mm³ (cm³) d) 721 dm³ (m³)
e) 42 cm³ (dm³) f) 4 mm³ (cm³)
g) 9253,5 cm³ (m³) h) 37 mm³ (dm³)

3 Drücken Sie in der angegebenen Einheit aus. Achten Sie auf die Umwandlungszahl.
a) 35 hl (l) b) 823 l (ml)
c) 4,73 l (ml) d) 4,2 hl (l)
e) 0,75 hl (ml) f) $\frac{1}{8}$ l (ml)

4 Notieren Sie in der angegebenen Einheit. Achten Sie auf die Umwandlungszahl.
a) 8000 l (hl) b) 8000 ml (l)
c) 250 l (hl) d) 470 ml (l)
e) 67 l (hl) f) 91 ml (l)
g) 3 l (hl) h) 6 ml (l)

5 Raummaße und Hohlmaße – wandeln Sie um.
a) 2 dm³ (l) b) 12 cm³ (ml)
c) 5,75 dm³ (ml) d) 325 dm³ (hl)
e) 25 l (cm³) f) 750 ml (dm³)
g) 40 hl (m³) h) 8 hl (m³)

6 Ein quaderförmiger Behälter ist 2 m lang, 5 dm breit und 80 cm hoch. Er soll mit Wasser gefüllt werden.
Wie viel Liter passen hinein?
Achten Sie auf die Maßeinheiten. Rechnen Sie im Kopf.

Bewerbungstraining | Gewichte und Zeitspannen

Ursprünglich war das **Kilogramm** definiert als die **Masse** von 1 dm^3 (1 Liter) Wasser. 1889 wurde ein Zylinder aus einer Platin-Iridium-Legierung hergestellt, das **„Urkilogramm"**. In Deutschland noch übliche Gewichtseinheiten sind das **Pfund** (1 ℔ = 500 g), der **Zentner** (1 Ztr. = 100 ℔ = 50 kg) und der **Doppelzentner** (1 dz = 200 ℔ = 100 kg).

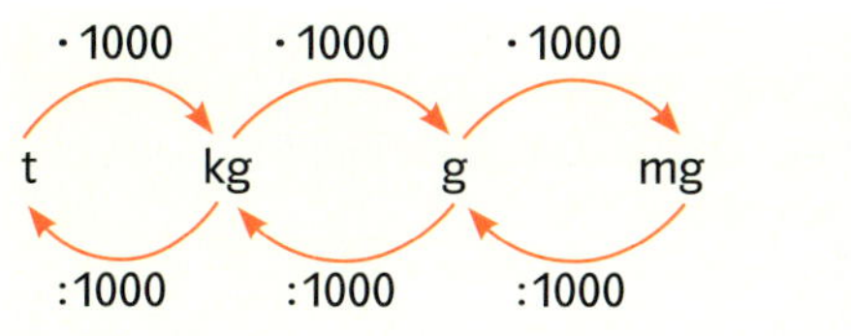

Beispiele

a) 4,2 kg = 4,2 · 1000 g = 4200 g
b) 50 g = (50 : 1000) kg = 0,05 kg
c) 3,5 ℔ = 3,5 · 500 g = 1750 g = 1,75 kg

Der Begriff „Gewicht" ist nicht korrekt, hat sich aber für „Masse" eingebürgert.

Aufgaben

1 Rechnen Sie in die in Klammern angegebene Gewichtseinheit um.
a) 15 t (kg) b) 43 kg (g)
c) 2,1 t (g) d) 0,0005 g (mg)
e) 0,07 kg (g) f) 0,56 t (kg)

2 Verwandeln Sie jeweils in die in Klammern angegebene Gewichtseinheit.
a) 40 000 g (kg) b) 3500 kg (t)
c) 2030 mg (g) d) 900 kg (t)
e) 75 g (kg) f) 6 kg (t)

3 Hier müssen Sie zweimal umwandeln.
a) $\frac{1}{2}$ t (kg, Ztr.) b) $\frac{1}{4}$ kg (g, ℔) c) $\frac{3}{4}$ t (kg, Ztr.)
d) $\frac{1}{8}$ kg (g, ℔) e) $\frac{3}{8}$ t (kg, Ztr.) f) $2\frac{1}{2}$ kg (g, ℔)

4 Berechnen Sie das Gewicht der Gegenstände. Rechnen Sie schriftlich.
a) Bleikugel (V = 12,5 cm^3)
b) Goldmünze (V = 1,6 cm^3)
c) Eisenbolzen (V = 4 dm^3)
d) Glasplatte (1,25 m · 50 cm · 0,4 cm)

Stoff	*Dichte in $\frac{g}{cm^3}$*
Glas	*2,5*
Eisen	*7,86*
Blei	*11,34*
Gold	*19,3*

Die **Einheiten der Zeit** sind **Tage** (d), **Stunden** (h), **Minuten** (min) und **Sekunden** (s). Früher waren für Sekunden auch die Abkürzungen „sek" oder „sec" üblich.

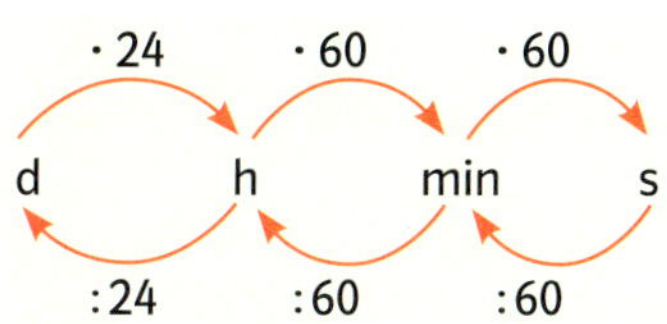

Beispiele

a) 5,3 min = 5,3 · 60 s = 318 s
b) 2 min 13 s = 2 · 60 s + 13 s = 133 s
c) 60 h = (48 : 24) d + 12 h = 2 d 12 h

Aufgaben

5 Rechnen Sie in die angegebene Einheit um.
a) 30 min (s) b) 7 d (h)
c) 12 h (min) d) 3 d (min)
e) 144 h (d) f) 1080 min (h)
g) 720 s (min) h) 2880 min (d)
i) 2 d 11 h (h) j) 7 min 45 s (s)
k) 3,5 d (h) l) 7,5 min (s)

6 Wandeln Sie in die angegebene Einheit um.
a) $3\frac{1}{2}$ h (min) b) $3\frac{1}{2}$ d (h) c) $2\frac{3}{4}$ min (s)

7 Berechnen Sie. Achten Sie auf die Einheiten.
a) 2,25 h − 17 min b) 3,5 h + 14 min − 300 s

Bewerbungstraining | Textaufgaben – Dreisatz

Ein beliebter Bestandteil von Einstellungs- und Eignungstests, nicht nur in den kaufmännischen Berufen, sind Textaufgaben.
Häufig ist der Dreisatz hilfreich, bei Zinsrechnungsaufgaben sollte man die Formel zur Zinsrechnung kennen und umstellen können.

Beispiele

a) Ein Auto verbraucht 7,2 Liter Benzin auf 100 km. Wie viel Liter passen in den Tank, wenn er nach 690 km leer ist?

100 km ≙ 7,2 l
1 km ≙ 0,072 l
690 km ≙ 41,4 l

b) Ein Essensvorrat reicht für 12 Personen insgesamt 30 Tage. Wie lange würde er für 20 Personen reichen?

12 Personen ≙ 30 Tage
1 Person ≙ 360 Tage
20 Personen ≙ 18 Tage

Aufgaben

1 Zum Bau einer langen Mauer benötigen acht Maurer zwölf Tage. Wie lange benötigen sechs Maurer für diese Arbeit?

2 In einer Goldmine gewinnt man aus einer Tonne Erz 9 Gramm Gold. Wie viel Tonnen Erz muss man abbauen, um 3,6 kg Gold zu gewinnen?

3 Die Kaltmiete einer 90 m² großen Wohnung beträgt 432,00 €. Was kostet eine 70 m² große Wohnung im gleichen Haus?

*$Z = \frac{K \cdot t \cdot p}{100 \cdot 360}$ mit Zinsen **Z**, Kapital **K**, Tage **t**, Zinssatz **p***

4 Frau Pfiffig lieh sich 2880 € zu einem Zinssatz von 5 % bei der Sparkasse. Nach 50 Tagen zahlte sie das Geld einschließlich der Zinsen zurück. Wie viel Geld war das?

5 Herr Töricht lieh sich 6000 € bei der Bank. Nach 165 Tagen zahlte er einschließlich der Zinsen 6343,75 € zurück. Wie hoch war der Zinssatz?

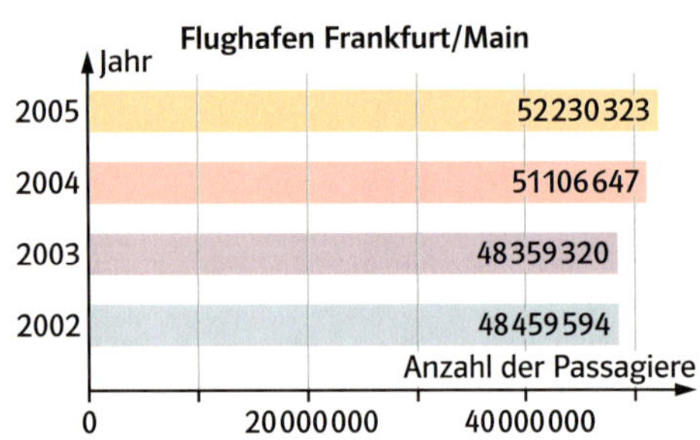

6 Vergleichen Sie die Anzahl der Passagiere der Jahre 2002 und 2005 miteinander.
Um wie viel Prozent stieg die Anzahl der Passagiere ungefähr?

7 Bei einem Räumungsverkauf zahlt man 60 % des alten Preises. Ein Fernseher kostet nun 690,00 €. Was kostete er ursprünglich?

8 650 m² Kopfsteinpflaster sollen verlegt werden, 8 % sind bereits geschafft. Wie viel m² sind das?

9 Nach einer Preiserhöhung von 4 % kostet ein Rucksack 78 €. Wie teuer war der Rucksack vorher?

10 Im April 2005 flogen in einer Woche durchschnittlich 4739 Flugzeuge auf dem Rhein-Main-Flughafen ab. Wie viele Flugzeuge starteten im gesamten Monat April?

11 Im Jahr 2004 arbeiteten 8514 Beschäftigte der Fraport-AG in Frankfurt im Schichtdienst, das waren 66 %. Wie viele Mitarbeiter hatte die Fraport-AG?

12 2004 erhielt das VW-Werk 4000 Bewerbungen von Ausbildungsplatzsuchenden. Acht Mitarbeiterinnen arbeiteten 50 Stunden daran, die Bewerbungen zu sichten.
Wie lange hätte es gedauert, wenn zusätzlich weitere vier Mitarbeiterinnen zur Verfügung gestanden hätten? Notieren Sie als Stunden mit Restminuten.

Bewerbungstraining | Zahlenreihen

In fast jedem Einstellungstest sind Zahlenreihen zu finden. Sie sind nach einer bestimmten Regel aufgebaut. Aufgabe ist es, die nächste oder die nächsten beiden Zahlen sinnvoll zu ergänzen. Hier gilt es, möglichst schnell die „Regel" zu erkennen. Folgende Überlegungen können helfen, wenn das Aufbausystem nicht auf den ersten Blick zu erkennen ist:

1. Werden die Zahlen größer oder kleiner oder abwechselnd größer und kleiner oder kleiner und größer?
2. Werden die Zahlen kontinuierlich größer, so berechnet man die Differenzen zwischen benachbarten Zahlen und versucht, die Regelmäßigkeit herauszufinden.
3. Sind die Differenzen unregelmäßig, so sollte man prüfen, ob die Regel auf einer Multiplikation oder Division aufbaut.
4. Folgen die Zahlenwerte auch nicht diesem Prinzip, so versucht man, die Zahlenreihe in zwei oder mehr getrennte Reihen zu teilen, die jeweils einem bestimmten Aufbauprinzip folgen.

Beispiele

a) 2 4 6 8 10 12 □ □ Lösung: 14 16 (Regel: + 2)
b) 2 4 8 16 32 □ □ Lösung: 64 128 (Regel: · 2)
c) 2 3 6 7 10 11 □ □ Lösung: 14 15 (Regel: + 1 + 3)
d) 10 6 18 14 42 □ □ Lösung: 38 114 (Regel: − 4 · 3)

Aufgaben

1 Das ist einfach.
a) 3 6 9 12 15 □ □
b) 1 2 4 8 16 □ □
c) 1 3 6 10 15 21 □ □
d) 30 29 27 24 20 □ □
e) 30 26 22 18 14 □ □
f) 30 26 31 27 32 28 □ □
g) 4 6 12 14 28 30 □ □
h) 7 8 9 11 13 16 □ □

2 Gelegentlich werden Zahlenreihen als „Zahlenräder" verpackt. Sie sehen in der Regel komplizierter aus als sie sind. Finden Sie heraus, welche Zahlen für die Fragezeichen einzusetzen sind.

a)
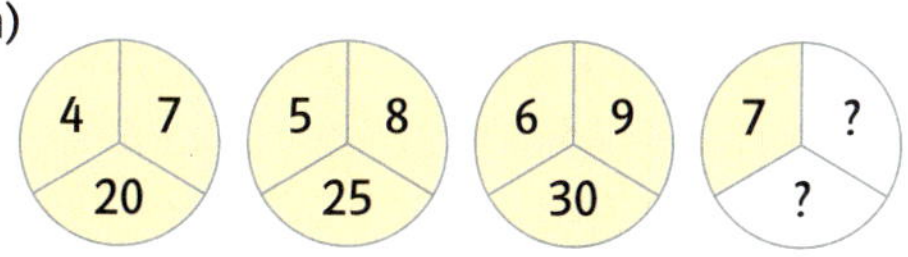

b)
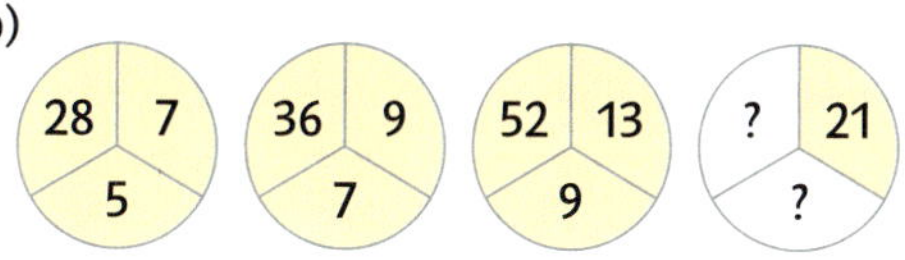

3 Das ist schon schwerer.
a) 5 4 7 6 10 9 □ □
b) 15 6 18 9 27 18 □ □
c) 15 6 18 9 36 27 □ □
d) 15 6 18 10 30 23 □ □
e) 44 22 26 13 18 9 □
f) 6 7 9 6 10 15 9 □
g) 6 42 35 5 35 28 4 28 □
h) 18 12 6 24 20 10 40 □

4 Soll gleichzeitig mit Symbolen gearbeitet werden, so sind die Zahlenreihen häufig mit Dominosteinen dargestellt. Welcher der Dominosteine A, B, C oder D ergänzt jeweils die Reihe sinnvoll?

a)
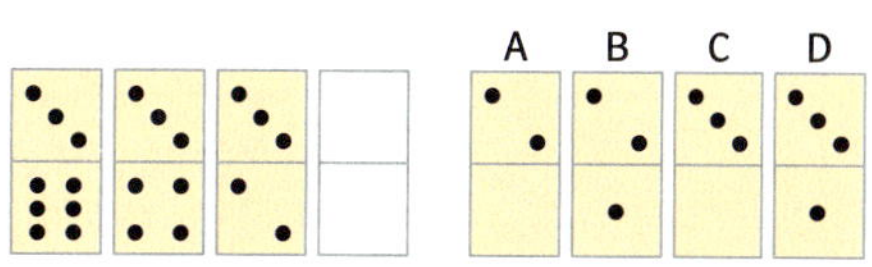

b)
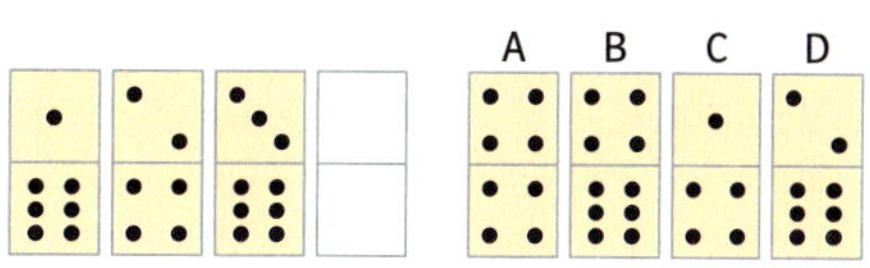

Bewerbungstraining | Flächen und Körper

Zum Thema Flächen gehört einerseits das Berechnen von Flächeninhalten, andererseits auch die Vorstellung von dreidimensionalen „Gebilden“ und den Flächen, aus denen sie zusammengesetzt sind.

Beispiele

a) Berechnen Sie den Flächeninhalt.
Dazu wird die Fläche in einzelne Teilflächen zerlegt, um die Berechnungsformeln für Drei- und Vierecke oder auch den „Pythagoras“ zum Ermitteln von fehlenden Längen zu nutzen.

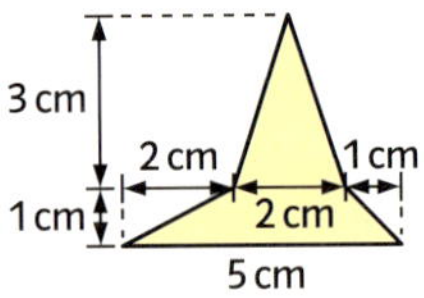

Obere Figur: Dreieck

$A_D = \frac{gh}{2} = 3\,\text{cm}^2$

Untere Figur: Trapez

$A_T = \frac{(a + c)h}{2} = 3{,}5\,\text{cm}^2$

$A_{ges} = A_D + A_T = 6{,}5\,\text{cm}^2$

b) Manchmal müssen die entsprechenden Maße durch Ablesen aus einer Skizze gefunden werden. Die Skizze kann in einem Raster gezeichnet sein, die Länge der Rasterflächen ist gegeben.

c) Die Anzahl der Flächen eines Körpers soll bestimmt werden. Bei einer räumlichen Figur müssen Sie auch an die nicht sichtbaren Flächen auf der Rückseite denken.
Diese Figur besteht aus sechs Flächen.

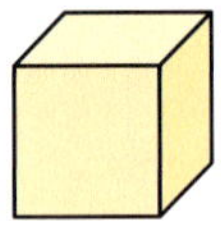

Aufgaben

1 Berechnen Sie den Flächeninhalt der zusammengesetzten Figur. Ein Kästchen des Rasters entspricht 1 cm.

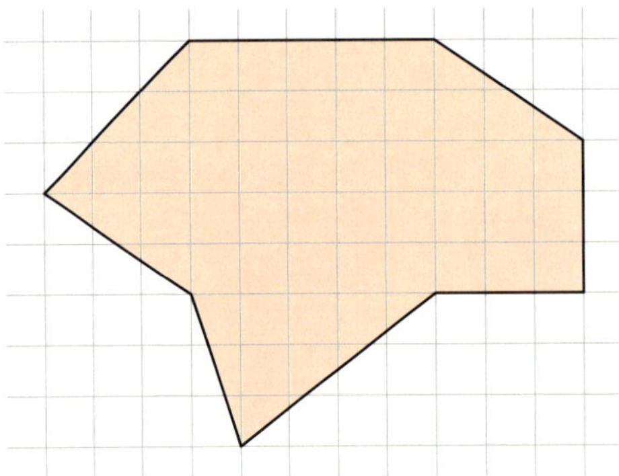

2 Berechnen Sie den Flächeninhalt der zusammengesetzten Figuren. (Maße in cm)

a)

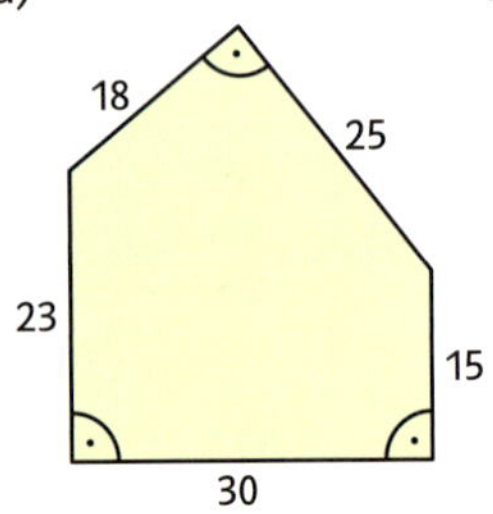

b)

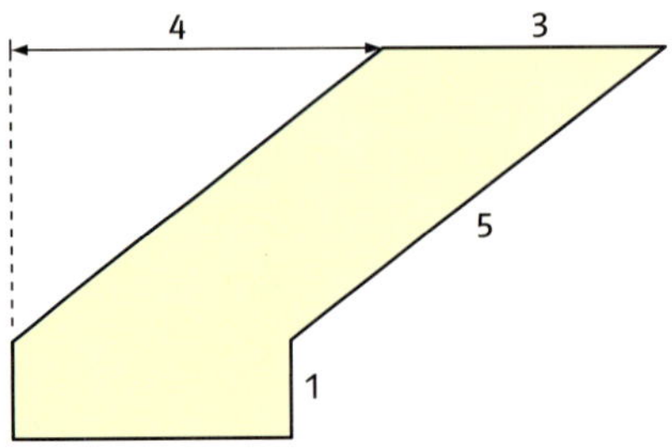

3 Zählen Sie die Flächen der abgebildeten Körper.

a)

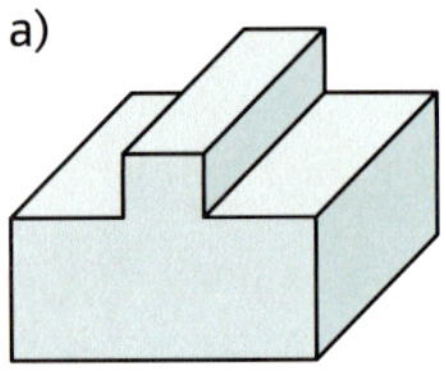

b)

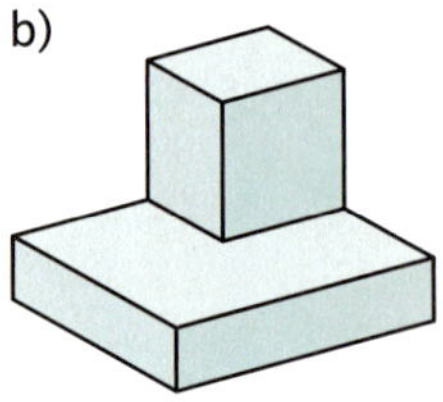

d)

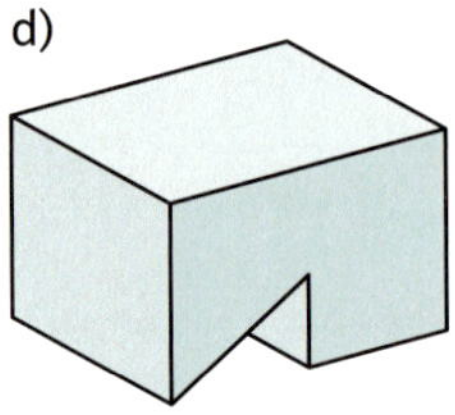

e)

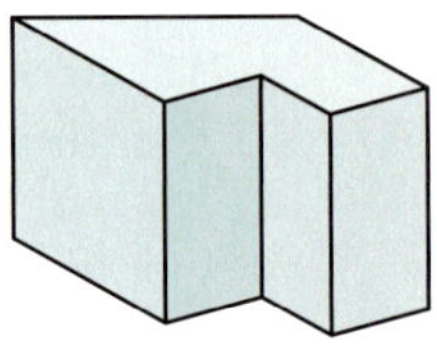

4 Welcher Körper hat die größere Oberfläche?

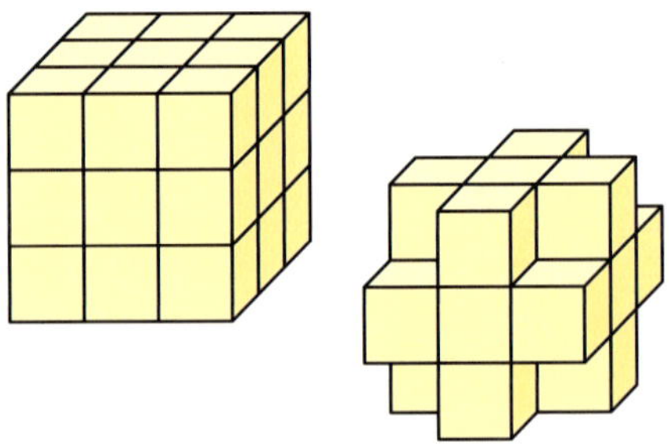

Bewerbungstraining | Flächen und Körper

Mit den Aufgaben auf dieser Seite soll Ihr räumliches Vorstellungsvermögen getestet werden, also wie gut Sie sich Dinge anhand von Zeichnungen vorstellen können.
Oft hilft das Zählen der Flächen bei der Entscheidung.
Bei einigen Aufgaben können Sie nach dem Multiple-Choice-Verfahren unter mehreren Lösungen auswählen. Raten sollten Sie aber nicht! Versuchen Sie, durch Überlegung oder bei Rechnungen durch Überschlag eine Lösung zu finden.

Aufgaben

1 Zu welcher Figur gehört das Netz?

a)

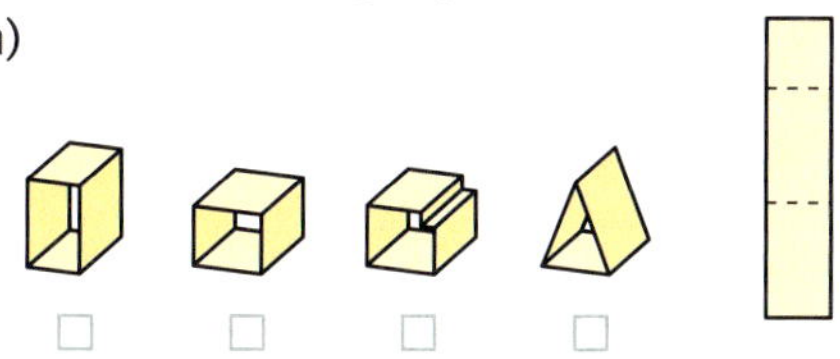

b)

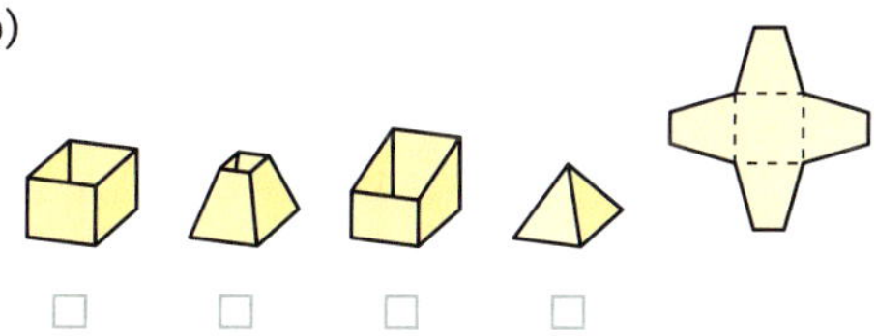

c)

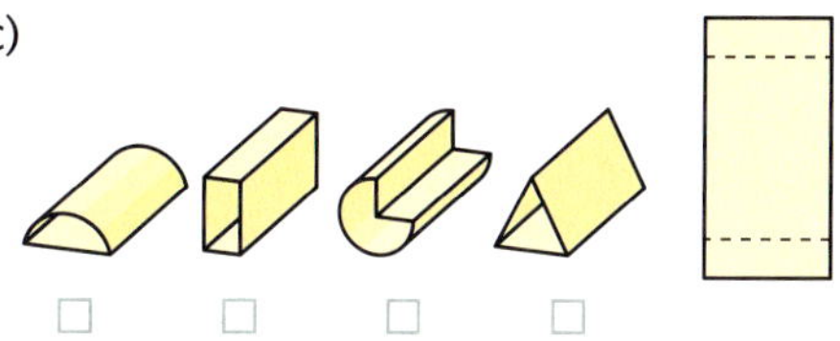

d)

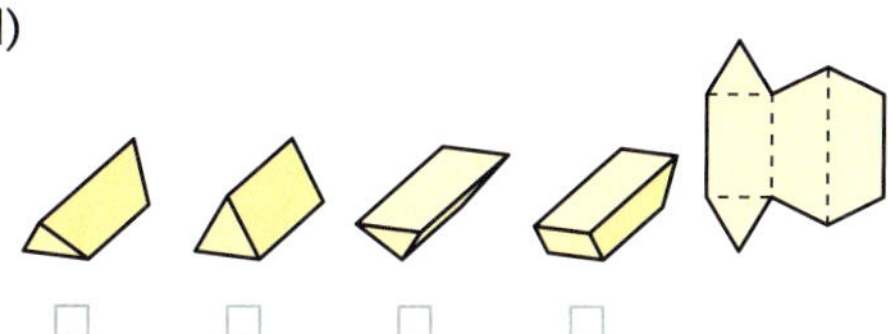

e)

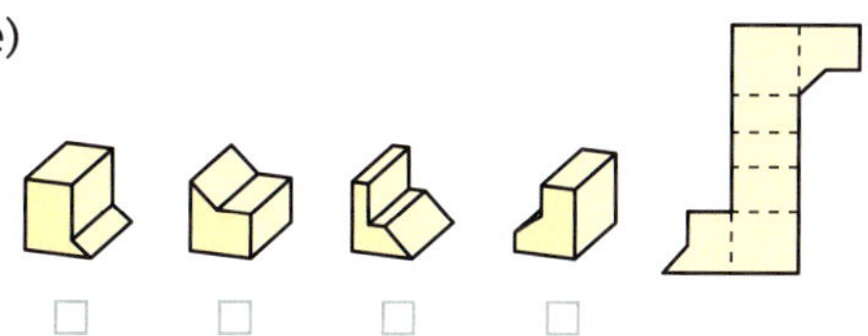

f)

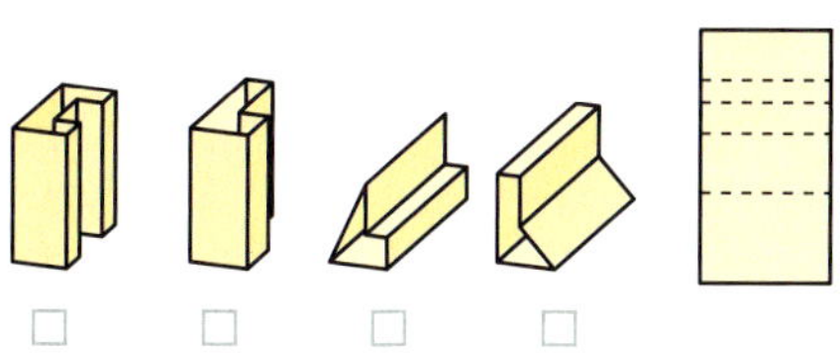

2 Schätzen Sie, wie viel m³ Getreide ein Silo mit rechteckiger Grundfläche (12 m × 10 m) und einer Höhe von 25 m aufnehmen kann.

☐ 300 m³ ☐ 1500 m³ ☐ 3000 m³ ☐ 6000 m³

3 Eine Regentonne hat einen Durchmesser von 60 cm und eine Höhe von 1,20 m. Überschlagen Sie, wie viel Liter Wasser sie auffangen kann.

☐ 80 Liter ☐ 180 Liter ☐ 340 Liter ☐ 500 Liter

4 Ein Glaspavillion hat als Grundfläche die Form eines regelmäßigen Sechsecks mit einer Seitenlänge von 4 m. Schätzen Sie den Flächeninhalt der Glasflächen mit einer Höhe von 6 m.

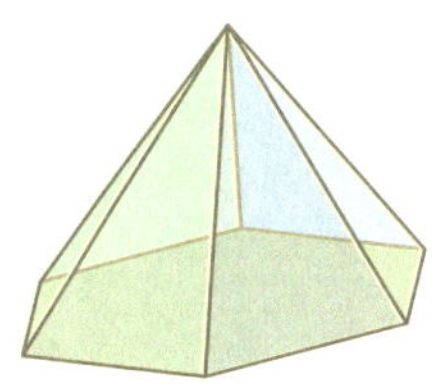

☐ 30 m² ☐ 70 m² ☐ 100 m² ☐ 120 m²

5 Auf einem Fußballfeld mit den Maßen 70 m × 100 m liegt 20 cm hoch Neuschnee. Überschlagen Sie, wie viel m³ das sind.

☐ 60 m³ ☐ 250 m³ ☐ 900 m³ ☐ 1400 m³

6 Das Gehäuse eines elektrischen Wäschetrockners hat die Außenmaße 60 × 60 × 85 (in cm). Die zylindrische Trommel zur Aufnahme der Wäsche soll möglichst groß sein. Schätzen Sie die Maße und das Fassungsvermögen dieser Trommel. Rechnen Sie im Überschlag mit $\pi = 3$.

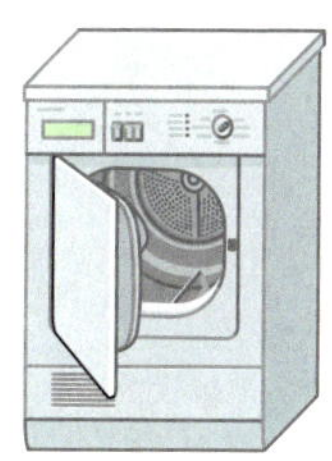

Bewerbungstraining | Zeit-Weg-Diagramme

Wir alle sehen täglich in vielen Bereichen graphische Darstellungen, vor allem Diagramme. Bei den folgenden Aufgaben sollen Sie das zu den Situationen passende Diagramm auswählen.

Beispiele

a) Ein Gefäß wird gleichmäßig mit einer Flüssigkeit gefüllt. Der Graph zeigt den Füllstand in Abhängigkeit von der Zeit an.
b) Bei einem Zeit-Weg-Diagramm kann ein zurückgelegter Weg, also auch die Geschwindigkeit, in Abhängigkeit von der Zeit dargestellt werden. Je höher die Geschwindigkeit, desto steiler der Graph.
Gina läuft langsam an, macht dann eine Pause und läuft dann sehr schnell weiter.

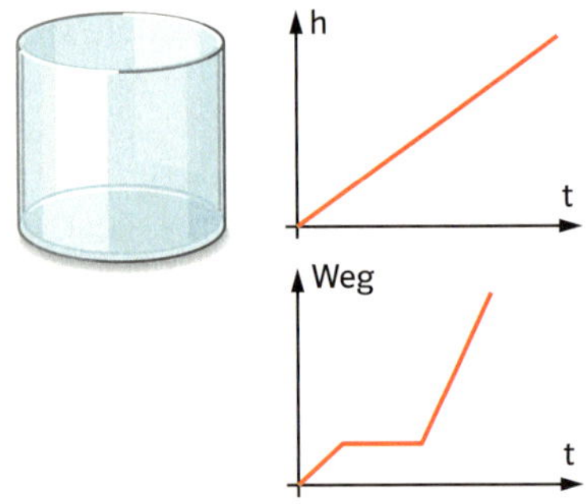

Aufgaben

1 Welcher Graph gehört zu welcher Aussage?
a) Zeit → Temperatur von Tee im Glas
b) Zeit → Höhe einer brennenden Kerze
c) Alter eines Menschen → Körpergröße
d) Zeit → Abstand eines geworfenen Balles zum Boden
e) Zeit → Abstand eines Schaukelbrettes zum Boden

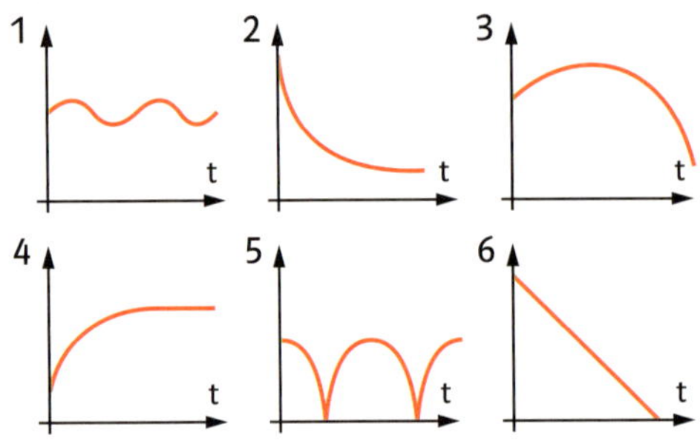

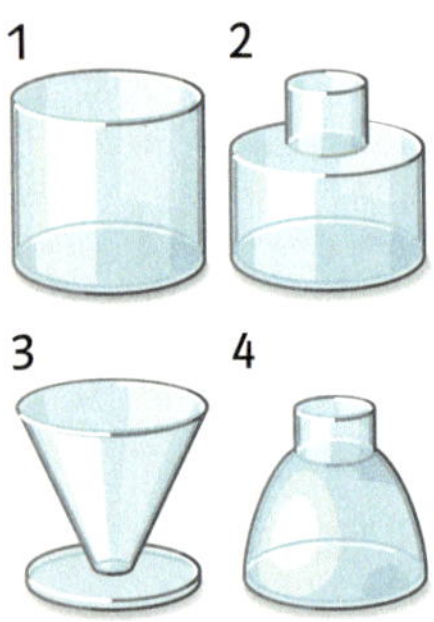

2 Die Gefäße werden gleichmäßig mit Wasser gefüllt. Ordnen Sie die Graphen zu.

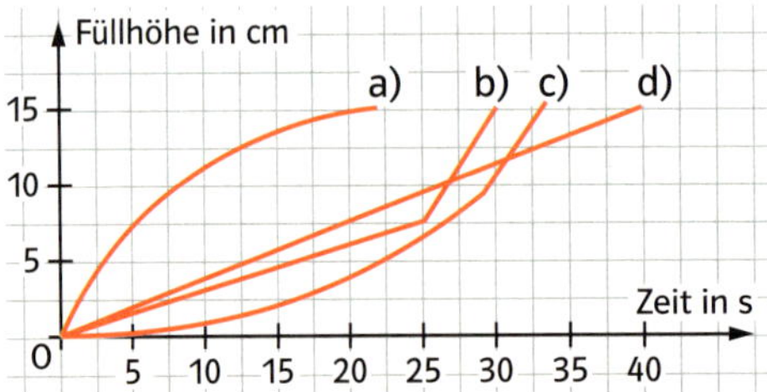

3 Welches Zeit-Weg-Diagramm passt zu der Aussage?
a) Ein Radfahrer steigert schnell eine Geschwindigkeit, hält diese für kurze Zeit und stoppt dann an einer Ampel. Danach fährt er ohne Unterbrechung mit konstanter Geschwindigkeit.
b) Ein Läufer startet zu einer Tour im Wald. Er erhöht seine Geschwindigkeit langsam und läuft dann mit konstanter Geschwindigkeit. Zwischendurch legt er kurze Pausen ein, in denen er seine Muskulatur dehnt.
c) Tina startet beim 100-m-Lauf sehr schnell, wird dann aber bis zum Ziel immer langsamer.

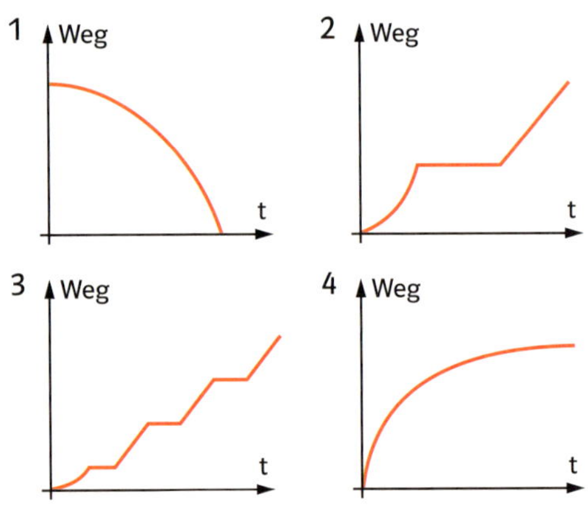

Bewerbungstraining | Textaufgaben – Gleichungen

Textaufgaben enthalten oft mathematische Probleme, die in Worten ausgedrückt sind. Aufgabe ist zunächst die „Übersetzung in eine mathematische Form", zum Beispiel eine Gleichung, und dann die Lösung des Problems.

Beispiele

a) Zwei Brüder, die sich in ihrem Alter um 7 Jahre unterscheiden, sind zusammen 39 Jahre alt.
Wie alt sind sie?
Bezeichnen Sie mit x das Alter des jüngeren Bruders.
Antwort: Der eine Bruder ist 16, der ältere 23 Jahre alt.

$$\begin{aligned} x + (x + 7) &= 39 && |-7 \\ 2x &= 32 && |:2 \\ x &= 16 \end{aligned}$$

b) Von welcher Zahl ist das Fünffache, vermehrt um 8, gleich dem Siebenfachen, vermindert um 4?
Bezeichnen Sie die gesuchte Zahl mit x.
Antwort: Die Zahl ist 6.

$$\begin{aligned} 5x + 8 &= 7x - 4 && |+4 - 5x \\ 12 &= 2x && |:2 \\ 6 &= x \end{aligned}$$

c) Die Summe zweier Zahlen ist 10, ihre Differenz beträgt 4.
Bezeichnen Sie die gesuchten Zahlen mit x und y.
Antwort: Die Zahlen sind 3 und 7.
Einsetzen in eine Gleichung ergibt $y = 3$.

$$\begin{aligned} \text{I} \quad x + y &= 10 && \text{| Addieren} \\ \text{II} \quad x - y &= 4 \\ \hline 2x &= 14 && |:2 \\ x &= 7 \end{aligned}$$

Aufgaben

1 Lösen Sie das Rätsel mit einer Gleichung.
a) Von welcher Zahl ist das Fünffache, vermehrt um 11, gleich dem Achtfachen, vermehrt um 8?
b) Von welcher Zahl ergeben das Dreifache und das Vierfache zusammen 224?
c) Von welcher Zahl ergeben der dritte und vierte Teil zusammen 7?

2 a) Tina ist halb so alt wie ihr Bruder Ulf. Beide zusammen sind 15 Jahre alt. Wie alt sind sie?
b) Elke ist heute dreimal so alt wie Sabine. In 10 Jahren ist Elke nur noch doppelt so alt. Wie alt sind sie heute?

3 a) Der Flächeninhalt eines Rechtecks beträgt $21\,cm^2$, der Umfang ist 20 cm. Wie lang sind die Seiten?
b) Die Seitenkanten eines Würfels sind insgesamt 96 mm lang. Welches Volumen besitzt der Würfel?

4 a) Die Summe zweier Zahlen beträgt 50, ihre Differenz ist 10.
b) Die Addition von zwei Zahlen ergibt 15. Addiert man zum Doppelten der ersten Zahl das Dreifache der zweiten Zahl, so ergibt dies 38.
c) Die Differenz von zwei Zahlen ergibt 20. Ihre Summe ergibt das Fünffache ihrer Differenz.
d) Die Summe aus dem Zweifachen einer Zahl und dem Dreifachen einer anderen Zahl beträgt 18.
Das Dreifache der ersten Zahl vermehrt um das Doppelte der anderen Zahl ergibt 17.
e) Tim hat bei einer Verkehrszählung insgesamt 35 Fahrzeuge gezählt. Wie viele Mofas und Pkw waren es, wenn sie zusammen 110 Räder hatten?
f) Ein Bauer hat zusammen 45 Enten und Schafe. Sie haben insgesamt 130 Beine. Wie viele Enten und Schafe sind es?

! *Hier kommen Sie mit einer Gleichung nicht aus.*

Lösungen zu Kapitel 1

Basiswissen | Rechnen mit Brüchen, Seite 10/11

1
a) $\frac{4}{6}$; $\frac{6}{9}$; $\frac{8}{12}$ b) $\frac{10}{15}$; $\frac{12}{18}$; $\frac{20}{30}$
c) $\frac{18}{24}$; $\frac{24}{32}$; $\frac{30}{40}$ d) $\frac{6}{8}$; $\frac{9}{12}$; $\frac{12}{16}$
e) $\frac{10}{12}$; $\frac{25}{30}$; $\frac{40}{48}$ f) $\frac{15}{18}$; $\frac{20}{24}$; $\frac{50}{60}$

2
a) $\frac{4}{7}$ b) $\frac{5}{8}$ c) $\frac{2}{3}$
d) $\frac{5}{6}$ e) $\frac{3}{4}$ f) $\frac{3}{5}$

3
a) > b) < c) <
d) > e) > f) <

4
a) $\frac{1}{4} < \frac{3}{8} < \frac{1}{2} < \frac{7}{12} < \frac{17}{24} < \frac{5}{6}$
b) $\frac{3}{5} < \frac{2}{3} < \frac{17}{25} < \frac{52}{75} < \frac{7}{10} < \frac{11}{15} < \frac{37}{50}$

5
a) 1 b) $\frac{3}{7}$ c) 2
d) $\frac{11}{12}$ e) $\frac{4}{5}$ f) $1\frac{1}{15}$
g) $1\frac{1}{3}$ h) $\frac{3}{8}$ i) $\frac{1}{2}$

6
a) $1\frac{5}{24}$ b) $1\frac{11}{20}$ c) $\frac{7}{36}$
d) $1\frac{27}{40}$ e) $\frac{11}{35}$ f) $\frac{4}{15}$
g) $\frac{13}{56}$ h) $\frac{59}{63}$ i) $\frac{11}{72}$

7
a) $1\frac{1}{4}$ b) $4\frac{1}{6}$ c) $4\frac{13}{24}$
d) $\frac{27}{40}$ e) $1\frac{5}{18}$ f) $2\frac{1}{3}$

8
a) $2\frac{1}{3}$ b) $1\frac{1}{4}$ c) $1\frac{23}{28}$
d) $2\frac{3}{8}$ e) $1\frac{27}{28}$ f) $2\frac{35}{36}$

9
a) $\frac{3}{10}$ b) $\frac{9}{10}$ c) $\frac{1}{3}$
d) $\frac{3}{8}$ e) $\frac{9}{28}$ f) $\frac{5}{7}$
g) $\frac{6}{5}$ h) $\frac{1}{2}$ i) $\frac{8}{9}$

10
a) $\frac{7}{10}$ b) $\frac{15}{56}$ c) $\frac{16}{45}$
d) $\frac{7}{36}$ e) $\frac{35}{36}$ f) $\frac{16}{63}$
g) $1\frac{1}{54}$ h) $\frac{35}{72}$ i) $\frac{21}{64}$

11
a) $\frac{2}{3}$ b) $\frac{2}{15}$ c) $\frac{1}{6}$
d) 2 e) $3\frac{3}{4}$ f) $2\frac{1}{2}$

12
a) $\frac{1}{2}$ b) $\frac{5}{14}$ c) 1
d) $\frac{4}{5}$ e) $\frac{3}{20}$ f) $\frac{1}{18}$

Basiswissen | Rechnen mit Dezimalbrüchen, Seite 12

1
a) 0,9 b) 0,23 c) 0,901
d) 0,14 e) 0,245 f) 5,45

2
a) $\frac{7}{10}$ b) $\frac{45}{100} = \frac{9}{20}$ c) $\frac{567}{1000}$
d) $1\frac{6}{10} = 1\frac{3}{5}$ e) $54\frac{3}{10}$ f) $10\frac{1}{100}$

3
a) 0,036; 0,36; 0,42; 0,95; 0,951; 4,02
b) 2,56; 2,65; 5,26; 5,62; 6,25; 6,52
c) 0,0780; 0,0788; 0,087; 0,0877; 0,0878

4
a) 136 cm b) 34 cm c) 8250 m
d) 19 350 g e) 1750 kg f) 4500 mg
g) 4200 dm^3 h) 55 m^2 i) 12 340 mm^2

5
a) 0,53; 0,59; 0,64; 0,71; 0,77
b) 8,53; 8,58; 8,64; 8,7; 8,77

6
a) 6,8 b) 4,3 c) 20,4
d) 11,8 e) 0,37 f) 10,53

7
a) 11,348 b) 0,524
c) 183,341 d) 3,439

8
a) 78,144 b) 435,8125 c) 62,18
d) 64,5232 e) 42,963 f) 0,1

9

a) 15 b) 9,5 c) 12

10

a) 208 b) 4,47 c) 102,2
d) 51,98 e) 607,608 f) 3,8356
g) 5,1957 h) 0,00665

11

a) 0,3 b) 0,05
c) 1,692 d) 0,85

12

a) 20 b) 20 c) 2,8
d) 3,4 e) 1233,333... f) 4250
g) 0,7 h) 0,0135

13

a) 12,8 b) 0,256 c) 8
d) 6,7 e) 7,65 f) 4,0656

14

a) 109,5 b) 0,15
c) 2,8 d) 1

15

a) 0,3 b) 1,5 c) 0,02
d) 2,5 e) 0,1

16

a) $9{,}0 \cdot 7{,}4 = 66{,}6$
b) $0{,}9 \cdot 4{,}7$

17

$7{,}5 \cdot 2{,}4 - 19{,}6 : 3{,}5 = 12{,}4$

Basiswissen | Rechnen mit rationalen Zahlen, Seite 13

1

a) 59 b) −60 c) −58
d) 11 e) −2,4 f) $-\frac{1}{4}$

2

a) 16 b) 8 c) 59
d) −220 e) −2,6 f) $-\frac{3}{8}$

3

a) 108 b) 242 c) 125
d) 6,4 e) $\frac{1}{6}$ f) $-\frac{1}{6}$

4

a) −330 b) −171 c) −147
d) −12 e) −2 f) −16

5

a) 9 b) 12,5 c) 7
d) 30 e) $\frac{1}{40}$ f) −3

6

a) −8 b) −16 c) −20
d) −30 e) $-\frac{3}{2}$ f) −52

7

a) −68 b) −340 c) −36,1
d) 0 e) 71 f) $-\frac{1}{3}$

8

a) 5,6 b) 4 c) 1
d) −11,5 e) −0,5 f) −0,25

Basiswissen | Rechnen mit Termen, Seite 14

1

a) 3 b) −9 c) −18 d) −2

2

	x	−3	−2	−1	0	1	2	3
a)	$4 + 2x$	−2	0	2	4	6	8	10
b)	$-3x - 4$	5	2	−1	−4	−7	−10	−13
c)	$2x - 5x$	9	6	3	0	−3	−6	−9
d)	$2x^2 - x$	21	10	3	0	1	6	15

3

a) $11x + 8y$ b) $-9a + 15b$ c) $-11ab - 6xy$
d) $3a^2 - 3a$

4

a) $17x$ c) $-4b$ d) $(xy - ab)$

5

a) $960x^2yz$ b) $60xyz$
c) $10xy$ d) $-5y^2$

6

a) $-59xy$ b) $2xy$ c) $-7a^2b^2 - c^2d^2$

7

a) $3a + 9b$ b) $5a + 9$ c) $-5m + 6n$

8

a) $27ab + 18a$ b) $56ab - 72ac$
c) $60xy - 30y^2$ d) $-16x^2 - 14xy^2$
e) $2a - 3$ f) $-16a^2b + 2b^2$

9

a) $x(5y + 8z)$
b) $6a(2b - 3c)$
c) $9x(3x + y)$
d) $12a^2(3b^2 - c^2)$

Basiswissen | Gleichungen lösen, Seite 15

1

a) $x = 6$
b) $x = 1$
d) $x = 10$
e) $x = 0$
f) $x = -4$

2

a) $x = 14$
b) $x = 12$
c) $x = 5$
d) $x = 2$
e) $x = -4$
f) $x = 2$

3

a) $x = 2$
b) $x = 6$
c) $y = 9$
d) $y = 0$
e) $u = -31$

4

a) $x = \frac{1}{2}$
b) $y = -\frac{2}{3}$
c) $z = -7$

5

a) $x = -5$
b) $x = 63$
c) $x = 6$

6

a) $x = 4$
b) $x = 15$

Rückspiegel, Seite 82, links

1

a) $40a - 20b$
b) $10x + 20y$
c) $10a + 25c$
d) $9x - 52y$

2

a) $12pq - 4p^2$
b) $6xy^2 - 18xy$
c) $30x + 5y$
d) $12x - xy - y$

3

a) $2(3xy + 4)$
b) $3a(b + 4)$
c) $7c(3d + e)$
d) $16x(3y - 2x)$
e) $15rs(r - 4s)$
f) $9t^2(-9s + 1)$

4

a) $5x - 2(x + 3) = 3x - 6$
b) $(3 + y) \cdot x - xy = 3$
c) $(10b + (2a - 6)) : 2 = 5b + a - 3$

5

a) $24abx + 18abx^2$
b) $-42m^2n + 3mn^2$
c) $x^2 - x - 12$
d) $-y^2 - 6y + 27$
e) $30x^2 - 3x - 6$
f) $6x^2 + xy - y^2$

6

a)

$\cdot$	x	-6
x	x^2	$-6x$
5	$5x$	-30

$x^2 - x - 30$
$= (x - 6)(x + 5)$

b)

$\cdot$	x	-7
x	x^2	$-7x$
12	$12x$	-84

$x^2 + 5x - 84$
$= (x - 7)(x + 12)$

7

a) $0 = 6a^2 + 4ax$
b) $V = a^3 + a^2x = a^2(a + x)$

Rückspiegel, Seite 82, rechts

1

a) $20a$
b) $-15r - 30s$
c) $-2x + 13{,}8y$
d) $-62{,}6c - 16{,}8d$

2

a) $8c^2 + 12cd - 4ec$
b) $-6g^2h + 9g^3 - 1{,}5g^2$
c) $8xy - 2y$
d) $11x^2 - 4xy$

3

a) $16(3m^2 + n^2)$
b) $r(s + t + u)$
c) $2ab(a + 2 - b)$
d) $x(12 + 5x - 3y)$
e) $2(4ab - 3a + 5b)$
f) $7xy(4x - 6y + 1)$

4

a) $x + 2x = 3x$
b) $x + (x + 1) + (x + 2) = 3x + 3 = 3 \cdot (x + 1)$

5

a) $48a^2b + 64ab^2$
b) $-8x^3y + 24x^3$
c) $17r - 17s - rt + st$
d) $16b + 15a - ab - 240$
e) $16x^2 - 49x + 3$
f) $-6x^2 - 3{,}8xy + 0{,}8y^2$

6

a)

$\cdot$	x	-3
x	x^2	$-3x$
14	$14x$	-42

$x^2 + 11x - 42$
$= (x - 3)(x + 14)$

b)

$\cdot$	$-3x$	y
$2x$	$-6x^2$	$2xy$
$-3y$	$9xy$	$-3y^2$

$-6x^2 + 11xy - 3y^2$
$= (-3x + y)(2x - 3y)$

7

a) $O = 22x^2 + 26x + 4$
b) $V = 6x^3 + 12x^2 + 6x$

Rückspiegel, Seite 83, links

1

a) $x = 4$
b) $x = 6$
c) $x = 9$
d) $x = 4$
e) $x = 7{,}5$
f) $x = -3$

2

a) $x = 2$ b) $x = \frac{1}{2}$ c) $y = 2$ d) $y = 4$

3

a) Statt 24 muss es −24 heißen (man subtrahiert 28).
b) Statt 25 muss es 15 heißen (man subtrahiert 5).
c) Statt 54 muss es 6 heißen (man muss durch 3 dividieren).
d) Statt 0 muss es 1 heißen, denn die Division durch 22 ergibt 1.

4

a) $x = -6$ b) $x = 6$ c) $x = 6$
d) $u = 3$ e) $u = 6$

5

$x + 2x + 4 = x + 50$
$x = 23$

6

Karens Alter heute: x
$x = 6 \cdot (x - 10)$
$x = 12$
Karen ist heute 12 Jahre alt.

7

a) $x = 3$ b) $x = 2$ c) $x = -2$

8

a) $x = -\frac{5}{2}$ b) $y = -1$ c) $z = -11$

9

a) $b = \frac{A}{a}$
b) $b = 4\,cm$; $b = 4{,}5\,cm$, $b = 6{,}5\,cm$

Rückspiegel, Seite 83, rechts

1

a) $x = 4$ b) $x = 3$ c) $x = 46$
d) $y = 4$ e) $y = -\frac{3}{2}$ f) $y = -0{,}4$

2

a) $x = 1$ b) $x = \frac{14}{15}$ c) $x = 1$ d) $x = 1$

3

a) Statt 10 muss es 2 heißen; es muss durch 10 dividiert werden.
b) Statt 2 muss es $\frac{1}{2}$ heißen, da 7 durch 14 dividiert werden muss.
c) Es muss $4x = 22$ heißen; es wurden verschiedenartige Summanden zusammengefasst.
d) Es muss $\frac{1}{2}x$ heißen; hier wurde die Regel „Punkt vor Strich" missachtet.

4

a) $x = 7$ b) $x = 1$ c) $x = 5$
d) $y = \frac{1}{2}$ e) $y = \frac{1}{3}$

5

$\left(\frac{1}{6} \cdot x + 5\right) \cdot 3 = x$
$x = 30$

6

Karens Alter heute: x
$x + 20 = 9 \cdot (x - 4)$
$x = 7$
Karen ist heute 7 Jahre alt.

7

a) $x = 2$ b) $x = 8$ c) $x = 12$

8

a) $x = 4$ b) $y = 21$ c) $z = 7$

9

a) $G = \frac{P}{p\%}$ b) $G = 420{,}00\,€$; $G = 3500\,m$; $G = 960\,kg$

Rückspiegel, Seite 84, links

1

a) $2^8 = 256$ b) $(-3)^5 = -243$
c) $3^3 = 27$ d) $(10)^{-4} = 0{,}0001$
e) $2^{10} = 1024$ f) $(-3)^4 = 81$

2

a) $n = 13$ b) $n = 4$ c) $n = 6$ d) $n = 22$

3

a) 0,001 64 b) 0,000 31

4

a) $1{,}987\,669\,87 \cdot 10^8$ b) $1{,}000\,000\,000\,1 \cdot 10^{10}$
c) $6{,}7 \cdot 10^{-4}$ d) $1{,}000\,02 \cdot 10^{-7}$

5

$\frac{1}{4{,}8 \cdot 10^{-7}} = 2{,}083\,3333 \cdot 10^6$
Sinnvoll gerundet: In 1 m passen etwa 2 100 000 Wellenlängen.

6

a) 6 b) 11 c) 15 d) 27
e) 33 f) 45

7

a) 12 b) 14 c) 1360 d) 24
e) 21 f) 28

8

a) $6\sqrt{5}$ b) $4\sqrt{17} - 5\sqrt{19}$

9

a) $4\sqrt{2}$ b) $6\sqrt{2}$ c) $7\sqrt{3}$

Rückspiegel, Seite 84, rechts

1

a) x^{a+b} b) $3y^{2n}$

c) $2a^{m+1}b^{m+1} = 2(ab)^{m+1}$ d) x^{3n+6}

e) $(2x)^{m-n}$

2

2 Nkz	6 Nkz	3Nkz
3 Nkz	9 Nkz	8Nkz
4 Nkz	12 Nkz	15Nkz

3

$1{,}7^{-8} = 0{,}014$; $1{,}7^{-9} = 0{,}0084$; also $n = 9$

4

$5{,}1675 \cdot 10^7$ b) $7{,}8387 \cdot 10^{-19}$

5

untere Grenze: $6 \cdot 10^{-12}\,m = 6\,pm$

obere Grenze: $1 \cdot 10^{-8}\,m = 10 \cdot 10^{-9}\,m = 10\,nm$

6

a) 0,2 b) 1,2 c) 2,5

d) $\frac{2}{3}$ e) $\frac{11}{14}$ f) $\frac{26}{29}$

7

a) $15x$ b) $30x^2$ c) $\frac{8a}{3b}$

d) $105xy$ e) $2x$ b) $8x$

8

a) $15\sqrt{e}$ b) $-\sqrt{a} + \sqrt{b}$

9

a) $7x\sqrt{2}$ b) $6x\sqrt{x}$

c) $4x\sqrt{7y}$

Rückspiegel, Seite 85, links

1

	Grundwert	Veränderung in Prozent	Veränderter Grundwert
a)	315 €	+16 %	365,40 €
b)	820 km	−5 %	779 km
c)	20 km	+30 %	26 km

2

Herr Stark muss 1163,87 € bezahlen.

3

a) 679 € b) 672,21 €

4

a) 10,20 € Zinsen; neuer Kontostand 690,20 €

b) 459 €

5

	Kapital	Zinssatz	Zinsen	Zeit
a)	600 €	5 %	10 €	4 Mon.
b)	1200 €	6 %	18 €	$\frac{1}{4}$ Jahr
c)	1800 €	6 %	4,20 €	14 Tage
d)	2400 €	11 %	198 €	270 Tage

6

a) 604,24 € b) 3500,00 €

Rückspiegel, Seite 85, rechts

1

	Grundwert	Veränderung in Prozent	Veränderter Grundwert
a)	23,56 €	+10,5 %	26,03 €
b)	124 m	$-3\frac{1}{4}$ %	119,97 m
c)	125,50 €	−2 %	122,99 €

2

Der Heimtrainer kostete ohne Mehrwertsteuer 755,46 €.

3

a) Der ursprüngliche Preis betrug 300 €.

b) um 23,46 %

4

a) 1330 €

b) Marion 1,75 % (Jan 1,5 %)

5

	Kapital	Zinssatz	Zinsen	Zeit
a)	564 €	4,5 %	14,81 €	7 Mon.
b)	678,50 €	10,5 %	53,39 €	$\frac{3}{4}$ Jahr
c)	1225,38 €	$3\frac{1}{4}$ %	8,85 €	80 Tage
d)	826,75 €	10,5 %	32,07 €	133 Tage

6

a) Bei 3,5 %. b) Bei 3,5 %.

Lösungen zu Kapitel 2

Basiswissen | Strecke, Gerade. Koordinatensystem, Seite 88

1

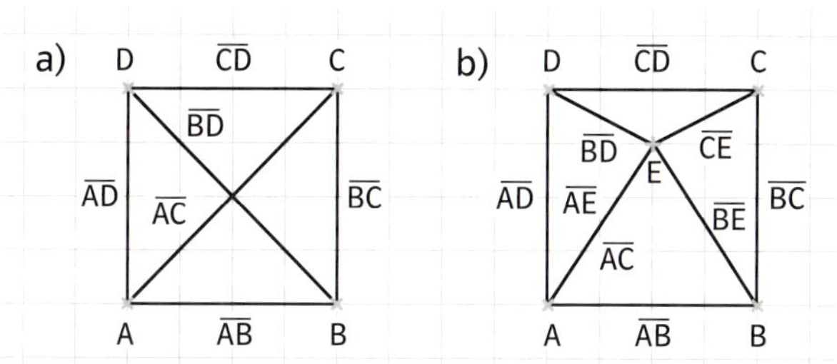

2

a) 1 Gerade
3 Strecken

b) 4 Geraden
24 Strecken

c) 6 Geraden
12 Strecken

3

A(1 | 1), B(3 | 1,5), C(2 | 2,5), D(−1,5 | 2,5), E(−2,5 | 1,5), F(−3,5 | 1), G(−2 | −1,5), H(−3 | −2), I(−1 | −2,5), J(0 | −2,5), K(1,5 | −1,5), L(3 | −2)

4

a) II

b) IV

c) III

d) x-Achse

Es reicht, die Vorzeichen der Koordinaten zu betrachten.

5

Quadrant	Vorzeichen x-Wert	Vorzeichen y-Wert
I	+	+
II	–	+
III	–	–
IV	+	–

Basiswissen | Parallel und senkrecht, Seite 89

1

$j \perp m$; $m \perp h$; $j \perp l$; $h \perp l$

2

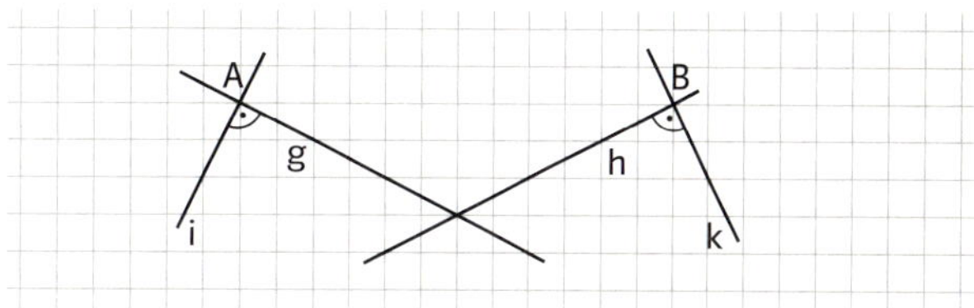

3

$o \parallel q$; $j \parallel k$; $i \parallel h$; $m \parallel l$

4

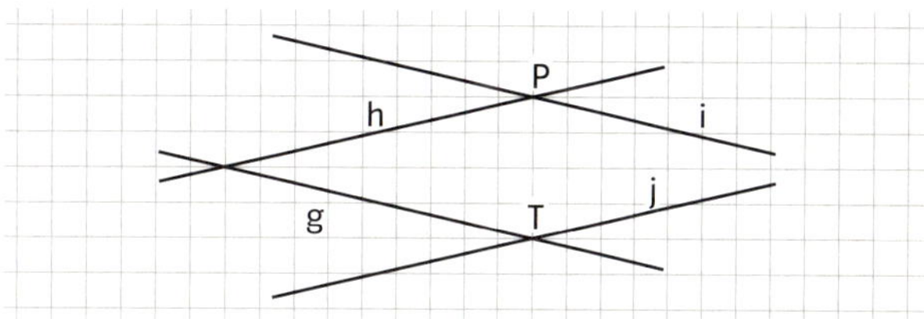

Basiswissen | Kreis und Winkel, Seite 90

2

a) ein Kreisausschnitt: Drittelkreis
gefärbter Anteil der Kreisfläche: zwei Drittel

b) ein Kreisausschnitt: Achtelkreis
gefärbter Anteil der Kreisfläche: fünf Achtel

c) ein Kreisausschnitt: Sechzehntelkreis
gefärbter Anteil der Kreisfläche: vier Sechzehntel oder ein Viertel

3

45° spitzer Winkel
90° rechter Winkel
135° stumpfer Winkel
240° überstumpfer Winkel
310° überstumpfer Winkel

4

a) $\alpha = 45°$

b) $\alpha = 142°$

c) $\alpha = 25°$

d) $\alpha = 205°$

5

a) $\alpha = \beta = \gamma = 32°$

b) $\alpha = \gamma = 120°$; $\beta = 60°$

Basiswissen | Symmetrische Figuren, Seite 91

1
D(1|6)

2
D(8|7)

3
Mögliche vierte Eckpunkte sind (0|0); (10|4); (4|10).

4

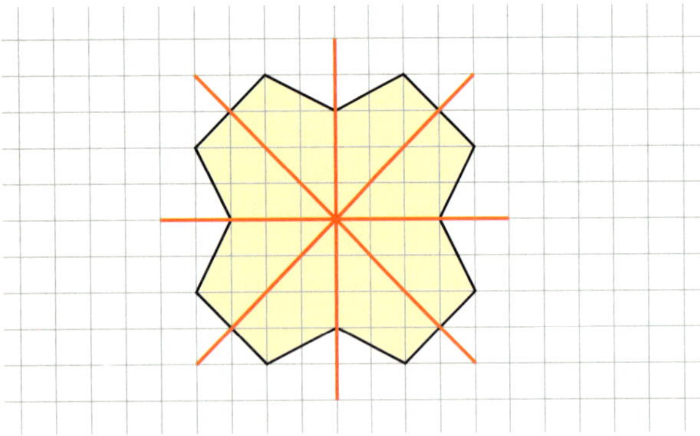

Basiswissen | Dreiecke, Seite 92

1

	α	β	γ	
a)	60°	60°	60°	spitzwinklig Dreieck
b)	40°	125°	15°	stumpfwinklig Dreieck
c)	45°	45°	90°	rechtwinklig Dreieck

2
a)

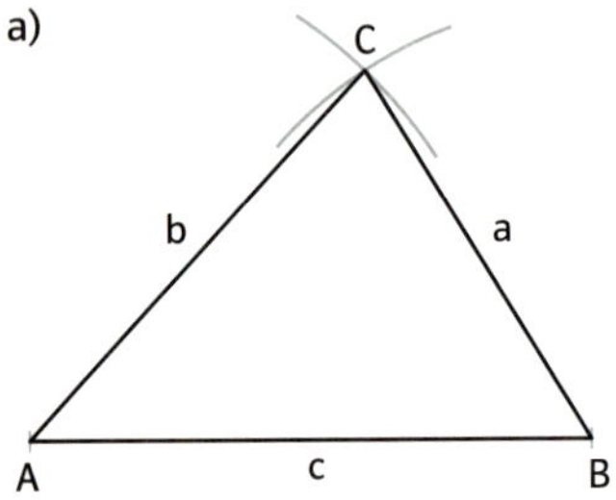

b)

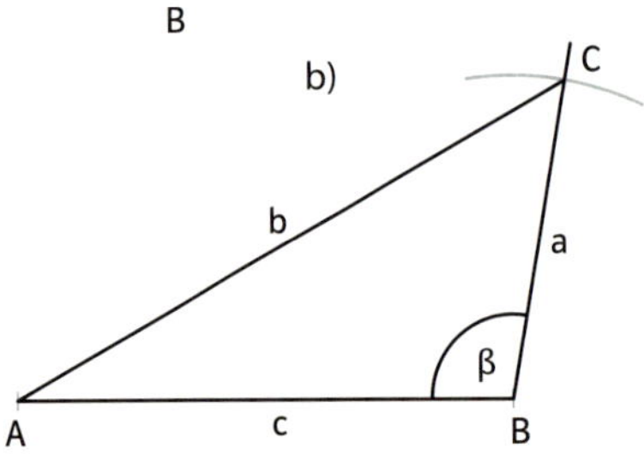

c)

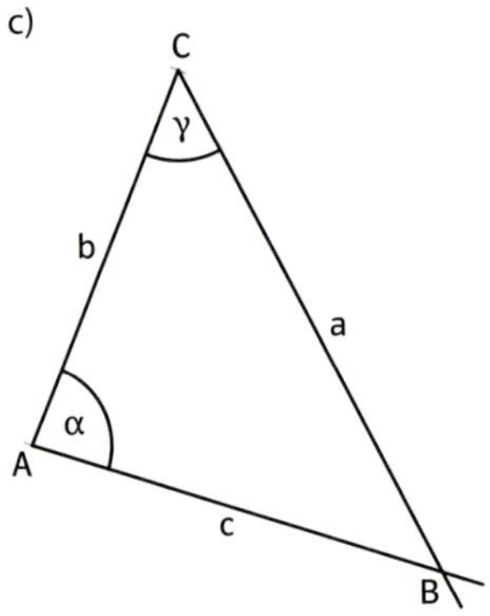

d)

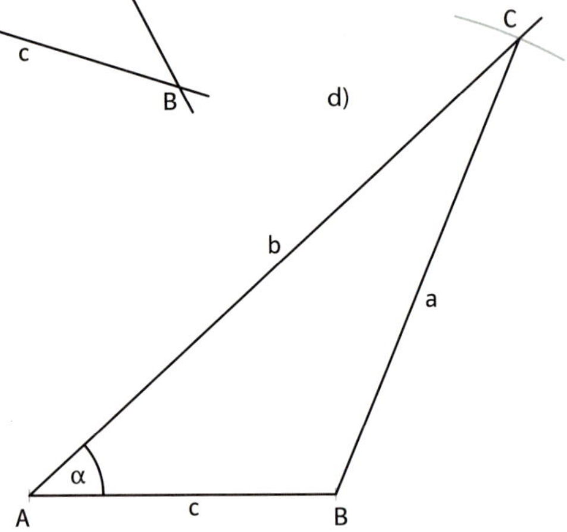

3
Einer maßstäblichen Zeichnung (1 cm entspricht 10 m) entnimmt man: h = 15,9 cm.
Der Turm ist etwa 159 m hoch.

4
a)

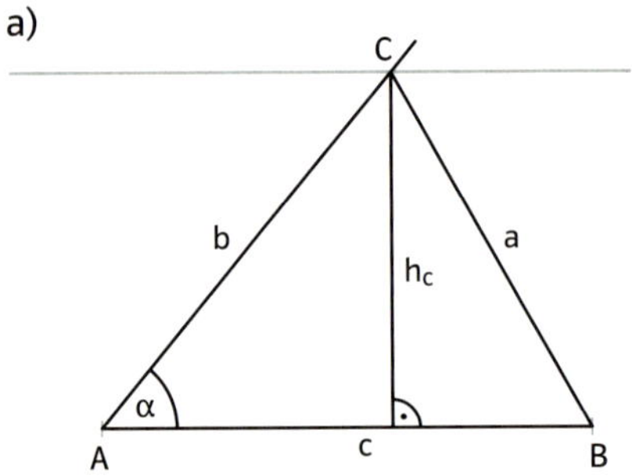

b)

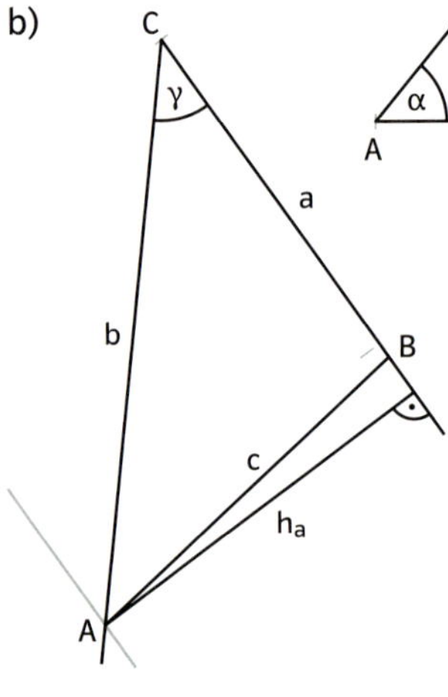

Basiswissen | Länge und Fläche, Seite 93

1
a) 50 mm, 200 mm, 4000 mm, 78 mm
b) 70 cm, 130 cm, 3200 cm, 505 cm
c) 3000 m, 3 m, 35 m, 3005 m

2
a) 506 cm, 48 cm, 578 dm
b) 5987 m, 6075 m, 2008 m
c) 2608 cm, 40 040 cm

3
a) 3 cm 5 mm, 13 m 2 dm 4 cm, 2 km 342 m
b) 3 m 2 cm, 5 km 70 m, 33 km 4 m
c) 3 m 4 cm, 13 m 5 mm, 45 dm 1 mm

4
a) 400 dm^2; 100 mm^2; 700 a; 800 m^2; 600 cm^2
b) 4600 ha; 3200 cm^2; 12800 dm^2; 55 300 m^2; 9200a
c) 935 m^2; 4261 dm^2; 54 670 m^2; 73 925 a

5
a) 5 dm^2; 2 m^2; 8 cm^2; 4 a
b) 67 a; 43 m^2; 640 m^2
c) 8 km^2; 54 km^2; 980 ha

6
a) 7 m^2; 99 ha; 13 dm^2
b) 85 m^2; 1005 ha; 23 km^2

7
a) 34 000 dm^3; 80 000 mm^3; 115 000 cm^3; 200 000 dm^3
b) 17 000 ml; 230 000 ml; 5300 ml; 14 090 ml

8
a) in cm^3: 3 000 000 cm^3; 17 cm^3; 5000 cm^3
b) in dm^3: 5000 dm^3; 0,045 dm^3; 3005 dm^3
c) in l: 605 l; 3000 l; 75 l
d) in ml: 13000 ml; 4550 ml; 2030 ml

Rückspiegel, Seite 152, links

1
a = 12 cm u_R = 50 cm u_Q = 48 cm
Das Rechteck hat den größeren Umfang.

2
a) u = 19,7 cm; Der Konstruktion entnimmt man h_c = 4,8 cm und berechnet A = 18,0 cm^2.
b) u = 22,0 cm; Der Konstruktion entnimmt man h_a = 5,2 cm und berechnet A = 28,6 cm^2.

3
A = 36,49 m^2

4
A_1 = 591 m^2 A_2 = 643 m^2

5
a) b = 4,0 cm   u = 33,0 cm
b) h = 4,2 cm

Rückspiegel, Seite 152, rechts

1
h = 20 cm

2
a) u = 20,0 cm; Der Konstruktion entnimmt man h_a = 3,0 cm und berechnet A = 19,5 cm^2.
b) u = 22,1 cm; Der Konstruktion entnimmt man c = 2,5 cm und h = 4,0 cm und berechnet A = 23,4 cm^2.

3
A = 36,13 m^2

4
A_1 = 591 m^2 A_2 = 643 m^2 A_3 = 689 m^2

5
a) a = 8,0 cm; A = 44,0 cm^2 b) c = 5,5 cm

Rückspiegel, Seite 153, links

1
$h^2 + n^2 = p^2$; $h^2 + m^2 = q^2$; $p^2 + q^2 = (n + m)^2$

2
a) $9^2 + 40^2 = 41^2$; 81 + 1600 = 1681; rechtwinklig
b) $25^2 + 48^2 < 60^2$; stumpfwinklig
c) $11^2 + 60^2 = 61^2$; rechtwinklig

3
a) u = 75,4 cm; A = 452,4 cm^2
b) u = 339,3 mm; A = 9160,9 mm^2
c) u = 38,3 cm; A = 116,9 cm^2
d) u = 4,34 m; A = 1,50 m^2
e) u = 2,42 dm; A = 0,47 dm^2
f) u = 3,27 km; A = 0,85 km^2

4
a) r = 14,1 cm   b) r = 38,5 mm
c) r = 4,1 cm   d) r = 2,39 m

5

a) u = 21,36 m b) 2u = 27,65 m

6

a = 0,97 m

7

a) A_R = 857,7 cm² b) A_R = 392,7 cm²
c) A_R = 351 858 m² d) A_R = 1837,8 cm²

Rückspiegel, Seite 153, rechts

1

$\overline{AE}^2 + \overline{BE}^2 = \overline{AB}^2$; $\overline{AE}^2 + \overline{DE}^2 = \overline{AD}^2$
$\overline{BE}^2 + \overline{EC}^2 = \overline{BC}^2$; $\overline{DE}^2 + \overline{EC}^2 = \overline{DC}^2$

2

a) 72 + 242 = 252; 48 + 576 = 625; rechtwinklig
b) $10^2 + 25^2 \neq 26^2$; $10^2 + 24^2 = 26^2$
c) $7{,}5^2 + 18^2 = 19{,}5^2$; rechtwinklig

3

a) r = 2,91 cm; d = 5,83 cm
b) r = 1014,3 mm; d = 2028,6 mm
c) r = 0,32 m; d = 0,64 m
d) r = 3,91 cm; d = 7,82 cm
e) r = 15,1 mm; d = 30,3 mm
f) r = 3,14 dm; d = 6,28 dm

4

a) A = 2,68 cm² b) A = 0,08 m²
c) u = 8,31 m d) u = 1,06 dm

5

gerundet:
$11\,800\,\frac{m}{min}$; $11{,}8\,\frac{km}{min}$; $709\,\frac{km}{h}$

6

A = 2,01 m²
z. B. a = 2,01 m; b = 1,00 m

7

rote Fläche: A = 7,07 cm²
gelbe Fläche A = 56,55 cm²
blaue Fläche A = 94,75 cm²
grüne Fläche A = 113,35 cm²
orangefarbene Fläche A = 115,36 cm²
Die orangefarbene Fläche hat den größten Flächeninhalt.

Rückspiegel, Seite 154, links

1

V = 1080 cm³ O = 663 cm²

2

Netz in halber Größe:

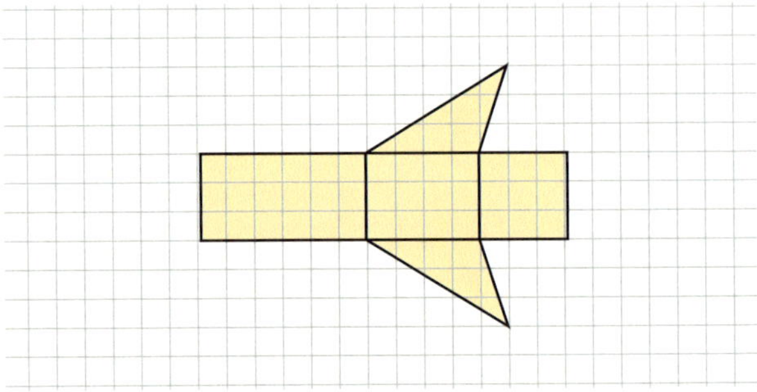

3

Schrägbild in halber Größe:

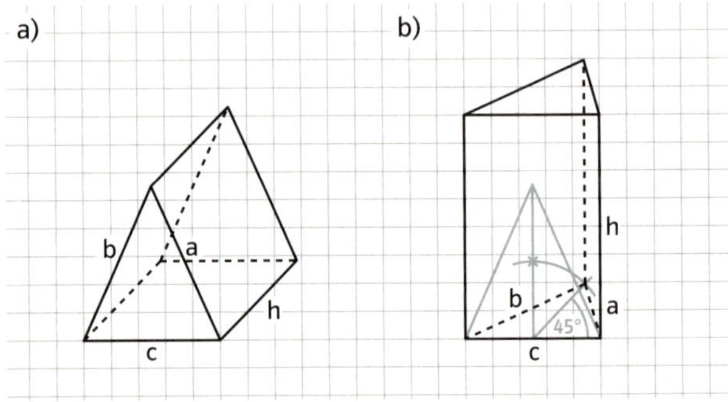

4

$G = \frac{1}{2} c \cdot h_c = 24\,cm^2$ u = 32 cm
$V = G \cdot h = 192\,cm^3$ $M = u \cdot h = 256\,cm^2$
$O = 2 \cdot G + M = 304\,cm^2$

5

a) M = 565,5 cm²; O = 791,68 cm²; V = 1696,5 cm³
b) M = 592,8 cm²; O = 678,8 cm²; V = 1096,7 cm³
c) M = 7,17 m²; O = 9,58 m²; V = 2,22 m³

6

a) r = 2,07 cm b) r = 95,5 cm
c) r = 0,96 m

Rückspiegel, Seite 154, rechts

1

Das Volumen vergrößert sich mit dem Faktor 8. Die Oberfläche vergrößert sich mit dem Faktor 4.

2

Netz in halber Größe:

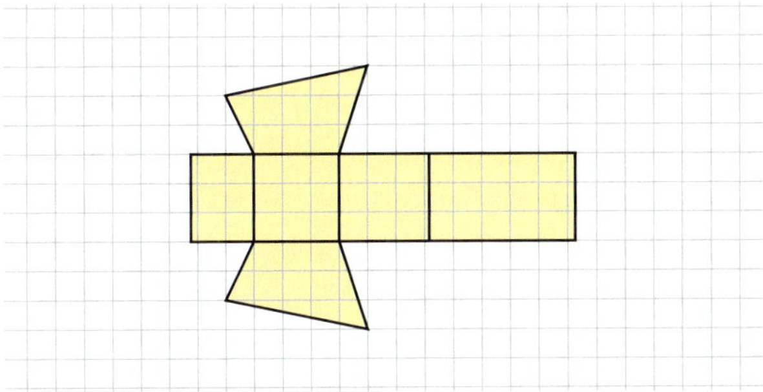

3

Schrägbild in halber Größe:

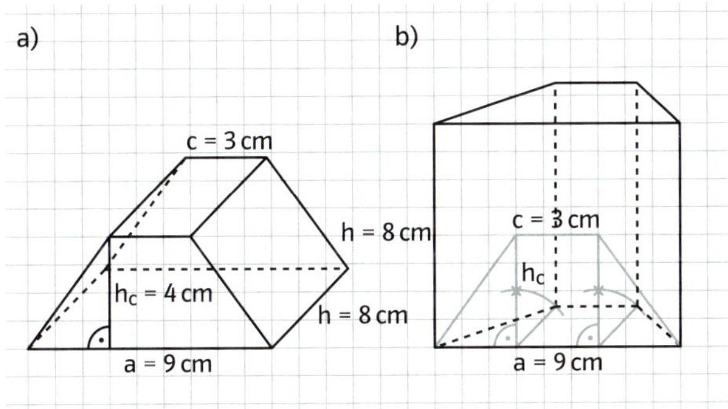

4

$G = a \cdot h_a = 75\,cm^2$ $\quad$ $u = 42\,cm$

$V = G \cdot h = 900\,cm^3$ $\quad$ $M = u \cdot h = 504\,cm^2$

$O = 2 \cdot G + M = 654\,cm^2$

5

a) $h = 5{,}0\,cm$ $\quad$ b) $h = 2{,}5\,dm$

c) $h = 12{,}0\,dm$

6

a) $V = 2309{,}1\,cm^3$ $\quad$ b) $V = 115{,}9\,dm^3$

c) $V = 6{,}750\,dm^3$ $\quad$ d) $V = 63{,}2\,cm^3$

e) $V = 888{,}6\,cm^3$ $\quad$ f) $V = 2917{,}9\,cm^3$

Rückspiegel, Seite 155, links

1

a) $\beta = 55{,}3°$; $a = 4{,}6\,cm$; $b = 6{,}6\,cm$

b) $a = 7{,}2\,cm$; $\beta = 41{,}0°$; $\gamma = 64{,}9°$

c) $a = 5{,}7\,cm$; $b = 7{,}01\,cm$; $\gamma = 75{,}9°$

2

a) Höhe: $h = 4{,}50 \cdot \sin 65° = 4{,}08$. Die Leiter reicht 4,08 m hoch.

b) Erster Lösungsweg: $4{,}50 \cdot \sin 80° = 4{,}43$

Beim Anstellwinkel 80° reicht die Leiter 4,43 m hoch. Die Höhe 4,35 m ist also ohne Gefahr möglich.

Zweiter Lösungsweg: Der Anstellwinkel α bei 4,35 m Höhe ergibt sich aus $\sin\alpha = \frac{4{,}35}{4{,}50}$ und beträgt 75,2°. Da er kleiner ist als 80°, ist die Höhe 4,35 m zulässig.

3

$\overline{EB} = 7{,}9\,cm$; $\overline{BC} = 8{,}4\,cm$; $\overline{EC} = 11{,}5\,cm$

$\varepsilon = 47{,}1°$; $\gamma = 42{,}9°$

4

a) $M = 140\,cm^2$; $O = 240\,cm^2$; $V = 163{,}3\,cm^3$

b) $M = 1{,}6\,m^2$; $O = 2{,}3\,m^2$; $V = 0{,}2\,m^3$

5

a) $O = 10{,}9\,m^2$; $V = 1{,}8\,m^3$ $\quad$ b) $O = 107{,}5\,dm^2$; $V = 38{,}3\,dm^3$

6

a) $M = 60\,e^2$; $O = 96\,e^2$; $V = 48\,e^3$

b) $M = 540\,e^2$; $O = 864\,e^2$; $V = 1296\,e^3$

Rückspiegel, Seite 155, rechts

1

a) $\beta = 27{,}6°$; $c = 8{,}5\,cm$; $a = 3{,}9\,cm$

b) $c = 5{,}5\,cm$; $\alpha = 33{,}3°$; $\gamma = 40{,}0°$

c) Da der Gegenwinkel der kleineren Seite a gegeben ist, gibt es zwei Lösungen.

Erste Lösung: $b_1 = 9{,}1\,cm$; $\beta_1 = 71{,}2°$; $\gamma_1 = 70{,}1°$

Zweite Lösung: $b_2 = 5{,}0\,cm$; $\beta_2 = 31{,}3°$; $\gamma_2 = 110{,}0°$

2

a) Für die Länge l der Rampe gilt: $l = \frac{3{,}40}{\sin 5°} = 39{,}0$

Die Rampe ist etwa 39 m lang.

b) Nach 6 m; 12 m; … ; 36 m ist je ein Absatz nötig. Die Rampe verlängert sich dadurch um 9 m auf 48 m.

3

Das Dreieck MGH ist gleichschenklig.

$\overline{GH} = 7{,}0\,cm$; $\overline{MH} = 10{,}3\,cm$; $\overline{MG} = 10{,}3\,cm$

$\beta = 66{,}4°$; $\gamma = 66{,}4°$; $\alpha = 47{,}9°$

4

$h_s = 5{,}0\,cm$; $h = 4{,}8\,cm$; $V = 14{,}4\,cm^3$

5

$O = 429{,}4\,cm^2$

6

$O = \pi e^2(1 + \sqrt{10})$

$V = \pi e^3$

Lösungen zu Kapitel 3

Rückspiegel, Seite 196, links

1

a) $y = 2{,}5x$

x	−3	−2	−1	0	1	2	3
y	−7,5	−5	−2,5	0	2,5	5	7,5

b) $y = -2x - 1$

x	−3	−2	−1	0	1	2	3
y	5	3	1	−1	−3	−5	−7

c) $y = 0{,}4x + 1{,}5$

x	−3	−2	−1	0	1	2	3
y	0,3	0,7	1,1	1,5	1,9	2,3	2,7

d) $y = -\frac{3}{5}x + 0{,}8$

x	−3	−2	−1	0	1	2	3
y	2,6	2	1,4	0,8	0,2	−0,4	−1

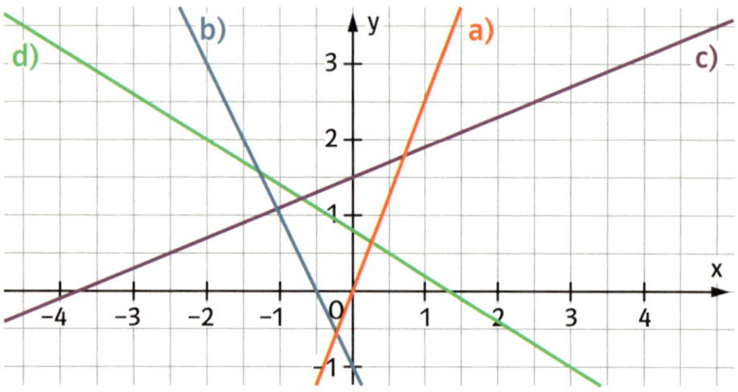

2

a) $y = -\frac{2}{3}x - 4$ Gerade, Steigung $-\frac{2}{3}$ und y-Achsenabschnitt −4
b) $y = 3x$ Ursprungsgerade
c) $y = 2$ Gerade, Steigung 0, y-Achsenabschnitt 2
d) $y = x^2 - 5x$ Schaubild ist keine Gerade

3

g_1: $y = \frac{1}{2}x + 2$ g_2: $y = \frac{3}{2}x - 1{,}5$

g_3: $y = -\frac{3}{4}x + 0{,}5$ g_4: $y = -\frac{2}{5}x - 0{,}5$

4

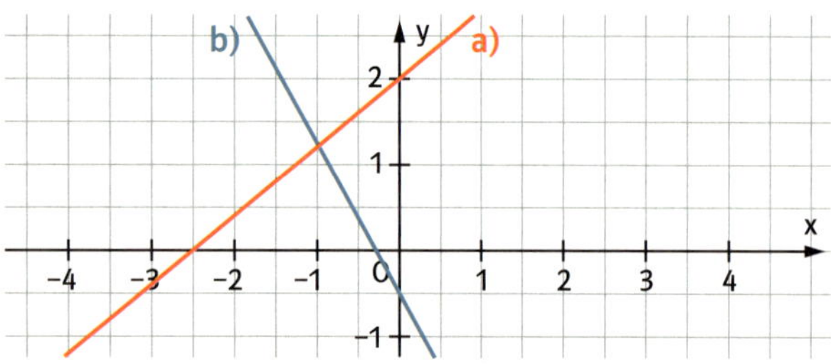

5

a) P(2 | 1,5) Q(4 | 3) b) V(−2 | 4) W(−1,5 | 3) c) S(2 | 0,5) T(5 | 1,25)

6

z. B. $y = -2x + 3$

7

a) 4 m
b) $y = 0{,}4x + 2$
c) nach ungefähr 20 Tagen

Rückspiegel Seite 196, rechts

1

a)

x	−3	−2	−1	0	1	2	3
y	4,5	3	1,5	0	−1,5	−3	−4,5

b)

x	−3	−2	−1	0	1	2	3
y	0,5	$-\frac{1}{6}$	$-\frac{5}{6}$	−1,5	$-\frac{13}{6}$	$-\frac{17}{6}$	$-\frac{21}{6}$

c)

x	−3	−2	−1	0	1	2	3
y	6,5	1,5	−1,5	−2,5	−1,5	1,5	6,5

d)

x	−3	−2	−1	0	1	2	3
y	5,5	5	4,5	4	3,5	3	2,5

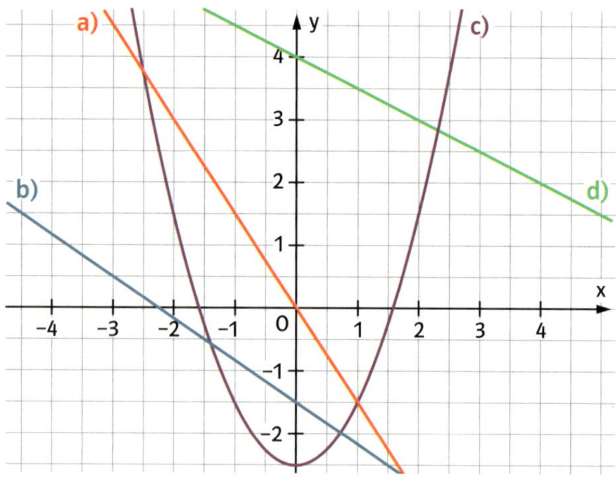

2

$y = 2{,}5x + 1$

3

g_1: $y = \frac{2}{7}x - \frac{5}{2}$ g_2: $y = \frac{5}{3}x + \frac{3}{2}$

g_3: $y = -2x + 2$ g_4: $y = -\frac{5}{6}x - \frac{1}{2}$

4

$y = -1{,}5x + 2$

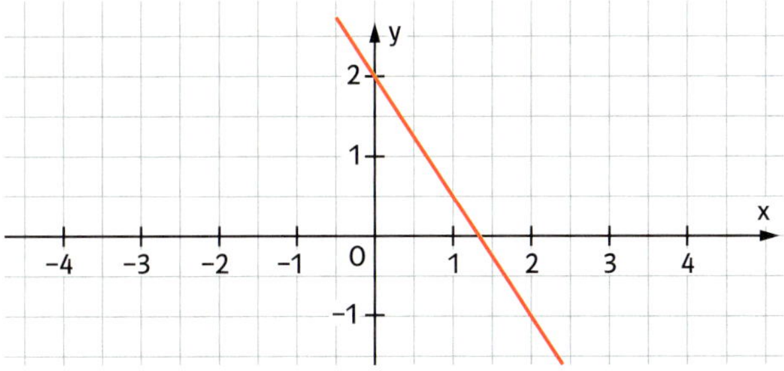

5

a) $y = x + 1$ b) $y = -x + 3$ c) $y = \frac{1}{2}x - 2$

6

a) $y = 15 + 25x$

x ist die Anzahl der Stunden, y die Wasserhöhe in cm.

b) 15 cm Wasserhöhe sind 12,5 %

120 cm Wasserhöhe sind 100 %

Nach 4,2 h oder 4 h 12 min ist diese Höhe erreicht.

Rückspiegel, Seite 197, links

1

a) Die Lösung lautet (3 ; −2). b) Die Lösung lautet (4 ; 2).

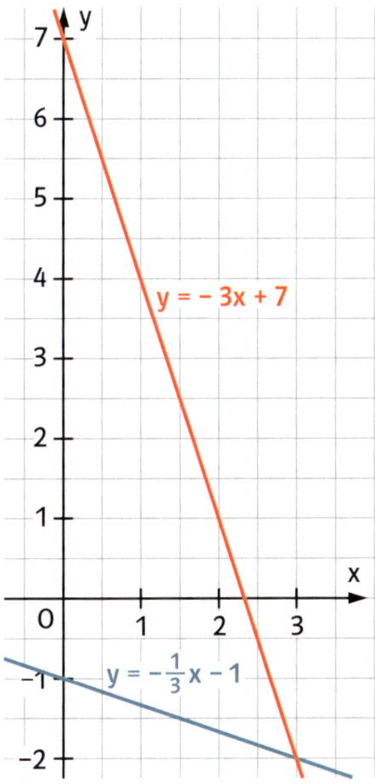

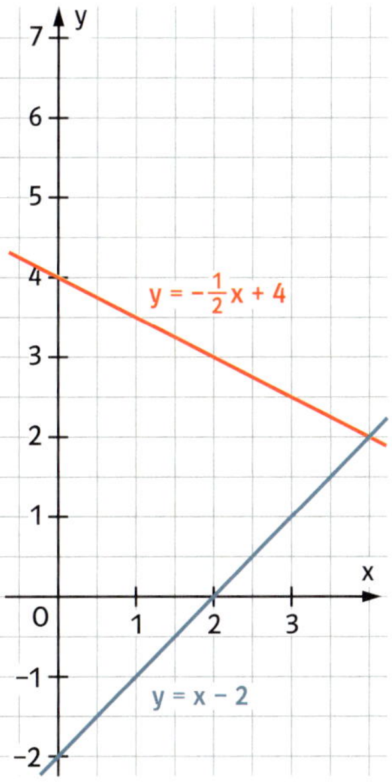

2

a) $y = -\frac{1}{2}x + 5$ und $y = x - 1$; Lösung: (4 ; 3)

b) $y = 3x + 3$ und $y = \frac{1}{2}x - 2$; Lösung: (−2 ; −3)

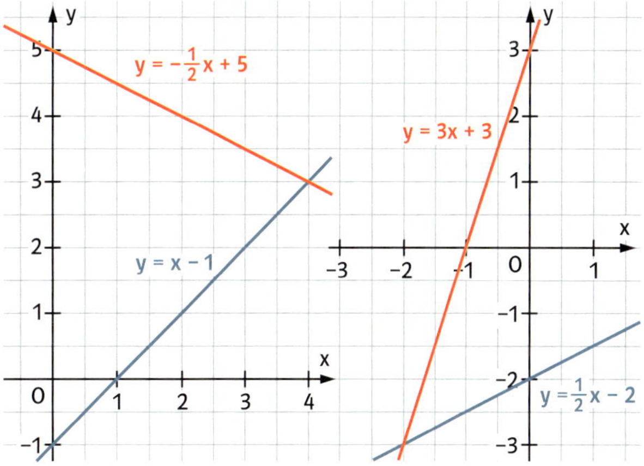

3

a) (2 ; 3) b) $\left(1 ; -\frac{2}{3}\right)$

4

a) $\left(4 ; \frac{3}{2}\right)$ b) (4 ; 3) c) (7 ; 10)

5

g: $y = x + 2$ und h: $y = -\frac{1}{2}x + 5$; S(2 | 4)

6

a) Keine Lösung, Geraden sind parallel.

b) S(0 | −1); Lösung: (0 ; −1)

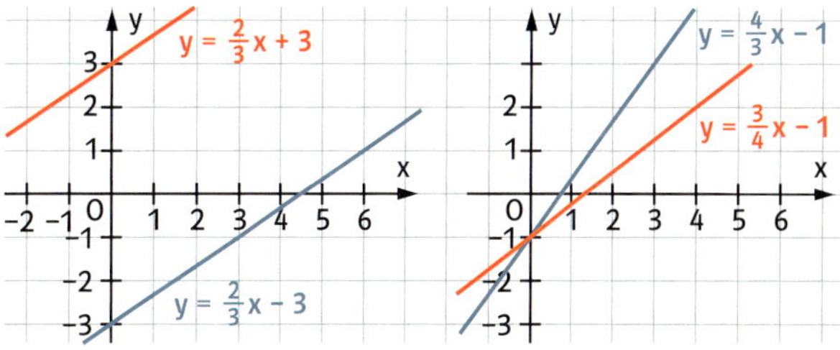

7

Die Angebote können mit zwei linearen Gleichungen dargestellt werden. A: $y = 120 + 25x$ und B: $y = 100 + 30x$

Familie Hartmann muss die Anzahl der Urlaubstage berücksichtigen. Bei 4 Tagen sind die Angebote gleich, ab 5 Tagen wird das Angebot A günstiger.

Rückspiegel, Seite 197, rechts

1

a) (3 ; 2)

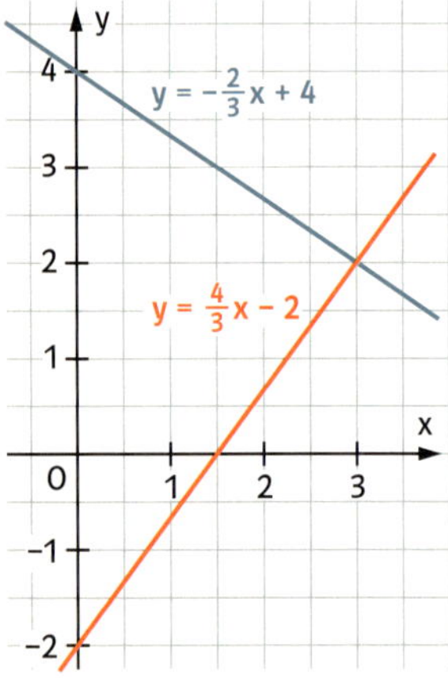

b) (2 ; 1,5)

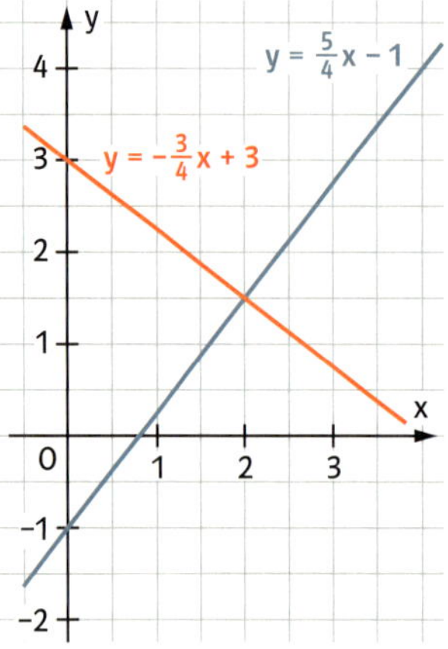

2

a) $y = \frac{1}{2}x + 1$ und $y = -3x + 8$; Lösung: (2 ; 2)

b) $y = -\frac{2}{5}x - \frac{4}{5}$ und $y = -\frac{5}{2}x + \frac{11}{2}$; Lösung: (3 ; −2)

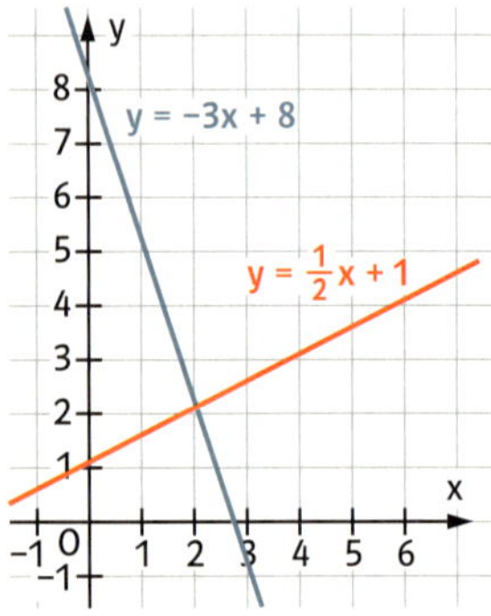

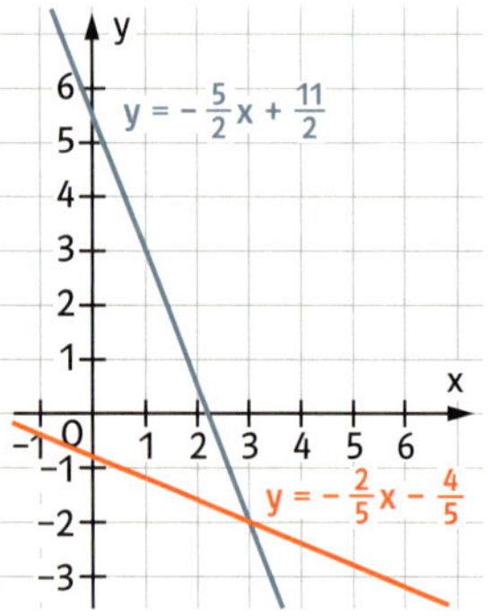

3

a) (−1 ; 2)

b) (0 ; 4)

4

a) (3 ; −2)

b) (24 ; 16)

c) (27 ; 44)

5

g: $y = \frac{1}{3}x + 2$ und h: $y = -x + 4$; S(1,5 | 2,5)

6

a) unendlich viele Lösungen, es ist dieselbe Gerade,
$y = 3x - 4$

b) Keine Lösung, Geraden sind parallel.

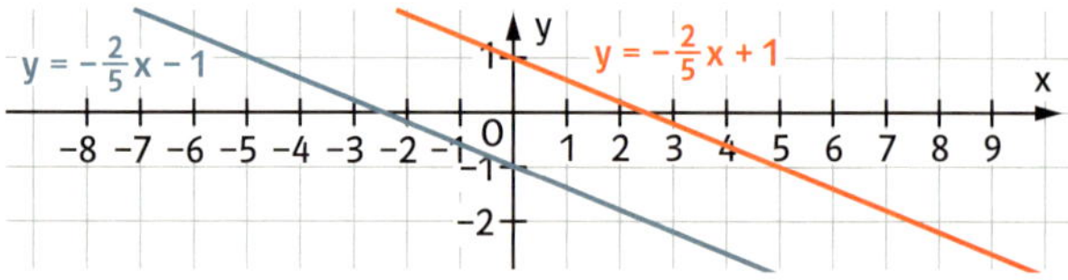

7

Die Tarife können mit zwei linearen Gleichungen dargestellt werden. A: $y = 45{,}50 + 0{,}165x$ und B: $y = 75{,}25 + 0{,}155x$
Familie Munz muss ihren Stromverbrauch ermitteln. Bei 2975 KWh sind beide Tarife gleich teuer, bei einem höheren Verbrauch wird der Tarif B günstiger.

Lösungen zu Kapitel 4

Rückspiegel, Seite 230, links

1

a) S(0 | −5) b) S(0 | 0) c) S(3 | 0) d) S(−1 | −4)

2

(A) $y = (x + 3)^2 - 2{,}5$ (B) $y = 1{,}5x + 3$

(C) $y = (x + 1)^2 - 1{,}5$ (D) $y = (x - 1)^2 - 3$

(E) $y = -\frac{1}{2}x + 1$ (F) $y = (x - 1{,}5)^2 + 1{,}5$

(G) $y = (x + 1{,}5)^2 + 2{,}5$

3

a) S(−2 | 1) b) S(3 | −2)

c) S(2,5 | 1,25) d) S(−4,5 | −20,25)

4

a) p_1: $x_1 = 1$; $x_2 = 3$; p_2: $x_2 = 1$; $x_2 = -3$;
T(1 | 0)

b) p_1: $x_1 = 1$; $x_2 = -7$; p_2: $x_1 = 0{,}5$; $x_2 = -4$;
T(2 | 9)

5

h = 72 m; w = 800; $y = a \cdot x^2$

Einsetzen:

$72 = a \cdot 400^2$; $a = 0{,}00045$; $y = 0{,}00045x^2$

Rückspiegel, Seite 230, rechts

1

P_3 liegt auf p_1; P_1 liegt auf p_2;
P_4 liegt auf p_3; P_2 liegt auf p_4

2

(A) $y = (x + 1)^2 - 4$ (B) $y = (x - 3)^2 - 1$

(C) $y = y(x - 2)^2 - 3$ (D) $y = -\frac{1}{2}x^2 + 2$

3

a) Q(−3 | 5); R(1 | 13) b) Q(2 | 3,5); R(−1 | 6,5)

c) Q(5,5 | 5); R(0,5 | 0) d) kein Schnittpunkt

e) Q(2,2 | −5,76) f) Q(2 | −3)

4

a) S(−3 | −1,5) b) S(2 | −5)

5

Scheitel der Flugkurve S(0 | 28)

a) $0 = -x^2 + 28$; $x_{1,2} = \sqrt{28} \approx 5{,}3\,\text{m}$

Etwa 5,3 m vom Felsrand entfernt.

b) Der Scheitel liegt 28 m über der Wasserfläche. Der Springer springt demnach zuerst 1 m in die Höhe.

Rückspiegel, Seite 231, links

1

a) $x_1 = 6$; $x_2 = -6$ b) $x_1 = 11$; $x_2 = -11$

c) $x_1 = 20$; $x_2 = -20$ d) $x_1 = 3$; $x_2 = -3$

e) $x_1 = 10$; $x_2 = -10$ f) $x_1 = 7$; $x_2 = -7$

2

a) $x^2 + 8x + 16 = 33 + 16$ $x_1 = 3$; $x_2 = -11$

b) $x^2 - 14x + 49 = 15 + 49$ $x_1 = 15$; $x_2 = -1$

c) $x^2 - 10x + 25 = 231 + 25$ $x_1 = 21$; $x_2 = -11$

3

a) $x_1 = 8$; $x_2 = -3$ b) $x_1 = 5$; $x_2 = -9$ c) $x_1 = 2$; $x_2 = -4$

4

a) $x_1 = 2$; $x_2 = -10$ b) $x_1 = 0{,}5$; $x_2 = -6$

c) $x_1 = 3$; $x_2 = 1$ d) $x_1 = 8$; $x_2 = 2$

5

$n(n + 7) = 144$; $n = 9$

Die zweite Lösung $n = -16$ ist keine natürliche Zahl.

6

Es gibt 2 Lösungen:

Für $x = 1$: $u_{Quadrat} = 16\,\text{m}$
$u_{Rechteck} = 26\,\text{m}$

Für $x = 5$: $u_{Quadrat} = 32\,\text{m}$
$u_{Rechteck} = 34\,\text{m}$

Rückspiegel, Seite 231, rechts

1

a) $x_1 = 0{,}1$; $x_2 = -0{,}1$ b) $x_1 = 0{,}6$; $x_2 = -0{,}6$

c) $x_1 = 18$; $x_2 = -18$ d) $x_1 = \frac{8}{9}$; $x_2 = -\frac{8}{9}$

2

a) $x_1 = 4$; $x_2 = 1{,}5$ b) $x_1 = 2{,}5$; $x_2 = -1{,}5$ c) $x_1 = 8$; $x_2 = 4$

3

a) $x_1 = 5$; $x_2 = -2$ b) $x_1 = 27$; $x_2 = -1$ c) $x_1 = 3$; $x_2 = 2$

4

a) Die natürliche Zahl heißt 5.

$(x - 1)(x + 2) = 28$

b) Die gesuchte Zahl heißt 4.

$(x - 3) + \frac{1}{x - 3} = 2$

5

Die Streifen sind 1,15 m breit. Möglicher Ansatz:

$3 \cdot x + 6 \cdot x - x^2 = 0{,}5 \cdot 3 \cdot 6$

Lösungen des Bewerbungstrainings

Bewerbungstraining | Grundrechenarten, Seite 234

1

a) 29,9	b) 1,83	c) 30,5	d) 114,3
e) 1,5	f) 10,04	g) −9,4	h) −1,8
i) 0,21	j) 0,048	k) 0,000 035	l) 0,348
m) 4	n) 1,9	o) 170	p) 110

2

a) 58,94	b) 4670,77	c) 240,9426	d) 5469,153
e) 50			

3

a) 12,15	b) 22,53	c) 127,05	d) 374,64
e) 166,111	f) 3765,19		

4

a) 28,5	b) 396	c) 4532,5	d) 7210
e) 15 625	f) 23 000		

5

a) 1,35	b) 0,783	c) 0,025	d) 0,0056
e) 37,52	f) 0,085		

6

a) 22,88	b) 6,12	c) 0,26145	d) 57,81
e) 111,111	f) 6,29		

7

a) 315	b) 207,25	c) 805	d) 0,0842
e) 5,31	f) 180		

8

a) ≈ 5,6	b) ≈ 4,6	c) ≈ 47,6	d) ≈ 38,8
e) ≈ 10,3	f) ≈ 20,3		

Bewerbungstraining | Schätzen, Seite 235

1

a) ≈ 890 000	b) ≈ 500 000	c) ≈ 400
d) ≈ 300 000	e) ≈ 2 000 000	f) ≈ 40

2

a) ≈ 320 000 (314 191)
b) ≈ 210 000 000 (194 405 421)
c) ≈ 560 000 000 (560 245 221)
d) ≈ 200 000 000 (180 954 242)
e) ≈ 240 (232,631)
f) ≈ 800 (928,6208)

3

a) ≈ 400 (419,06)	b) ≈ 70 (70,91)
c) ≈ 600 (643,04)	d) ≈ 73 (77,21)
e) ≈ 6 (6,12)	f) ≈ 60 (60,78)

4

a) Es werden rund 8 Stunden benötigt.
b) Es werden rund 96 Stunden benötigt.

5

a) ≈ 50 000 000 kg = 50 000 t	b) ≈ 75 000 000 kg = 75 000 t
c) ≈ 120 000 000 kg = 120 000 t	d) ≈ 135 000 000 kg = 135 000 t
e) ≈ 300 000 000 kg = 300 000 t	

6

a) ≈ 1 498,6	b) ≈ 840 400 kg
c) ≈ 8 509 500	d) ≈ 6 000 000 000 l

Bewerbungstraining | Schätzen, Seite 236

7

Es sind rund 100 Gummibären.

8

Rund 240 Schmetterlinge sind zu sehen.

9

Es sind rund 280 Flamingos.

10

Es sind rund 350 Menschen zu sehen.

11

Der Zaun ist ca. 3,50 m hoch.

12

Die BRD ist rund 360 000 km² groß.

Bewerbungstraining | Bruchrechnung, Seite 237

1

a) $\frac{8}{11}$	b) $\frac{9}{7} = 1\frac{2}{7}$	c) $\frac{4}{8} = \frac{1}{2}$
d) $\frac{10}{25} = \frac{2}{5}$	e) $8\frac{6}{9} = 8\frac{2}{3}$	f) $5\frac{10}{6} = 6\frac{4}{6} = 6\frac{2}{3}$

2

a) $1\frac{1}{6}$	b) $\frac{5}{6}$	c) $1\frac{13}{56}$	d) $1\frac{11}{40}$
e) $16\frac{5}{12}$	f) $6\frac{2}{9}$	g) $2\frac{5}{9}$	

3

a) $\frac{37}{65}$ b) $\frac{17}{36}$ c) $\frac{2}{15}$ d) $3\frac{7}{10}$
e) $\frac{23}{30}$ f) $\frac{9}{20}$ g) $6\frac{1}{2}$ h) $-\frac{1}{6}$
i) $-3\frac{8}{15}$

4

a) $\frac{1}{20}$ b) $\frac{1}{6}$ c) $\frac{11}{14}$ d) $4\frac{1}{4}$
e) $40\frac{11}{18}$ f) 4 g) $\frac{1}{3}$ h) $\frac{1}{2}$

5

a) $18\frac{2}{3}$ b) $\frac{3}{28}$ c) $\frac{2}{5}$ d) $1\frac{1}{5}$
e) $1\frac{1}{7}$ f) $1\frac{1}{15}$ g) $\frac{5}{9}$ h) $\frac{9}{10}$

6

a) $x = \frac{3}{7}$ b) $x = 5$ c) $x = 6$ d) $x = \frac{1}{2}$
e) $x = 5\frac{2}{5}$ f) $x = 2\frac{3}{4}$

Bewerbungstraining | Längenmaße, Seite 238

1

a) 120 dm b) 200 cm c) 710 mm
d) 300 cm e) 400 mm f) 5000 m
g) 900 cm h) 12 000 mm

2

a) 37 dm b) 587 cm c) 12 mm d) 5 mm
e) 3 650 m f) 237 cm g) 60 mm h) 1380 mm

3

a) 12,5 cm b) 8,2 cm c) 78 cm d) 5,3 cm
e) 200 000 cm f) 9100 cm

4

a) 4 cm b) 12 dm c) 5 m d) 27 km
e) 8 m f) 120 m g) 70 dm h) 7000 m

5

a) 0,4 cm b) 0,8 dm c) 1,2 m d) 12,987 km
e) 0,428 km f) 0,03 dm g) 0,02 m h) 0,017 km

6

In Hannover war die Elle 1,35 cm länger. Folglich war der Stoff dort geringfügig billiger.

Bewerbungstraining | Flächenmaße, Seite 239

1

a) 900 cm^2 b) 300 m^2 c) 400 mm^2 d) 2700 dm^2
e) 1200 a f) 3500 ha g) 120 000 mm^2 h) 30 000 cm^2

2

a) 245 ha b) 106 dm^2 c) 46 a
d) 237,5 cm^2 e) 182 mm^2 f) 6 450 m^2
g) 23 000 cm^2 h) 1240 mm^2 i) 4 243 000 mm^2
j) 300 m^2

3

a) 23 cm^2 b) 3 ha c) 5 m^2 d) 50 km^2
e) 12 a f) 31 dm^2 g) 8 m^2 h) 95 a

4

a) 6,34 km^2 b) 1,32 a
c) 0,3 cm^2 d) 0,81 cm^2
e) 0,094 ha f) 0,07 dm^2
g) 0,0243 m^2 h) 0,022 36 ha

5

a) 1,3 m^2 b) 58 000 m^2 c) 0,365 m^2
d) 12 700 m^2 e) 6 790 000 m^2 f) 7500 m^2

6

a) Die Fläche ist 10 404 m^2 groß.
b) 1,0404 ha = 104,04 a
c) Ein Bauplatz wird 578 m^2 groß sein.

Bewerbungstraining | Rauminhalte, Seite 240

1

a) 35 000 cm^3 b) 12 000 mm^3 c) 4000 dm^3
d) 4635 dm^3 e) 2870 mm^3 f) 300 mm^3
g) 70 cm^3 h) 7 000 000 cm^3

2

a) 6 dm^3 b) 75 m^3 c) 4,5 cm^3
d) 0,721 m^3 e) 0,042 dm^3 f) 0,004 mm^3
g) 0,009 253 5 m^3 h) 0,000 037 dm^3

3

a) 3500 l b) 823 000 ml c) 4730 ml d) 420 l
e) 75 000 ml f) 125 ml

4

a) 80 hl b) 8 l c) 2,5 hl d) 0,47 l
e) 0,67 hl f) 0,091 l g) 0,03 hl h) 0,006 l

5

a) 2 l b) 12 ml c) 5750 ml d) 3,25 hl
e) 25 000 cm^3 f) 0,75 dm^3 g) 4 m^3 h) 0,8 m^3

6

Es passen 800 Liter hinein.

Bewerbungstraining | Gewichte und Zeitspannen, Seite 241

1

a) 15 000 kg b) 43 000 g c) 2 100 000 g
d) 0,5 mg e) 70 g f) 560 kg

2

a) 40 kg b) 3,5 t c) 2,03 g d) 0,9 t
e) 0,075 kg f) 0,006 t

3

a) 500 kg = 10 Ztr. b) 250 g = $\frac{1}{2}$ ℔ (0,5 ℔)
c) 750 kg = 15 Ztr. d) 125 g = $\frac{1}{4}$ ℔ (0,25 ℔)
e) 375 kg = 7,5 Ztr. f) 2500 g = 5 ℔

4

a) 141,75 g b) 30,88 g
c) 31 440 g = 31,44 kg d) 6 250 g

5

a) 1800 s b) 168 h c) 720 min
d) 4 320 min e) 6 d f) 18 h
g) 12 min h) 2 d i) 59 h
j) 465 s k) 84 h l) 450 s

6

a) 210 min b) 84 h c) 165 s

7

a) 118 min b) 219 min

Bewerbungstraining | Textaufgaben – Dreisatz, Seite 242

1

6 Maurer benötigen 16 Tage.

2

400 t Erz müssen abgebaut werden.

3

Die 70 m^2 große Wohnung kostet 336 €.

4

Sie zahlte 3000 € zurück.

5

Der Zinssatz lag bei 12,5 %.

6

Die Zahl der Passagiere stieg um rund 7,78 %.

7

Der Fernseher kostete ursprünglich 1150 €.

8

52 m^2 Kopfsteinpflaster wurden bereits verlegt.

9

Der Rucksack kostete vorher 75 €.

10

Es starteten 20 310 Flugzeuge im April 2005.

11

Die Fraport-AG hatte 12 900 Mitarbeiter.

12

Es hätte 33 Stunden 20 Minuten gedauert.

Bewerbungstraining | Zahlenreihen, Seite 243

1

a) 18; 21 b) 32; 64
c) 28; 36 d) 15; 9
e) 10; 6 f) 33; 29
g) 60; 62 h) 19; 23

2

a)

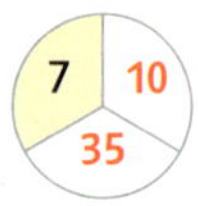

b)

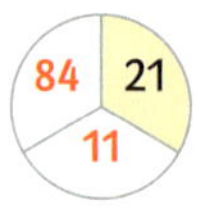

oder

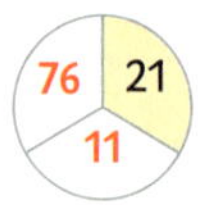

3

a) 14; 13 b) 54; 45 c) 135; 126 d) 69; 63
e) 15 f) 16 g) 21 h) 38

4

a) Dominostein C ergänzt sinnvoll.
b) Dominostein A ergänzt sinnvoll.

Bewerbungstraining | Flächen und Körper I, Seite 244

1

A = 52 cm^2

2

a)

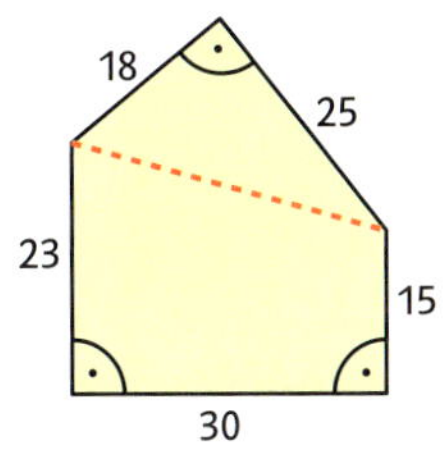

$A_{Trapez} = \frac{(23 + 15)}{2} \cdot 30 = 570$

$A_{Dreieck} = \frac{(25 \cdot 18)}{2} = 225$

Die Gesamtfläche beträgt $570\,cm^2 + 225\,cm^2 = 795\,cm^2$.

b)

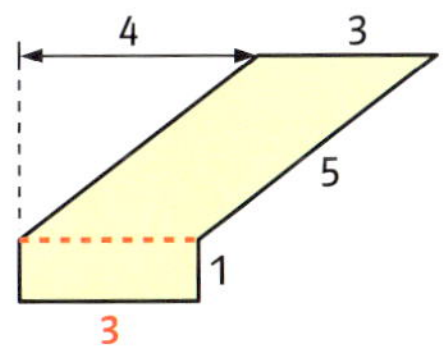

$A_{Rechteck} = 3 \cdot 1 = 3$

$h = \sqrt{5^2 - 4^2} = 3$

$A_{Parallelogramm} = 3 \cdot 3 = 9$

Die Gesamtfläche beträgt $3\,cm^2 + 9\,cm^2 = 12\,cm^2$.

3

a) 10 b) 9 c) 8 d) 8

4

Beide Körper haben die gleiche Oberfläche. Jeder Würfel, der vom ersten Körper entfernt wird, hatte drei Außenflächen. An ihrer Stelle kommen jeweils drei neue Flächen hinzu, so dass die Summe der Teilflächen gleich bleibt.

Bewerbungstraining | Flächen und Körper II, Seite 245

1

a) zur vierten Figur b) zur zweiten Figur
c) zur dritten Figur d) zur ersten Figur
e) zur zweiten Figur f) zur dritten Figur

2

3000 m^3

3

Der Durchmesser der Trommel ist ca. 60 cm, genau wie die Tiefe. Also beträgt das Fassungsvermögen ca. 162 l ≈ 160 l.

4

$72\,m^2 \approx 70\,m^2$

5

1400 m^3

6

Die Höhe der Trommel muss etwas kleiner sein als die des Wäschetrockners, also etwa 75 cm.
Ebenso muss der Durchmesser etwas kleiner sein als die Breite des Trockners, etwa 50 cm.
Damit ergibt sich als Fassungsvermögen
$\frac{\pi \cdot d^2}{4 \cdot h} = \pi \cdot 625 \cdot 75\,cm^3 \approx 14\,000\,cm^3 = 14\,l$.

Bewerbungstraining | Zeit-Weg-Diagramme, Seite 246

1

a) Graph 2 b) Graph 6 c) Graph 4
d) Graph 3 e) Graph 1

2

a) Gefäß 3 b) Gefäß 2 c) Gefäß 4 d) Gefäß 1

3

a) Diagramm 2 b) Diagramm 3 c) Diagramm 4

Bewerbungstraining | Textaufgaben – Gleichungen, Seite 247

1

a) x = 1 b) x = 32 c) x = 12

2

a) Tina ist 5 Jahre, Ulf ist 10 Jahre alt.
b) Elke ist 30, Sabine ist 10 Jahre alt.

3

a) Eine Seite ist 3 cm und die andere 7 cm lang.
b) Das Volumen beträgt 512 mm^3.

4

a) x = 30 y = 20 b) x = 7 y = 8
c) x = 40 y = 60 d) x = 3 y = 4
e) Es waren 15 Mofas und 20 PKW.
f) Es sind 25 Enten und 20 Schafe.

Register

Mathematische Symbole

=	gleich
<	kleiner als
>	größer als
$\mathbb{N}$	Menge der natürlichen Zahlen
$g \perp h$	die Geraden g und h sind zueinander senkrecht
⊾	rechter Winkel
$g \parallel h$	die Geraden g und h sind parallel
g, h, …	Buchstaben für Geraden
A, B, …, P, Q, …	Buchstaben für Punkte
$\overline{AB}$	Strecke mit den Endpunkten A und B
A(2|4)	Gitterpunkt mit dem Rechtswert 2 und dem Hochwert 4

Maßeinheiten und Umrechnungen

Zeiteinheiten

Jahr	Tag	Stunde	Minute	Sekunde
1 a	= 365 d			
	1 d	= 24 h		
		1 h	= 60 min	
			1 min	= 60 s

Gewichtseinheiten

Tonne	Kilogramm	Gramm	Milligramm
1 t	= 1000 kg		
	1 kg	= 1000 g	
		1 g	= 1000 mg

Längeneinheiten

Kilometer	Meter	Dezimeter	Zentimeter	Millimeter
1 km	= 1000 m			
	1 m	= 10 dm		
		1 dm	= 10 cm	
			1 cm	= 10 mm

Flächeneinheiten

Quadrat-kilometer	Hektar	Ar	Quadrat-meter	Quadrat-dezimeter	Quadrat-zentimeter	Quadrat-millimeter
1 km^2	= 100 ha					
	1 ha	= 100 a				
		1 a	= 100 m^2			
			1 m^2	= 100 dm^2		
				1 dm^2	= 100 cm^2	
					1 cm^2	= 100 mm^2

Raumeinheiten

Kubikmeter	Kubikdezimeter	Kubikzentimeter	Kubikmillimeter
1 m^3	= 1000 dm^3		
	1 dm^3	= 1000 cm^3	
	1 l	= 1000 ml	
		1 cm^3	= 1000 mm^3

Bildquellenverzeichnis

U1: Fotosearch RF (Getty RF/ Andreas Pollok), Waukesha, WI – 4.2: Corbis (zefa/Engel), Düsseldorf – 4.3; 4.4: Avenue Images GmbH (Stockbyte), Hamburg – 5.1: Getty Images (Tony Stone / Paul S.), München – 5.2: Avenue Images GmbH (PhotoDisc), Hamburg – 5.3: Getty Images (Greg Elms / Lonely Planet), München – 5.4: Corbis (Owaki/Kulla), Düsseldorf – 6.1: Avenue Images GmbH (Brand X Pictures), Hamburg – 6.1: Getty Images (Stone), München – 6.1: iStockphoto (paulrdunn), Calgary, Alberta – 7: Getty Images (Woods Wheatcroft), München – 8.1: Interfoto, München – 8.1: Avenue Images GmbH (Stockbyte), Hamburg – 9.1: Getty Images RF (Digital Vision), München – 9.2: Getty Images (Holly/RR), München – 9.3: Getty Images RF (PhotoAlto), München – 16: laif (Hub), Köln – 20: vario images, Bonn – 30: altrofoto.de, Regensburg – 33: Alamy Images RM (profimedia), Abingdon, Oxon – 40.2: Casio, Norderstedt – 41: Peter Arnold (Gary Gaugler), New York – 43: MEV, Augsburg – 47.1: Adpics AG, Wetzikon – 47.2: Adpics AG, Wetzikon – 49.1; 49.2;49.3; 49.4: Kage Mikrofotografie, Lauterstein – 50.1: Statoil ASA, Stavanger – 50.2: iStockphoto (RF/ Alan Hettinger), Calgary, Alberta – 50.3: Corbis (Clouds Hill Imaging), Düsseldorf – 50.4: iStockphoto (Victor Guisado Muñoz), Calgary, Alberta – 62: creativ collection, Freiburg – 63: Getty Images RF, München – 64: Fotosearch RF, Waukesha, WI – 77: Projektwerkstatt, Berlin – 78: Focus (SPL, Dr. Tony Brain), Hamburg – 80: Corbis, Düsseldorf – 81: Süddeutscher Verlag, München – 84.1: Avenue Images GmbH (Thinkstock), Hamburg – 84.2: Lindberg, Dr. Jan, Nyköping – 86.2: Getty Images (Greg Elms), München – 94: Mauritius (age), Mittenwald – 104: Corbis (Gianni Dagli Orti), Düsseldorf – 107.2: PCE Group oHG, Meschede – 109: Peter Arnold (Jim Wark), New York – 110: augenklick, Bonn – 113: iStockphoto (RF/mike morley), Calgary, Alberta – 115: Illuscope, Waidhofen/Thaya – 117: www.wasserfest.de – 122: Kage Mikrofotografie, Lauterstein – 143: Mauritius (Mehlig), Mittenwald – 145: ddp Deutscher Depeschendienst GmbH (Lohnes), Berlin – 146: Corbis (Reg Charity), Düsseldorf – 149: Fnoxx, Arnulf Hettrich (Arnulf Hettrich), Stuttgart – 156.1: Corbis (zefa/Klawitter), Düsseldorf – 156.2: Avenue Images GmbH (Stockdisc), Hamburg – 156.3: Avenue Images GmbH (Brand X Pictures), Hamburg – 157.1: Getty Images RF (Image Source), München – 157.2: Getty Images (Photographer's Choice), München – 157.3: Avenue Images GmbH (Stockdisc), Hamburg – 158.1: STOCK4B, München – 158.2: Corbis (Paul A. Souder), Düsseldorf – 161: Picture-Alliance, Frankfurt – 163: Pilatus-Bahnen, Kriens – 168.1: Getty Images (Stone), München – 168.2: Avenue Images GmbH (image 100), Hamburg – 169: Mauritius (Heidi Velten), Mittenwald – 170: Getty Images RF, München – 171: Lokomotiv-Ateliers für Visuelle Kom, Stadtlohn – 176: Imago Stock & People (Niehoff), Berlin – 178: Viscom Fotostudio (Siegfried Schenk), Schwäbisch Gmünd – 184: Mauritius (Hackenberg), Mittenwald – 185: laif (Specht), Köln – 189: MEV, Augsburg – 191.2: Alamy Images RF (Black Star), Abingdon, Oxon – 192: Avenue Images GmbH (Corbis RF), Hamburg – 193: Getty Images (Image Bank), München – 198.1: iStockphoto (paulrdunn), Calgary, Alberta – 198.2: Avenue Images GmbH (Photo Alto), Hamburg – 198.3: Avenue Images GmbH (Stockbyte), Hamburg – 198.4: Getty Images (Stone), München – 200: Getty Images (photonica), München – 221.1: Corel Corporation, Unterschleissheim – 221.2: mecom (Bongarts), Hamburg – 221.3: Werner Otto, Oberhausen – 222: Picture-Alliance (dpa – Sportreport), Frankfurt – 228.1: Corbis (SUKREE SUKPLANG/Reuters), Düsseldorf – 228.2: Comstock, Luxemburg – 232.1: Getty Images (Woods Wheatcroft), München – 232.2: Getty Images (Chabruken), München – 232.3: Getty Images (Lisa Pines), München – 232.4: Getty Images (ColorBlind Images), München – 233.1: Fotosearch RF (Stockbyte), Waukesha, WI – 233.2: Getty Images (altrendo images), München – 233.3: Getty Images (Justin Pumfrey), München – 236.2: JupiterImages (photos.com), Tucson, AZ – 236.3: Corbis, Düsseldorf – 236.4: Corbis (Arnd Wiegmann), Düsseldorf – 238.1: Creativ Collection Verlag GmbH, Freiburg – 238.2: Braunschweig Stadtmarketing GmbH (F.Kornath/BSM), Braunschweig – 239: Avenue Images GmbH (PhotoDisc), Hamburg – 240.1: Picture-Alliance (dpa/Reeh), Frankfurt – 240.2: Hofmeister, Anja, Malmsheim – 241.1: iStockphoto (Jaap2), Calgary, Alberta – 241.2: MEV, Augsburg

Alle übrigen Fotos entstammen dem Archiv des Ernst Klett Verlages, Stuttgart.

Nicht in allen Fällen war es uns möglich, den uns bekannten Rechteinhaber ausfindig zu machen. Berechtigte Ansprüche werden selbstverständlich im Rahmen der üblichen Vereinbarungen abgegolten.